初心者にもよくわかる

労働・社会保険の手続マニュアル

15訂版

特定社会保険労務士
川端重夫
特定社会保険労務士
上出和子
共著

日本法令®

はしがき

労働保険（労災保険・雇用保険）・社会保険（健康保険・厚生年金保険）の申請書、届出書の書き方に関する実務書は数多く出版されていますが、初めて事務担当者になった人には難しく、少し勉強した人には物足らずの感が否めません。また、実務者セミナーに参加する多くの受講生に接しまして、「労働・社会保険」の仕組みを理解している人が余りに少ないのにびっくりしました。仕組みを理解していないのに、完璧な申請書や届出書をいくら書こうとしても無理というものです。

一方、多少の実務経験がある人が、ちょっと変わった事例に遭遇したときに、適切な解説をし、具体的な記載例のある実務書の少ないのも現実です。

もっとも、「労働・社会保険の届出書」は相当数ありますから、すべての届出書を網羅することは不可能というものです。実務者にとって絶対に必要な届出書は当然として、業種によっては必要ないものでも、別の業種では必要とする等どこに基準をおくかが大変難しいところです。

そこで本書は、まず労働保険とはどういうものか、社会保険とはどういうものかをしっかり理解していただくことを第一義としました。

次に、初めて「労働・社会保険」の実務担当者になった人が、最低限知っておかなければならない「届出書」の書き方について、具体的な記載例を挙げて解説をしました。

特に、記載に当たって注意すべき事項を解説するだけでなく、この届出書を記載するには、どういう資料が必要か、どうしたら手に入るかを詳しく解説しましたので、初めて事務を担当する人も安心して処理できるものと考えています。

次に、日常業務では頻度は少ないけれども、１年に１度は必ず提出しなければならない書類、特殊な事例等は、章を改めて記載例と共に解説しました。

したがって、本書は、初心者でも、実務経験者でも、必要としたときに、必要な箇所を見ることによって有効に活用していただけるものと確信します。

労働保険は従業員を１人でも雇用していれば加入が義務づけられています（これを強制加入といいます）。一方、社会保険は、法人であれば（株式会社・有限会社等）、すべて加入が義務づけられています。つまり、法人であれば社長１人でも強制加入となるわけです。

このように労働・社会保険は会社にとってはきわめて重要な業務といえます。この業務を怠りますと、従業員がケガや病気になったときに適切な保険給付が受けられなくなったり、退職後、厚生年金等に不利益が生じないとも限りません。

本書は、事務担当者のみならず事業主や経営幹部にもぜひ読んでいただいて、労働・社会保険に大いに関心をもってもらい、従業員の福利厚生の向上に励んで欲しいと願っています。

なお、本書の出版にあたっては株式会社日本法令出版部単行本課の相崎弘さんと、太田陽子さんに格別のご協力をいただきましたことを、深く感謝する次第です。

平成８年４月15日

川端　重夫
上出　和子

改訂版を出版するにあたって

平成８年に初版を発行してから20数年が経ち、今回で15回目の改訂版となりますが、この間法律の改正も数多くありました。年号も平成から令和に変わり、多くの書式の改正もありました。最近では、令和４年に育児・介護休業法の改正があり、給付の方法も複雑になってきました。

その他、最近の主な改正を見てみますと、

①平成28年にいわゆる個人番号法が施行され、多くの届出様式に、個人番号の記載が必要となりましたが、平成30年３月５日からは、年金に関する各種届出については「個人番号または基礎年金番号」のいずれかを記載することになりました。

②令和２年４月１日より、特定の法人（資本金、出資金の額が１億円を超える法人等）には、一部の書式の届出については「電子申請」とすることが義務化されました。

③令和２年９月１日以降発生した労災事故から、複数事業での業務を起因とするケガ・病気・障害・死亡が労災保険給付の対象となりました。これを「複数業務要因災害」といいます。給付基礎日額の計算も複数事業の賃金額を合計して計算することになります。

④令和２年12月25日より、「押印を求める手続きの見直し等のための厚生労働省関係法令の一部を改正する省令」により押印が廃止されましたが、これにより手続が簡素化されました。

⑤令和４年より育児・介護休業法の改正が３回にわけて行われ、４月１日の改正では、育児休業制度の周知の方法や育児休業取得の意向確認について規定されました。10月１日からは男性の育児休業取得の促進を目指して「出生時育児休業制度」が創設され、育児休業の取得の仕方や育児休業給付の支給申請について細かく規定されました。令和５年４月からは、常時雇用する従業員数が1,000人を超える事業主には、男性の育児休業取得状況について、年１回公表することが義務づけられました。

電子申請が進んでいますが、手続書類の正しい書き方を知らなければなりません。本書を有効に活用されて、新しい時代の流れに遅れることのないよう期待致します。

今回の改訂版発行には、出版部出版課単行本係の吉岡幸子さんの格別のご協力に深く感謝する次第です。

令和５年６月　　　　　　　　　　　川端　重夫　上出　和子

CONTENTS

第1章 公的保険とは

第1章に関係する書式の記載例

第2章 社員を採用したとき

第２章に関係する書式の記載例

◆―◆ 第３章 社員が退職したとき ◆―◆

第３章に関係する書式の記載例

◆―◆ 第4章 社員に異動・変動があったとき ◆―◆

第４章に関係する書式の記載例

◆―◆ 第5章 社員が病気・ケガ・出産等をしたとき ◆―◆

第5章に関係する書式の記載例

◆──◆ 第6章 会社の定例年間事務 ◆──◆

第６章に関係する書式の記載例

第7章 会社に関する変更事務

第8章 新しく会社を設立したとき

第８章に関係する書式の記載例

◆—◆ 第9章 総務担当者のとっておきの術 ◆—◆

巻末資料

— 第 1 章 —

公的保険とは

1・公的保険のあらまし

私たちは健康な体で毎日を元気に働いたり、遊んだりしたいと願っています。しかし、どんなに健康管理に努めたとしても、病気やケガをしたり、場合によっては障害者になったり、死亡したりすることもあります。

このように、事故に遭ってケガをしたり、病気になったり、財産を失ったりしたらどうしますか？

一般的には自分の体や財産を守るために保険に加入します。この保険に加入するかしないかは本人の自由です。このように加入が自由な保険を私的保険といいます。

これに対して保険に加入することを法律で強制されているのが、これから勉強する公的保険です。

つまり、私的保険と公的保険の違いは、私的保険は加入するのも脱退するのも本人の自由意思にまかされていますが、公的保険は従業員を１人でも雇用している会社は加入が強制され、加入する、しないの自由はありませんし、原則的には脱退することもできないという点です。

また、この公的保険は人（身体）を対象とし、物（財産）を対象としていないことも特色の１つです。

公的保険は、原則として国が保険者となり（一部は市町村や健康保険組合等が保険者となる場合があります）、所得を基準として法律で定められた保険料率で保険料を徴収し、被保険者やその家族の保険事故に対して保険給付を行うものです。

＜公的保険の特色＞

① **法律で加入が義務づけられている**

法律で加入が義務づけられているので、事業主や従業員の意思に関係なく、事業所単位で加入しなければなりません。

② **国等が責任をもって管理運営を図っている**

国が保険者として費用の一部を負担し、保険料を徴収し、保険財政の管理運営を図っています。

③ **負担は所得に応じ、給付は必要に応じて行う**

保険料は、所得に応じて所得の高い人が高い負担をし、給付は原則として必要に応じて行われます。

④　**身体を対象とし、物（財産）を対象としない**

<保険の種類>

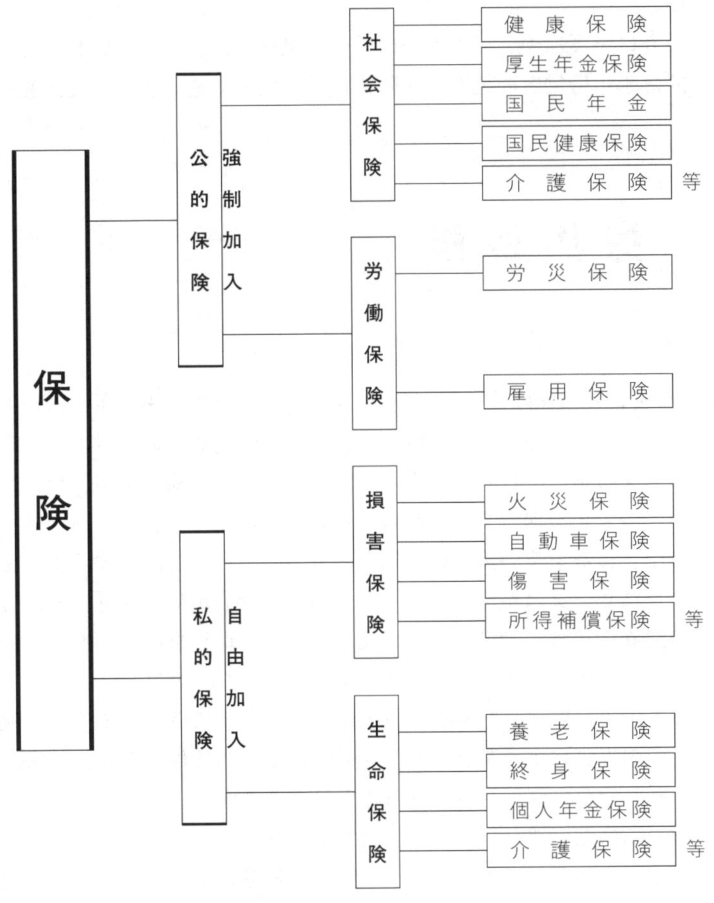

2・労働保険とは

労働保険という保険はありませんが、労働者災害補償保険（以下、労災保険といいます）と、雇用保険とを総称して労働保険と呼んでいます。

本書でも「労働保険」といったら、労災保険と雇用保険のことと理解してください。

このように労災保険と雇用保険は「労働保険」とまとめていわれますが、その目的、適用労働者の範囲、保険給付等は大きく違いますので注意してください。

1　労災保険

(1) 目　　的

『労働者災害補償保険法』第１条で、「業務上の事由、事業主が同一人でない二以上の事業に使用される労働者（複数事業労働者）の二以上の事業の業務を要因とする事由又は通勤による労働者の負傷、疾病、障害、死亡等に対して迅速かつ公正な保護をするため、必要な保険給付を行い、あわせて、業務上の事由、複数事業労働者の二以上の事業の業務を要因とする事由又は通勤により負傷し、又は疾病にかかった労働者の社会復帰の促進、当該労働者及びその遺族の援護、労働者の安全及び衛生の確保等を図り、もって労働者の福祉の増進に寄与することを目的とする。」と規定しています。

つまり、労災保険は**「労働者が災害にあったときに補償してくれる保険」**であり、その災害には「業務上」と「通勤途上」の負傷、疾病、障害、死亡があり、それぞれに保険給付があることになります。

その他に二次健康診断等給付と社会復帰促進等事業を行っています。

実務では、労働者の災害が業務上なのか、通勤途上なのかによって請求用紙が違いますので、判断がきわめて重要になってきます。このことについては第５章で詳しく解説します。

(2) 加入しなければならない事業所

a 強制適用事業所

労働者を１人でも使用している事業所は、次の任意適用事業所以外は、当然に労災保険の強制適用事業所とされます。

「当然に強制適用」とは、事業主や従業員の意思に関係なく、その事業が開始された日（または強制適用事業に該当した日）に、自動的に保険関係が成立し、事業主には保険料を納付する義務が生じ、従業員は業務上（または通勤途上）の災害が発生したら保険給付を受けられることとなることをいいます。

b 任意適用事業所

労災保険が強制適用にならないのは、「個人経営の、労働者数５人未満の、農林水産」の事業所です。

ただし、これらの事業所でも「業務災害の発生のおそれが多いものとして厚生労働大臣が定めた、次の事業」は労災保険が強制的に適用されます。

① 林業の事業で、常時労働者を使用するもの、または１年以内の期間において使用労働者延人員300人以上のもの。

② 総トン数５ｔ以上の漁船による水産動植物の採捕の事業。
　ただし、河川、湖沼または特定水面（東京湾・大阪湾等）において主として操業する事業は任意適用。

③ 特定の危険または有害な作業を主として行う事業で、常時労働者を使用するもの（上記①、②の事業を除く）。

なお、特定水面、特定の危険または有害の作業については厚生労働省の告示で示されています。

任意適用事業所が労災保険に加入するには

任意適用事業所でも、その事業所に勤める労働者の過半数の者が労災保険に加入することを希望したら、事業主は任意加入の申請をしなければなりません。また、事業主の意思によって加入申請することもできます。

なお、任意加入した事業所が労災保険から脱退するには、加入してから１年経過していること、および過半数労働者の同意があることが必要です。

(3) 被保険者になる人

a 適用事業所に使用される者

労災保険の適用を受ける労働者は、『労働基準法』第９条に規定する労働者です。この第９条に規定する労働者の定義は、「職業の種類を問わず、適用事業所に使用される者で、賃金を支払われる者」とされています。

したがって、正社員、パートタイマー、アルバイト、日雇労働者等の雇用形態に関係なく、労災保険の適用を受けることになります。

適用事業所に使用される者でも次の点には注意してください

① 会社、法人その他の団体の代表者は、労働者ではない。

② 会社、法人等の役員の中で、業務執行権や代表権を持たない、いわゆる工場長、部長職等の兼務役員で、賃金を受ける者は労働者である。

③ 労働者か否かは、使用従属関係があり、かつ賃金の支払いを受けていれば労働者と判断する。

④ 派遣労働者の労災保険は、派遣元事業主の保険関係によって適用する。

b 特別加入者

労災保険は、雇用形態に関係なく、適用事業所に使用される労働者であれば適用されることはすでに述べました。しかし、労働者でない中小企業経営者・個人タクシーの運転手（一人親方といいます）や、海外在住のため日本の法律が適用されない、海外に派遣される労働者は原則として労災保険の対象者ではありません。そこでこれらの人達のために、「労災保険」に特別に加入することによって労災保険から補償される制度があります。

この特別加入者には次の３種類があります。

<第１種特別加入者>

常時300人以下の労働者を使用する中小企業の事業主（金融業・保険業・不動産業・小売業については50人以下、卸売業・サービス業については100人以下）は、次の条件を満たしていれば労災保険に特別加入することができます。

①　その事業について労災保険の保険関係が成立していること
②　その事業に係る労働保険事務の処理を労働保険事務組合に委託していること
③　その事業に従事する家族従事者や役員を包括して特別加入すること（ただし、就労実態のない役員は包括加入から除外できる）

労働保険事務組合とは

労働保険料の申告・納付等労働保険に関する事務（以下、労働保険事務といいます）の処理について、中小事業主を構成員とする事業協同組合、商工会等がその構成員である中小事業主の委託を受けて、その事業主が処理すべき労働保険事務（印紙保険料に関する事務と給付に関する事務は除きます）を事業主に代わって処理し、事業主の事務処理負担を軽減しようとするもの。
（『労働保険の保険料の徴収等に関する法律』第33条に規定されています）

＜第２種特別加入者＞

個人タクシーの運転手、大工さん、左官等労働者を使用しないで事業を行っている者（以下、一人親方等といいます）は、その一人親方等を労働者とみなし、一人親方等が加入している団体を事業主とみなします。そしてその団体に対して保険関係が成立するとして労災事故の補償をしようとするものです。令和３年４月１日から柔道整復師、俳優や舞踏家、舞台監督などの芸能従事者、作画監督らアニメーション制作従事者、令和３年９月１日からITフリーランス、自転車を使用しての貨物運送事業を行う者、令和４年４月１日からあん摩マッサージ指圧師、はり師、きゅう師、７月１日から歯科技工士も対象となりました。

＜第３種特別加入者＞

技術協力の事業を行う団体（国際協力事業団等）から開発途上地域で行われている事業に派遣される者、あるいは国内の事業から海外の事業に派遣される者（海外派遣労働者といいます）が、労災保険に特別加入することによって保険給付を受けようとするものです（169頁参照）。

(4)　保険給付の種類と内容のあらまし

労災保険の保険給付は、「業務上の災害」と「通勤途上の災害」とに区分され、次のような種類があります。

a　業務上の災害の保険給付とその内容

業務上の災害に関する保険給付は、**療養補償給付**、**休業補償給付**、**障害補償給付**、**遺族補償給付**、**葬祭料**、**傷病補償年金**、**介護補償給付**および**二次健康診断等給付**の８種類で、支給事由と保険給付の内容は表のとおりです。

b　通勤途上の災害の保険給付とその内容

通勤途上の災害に関する保険給付は、**療養給付**、**休業給付**、**障害給付**、**遺族給付**、**葬祭給付**、**傷病年金**及び**介護給付**の７種類です。

この保険給付の支給内容は、原則として業務上災害と同じです。ただし、保険給付の名前が業務災害の場合は、～補償給付と「補償」という文字が入っています。これは、業務災害には労働基準法によって事業主に補償義務があるのに対して、通勤災害には事業主に補償義務がないからです。

なお、「業務上災害の休業補償給付」も「通勤途上災害の休業給付」も休業第４日目から給付されます。しかし、業務上災害の場合には、労災保険から給付されない休業第１日から第３日分については、事業主に労働基準法上の補償義務が発生します。

この補償義務が発生するかしないかが、業務上災害と通勤途上災害の違いになります。

給付の種類		支給事由	保険給付の内容
療養補償給付	療養の給付	業務上の負傷または疾病で、労災病院等で無料で診療が受けられる現物給付の制度	必要な療養の給付
	療養の費用	療養の給付が困難な場合、または療養の給付を受けないことに相当な理由がある場合	必要な療養の費用の全額を支給
休業補償給付		業務上の傷病で療養のために休業し、賃金を受けない日が第４日目に及んだとき	休業第４日目から休業１日につき給付基礎日額の60％
傷病補償年金		業務上の傷病が療養開始後１年６カ月経過しても治ゆせず、傷病等級１～３級に該当したとき	傷病等級に応じて、給付基礎日額の313～245日分の年金で
障害補償給付	障害補償年金	業務上の傷病が治って障害等級の１～７級までの障害が残ったとき、年金で	障害等級に応じて給付基礎日額の313～131日分
	障害補償一時金	業務上の傷病が治って障害等級の８～14級までの障害が残ったとき、一時金で	障害等級に応じて給付基礎日額の503～56日分
介護補償給付		障害補償年金または傷病補償年金の受給権者の障害の程度が常時または随時介護を必要とする場合	原則として、その月において支出された介護費用の額
遺族補償給付	遺族補償年金	業務上の傷病で死亡したとき、一定の遺族に年金で	遺族数に応じて給付基礎日額の153～245日分
	遺族補償一時金	遺族補償年金の受給権者がいないとき、一時金で	給付基礎日額の1,000日分
		遺族補償年金の受給権者が失権し、他に受給資格者がおらず、すでに受けた年金総額が給付基礎日額の1,000日分に満たないとき	給付基礎日額の1,000日分からすでに受けた年金総額を差し引いた額

給付の種類	支　給　事　由	保険給付の内容
葬　祭　料	業務上の傷病で死亡した者の葬祭を行った者に	31.5万円に給付基礎日額の30日分を加算した額（給付基礎日額の60日分が最低保障）
二次健康診断等給付	一次健康診断において血圧検査、血液検査等業務上の事由による脳血管・心臓疾患等の検査で異常と診断されたとき	脳血管および心臓の状態を把握するための医師による二次健康診断の実施。その結果に基づき、脳血管・心臓疾患の発生の予防を図るため、面接による医師・保健師による保健指導を行う

c　社会復帰促進等事業による特別支給金

労災保険では、保険事故があったときに保険給付を行うほか、労働者の福祉の増進に寄与することも目的にしています。その目的のための事業の一環として、特別支給金制度があります。特別支給金の種類と内容のあらましは次のとおりです。

種　類	支給事由	給付の内容
休業特別支給金	休業（補償）給付の受給権者	休業給付基礎日額の100分の20相当額
傷病特別支給金	傷病（補償）年金の受給権者	障害の程度に応じ(傷病等級１～３級) 114～100万円の一時金
傷病特別年金*	傷病（補償）年金の受給権者	障害の程度に応じ(傷病等級１～３級) 算定基礎日額の313～245日分の年金
障害特別支給金	障害（補償）給付の受給権者	障害の程度に応じ(障害等級１～14級) 342～８万円の一時金
障害特別年金*	障害（補償）年金の受給権者	障害の程度に応じ(障害等級１～７級) 算定基礎日額の313～131日分の年金
障害特別年金差額一時金*	障害（補償）年金差額一時金の受給権者	障害等級に応じた一定額と既に支給された障害特別年金との差額

種　類	支給事由	給付の内容
障害特別一時金＊	障害等級８～14級の受給権者	障害等級８～14級の者の算定基礎日額の503～56日分の一時金
遺族特別支給金	遺族（補償）給付の受給権者	300万円
遺族特別年金＊	遺族（補償）年金の受給権者	遺族数に応じて算定基礎日額の153日分（１人）～245日分（４人以上）の年金
遺族特別一時金＊	遺族（補償）一時金の受給権者	算定基礎日額の1,000日分を限度とした一時金

＊印は、ボーナス特別支給金

(5) 手続をする役所は

労災保険の保険関係の成立や、労災事故（業務上災害、通勤途上災害等）が発生したときの窓口は、事業所の所在地を管轄する労働基準監督署が受け持つことになります。

事故が発生した場合には、管轄する労働基準監督署がどこなのかがわからないと困ります。会社の事務担当者は、自分の会社の管轄労働基準監督署をしっかり理解しておきましょう（労働保険を一括していても、一括された事業所に所属している社員が労災事故を起こした場合は、一括された所属事業所を管轄する労働基準監督署へ提出することになります）。

なお、労働基準監督署は行政規模に応じて、方面制（３～６方面制）、３課制、２課制に分かれています。

<労働基準監督署の組織と業務>

4方面制署の例

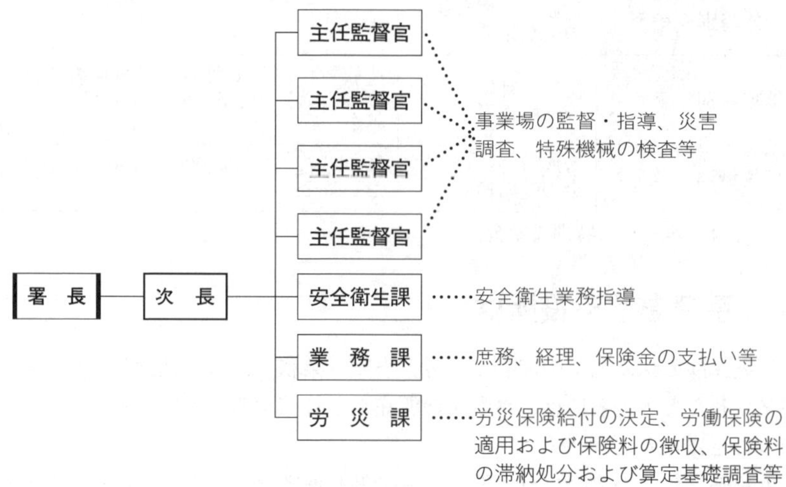

2 雇用保険

(1) 目　　的

『雇用保険法』第1条で、「労働者が失業した場合及び労働者について雇用の継続が困難となる事由が生じた場合に必要な給付を行うほか、労働者が自ら職業に関する教育訓練を受けた場合及び労働者が子を養育するための休業をした場合に必要な給付を行うことにより、労働者の生活及び雇用の安定を図るとともに、求職活動を容易にする等その就職を促進し、あわせて、労働者の職業の安定に資するため、失業の予防、雇用状態の是正及び雇用機会の増大、労働者の能力の開発及び向上その他労働者の福祉の増進を図ることを目的とする。」と規定しています。

つまり、雇用保険は、労働者が失業したときには失業給付（基本手当等の給付）を行い、失業した労働者の生活の安定や再就職の促進を図ります。

また、高齢社会や女性の職場進出等の雇用情勢の変化に対応して、「雇用の継続が困難となる事由が生じた場合」に雇用の継続を促進するために、一定の要件は必要ですが、失業せず在職中の労働者に雇用継続給付（高年齢雇用継続給付・介護休業給付）、育児休業給付（育児休業給付金）、出生時育児休業給付金の３つの給付を定めています。その他に雇用二事業と呼ばれる雇用安定事業、能力開発事業があり、二事業促進のためそれぞれ助成金の支給事業等を行っています。

⑵　加入しなければならない事業所

a　強制適用事業所

労災保険と同様、雇用保険においても労働者を１人でも雇用している事業所は、事業主や労働者の意思に関係なく強制的に加入する義務が発生します。

ただし、雇用保険は労災保険と違い、雇用形態によって、強制適用事業所に雇用されていても適用が除外されて加入できない労働者がいますので注意が必要です。このことについては後述します。

b　任意適用事業所

雇用保険が強制適用にならないのは、「個人経営の、労働者数５人未満の、農林水産」の事業所です。

任意適用事業所が雇用保険に加入するには

任意適用事業所でも、その事業所に勤める労働者の２分の１以上の同意があれば、事業主は加入の申請ができます。また、労働者の２分の１以上が加入を希望した場合、事業主は加入の申請をしなければなりません。この加入申請は、事業主が所轄公共職業安定所長を経由して所轄都道府県労働局長に「任意加入の認可申請」をして行います。

なお、任意加入した事業所が雇用保険から脱退する場合には、労働者の４分の３以上の同意が必要となります。

ただし、労働者数５人未満の農林水産の事業所でも、法人、国、都道府県、市町村等が行う事業は個人経営ではありませんから強制適用事業所となります。

(3) 被保険者になる人

雇用保険の被保険者とは、雇用保険の適用事業所に雇用される労働者で、法律によって適用が除外されている者を除き、労働者の意思や事業主の意思に関係なく法律上当然に被保険者になります。

被保険者には、労働者の雇用形態、年齢等により、**一般被保険者、高年齢被保険者、短期雇用特例被保険者、日雇労働被保険者**の４種類があります。

① 一般被保険者とは

高年齢被保険者、短期雇用特例被保険者、日雇労働被保険者以外の被保険者です。

② 高年齢被保険者とは

雇用保険の被保険者であって、65歳以上の被保険者（短期雇用特例被保険者および日雇労働被保険者は除く）です。

なお従前の高年齢継続被保険者も平成29年１月以降は高年齢被保険者とされます。

③ 短期雇用特例被保険者とは

雇用保険の被保険者であって、季節的に雇用される者または短期の雇用に就くことを常態とする者です。

④ 日雇労働被保険者とは

雇用保険の被保険者である日雇労働者のことです。

a パートタイマー・アルバイト（短時間就労者）は

パートタイマーやアルバイトで働く労働者で次の要件のすべてに該当する者は、雇用保険の被保険者となります。

① １週間の所定労働時間が20時間以上であること
② 31日以上引き続き雇用されることが見込まれること

なお、適用事業所に雇用される昼間学生は、夜間等において就労しても、原則として雇用保険の被保険者とはしないことになっています。

b 外 国 人 は

外国人を雇い入れる際には、就労が認められるかどうかを確認してください。外国人は、出入国管理及び難民認定法（入官法）で定められている在留資格の範囲内で就労が認められています。

＊「永住者、日本人の配偶者等、永住者の配偶者等、定住者」の在留資格については、就労活動に制限はありません。

＊在留資格に定められた範囲内で就労が認められている在留資格は現在19種類ありますが、一般的には次の４種類とされています。

①技　　術………………コンピュータ技師、自動車設計技師等

②人文知識・国際業務…通訳、語学の指導、デザイナー等

③企業内転勤……………企業が海外の本店または支店から期間を定めて受け入れる社員（活動は上記①、②に掲げるものに限ります）

④技　　能………………中華料理・フランス料理等のコック等

なお、外国人を採用するには、次の事項を届出（実際には雇用保険被保険者資格取得届に記載）しますので、必ず本人に確認します。

①氏名、②在留資格、③在留期間、④生年月日、⑤性別、⑥国籍・地域、⑦資格外活動許可の有無、⑧在留カード番号（英字２桁－数字８桁－英字２桁）、⑨雇入れに係る事業所の名称及び所在地

c　被保険者で注意すべき事項

雇用保険の被保険者になるのか、ならないのかについては、次の具体的事例を参考にして判断してください。

①　取締役

代表取締役、取締役、監査役（名目的な監査役は除きます）は、被保険者になりません。ただし、取締役でも同時に部長、支店長、工場長等の場合（兼務役員）は、従業員としての身分を有し、労働者的性格の強い者は、被保険者となります。

②　長期欠勤者

雇用関係が存続する限り、賃金の支払いの有無に関係なく被保険者となります。

③　２以上の適用事業所に雇用される者

生計を維持するのに必要な主たる賃金を受ける雇用関係についてのみ被保険者となります。

④　国外で就労する労働者

国外に出張または派遣されて就労する場合は被保険者となりますが、現地採用者は被保険者となりません。

⑤　生命保険会社の外務員等

生命保険会社の外務員、損害保険会社の外務員等は、その職務の内容、職務の態様、給与の算出方法等の実態により判断して雇用関係が明確であれば被保険者となります。

⑥　従業員が自営業を営んでいる場合

従業員が雇用保険の適用要件（１週間の所定労働時間が20時間以上、かつ31日以上雇用の見込みある）に該当すれば雇用保険の被保険者となります。

法律によって雇用保険の適用が除外されている者

① 短時間労働者であって、かつ季節的に雇用される者または短期の雇用につくことを常態とする者（日雇労働被保険者に該当する者を除きます）

② 日雇労働被保険者に該当しない日雇労働者

③ ４カ月以内の期間を予定して行われる季節的事業に雇用される者（日雇労働被保険者に該当する者を除きます）

④ 国、都道府県、市町村等の事業に雇用される者のうち、離職した場合に、他の法令、条例、規則等に基づいて支給を受けるべき諸給与の内容が、雇用保険の失業給付の内容を超えると認められる者

(4)　保険給付の種類と内容のあらまし

雇用保険の保険給付には失業等給付と育児休業給付があり、失業等給付は、**求職者給付、就職促進給付、教育訓練給付および雇用継続給付**に区分されています。

a　求職者給付

求職者給付には、一般被保険者、高年齢被保険者、短期雇用特例被保険者、日雇労働被保険者に対する求職者給付として４種類あります。

①　一般被保険者に対する求職者給付

基本手当、技能習得手当（受講手当、通所手当）、寄宿手当、傷病手当。

②　高年齢被保険者に対する求職者給付

基本手当の30日分または50日分の高年齢求職者給付金（一時金）。

③　短期雇用特例被保険者に対する求職者給付

基本手当の30日分（当分の間40日分）に相当する特例一時金。

④　**日雇労働被保険者に対する求職者給付**

日雇労働求職者給付金として第１級が7,500円、第２級が6,200円、第３級が4,100円の３段階で給付されます。

b　就職促進給付

就職促進給付は、失業者が再就職するのを援助・促進することを目的とする給付であって、就業促進手当、移転費、求職活動支援費の３種類があります。

また、就業促進手当には、４種類（就業手当、再就職手当、就業促進定着手当、常用就職支度手当）あります。

①　**就業促進手当**

・　**就業手当**

基本手当の支給残日数が所定給付日数の３分の１以上、かつ、45日以上あり、再就職手当の対象とならないような雇用形態で就職した場合、一定の要件を満たしたとき、支給されます。金額は、働いた日ごとに基本手当日額の30％に相当する額（ただし上限あり）です。支給を受けた日については、基本手当の支給を受けたものとみなされます。

・　**再就職手当**

一般の受給資格者の再就職を促進するために、所定給付日数の３分の１以上を残して、安定した職業に就いた場合に一定の要件に基づき基本手当日額（上限あり）×所定給付日数の支給残日数×60％または70％が一時金として支給されます。

・　**就業促進定着手当**

再就職手当の支給を受けた者で、再就職先に６カ月以上雇用され、再就職先での６カ月の賃金が、離職前の賃金よりも低い場合で、かつ、一定の要件に基づき、基本手当（ただし、上限あり）の支給残日数の40％を上限として、低下した賃金との差額６カ月分が支給されます。

・　**常用就職支度手当**

障害のある人、45歳以上の人で雇用対策法等に基づく再就職援助計画の対象者、就職日において40歳未満の人のうち安定した職業に就くことが著しく困難と認められる人（同一事業主に５年以上雇用されたことがない人）など、就職困難な受給資格者が、ハローワークまたは民間職業紹介事業者の紹介により、安定した職業に就いた場合に、一定の要件に基づき、基本手当日額（上限あり）×90日（支給残日数が90日未満の場合は、支給残日数もしくは45日のいずれか多い日数）×40%が支給されます。

② **移 転 費**

受給資格者等が、公共職業安定所長が紹介した職業につくために、住所を変更した場合に、移転に通常要する費用（厚生労働省令で定める額）が移転費として支給されます。

③ **求職活動支援費**

受給資格者等が、公共職業安定所長の紹介による広範囲の地域にわたる求職活動や公共職業安定所の職業指導に従って行う教育訓練の受講その他の活動に、支給されます。

c 教育訓練給付

① **教育訓練給付金**

㋑ **一般教育訓練受講に係る教育訓練給付金**

一定の要件を満たす雇用保険の被保険者（在職者）、または被保険者であった者（離職者）が、厚生労働大臣の指定する一般教育訓練を受講し、修了した場合に、教育訓練施設に支払った受講料等の一定の割合に相当する額が支給されます。

『支給額』

教育訓練経費×20%（上限10万円）

ただし、支給額が4,000円を超えない場合は支給されません。

㋺ **特定一般教育訓練受講に係る教育訓練給付金**

一定の要件を満たす雇用保険の被保険者（在職者）、または被保険者であった者（離職者）が、厚生労働大臣の指定する速やかな再就職および早期のキャリア形成に資する教育訓練（特定教育訓練）を受講し、修了した場合に、教育訓練施設に支払った受講料等の一定の割合に相当する額が支給されます。

『支給額』

教育訓練経費の40%（上限20万円）

ただし、支給額が4,000円を超えない場合は、支給されません。

㋩ **専門実践教育訓練受講に係る教育訓練給付金**

一定の要件を満たす雇用保険の被保険者（在職者）、または被保険者であった者（離職者）が、厚生労働大臣の指定した専門実践教育訓練を受講している場合に、教育訓練施設に支払った受講料等の一定の割合に相当する額が支給されます。

『支給額』

教育訓練経費の50%（1年間の支給上限額40万円、総支給上限額120万円）。

なお、訓練受講修了者が、あらかじめ定められた資格を取得し、受講修了日の翌日から起算して1年以内に雇用保険の一般被保険者として雇用された場合には、支給額は教育訓練経費の70%（1年間の支給上限額56万円、総支給上限額は168万円）となります。

② **教育訓練支援給付金**

一定の要件を満たす専門実践教育訓練受講に係る教育訓練給付金の支給を受けている者（受講開始時に45歳未満であること）が、当該専門実践教育訓練（通信制・夜間制の訓練を除く）を受けている日のうち失業している日について支給されます。

『支給額』

原則として、基本手当日額に相当する額に80%を乗じて得た額に支給日数を乗じて得た額が支給されます。

d　雇用継続給付

雇用継続給付（平成7年4月1日施行）は、高年齢労働者（60歳以上65歳未満の者）が、60歳到達時等の賃金よりも一定額以上低い賃金で働くとき、減額された賃金の一部を保障する**「高年齢雇用継続給付」**と、一定範囲の家族を介護するために休業する労働者に、休業中の賃金の一部を保障するものとして**「介護休業給付」**の2種類に区分されます。

① **高年齢雇用継続給付**

・ **高年齢雇用継続基本給付金**

雇用保険の被保険者であった期間が5年以上ある60歳以上65歳未満の被保険者が、失業給付の基本手当の受給をすることなく、雇用が継続され、支給対象月の賃金が60歳到達時等の賃金月額の75%未満に低下したときに、支給対象月の賃金の15%を限度に支給されます。

・ **高年齢再就職給付金**

失業給付の基本手当を受給し、所定給付日数を100日以上残して60歳以後に再就職し被保険者になったとき、再就職後の賃金が、離職時の賃金の75%未満に低下した状態で雇用されている場合に、支給対象月の賃金の15％を限度に支給されます。ただし、被保険者であった期間が５年以上あることが必要です。なお再就職時に再就職手当を受給していないことも要件です。

② **介護休業給付**

傷病または精神上の障害のため、日常生活を過ごすのに常時介護が必要な家族を、２週間以上にわたり介護するために休業した雇用保険の一般被保険者に対し、同一の対象家族について93日を限度に３回まで介護休業給付金が支給されます。対象家族は、配偶者・父母・子・配偶者の父母・祖父母・兄弟姉妹・孫です。

支給金額は、原則として休業開始時賃金日額×支給単位期間の日数×67％相当額が支給されます。なお、支給単位期間の賃金が、休業開始時賃金日額×支給日数×80％を超えると支給されません。

e　育児休業給付

育児休業中の労働者に、休業中の賃金の一部を保障することによって雇用の継続を図るを目的に給付されます。

・ **育児休業給付金**

１歳未満の子（パパ・ママ育休プラス制度を利用した場合は１歳２カ月。さらに保育所における保育の実施が行われない場合には１歳６カ月または２歳。実子、養子を問いません）を養育するために育児休業した雇用保険の被保険者（２回まで分割取得可）に支給されます。ただし、原則として育児休業開始前の２年間に、賃金支払基礎日数が11日以上または、賃金の支払いの基礎となった労働時間が80時間以上ある月が、12カ月以上あることが必要です。支給金額は、育児休業開始時賃金日額に30日を乗じて得た額の、育児休業開始から180日目までは67％相当額、181日目以降は50％相当額が支給単位期間ごとに支給されます。

・ **出生時育児休業給付金**

2022年（令和４年）10月１日より、新しい給付金が創設されました。産後パパ育休といわれる制度です。

雇用保険の被保険者が、子の出生後８週間以内に合計４週間分（28日）を限度として、産後パパ休暇（出生時育児休業・２回まで分割取得できます）を取得した場合に受給できる給付金です。

受給要件は次のとおりです。

① 子の出生日から８週間を経過する日の翌日までの期間内に、４週間

（28日）以内の期間を定めて、当該子を養育するための産後パパ育休（出生時育児休業）を取得した被保険者であること（２回まで分割取得が可能）。

② 休業開始日前２年間に、賃金支払基礎日数が11日以上ある（ない場合は就業した時間数が80時間以上の）完全月が12カ月以上あること。

③ 休業期間中の就業日数が、最大10日（10日を超える場合は就業した時間数が80時間）以下であること。

④ 期間を定めて雇用されている人は、子の出生日から８週間を経過する日の翌日から６カ月を経過する日までに、その労働契約の期間が満了することが明らかでないこと。

なお、受給額は、

休業開始時賃金日額×休業期間の日数（28日が上限）×67%

令和５年７月31日までの休業開始時賃金日額の上限額は15,190円ですから、出生時育児休業給付金の受給上限額は（休業28日）、15,190円×28日×67%＝284,964円となります。

(5) 手続をする役所は

雇用保険の適用事業所を設置したときの手続、労働者を雇用し雇用保険の被保険者とするときの手続や労働者が退職し雇用保険の被保険者資格を喪失したときの手続の窓口は、事業所の所在地を管轄する公共職業安定所が受け持つことになります。ただし、労働者（被保険者）が退職し、失業給付を受給しようとする場合は、その労働者の住所地を管轄する公共職業安定所が窓口になりますので注意してください。

なお、令和２年４月以降に開始される事業年度から特定の法人（資本金が１億円超の法人等）は、被保険者資格取得届・喪失届、被保険者転勤届、高年齢雇用継続給付支給申請書、育児休業給付支給申請書の手続は、電子申請で行うことが義務化されました。

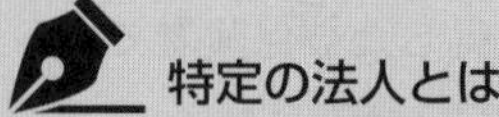

特定の法人とは

① 資本金・出資金の額が１億円を超える法人
② 銀行等保有株式取得機構に納付する拠出金の額が１億円を超える法人
③ 相互会社（保険業法）
④ 投資法人（投資信託及び投資法人に関する法律）
⑤ 特定目的会社（資産の流動化に関する法律）

＜公共職業安定所の標準的な組織と業務＞

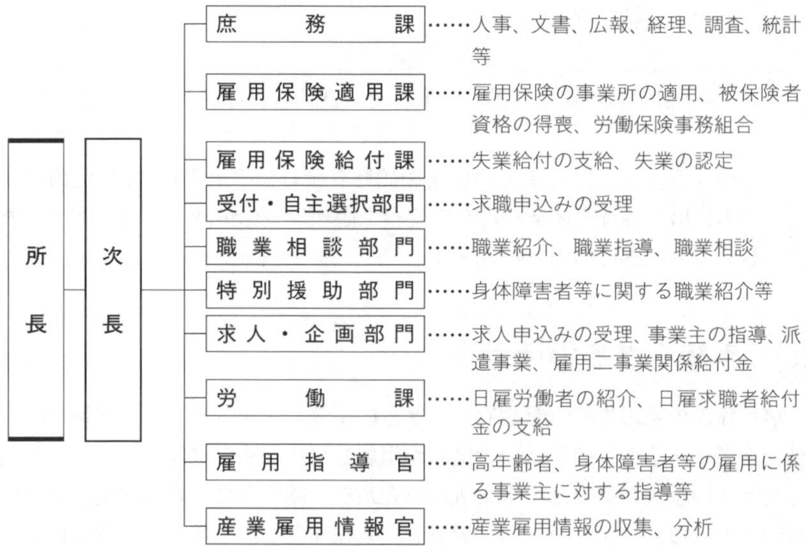

3・社会保険とは

広義の社会保険には、健康保険・厚生年金保険・国民健康保険・国民年金・労災保険・雇用保険・船員保険・各種共済組合等が含まれていますが、本書では狭義の社会保険として、医療保険である健康保険と年金保険である厚生年金保険を総称して、社会保険ということにします。

医療保険としての健康保険は、被保険者と被扶養者の業務外の疾病・負傷・死亡・出産に対して保険給付を行い、被保険者等の生活の安定を図ることを目的としています。

また、年金保険としての厚生年金保険は、労働者の老齢・障害・死亡に対して保険給付を行い、労働者および遺族の生活の安定と福祉の向上を図ることを目的としています。

1　健康保険

(1)　目　　的

『健康保険法』第1条では、「労働者又はその被扶養者の業務災害以外の疾病、負傷若しくは死亡又は出産に関して保険給付を行い、もって国民の生活の安定と福祉の向上に寄与することを目的とする。」と規定しています。

つまり、被保険者（加入者）が業務外で事故に遭い、疾病、負傷、死亡したときや出産に関して必要な保険給付を行う「医療保険」です。業務上の場合には、労災保険から保険給付がありますから、健康保険からはそれ以外の事故でケガをしたり病気になったときに給付があるわけです。

また、被保険者の一定の要件に該当する扶養家族の疾病、負傷、死亡、出産に関しても同様な給付があります。

具体的にいえば、私達が風邪をひいて医師に診てもらうのは、健康保険の「療養の給付」を受けているということなのです。また、出産すれば、「出産育児一時金」、「出産手当金」という給付が受けられることになります。

(2) 加入しなければならない事業所

a 強制適用事業所

① 法人の事業所は、事業の種類を問わず、１人でも従業員がいれば強制適用（強制的に加入）になります。すでに労働保険のところでも述べたように、強制適用とは、事業主や従業員の意思に関係なく、事業主は健康保険に加入しなければならないということです。

この場合、従業員とは社長や役員を除いた従業員という意味ではなく、社長であろうと専務であろうと、会社（法人）に使用されている人はすべて加入することになります。

労働保険の場合には、社長や専務は原則として加入することができません。しかし、社会保険の場合には、社長も専務も「法人に使用される者」という考え方をし、強制加入となります。

② 個人の事業所の場合には、一定の業種の事業所で、５人以上の労働者がいる場合に強制加入となります。

なお、個人事業主は加入できません。それは社会保険が被用者（人に使用される者）の保険だからです。

b 任意適用事業所

強制適用事業所以外の事業所が任意適用事業所になります。つまり、個人の事業所でかつ、一定の業種の事業所で従業員が４人以下の場合が任意加入になります（株式会社○○、有限会社○○と名がつき法人になっていて、常勤の従業員がいればすべて強制適用となります）。

また、個人事業でも一定の業種から除かれた業種（理容・美容・旅館・飲食店・クリーニング店等のサービス業、農林水産業等）は従業員が何人いても任意加入となります。

任意適用事業所が健康保険に加入するには

従業員が５人未満の個人の事業所では、事業主がその事業所に使用される従業員の２分の１以上の同意を得て、厚生労働大臣（実際には年金事務所長）に任意加入の申請をし、認可を受ければその事業所に使用される者は（適用が除外されている者を除いて）、加入に反対した者を含めて（包括して）、健康保険に加入することができます。

なお、任意加入した事業所が健康保険から脱退するには、事業主がその使用する被保険者の４分の３以上の同意を得て、厚生労働大臣（実際には年金事務所長）の認可を受ける必要があります。

(3) 被保険者になる人

すでに述べたように、強制適用事業所に使用される常勤の人は、すべて被保険者になります。

つまり、被用者（人に使用されている者）で常勤の人は、全員被保険者です。社長も専務も常勤であれば、法人に使用されているわけですから、原則75歳まで被保険者になるわけです（75歳以上の人は後期高齢者医療制度に加入します）。

反対に、個人事業主は使用されている人ではありませんから加入できませんので、被保険者にはなれません。また非常勤の人は社会保険では使用されている人とは解釈されず、被保険者になれません。

a パートタイマーは

「パートタイマー」という呼び名を使っていても、正社員とまったく同じ時間だけ働いている人は、正社員と給与の支払われ方が違うだけですから強制加入です。つまり、正社員は月給払いでパートタイマーは時間給払いという違いだけならば、正社員と同様強制加入になり、被保険者になります。

また、本来の意味の「パートタイマー」の場合で、被保険者に該当するかしないかは、１週間の所定労働時間と１カ月の所定労働日数を、正社員と比較して判断します。

つまり、パートタイマーの所定労働時間が正社員の所定労働時間の４分の３以上、かつ、１カ月の所定労働日数の４分の３以上ならば、健康保険に加入させる必要があります。

短時間労働者の社会保険の適用拡大について

1．社会保険被保険者数が101人以上の会社の場合

令和４年10月１日から次の要件のすべてに該当する者は、勤務時間・勤務日数が常時雇用者の４分の３未満でも社会保険に強制加入となりました。

① 週の所定労働時間が20時間以上

② 2カ月を超える雇用の見込みがあること

③ 賃金の月額が8万8,000円以上であること（賃金は所定労働時間で決まっている額で、残業時間は含まれない）

④ 学生でないこと

なお、この場合には「健康保険・厚生年金保険 特定適用事業所 該当／不該当届」を提出することとなります（記載例は419頁）。

2．社会保険被保険者数が100人以下の会社の場合

社会保険被保険者数が100人以下の事業主は被保険者の同意を得て短時間労働者に社会保険を適用することができます。ただし、次の手続が必要です。

① 従業員の過半数で組織する労働組合との合意（労使協定）

② 従業員の過半数で組織する労働組合がないときは

a. 従業員の過半数を代表する者の同意

b. または、従業員の2分の1以上の同意

なお、この場合には「任意特定適用事業所 申出書／取消申出書」（記載例は420頁）を提出することになります。申出書が受理された場合には、加入に反対した者も強制加入となりますので注意してください。

b　アルバイトは

アルバイト（臨時に使用される者）で、次に該当する場合は原則として、健康保険の被保険者になれません。

① 日々雇い入れられる者（ただし、1カ月を超えて引き続き使用されるようになった場合は、1カ月を超えた時から被保険者となります）。

② 2カ月以内の期間を定めて使用される者（ただし、所定の期間を超えて引き続き使用されるようになった場合は、超えた時から被保険者となります）。

例えば、スーパーマーケットで暮れの12月の忙しい1カ月だけの約束で雇った場合は被保険者になれません。しかし、1カ月だけの約束がずるずると延びて、引き続いて勤務することになった場合は、1カ月を超えた時から、つまり翌年の1月から被保険者になります。

また、契約だけは2カ月ごとにするが、特別な事情もないのに契約の更新を重ねていれば、たとえ名称は「アルバイト」でも、最初から被保険者にな

ります。

c　外国人は

日本の会社に外国人が使用されている場合には、その日本の会社が強制適用事業所に該当すれば、外国人従業員も被保険者になります。

常勤の従業員である限り被保険者ですし、パートタイマーやアルバイトの場合の適用基準も日本人の場合とまったく同じです。

日本国内にある外国法人の事業所は、強制適用事業所になりますから、その事業所に使用される従業員は国籍に関係なく被保険者になります。

これからは外国人労働者が働く機会が多くなると考えられますが、外国人の中には社会保険への加入を拒否する例があり、そのまま放置している間に病気になったり、ケガをして保険証がないので病院に行けないと会社に訴えることがあります。入院することになればその費用も多額になります。

このような事例を説明して社会保険は大事な制度で、加入する、しないの選択肢はないことをよく説明しましょう。なお、年金については社会保障協定（年金の加入期間の通算を行うための二国間協定＝条約のこと）がありますので、二重加入にならないよう注意しましょう。

d　試みに使用される者は

適用事業所に使用される人は健康保険の被保険者になりますが、「使用される」とは、その事業主との間で事実上の使用関係があり、労働の対象として報酬を得ていれば、「雇用契約書」の有無に関係なく、使用されていると解釈され、当初から被保険者とされます。

e　任意継続被保険者とは

２カ月以上継続して被保険者である人が、被保険者資格を喪失し、20日以内に全国健康保険協会各支部または加入していた健康保険組合に申請すると被保険者資格を継続することができます。被保険者期間は、原則として２年間です（詳しくは463頁参照）。

※　次の場合は被保険者とされます。

・　社員として正式に採用決定される前に、見習社員として勤務する場合は、見習期間の最初の日から。
・　社員として採用され、会社の都合で自宅待機している者は、雇用関係が成立し、会社から休業手当等が支払われていれば、休業手当等の支払いの対象となった日から。

・　新規採用予定者を研修所や訓練所に入れて研修しているような場合、事業所の本来の業務をしていなくともいずれ研修や訓練が終了すれば本来の業務をするわけで、この期間も従業員としての身分を持ち、報酬を得、人事労務管理を受けているものと考えられるので、研修する最初の日から。

法律によって健康保険の適用が除外されている者

①　臨時に使用される者

・２カ月以内の期間を定めて使用される者

・日々雇い入れられる者

②　４カ月以内の季節的業務に使用される者（当初から４カ月を超える予定で使用される場合は、当初から被保険者となります）

③　臨時的事業の事業所に使用される者（当初から６カ月を超える予定で使用される場合は、当初から被保険者となります）

④　事業所の所在地の一定しない事業に使用される者

なお、①～③の期間は、原則として日雇特例被保険者となります。

(4)　保険給付の種類と内容のあらまし

健康保険は被保険者とその家族（被扶養者）の病気、ケガ、出産、死亡に関して次のような保険給付を行います。

被保険者の保険給付には、**療養の給付、療養費、入院時食事療養費、入院時生活療養費、保険外併用療養費、訪問看護療養費、高額療養費、移送費、傷病手当金、出産手当金、出産育児一時金、埋葬料（費）**があります。

被扶養者（家族）の保険給付には、**家族療養費、家族訪問看護療養費、家族高額療養費、家族移送費、家族出産育児一時金、家族埋葬料**があります。

主な保険給付の内容は次のとおりです。

a　療養の給付

保険医療機関等である病院や診療所等で健康保険被保険者証を提示して診てもらうと、一部負担分（入院・通院とも原則３割）を除いた部分が給付されます。この一部負担分を除いた部分が現物給付として給付されるのが療養の給付です。

b　療 養 費

保険医療機関等でない病院等で診てもらったとき、被保険者証の提示をせずに診てもらったとき、ケガをして装具をつけるように医師に指示され装具をつけたとき等の費用を現金で給付するのが療養費の給付です。また、国外で医療を受けたときの費用も療養費として給付されます。

c　入院時食事療養費

保険医療機関等に入院し、療養の給付と併せて食事の提供を受けたとき、食事療養の費用から標準負担額を控除した額が、入院時食事療養費として給付されます。被扶養者については、家族療養費として給付されます。

標準負担額は、１食につき460円（低所得者世帯は１食につき210円、入院日数が90日を超えると１食につき160円）となっています。

d　保険外併用療養費

評価療養（厚生労働大臣が定める高度の医療技術を用いる療養など）や、選定療養（特別の療養環境の提供、前歯部に使用する金合金または白金加金の支給、時間外診療など)、患者申出療養を受けたときに支給されます。

e　入院時生活療養費

65歳以上の慢性病の人が長期入院する病床に入院した場合に、療養の給付と合わせて生活療養に要した費用について支給されます。

f　訪問看護療養費

在宅で継続して療養する必要のある末期ガン患者のように、病状が安定し、かかりつけの医師の指示により訪問看護ステーションから受ける治療等が訪問看護療養費です。

訪問看護費用の額のうち、本人・被扶養者共７割の訪問看護療養費が給付されます。自己負担限度額を超えた分の支払いは不要となります。

g　高額療養費

70歳未満の高額療養費の１カ月当たりの自己負担限度額は、標準報酬月額が28万円～50万の場合、自己負担額が１カ月に「80,100円＋（医療費－267,000円）×１％」（標準報酬月額が53万円以上の人の場合は228頁を参照）を超えた場合に、その超えた額が高額療養費として支給されます。

また、同一世帯で１年間に４回以上の高額療養費の支給申請を行った場合には、４回目から44,400円（ただし、標準報酬月額が53万円～79万円の場合は93,000円、83万円以上の場合は140,100円、低所得世帯の場合は、24,600円）を超えた場合に、超えた額が高額療養費として支給されます。高額療養費の支給の対象になったときには、常に直近の１年間の支給回数を全国健康保険協会各支部で確認をしてくれます。

高額療養費の支給対象になるのは、健康保険の給付として支給された部分の自己負担限度額を超えた部分ですから、差額ベッド代や入院時食事代や健康保険から給付されない高度な治療代等は対象になりません。

なお、事前に「高額療養費自己負担限度額の適用認定証」の交付を全国健康保険協会各支部に申請し、その認定証を医療機関に提出すれば、自己負担限度額を超えた分の支払いは不要となります。

被扶養者には、家族高額療養費が支給されます。

h　移送費

病気・ケガ等の緊急時に、移動が困難な患者に対し、医師の指示または保険者が認めた場合、その実費または保険者が認めた金額が移送費として現金で支給されます。被扶養者に支給されるものを、家族移送費といいます。

i　傷病手当金

被保険者が病気やケガの療養のため、継続して４日以上休業して給与が支給されないとき、欠勤１日につき直近１年間の平均標準報酬日額の３分の２が支給されます。ただし、支給期間は支給を開始した日から通算で１年６カ月分です。

j　出産手当金

被保険者が、出産の日（または出産予定日）以前42日（多胎妊娠の場合は98日）から出産日後56日までの期間会社を休み、会社から給与が支給されないとき、欠勤１日につき直近１年間の平均標準報酬日額の３分の２が支給されます。

k　被保険者・家族出産育児一時金

被保険者および被扶養者が産科医療補償制度に加入する医療機関等で出産したとき、1児につき500,000円が支給されます。これ以外の医療機関等で出産した場合は、488,000円となります。

l　埋葬料、家族埋葬料、埋葬費

被保険者が死亡したときの埋葬料、被扶養者が死亡したときの家族埋葬料として、一律50,000円が支給されます。

死亡した被保険者に家族がいないときは、埋葬を行った人に、50,000円の範囲内で埋葬にかかった費用が埋葬費として支給されます。

m　家族療養費

被扶養者が病気やケガをしたときに、健康保険被保険者証を病院等に提示して診てもらうとき等、医療費から自己負担分を除いた分が家族療養費として支給されます。

家族療養費は、入院時、通院時共原則7割が給付されます。

n　資格喪失後の給付

原則として1年以上継続して健康保険の被保険者であった人には、一定の条件のもとに退職後も次のような保険給付があります。

〈例〉　傷病手当金　出産育児一時金　埋葬料等

(5)　手続をする役所は

事業所を新規に開設したり、従業員を採用し健康保険の被保険者の資格取得の手続をしたり、従業員が退職し健康保険の被保険者資格を喪失したりしたときの手続の窓口は、事業所の所在地を管轄する年金事務所が受け持つことになります。ただし、平成20年10月1日からは、全国健康保険協会各支部（協会けんぽ）が被保険者証の発行、保険給付等の業務を行っています。このような保険の事業を運営するものを、協会けんぽといいます。

これに対して、同業者や一定の地域の会社が集まって、厚生労働大臣の認可を得て、政府に代わって独自の立場で健康保険の事業を運営している健康保険組合があります。これを組合管掌健康保険といいます。

被保険者に関する手続等については、原則として年金事務所に対するのと同様です。

なお、令和２年４月以降に開始される事業年度から特定の法人（資本金が１億円超の法人等）は、被保険者報酬月額算定基礎届、被保険者報酬月額変更届、被保険者賞与支払届の手続は、電子申請で行うことが義務化されました。

健康保険組合の特色

①　保険料率や保険料の負担割合について、法律の範囲内で自主的に決めることができる

②　一部負担金の還元や家族療養費、出産手当金等の給付について付加給付を行うことができる

③　被保険者や被扶養者の疾病予防、健康増進を図るために独自の保健施設を設置できる　　等

＜標準的な年金事務所の組織と役割＞

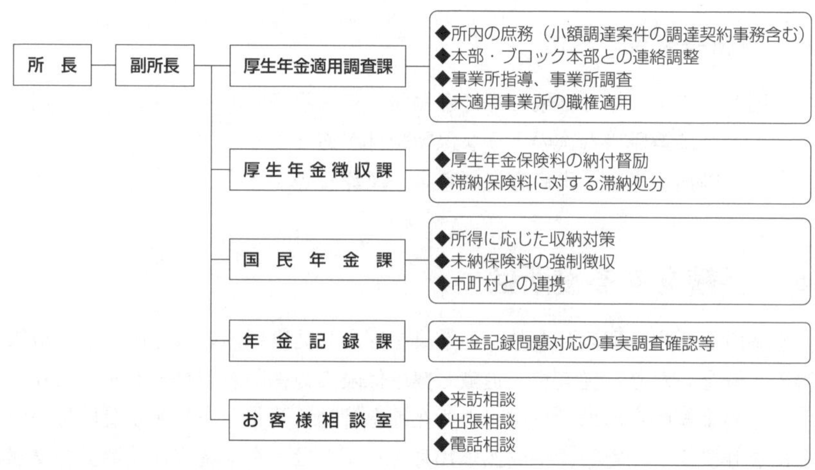

2　介護保険

(1)　目　　　的

『介護保険法』第１条では、「加齢に伴って生ずる心身の変化に起因する疾病等により要介護状態となり、入浴、排せつ、食事等の介護、機能訓練並びに看護及び療養上の管理その他の医療を要する者等について、これらの者が尊厳を保持し、その有する能力に応じ自立した日常生活を営むことができるよう、必要な保健医療サービス及び福祉サービスに係る給付を行う……」と規定しています。

つまり、被保険者（加入者）が年をとったことにより、心身に変化を来し、介護が必要になったとき、被保険者（加入者）が本人の能力に応じた自立した日常生活をできるように、入浴、排泄、食事等の介護サービス、その他機能訓練、看護、医療等のサービスを社会保険制度を利用して国民全体で行おうとするものです。あくまでも「加齢に伴って……」ということですから、40歳未満の若い方は、加入しないことになります。

(2)　保　険　者

保険制度において保険者とは、「保険契約により保険金（保険給付）を支給する義務を負い、保険料を受け取る権利のある者」を指します。保険者の意味については、公的保険でも私的保険でも同じです。

介護保険の保険者は、市町村および特別区です。市町村および特別区は、特別会計を設けて、介護保険を行います。

また、国や都道府県は保険者ではありませんが、財政的にも運営的にも援助し、保険者である市町村および特別区を支える仕組みになっています。

(3)　加入しなければならない人（被保険者）

原則として、市町村および特別区に住所のある人で、40歳以上の人は加入しなければなりません。したがって、日本に住所のない人（日本人でも海外に居住している人）は被保険者になりません。逆に、外国人でも日本に住所があれば被保険者になります。

被保険者には２つの種類があり、加入しなければならない条件が多少異なります。

住所があるかどうかについての基本的な考え方は、住民登録を行っているかどうかによります。外国人に関しては、外国人登録を行っていて３カ月を超えて日本に滞在すると認められるかどうかにより判断されます。

① **第１号被保険者**

市（区）町村に住所のある65歳以上の人が、第１号被保険者になります。年齢に関しては、『年齢計算に関する法律』および『民法』により、誕生日の前日に年齢に達します。

② **第２号被保険者**

市（区）町村に住所のある40歳以上65歳未満の人で、医療保険加入者が、第２号被保険者になります。

医療保険加入者でも、海外居住者で日本に住んでいない人は、第２号被保険者になりませんので、医療保険者に介護保険適用除外の届出が必要です（70頁参照）。

適用除外者

市（区）町村に住所のある65歳以上の人や、40歳以上65歳未満の医療保険加入者であっても、身体障害者療護施設や重症心身障害児施設等に入所している人は、当分の間、適用が除外され、被保険者になりません。

医療保険加入者とは

健康保険・船員保険・国民健康保険・国家公務員共済組合・地方公務員共済組合・私立学校教職員共済制度の被保険者・組合員等と、その被扶養者をいいます。

(4) 給付の内容のあらまし

介護保険のサービスは、介護が必要だというだけではなく、市（区）町村の認定を受けないと受けられません。また、第１号被保険者に対して行う場合と、第２号被保険者に対して行う場合では、条件が異なります。

① **第1号被保険者に対する条件とサービス**

市（区）町村の認定を受ければ、介護の必要度に応じた介護が受けられます。要介護状態になった原因は問いません。

② **第2号被保険者に対する条件とサービス**

加齢に伴って生じる疾病で、政令で定めた病気（特定疾病という）が原因で、介護が必要になった場合に、市（区）町村の認定を受ければ、介護の必要度に応じた介護が受けられます。つまり、要介護状態になった原因が問われます。

特定疾病とは

下記の16の疾病をいいます。

筋萎縮性側索硬化症、後縦靱帯骨化症、骨折を伴う骨粗鬆症、初老期における認知症、脊髄小脳変性症、脊柱管狭窄症、早老症、糖尿病性神経障害・糖尿病性腎症及び糖尿病性網膜症、脳血管疾患、パーキンソン病関連疾患、閉塞性動脈硬化症、関節リウマチ、慢性閉塞性肺疾患、両側の膝関節または股関節に著しい変形を伴う変形性関節症、がん、多系統萎縮症

(5) 主な給付の種類

介護保険のサービスには、市（区）町村の介護認定によって要介護と認定された人には、介護サービスが実施されます。

市（区）町村の要支援認定によって、要介護状態になるおそれがあり日常生活に支援が必要とされた人には、予防サービスが実施されます。予防サービスは、在宅サービスのみで施設サービスはありません。

本来、サービスの内容は、法律で決められたものだけですが、市（区）町村が法律で決められたサービス以外に、独自のサービスを行うことができます。これを「市町村特別給付」といいます。内容は条例で決められます。一般的に、上乗せサービス・横出しサービスなどといいます。

① **介護サービスの種類**

訪問介護、訪問入浴介護、訪問看護、訪問リハビリテーション、居宅療養管理指導、デイサービス、ショートステイ、認知症対応型グループホーム、有料老人ホーム、福祉用具貸与、特定福祉用具の購入、住宅改修、サービス計画費

② **施設サービス**

要介護者が介護保険施設に入所して、介護支援専門員が作成した計画に従って受ける介護サービス。介護保険施設には、介護老人福祉施設、介護老人保健施設、介護療養型医療施設、介護医療院の４つの施設があり、それぞれの機能に応じたサービスが受けられます。

なお、従前の指定介護療養型施設は令和５年度末で廃止の予定です。

(6) 介護保険料の納付

介護保険料は、第１号被保険者の場合と、第２号被保険者の場合では、納付方法が異なります。

① **第１号被保険者の場合**

原則的には、老齢基礎年金等の老齢・退職年金から保険料天引きの方法（特別徴収として）で徴収されます。特別徴収ができない人の場合には、市（区）町村が、普通徴収として個別に徴収します。

② **第２号被保険者の場合**

原則的には、第２号被保険者は所属している医療保険の保険料に上乗せされて徴収されます。保険料率は、医療保険者によって異なります。また、医療保険の加入者といっても、介護保険の第２号被保険者の被扶養者については、被扶養者本人が負担することはなく、医療保険の被保険者等が負担することになります。

また、医療保険の被保険者の中には、海外居住者等介護保険の被保険者にならない場合もありますので、その場合には、「介護保険適用除外等該当・非該当届」（記載例は70頁）の提出が必要になりますし、介護保険料については控除しないことになります。

3　厚生年金保険

(1) 目　　的

『厚生年金保険法』第１条では、「労働者の老齢、障害又は死亡について保険給付を行い、労働者及びその遺族の生活の安定と福祉の向上に寄与することを目的とする。」と規定しています。

この年金保険は、被保険者の老後の生活保障を目的とした「老齢年金の給付」が中心になりますが、併せて病気やケガによる「障害年金」、被保険者が死亡したとき等に支給される「遺族年金」の給付を行うことによって、被保険者と家族の生活の安定を保障することを目的としています。

なお、健康保険は業務外の事由による疾病・負傷・死亡・出産に関してのみ保険給付をするものですが、厚生年金保険は業務上発生した障害や死亡についても保険給付が行われますので注意してください。

また、厚生年金保険は、健康保険と同じように被用者年金保険（雇用されている人を対象としている保険）ですから、被保険者に関する手続等、健康保険と共通部分が相当あります。本章では共通部分は省略して説明します。

なお、平成27年10月１日から共済年金（国家公務員、地方公務員、私学教職員）が被用者年金制度の一元化等を図るために厚生年金保険に統一されました。

厚生年金基金とは

厚生年金基金は、健康保険組合と同じく厚生労働大臣の認可を得て設立され、厚生年金のうちの老齢年金の一部の給付については国に代わって支給します。また、厚生年金基金から厚生年金の上乗せの年金も支給されます。

したがって、国が支給する老齢厚生年金よりも支給条件や年金額において有利に設計することが義務になっていて、それに要する費用は原則として事業主が負担することになっています。この厚生年金基金は、平成26年４月より新設はできなくなり、現在５つの厚生年金基金が残っています。これに代わる年金制度として「企業年金基金」等があります。

⑵ 加入しなければならない事業所

a 強制適用事業所

厚生年金保険の強制適用事業所は、健康保険の規定とほぼ同じです。ただし、船員保険の職務外年金が昭和61年４月に厚生年金保険に吸収されたため、「船員保険法に定める船員として船舶所有者に使用される者が乗り込む**船舶**」が厚生年金の強制適用事業所とされました。

また、共済年金も平成27年10月に被用者年金が一元化されたため、厚生年金の強制適用事業所となりました。

b 任意適用事業所

任意適用事業所の範囲、任意適用事業所が厚生年金保険に任意加入する手続も健康保険とまったく同じです（48頁参照）。

⑶ 被保険者になる人

法人の事業所は健康保険と同様、事業の種類を問わず、１人でも従業員がいれば強制適用となり、その事業所に常勤で70歳未満の人は当然に厚生年金保険の強制加入被保険者となります。

また、パートタイマー、アルバイト、外国人、試みに使用される者等に対しても健康保険と同様に判断しますので、健康保険の項（49頁）を参照してください。

なお、健康保険では「船員保険の被保険者」は、法律によって適用が除外されていますが（船員については船員保険法で療養の給付等が行われます)、厚生年金保険では、「船舶」が適用事業所となっていますので、船員は厚生年金の被保険者となります。

健康保険に任意加入するときには、事業所に常勤している人はすべて包括して加入しますが、厚生年金保険には、１人だけ単独に加入する制度があります。これを任意単独被保険者といいます。

また、厚生年金保険には、70歳以上で老齢基礎年金の受給資格期間を満たしていない人のために高齢任意加入被保険者の制度があります。

a　任意単独被保険者

厚生年金保険の適用事業所（強制・任意適用事業所を問わず現に適用されている事務所）以外の事業所に勤務する70歳未満の従業員が、事業主の同意を得て、日本年金機構理事長（実際は年金事務所長）の認可を得て加入します。この制度は、事業所そのものを適用事業所とするものではありません。

しかし、保険料の負担は、本人と同意した事業主が折半負担し、その他の義務や負担も適用事業所の場合と同様に事業主が負うことになります。

b　高齢任意加入被保険者

厚生年金保険は、70歳以上の人は被保険者となることはできませんが、70歳になっても「老齢基礎年金や老齢厚生年金」の受給資格のない人がいます。そのような人が老齢に関する年金の受給資格を得るまで任意に加入できる制度です。

この制度を利用するには２つの方法があります。

１つめは、適用事業所に雇用される場合で、日本年金機構理事長（実際は年金事務所長）に申出をします。保険料は、全額自己負担ですが、事業主が折半負担に同意してくれれば、強制の被保険者と同様半額負担になります。

２つめは、適用事業所ではない事業所に雇用される場合です。この場合には、事業主の同意を得て、日本年金機構理事長に認可申請をして、認可が下りないと加入することができません。認可されれば、任意単独被保険者と同様に、保険料は事業主と折半負担になり、その他の義務や権利関係も、任意単独被保険者と同じになります。

(4)　保険給付の種類と内容のあらまし

厚生年金保険の保険給付は、原則として国民年金の基礎年金に上乗せする形（２階建ての年金給付）で報酬比例の年金が支給されます。報酬比例の年金には、**老齢厚生年金**、**障害厚生年金**、**遺族厚生年金**の３種類があります。

国民年金と厚生年金との関係

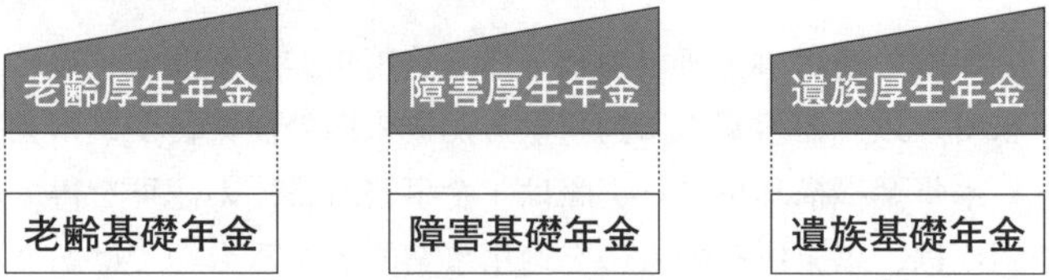

老齢厚生年金	障害厚生年金	遺族厚生年金
老齢基礎年金	障害基礎年金	遺族基礎年金

なお、厚生年金保険には、独自の給付として、60歳から65歳になるまで支給されるいわゆる「特別支給の老齢厚生年金または部分年金」、障害基礎年金に該当しない程度の障害者に支給される「３級の障害厚生年金、障害手当金」があります。

a　老齢厚生年金

厚生年金保険の被保険者だった人が、国民年金の老齢基礎年金を受ける資格を得た場合には、厚生年金保険料を支払った期間と額から計算された年金額が、老齢基礎年金と一緒に、65歳から支給されます。

また、厚生年金保険の被保険者期間が１年以上あり、国民年金の老齢基礎年金の受給資格期間を満たし、原則として60歳以上であれば、特別支給または報酬比例部分の老齢厚生年金の受給権が発生します。

そして、退職していれば、年金の全額が支給されますが、在職者の場合には、年金月額および総報酬月額相当額の金額により、一部支給されたり、全額支給停止になったりします。

b　障害厚生年金

被保険者であった間に初診日があり、そのときの病気やケガで障害になってしまったときに年金として支給されます。

障害の程度が、１級、２級の障害に該当すれば、障害基礎年金に上乗せする形で支給されます。障害基礎年金（１級または２級）に該当しない程度の障害でも、厚生年金保険の独自給付である「３級の障害厚生年金」または「障害手当金」が支給されます。

c　遺族厚生年金

遺族厚生年金は、厚生年金保険の被保険者が死亡したときや老齢厚生年金の資格期間を満たした人が死亡したとき、障害等級１、２級の障害厚生年金の受給権者が死亡したとき等、一定の遺族に支給されます。

また、遺族が、子のある配偶者または子（18歳に達した最初の３月31日までにある子または20歳未満で障害年金の障害等級１級または２級の子）の場合には、遺族基礎年金と遺族厚生年金が支給されます。

なお、遺族が、子のない配偶者、孫（18歳到達年度の年度末を経過していない者または20歳未満で障害年金の障害等級１・２級の者)、55歳以上の夫・父母・祖父母（支給開始年齢は60歳から。ただし夫は遺族基礎年金を受給中の場合に限り、遺族厚生年金も合わせて受給できます）の場合は、遺族基礎年金は支給されませんが、厚生年金保険から遺族厚生年金が支給されます。

(5) 手続をする役所は

協会けんぽの場合、健康保険・厚生年金保険の手続をするところは、事業所の所在地を管轄する年金事務所です。

令和２年４月以降に開始される事業年度から特定の法人（資本金が１億円超の法人等、45頁参照）は、被保険者報酬月額算定基礎届、被保険者報酬月額変更届、被保険者賞与支払届（70歳以上の者を含む）の手続は、電子申請で行うことが義務化されました。

なお、企業年金基金に加入している事業所は、企業年金基金にも加入手続や保険料納付等の手続が必要になります。

一般的な事業所の手続

健康保険 ⟶ 所轄年金事務所・全国健康保険協会支部（給付・任継）

厚生年金保険 ⟶ 所轄年金事務所

健康保険組合加入事業所の手続

組合管掌健康保険 ⟶ 加入している健康保険組合

厚生年金保険 ⟶ 所轄年金事務所

健康保険組合、かつ、企業年金基金に加入している事業所の手続

組合管掌健康保険 ⟶ 加入している健康保険組合

厚生年金保険 ⟶ 所轄年金事務所

厚生年金基金 ⟶ 加入している厚生年金基金

4・マイナンバー制度とは

1　マイナンバー制度とは

正式な名称は「行政手続における特定の個人を識別するための番号の利用等に関する法律」（番号法）として、平成28年1月より実施されて、各種書式に「個人番号」記載欄が設けられていますので、この制度の理解が必要です。

すでに市区町村から「番号通知カード」としてお手元に届いている12桁の番号のことを「マイナンバー」といっています。

会社の事務担当者は、従業員から個人番号を取得するときは、

①　通知カードより番号の確認（間違いのないよう念入りに確認）

②　身元確認（番号の正しい持ち主であることを「運転免許証」「パスポート」などで確認。ただし、個人番号カードの場合は写真付ですので個人番号カードのみで身元確認となります）

なお、個人番号を取得するときは、その利用目的を本人に伝え、同意を得ることが必要です。

労働保険・社会保険関係では、次の書類に記載が求められています。

2　雇用保険の届出の場合

(1)　雇用保険で個人番号の記載が必要な届出・申請書

雇用保険で個人番号の記載が必要な届出・申請書などは、次のとおりです。

①　雇用保険被保険者資格取得届（様式第２号）

②　雇用保険被保険者資格喪失届（様式第４号）

③　高年齢雇用継続給付受給資格確認票・（初回）高年齢雇用継続給付支給申請書（様式第33号の３）

④　育児休業給付受給資格確認票・（初回）育児休業給付支給申請書（様式第101条の30）

⑤　育児休業給付受給資格確認票・出生時育児休業給付金支給申請書（様式第101条の33関係）

⑥　介護休業給付金支給申請書（様式第33号の６）

平成30年５月以降マイナンバーの記載・添付がない場合には、返戻されますのでご注意ください。

なお、旧様式を使用する場合（番号記載欄がない）は、「個人番号登録・変更届」（記載例は71頁）によって個人番号の届出をすることになっています。

この「個人番号登録・変更届」については、令和２年４月１日から、新たにローマ字による被保険者氏名記載欄が追加されました。

（注）上記③、④の２回目以降の申請書には、個人番号の記載は不要です。

(2) 法人番号の記載が必要な届出書

法人番号の記載が必要な届出書は、次のとおりです。

①　雇用保険適用事業所設置届 ⟶ ハローワークへ提出

②　雇用保険適用事業所廃止届 ⟶ ハローワークへ提出

③　雇用保険事業主事業所各種変更届 ⟶ ハローワークへ提出

3　労災保険の届出の場合

(1) 労災年金で個人番号の記載が必要な申請書

労災年金で個人番号の記載が必要な申請書などは、次のとおりです。

なお、労災保険では労災年金の様式以外で個人番号の記載は不要です。

①　障害補償給付複数事業労働者障害給付支給請求書　障害特別支給金　障害特別年金　障害特別一時金支給申請書　業務災害用（告示様式第10号）

②　遺族補償年金複数事業労働者遺族年金支給請求書　遺族特別支給金　遺族特別年金　支給申請書　業務災害用（告示様式第12号）

③　遺族補償年金複数事業労働者遺族年金　遺族年金転給等請求書　遺族特別年金転給等申請書（告示様式第13号）

④　傷病の状態等に関する届（告示様式第16号の２）

⑤　障害給付支給請求書　障害特別支給金　障害特別年金　障害特別一時金支給申請書　通勤災害用（告示様式第16号の７）

⑥　遺族年金支給請求書　遺族特別支給金　遺族特別年金　支給申請書　通勤災害用（告示様式第16号の８）

⑦　年金たる保険給付の受給権者の住所・氏名　年金の払渡金融機関等変更届（告示様式第19号）

(2)　法人番号の記載が必要な届出書

法人番号の記載が必要な届出書は、次のとおりです。

①　労働保険関係成立届 ──→ 労働基準監督署等に提出

②　労働保険料等申告書 ──→ 労働基準監督署等に提出

（すでに適用事業場となっている事業場の法人番号については、平成28年度の年度更新の申告書の提出時に記入します。なお、一度記入しますと以後は申告書用紙に印字されてきます。）

4　社会保険の届出の場合

(1)　健康保険・厚生年金保険関係で個人番号の記載が必要な届出書

健康保険・厚生年金保険で個人番号の記載が必要な届出書は、平成31年１月現在で次のようになっています。

①　協会けんぽの場合

協会けんぽに申請する各種申請書には被保険者の「個人番号」記載欄が設けられていますが、個人番号の記入は任意とされています。今までと同じように「保険証の記号・番号」を記入すれば個人番号を記入する必要はありません。

個人番号を記入したときは、法令どおり本人確認書類または、番号確認書類として「個人番号カードの裏面のコピー、番号通知カードのコピー若しくは住民表記載事項証明書のうち１つ」、および身元確認書類として「個人番号カードの表面のコピー、運転免許証のコピー若しくはパスポートのコピーのうちから１つ」の添付が必要です。

なお、任意継続健康保険の被扶養者の認定手続には、被扶養者の個人番号を必ず記入します。この場合の被扶養者の個人番号は申請者が番号確認と本人確認を行ってください。したがって、改めて番号確認書類や本人確認書類を添付する必要はありません。

また、個人番号が記載された申請書などを協会けんぽに郵送する場合には、「特定記録郵便」等の利用を勧めています。

② **組合健保の場合**

組合によって取扱いが異なるようですが、健康保険被保険者資格取得届と被扶養者異動届に際しては､別紙（｢マイナンバー（個人番号）届出書（連記）｣）で個人番号を届け出ます。

任意継続健康保険の被扶養者の認定手続には、協会けんぽと同様の手続が必要です。

③ **厚生年金の場合**

厚生年金被保険者資格取得届、健康保険被扶養者異動届、厚生年金被保険者資格喪失届には個人番号を記載します。

⑵ 法人番号の記載が必要な届出書

次の書類には平成28年１月１日以降、法人番号の記載が必要です。

① 健康保険・厚生年金保険新規適用届

② 健康保険・厚生年金保険事業所関係変更（訂正）届

なお、ここに掲載していない書式には現時点では個人番号の記載は不要です。ただし、個人が提出する書式には記載が必要なものがあります。

5・押印または署名の廃止について

令和２年12月25日より、「押印を求める手続の見直し等のための厚生労働省関係省令の一部を改正する省令」等により、多くの書式の押印が廃止されました。本書は、令和５年３月時点で公官庁のホームページで公開されている書式を掲載しています（一部旧書式のものもあり)。書式は旧書式で押印欄があっても押印が不要とされています。なお、一部の書式には押印が必要のものがありますのでご注意ください。

1　介護保険適用除外等 該当/非該当 届（60頁、86頁）

提 出 先：所轄年金事務所または健康保険組合
提出期限：遅滞なく
添付書類：国外居住の場合は住民票除票、施設入所者の場合は入所・入院証明、外国人の場合は在留期間を証明する書類（パスポート裏面に押される「上陸許可認印」など）の写しおよび雇用契約書
提出する人：事業主
〔記載例のケース〕▷川端恵子は中国の現地法人に出向することになり、介護保険の適用除外に該当し、届けることになりました。

☞　この届出書は、第２号被保険者（40歳以上65歳未満の医療保険加入者）が、海外に居住（住民登録を日本から移すこと）するときに、事業主を通じて提出します。ただし、住民票をそのままにする場合は、届出は不要です。なお、海外に居住していた人が帰国して日本に住所を移した場合は、この届出書の非該当をマルで囲んで提出します。

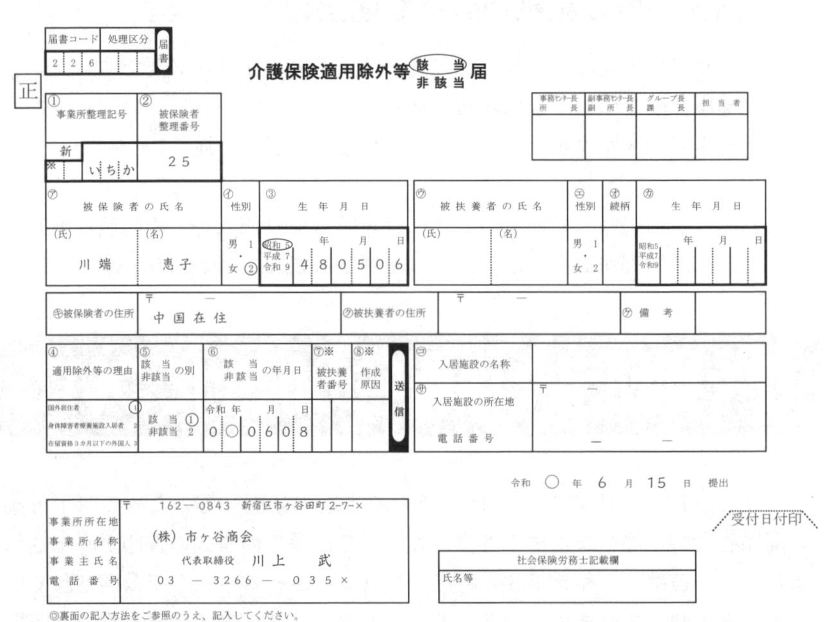

届書コード 2 2 6　処理区分　届書

正

介護保険適用除外等（該当）非該当 届

事務ｾﾝﾀｰ長 所長	副事務ｾﾝﾀｰ長 副所長	グループ長 課長	担当者

① 事業所整理記号	② 被保険者整理番号
新 ※ いちか	25

㋐ 被保険者の氏名		㋑ 性別	③ 生年月日
（氏）川端	（名）恵子	男 1・女 ②	（昭和5）平成7 令和9　48年05月06日

㋒ 被扶養者の氏名		㋓ 性別	㋔ 続柄	㋕ 生年月日
（氏）	（名）	男 1・女 2		昭和5 平成7 令和9　年　月　日

㋖被保険者の住所	〒　—　中国在住	㋗被扶養者の住所	〒　—	㋘ 備考	

④ 適用除外等の理由	⑤ 該当/非該当の別	⑥ 該当/非該当の年月日	⑦※ 被扶養者番号	⑧※ 作成原因	送信
国外居住者 ① 身体障害者療養施設入居者 2 在留資格3カ月以下の外国人 3	該当 ① 非該当 2	令和 0○年06月08日			

㋙ 入居施設の名称	
㋚ 入居施設の所在地	〒　—
電話番号	—　—

令和 ○ 年 6 月 15 日 提出

事業所所在地	〒 162—0843 新宿区市ヶ谷田町2-7-×
事業所名称	（株）市ヶ谷商会
事業主氏名	代表取締役　川上　武
電話番号	03 — 3266 — 035×

受付日付印

社会保険労務士記載欄
氏名等

◎裏面の記入方法をご参照のうえ、記入してください。
◎「※」欄は記入しないでください。

2 個人番号登録・変更届 (67頁)

提 出 先：所轄公共職業安定所長
提出期限：速やかに
添付書類：特にありませんが、必ず番号の確認と、本人の身元確認を行ってください。
提出する人：事業主
〔記載例のケース〕▷太田涼子は、雇用保険の資格取得時に個人番号の届出がなかったが、その後本人より個人番号の届出があったので個人番号の登録をすることにしました。

■ 様式第10号の2（第14条、第65条の6、第65条の11、附則第1条の3関係）（第1面）

個人番号(登録)・変更届

標準字体 0123456789
（必ず第2面の注意事項を読んでから記載してください。）

帳票種別 11701
1.届出区分 1 （1 新規 2 変更）
2.個人番号 123456789012
3.変更前個人番号
4.被保険者番号 3412-567894-2
日雇労働被保険者番号
5.氏名（カタカナ） オオタ リョウコ
6.性別 2 （1 男 2 女）
7欄は、被保険者が外国人の場合のみ記入してください。
7.被保険者氏名（ローマ字）（アルファベット大文字で記入してください。）
被保険者氏名〔続き（ローマ字）〕
8.生年月日 3-401102 （2 大正 3 昭和 4 平成 5 令和）
元号 年 月 日
9.事業所名 （株）市ヶ谷商会

（この用紙は、このまま機械で処理しますので、汚さないようにしてください。）

10.（フリガナ）変更前氏名		11. 氏名変更年月日	令和 年 月 日

メモ欄

雇用保険法施行規則第14条・第65条の6・第65条の11・附則第1条の3の規定により上記のとおり雇用保険被保険者の個人番号について届けます。

令和 ○年 5月 30日

事業主又は本人
住 所 新宿区市ヶ谷田町2－7－×
（株）市ヶ谷商会
氏 名 代表取締役 川上 武
電話番号 3266－035×

公共職業安定所長 殿

社会保険労務士記載欄	作成年月日・提出代行者・事務代理者の表示	氏 名	電話番号

※

所長	次長	課長	係長	係	操作者

※備考

2022. 3

☞ 労働・社会保険の手続にあたって旧様式を使用する場合（個人番号欄がない）や、新様式を使用する場合であっても何らかの理由により個人番号を記載できない場合に、この個人番号登録届出書により『個人番号』を提出します。また、個人番号を紛失して、新しい個人番号の交付を受けた場合にも、この個人番号変更届出書により新しい『個人番号』の提出を行います。

☞ 令和2年12月25日より、申請書の押印が不要になりました。

― 第２章 ―

社員を採用したとき

1・社員を採用したとき会社は

社員を新規に採用しますと、会社は数々の手続をする必要があります。中でも、労働保険・社会保険の手続は、手続をする前に確認しておかなければならない事項がたくさんあります。

初めて事務担当者になったとき、何かをしなければ……とは思っても、何から手をつけたらいいのかがわからず、時間ばかり経ってしまって困ったという経験を持った人は多いと思います。

さて、社員を採用したときは、その社員が正社員として採用されたのか、パートタイマーとして採用されたのか、アルバイトとして採用されたのか等の確認から始まります。

なぜならば、すでに述べましたように、雇用形態や雇用契約書の内容によって、「労働保険＝労災保険・雇用保険」、「社会保険＝健康保険・厚生年金保険」への加入が可能か、不可能か確認しなければならないからです。

ここからは、各保険ごとに作成しなければならない書式名、書式への記載の仕方、書式に記載するために必要な情報、いつまでに、どこへ、その他注意しなければならない事項等に区分して、わかりやすく解説します。

1　労災保険は（手続先⇨所轄労働基準監督署）

労災保険は、労働者が適用事業所に雇用されれば、その雇用形態に関係なく、労災保険から補償が受けられます。仮に、その事業所が労災保険に加入手続をしていなくとも、業務上の災害に対しては事業主には労働基準法上の補償義務が発生しているために、その肩代わりをする労災保険から補償が受けられることになっています。

平成17年11月１日から、労災保険未加入の事業主に対する費用徴収制度が強化されました。これにより、事業主が労災保険の加入手続を怠っていた期間中に労災事故が発生した場合、さかのぼって保険料を徴収する他に、労災保険から給付を受けた金額の100％または40％を事業主から徴収することとなっています。

また、労災保険は他の保険制度のように、労働者個々人を労災保険の被保険者として加入させる手続は必要としません。

なぜなら、後述するように、労働保険の確定申告（毎年４月１日～翌年３月31日）をするときに確定保険料として精算をすればよいことになっているからです。したがって、労働者を新規に採用したときの個人ごとの労災保険としての手続はしなくてもよいことになります。

2　雇用保険は（手続先⇨所轄公共職業安定所）

(1)　資格取得手続

雇用保険は、労災保険と違って、雇用形態、雇用契約の内容によって被保険者になるのか、ならないのかの判断がまず必要です。

第１章の雇用保険の被保険者の項（38頁）で被保険者の範囲を具体的に示しておきましたのでもう一度確認しておいてください。

雇用保険の被保険者としての手続が必要となったとき、事業主のする手続は、**「一般被保険者」**としての手続か、**「短期雇用特例被保険者」**としての手続かの判断が必要となります。

なお、いずれの被保険者でも、雇用保険の資格取得の手続方法は同じです。

＜一般被保険者＞

①　１週間の所定労働時間が20時間以上であること
②　31日以上引き続き雇用されることが見込まれること

この２つに該当すれば雇用保険の被保険者となります。

また、年齢によって次のように区分されます。

週所定労働時間	年齢が65歳未満	年齢が65歳以上＊
20時間以上	一般被保険者	高年齢被保険者

＊　65歳前から引き続き同一の事業主に雇用されている者および平成29年１月１日からは65歳以降新規に雇用された者。

＜短期雇用特例被保険者＞

雇用された社員が、季節的事業に雇用されたのかどうかの判断をし、季節的事業に雇用されたのならば、「短期雇用特例被保険者」としての手続となります。

手続に必要な書式

● 雇用保険被保険者資格取得届 …………………………… （記載例92頁）

社員を採用した月の翌月10日までに、所轄公共職業安定所長へ提出します。

記載に必要な情報を集める

◇労働者の採用年月日
◇労働者の氏名（フリガナ）・住所・性別・生年月日
◇雇用保険被保険者証（前職のある人）
◇雇用形態（正社員・パートタイム・季節的雇用者）
◇職種（事務職・営業職・管理職・技術職等）
◇雇用契約期間の有無・契約更新の有無
◇賃金額（月給・日給・時間給、通勤手当・見込残業手当含）
◇パートタイム・契約社員等の採用には「雇用契約書」を作成します
◇兼務役員を被保険者にする場合は、兼務役員であることが確認できる資料が必要（公共職業安定所で必要書類を確認すること）
◇外国人を雇用するときは、「外国人登録証明書」または「就労資格証明書」によって、外国人の氏名・在留資格・在留期間・生年月日・性別・国籍等を確認します
◇マイナンバー通知カードまたはマイナンバーカードにて個人番号を確認します

(2) 雇用保険被保険者証を紛失したとき

● 雇用保険被保険者証再交付申請書 ……………………… （記載例93頁）

「再交付申請書」を提出し、被保険者証の再交付を求めます。

この場合には、直前に在職していた会社、事業所の名称、住所、いつごろ入社し、いつごろ退職したかを⑪欄に記入することになっています。履歴書等で確認するとよいでしょう。

(3) 氏名に変更があったとき

手続に必要な書式

● 雇用保険被保険者資格取得届 ……………………………… (記載例92頁)

資格取得と同時に氏名の変更をするときは、「雇用保険被保険者資格取得届」の用紙で行います。

従前の氏名を4．被保険者氏名欄に記入し、5．変更後の氏名欄に新しい氏名を記入すれば、新しい氏名で被保険者資格取得届ができます。

(4) 60歳以上の人、障害者を採用したとき

手続に必要な書式

● 特定求職者雇用開発助成金（特定就職困難者コース）

公共職業安定所等の紹介により採用した人が、60歳以上の人、障害者（障害者とは、身体障害者、知的障害者、精神障害者をいいます）、母子家庭の母等の就職困難者の場合には、雇用保険より事業主に対して特定求職者雇用開発助成金のうち「特定就職困難者コース」の給付が受けられます。ただし、対象労働者の雇入れの日の前日から起算して6カ月前の日から1年間を経過する日までの間に雇用する被保険者（短期雇用特例被保険者および日雇労働被保険者を除く）を事業主の都合により解雇しないこと等が条件となります。また助成金を受けられる条件についてはたびたび変更がありますので、その都度確認することが必要です。

この助成金の申請手続は、対象労働者を雇用した後、最初の賃金締切日の翌日から起算して、6カ月経過後の2カ月以内に1回目を申請します。提

出期限については、他の雇用保険の給付と違い、猶予を認めてくれませんので、十分注意をしてください。

手続には、公共職業安定所等「特定求職者雇用開発助成金（特定就職困難者コース）」の申請に当たっての説明書と第１期支給申請書と支給申請書記載例が渡されますので、それに従って記載してください。

なお、事業主には、対象労働者の出勤状況および賃金の支払状況等を明らかにする書類（労働者名簿、賃金台帳、出勤簿など）を整備・保管し、管轄労働局長の求めに応じ提出するなど審査に協力することが求められています。２回目以降の申請は、その後６カ月経過後の２カ月以内に行います。

(5) 60歳以上65歳未満の人を採用したとき

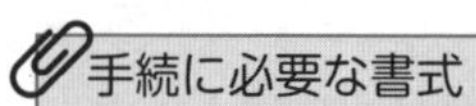

- 年金請求書（国民年金・厚生年金保険老齢給付）…（記載例94頁）
- 高年齢雇用継続給付支給申請書 ………………………（記載例104頁）

雇用保険の手続のところで、「厚生年金の請求書」の作成とは？ と考えるでしょうが、60歳以上の従業員を雇用したら給与額を決定する前に、まずその従業員の年金額を調査することです。その従業員の年金額を知った上で給与額を決定するのが、会社にとっても、従業員にとっても大事だからです。なぜなら、給与額によっては特別支給または報酬比例部分の老齢厚生年金を受けられるからです。

つまり、60歳以上65歳未満の人は厚生年金の加入期間が１年以上あり、老齢基礎年金の受給資格があれば、老齢厚生年金の受給権が発生しています。

そこで、老齢厚生年金の金額を確認し（年金事務所の年金相談員に相談します）、これに基づいて、給与額を決めるとよいでしょう。給与額の決め方によっては、老齢厚生年金が支給されます。この場合には「国民年金・厚生年金保険老齢給付請求書」を所轄年金事務所に提出します。

また、60歳以上の人は原則として「雇用保険被保険者高年齢雇用継続給付受給資格確認通知書」を持っていますから、この通知書の賃金額より75％未満に低下して採用された場合には、雇用保険高年齢雇用継続給付金が支給される場合があります。この場合にはすでに職安より交付されている**「高年齢雇用継続給付支給申請書」**を所轄公共職業安定所へ提出します(記載例は104頁)。

この申請書は、令和２年４月以降に開始される事業年度から特定の法人（資本金が１億円以上の法人等、45頁参照）は、電子申請で行うことが義務化されています。

なお、今までは４月１日現在で64歳になった人は雇用保険料は会社負担分も個人負担分も免除されていましたが、令和２年４月１日より免除制度は廃止されました。

このように、60歳以上65歳未満の人の場合には様々な給付がありますので、もし年金の受給権が発生しているのに請求していない場合には遠慮することなく請求する必要があります。また給与の決め方により老齢厚生年金が支給される場合と、支給されない場合がありますので、給与の決定前にいろいろと検討する必要があります。

(6) 外国人を採用したとき

基本的には、日本人と同様です。雇用保険に関しては、38頁で述べましたが、合法的に就労できるのかどうかを確認する必要があります。合法的に就労できるかどうかは、在留資格や在留カードで確認します。

管轄の公共職業安定所で、被保険者資格取得の手続をするときは、通常、日本人の被保険者資格取得届の際に必要な書類の他に、在留カードのコピー等を添付します（職安により、多少取扱いが異なるようです)。なお、被保険者の氏名は雇用保険被保険者資格取得届（92頁参照）の17欄へローマ字で記入します。

また、外国人の雇用に関しては、どういう形態で働いているのかを把握する必要があります。例えば、外国の会社から出張や派遣されているのであれば、日本の法律が適用されないので、労働・社会保険の被保険者資格は取得しないことになります。

健康保険と厚生年金保険については、在留資格に関係なく、日本人と同様の被保険者資格を取得する要件があれば被保険者資格を取得しますから、後述の被保険者資格取得届の手続を行う必要があります。また、平成26年10月からは、**「厚生年金保険被保険者ローマ字氏名届」**の提出も必要です（記載例は112頁)。

(7) 保険料はいつから控除すればよいか

労働保険料は次のようになっています。

① 労災保険料は、全額事業主が負担しますので社員の給与からの保険料控除の必要はありません。

② 雇用保険料は、事業の種類によって決められています。

・ 一般の事業………1000分の15.5(うち被保険者負担分1000分の６)

・ 農林水産の事業および清酒製造業
……………………1000分の17.5(うち被保険者負担分1000分の７)

・ 建設の事業………1000分の18.5(うち被保険者負担分1000分の７)

雇用保険料の被保険者負担分は、一般の事業で1000分の６、一般の事業以外（特掲事業といいます）では、1000分の７となっています。雇用保険料は、被保険者に賃金を支払うつどその賃金から控除します。

この場合、賃金から控除する金額は、雇用保険被保険者の賃金総額に被保険者負担分の料率を乗じて算出します。なお、１円未満の端数処理については、①事業主が給与から被保険者負担分を控除する場合の被保険者負担分の端数処理は、50銭以下切捨て、50銭１厘以上切上げ、②被保険者が被保険者負担分を事業主へ現金で支払う場合の被保険者負担分の端数処理は、50銭未満切捨て、50銭以上切上げ、となります。ただし、労使間で慣習的に１円未満を切り捨てにしている等の特約がある場合は引き続き同様の取扱いでも差し支えありません。

3　健康保険・厚生年金保険は

（手続先⇨所轄年金事務所・全国健康保険協会各支部・健康保険組合）

(1)　資格取得手続

社会保険の資格取得手続は、原則として健康保険と厚生年金保険を一緒に行います。健康保険組合に加入の事業所の場合は、健康保険の資格取得手続は健康保険組合で、厚生年金保険は所轄年金事務所で手続をします。

被保険者となれる条件は、年齢条件が違うだけで、健康保険（原則75歳まで）も厚生年金保険（原則70歳未満）も同じなので、一緒に手続を行います。

なお、令和５年６月１日より「健康保険・厚生年金保険被保険者資格取得届」にはマイナンバーの記載が義務づけられる予定です。

手続に必要な書式

● 健康保険・厚生年金保険　被保険者資格取得届／厚生年金保険　70歳以上被用者該当届 ……………………………………（記載例107頁）

社員を採用した日から起算して５日以内に、所轄年金事務所または健康保険組合（厚生年金基金に加入の場合は厚生年金基金へも）へ提出します。

記載に必要な情報を集める　（◆印は、雇用保険の手続の際、集めた情報）

◆労働者の採用年月日（社員として使用し始めた日）
◆労働者の氏名（フリガナ）・住所・性別・生年月日
◇基礎年金番号通知書
◆雇用形態（正社員・パートタイム・季節的雇用者）
◇被扶養者の有無、氏名（フリガナ）・性別・生年月日・続柄・同居の有無・送金の有無
◆賃金額（月給・日給・時間給、通勤手当・見込残業手当含）
◆マイナンバー通知カードまたはマイナンバーカードにて個人番号を確認します
◇70歳以上の生年月日確認（被用者該当届に必要）

社会保険では、この見込賃金額を**「健康保険・厚生年金保険標準報酬保険**

料月額表」（巻末資料）の等級に当てはめて、標準報酬月額を算定します。

⑵　年金手帳や基礎年金番号通知書を紛失したとき

手続に必要な書式

● **基礎年金番号通知書再交付申請書** ……………………… （記載例108頁）

今まで、加入年金制度ごとにバラバラに付けていた年金番号が、平成９年１月１日より、全年金制度共通の基礎年金番号になりました。

その基礎年金番号は、加入者が、平成９年１月１日現在で、法律上加入していなければならない制度の番号を使用することになりました。したがって、平成９年１月１日に加入しているべき年金制度が、国民年金の第１号被保険者だったとすると、その人の基礎年金番号は、国民年金の手帳に記載されている記号番号になります。平成９年１月１日に厚生年金保険に加入していた人は、厚生年金の手帳に記載されている記号番号が、その人の基礎年金番号になります。共済組合員だった場合は新たに基礎年金番号がふられることになりました。

平成９年１月１日以降、20歳前に被用者年金制度に加入するか、または、20歳に達した人は、新たに基礎年金番号がふられ、一生変わることはありません。転職して年金制度が変わっても基礎年金番号は変わらないことになりました。

説明したように、基礎年金番号は一生に一人１つしかありません。もし、紛失したりして、手元になければ基礎年金番号通知書の再交付を申請します。社員を採用し、年金手帳または基礎年金番号通知書の提出を求めても提出がないときは、社会保険の被保険者資格取得手続時に、「基礎年金番号通知書再交付申請書」を添付します。

(3) 年金手帳や基礎年金番号通知書を２冊以上持っているとき

手続に必要な書式

● 基礎年金番号重複取消届 ……………………………… （記載例109頁）

本来年金手帳や基礎年金番号通知書は一生に１冊だけ持っているものです。なぜなら手帳に記入されている記号番号によってその人の一生の年金の記録がされているからです。そして将来年金をもらうときはその年金番号の記録に基づき年金額が計算されます。

何らかの間違いで年金手帳等を２冊以上持っていると各々別々の人間として扱われてしまいます。

そこで、２冊以上の年金手帳等を持っている人は「同一人物だ」と届け出る必要があります。この手続のための様式を「基礎年金番号重複取消届」といいます。この場合、平成９年１月１日現在で、加入していなければならない制度の番号にあわせます。

この手続をしませんと、将来不利な扱いを受けますので、社員が入社したときには、必ず年金手帳の有無と、年金歴の確認をする必要があります。

(4) 氏名に変更があったとき

手続に必要な書式

● 健康保険・厚生年金保険被保険者氏名変更（訂正）届 …（記載例110頁）

社員から提出された年金手帳の氏名が違っていた場合で、マイナンバーと基礎年金番号が結びついている場合はこの届出書は不要ですが、結びついていない場合には、この届出書の提出が必要となります。また、外国人社員の氏名が変更になる場合は、この届出書の提出が必要ですが、この場合は併せて「厚生年金保険被保険者ローマ字氏名届」の提出も必要です。記載例は112 頁にあります。

年金手帳を新入社員から受け取ったら、氏名（読み方も）・生年月日等が間違っていないかどうか確認することが必要です。

(5) 被扶養者のいる人を採用したとき

手続に必要な書式

● 健康保険被扶養者(異動)届/国民年金第3号被保険者関係届 …(記載例111頁)

次の条件に該当する被扶養者がいる人は、資格取得届と一緒に「健康保険被扶養者（異動）届」の提出が必要です。また、高校生以上の学生等には、在学証明書等の添付書類が必要になります。

なお、社員の扶養家族に異動（結婚した、子供が生まれた、子供が就職した等）が生じた場合もこれに準じて手続します。

記載に必要な情報を集める

◇被扶養者の個人番号の確認をします。

a 被扶養者とは

健康保険では、業務以外の事由による被保険者の病気・ケガ・死亡・出産に関して保険給付をすると同時に、被扶養者の事故に対しても、給付の内容は違いますが同じように病気・ケガ・死亡・出産に関して保険給付をしてくれます。

そのために被扶養者の範囲を決めています。被扶養者とは読んで字のごとく扶養される人ですから、生計維持関係があることが必要です。そこで範囲を決めるに当たり、被保険者からみた親族関係と収入による枠が決められています。

なお、令和2年4月1日から、健康保険組合や協会けんぽの被扶養者の要件に「日本に住所を有する者であること」が追加されました。国内居住要件は日本人にも適用されますが、留学生や海外赴任に同行する家族等一時的に海外に住む者は例外とされています。

また、技能実習生や新たな在留資格「特定技能1号」の外国人が海外に残した家族には保険が適用されなくなりますので注意してください。

b　被扶養者になれる範囲

①　親族の範囲

<同居していなくても被扶養者になれる範囲>

- ・配偶者（内縁関係も含みます）
- ・直系尊属（父母・祖父母・曾祖父母等）
- ・子
- ・孫
- ・兄弟姉妹

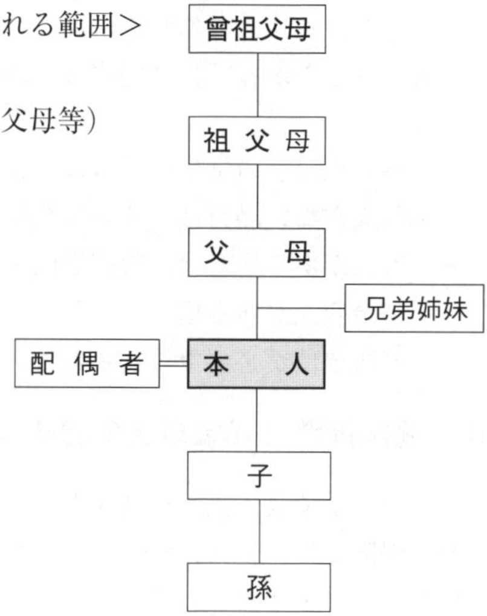

曾祖父母
祖 父 母
父　母
兄弟姉妹
配 偶 者
本　人
子
孫

<同居していないと被扶養者になれない範囲>

- ・上記以外の三親等内の親族（血族・姻族）
- ・内縁関係にある配偶者の父母、子
- ・内縁関係にあった配偶者の死亡後の配偶者の父母、子（死亡前から同居していること）

被扶養者になるのは75歳までですが、60歳未満と60歳以上に分けて、収入の限度額に違いがあります。

②　収入の限度

生計維持関係にあるということは生計の基本は被保険者の収入にあるというわけですが、おおよそ家計の半分以上を被保険者が負担している場合は、生計維持関係があるとされています。

実務的には、60歳未満の場合には年間収入が130万円未満、60歳以上の人と障害厚生年金の受給要件に該当する程度の障害者の場合は180万円未満が目安になります。

また、同居要件が不要な被扶養者が別居しているときは、年間収入が130万円未満（または180万円未満）で被保険者からの援助額（仕送額）より少ないときに被扶養者になることができます。

c　添付書類は必要か

被扶養者になるには説明したように様々な要件があります。

そこで、被扶養者になるには、要件に該当することを証明する必要があります。したがって、証明するための添付書類として下記のような書類が必要です。

・高校生以上の学生の場合は、在学証明書
・収入がない場合は、非課税証明書
・収入がある場合は、限度以内を証明する課税証明
・年金収入がある場合は、年金の支払通知書（最近時）
・同居要件が必要な被扶養者は、住民票謄本等

d　被扶養者（40歳以上65歳未満）が海外に住んでいるとき

40歳以上65歳未満の被扶養者は、介護保険の第２号被保険者になります。介護保険では、健康保険の保険者が、第２号被保険者の分を介護給付費納付金として納めなければなりませんので、被扶養者が介護保険の第２号被保険者であるかどうかは、重要な問題になります。したがって第２号被保険者である被扶養者が海外に居住した場合には、介護保険の「適用除外等該当届」を提出する必要があります（記載例は70頁）。逆に、海外から帰国（70頁記載例の川端恵子が中国から帰国したとしたら）した場合には、介護保険の「適用除外等非該当届」として提出します。

e　被扶養配偶者が20歳以上60歳未満のとき

手続に必要な書式

● 健康保険被扶養者（異動）届／国民年金第３号被保険者関係届 ……………………（記載例111頁）
● 国民年金第３号被保険者ローマ字氏名届 ……………（記載例113頁）

被扶養配偶者が20歳以上60歳未満である場合、国民年金の第３号被保険者に該当します。第３号被保険者関係届は、本人ではなく被保険者を使用している事業主が行うことになっています。手続する書類も、被扶養者（異動届）とセットになっています。

したがって協会管掌健康保険の適用事業所の場合は、被扶養者（異動届）を提出すると同時に国民年金第３号被保険者関係届が提出できるようになっています。

しかし、健康保険組合は、第３号被保険者関係届のみを管轄年金事務所に提出することになります。提出する際には、健康保険組合の被扶養者であることの証明印が必要になります。

また、被扶養配偶者が20歳未満だった場合は、その後20歳に達したときに手続しなければなりませんので、忘れないようにしましょう。

なお、外国籍の方が平成26年10月以降に第３号被保険者に該当する場合は、「国民年金第３号被保険者ローマ字氏名届」を第３号該当届とともに管轄年金事務所に提出する必要があります。

＜必要な添付書類＞

・被扶養配偶者の年金手帳（基礎年金番号通知書・または個人番号）

(6) 65歳以上の人を採用するとき

65歳以上の人は雇用保険には加入できませんでしたが、平成29年１月以降は65歳以上でも雇用保険に加入することができることになりました。70歳未満であれば健康保険と厚生年金保険に、70歳以上であれば75歳になるまで健康保険にのみ加入できますので、各々の手続が必要となります。

(7) 社会保険の報酬とは

社会保険では賃金、給与、手当、賞与等名称を問わず労働の対償として支払われるものを「報酬」といいます。現金で支払われようと現物給与であろうと問いません。労働の対償として事業主から支払われるものはすべて報酬に含めます。

例えば、基本給・家族手当・住宅手当・残業手当・通勤手当等すべて含めます。ただし、臨時に支払われるもの（大入り袋等）、３カ月を超える期間ごとに支払われるもの（賞与等）は、報酬の対象とはしません。したがって、支給が年３回以下の賞与は報酬には含まれません。

なお、平成15年４月１日以降は、保険料の賦課対象が総報酬となりましたので、給与も賞与も同率の保険料を負担することになります。賞与も標準賞与額として、厚生年金保険は１回150万円、健康保険は４月～翌３月まで合計573万円を上限に給与と同じ率を乗じて保険料の負担が課されることになりました。この結果、年金額の計算には賞与額も含めて報酬比例部分を計算することになりますが、健康保険の給付には反映しません。計算の仕方については363頁「賞与等の支払いがあったとき」を参照してください。

このように賞与が年金の報酬比例部分に反映されることになったことから、賞与を支給すると、個人別の賞与額を届け出ることになります（367頁参照）。

a　標準報酬月額とは何か

社会保険では毎月支払われる報酬月額に対して保険料率を乗じて保険料を計算します。しかし、残業手当のように、金額が月々増減するような毎月違う報酬月額を基礎に保険料を計算するのは大変です。

そこで一定の枠を決めてその枠の中にある金額の報酬額は同じ報酬月額であると、仮に決めた報酬を「標準報酬月額」といいます。それを表にしたものが、みなさんがよく見かける**「健康保険・厚生年金保険標準報酬月額保険料額表」**（巻末資料参照）です。

そして、原則的には報酬月額の額に多少の変動があっても、１年間特別なことのない限り、同じ標準報酬月額を基に、保険料を計算して納付します。そして見直しは１年に一度行いますが、それが後述する「被保険者報酬月額算定基礎届」です。

また、定期昇給があったり、家族が増えて家族手当が付いたり、引越しをして通勤手当が変更になったり、月給が時間給で支払われるようになった等、給与体系が変更になったりして固定的報酬に変動があった結果、標準報酬月額に２等級以上の差が生じた場合には、保険料の変更手続が必要になります。その手続を、後述する「被保険者報酬月額変更届」といいます。

b　被保険者資格取得時の標準報酬月額の決め方

それでは社員を採用したときには標準報酬月額はどのように決めるのでしょうか？

①　月給者の場合

基本給・家族手当・住宅手当・通勤手当（６カ月の定期代で払うのなら、６で割って１カ月当たりの金額を換算します）・残業手当の見込額等すべて含みます。

残業手当は実際に勤務してみないといくらぐらいになるのかわかりま

せんが、同じような仕事をしている社員の残業状況から判断して、残業見込額を換算し、報酬月額の中に合算し、標準報酬月額を決めます。

② **時間給者の場合**

1カ月の所定勤務時間から1カ月の見込額を換算し、残業が見込まれる場合は、残業の見込額も合算して標準報酬を決めます。

標準報酬月額の区分と有効期間

① 健康保険　第1級58,000円～第50級1,390,000円

② 厚生年金保険　第1級（健保4級）88,000円
～第32級（健保35級）650,000円

なお、1月～5月までに決定された標準報酬月額は原則として、その年の8月まで使用し、6月～12月までに決定された標準報酬月額は原則として、翌年の8月まで使用されます。

c　保険料はいつから控除すればよいか

社会保険料は被保険者資格を取得した月分から資格を喪失した月の前月分まで、標準報酬月額に基づいて、毎月徴収されます。

例えば、ある社員が令和4年4月1日に入社し、令和5年3月16日に退職したとします。保険料は令和4年4月分から令和5年2月分まで徴収されます。しかし、退職日が令和5年3月31日だった場合には（被保険者資格の喪失日は令和5年4月1日になります）、保険料の徴収は被保険者資格喪失日の前月分までですから、令和5年3月分まで徴収されることになります。

保険料の納付については、事業主が**全額について納付義務を負い**、納付期限は翌月末日になります。例えば4月分は5月の末日までに納付することになります。

保険料の納付義務は全額について事業主が負うのですが、保険料の負担は被保険者（社員）と事業主とで半分ずつ負担をします。そのために事業主は月々の給与から保険料の半額（被保険者の負担分）を控除してよいことになっています。

保険料控除は、保険料の納付期限が翌月末日ですから、保険料控除も保険料納付に間に合うように、翌月の給与から控除を始めます。つまり、令和5年4月1日に入社した社員の保険料控除は、令和5年5月1日から31日までに支給される給与から控除を始めます。

4　企業年金基金への手続は

（手続先⇨加入済企業年金基金）

企業年金基金に加入している会社もたくさんあると思います。基本的には企業年金基金に関する手続は、企業年金基金に提出します。しかし、企業年金基金は健康保険組合と一緒に設立されることも多く、健康保険組合に届け出ると、健康保険組合から企業年金基金に書類を送ってくれる健康保険組合もあります。健康保険組合から企業年金基金に送ってくれるかどうかを聞いてみるとよいでしょう。送ってくれない場合は、個別に手続を行わなければなりません。

標準報酬月額と保険料の算出方法

① 令和５年４月分の基本給250,000円、通勤手当月額13,500円、残業手当見込額月額20,000円の人の標準報酬月額は？

⇨月額見込額＝283,500円

標準報酬月額保険料額表を見ると、報酬月額が270,000円～290,000円の間ですから、健康保険の標準報酬月額等級は第21級（厚生年金第18級）（標準報酬月額280,000円）となり、本人負担分の健康保険料は全国健康保険協会東京支部で月額14,000円（介護保険に該当する被保険者は、16,548円）、厚生年金保険料（一般の場合）は月額25,620円（※）となります。（他県については巻末資料参照）

② この保険料の控除は、５月１日から31日までの間に支給される給与から控除すればよいことになります。

※　事業主が、給与から被保険者負担分を控除する場合、被保険者負担分の端数が50銭以下の場合は切り捨て、50銭を超える場合は切り上げて１円となります。

ただし、事業主と被保険者の間で特約がある場合には、特約に基づき端数処理をすることができます。

各種届出用紙の記載について

1　各種様式の裏面等に記載についての注意事項や解説がしてありますので、記載する前によく読んでから記載してください。

2　記載にあたっては、わかりやすく楷書(かいしょ)で記入してください。

特に□の中に記入する数字は、標準字体で記入しませんと機械処理できませんので注意してください。標準字体は各様式の上欄または裏面に示されています。

3　年月日は次のように記入してください。

令和[×][×]年[0][6]月[3][0]日（空欄には0を入れる）

4　各種様式に押印する印は、次のようにしてください。

〔法人の場合〕

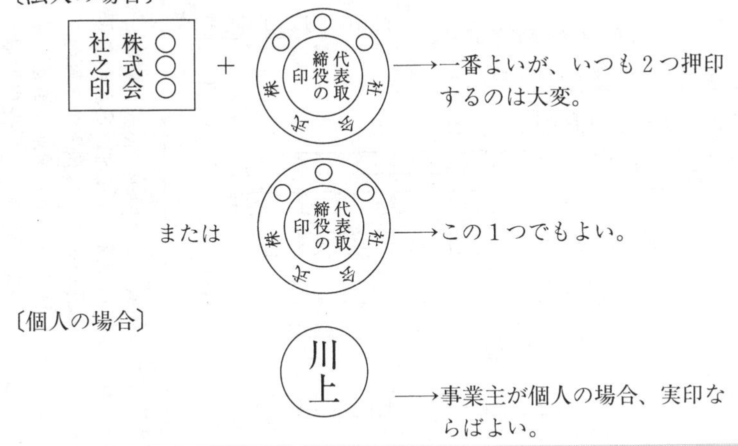

〔個人の場合〕

川上

→事業主が個人の場合、実印ならばよい。

押印または署名の廃止について

今までは上記のような押印が求められていましたが令和2年12月25日より、「押印を求める手続の見直し等のための厚生労働省関係省令の一部を改正する省令」等により、多くの書式の押印が廃止されました。本書は、令和5年3月時点で公官庁のホームページで公開されている書式を掲載しています（一部旧書式のものもあり）。書式は旧書式で押印欄があっても押印が不要とされています。なお、一部の書式には押印が必要のものがありますのでご注意ください。

電子申請について

ここに掲載されている申請・届出は事務所や自宅のパソコンを使ってインターネットを使って申請・届出することもできます。

電子申請を利用すれば、届出窓口の受付時間に関係なく手続が行われ、添付書類の省略ができるものもあります。

1　雇用保険被保険者資格取得届（76頁、77頁、439頁）

提 出 先：所轄公共職業安定所長
提出期限：社員を採用した日の属する月の翌月10日まで
添付書類：前職のある人は雇用保険被保険者証、短時間労働者の採用には雇用契約書の控（写し）、兼務役員を被保険者にするには、兼務役員雇用実態証明書（用紙は公共職業安定所にあります）
提出する人：事業主
〔記載例のケース〕▷太田涼子は旧姓の井上涼子名の被保険者証を提出したので、資格取得手続と一緒に氏名変更手続をしました。

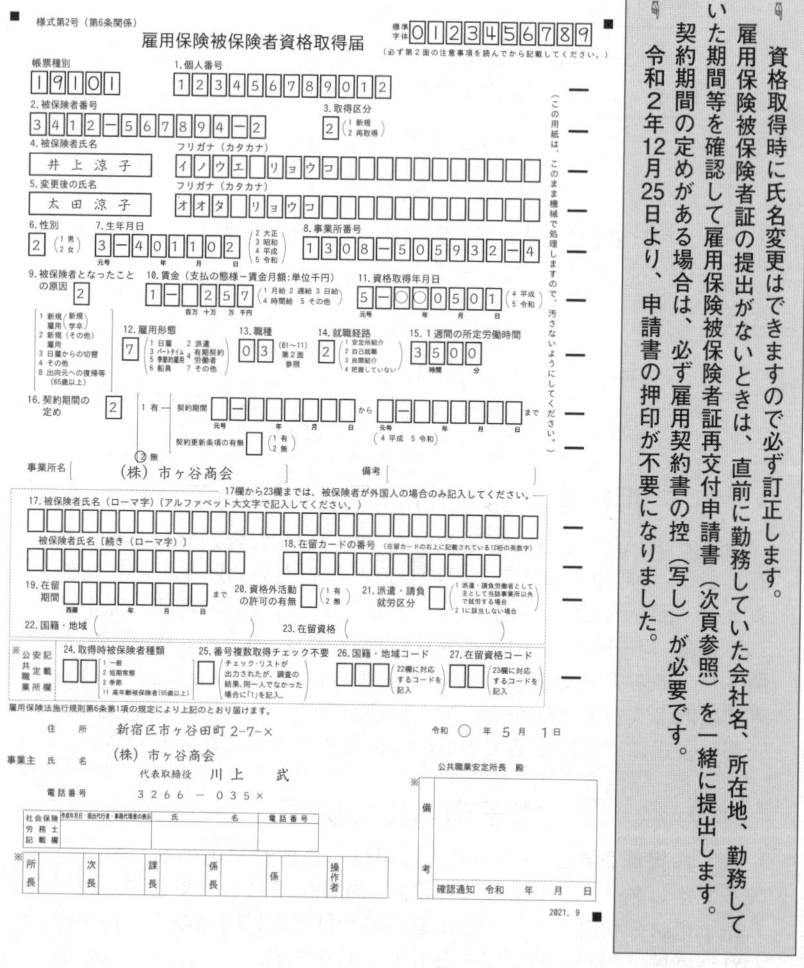

様式第2号（第6条関係）
雇用保険被保険者資格取得届　標準字体 0123456789
（必ず第２面の注意事項を読んでから記載してください。）

帳票種別 19101
1.個人番号 123456789012
2.被保険者番号 3412－567894－2
3.取得区分 2（1 新規　2 再取得）
4.被保険者氏名 井上 涼子　フリガナ（カタカナ）イノウエ リョウコ
5.変更後の氏名 太田 涼子　フリガナ（カタカナ）オオタ リョウコ
6.性別 2（1 男　2 女）
7.生年月日 3－401102（元号 年 月 日）（2 大正　3 昭和　4 平成　5 令和）
8.事業所番号 1308－505932－4
9.被保険者となったことの原因 2
（1 新規雇用（新規学卒）　2 新規雇用（その他）　3 日雇からの切替　4 その他　8 出向元への復帰等（65歳以上））
10.賃金（支払の態様－賃金月額：単位千円）1－257（百万 十万 万 千円）（1 月給 2 週給 3 日給 4 時間給 5 その他）
11.資格取得年月日 5－○○0501（元号 年 月 日）（4 平成　5 令和）
12.雇用形態 7（1 日雇　2 派遣　3 パートタイム　4 有期契約労働者　5 季節的雇用　6 船員　7 その他）
13.職種 03（01～11 第2面参照）
14.就職経路 2（1 安定所紹介　2 自己就職　3 民間紹介　4 把握していない）
15.１週間の所定労働時間 3500（時間 分）
16.契約期間の定め 2（1 有－契約期間　元号 年 月 日 から 元号 年 月 日 まで（4 平成　5 令和）　契約更新条項の有無（1 有　2 無）　②無）

（この用紙は、このまま機械で処理しますので、汚さないようにしてください。）

事業所名〔（株）市ヶ谷商会〕　備考〔　〕

17欄から23欄までは、被保険者が外国人の場合のみ記入してください。
17.被保険者氏名（ローマ字）（アルファベット大文字で記入してください。）
被保険者氏名〔続き（ローマ字）〕
18.在留カードの番号（在留カードの右上に記載されている12桁の英数字）
19.在留期間（西暦 年 月 日）まで
20.資格外活動の許可の有無（1 有　2 無）
21.派遣・請負就労区分（1 派遣・請負労働者として主として当該事業所以外で就労する場合　2 1に該当しない場合）
22.国籍・地域（　）
23.在留資格（　）

※公共職業安定所記載欄
24.取得時被保険者種類（1 一般　2 短期常態　3 季節　11 高年齢被保険者（65歳以上））
25.番号複数取得チェック不要（チェック・リストが出力されたが、調査の結果、同一人でなかった場合に「1」を記入。）
26.国籍・地域コード（22欄に対応するコードを記入）
27.在留資格コード（23欄に対応するコードを記入）

雇用保険法施行規則第6条第1項の規定により上記のとおり届けます。

令和 ○ 年 5 月 1 日

事業主
住所 新宿区市ヶ谷田町 2-7-×
氏名 （株）市ヶ谷商会　代表取締役 川上 武
電話番号 3266 － 035×

公共職業安定所長 殿

社会保険労務士記載欄	作成年月日・提出代行者・事務代理者の表示	氏名	電話番号

※所長	次長	課長	係長	係	操作者

※備考

確認通知 令和 年 月 日

2021. 9

☞ 資格取得時に氏名変更はできますので必ず訂正します。

☞ 雇用保険被保険者証の提出がないときは、直前に勤務していた会社名、所在地、勤務していた期間等を確認して雇用保険被保険者証再交付申請書（次頁参照）を一緒に提出します。

契約期間の定めがある場合は、必ず雇用契約書の控（写し）が必要です。

令和2年12月25日より、申請書の押印が不要になりました。

2 雇用保険被保険者証再交付申請書（76頁）

提 出 先：所轄公共職業安定所長（資格取得時でなければ、選択した公共職業安定所長）
提出期限：資格取得時等随時
添付書類：特になし。損傷しての再交付申請時は、損傷した被保険者証
提出する人：本人または事業主
〔記載例のケース〕▷平成○年４月１日に採用した田中和彦が、雇用保険被保険者証を紛失したと届け出たので、再交付の申請をすることにしました。

☞　直前に勤務していた会社名、所在地、勤務期間を本人より確認します。履歴書等で確認することが大事です。
　前会社より被保険者番号などを確認できればその番号を記入するとよいでしょう。
☞　令和２年12月25日より、申請書の押印が不要になりました。

様式第８号

※	所長	次長	課長	係長	係

雇用保険被保険者証再交付申請書

申請者	1. フリガナ	タナカ　カズヒコ	2. 性別	①男　2 女	3. 生年月日　大 ㊧昭 平 令 35年 9月 9日
	氏名	田中　和彦			
	4. 住所又は居所	中野区野方2-10-×			郵便番号 165－0027
現に被保険者として雇用されている事業所	5. 名称	(株)市ヶ谷商会			電話番号 3266－035×
	6. 所在地	新宿区市ヶ谷田町2-7-×			郵便番号 162－0843
最後に被保険者として雇用されていた事業所	7. 名称	宝産業(株)			電話番号 5217－601×
	8. 所在地	千代田区神田須田町4-8-×			郵便番号 101－0041
9. 取得年月日		平成○年 4月 1日			
10. 被保険者番号		1127－437896－5		※安定所確認印	
11. 被保険者証の滅失又は損傷の理由		紛失			

雇用保険法施行規則第10条第3項の規定により上記のとおり雇用保険被保険者証の再交付を申請します。

令和○年 5月30日
公共職業安定所長　殿

(株)市ヶ谷商会
代表取締役
申請者氏名　川上　武

※ 再交付年月日	令和　年　月　日	※備考	

3 年金請求書(国民年金・厚生年金保険老齢給付)(78頁、160頁、162頁)

提 出 先：最後に勤務していた会社を管轄する年金事務所
提出期限：原則として受給権を取得してから5年以内
添付書類：年金手帳、戸籍謄本、住民票謄本、加給年金対象者の課税証明書または非課税証明書、預金通帳、印鑑、雇用保険被保険者証等、個人番号カードまたは個人番号がわかる書類と身元確認のできる運転免許証などの組合わせ

様式第101号

年金請求書(国民年金・厚生年金保険老齢給付)

●年金を受ける方が記入する箇所は□(黄色)の部分です。(注)□は金融機関で証明を受ける場合に使用する欄です。)
●黒インクのボールペンで記入してください。鉛筆や、摩擦に伴う温度変化等により消色するインクを用いたペンまたはボールペンは、使用しないでください。
●代理人の方が提出する場合は、年金を受ける方が13ページにある委任状をご記入ください。

受付登録コード
1711

入力処理コード
430001

二次元コード

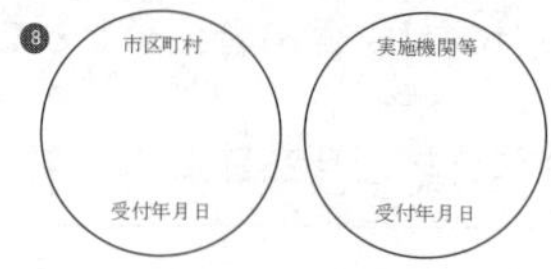

1. ご本人(年金を受ける方)について、太枠内をご記入ください。

23 郵便番号	332－4231
フリガナ	カワグチ　アオキ
24 住所	川口 (市)区 町村　青木1-2-× 建物名
フリガナ	(氏)コマツ　(名)マサオ
21 氏名	(氏)小松　(名)正夫
性別	(1.)男　2. 女

社会保険労務士の提出代行者欄

1 個人番号※(または基礎年金番号)	789034562101	2 生年月日	大正 (昭和) 33年 5月 1日
電話番号1	048 － 267 － 345×	電話番号2	－ －

※個人番号(マイナンバー)については、14ページをご確認ください。
※基礎年金番号(10桁)で届出する場合は左詰めでご記入ください。
＊日中に連絡が取れる電話番号(携帯も可)をご記入ください。
＊予備の電話番号(携帯も可)があればご記入ください。

2. 年金の受取口座をご記入ください。 貯蓄預金口座または貯蓄貯金口座への振込みはできません。

25 受取機関 ※
(1.) 金融機関(ゆうちょ銀行を除く)
2. ゆうちょ銀行(郵便局)
□ 公金受取口座として登録済の口座を指定

フリガナ	コマツ	マサオ
口座名義人氏名	(氏)小松	(名)正夫

※ 1または2に○をつけ、希望する年金の受取口座を下欄に必ずご記入ください。
※ また、指定する口座が公金受取口座として登録済の場合は、☑してください。(公金受取口座については、20ページをご参照ください。)

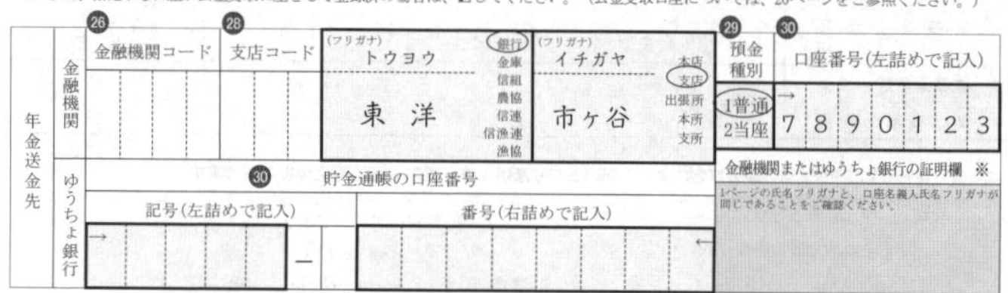

年金送金先			
金融機関	26 金融機関コード	28 支店コード	(フリガナ)トウヨウ 東洋 (銀行)・金庫・信組・農協・信連・信漁連・漁協　(フリガナ)イチガヤ 市ヶ谷 本店・(支店)・出張所・本所・支所
	29 預金種別 (1普通)・2当座	30 口座番号(左詰めで記入)	7890123
ゆうちょ銀行	30 貯金通帳の口座番号	記号(左詰めで記入)	番号(右詰めで記入)

金融機関またはゆうちょ銀行の証明欄 ※
1ページの氏名フリガナと、口座名義人氏名フリガナが同じであることをご確認ください。

※通帳等の写し(金融機関名、支店名、口座名義人氏名フリガナ、口座番号の面)を添付する場合または公金受取口座を指定する場合、証明は不要です。

提出する人：被保険者または被保険者であった者

〔記載例のケース〕▷小松正夫は、令和○年５月１日の誕生日で64歳になったので、特別支給の老齢厚生年金を請求することになりました。

3．これまでの年金の加入状況についてご記入ください。

(1)次の年金制度の被保険者または組合員となったことがある場合は、枠内の該当する記号を○で囲んでください。

㋐ 国民年金法	カ．私立学校教職員共済法
㋑ 厚生年金保険法	キ．廃止前の農林漁業団体職員共済組合法
ウ．船員保険法（昭和61年4月以後を除く）	ク．恩給法
エ．国家公務員共済組合法	ケ．地方公務員の退職年金に関する条例
オ．地方公務員等共済組合法	コ．旧市町村職員共済組合法

(2)年金制度の被保険者または組合員となったことがある場合は、下記の履歴欄にご記入ください。

履　歴(公的年金制度加入経過)
※できるだけ詳しく、正確にご記入ください。

	(1)事業所(船舶所有者)の名称および船員であったときはその船舶名	(2)事業所(船舶所有者)の所在地または国民年金加入時の住所	(3)勤務期間または国民年金の加入期間	(4)加入していた年金制度の種類	(5)備　考
最初	東都工業（株）	江東区新木場 1−3−×	S51・4・1から S63・3・31まで	1. 国民年金 ②厚生年金保険 3. 厚生年金(船員)保険 4. 共済組合等	
2	中央産業（株）	中央区京橋 3−4−×	S63・5・7から S10・6・30まで	1. 国民年金 ②厚生年金保険 3. 厚生年金(船員)保険 4. 共済組合等	
3	国民年金	川口市青木 1−2−×	H10・7・1から H18・3・31まで	①国民年金 2. 厚生年金保険 3. 厚生年金(船員)保険 4. 共済組合等	
4	（株）市ヶ谷商会	新宿区市谷田町 2−7−×	H18・4・1から 在・職・中まで	1. 国民年金 ②厚生年金保険 3. 厚生年金(船員)保険 4. 共済組合等	
5			・・から ・・まで	1. 国民年金 2. 厚生年金保険 3. 厚生年金(船員)保険 4. 共済組合等	
6			・・から ・・まで	1. 国民年金 2. 厚生年金保険 3. 厚生年金(船員)保険 4. 共済組合等	
7			・・から ・・まで	1. 国民年金 2. 厚生年金保険 3. 厚生年金(船員)保険 4. 共済組合等	
8			・・から ・・まで	1. 国民年金 2. 厚生年金保険 3. 厚生年金(船員)保険 4. 共済組合等	
9			・・から ・・まで	1. 国民年金 2. 厚生年金保険 3. 厚生年金(船員)保険 4. 共済組合等	
10			・・から ・・まで	1. 国民年金 2. 厚生年金保険 3. 厚生年金(船員)保険 4. 共済組合等	

(3)改姓・改名をしているときは、旧姓名および変更した年月日をご記入ください。

旧姓名	(フリガナ) (氏)	(名)
変更日	昭和・平成・令和　　年　　月　　日	

旧姓名	(フリガナ) (氏)	(名)
変更日	昭和・平成・令和　　年　　月　　日	

(4)<u>20歳から60歳までの期間で年金に加入していない期間</u>がある場合は、その期間を下欄にご記入ください。

※この欄と、下の(５)については保険料納付済期間(厚生年金保険や共済組合等の加入期間を含む)および保険料免除期間の合計が25年以上ある方は記入不要です。

	20歳～60歳の加入していない期間	年齢	左ページの該当番号	学校や勤め先等(自営業、専業主婦等)	住所(市区町村)	婚姻、配偶者の勤め先
1	(自) (至)	歳 ～ 歳				
2	(自) (至)	歳 ～ 歳				
3	(自) (至)	歳 ～ 歳				
4	(自) (至)	歳 ～ 歳				
5	(自) (至)	歳 ～ 歳				
6	(自) (至)	歳 ～ 歳				
7	(自) (至)	歳 ～ 歳				
8	(自) (至)	歳 ～ 歳				
9	(自) (至)	歳 ～ 歳				
10	(自) (至)	歳 ～ 歳				

(５)配偶者(であった方も含みます)の氏名、生年月日、基礎年金番号をご記入ください。
なお、婚姻履歴が複数ある場合は、任意の用紙にご記入ください。
※９ページ５(１)にご記入いただく場合は記入不要です。

カナ氏名　(　　　　　　　　　　)
漢字氏名　(　　　　　　　　　　)
生年月日　明治　大正　昭和　平成　(　　)年(　　)月(　　)日
基礎年金番号 (　　　　－　　　　) ※基礎年金番号はわかる範囲でご記入ください。

☞　厚生年金の被保険者期間が１年以上あるかどうかの確認、加給年金の対象者がいるかどうかの確認が必要です。
また、誕生日の前日（令和○年４月30日）に64歳に達しますので（『年齢計算に関する法律』より）、誕生日の前日から手続することが可能です。
雇用保険被保険者番号の記入を忘れずに。

4．現在の年金の受給状況等および雇用保険の加入状況についてご記入ください。

(１)現在、左の６ページ(表１)のいずれかの制度の年金を受けていますか。該当する番号を○で囲んでください。

1．受けている(全額支給停止の場合を含む)　(2.) 受けていない　3．請求中

①「1．受けている」を○で囲んだ方

公的年金制度名(表１より記号を選択)	年金の種類	(自)　年　月	㊽ 年金証書の年金コード(4桁)または記号番号等
	・老齢または退職 ・障害 ・遺族	昭和 平成　年　月 令和	
	・老齢または退職 ・障害 ・遺族	昭和 平成　年　月 令和	
	・老齢または退職 ・障害 ・遺族	昭和 平成　年　月 令和	

②「3．請求中」を○で囲んだ方

公的年金制度名(表１より記号を選択)	年金の種類
	・老齢または退職 ・障害 ・遺族

↓加入した年金制度が国民年金のみの方は、次の(２)、(３)の記入は不要です。

(２)雇用保険に加入したことがありますか。「はい」または「いいえ」を○で囲んでください。

(はい)　・　いいえ

①「はい」を○で囲んだ方
雇用保険被保険者番号(10桁または11桁)を**左詰めでご記入**ください。
最後に雇用保険の被保険者でなくなった日から 7年以上経過している方は
下の「事由書」の「ウ」を○で囲み、氏名をご記入ください。

㉒ 雇用保険被保険者番号	5	6	7	8	9	0	1	2	3	4	5

②「いいえ」を○で囲んだ方
下の「事由書」の「ア」または「イ」を○で囲み、氏名をご記入ください。

事由書

私は以下の理由により、雇用保険被保険者証等を添付できません。
(該当する項目を○で囲んでください。)

ア. 雇用保険の加入事業所に勤めていたが、雇用保険の被保険者から除外されていたため。
雇用保険法による適用事業所に雇用される者であるが、雇用保険被保険者の適用除外であり、雇用保険被保険者証の交付を受けたことがない。(例　事業主、事業主の妻等)

イ. 雇用保険に加入していない事業所に勤めていたため。
雇用保険法による適用事業所に雇用されたことがないため、雇用保険被保険者証の交付を受けたことがない。

ウ. 最後に雇用保険の被保険者でなくなった日から 7年以上経過しているため。
過去に雇用保険被保険者証の交付を受けたが、老齢厚生年金の年金請求書受付日において、最後に雇用保険被保険者の資格を喪失してから 7年以上経過している。

氏名

(３)60歳から65歳になるまでの間に、雇用保険の基本手当(船員保険の場合は失業保険金)または高年齢雇用継続給付を受けていますか(または受けたことがありますか)。「はい」または「いいえ」を○で囲んでください。

(はい)・　いいえ　　＊これから受ける予定のある方は、年金事務所等にお問い合わせください。

5．配偶者・子についてご記入ください。

配偶者はいますか	(はい)・いいえ

「はい」または「いいえ」を○で囲んでください。
「はい」の場合は(1)をご記入ください。

(1)配偶者についてご記入ください。

①配偶者の氏名、生年月日、個人番号または基礎年金番号、性別についてご記入ください。

㉛ 氏名	(フリガナ) コ マ ツ (氏) 小 松	カ ズ コ (名) 和 子	④ 生年月日	大正 (昭和) 平成 35年 3 月31 日
③ 個人番号※ (または基礎年金番号)	1 2 3 4 5 6 7 8 9 0 9 8		性別	1．男 (2) 女

※個人番号(マイナンバー)については、14ページ をご確認ください。
※基礎年金番号(10桁)で届出する場合は左詰めでご記入ください。

②配偶者の住所がご本人(年金を受ける方)の住所と異なる場合は、配偶者の住所をご記入ください。

郵便番号	－
住所	(フリガナ) 市 区 町 村 建物名

③配偶者は現在、左の８ページの表１に記載されている年金を受けていますか。該当するものを○で囲んでください。

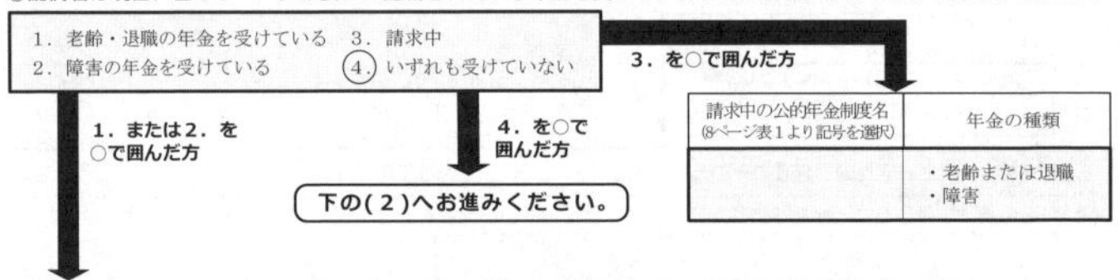
1．老齢・退職の年金を受けている　3．請求中
2．障害の年金を受けている　(4.) いずれも受けていない

3．を○で囲んだ方

請求中の公的年金制度名 (8ページ表１より記号を選択)	年金の種類
	・老齢または退職 ・障害

1．または2．を○で囲んだ方

4．を○で囲んだ方

下の(２)へお進みください。

公的年金制度名 (8ページ表１より記号を選択)	年金の種類	(自) 年 月	㊼ 年金証書の年金コード(4桁) または記号番号等
	・老齢または退職 ・障害	昭和 平成 令和 年 月	
	・老齢または退職 ・障害	昭和 平成 令和 年 月	
	・老齢または退職 ・障害	昭和 平成 令和 年 月	

(2)左の８ページ「子の年齢要件ａまたはｂ」に該当する子がいる場合には、氏名、生年月日、個人番号および障害の状態についてご記入ください。
（３人目以降は余白にご記入ください。）

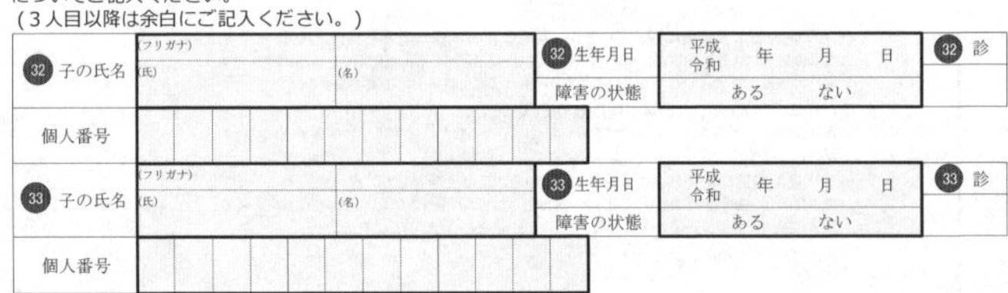

㉜ 子の氏名	(フリガナ) (氏)	(名)	㉜ 生年月日	平成 令和 年 月 日	㉜ 診
			障害の状態	ある ない	
個人番号					
㉝ 子の氏名	(フリガナ) (氏)	(名)	㉝ 生年月日	平成 令和 年 月 日	㉝ 診
			障害の状態	ある ない	
個人番号					

6．加給年金額に関する生計維持の申し立てについてご記入ください。

9ページで記入した配偶者または子と生計を同じくしていることを申し立てる。

請求者 氏名	小　松　正　夫

【生計維持とは】

以下の２つの要件を満たしているとき、「生計維持されている」といいます。

①生計同一関係があること

例）・ 住民票上、同一世帯である。
・ 単身赴任、就学、病気療養等で、住所が住民票上は異なっているが、生活費を共にしている。

②配偶者または子が収入要件を満たしていること

年収850万円(所得655.5万円)を将来にわたって有しないことが認められる。

ご本人(年金を受ける方)によって、生計維持されている配偶者または子がいる場合

（1）該当するものを○で囲んでください（３人目以降の子については、余白を使用してご記入ください）。

配偶者または子の年収は、850万円(所得655.5万円)未満ですか。		機構確認欄
配偶者について	(はい)・ いいえ	（　　）印
子(名：　　　　)について	はい ・ いいえ	（　　）印
子(名：　　　　)について	はい ・ いいえ	（　　）印

（2）（1）で配偶者または子の年収について「いいえ」と答えた方は、配偶者または子の年収がこの年金の受給権(年金を受け取る権利)が発生したときから、おおむね５年以内に850万円(所得655.5万円)未満となる見込みがありますか。
該当するものを○で囲んでください。

はい ・ いいえ	機構確認欄	（　　）印

「はい」を○で囲んだ方は、添付書類が必要です。

令和　○　年　7　月　31　日　　提出

☞ 手続を自分でする場合は記入不要です。

7．代理人に手続きを委任される場合にご記入ください。

委任状

代理人 ＊ご本人（委任する方）がご記入ください。

フリガナ		ご本人との関係	
氏　名			
住　所	〒　－　電話（　　）　－ 建物名		

私は、上記の者を代理人と定め、以下の内容を委任します。

作成日	令和　　年　　月　　日

ご本人 ＊ご本人（委任する方）がご記入ください。

基礎年金番号					－						

フリガナ		生年月日	大正 昭和　　年　　月　　日
氏　名	（旧姓　　　　）		
住　所	〒　－　電話（　　）　－ 建物名		
委任する内容	●委任する事項を次の項目から選んで○で囲んでください。5.を選んだ場合には委任する内容を具体的にご記入ください。 1．年金および年金生活者支援給付金の請求について 2．年金および年金生活者支援給付金の見込額について 3．年金の加入期間について 4．各種再交付手続きについて 5．その他（具体的にご記入ください。） （　　　　　　　　　　　　） ●「年金の加入期間」や「見込額」などの交付について A．代理人に交付を希望する　B．本人あて郵送を希望する　C．交付を希望しない		

※前頁の注意事項をお読みいただき、記入漏れのないようにお願いします。
なお、委任状の記入内容に不備があったり、本人確認ができない場合はご相談に応じられないことがあります。

機構独自項目

入力処理コード
4 3 0 0 0 1

年金コード
1 1 5 0

作成原因	❼ 進達番号
❻ 01	

●ご本人(年金を受ける方)が記入する箇所は ［　　］ (黄色)の部分です。

1．ご本人(年金を受ける方)について、ご記入ください。

(1)基礎年金番号と異なる記号番号の年金手帳等をお持ちの場合は、その年金手帳等の記号番号をすべてご記入ください。

厚生年金保険 国民年金 船員保険 の 手帳記号番号	－	－
	－	－

(2)以下の項目に該当しますか。「はい」または「いいえ」を○で囲んでください。

1	国民年金、厚生年金保険、または共済組合等の障害給付の受給権者で国民年金の任意加入をした方は、その期間について特別一時金を受けたことがありますか。	はい・(いいえ)
2	昭和36年4月1日から昭和47年5月14日までに沖縄に住んでいたことがありますか。	はい・(いいえ)

2．配偶者についてご記入ください。

配偶者について、基礎年金番号と異なる記号番号の年金手帳等をお持ちの場合は、その年金手帳等の記号番号をすべてご記入ください。

厚生年金保険 国民年金 船員保険 の 手帳記号番号	－	－
	－	－

3．その他の年金加入情報等についてご記入ください。

(1)個人で保険料を納める第四種被保険者、船員保険の年金任意継続被保険者となったことがありますか。　はい・(いいえ)

①「はい」と答えたときは、その保険料を納めた年金事務所(社会保険事務所)の名称をご記入ください。

②その保険料を納めた期間をご記入ください。　昭和・平成　年　月　日から　昭和・平成　年　月　日

③第四種被保険者(船員年金任意継続被保険者)の整理記号番号をご記入ください。　記号　　番号

(2)現在、次の年金または恩給のいずれかを受けることができる方は、その番号を○で囲んでください。

1 地方公務員の恩給	2 恩給法(改正前の執行官法附則第13条において、その例による場合を含む)による普通恩給
3 日本製鉄八幡共済組合の老齢年金または養老年金	4 旧外地関係または旧陸海軍関係共済組合の退職年金給付

☞　事例によってはこのページには記載しないことがあります。今回の記載例では記入不要です。

4．振替加算に関する生計維持の申し立てについてご記入ください。

9ページで記入した配偶者と生計を同じくしていることを申し立てる。

請求者氏名	

【生計維持とは】
以下の２つの要件を満たしているとき、「生計維持されている」といいます。

①生計同一関係があること
例）・住民票上、同一世帯である。
・単身赴任、就学、病気療養等で、住所が住民票上は異なっているが、生活費を共にしている。

②ご本人(年金を受ける方)が収入要件を満たしていること
年収850万円(所得655.5万円)を将来にわたって有しないことが認められる。

ご本人(年金を受ける方)が配偶者によって生計維持されている場合

該当するものを○で囲んでください。
（１）ご本人(年金を受ける方)の年収は 850万円(所得655.5万円)未満ですか。

はい　・　いいえ	機構確認欄	(　　)印

（２）（１）で「いいえ」を○で囲んだ方は、ご本人の年収がこの年金の受給権(年金を受け取る権利)が発生したときから、おおむね 5年以内に 850万円(所得655.5万円)未満となる見込みがありますか。

はい　・　いいえ	機構確認欄	(　　)印

「はい」を○で囲んだ方は、添付書類が必要です。

年金事務所等の確認事項	
ア．健保等被扶養者(第3号被保険者)	エ．義務教育終了前
イ．加算額または加給年金額対象者	オ．高等学校等在学中
ウ．国民年金保険料免除世帯	カ．源泉徴収票・所得証明等

令和　○　年　7　月　31　日　提出

5. 公的年金等の受給者の扶養親族等申告書についてご記入ください。

提出年	令和 ○ 年	提出日	令和 ○ 年 7 月 31 日提出	1150

(1) ご本人(年金を受ける方)の氏名、生年月日、住所、基礎年金番号を記入してください。
ご本人自身が障害者・寡婦等に該当しない場合は、下記事項を○で囲む必要はありません。

氏名	(フリガナ) コマツ マサオ (氏) 小松 (名) 正夫	生年月日	1明 3大 5昭(○) 33年 5月 1日
住所	(フリガナ) カワグチ アオキ 川口 市(○) 区 町 村 青木1-2-× 建物名		
郵便番号	332-4231	電話番号	048-267-345×
基礎年金番号	0987-654321		

う 本人障害	1. 普通障害 2. 特別障害	え 寡婦等	1. 寡婦 2. ひとり親 地方税控除(退職所得を除く) 4. 寡婦 5. ひとり親	お 本人所得	年間所得の見積額が900万円を超える

(2) 上記の提出年の扶養親族等の状況についてご記入ください。
うかきく については「摘要」欄に記入が必要な場合があります。18ページの各欄の説明をご覧ください。
(ご本人に控除対象配偶者や扶養親族がない場合は、下記事項を記入する必要はありません)

	フリガナ 氏名 / 個人番号(マイナンバー)	続柄	生年月日 / 種別	う 障害	か 同居・別居の区分 / 非居住者	きく 所得金額
あ 源泉控除対象配偶者または障害者に該当する同一生計配偶者	コマツ カズコ 小松 和子 123456789098	1. 夫 2. 妻(○)	1明 3大 5昭(○) 7平 35年 3月 31日 2. 老人	1. 普通障害 2. 特別障害	1. 同居(○) 2. 別居 1. 非居住	0 万円(年間)
配偶者の区分	(1) 収入が年金のみで、以下のいずれかに該当する。 1. 65歳以上の場合、年金額が158万円以下 2. 65歳未満の場合、年金額が108万円以下			機構使用欄 (本人所得と配偶者所得、退職所得の有無から該当するコードを記載)		
い 控除対象扶養親族(16歳以上)			1明 3大 5昭 7平 9令 年 月 日 1. 特定 2. 老人	1. 普通障害 2. 特別障害	1. 同居 2. 別居 1. 非居住	万円(年間)
			1明 3大 5昭 7平 9令 年 月 日 1. 特定 2. 老人	1. 普通障害 2. 特別障害	1. 同居 2. 別居 1. 非居住	万円(年間)
扶養親族(16歳未満)			7平成 9令和 年 月 日	1. 普通障害 2. 特別障害	1. 同居 2. 別居 1. 非居住	万円(年間)
			7平成 9令和 年 月 日	1. 普通障害 2. 特別障害	1. 同居 2. 別居 1. 非居住	万円(年間)
うかきく 摘要						

＊提出年より前に年金が受けられる場合は、過去の年分の扶養親族等申告書をすべて提出していただくことになります。
(申告書は年金事務所に用意してあります)

＊「扶養親族(16歳未満)」欄は、地方税法第45条の3の3および第317条の3の3の規定による「公的年金等受給者の扶養親族申告書」の記載欄を兼ねています。

＊控除対象配偶者や扶養親族の個人番号を確認する書類は提出する必要はありません。

(年金の支払者) 官署支出官 厚生労働省年金局事業企画課長 法人番号 6000012070001

4 高年齢雇用継続給付支給申請書 （78頁）

提 出 先：所轄公共職業安定所長

提出期限：初回の申請は、最初の支給対象月の初日から４カ月以内に行い、以後は、公共職業安定所の指定により、２カ月ごとに行います。

添付書類：賃金台帳、出勤簿、受給資格確認票（金融機関の確認印のあるもの。ない場合は払渡希望金融機関指定届）

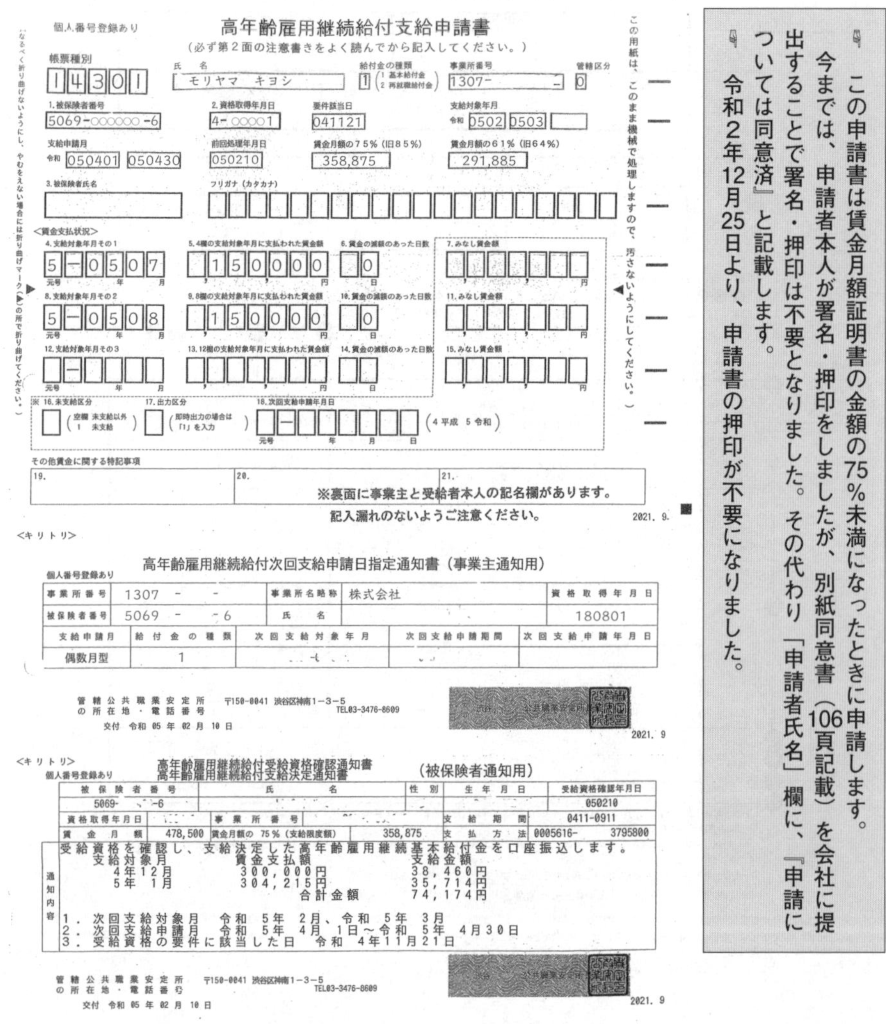

個人番号登録あり

高年齢雇用継続給付支給申請書

（必ず第２面の注意書きをよく読んでから記入してください。）

（なるべく折り曲げないようにし、やむをえない場合には折り曲げマーク（▶）の所で折り曲げてください。）

（この用紙は、このまま機械で処理しますので、汚さないようにしてください。）

帳票種別 14301　氏名 モリヤマ　キヨシ　給付金の種類 1（1 基本給付金 2 再就職給付金）　事業所番号 1307-　管轄区分 0

1.被保険者番号 5069-○○○○○○-6　2.資格取得年月日 4-○○○○1　要件該当日 041121　支給対象年月 令和 0502 0503

支給申請月 令和 050401 050430　前回処理年月日 050210　賃金月額の75％（旧85％） 358,875　賃金月額の61％（旧64％） 291,885

3.被保険者氏名　フリガナ（カタカナ）

<賃金支払状況>

支給対象年月	支給対象年月に支払われた賃金額	賃金の減額のあった日数	みなし賃金額
4.その1　5-0507（元号 年 月）	5. 150000 円	6. 0 日	7. 円
8.その2　5-0508	9. 150000 円	10. 0 日	11. 円
12.その3	13. 円	14. 日	15. 円

※ 16.未支給区分（空欄 未支給以外 1 未支給）　17.出力区分（即時出力の場合は「1」を入力）　18.次回支給申請年月日（4 平成 5 令和）

その他賃金に関する特記事項　19.　20.　21.

※裏面に事業主と受給者本人の記名欄があります。

記入漏れのないようご注意ください。　2021. 9

<キリトリ>

個人番号登録あり

高年齢雇用継続給付次回支給申請日指定通知書（事業主通知用）

事業所番号	1307 - -	事業所名略称	株式会社	資格取得年月日
被保険者番号	5069 - -6	氏名		180801

支給申請月	給付金の種類	次回支給対象年月	次回支給申請期間	次回支給申請年月日
偶数月型	1			

管轄公共職業安定所の所在地・電話番号　〒150-0041 渋谷区神南1-3-5　TEL03-3476-8609

交付 令和 05 年 02 月 10 日　2021. 9

<キリトリ>

個人番号登録あり

高年齢雇用継続給付受給資格確認通知書
高年齢雇用継続給付支給決定通知書（被保険者通知用）

被保険者番号	氏名	性別	生年月日	受給資格確認年月日
5069- -6				050210

資格取得年月日		事業所番号		支給期間	0411-0911
賃金月額	478,500	賃金月額の 75％（支給限度額）	358,875	支払方法	0005616- 3795800

通知内容

受給資格を確認し、支給決定した高年齢雇用継続基本給付金を口座振込します。

支給対象月	賃金支払額	支給金額
4年12月	300,000円	38,460円
5年 1月	304,215円	35,714円
	合計金額	74,174円

1．次回支給対象月　令和 5年 2月、令和 5年 3月
2．次回支給申請月　令和 5年 4月 1日～令和 5年 4月30日
3．受給資格の要件に該当した日　令和 4年11月21日

管轄公共職業安定所の所在地・電話番号　〒150-0041 渋谷区神南1-3-5　TEL03-3476-8609

交付 令和 05 年 02 月 10 日　2021. 9

この申請書は賃金月額証明書の金額の75%未満になったときに申請します。

今までは、申請者本人が署名・押印をしましたが、別紙同意書（106頁記載）を会社に提出することで署名・押印は不要となりました。その代わり「申請者氏名」欄に、『申請については同意済』と記載します。

令和2年12月25日より、申請書の押印が不要になりました。

提出する人：原則として事業主

〔記載例のケース〕▷森山清を採用した際、受給資格確認票と雇用保険被保険者六十歳到達時等賃金証明書の提出があり、賃金が60歳時点の賃金と比較して75%未満に低下したので申請することにしました。

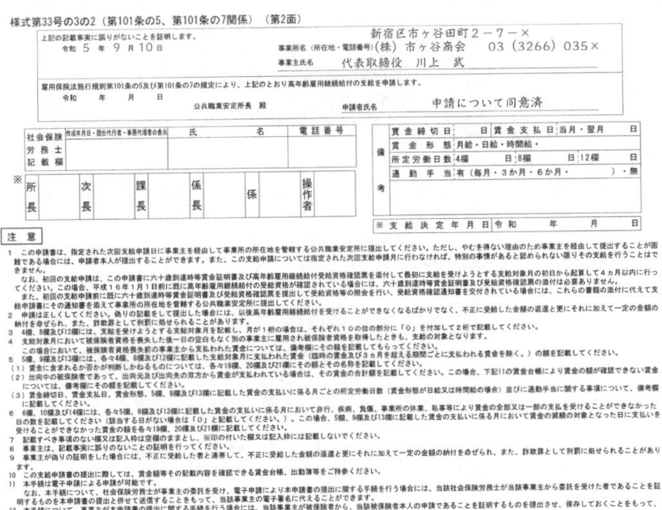

様式第33号の3の2（第101条の5、第101条の7関係）（第2面）

上記の記載事実に誤りがないことを証明します。

令和 5 年 9 月 10 日

事業所名（所在地・電話番号） 新宿区市ヶ谷田町２－７－×　(株) 市ヶ谷商会　03 (3266) 035×

事業主氏名　代表取締役　川上　武

雇用保険法施行規則第101条の5及び第101条の7の規定により、上記のとおり高年齢雇用継続給付の支給を申請します。

令和　　年　　月　　日

公共職業安定所長　殿

申請者氏名　申請について同意済

社会保険労務士記載欄	作成年月日・提出代行者・事務代理者の表示	氏名	電話番号

※

所長		次長		課長		係長		係		操作者	

備考		
	賃金締切日	日　賃金支払日　当月・翌月　日
	賃金形態	月給・日給・時間給・
	所定労働日数	4欄　日　8欄　日　12欄　日
	通勤手当	有（毎月・3か月・6か月・　）・無

※支給決定年月日	令和　　年　　月　　日

注意

1　この申請書は、指定された次回支給申請日に事業主を経由して事業所の所在地を管轄する公共職業安定所に提出してください。ただし、やむを得ない理由のため事業主を経由して提出することが困難である場合には、申請者本人が提出することができます。また、この支給申請については指定された次回支給申請月に行わなければ、特別の事情があると認められない限りその支給を行うことはできません。

なお、初回の支給申請は、この申請書に六十歳到達時等賃金証明書及び高年齢雇用継続給付受給資格確認票を添付して最初に支給を受けようとする支給対象月の初日から起算して４ヵ月以内に行ってください。この場合、平成１６年１月１日前に既に高年齢雇用継続給付の受給資格が確認されている場合には、六十歳到達時等賃金証明書及び受給資格確認票の添付は必要ありません。

また、初回の支給申請前に既に六十歳到達時等賃金証明書及び受給資格確認票を提出して受給資格等の照会を行い、受給資格確認通知書を交付されている場合には、これらの書類の添付に代えて支給申請書にその通知書を添えて事業所の所在地を管轄する公共職業安定所に提出してください。

2　申請は正しくしてください。偽りの記載をして提出した場合には、以後高年齢雇用継続給付を受けることができなくなるばかりでなく、不正に受給した金額の返還と更にそれに加えて一定の金額の納付を命ぜられ、また、詐欺罪として刑罰に処せられることがあります。

3　4欄、8欄及び12欄には、支給を受けようとする支給対象月を記載し、月が１桁の場合は、それぞれ１０の位の部分に「０」を付加して２桁で記載してください。

4　支給対象月において被保険者資格を喪失した後一日の空白もなく別の事業主に雇用され被保険者資格を取得したときも、支給の対象となります。

この場合において、被保険者資格喪失前の事業主から支払われた賃金については、備考欄にその額を記載してもらってください。

5　5欄、9欄及び13欄には、各々4欄、8欄及び12欄に記載した支給対象月に支払われた賃金（臨時の賃金及び３ヵ月を超える期間ごとに支払われる賃金を除く。）の額を記載してください。

（1）賃金に含まれるか否かが判断しかねるものについては、各々19欄、20欄及び21欄にその額とその名称を記載してください。

（2）出向中の被保険者であって、出向元及び出向先の双方から賃金が支払われている場合は、その賃金の合計額を記載してください。この場合、下記11の賃金台帳により賃金の額が確認できない賃金については、備考欄にその額を記載してください。

（3）賃金締切日、賃金支払日、賃金形態、5欄、9欄及び13欄に記載した賃金の支払いに係る月ごとの所定労働日数（賃金形態が日給又は時間給の場合）並びに通勤手当に関する事項について、備考欄に記載してください。

6　6欄、10欄及び14欄には、各々5欄、9欄及び13欄に記載した賃金の支払いに係る月において非行、疾病、負傷、事業所の休業、私事等により賃金の全部又は一部の支払を受けることができなかった日の数を記載してください（該当する日がない場合は「０」と記載してください。）。この場合、5欄、9欄及び13欄に記載した賃金の支払いに係る月において賃金の減額の対象となった日に支払いを受けることができなかった賃金の額を各々19欄、20欄及び21欄に記載してください。

7　記載すべき事項のない欄又は記入枠は空欄のままとし、※印の付いた欄又は記入枠には記載しないでください。

8　事業主は、記載事実に誤りのないことの証明を行ってください。

9　事業主が偽りの証明をした場合には、不正に受給した者と連帯して、不正に受給した金額の返還と更にそれに加えて一定の金額の納付を命ぜられ、また、詐欺罪として刑罰に処せられることがあります。

10　この支給申請書の提出に際しては、賃金額等その記載内容を確認できる賃金台帳、出勤簿等をご持参ください。

11　本手続は電子申請による申請が可能です。

なお、本手続について、社会保険労務士が事業主の委託を受け、電子申請により本申請書の提出に関する手続を行う場合には、当該社会保険労務士が当該事業主から委託を受けた者であることを証明するものを本申請書の提出と併せて送信することをもって、当該事業主の電子署名に代えることができます。

12　本手続について、事業主が本申請書の提出に関する手続を行う場合には、当該事業主が被保険者から、当該被保険者本人の申請であることを証明するものを提出させ、保存しておくことをもって、当該被保険者の（電子）署名に代えることができます。この場合の申請者氏名欄には、申請者氏名に代えて「申請について同意済み」と記載してください。

記載内容に関する確認書
申請等に関する同意書
(高年齢雇用継続給付用)

令和５年９月10日

私は、下記の事業主が行う

記

☑　雇用保険被保険者六十歳到達時等賃金証明書の提出について同意します。

☑　高年齢雇用継続給付の受給資格の確認の申請について同意します。

☑　雇用保険法施行規則第 101 条の５・第 101 条の７の規定による高年齢雇用継続給付の支給申請について同意します（今回の申請に続く今後行う支給申請を含む。）。

（該当する項目にチェック。複数項目にチェック可）

※　本同意書の保存期限は、雇用保険法施行規則第 143 条の規定により本継続給付に係る完結の日から４年間とします。

事業所名称　（株）市ヶ谷商会

事業主氏名　代表取締役　川上　武

被保険者番号　5034－124980－6

被保険者氏名　森山　清

以上

5 健康保険 厚生年金保険 被保険者資格取得届 厚生年金保険 70歳以上被用者該当届 （81頁、152頁、155頁、160頁、442頁）

提出先：所轄年金事務所または加入している健康保険組合
提出期限：社員を採用した日から起算して５日以内
添付書類：被扶養者がいる場合は、被扶養者（異動）届、年金手帳（または基礎年金番号通知書）、厚生年金の老齢年金受給者は年金証書
提出する人：事業主
〔記載例のケース〕▷５月１日に田中和彦と太田涼子とスミスドナルドと大山岩雄（73歳）を社員に採用したので健康保険と厚生年金保険の被保険者資格取得の手続をすることにしました。ただし、大山さんは健康保険のみの加入。

様式コード 2200
健康保険 厚生年金保険 被保険者資格取得届
厚生年金保険 70歳以上被用者該当届

令和○年 5月10日提出

提出者記入欄
事業所整理記号：55 － イチカ　事業所番号：23568
届書記入の個人番号に誤りがないことを確認しました。
事業所所在地：〒162-0843 新宿区市ヶ谷田町2-7-×
事業所名称：（株）市ヶ谷商会
事業主氏名：代表取締役 川上 武
電話番号：03（3266）035×
社会保険労務士記載欄 氏名等
受付印

	被保険者1	被保険者2	被保険者3	被保険者4
①被保険者整理番号	20	21	22	23
②氏名（フリガナ）	タナカ カズヒコ	オオタ リョウコ	スミス ドナルド	オオヤマ イワオ
②氏名	田中 和彦	太田 涼子	スミス ドナルド	大山 岩雄
③生年月日（5.昭和 7.平成 9.令和）	5.昭和 35 09 09	5.昭和 41 10 2	5.昭和 45 07 07	5.昭和 20 03 01
④種別（1.男 2.女 3.坑内員 5.男(基金) 6.女(基金) 7.坑内員(基金)）	1.男	2.女	1.男	1.男
⑤取得区分（1.健保・厚年 3.共済出向 4.船保任継）	1.健保・厚年	1.健保・厚年	1.健保・厚年	1.健保・厚年
⑥個人番号〔基礎年金番号〕	432112345678	2113012345	234567765432	798012345678
⑦取得（該当）年月日（9.令和）	○○ 05 01	○○ 05 01	○○ 05 01	○○ 05 01
⑧被扶養者（0.無 1.有）	1.有	0.無	1.有	1.有
⑨報酬月額 ㋐（通貨）	334,200円	257,000円	321,000円	300,000円
⑨報酬月額 ㋑（現物）	0円	0円	0円	0円
⑨報酬月額 ㋒（合計 ㋐+㋑）	334200円	257000円	321000円	300000円
⑩備考（該当する項目を○で囲んでください。1. 70歳以上被用者該当 2. 二以上事業所勤務者の取得 3. 短時間労働者の取得（特定適用事業所等） 4. 退職後の継続再雇用者の取得 5. その他（　））				1. 70歳以上被用者該当
⑪住所（日本年金機構に提出する際、個人番号を記入した場合は、住所記入は不要です。）		〒332-0034 埼玉県川口市並木3-16-×		
理由（1. 海外在住 2. 短期在留 3. その他（　））		3. その他（提出拒否）		

協会けんぽご加入の事業所様へ
※ 70歳以上被用者該当届のみ提出の場合は、「⑩備考」欄の「1.70歳以上被用者該当」および「5.その他」に○をし、「5.その他」の（　）内に「該当届のみ」とご記入ください（この場合、健康保険被保険者証の発行はありません）。

☞ 年金手帳の有無、被扶養者の有無を確認し、必要書類を用意してもらいます。賃金については、残業手当の見込額、通勤手当の加算を忘れずにします。なお、入社月の賃金が日割で支給される場合でも、以後１カ月間に支給される金額を基にして標準報酬を算定します。
※ 基礎年金番号とは違う番号の年金手帳を持っている場合は備考欄に記入します。
※ 基礎年金番号が不明で、かつ、現住所と住民票の住所が異なる場合、住所欄に現住所を、備考欄に住民票上の住所を記載します。

6 基礎年金番号通知書再交付申請書（82頁）

提 出 先：所轄年金事務所
提出期限：速やかに（資格取得時には取得届と同時に）
添付書類：特になし
提出する人：事業主または本人（ただし在職中でないとき）
〔記載例のケース〕▷田中和彦より年金手帳または基礎年金番号通知書を紛失したので再発行して欲しいとの申請がありました。

☞ はじめて勤務した会社名、所在地、勤務していた期間を本人より確認します。転職歴も確認して厚生年金の被保険者期間の一本化をしておきましょう。
また、個人番号または基礎年金番号も確認します。
基礎年金番号通知書は、大事に保管するよう指導してください。

様式コード 12062

基礎年金番号通知書再交付申請書

令和 ○ 年 5 月10 日提出

事業所情報

事業所整理記号	55-イチカ
事業所番号	23568
事業所所在地	〒162-○○○○ 新宿区市ヶ谷田町 2-7-×
事業所名称	(株) 市ヶ谷商会
事業主氏名	代表取締役 川上 武
電話番号	03 (3266) 035×

厚生年金保険もしくは船員保険に現在加入していて、お勤め先からの届出を希望される方は、左の欄に証明をもらってください。

受付印

社会保険労務士記載欄
氏 名 等

申請対象の被保険者について記入してください。
基礎年金番号(１０桁) で届出する場合は「①個人番号(または基礎年金番号)」欄に左詰めで記入してください。

A. 被保険者

① 個人番号(または基礎年金番号)	2 1 0 1 2 3 4 5 4 3 2 1
② 生年月日	⑤昭和 7.平成 9.令和　35年09月09日
③ 氏名	(フリガナ) タナカ カズヒコ　田中 和彦
④ 郵便番号	1680003
⑤ 電話番号	①自宅 2.携帯電話 3.勤務先 4.その他　03-3210-123×
⑥ 住所	中野区野方 2-10-×

申請内容について記入してください。

B. 申請内容

⑦ 申請事由		①紛失　2. 破損（汚れ）　9. その他
現に加入している（または最後に加入していた）制度の名称及び取得・喪失年月日	⑧ 制度の名称	1. 国民年金　②厚生年金保険　3. 船員保険　4. 共済組合
	取得年月日	令和○ 年 5 月 1 日
	喪失年月日	年 月 日

「⑧制度の名称」欄が国民年金または共済組合の方は、以下の記入は不要です。

最初に被保険者として使用されていた事業所の名称、所在地（または船舶所有者の氏名、住所）及び、取得年月日	名称（氏名）	東西観光株式会社
	所在地（住所）	千代田区大手町 3-2-×
	取得年月日	平成× 年 4 月 1 日
現に被保険者として使用されている（または最後に被保険者として使用された）事業所の名称、所在地（または船舶所有者の氏名、住所）	名称（氏名）	株式会社　市ヶ谷商会
	所在地（住所）	新宿区市ヶ谷田町 2-7-×

7 基礎年金番号重複取消届（83頁）

提 出 先：所轄年金事務所（退職者は住所地の年金事務所）
提出期限：そのつど
添付書類：持っているすべての年金手帳（または被保険者証）
提出する人：事業主（ただし退職者は本人）
〔記載例のケース〕▷５月１日に入社した田中和彦より年金手帳が２冊あると申出があったので、重複取消届を提出するものです。

☞　持っている年金手帳をすべて提出してもらいます。ついでに過去の職歴を本人に確認し、厚生年金の被保険者期間の確認をしておきましょう。

平成９年１月１日現在の加入年金制度での番号に統一されています。

会社に勤務せず退職したままの場合は、個人名で手続します。

また、年金手帳は大事に保管するよう指導します。

なお、取消届の書式はこの様式にとらわれずに、任意の書式で構いませんが、存続する基礎年金番号と取り消す基礎年金番号が判るように記載します。

届書コード			届書
2	0	4	

所長	次長	課長	係長	係員

基礎年金番号重複取消届（報告書）

（市町村名　　　　　　　　　　　）

① 重複基礎年金番号1	② 生年月日	③ 重複基礎年金番号2	送信
2113013579	★ 昭和.⑤ 平成.7　35年09月09日	9876543211	
備考			

1. 文字は楷書ではっきりと書いてください。
2. ★印の欄は該当する項目を○印で囲んでください。

提出者住所	〒 162－○○○○ 新宿区市ヶ谷田町2-7-×　（株）市ヶ谷商会
提出者氏名	代表取締役　川上　武　㊞
電話番号	（　03 － 3266 － 035×　）

令和 ○ 年 5 月 10 日 提出

8 健康保険 厚生年金保険 被保険者氏名変更（訂正）届 （83頁、142頁）

提 出 先：所轄年金事務所（退職者は住所地の年金事務所）
提出期限：変更があった日から10日以内
添付書類：年金手帳、または基礎年金番号通知書
提出する人：事業主（退職者は本人）
〔記載例のケース〕▷社員で海外居住者である井上涼子が結婚して、太田涼子となったので氏名変更届を提出します。

☞　マイナンバーと基礎年金番号が結びついている場合はこの届出書は不要ですが、海外居住者や短期在留外国で結びついていない場合には、この届出書の提出が必要となります。
　また、外国人社員の氏名が変更になる場合は併せて「厚生年金保険被保険者ローマ字氏名届」の提出も必要です。記載例は、112頁にあります。

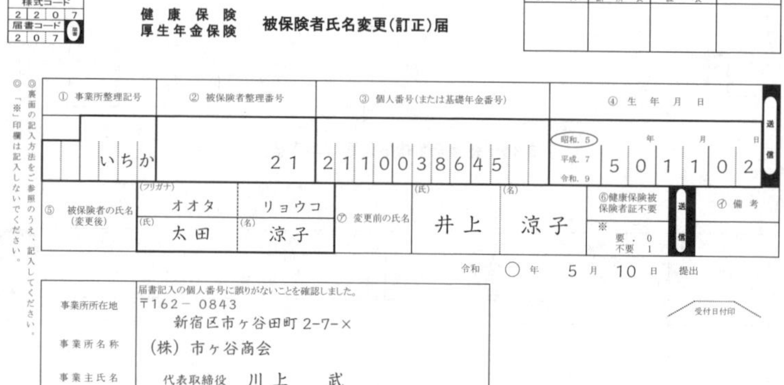

様式コード 2207　届書コード 207

健康保険 厚生年金保険　被保険者氏名変更（訂正）届

事務センター長 所長	副事務センター長 副所長	グループ長 課長	担当者

◎裏面の記入方法をご参照のうえ、記入してください。
◎「※」印欄は記入しないでください。

① 事業所整理記号	② 被保険者整理番号	③ 個人番号（または基礎年金番号）	④ 生年月日
いちか	21	2110038645	昭和（5）・平成7・令和9　50年11月02日

⑤ 被保険者の氏名（変更後）	(フリガナ) オオタ　リョウコ (氏) 太田　(名) 涼子	⑦ 変更前の氏名	(氏) 井上　(名) 涼子	⑥健康保険被保険者証不要 ※ 要 0・不要 1	㋑ 備考

令和 ○ 年 5 月 10 日 提出

	届書記入の個人番号に誤りがないことを確認しました。
事業所所在地	〒162－0843 新宿区市ヶ谷田町2-7-×
事業所名称	(株) 市ヶ谷商会
事業主氏名	代表取締役　川上　武
電話	03 (3266) 035×

受付日付印

社会保険労務士記載欄
氏名等

9 健康保険 被扶養者（異動）届 国民年金 第３号被保険者関係届

（84頁、86頁、442頁）

提 出 先：所轄年金事務所または加入している健康保険組合

提出期限：資格取得時に被扶養者がいれば資格取得時に。在職中に異動があった場合は、異動があった日から５日以内に

添付書類：16歳以上の者は非課税証明書または在学証明書。年金受給者は年金振込通知書のコピー、被保険者証。同居要件の必要な被扶養者は住民票等

提出する人：事業主

〔記載例のケース〕▷５月１日入社の田中和彦には、妻の田中道子（無職）と長男の田中勇人がいます。資格取得届と同時にこの被扶養者（異動）届の提出をします。

様式コード 2202　健康保険 被扶養者（異動）届　国民年金 第3号被保険者関係届

令和 ○ 年 5 月 10 日提出

事業所整理記号　55－イチカ

事業主記入欄
- 事業所所在地　〒162－0843 新宿区市ヶ谷田町 2-7-×
- 事業所名称　（株）市ヶ谷商会
- 事業主氏名　代表取締役　川上　武
- 電話番号　03（3266）035×
- 事業主等受付年月日　令和 ○ 年 5 月 1 日

A. 被保険者欄
- 被保険者整理番号　20
- 氏名　（フリガナ）タナカ カズヒコ　田中　和彦
- 生年月日　昭和 35 09 09　性別　1.男
- 個人番号　432112345678
- 取得年月日　令和 ○○ 05 01　収入（年収）4010400 円

B. 配偶者である被扶養者（第3号被保険者）欄
- 令和 ×× 年 4 月 3 日
- 氏名　（フリガナ）タナカ ミチコ　田中　道子
- 生年月日　昭和 56 08 14　続柄　2.妻
- 個人番号　678909876543
- 住所　1.同居　〒167－0003 東京都中野区野方 2-10-×
- 電話番号　1.自宅　03（3222）0002
- 1.該当　被扶養者（第3号被保険者）になった日　令和 ○○ 05 01　理由　1.配偶者の就職
- 職業　1.無職　収入（年収）0 円

C. その他の被扶養者欄1
- 氏名　（フリガナ）タナカ ハヤト　田中　勇人
- 生年月日　令和 △△ 08 12　性別　1.男　続柄　1.実子・養子
- 個人番号　987654321012
- 住所　1.同居　〒167－0003 東京都中野区野方 2-10-×
- 1.該当　被扶養者になった日　令和 ○○ 05 01　職業　4.小・中学生以下
- 収入（年収）0 円　理由　1.出生

C. その他の被扶養者欄2（記入なし）

扶養に関する申立書（添付書類の内容について補足する事項がある場合に記入してください）

申立の事実に相違ありません。　氏名

> 被扶養者は、年齢、親族の範囲、収入の額等によって被扶養者になれたり、なれなかったりします（被扶養者になれる範囲は85頁参照）。各種の添付書類が必要で、添付がないと受け付けてもらえません。
> また、被扶養者と認定されるのは原則届け出た日となりますので、早く提出する必要があります。なお、被扶養者の個人番号も確認します。

10 厚生年金保険被保険者ローマ字氏名届 (79頁、83頁)

提 出 先：所轄年金事務所
提出期限：資格取得時
添付書類：特になし
提出する人：事業主
〔記載例のケース〕▷５月１日入社のスミスドナルドは、外国籍のため厚生年金保険被保険者資格取得届と同時にローマ字氏名届を提出します。

☞ 外国籍の人が厚生年金に加入する場合に届出が必要です。ローマ字は、在留カード、住民票の写し等に記載のある氏名を記入してください。
なお、被保険者資格取得届に個人番号を記入した場合には提出する必要はありません。

72073

グループ長 課長	担当者

厚生年金保険被保険者　ローマ字氏名届

基礎年金番号	生年月日(西暦)	性別	住民票の有無
	1970年07月07日	①男 2 女	1 無 ②有

被保険者氏名
ローマ字氏名記入欄
(フリガナ) スミス　ドナルド
(ローマ字) SMITH　DONALD

※「漢字氏名」「通称名」をお持ちの方は、下記の欄に記入してください(記入は任意です)。

漢字氏名記入欄	(フリガナ)	
	(氏)	(名)
通称名記入欄	(フリガナ)	
	(氏)	(名)

※当該被保険者がローマ字氏名をお持ちでない場合は、その理由をチェック(✔)してください。

理由記入欄
□短期在留者であるため
□海外に住所を有している者であるため
□在留カード(または特別永住者証明書)にローマ字氏名が記載されていないため
□その他　理由(　　　　)

令和○年５月１日 提出

事業所所在地	〒162－0843 新宿区市ヶ谷田町2-7-×
事業所名称	(株)市ヶ谷商会
事業主氏名	代表取締役 川上　武
電話番号	(03) 3266 －035×

【記入上の注意】
1 「住民票の有無」欄は、該当する番号を○で囲んでください。
2 フリガナは、被保険者資格取得届に記入したものと同じフリガナを記入してください。
3 ローマ字氏名は、在留カード若しくは特別永住者証明書又は住民票に記載されているローマ字氏名を大文字で記入してください。なお、ローマ字氏名をお持ちでない方については、「ローマ字氏名欄」に被保険者資格取得届等に記載したカナ氏名を記入のうえ、「理由記入欄」にその理由を記入してください。

年金事務所受付印　事務センター受付印

社会保険労務士の提出代行者欄

11 国民年金第３号被保険者ローマ字氏名届（86頁）

提 出 先：配偶者が在籍する事業所を管轄する年金事務所
提出期限：配偶者の資格取得時に被扶養配偶者の場合は資格取得時。資格取得後に被扶養配偶者になった場合はその日から５日以内
添付書類：特になし
提出する人：事業主
〔記載例のケース〕▷５月１日に㈱市ヶ谷商会に入社したスミスドナルドの被扶養配偶者スミスデイジーは外国籍のためローマ字氏名届を提出します。

☞ 健康保険被扶養者（異動）届、国民年金第３号被保険者関係届と同時に提出します。ローマ字は在留カード、住民票の写し等に記載のある氏名を記入してください。なお、国民年金第３号被保険者関係届に個人番号を記入して提出した場合には、この届出を提出する必要はありません。

72074

グループ長 課長	担当者

国民年金第３号被保険者　ローマ字氏名届

基礎年金番号	生年月日(西暦)	性別	住民票の有無
	1970年10月20日	1 男 ②女	1 無 ②有

被保険者氏名

ローマ字氏名記入欄	
(フリガナ)	スミス　デイジー
(ローマ字)	SMITH　DASIY

※「漢字氏名」「通称名」をお持ちの方は、下記の欄に記入してください(記入は任意です)。

	(フリガナ)	
漢字氏名記入欄	(氏)	(名)
	(フリガナ)	
通称名記入欄	(氏)	(名)

※ローマ字氏名をお持ちでない場合は、その理由をチェック(✔)してください。

理由記入欄
- □短期在留者であるため
- □海外に住所を有している者であるため
- □在留カード(または特別永住者証明書)にローマ字氏名が記載されていないため
- □その他　理由(　　　　)

令和 ○年 5月 1日 提出

第3号被保険者住所	〒 125－0052 東京都葛飾区柴又 7-6-×
第3号被保険者氏名	スミス　デイジー
電話番号	(03) 3607 － 123×

【記入上の注意】
1 「住民票の有無」欄は、該当する番号を○で囲んでください。
2 フリガナは、被保険者資格取得届に記入したものと同じフリガナを記入してください。
3 ローマ字氏名は、在留カード若しくは特別永住者証明書又は住民票に記載されているローマ字氏名を大文字で記入してください。なお、ローマ字氏名をお持ちでない方については、「ローマ字氏名欄」に被保険者資格取得届等に記載したカナ氏名を記入のうえ、「理由記入欄」に その理由を記入してください。

年金事務所受付印　　事務センター受付印

— 第３章 —

社員が退職したとき

1・社員が退職したとき会社は

社員が会社を退職するには様々な理由があります。主な理由を挙げると次のようなものがあります。

① 仕事が自分に合わないから
② 直属上司との折り合いが悪いから
③ 出産・育児のために勤務不可能だから
④ 病気のため勤務が不可能だから
⑤ 家事手伝いのために
⑥ 定年を迎えたので
⑦ 会社の業績が悪く、人員整理があったため
⑧ 契約期間の満了のため

このように様々な理由による退職の手続を、画一的な事務処理で行ったのでは正しい手続とはいえません。

どのような退職理由かによって（一般の受給資格者または特定受給資格者）、失業給付に大きな違いが出たりします。

また、退職日をいつにするかによっても健康保険や失業給付に違いが出たりします。退職理由をしっかり確認して、退職する人にとって一番よい方法をとってあげるのが事務担当者の大事な仕事です。

ただし、感情的または主観的な判断による離職理由の記載をしてはいけないのは当然のことです。

1　労災保険は（手続先⇨所轄労働基準監督署）

労災保険は、社員を採用したときに被保険者としての加入手続をする必要がありませんから、退職に際しても何の手続も必要がないことになります。

2　雇用保険は（手続先⇨所轄公共職業安定所）

社員が退職したとしても、その社員が雇用保険の被保険者資格を取得して

いた人でなければ、雇用保険としての手続は必要ありません。また、雇用保険の被保険者が退職したとしても、雇用保険法上の「失業」となるには次の条件が必要となります。

雇用保険における失業とは

雇用保険における失業とは、「労働の意思と能力があるにもかかわらず、職業に就くことができない状態にあること」をいいます。つまり、働きたい意思があり、肉体的にも精神的にも働ける状態にあって、就職するために努力していても就職できない状態にあることが必要です。

(1) 雇用保険の失業給付の受給要件

一般被保険者の求職者給付としての基本手当を受けるためには、「原則として、離職の日以前２年間に、被保険者期間が通算して12カ月以上ある」ことが必要です（倒産、事業主都合による解雇などの理由により退職する場合（特定受給資格者）および期間の定めのある労働契約の期間が満了し、かつ、その者が当該更新を希望したにもかかわらず、当該労働者の更新がないことにより離職した者（特定理由離職者）は、離職日以前１年間に被保険者期間が６カ月以上）。

なお、離職の日以前２年間（１年間）に、疾病、負傷、出産等の事由で引き続き30日以上賃金の支払いがなかった場合には、特例として離職の日以前２年間（１年間）に、その賃金の支払いがなかった期間を加算した期間（最大限２年間（３年間））、都合、最大限４年間で被保険者期間12カ月（６カ月）以上を算出することになります（（　）内は特定受給資格者または特定理由離職者に該当する者の場合）。

被保険者期間とは

被保険者期間とは、被保険者の離職の日からさかのぼって１カ月ごとに区切り、この区切られた１カ月の期間内に賃金の支払いの基礎となった日数が11日以上あるときに、または、賃金支払の基礎となった労働時間数が80時間以上あるときに、その１カ月を被保険者期間１カ月として計算します。原則として、離職の日以前２年間にこの被保険者期間が通算して12カ月以上あれば、基本手当の受給資格があるとされます。

倒産、事業主都合による解雇などの理由により退職する場合は、離職日以前1年間に上記の被保険者期間が6カ月以上あれば、基本手当の受給資格があります（これを特定受給資格者という）。

手続に必要な書式

- ①雇用保険被保険者資格喪失届 ……………………… （記載例131頁）
- ②雇用保険被保険者離職証明書 ……………………… （記載例132頁）

雇用保険被保険者資格喪失届を、被保険者でなくなった事実のあった日の翌日から起算して、10日以内に、所轄公共職業安定所長へ提出します。

この資格喪失届は、資格取得時に公共職業安定所より交付されている「様式第４号」（雇用保険被保険者資格喪失届）用紙を使用します。

この用紙に記載されている名前が現在の名前と違う場合には、この届出用紙で新氏名への変更を同時に行います。

また、原則としてこの「資格喪失届」に「雇用保険被保険者離職証明書」を添付して所轄公共職業安定所長へ提出します。

離職者が離職票の交付を希望しないときは、離職証明書の提出を省略できますが、その後離職者が、離職票の交付を希望してきた場合には、速やかに離職証明書を作成して交付しなければなりません。

なお、離職の日において満59歳以上の者については、本人の離職票交付の希望の有無に関係なく離職証明書を作成し、提出する義務があります。

記載に必要な情報を集める

◇離職者の離職年月日
◇離職者の氏名（フリガナ）・住所・性別・生年月日
◇離職票交付の希望の有無
◇離職の理由を具体的に、詳しく
◇契約期間満了のための離職の場合は雇用契約書のコピー
（契約期間満了扱いにするには更新せずの記載が必要）
◇出勤簿・賃金台帳（離職前13カ月分くらい）

◇賃金締切日・賃金支払日の確認
◇通知カードまたはマイナンバーカードにて個人番号を確認します
◇外国人が退職するときは、「在留カード」または「就労資格証明書」によって、外国人の氏名・在留資格・在留期間・生年月日・性別・国籍等を確認します

(2) 離職した者に対する基本手当の所定給付日数

離職した者に対する基本手当の所定給付日数は、離職理由によって次のようになっています。短時間労働者であるかどうかの区別はありません。

なお、後述する特定理由離職者で正当な理由のある自己都合による離職者（認定要件は後述参照）に該当する人の所定給付日数も、一般の受給資格者と同じです。

a　一般の受給資格者

定年退職者・自己都合退職者・契約期間満了による退職者等離職前からあらかじめ再就職の準備ができる者で、次の **b** ・ **c** 以外のすべての離職者のことです。

区分 ＼ 被保険者であった期間	10年未満	10年以上20年未満	20年以上
全年齢	90日	120日	150日

b　障害者等の就職困難者

身体障害者・知的障害者・精神障害者・刑法などにより保護観察に付された者・社会的事情により就職が著しく阻害されている者等のことです。

区分 ＼ 被保険者であった期間	1年未満	1年以上
45歳未満	150日	300日
45～65歳未満		360日＊

＊　この場合の受給期間は原則の１年間に60日を加算した期間です。

c　特定受給資格者および一部の特定理由離職者

倒産や解雇等により、再就職の準備をする時間的余裕なく離職を余儀なくされた者のことです（認定要件は後述参照）。

なお、特定理由離職者（認定要件は後述参照）のうち、後述の①に該当する人の所定給付日数は、受給資格に係る離職の日が平成21年３月31日から令和７年３月31日までの間にある人に限り、特定受給受給資格者と同じです。

区　分 ＼ 被保険者であった期間	１年未満	１年以上 ５年未満	５年以上 10年未満	10年以上 20年未満	20年以上
30歳未満	90日	90日	120日	180日	―
30歳以上 35歳未満		120日	180日	210日	240日
35歳以上 45歳未満		150日	180日	240日	270日
45歳以上 60歳未満		180日	240日	270日	330日＊
60歳以上 65歳未満		150日	180日	210日	240日

＊　この場合の受給期間は原則の１年間に30日を加算した期間です。

＜特定受給資格者の範囲＞

１.「倒産等により離職した者」とは

①　倒産（破産・民事再生・会社更生等の各種倒産手続の申立または手形取引の停止）に伴い離職した者

②　事業所によって事業規模もしくは事業活動の縮小等により大量雇用変動の届出がされたため離職した者および当該事業主に雇用される被保険者の３分の１を超える者が離職したため離職した者

③　事業所の廃止に伴い離職した者

④　事業所の移転により通勤困難となったことにより離職した者

２.「解雇等により離職した者」とは

① 解雇（重責解雇は除く）により退職した者

② 労働契約の締結に際し明示された労働条件が事実と著しく相違したことにより離職した者

③ 賃金（退職手当を除く）の額の３分の１を超える額が支払期日までに支払われなかったことにより離職した者

④ 賃金が、当該労働者に支払われていた賃金に比べて85％未満に低下した（または低下することとなった）ため離職した者（当該労働者が低下の事実について予見し得なかった場合に限る）

⑤ 離職の直前６カ月間のうちに㋐いずれか連続する３カ月で45時間超、㋑いずれか１カ月で100時間以上、または㋒いずれか連続する２カ月以上の期間の時間外労働を平均して１カ月で80時間を超える時間外労働および休日労働が行われたため離職した者。事業主が危険もしくは健康障害の生ずるおそれがある旨を行政機関から指摘されたにもかかわらず、事業所において当該危険もしくは健康障害を防止するために必要な措置を講じなかったため離職した者

⑥ 事業主が法令に違反し、妊娠中もしくは出産後の労働者または子の養育もしくは家族の介護を行う労働者を就業させ、もしくはそれらの者の雇用の継続等を図るための制度の利用を不当に制限したことまたは妊娠したこと、出産したこともしくはそれらの制度の利用の申出をし、もしくは利用をしたこと等を理由として不利益な取扱いをしたため離職した者

⑦ 事業主が労働者の職種転換等に際して、当該労働者の職業生活の継続のために必要な配慮を行っていないため離職した者

⑧ 期間の定めのある労働契約の更新により３年以上引き続き雇用されるに至った場合において当該労働契約が更新されないこととなったことにより離職した者

⑨ 期間の定めのある労働契約の締結に際し当該労働契約が更新されることが明示された場合において当該労働契約が更新されないこととなったことにより離職した者（上記⑧に該当する場合を除く）

⑩ 上司、同僚等からの故意の排斥または著しい冷遇もしくは嫌がらせを受けたことによって離職した者、事業主が職場におけるセクシュアルハラスメントの事実を把握していながら、雇用管理上の必要な措置を講じなかったことにより離職した者および事業主が職場における妊娠、出産、育児休業、介護休業等に関する言動により労働者の就業環境が害されている事実を把握していながら、雇用管理上の必要な措置を講じなかったことにより

離職した者

⑪　事業主から直接もしくは間接に退職するよう勧奨を受けたことにより離職した者（従来から恒常的に設けられている「早期退職優遇制度」等に応募して離職した場合は、これに該当しない）

⑫　事業所において使用者の責めに帰すべき事由により行われた休業が引き続き３カ月以上となったことにより離職した者

⑬　事業所の業務が法令に違反したため離職した者

<特定理由離職者の範囲>

①　期間の定めのある労働契約の期間が満了し、かつ、当該労働契約の更新がないことにより離職した者（その者が当該更新を希望したにもかかわらず、当該更新についての合意が成立するに至らなかった場合に限る）

労働契約において、契約更新条項が「契約を更新する場合がある」とされている場合など、契約更新について明示はあるが契約更新の確約まではない場合が、この基準に該当します。

この場合の所定給付日数は、**c**の特定受給資格者と同じです。

②　正当な理由ある自己都合による離職者

㋑　体力の不足、心身の障害、疾病、負傷、視力の減退、聴力の減退、触覚の減退等により離職した者

㋺　妊娠、出産、育児等により離職し、雇用保険法第20条第１項の受給期間延長措置を受けた者

㋩　父もしくは母の死亡、疾病、負傷等のため、父もしくは母を扶養するために離職を余儀なくされた場合または常時本人の看護を必要とする親族の疾病、負傷等のために離職を余儀なくされた場合のように、家庭の事情が急変したことにより離職した者

㋥　配偶者または扶養すべき親族と別居生活を続けることが困難となったことにより離職した者

㋭　次の理由により、通勤不可能または困難となったことにより離職した者

・　結婚に伴う住所の変更
・　育児に伴う保育所その他これに準ずる施設の利用または親族等への保育の依頼
・　事業所の通勤困難な地への移転
・　自己の意思に反しての住所または居所の移転を余儀なくされたこと
・　鉄道、軌道、バスその他運輸機関の廃止または運行時間の変更等

・　事業主の命による転勤または出向に伴う別居の回避
・　配偶者の事業主の命による転勤もしくは出向または配偶者の再就職に伴う別居の回避

㋬　その他、上記「特定受給資格者の範囲」の２．の⑪に該当しない企業整備による人員整理等で希望退職者の募集に応じて離職した者等

以上のように離職理由によって所定給付日数に大きな違いがありますので離職理由は非常に大事となります。

更に、離職理由によって以下のように給付制限を「受けない場合、受ける場合」がありますので、よく確認して事務処理を進めてください。

(3)　退職理由によって失業給付の受給に違いがある

①　転職希望による退職

いわゆる自己都合の理由による退職の場合、単に「自己都合」と記入しますと、どんな理由なのかがわかりません。再就職を希望しての退職ならば、**「転職希望による退職」**とするといいでしょう。

なお、この場合は待期期間（離職票の提出と求職の申込みを行った日から通算して７日間）満了後２カ月間の給付制限となります。

「給付制限期間」の短縮とは

令和２年９月30日までの自己都合による離職の給付制限は３ヵ月とされていましたが、令和２年10月１日以降の離職で、正当な理由のない自己都合退職による給付制限は、５年間のうち２回までは、２ヵ月とされました。ただし、３回目となる自己都合退職の給付制限は、３ヵ月となりますのでご注意ください。

②　病気やケガが原因による退職

病気やケガが原因による退職の場合には、離職した後すぐの求職活動はできませんから、その病気等の状況にもよりますが、受給期間の延長の手続をとることになります。

③　出産や育児または介護のための退職

出産や育児や介護を理由とした退職も、離職した後すぐの求職活動はできませんから、受給期間の延長の手続をとることになります。病気やケガ、または出産、育児や介護の場合による受給期間の延長の手

続は、基本手当の受給期間（原則として、離職の日の翌日から起算して１年間に受給することになっています）内で、働くことができなくなった期間が「30日を超えた日から延長後の受給期間の最後の日までに申請」できます。申請には、「受給期間延長申請書」（記載例135頁）に離職票かまたは受給資格者証を添えて、管轄公共職業安定所長に提出します。受給期間は最大限３年間延長され、本来の受給期間とあわせて最大限４年間で受給することになります。

④　**倒産や解雇等による退職**

いわゆる会社都合による退職の場合、つまり特定受給資格者については、待期期間終了後、受給できます。

⑤　**特定受給資格者または特定理由離職者と認定されて退職した場合**

原則として失業給付を受ける際「給付制限を受けない」事由になります。

手続に必要な書式

● 受給期間・教育訓練給付適用対象期間・高年齢雇用継続給付延長申請書 ……………………………………………………（記載例135頁）

(4)　給付制限を受けない離職理由

会社都合による退職理由以外では、次の理由による場合も原則として給付制限を受けません。

①　**定年による退職**（就業規則の提示が必要となります）

この場合は、１年間の受給期間の延長も可能です。手続は、離職の日の翌日から２カ月以内に前記「受給期間延長申請書」に離職票を添えて管轄公共職業安定所長に提出します。

②　**契約期間満了による退職**

契約期間の更新をしたことがわかるすべての契約書を添付します（最後の契約書はこれで契約を更新しない旨の記載が必要です）。

③　**結婚のため住所を１カ月以内に移転し通勤が不可能となったとき、または通勤時間が往復４時間以上となったとき**

④　上記の他に、122頁の特定理由離職者も該当しますので、不明の場合

はハローワークの担当者に確認するとよいでしょう。

(5) 失業給付の受け方

離職者から失業給付の受け方を聞かれても、正しく説明できなくては担当者として失格です。少なくとも次の事項の説明はぜひしたいものです。

離職者には、できるだけ早く住所地を管轄する公共職業安定所へ行くよう勧めてください。職安に行くことが、「労働の意思」があることの証しになるのですから。

公共職業安定所に持参する書類

・雇用保険被保険者離職票－１
・離職票－２（賃金額が記載されているもの）
・マイナンバーカードまたは通知カード
・住所または居所および年齢を確認できるもの（住民票、運転免許証等）
・写真２枚（３cm×2.5cm 程度の正面上半身のもの）
・金融機関の預金通帳

以上の書類を持って毎週月曜日～金曜日の午前９時～午後４時までの間に公共職業安定所に行って手続をしてください。

なお、失業給付の受給期間は、原則として離職の日の翌日から起算して１年間です。この期間を経過しますと、所定給付日数がいくら残っていても受給することはできません。

また、再就職手当の給付率は、所定給付日数の支給残日数が３分の２以上ある場合は基本手当日額（上限あり）×所定給付日数の支給残日数×70％、３分の１以上３分の２未満の場合は支給残日数の60％が一時金として支給されます。

(6) 満65歳以上の者が離職したときに受けられる求職者給付

高年齢被保険者（65歳以上の者）が退職したときに「高年齢者求職者給付金」が受けられます。

受給要件は、離職の日以前１年間に被保険者期間が６カ月以上あることが必要です。受給できる日数は次の表のとおりです。

被保険者であった期間	基本手当の受給日数
1　年　未　満	30日分
1　年　以　上	50日分

なお、受給期限は、離職の日の翌日から起算して1年を経過する日までです。

また、平成29年1月1日以降は、65歳に達した日以降新たに雇用される者も高年齢被保険者として雇用保険の対象となり、受給できる日数は上記の表のとおりです。

3　健康保険・厚生年金保険は

（手続先⇨所轄年金事務所・健康保険組合）

(1)　資格喪失手続

社会保険の資格喪失手続は、原則として健康保険と厚生年金保険を一緒に行います。事業所が健康保険組合に加入している場合には、健康保険の資格喪失手続は「健康保険組合」へ、厚生年金保険は「所轄年金事務所」への手続となります。

手続に必要な書式

- 健康保険・厚生年金保険　被保険者資格喪失届／厚生年金保険　70歳以上被用者不該当届 ……………………………………（記載例136頁）

「被保険者資格喪失届」を社員が退職した日の翌日（資格喪失日）から起算して5日以内に、健康保険被保険者証を添付して所轄年金事務所または健康保険組合（場合によっては厚生年金基金）へ提出します。

また、70歳以上で退職した者もこの用紙で一緒に届出します。

記載に必要な情報を集める　（◆印は、雇用保険の手続の際、集めた情報）

◆退職者の退職年月日（月末退職者には注意。129頁4(2)参照）

◆退職者の氏名（フリガナ）・住所・性別・生年月日
◆退職の理由を具体的に、詳しく
◇健康保険被保険者証（遠隔地被保険者証・被扶養者全員の被保険者証も）の回収
◇退職時の標準報酬月額
◇年金手帳の記号・番号
◇健康保険の資格喪失後（傷病手当金等）の受給の有無を確認します
（1年以上被保険者であったかどうかを確認する）
◇通知カードまたはマイナンバーカードで個人番号を確認します

(2) 健康保険被保険者証の回収ができないとき

手続に必要な書式

● 健康保険被保険者証回収不能届 ……………………… （記載例137頁）

社員の退職が決定したら、退職日に必ず健康保険被保険者証を会社に返すよう伝えておきます。何回催促しても回収ができないときは、「健康保険被保険者証回収不能届」の提出をします。

健康保険被保険者証の回収ができないために、「資格喪失届」の提出が遅れますと、納める必要のない保険料が請求されたりしますから（後日精算されますが）早めの手続が必要です。

(3) 退職後の健康保険任意加入を希望するとき

手続に必要な書式

● 健康保険任意継続被保険者資格取得申出書 ………… （記載例138頁）

被保険者期間が2カ月以上ある退職者から、健康保険の任意加入の希望があったとき、「健康保険任意継続被保険者資格取得申出書」を資格喪失後20日以内に退職者の住所地を管轄する全国健康保険協会各支部または加入していた健康保険組合に提出するよう指導します。

任意継続被保険者は、原則２年間加入します。もちろん、再就職して健康保険の強制被保険者になった場合は、資格を喪失します。

なお､保険料は全額自己負担となります。この場合の標準報酬月額は､退職者の退職時の標準報酬月額か健保加入者の平均額を基準に算定した標準報酬月額（協会管掌健康保険の場合、令和５年４月現在300,000円）の低い方の額となります（組合健保も同じように比較して低い方の額となります。具体的な金額は、組合健保に確認してください）。

被保険者期間が１年以上ある者の退職後の保険給付は

① 資格喪失後の傷病手当金（給付開始以後通算して１年６カ月分）

② 資格喪失後出産育児一時金（資格喪失後６カ月以内の出産）

死亡に関する退職後の保険給付は

○ 資格喪失後の埋葬料（費）

（資格喪失後３カ月以内に死亡したとき、また資格喪失後の傷病手当金または出産手当金を受けている間の死亡またはこれらの給付を受けなくなってから３カ月以内に死亡したとき）

※ 退職後の保険給付を受けるには、社員として在籍中の手続と同じですが、個人名で請求することになり、いずれも事業主欄の証明は必要ありません。

4　保険料はいつまでの分を控除するのか

(1)　雇用保険料

雇用保険料は、賃金を支払うつど控除しますから、最後に支給する賃金額に対して、一般の事業所は1000分の６を、特掲事業は1000分の７（令和５年４月以降）を乗じて算出します。これは通常の場合と同じです。

⑵ 健康保険料・厚生年金保険料

健康保険料・厚生年金保険料は、資格を取得した月から、資格を喪失した月の前月までの分の保険料を納付することになっています。資格の喪失日は、退職した日の翌日となっていますので月末の退職者について注意が必要です。

例えば、5月31日に退職した人の資格喪失日は、翌月の6月1日となりますから、5月分の保険料まで控除する必要があります。給料の締切日や支払日によっては、最後の給与から2カ月分の社会保険料の控除が必要になる場合があります。月末の退職者が出た場合には注意してください。

5 退職者に対する指導と注意事項

⑴ 退職後すぐに再就職しない人へ

退職者がすぐに他の会社に再就職する場合は特に問題はありませんが、しばらく就職しないようなときには、健康保険の任意継続被保険者、国民健康保険や国民年金の第1号被保険者として加入するよう指導します。

特に社員が会社員の人と結婚して退職して配偶者の扶養になる場合には、国民年金の第3号被保険者への手続や健康保険の被扶養者への手続が必要となりますのでお知らせください。

また、特定受給資格者・特定理由離職者として基本手当を受ける場合で、国民健康保険に加入するときは、国民健康保険料（税）が軽減される制度がありますので、お住まいの市区町村の国民健康保険担当に問い合わせするよう指導しましょう。

⑵ 年金受給者の退職者医療制度について

被用者年金に原則として20年以上加入し、老齢（または退職）年金の受給開始年齢（原則として60歳以上）に達している者が退職した場合には、国民健康保険の退職被保険者として退職者医療を受けることができましたが、平成26年度末で廃止されました。

なお、特別な健康保険組合（特定健康保険組合といいます）の退職者で上記条件に該当する人は、その健康保険組合の特例退職被保険者となります。

(3) 70歳に達し、老齢年金の受給資格のない人へ

70歳を超えて退職した場合に、中には老齢年金の受給資格のない人もいることと思います。しかし、厚生年金保険には、70歳以上で任意に加入することができる制度があります（**高齢任意加入被保険者**といいます）。

加入できる条件は、①老齢基礎年金も老齢厚生年金も受給資格がないこと、②厚生年金保険の適用事業所に勤務すること、③原則として、厚生年金保険料は全額自分で負担し納付すること等です。

手続は、勤務する会社の所在地を管轄する年金事務所に申し出れば加入できます。

また、適用になっていない事務所（例えば個人経営のサービス業等）に勤務する場合にも、老齢基礎年金も老齢厚生年金も受給資格のない70歳以上の人は、事業主の同意を得て、厚生年金保険に任意に加入する方法があります。

その他、65歳以上で退職した場合には、事業所に勤務するのではなく、国民年金の第１号被保険者として、老齢年金の受給資格ができるまで（ただし、最高70歳まで）加入する方法もあります。

老齢年金の受給資格のない人には、受給資格を得られる方法を指導しましょう。

(4) 育児・介護で休業中または所定労働時間短縮中に離職した人へ

離職時の賃金日額と、休業開始前（または短時間開始前）の賃金日額を比較して高い方の賃金日額で基本手当日額を算定するという特例があります。詳しくは、140頁を参照してください。

1 雇用保険被保険者資格喪失届（118頁、409頁）

提 出 先：所轄公共職業安定所長

提出期限：被保険者でなくなった日の翌日から10日以内。

添付書類：原則として雇用保険被保険者離職証明書（本人が希望しないときは作成しなくともよいですが、59歳以上の人の場合は、本人の希望の有無に関係なく省略できません）。氏名変更も同じく行えます。

提出する人：事業主

〔記載例のケース〕▷岡田桂子は自分により適した職を探すため令和５年５月31日付で退職することになりました。

様式第4号（第7条関係）（第1面）（移行処理用）

雇用保険被保険者資格喪失届　標準字体 0123456789

（必ず第２面の注意事項を読んでから記載してください。）

帳票種別 17191

1.個人番号 123456789012

2.被保険者番号 5019-798308-0

3.事業所番号 1308-505932-4

4.資格取得年月日 3-××0201（3 昭和 4 平成 5 令和）元号 年 月 日

5.離職等年月日 5-050531 元号 年 月 日

6.喪失原因 2（1 離職以外の理由 2 3以外の離職 3 事業主の都合による離職）

7.離職票交付希望 1（1 有 2 無）

8.１週間の所定労働時間 3500 時間 分

9.補充採用予定の有無 （空白 無 1 有）

10.新氏名　フリガナ（カタカナ）

※公共職業安定所記載欄　11.喪失時被保険者種類（3 季節）　12.国籍・地域コード（18欄に対応するコードを記入）　13.在留資格コード（19欄に対応するコードを記入）

14欄から19欄までは、被保険者が外国人の場合のみ記入してください。

14.被保険者氏名（ローマ字）又は新氏名（ローマ字）（アルファベット大文字で記入してください。）

被保険者氏名（ローマ字）又は新氏名（ローマ字）〔続き〕

15.在留カードの番号（在留カードの右上に記載されている12桁の英数字）

16.在留期間 西暦 年 月 日 まで

17.派遣・請負就労区分（1 派遣・請負労働者として主として当該事業所以外で就労していた場合 2 1に該当しない場合）

18.国籍・地域（　　）　19.在留資格（　　）

（この用紙は、このまま機械で処理しますので、汚さないようにしてください。）

20.（フリガナ）	オカダ ケイコ	21.性別	22.生年月日
被保険者氏名	岡田桂子	男・㊛	（大正 ㊐昭和 平成 令和）42年 10月 3日
23.被保険者の住所又は居所	町田市山崎町 26-5-×		
24.事業所名称	（株）市ヶ谷商会	25.氏名変更年月日	令和　年　月　日
26.被保険者でなくなったことの原因	転職希望による退職		

雇用保険法施行規則第７条第１項の規定により、上記のとおり届けます。

令和 5 年 6 月 5 日

事業主
住　所　新宿区市ヶ谷田町 2-7-×
氏　名　（株）市ヶ谷商会　代表取締役　川上　武
電話番号　03 － 3266 － 035×

新宿 公共職業安定所長 殿

社会保険労務士記載欄	作成年月日・提出代行者・事務代理者の表示	氏名	電話番号	安定所備考欄

※ 所長	次長	課長	係長	係	操作者	確認通知年月日
						令和　年　月　日

2021. 9

☞ 入社後に氏名が変更になったときは、転勤届出時・各種給付金の申請時等に行うことも出来ますが、離職時にも出来ます。⑩欄に新氏名を、㉕欄に変更年月日を記載します。

☞ 令和２年12月25日より、申請書の押印が不要になりました。

2 雇用保険被保険者離職証明書（118頁、409頁）

提 出 先：所轄公共職業安定所長
提出期限：被保険者でなくなった日の翌日から10日以内
添付書類：雇用保険被保険者資格喪失届、賃金台帳、出勤簿、疾病等により30日以上賃金が受けられなかったときは、医師の診断書、退職届のコピーその他、離職理由の確認できる資料
提出する人：事業主
〔記載内容のケース〕▷平成×年２月１日に入社した岡田桂子は、転職を希望して令和５年５月31日付で退職し、離職票の交付を希望しています。

☞　離職理由は必ず本人に確認しましょう。本人が不要といえば作成する必要はありませんが、59歳以上は必ず作成します。

⑧欄の被保険者期間算定対象期間は、離職日の翌日からさかのぼります。

⑨欄の賃金支払基礎日数は月給者は暦日で記入しますが、欠勤減額する場合はその日数をマイナスします。退職日と賃金締切日が違う場合には注意してください。

⑫欄の賃金額は、少なくとも13カ月以上記入するようにしましょう。Ⓐ欄には、賃金の主なものが月・週等により定められている場合に、この欄に記入します。Ⓑ欄には、賃金の主なものが日・時間・出来高等により決められる場合にこの欄に記入します。

⑭欄には、離職日以前１年間に賞与等が４回以上支給された場合は、支給日・名称および支給金額を記入してください。

⑮欄で本人の署名が受領できない場合には、事業主印を押印し、「本人が出社しないため」と記入します。

⑦欄（離職理由欄）（134頁）の「事業主記入欄」は、離職者の離職理由に該当するものを⑦欄の１～５の「離職理由」の中から１つ選んで、その離職理由に対応する□の中に○を付けてください。

また、下欄の具体的事情記載欄（事業主用）には、離職に至った原因と、その経過等の具体的事情を記載します。

⑯欄「離職者本人の判断欄」（134頁）には、「事業主が○を付けた離職理由に異議有り・無し」のいずれかに○を付けさせ、離職者本人に記名させてください。

☞　【ご確認】

資格喪失時に氏名を変更した場合は、133頁の③の離職者氏名の岡田　桂子の処が「新氏名」になりますので間違いのないようご注意ください。

☞　令和２年12月25日より、申請書の押印が不要になりました。

様式第5号（第7条関係）　**雇用保険被保険者離職証明書（安定所提出用）**

①被保険者番号	5019-798308-0	③フリガナ	オカダ ケイコ	④離職年月日	令和 5年 5月 31日
②事業所番号	1308-505932-4	離職者氏名	岡田桂子		

⑤事業所	
名称	（株）市ヶ谷商会
所在地	新宿区市ヶ谷田町2-7-×
電話番号	03-3266-035×
⑥離職者の住所又は居所	〒195-0074 町田市山崎町26-5-× 電話番号（042）738－363×

この証明書の記載は、事実に相違ないことを証明します。
事業主　住所　新宿区市ヶ谷田町2-7-×
氏名　（株）市ヶ谷商会　代表取締役　川上　武

※離職票交付　令和　年　月　日　（交付番号　番）

離職の日以前の賃金支払状況等

⑧被保険者期間算定対象期間 Ⓐ一般被保険者等（離職日の翌日 6月1日）	Ⓑ短期雇用特例被保険者	⑨⑧の期間における賃金支払基礎日数	⑩賃金支払対象期間	⑪⑩の基礎日数	⑫賃金額 Ⓐ	Ⓑ	計	⑬備考
5月1日～離職日	離職月	31日	5月1日～離職日	31日	258,200			
4月1日～4月30日	月	30日	4月1日～4月30日	30日	247,200			
3月1日～3月31日	月	31日	3月1日～3月31日	31日	238,200			
2月1日～2月28日	月	28日	2月1日～2月28日	28日	247,200			
1月1日～1月31日	月	31日	1月1日～1月31日	31日	238,200			
12月1日～12月31日	月	31日	12月1日～12月31日	31日	233,200			
11月1日～11月30日	月	30日	11月1日～11月30日	30日	238,200			
10月1日～10月31日	月	31日	10月1日～10月31日	31日	238,200			
9月1日～9月30日	月	30日	9月1日～9月30日	30日	233,200			
8月1日～8月31日	月	31日	8月1日～8月31日	31日	238,200			
7月1日～7月31日	月	31日	7月1日～7月31日	31日	247,200			
6月1日～6月30日	月	30日	6月1日～6月30日	30日	238,200			
5月1日～5月31日	月	31日	5月1日～5月31日	31日	247,200			

⑭賃金に関する特記事項：賃金の変動は残業手当の増減によるもの

⑮この証明書の記載内容（⑦欄を除く）は相違ないと認めます。（離職者氏名）岡田桂子

※公共職業安定所記載欄
⑮欄の記載　有・無
⑯欄の記載　有・無
資・聴

本手続きは電子申請による申請も可能です。本手続きについて、電子申請により行う場合には、被保険者が離職証明書の内容について確認したことを証明することができるものを本離職証明書の提出と併せて送信することをもって、当該被保険者の電子署名に代えることができます。
また、本手続きについて、社会保険労務士が電子申請による本届書の提出に関する手続を事業主に代わって行う場合には、当該社会保険労務士が当該事業主の提出代行者であることを証明することができるものを本届書の提出と併せて送信することをもって、当該事業主の電子署名に代えることができます。

社会保険労務士記載欄	作成年月日・提出代行者・事務代理者の表示	氏名	電話番号

※ 所長	次長	課長	係長	係

⑦離職理由欄…事業主の方は、離職者の主たる離職理由が該当する理由を１つ選択し、左の事業主記入欄の□の中に○印を記入の上、下の具体的事情記載欄に具体的事情を記載してください。

【離職理由は所定給付日数・給付制限の有無に影響を与える場合があり、適正に記載してください。】

事業主記入欄	離職理由	※離職区分
	1 事業所の倒産等によるもの	
□	（1）倒産手続開始、手形取引停止による離職	1A
□	（2）事業所の廃止又は事業活動停止後事業再開の見込みがないため離職	1B
	2 定年によるもの	
□	定年による離職（定年　　歳） 定年後の継続雇用 {を希望していた（以下のaからcまでのいずれかを１つ選択してください） / を希望していなかった} a 就業規則に定める解雇事由又は退職事由（年齢に係るものを除く。以下同じ。）に該当したため （解雇事由又は退職事由と同一の事由として就業規則又は労使協定に定める「継続雇用しないことができる事由」に該当して離職した場合も含む。） b 平成25年3月31日以前に労使協定により定めた継続雇用制度の対象となる高年齢者に係る基準に該当しなかったため c その他（具体的理由：　　　　）	2A 2B
	3 労働契約期間満了等によるもの	2C
□	（1）採用又は定年後の再雇用時等にあらかじめ定められた雇用期限到来による離職 （1回の契約期間　　箇月、通算契約期間　　箇月、契約更新回数　　回） （当初の契約締結後に契約期間や更新回数の上限を短縮し、その上限到来による離職に該当　する・しない） （当初の契約締結後に契約期間や更新回数の上限を設け、その上限到来による離職に該当　する・しない） （定年後の再雇用時にあらかじめ定められた雇用期限到来による離職で　ある・ない） （4年6箇月以上5年以下の通算契約期間の上限が定められ、この上限到来による離職で　ある・ない） →ある場合（同一事業所の有期雇用労働者に一様に4年6箇月以上5年以下の通算契約期間の上限が平成24年8月10日前から定められて　いた・いなかった）	2D 2E
□	（2）労働契約期間満了による離職 ① 下記②以外の労働者 （1回の契約期間　　箇月、通算契約期間　　箇月、契約更新回数　　回） （契約を更新又は延長することの確約・合意の　有・無（更新又は延長しない旨の明示の　有・無）） （直前の契約更新時に雇止め通知の　有・無） （当初の契約締結後に不更新条項の追加が　ある・ない） 労働者から契約の更新又は延長 {を希望する旨の申出があった / を希望しない旨の申出があった / の希望に関する申出はなかった} ② 労働者派遣事業に雇用される派遣労働者のうち常時雇用される労働者以外の者 （1回の契約期間　　箇月、通算契約期間　　箇月、契約更新回数　　回） （契約を更新又は延長することの確約・合意の　有・無（更新又は延長しない旨の明示の　有・無）） 労働者から契約の更新又は延長 {を希望する旨の申出があった / を希望しない旨の申出があった / の希望に関する申出はなかった} a 労働者が適用基準に該当する派遣就業の指示を拒否したことによる場合 b 事業主が適用基準に該当する派遣就業の指示を行わなかったことによる場合（指示した派遣就業が取りやめになったことによる場合を含む。） （aに該当する場合は、更に下記の5のうち、該当する主たる離職理由を更に１つ選択し、○印を記入してください。該当するものがない場合は下記の6に○印を記入した上、具体的な理由を記載してください。）	3A 3B 3C 3D 4D 5E
□	（3）早期退職優遇制度、選択定年制度等により離職	
□	（4）移籍出向	
	4 事業主からの働きかけによるもの	
□	（1）解雇（重責解雇を除く。）	
□	（2）重責解雇（労働者の責めに帰すべき重大な理由による解雇）	
	（3）希望退職の募集又は退職勧奨	
□	① 事業の縮小又は一部休廃止に伴う人員整理を行うためのもの	
□	② その他（理由を具体的に　　　　）	
	5 労働者の判断によるもの	
	（1）職場における事情による離職	
□	① 労働条件に係る問題（賃金低下、賃金遅配、時間外労働、採用条件との相違等）があったと労働者が判断したため	
□	② 事業主又は他の労働者から就業環境が著しく害されるような言動（故意の排斥、嫌がらせ等）を受けたと労働者が判断したため	
□	③ 妊娠、出産、育児休業、介護休業等に係る問題（休業等の申出拒否、妊娠、出産、休業等を理由とする不利益取扱い）があったと労働者が判断したため	
□	④ 事業所での大規模な人員整理があったことを考慮した離職	
□	⑤ 職種転換等に適応することが困難であったため（教育訓練の　有・無）	
□	⑥ 事業所移転により通勤困難となった（なる）ため（旧（新）所在地：　　　　）	
□	⑦ その他（理由を具体的に　　　　）	
○	（2）労働者の個人的な事情による離職（一身上の都合、転職希望等）	
□	6 その他（1－5のいずれにも該当しない場合） （理由を具体的に　　　　）	

具体的事情記載欄（事業主用）

転職希望による離職

⑯離職者本人の判断（○で囲むこと）

事業主が○を付けた離職理由に異議　有り・(無し)

（離職者氏名）　岡田　桂子

3 受給期間・教育訓練給付適用対象期間・高年齢雇用継続給付延長申請書 （124頁）

提 出 先：申請者の住所地を管轄する公共職業安定所長

提出期限：働くことができなくなった期間が30日を超えた日から延長後の受給期間の最終日まで

添付書類：離職票または受給資格者証、医師の証明書（初診日を記入）、母子手帳等

提出する人：延長を希望する本人

〔記載内容のケース〕▷令和５年５月31日付で出産のため退職した北出和枝は、失業給付の受給期間の延長を希望しています。

様式第16号

☑ 受給期間 □ 教育訓練給付適用対象期間 ☑ 高年齢雇用継続給付　延長申請書

1 申請者	氏　名	北出 和枝	生年月日	昭和 43年 4月 12日	性別	○ 男・◎ 女	
	住所又は居所	〒 198−0100 青梅市東青梅 1-2-× （電話 0428 − 12 −345×）					
2	申請する延長の種類	☑ 受給期間　□ 教育訓練給付適用対象期間　□ 高年齢雇用継続給付					
3	離職年月日	令和 05 年 5 月 31 日	4 被保険者となった年月日	平成 ×× 年 5 月 1 日			
5	被保険者番号	5010-003456-1					
6	支給番号	12-345678-9					
7	この申請書を提出する理由	☑ イ 妊娠、出産、育児、疾病、負傷等により職業に就く（対象教育訓練の受講を開始する）ことができないため □ ロ 定年等の理由により離職し、一定期間求職の申込みをしないことを希望するため 具体的理由〔 妊娠、出産、育児のため 〕					
8	職業に就く（対象教育訓練の受講を開始する）ことができない期間又は求職の申込みをしないことを希望する期間	令和○○年 6 月　日から 令和××年 ○ 月　日まで	※処理欄	令和　年　月　日から 令和　年　月　日まで			
※	延長後の受給（教育訓練給付適用対象）期間満了年月日	令和　年　月　日					
9	7のイの理由が疾病又は負傷の場合	傷病の名称		診療機関の名称・診療担当者			

□ 雇用保険法施行規則　　　　　　の規定により、上記のとおり受給期間の延長を申請します。
□ 雇用保険法施行規則第101条の2の3第1項の規定により、上記のとおり教育訓練給付に係る適用対象期間の延長を申請します。
□ 上記のとおり高年齢雇用継続給付の次回の支給申請可能な支給対象月に係る延長を申請します。

令和 5 年 6 月 10 日

青梅 公共職業安定所長 殿　　申請者氏名 北出 和枝　印

備考		離職票交付安定所名	
		離職票交付年月日	
		離職票交付番号	

※帳票種別
□ 10206：受給期間
(1) 支給番号
□ — □ — □
(2) 職業に就くことができない期間又は求職申込みをしない期間
令和 □年□月□日 — 令和 □年□月□日　理由 □
〔1 妊娠、出産、育児
2 疾病、負傷（高年齢の場合は1）
3 安定所長がやむをえないと認める理由（高年齢の場合は1）
4 定年等（高年齢の場合は2）〕

※ 所長	次長	課長	係長	係	操作者

☞ 事業主には提出義務はありませんが、この延長制度があることは指導してください。疾病または負傷の場合に必要となる医師の診断書は、職業に就くことができなくなって30日後に診断書を書いてもらい、必ず初診日を記入してもらってください。

☞ 令和２年12月25日より、申請書の押印が不要になりました。

4 健康保険 厚生年金保険 被保険者資格喪失届 厚生年金保険 70歳以上被用者不該当届

（126頁、152頁、411頁）

提出先：所轄年金事務所または加入している健康保険組合
提出期限：資格を喪失した日から５日以内
添付書類：健康保険被保険者証および被扶養者全員の被保険者証。何回督促しても回収ができないときは「健康保険被保険者証回収不能届」（137頁）
提出する人：事業主
［記載内容のケース］▷社員岡田桂子は転職希望により令和○年５月31日付にて退職しました。また、健康保険被保険者証を持参しましたので回収しました。

☞ 退職日が決定したら、最終日には必ず健康保険被保険者証を返却するよう前もって確認しておきます。

回収に手間どった場合は回収不能届を添付して手続をとります。あまり遅くなりますと、保険料の請求がされてしまいます（ただし、手続が終了すれば還付されます）。70歳以上の者の退職の場合もこの用紙で届出します。

遠隔地被保険者証、被扶養者全員の被保険者証の回収も忘れずにします。

⑤欄の資格喪失年月日とは、退職日の翌日です（退職日は⑥欄に記入）。

様式コード 2201

健康保険 厚生年金保険 被保険者資格喪失届
厚生年金保険 70歳以上被用者不該当届

令和 ○ 年 6 月 5 日提出

提出者記入欄
事業所整理記号 55－イチカ　事業所番号 23568
届書記入の個人番号に誤りがないことを確認しました。
〒 162-0843
事業所所在地 新宿区市ヶ谷田町2-7-×
事業所名称 （株）市ヶ谷商会
事業主氏名 代表取締役 川上 武
電話番号 03（3266）035×

在職中に70歳に到達された方の厚生年金保険被保険者喪失届は、この用紙ではなく『70歳到達届』を提出してください。

社会保険労務士記載欄 氏名等
受付印

被保険者1
① 被保険者整理番号 15
② 氏名 （フリガナ）オカダ ケイコ （氏）岡田 （名）桂子
③ 生年月日 ⑤昭和 7.平成 9.令和 42 年 10 月 03 日
④ 個人番号［基礎年金番号］ 345678901234
⑤ 喪失年月日 9.令和 ○○ 年 06 月 01 日
⑥ 喪失（不該当）原因 ④退職等（令和 ○ 年 5 月 31 日退職等） 5.死亡（令和 年 月 日死亡） 7.75歳到達（健康保険のみ喪失） 9.障害認定（健康保険のみ喪失） 11.社会保障協定
⑦ 備考 該当する項目を○で囲んでください。 1.二以上事業所勤務者の喪失 2.退職後の継続再雇用者の喪失 3.その他（　）
保険証回収 添付 1 枚 返不能 枚
⑧ 70歳不該当 □ 70歳以上被用者不該当（退職日または死亡日を記入してください） 不該当年月日 9.令和 年 月 日

被保険者2
① 被保険者整理番号 ② 氏名 （フリガナ）（氏）（名） ③ 生年月日 5.昭和 7.平成 9.令和 年 月 日
④ 個人番号［基礎年金番号］ ⑤ 喪失年月日 9.令和 年 月 日
⑥ 喪失（不該当）原因 4.退職等（令和 年 月 日退職等） 5.死亡（令和 年 月 日死亡） 7.75歳到達（健康保険のみ喪失） 9.障害認定（健康保険のみ喪失） 11.社会保障協定
⑦ 備考 該当する項目を○で囲んでください。 1.二以上事業所勤務者の喪失 2.退職後の継続再雇用者の喪失 3.その他（　）
保険証回収 添付 枚 返不能 枚
⑧ 70歳不該当 □ 70歳以上被用者不該当（退職日または死亡日を記入してください） 不該当年月日 9.令和 年 月 日

被保険者3
① 被保険者整理番号 ② 氏名 （フリガナ）（氏）（名） ③ 生年月日 5.昭和 7.平成 9.令和 年 月 日
④ 個人番号［基礎年金番号］ ⑤ 喪失年月日 9.令和 年 月 日
⑥ 喪失（不該当）原因 4.退職等（令和 年 月 日退職等） 5.死亡（令和 年 月 日死亡） 7.75歳到達（健康保険のみ喪失） 9.障害認定（健康保険のみ喪失） 11.社会保障協定
⑦ 備考 該当する項目を○で囲んでください。 1.二以上事業所勤務者の喪失 2.退職後の継続再雇用者の喪失 3.その他（　）
保険証回収 添付 枚 返不能 枚
⑧ 70歳不該当 □ 70歳以上被用者不該当（退職日または死亡日を記入してください） 不該当年月日 9.令和 年 月 日

被保険者4
① 被保険者整理番号 ② 氏名 （フリガナ）（氏）（名） ③ 生年月日 5.昭和 7.平成 9.令和 年 月 日
④ 個人番号［基礎年金番号］ ⑤ 喪失年月日 9.令和 年 月 日
⑥ 喪失（不該当）原因 4.退職等（令和 年 月 日退職等） 5.死亡（令和 年 月 日死亡） 7.75歳到達（健康保険のみ喪失） 9.障害認定（健康保険のみ喪失） 11.社会保障協定
⑦ 備考 該当する項目を○で囲んでください。 1.二以上事業所勤務者の喪失 2.退職後の継続再雇用者の喪失 3.その他（　）
保険証回収 添付 枚 返不能 枚
⑧ 70歳不該当 □ 70歳以上被用者不該当（退職日または死亡日を記入してください） 不該当年月日 9.令和 年 月 日

5 健康保険被保険者証回収不能届（127頁）

提 出 先：全国健康保険協会各支部または加入している健康保険組合
提出期限：原則として資格喪失届に添付して（資格喪失日から５日以内）
添付書類：資格喪失届
提出する人：事業主
〔記載内容のケース〕▷令和○年５月20日付で退職した岡本宏は、何回も健康保険被保険者証の返却を求めたのに６月中旬になっても返却をしないので、回収不能届を提出することに決めました。

健康保険　被保険者証回収不能届

被保険者情報

	記号	番号	生年月日
被保険者証の（左づめ）	11234567	16	☑昭和 □平成 □令和 450602

氏名	(ﾌﾘｶﾞﾅ) オカモト　ヒロシ 岡本　宏
住所	(〒　－　) 東京 都道府県 江東区大島 6-1-×
電話番号（日中の連絡先）	TEL　(　)　　携帯電話　－　－

※「電話番号（日中の連絡先）」または「携帯電話番号」について必ず記入してください。

回収不能等の対象者

氏名	生年月日	性別	高齢受給者証 交付	高齢受給者証 返納	被保険者証を返納できない理由
岡本　宏	☑昭和 □平成 □令和 45年 6月 2日	☑男 □女	□有 ☑無	□有 □無	紛失
	□昭和 □平成 □令和 年 月 日	□男 □女	□有 □無	□有 □無	
	□昭和 □平成 □令和 年 月 日	□男 □女	□有 □無	□有 □無	
	□昭和 □平成 □令和 年 月 日	□男 □女	□有 □無	□有 □無	
備考					

上記の者について、被保険者証（高齢受給者証）が回収不能であるため届出します。
なお、被保険者証を回収したときは、ただちに返納します。
令和 ○ 年 6 月 20 日

事業主欄

事業所所在地	(〒 162 － 0022) 新宿区市ヶ谷田町 2-7-×
事業所名称	(株) 市ヶ谷商会
事業主氏名	代表取締役 川上　武
電話	03 (3266) 035×

社会保険労務士の提出代行者名記載欄	

受付日付印

※この届は被保険者証を返納できない場合に提出します。
※回収不能対象者には、後日、被保険者あてに「健康保険被保険者証の無効のお知らせ」を送付します。

少なくとも３～４回の督促はしなければなりません。あまり早く回収不能届を出すと、もう少し回収に努力するよう役所から指摘を受けます。遠隔地被保険者証の回収も忘れないようにします。

6 健康保険 任意継続被保険者 資格取得申出書（127頁）

提 出 先：全国健康保険協会各支部または加入していた健康保険組合
提出期限：資格喪失日より20日以内
添付書類：被扶養者がいる場合には、２ページ目の「被扶養者届」にマイナンバーを記載します。資格喪失証明欄の記載をすることで受付が早くなります。
提出する人：本人
〔記載内容のケース〕▷令和５年４月30日付で退職した岡田桂子より健康保険の任意継続の申込みをしたいと申出があり、必要書類を渡すことにしました。

☞保険料の負担額が全額自己負担となること（協会管掌健康保険の場合、令和5年4月現在30万円の標準報酬月額が上限としての保険料になります）、20日以内に本人が手続をとること、手続終了後1～2カ月分の保険料が徴収されること、毎月の保険料の納期は当月分が当月10日で納期を厳守すること、加入できる期間は原則2年間であることなどの指導をしてください。

☞令和2年12月25日より、申請書の押印が不要になりました。

健康保険 任意継続被保険者 資格取得 申出書 1 2 ページ （取）

退職などで健康保険の資格がなくなった後も、引き続き個人で健康保険に加入する場合にご使用ください。なお、提出期限は、退職日の翌日から20日以内(必着)です。記入方法および添付書類等については、「記入の手引き」をご確認ください。

被保険者情報

勤務していたときに使用していた被保険者証の発行都道府県支部	東京 支部
提出日（投函日）	令和 05 年 05 月 10 日
勤務していたときに使用していた被保険者証 記号（左づめ）	55141908
番号（左づめ）	15
生年月日	1（1.昭和 2.平成 3.令和） 42 年 10 月 03 日
氏名（カタカナ）	オカタ゛ ケイコ
	姓と名の間は1マス空けてご記入ください。濁点(゛)、半濁点(゜)は1字としてご記入ください。
氏名	岡田 桂子
性別	2（1.男 2.女）
郵便番号（ハイフン除く）	1950074
電話番号（左づめハイフン除く）	04273836３×
住所	東京 都 町田市山崎町 26-5-×

勤務していた事業所 名称	（株）市ヶ谷商会
所在地	新宿区市ヶ谷田町 2-7-×
資格喪失年月日（退職日の翌日）	令和 05 年 05 月 01 日
保険料の納付方法 ※希望する番号をご記入ください。	1（1. 口座振替（毎月納付のみ） 2. 毎月納付 3. 6か月前納 4. 12か月前納）
	口座振替を希望される方は、別途、「口座振替依頼書」の提出が必要です。

健康保険 資格喪失証明欄　事業主記入用 ※任意　この欄をご記入いただくことで、被保険者証の交付が早くなる場合があります。

勤務していた方の氏名(カタカナ)	オカタ゛ ケイコ
	姓と名の間は1マス空けてご記入ください。濁点(゛)、半濁点(゜)は1字としてご記入ください。
資格喪失年月日（退職日の翌日）	令和 05 年 05 月 01 日

上記の記入内容に誤りのないことを証明します。　令和 5 年 5 月 1 日
事業所所在地　新宿区市ヶ谷田町 2-7-×
事業所名称　（株）市ヶ谷商会
事業主氏名　代表取締役 川上 武
電話番号　03（3266）035×

被扶養者がいる場合は2ページ目に続きます。

被保険者証の記号番号が不明の場合は、被保険者のマイナンバーをご記入ください。
(記入した場合は、本人確認書類等の添付が必要となります。)

社会保険労務士の提出代行者名記入欄

以下は、協会使用欄のため、記入しないでください。

MN確認（被保険者）	1. 記入有（添付あり） 2. 記入有（添付なし） 3. 記入無（添付あり）	資格喪失日	令和 年 月 日
同時申請	1. 限度額　1. 減額認定　1. 特定疾病　1. 口座振替		
20011101	その他 1. その他 2. 4名以上（理由）	枚数	

受付日付印

(2022.12)
全国健康保険協会 協会けんぽ
(1/2)

健康保険 任意継続被保険者 **資格取得** 申出書【被扶養者届】 1 2 ページ 取

被保険者氏名

被扶養者情報1

氏名

氏名(カタカナ:姓と名の間は1マス空けてご記入ください。濁点(゛)、半濁点(゜)は1字としてご記入ください。)

生年月日 1.昭和 2.平成 3.令和 年 月 日

性別 1.男 2.女

続柄 1.配偶者 2.配偶者(未届) 3.実子・養子 4.3以外の子 5.父母・養父母 6.義父母 7.兄弟姉妹 8.祖父母 9.曽祖父母 10.孫 11.その他( )

職業 1.無職 2.パート・アルバイト 3.年金受給者 4.中学生以下 5.高・大学生 6.その他( )

収入(年間) 1.収入なし 2.130万円未満 3.130万~180万円未満 4.180万円以上

マイナンバー

同居・別居の別 1.同居 2.別居

仕送額(年間) 2の場合に記入 万円

仕送回数(年間) 回

海外在住の場合はその理由 1.留学 2.同行家族 3.特定活動 4.海外婚姻等 5.その他( )

住所(被保険者と同居の場合は記入不要です。海外在住の方は国名のみご記入ください。)

〒 都道府県

備考

被扶養者情報2

氏名

氏名(カタカナ:姓と名の間は1マス空けてご記入ください。濁点(゛)、半濁点(゜)は1字としてご記入ください。)

生年月日 1.昭和 2.平成 3.令和 年 月 日

性別 1.男 2.女

続柄 1.配偶者 2.配偶者(未届) 3.実子・養子 4.3以外の子 5.父母・養父母 6.義父母 7.兄弟姉妹 8.祖父母 9.曽祖父母 10.孫 11.その他( )

職業 1.無職 2.パート・アルバイト 3.年金受給者 4.中学生以下 5.高・大学生 6.その他( )

収入(年間) 1.収入なし 2.130万円未満 3.130万~180万円未満 4.180万円以上

マイナンバー

同居・別居の別 1.同居 2.別居

仕送額(年間) 2の場合に記入 万円

仕送回数(年間) 回

海外在住の場合はその理由 1.留学 2.同行家族 3.特定活動 4.海外婚姻等 5.その他( )

住所(被保険者と同居の場合は記入不要です。海外在住の方は国名のみご記入ください。)

〒 都道府県

備考

被扶養者情報3

氏名

氏名(カタカナ:姓と名の間は1マス空けてご記入ください。濁点(゛)、半濁点(゜)は1字としてご記入ください。)

生年月日 1.昭和 2.平成 3.令和 年 月 日

性別 1.男 2.女

続柄 1.配偶者 2.配偶者(未届) 3.実子・養子 4.3以外の子 5.父母・養父母 6.義父母 7.兄弟姉妹 8.祖父母 9.曽祖父母 10.孫 11.その他( )

職業 1.無職 2.パート・アルバイト 3.年金受給者 4.中学生以下 5.高・大学生 6.その他( )

収入(年間) 1.収入なし 2.130万円未満 3.130万~180万円未満 4.180万円以上

マイナンバー

同居・別居の別 1.同居 2.別居

仕送額(年間) 2の場合に記入 万円

仕送回数(年間) 回

海外在住の場合はその理由 1.留学 2.同行家族 3.特定活動 4.海外婚姻等 5.その他( )

住所(被保険者と同居の場合は記入不要です。海外在住の方は国名のみご記入ください。)

〒 都道府県

備考

情報照会

お勤めになられていたときから引き続き扶養となる方の収入状況は、マイナンバーを利用した情報照会により確認を行いますので、以下に当てはまる郵便番号をご記入ください。
【提出月が1月~7月の場合】前年1月1日時点の住民票住所の郵便番号 【提出月が8月~12月の場合】本年1月1日時点の住民票住所の郵便番号

被扶養者郵便番号	被扶養者1		被扶養者2		被扶養者3	

希望しない マイナンバーを利用した情報照会を希望しない場合は、☑を入れてください。
希望しない場合は、必要な証明書類を添付してください。

以下は、協会使用欄のため、記入しないでください。

	続柄	収入(万円)	同居	仕送額(万円)
被扶養者1			1. 同居 2. 別居 3. 不備	
被扶養者2			1. 同居 2. 別居 3. 不備	
被扶養者3			1. 同居 2. 別居 3. 不備	

2 0 0 2 1 1 0 1

全国健康保険協会
協会けんぽ

2/2

雇用保険被保険者 休業開始時賃金月額証明書 所定労働時間短縮開始時賃金証明書 （130頁）

提 出 先：所轄公共職業安定所長
提出期限：被保険者でなくなった事実のあった日の翌日から起算して10日以内
添付書類：雇用保険被保険者資格喪失届、雇用保険被保険者離職票、出勤簿、賃金台帳、育児・介護休業申出書もしくは育児・介護短時間勤務にかかわる申出書
提出する人：事業主
〔記載例のケース〕▷育児短時間勤務をしていた岡田桂子は、会社より会社の経営状況が厳しいとリストラを告げられ応ずることにしました。会社に対して必要な手続を要請しました。

☞　この届出の趣旨は、倒産・解雇等の理由により離職した被保険者が育児・介護による休業または所定労働時間の短縮により賃金が喪失・低下した期間の全部または一部を含む場合に、所定労働時間短縮開始前の賃金日額と当該離職時における賃金日額を比較して、高い方の賃金日額により基本手当日額を算定するものです。

なお、この特例措置の対象となる者は、①平成15年５月１日以降に所定労働時間の短縮が開始されたこと、②特定受給資格者となる離職理由により退職したこと、③離職日以前２年間に所定労働時間短縮の期間が含まれていること、④離職日以前４年間に所定労働時間短縮が開始されており、かつ、賃金支払基礎日数11日以上の月が６カ月以上ある者となっています。

ただし、育児・介護休業給付に係る「休業開始時賃金月額証明書」が提出されている場合は、省略できる場合がありますので、職安の窓口に確認しましょう。

記載例は第５章332頁を参照してください。

― 第 4 章 ―

社員に異動・変動があったとき

社員を採用したり、社員が退職したりすると、そのつど労働保険や社会保険の手続が必要になるのはすでに述べてきましたが、社員に異動・変動があったときも手続が必要になります。

どんな変動があったときに手続が必要になるかといいますと、例えば社員が結婚をして氏名が変更になったり、子供が生まれて被扶養者が増えたり、あるいは転勤になったり、正社員からパートタイマーになったり、65歳になったり等様々なことが考えられます。順を追って解説していきます。

1・社員が結婚したとき

1　雇用保険の手続

社員か結婚し、氏名が変更になったとき、従前は速やかに氏名変更の手続をするよう指導されていましたが、令和２年５月31日に氏名変更届が廃止され、実務としては、①被保険者資格喪失時、②転勤届出時、③個人番号の変更時、④各種給付金の支給申請時等の際に併せて氏名変更の手続をすることになりました。

2　社会保険の手続

手続に必要な書式

● 健康保険・厚生年金保険被保険者氏名変更（訂正）届 …（記載例110頁）

場合によっては

● 健康保険被扶養者（異動）届／国民年金第３号被保険者関係届 ……………………………………………………………（記載例172頁）

記載に必要な情報を集める

（◆印は、雇用保険の手続の際、集めた情報）

◆社員が結婚した年月日

◆結婚によって名前が変わるのか（男性でも婿養子の例があります）
◇社員の健康保険被保険者証と年金手帳または基礎年金番号通知書を回収
◇結婚してその配偶者を扶養するなら、その配偶者の氏名（フリガナ）、生年月日、年金手帳
◇入籍せず内縁関係で扶養するなら、夫と妻の戸籍謄本と住民票（145頁参照）

社会保険の氏名変更届には、社員の健康保険証と年金手帳または基礎年金番号通知書が必要ですから、まずそれを回収して、速やかに所轄年金事務所で「被保険者氏名変更届」を提出します。なお、マイナンバーと基礎年金番号が結びついている場合は、氏名変更届の提出は不要です。外国籍の場合は、「厚生年金保険被保険者ローマ字氏名届」（79頁参照）の提出も必要です。

なお、健康保険組合のときは、健康保険の氏名変更届と厚生年金保険の氏名変更届は別々の用紙で届出をしますので注意してください。

企業年金基金に加入している事業所は、企業年金基金にも届出することを忘れないでください。

また、社員が結婚して配偶者（夫または妻で、20歳以上60歳未満の者）を被扶養者にするときは、「健康保険被扶養者（異動）届／国民年金第３号被保険者関係届」を提出することによって国民年金の第３号被保険者に認定されます。

内容については第２章「社員を採用したとき会社は」（74頁以下）を参照してください。

次に、結婚すると住所が変わることが多いと思います。住所が変更になった場合、健康保険組合によっては届出をしなければならない場合があります。

なお、厚生年金保険については平成８年４月１日より住所変更届の提出が必要となっています。

また、住所が変更になると通勤手当を支給している場合は定期代が変更になるでしょうから、３カ月後に標準報酬月額に変更がないかどうか点検をしなければなりません。標準報酬月額変更届については、第６章の「会社の定例事務」（340頁以下）を参照してください。

2・社員の住所が変わったとき

社員の住所が変わったとき、雇用保険については何の手続も必要ありませ

んが、厚生年金についてはマイナンバーと基礎年金番号が結びついていないときは手続が必要です。

なお、健康保険については、全国健康保険協会の場合は原則として何の手続も必要ありませんが、組合管掌健康保険については、届出を求める健康保険組合がありますので、健康保険組合加入の会社の担当者は確認しておくようにしてください。

手続に必要な書式

● 健康保険・厚生年金保険　被保険者住所変更届 ……（記載例173頁）（1枚目のみ提出）

記載にあたっての注意事項は、住所は変更前と変更後の住所を「都道府県名」から正確に記入することです。郵便番号も忘れずに。

なお、この場合に被扶養配偶者（国民年金第3号被保険者）が同居している場合には、次の届出書の提出が必要です。被保険者の住所変更届を提出しても被扶養配偶者の住所が自動的に変更される訳ではありません。

なお、個人番号届出済の場合は、住所変更届の提出は不要です。

手続に必要な書式

● 国民年金第3号被保険者住所変更届 …………………（記載例174頁）（被保険者住所変更届と同じ綴り。2枚目のみ提出）

記載にあたっての注意事項は、変更前と変更後の住所を「都道府県名」から正確に記入することです。この届出書は、被保険者の住所変更届と一緒に提出しましょう。なお、年金手帳の提出は不要です。

なお、個人番号届出済の場合は、住所変更届の提出は不要です。

3・被扶養者に増減があったとき

被扶養者に増減が生じるのは、いろいろな場合があります。

1　社員が結婚して、配偶者を被扶養者にするとき

手続に必要な書式

● 健康保険被扶養者（異動）届／国民年金第３号被保険者関係届
……………………………………………………………（記載例172頁）

記載に必要な情報を集める

◇配偶者の名前（フリガナ）・生年月日
◇結婚した年月日

社員が結婚して配偶者を扶養するときは、「健康保険被扶養者（異動）届」を提出します。配偶者が健康保険で被扶養者になれるかどうかは、収入による基準がありますから、その説明については、85頁を参照してください。

手続するときの添付書類は、（非）課税証明書等ですが、証明書類を求めない役所や健康保険組合もありますから、事前に確認しておくとよいでしょう。

内縁の妻（夫）を被扶養者にするとき

最近は夫婦別姓が話題になり、婚姻の届出をしない夫婦も増えています。健康保険でも届出をしない配偶者も被扶養者として認めています。

そこで、手続ですが、届出をしている夫婦と違い、届出はしていないが夫婦である（内縁関係にある）という事を証明しなければなりません。そのためには、お互いに届をしている他の配偶者がいないこと、同居していること、そして扶養していることが条件になります。

そのための添付書類としては、各々の戸籍謄（抄）本、住民票謄本（扶養している方が世帯主であること、世帯主との続柄が未届の妻（夫）であること）、（非）課税証明書等です。この添付書類についても、年金事務所や健康保険組合によって異なりますので、事前に確認しておくとよいでしょう。

また20歳以上60歳未満の人が被扶養配偶者と認められたときは、「健康保険被扶養者（異動）届／国民年金第３号被保険者関係届」の提出も必要です。一緒に提出しましょう。

被保険者証に通称名記載および旧姓併記ができます

社会保険の各種手続・届出では、氏名については戸籍上の記載に則ることとされ、健康保険被保険者証には戸籍上の氏名が印字されますが、多様な性自認や結婚後の旧姓使用への対応として、氏名等変更に係る申出をすることで、被保険者証に通称名や旧姓併記することが可能です。協会けんぽが交付する被保険者証については、次のようになっています。

1．性同一性障害を有する方が「被保険者証に通称名の記載」を希望する場合

「被保険者証への通称名記載に関する申出書」に通称名と戸籍上の氏名を記載し、①医師の診断書等の性同一性障害を有することが確認できる書類、②通称名が社会生活上日常的に用いられていることが確認できる書類、③健康保険被保険者証再交付申請書を、事業主を経由して提出します。

申出が認められた場合は、被保険者証の表面の氏名欄には「通称名」が、性別欄には「裏面参照」との記載がされ、裏面の備考欄には「戸籍上の氏名と性別」が記載されます。

2．被保険者証に旧姓併記を希望する場合

「被保険者証氏名欄の旧姓併記に関する申出書」と戸籍（抄）本等の旧姓と戸籍姓が確認できる書類を提出します。この届出により、被保険者証の表面の氏名欄には、戸籍上の氏の後ろに「括弧書きで旧姓」が記載され、裏面の備考欄には「氏名欄の括弧内は旧姓」と旧姓併記している旨の記載がされます。

なお、組合健保については、それぞれの組合健保にご確認ください。

2　子供が生まれたとき

手続に必要な書式

- ①健康保険被扶養者（異動）届／国民年金第３号被保険者関係届 ……………………………………………………（記載例175頁）

記載に必要な情報を集める

◇生まれた子供の名前（フリガナ）・生年月日・続柄
◇夫か妻のどちらが扶養するのか
◇関連する事項として次のチェックを
　①　女性社員の場合は、出産手当金の申請手続
　②　被保険者・家族出産育児一時金の申請手続
　③　育児休業給付受給資格確認票の提出に関する事項

社員の健康保険証を回収し、所轄年金事務所（または健康保険組合）へ、原則として出生した日から５日以内に「被扶養者異動届」を提出します。なお、子供の名前（漢字）とフリガナ、生年月日や性別に間違いがないよう注意します。

また、女性社員の出産の場合には、生まれた子供を女性社員の被扶養者にするのか、夫の被扶養者にするのか確認する必要があります。共働きの場合には、原則として収入の多い方の被扶養者にしますので、どちらの収入の方が多いのかも確認する必要があります。

なお、子供が出生したことにより、家族手当が支給されるようになったり、増額されるようになった場合には、月額変更届の提出が必要になる場合もありますから、定期代が変更になった場合と同じように、３カ月後に標準報酬月額に変更がないかどうか点検をしなければなりません。

- ②健康保険出産手当金支給申請書 ……………………（記載例321頁）
- ③健康保険被保険者･家族出産育児一時金支給申請書 ……………………………………………………（記載例324頁）

また、女性社員の出産の場合には、健康保険から「出産手当金」と「出産育児一時金」が支給がされますので、これらの申請漏れのないよう注意しましょう。この届出は、なるべく早く全国健康保険協会各支部（または加入している健康保険組合）へ提出します。

なお、被扶養者である配偶者や家族が出産した場合は、③の健康保険・家族出産育児一時金申請のみの手続となります。

具体的な手続方法については、第５章の「社員・配偶者等が出産、育児休業をしたとき」（231頁以下）を参照してください。

3　子供が就職したり、結婚したりしたとき

手続に必要な書式

● 健康保険被扶養者（異動）届／国民年金第３号被保険者関係届 ……………………………………………………… （記載例176頁）

記載に必要な情報を集める

◇就職した日を正確に把握
◇結婚した日を正確に把握

扶養していた子供が就職したときの手続は、子供が生まれたときと同様の手続をしますが、この手続は被扶養者を追加するのではなく、削除する手続となります。

削除するときは、就職した日（あるいは結婚した日等）はいつなのか確認をして手続をします（就職の場合は、よほど注意していないと手続漏れとなってしまいますから気をつけましょう）。また、日付によって被扶養者としての保険給付が受けられる期間なのか、それとも就職先で取得した資格で給付を受けるのかが違ってきます。

この届出は、異動があった日から５日以内に所轄年金事務所（または健康保険組合）へ提出します。

4　社員が離婚したり、配偶者が就職したりしたとき

手続に必要な書式

● 健康保険被扶養者（異動）届／国民年金第３号被保険者関係届
……………………………………………………………（記載例176頁）

社員が離婚したり被扶養配偶者が就職したりしたときは、被扶養者の削除の手続をします。どちらもいつ離婚したのか、いつ就職したのかを確認してください（国民年金第３号被保険者だった人が離婚や就職した場合の第３号関係の手続は不要です）。

この届出は、異動があった日から５日以内に所轄年金事務所（または健康保険組合）へ提出します。なお、健康保険組合に加入していた被扶養配偶者の収入が基準額以上に増加したり、離婚により扶養から外れる場合は、「被扶養配偶者非該当届」を所轄年金事務所へ届出する必要がありますので、健保組合に確認してください。

また、そのことにより家族手当に変動が生じるならば、３カ月後に標準報酬月額に変更がないかどうか点検しなければなりません。

5　配偶者が会社を辞めたとき

手続に必要な書式

● 健康保険被扶養者（異動）届／国民年金第３号被保険者関係届
…………………………………………………（記載例172頁、176頁）

記載に必要な情報を集める

◇配偶者が失業給付を受給するか否かを確認します（また、いつから受給するか、基本手当日額の確認もします）。受給しない場合は「離職票」を

提出してもらいます
◇配偶者の退職証明書を発行してもらいます
◇配偶者の名前（フリガナ）、生年月日を確認します
◇国民年金第３号被保険者関係届に記載（原則として配偶者本人の自署）
します（配偶者の年金手帳）

社員の配偶者（夫または妻）が会社などを辞めると収入がなくなりますから被扶養配偶者になることができます。そこで、被扶養者を追加する被扶養者異動届を提出しなければなりません。この場合も、会社をいつ辞めたのかを必ず確認してください。それには、前会社より退職証明書を発行してもらい、届出するときに添付すればスムーズに処理ができます。

この届出は、異動があった日から５日以内に所轄年金事務所（または健康保険組合）へ提出します。

しかし、配偶者が退職し、失業給付を受けるようなときは、失業手当（基本手当）の額にもよりますが、その失業給付を受ける間は被扶養者になれませんので気をつけてください。失業給付を受け終わって収入がなくなれば被扶養者になれます。失業給付を受け終わって異動届を提出する際は雇用保険受給資格者証のコピーを添付するとよいでしょう。

また、20歳以上60歳未満の人が、健康保険組合に加入する配偶者の被扶養配偶者と認定された場合には、「国民年金第３号被保険者関係届」を一緒に提出します。

6　家族（被扶養者）が死亡したとき

手続に必要な書式

- ①健康保険被扶養者（異動）届／国民年金第３号被保険者関係届
……………………………………（用紙例172頁、175頁、176頁参照）
- ②健康保険被保険者・家族埋葬料（費）支給申請書 …（記載例177頁）

記載に必要な情報を集める

◇死亡した日付を正確に把握します
◇家族埋葬料請求の用意をします
◇家族手当に変更がないか確認します

被扶養者である家族が死亡した場合は、健康保険被保険者証を回収し、被扶養者の削除の手続をします。

この届出は、被扶養者が死亡した日から５日以内に所轄年金事務所（または健康保険組合）へ提出します。

また、健康保険より家族埋葬料の支給がありますので、申請の手続をしてあげてください。被扶養者が死亡したことで家族手当に変動が生じるときは、３カ月後に標準報酬月額に変更がないかどうか点検をしなければなりません。

4・社員が転勤になったとき

1　雇用保険の手続

手続に必要な書式

● 雇用保険被保険者転勤届 ……………………………… （記載例179頁）

転勤というのは会社の他の事業所（支店や営業所等）に勤務させるという意味です。労働保険も社会保険も原則として、事業所ごとに適用事業所になりますから、社員を転勤させれば手続が必要になってきます。

雇用保険に関しては、失業したわけではありませんが手続が必要となります。社員を転勤させたときは、転勤させた日の翌日から起算して10日以内に手続をします。

手続に必要な用紙は「雇用保険被保険者転勤届」（様式第10号）で、この用紙に必要事項を記載して、転勤する社員の雇用保険被保険者証を添えて、転勤後の事業所の所在地を管轄する公共職業安定所長に提出します。

なお､すでに交付されている｢雇用保険被保険者資格喪失届･氏名変更届｣（平成11年10月31日前に交付されている場合には「雇用保険被保険者資格喪失届・転出届・氏名変更届・区分変更届—１」）を無記入・無押印で公共職業安定所長に持参してください。

2　社会保険の手続

手続に必要な書式

- ①健康保険・厚生年金保険　被保険者資格喪失届／厚生年金保険70歳以上被用者不該当届　……………………………（記載例136頁）
- ②健康保険・厚生年金保険　被保険者資格取得届／厚生年金保険70歳以上被用者該当届　………………………………（記載例107頁）
- ③健康保険被扶養者（異動）届／国民年金第３号被保険者関係届　………………………………………（用紙例172頁、175頁、176頁参照）

社会保険に関しては、前事業所では「健康保険・厚生年金保険被保険者資格喪失届」を､新事業所では｢健康保険･厚生年金保険被保険者資格取得届｣（なお、被扶養者がいれば「健康保険被扶養者（異動）届」も）を、転勤があった日から５日以内にそれぞれの事業所を管轄する年金事務所（または健康保険組合）へ提出します。この手続は、資格取得時、資格喪失時とも同じ方法で行います。

転勤があっても手続が不要の場合とは

① **社会保険の場合**

原則としては事業所単位の加入ですが、事業所ごとに保険関係を成立させないで本社で一括手続をしていれば、転勤のつどの事務処理は必要ありません。

② **雇用保険の場合**

事業主が同一人で、各事業所の人事関係の事務（給与計算、経営に関する指揮・監督等）を本社で行っている等の条件が満たされて、「雇用保険事業所非該当承認申請書」（記載例は426頁）を提出し、承認を受けていれば、雇用保険の事業所としては非該当であるとされ、結果的に本社のみが雇用保険の適用事業所になりますので転勤のつどの手続は必要ありません。

5・給与に大幅の変動があったとき

普段給与に多少の変動があっても毎月の社会保険料額は変更しません。それは毎月、変動する給与を基に保険料を算出し、保険料額を変更するのは大変だからです。したがって、社会保険ではあらかじめ定めた枠の中にある額の報酬は同じ等級として「標準報酬月額」を決めています。

この「報酬」に、昇格とか昇進等固定的賃金に変動があり、その結果大幅に標準報酬月額に変動があったときは、一定の条件を満たした場合について「標準報酬月額」（巻末資料参照）を変更しなければなりません。

手続に必要な書式

● 健康保険・厚生年金保険　被保険者報酬月額変更届／厚生年金保険70歳以上被用者月額変更届　…………………………（記載例385頁）

報酬額に大幅な変動があっても、標準報酬月額を変更しないと保険料の負担が不公平になりますし、一方、保険事故があって保険給付を受けるにしても不利になったり、実情にあわないことになったりします。

そこで、次の要件のすべてに該当したら「報酬月額変更届」の提出が必要になります。この届出は、届出条件に該当したら速やかに所轄年金事務所（または健康保険組合、場合によっては厚生年金基金）へ提出します。

なお、令和２年４月から特定の法人については、電子申請が義務化されます。特定の法人については、45頁を参照。

<報酬月額変更届（随時改定）の要件>

①　昇給・昇格（降給・降格）等で固定的賃金に変動があること

②　固定的賃金の変動があった月以後引き続く３カ月間に受けた報酬の平均月額による標準報酬月額等級と現在の標準報酬月額等級との間に２等級以上の差が生じること

③　該当した３カ月間とも報酬支払基礎日数が17日（156頁の特定適用事業所に勤務する短時間労働者の場合は11）以上あること

なお、平成30年10月１日より、年間平均による随時改定の仕組みが施行されました。これは、固定的賃金が変動した随時改定の対象月に、例年、業務の都合で時間外労働等の非固定的賃金が集中し、随時改定で改定された標準報酬月額が、通常の報酬に比べて著しく高額となるのを調整するために導入された特例措置です。一定の要件の他に、次の様式の添付が必要となっています。

＊様式１⇨「年間報酬の平均で算定することの申立書（随時改定用）」（387頁参照）

＊様式２⇨「健康保険　厚生年金保険　被保険者報酬月額変更届・保険者算定申立に係る例年の状況、標準報酬月額の比較及び被保険者の同意等（随時改定用）」（388頁参照）

固定的賃金の内容については、第６章の「５　社会保険の報酬月額変更届（随時改定）とは」（356頁）を参照してください。

固定的賃金の変動とは

固定的賃金の変動とは、例えば家族が増えたので家族手当の額が増えたとか、住宅手当の額が増えた等はもちろん、家族手当・住宅手当が今まではなかったのがつくようになったりするのも固定的賃金に変動があったという意味です。

また、引越しをして通勤手当の額が変わるのも固定的賃金に変動があったことになります。

更に、給与体系に変動があった場合にも固定的賃金に変動があったことになります。例えば、月給制だったのが日給制になったり、時給制になったりした場合には固定的賃金に変動があったことになります。

6・正社員からパートタイマーになったとき（またはパートタイマーから正社員になったとき）

パートタイマーとひと口にいっても勤務時間は正社員と同じで、給与の支払い方だけが月給制から時給制になったのであれば、雇用保険の身分も社会保険としての身分も何ら変化はありません。

ただし、給与体系が変化しているのですから固定的賃金に変動がある場合に当てはまります。給与体系変更後の３カ月間の給与を点検してみて、社会保険の「被保険者報酬月額変更届」を提出する必要が生じるかもしれません。

手続に必要な書式

- 健康保険・厚生年金保険　被保険者資格取得届／厚生年金保険　70歳以上被用者該当届 ……………………………………（記載例107頁）

記載に必要な情報を集める

◇雇用契約書または雇入通知書
◇契約期間の有無または契約更新の有無

(1) 被保険者になる人

今まで社会保険の被保険者でなかった人については、次の勤務時間等の条件のいずれもが正社員の条件の４分の３以上にあてはまれば、社会保険の被保険者になります。しかし、いずれの条件にも該当しなければ被保険者になりませんし、今まで社会保険の被保険者であった人は、被保険者資格を失いますので、「健康保険・厚生年金保険被保険者資格喪失届／厚生年金保険70歳以上被用者不該当届」(136頁) の提出が必要になります。

次のいずれにも該当すれば社会保険の被保険者資格が得られます

① １週間の勤務時間が正社員の４分の３以上であること

② １カ月の勤務日数が正社員の４分の３以上であること(49頁参照)

(2) 社会保険被保険者数が101人以上の会社の場合

令和４年10月１日から次の要件のすべてに該当する者は、勤務時間・勤務日数が常時雇用者の４分の３未満でも社会保険に強制加入となりました。

① 週の所定労働時間が20時間以上

② 雇用期間が２カ月を超える雇用が見込まれること

③ 賃金の月額が８万8,000円以上であること（賃金は所定労働時間で決まっている額で、残業時間は含まれない)

④ 学生でないこと

なお、この場合には**「健康保険・厚生年金保険 特定適用事業所 該当／不該当届」**を提出することとなります（記載例は419頁)。

(3) 社会保険被保険者数が100人以下の会社の場合

令和４年10月１日からは、社会保険被保険者数が100人以下の会社にも適用が拡大されました。ただし、次の手続が必要です。

① 従業員の過半数で組織する労働組合との合意（労使協定)

② 従業員の過半数で組織する労働組合がないときは

a．従業員の過半数を代表する者の同意

b．または、従業員の２分の１以上の同意

なお、この場合には**「任意特定適用事業所申出書／取消申出書」**（記載例は420頁）を提出することになります。申出書が受理された場合には、加入に反対した者も強制加入となりますので注意してください。

7・健康保険証を紛失したとき

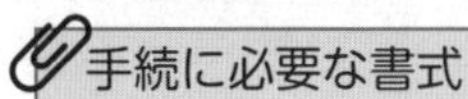

手続に必要な書式

● 健康保険被保険者証再交付申請書 ……………………… （記載例180頁）

健康保険証をなくすにはそれなりの理由があると思います。例えば、盗まれたとか、引越しのとき紛失してしまったとか…。

その場合には、警察に届け出る等の必要がありますから、本人に至急手続をするようにアドバイスしなければなりません。

健康保険被保険者証は悪用されると大変なことになりますから注意が必要です。この届出は、紛失がわかったらできるだけ早く、全国健康保険協会各支部（または健康保険組合）へ提出します。

提出にあたっては、紛失した状況等の本人からの説明書や、今後充分に注意しますとの念書の添付が求められる場合がありますので、事前に全国健康保険協会各支部または健康保険組合に確認するとよいでしょう。

8・社員が60歳の定年になり、引き続き雇用されたとき

社員が60歳になると定年になって、正社員から嘱託になったり、あるいはパートタイマーになったりすることがあります。

その場合、雇用保険や社会保険の手続関係では、雇用形態によって被保険者になれたりなれなかったり、あるいは被保険者の種類が変わったりします。

まず、会社での正社員とか嘱託等の身分とは関係なく、今までの勤務時間・勤務日数・給与等に変化があるのかどうかを検討します。勤務時間・勤務日数に変化がなければ、被保険者の資格に変化はありませんから何の手続も必要ありません。

勤務時間・勤務日数に変化があった場合には、前記「6　正社員からパー

トタイマーになったとき」(155頁) にならって必要な手続をしてください。
さらに次の手続を必ず行います。

1 雇用保険の手続

手続に必要な書式

- ①雇用保険被保険者六十歳到達時等賃金証明書 ……（記載例181頁）
- ②高年齢雇用継続給付受給資格確認票・（初回）高年齢雇用継続給付支給申請書 ……………………………………………（記載例183頁）

記載に必要な情報を集める

◇誕生日の確認（運転免許証等で）
◇60歳に達する前13カ月くらいの給与額の確認
◇通知カードまたはマイナンバーカードにて個人番号を確認します

社員が60歳になり引き続き同じ条件で雇用される場合、前頁で説明したように、社会・労働保険関係（健康保険・厚生年金保険・雇用保険）の被保険者資格に変更はありません。しかし、給与等に変更があった場合は報酬月額変更の確認をしなければなりません。また、下がった場合は、下がった程度により、高年齢雇用継続給付が受けられます。受けられる場合は、初回の高年齢雇用継続給付支給申請の際、「雇用保険被保険者六十歳到達時等賃金証明書」と「高年齢雇用継続給付受給資格確認票・（初回）高年齢雇用継続給付支給申請書」の手続を同時に行います。

◎ 高年齢雇用継続給付について

高年齢雇用継続給付には、２種類あります。１つは「高年齢雇用継続基本給付金」で、もう１つは、「高年齢再就職給付金」です。それぞれに条件が異なりますので、別々に説明しましょう。

高年齢雇用継続基本給付金の受給要件

① 雇用保険の被保険者であること（短期雇用特例被保険者と日雇労働被保険者を除く）
② 60歳以上65歳未満であること
③ 被保険者であった期間が５年以上あること
④ 60歳到達時等の賃金額と比べて、75％未満に低下していること

※ 上記の条件に該当すれば、60歳から65歳になるまでの間支給されます。

高年齢再就職給付金の受給要件

① 雇用保険の被保険であること（短期雇用特例被保険者と日雇労働被保険者を除く）
② 60歳以降に退職し、失業給付の受給資格の算定基礎期間が５年以上であること
③ 就職した日の前日において、基本手当の支給残日数が100日以上あること
④ 直前の基本手当の算定の基礎となった賃金日額の30倍と比べて、賃金額が75％未満に低下していること

※ 上記の条件に該当すれば、１～２年間支給されます。

そこで手続ですが、「雇用保険被保険者六十歳到達時等賃金証明書」と「高年齢雇用継続給付受給資格確認票・（初回）高年齢雇用継続給付支給申請書」に年齢を証明する書類としてマイナンバーカード、ない場合は運転免許証の写し、パスポートの写し、住民票等を添付して届けます。

「高年齢雇用継続給付受給資格確認票・（初回）高年齢雇用継続給付支給申請書」は、払渡希望金融機関を指定する届を兼ねていますので、事前に金融機関で確認印を受けておきましょう（預金通帳のコピーでも可）。

１回目の支給申請をすると「高年齢雇用継続給付受給資格確認通知書」と次回の「高年齢雇用継続給付支給申請書」がミシン目でつながった書類を支給されます。この申請書で、その後給与が下がった月があったときに、高年齢雇用継続給付を申請します。

なお、平成28年１月以降の初回の申請書には、マイナンバーを記載することになりました。初回の申請書にマイナンバーを記載すれば、以降の申請書

には記載は不用です。

また、令和２年４月から特定の法人については、電子申請が義務化されていますので注意してください。特定の法人については、45頁を参照。

2　社会保険の手続

手続に必要な書式

- ①厚生年金保険　被保険者資格喪失届／厚生年金保険　70歳以上被用者該当届 ……………………………………………（記載例184頁）
- ②健康保険・厚生年金保険　被保険者資格取得届／厚生年金保険　70歳以上被用者該当届 ……………………………（記載例107頁）
- ③健康保険・厚生年金保険被保険者報酬月額変更届／厚生年金保険　70歳以上被用者月額変更届 ………………………（記載例385頁）
- ④年金請求書（国民年金・厚生年金保険老齢給付）…（記載例94頁）

60歳でいったん定年になり、引き続き雇用された場合、本来は社会保険の被保険者資格には何の変更もありません。

しかし、60歳で定年になると、多くの場合、給与が下がります。社会保険料の保険料額の計算の基になる「標準報酬月額」は、給料が大幅に下がっても４カ月経たないと保険料額は変更されませんでしたが、平成25年４月１日から、60歳以上の人が退職後１日も空くことなく同じ会社に再雇用された場合は、再雇用された月から、再雇用後の給与に応じた標準報酬月額に決定できることになりました。

具体的には、従前の社会保険の資格の喪失と、再雇用後の社会保険の資格の取得を同時に提出して（これを同日得喪といいます)、再雇用後の給与に応じた標準報酬月額とするものです。

手続の進め方ですが、従前の健康保険証を回収し、「健康保険・厚生年金保険被保険者資格喪失届」に添付します。また、「健康保険・厚生年金保険被保険者資格取得届」に被扶養者がある場合には、「健康保険被扶養者異動届」と、65歳までの定年再雇用がわかるものとして「就業規則のコピー・退職辞令のコピー・事業主の証明」のうち、どれか１つを添付します。

改正前は、定年退職後に継続再雇用された場合のみ認められていましたが、定年退職の場合だけでなく、継続再雇用されるすべてのケースに拡大されました。

ただし、この取扱いは任意です。例えば、傷病手当金を受給している人が、この手続をしますと、保険料は安くなりますが、傷病手当金の額は減るというデメリットがありますので、慎重に取り扱ってください。

さらに、60歳（平成25年４月より段階的に引き上げられています）になると、老齢厚生年金を受給する権利が発生しますから、実際に支給されるかどうかは別にしても（報酬と年金額により、支給停止額が決定されます)、「厚生年金保険老齢給付請求書」の提出手続はとっておくようにしましょう。

また、厚生年金基金に加入している場合、基金によっては、報酬とは関係なく年金を支給する基金もありますから、基金に確認しておきましょう。

9・60歳以上の社員の給与が下がったとき

手続に必要な書式

● 高年齢雇用継続給付支給申請書 …………………………（記載例104頁）

記載に必要な情報を集める

◇支給申請月分の賃金台帳
◇支給申請月分の出勤簿（タイムカード）
◇支給申請対象者の署名捺印

「8　社員が60歳の定年になり､引き続き雇用されたとき」（157頁）の項で述べましたように、60歳に達した月以降に、賃金が登録した月額の75％未満に下がった月があれば、原則として、下がった給与の０～15％の範囲で高年齢雇用継続給付が支給されます（ただし、上限額あり)。

そこで､「雇用保険被保険者六十歳到達時等賃金証明書・高年齢雇用継続給付受給資格確認票」と「高年齢雇用継続給付支給申請書」に下がった給与の月額を記入し、賃金台帳と出勤簿（タイムカード）を提示して申請します。

この申請は、最初の申請を除き、公共職業安定所が指定した奇数月または偶数月、つまり２カ月ごとに１回行います。

今まで、申請者本人が署名・押印をしましたが、別紙同意書（106頁記載）を会社に提出することで署名・押印は不要となりました。その代わり「申請者氏名」欄に、『申請については同意済』と記載します。

なお、令和２年４月以降の「特定の法人」（45頁を参照）についての届出については電子申請が義務化されています。

10・社員が65歳・70歳になったとき

手続に必要な書式

- ①年金請求書（国民年金・厚生年金保険老齢給付）…　（記載例94頁）
- ②厚生年金保険　被保険者資格喪失届／厚生年金保険　70歳以上被用者該当届 ……………………………………………（記載例184頁）

＜65歳になったとき＞

継続して雇用されている限り、雇用保険・健康保険・厚生年金保険の被保険者資格に変更はありません。

しかし、雇用保険から高年齢雇用継続給付を受給していた場合、この給付金は65歳に達した月分までしか受けられません。

また、厚生年金保険については、在職老齢年金の仕組みにより、標準報酬月額等との調整があります。老齢基礎年金は調整されることなく全額支給され、報酬比例部分の老齢厚生年金（加給年金を除く）については、総報酬月額相当額と年金月額を合算して47万円を超える場合に、超えた分の２分の１を支給停止します（巻末資料参照）。

介護保険については、65歳になると、第１号被保険者になりますので、介護保険料が、市区町村からの徴収に変わります。したがって、65歳に達した月分は、給与（翌月支給の給与）から控除しないことになります。

<70歳になったとき>

70歳になると厚生年金保険は強制加入でなくなりますので、厚生年金保険の被保険者資格を失います。年金事務所から「厚生年金保険被保険者資格喪失届」を提出するように連絡がありますから、所轄年金事務所に提出してください。この場合年金事務所から「厚生年金保険被保険者資格喪失届／厚生年金保険70歳以上被用者該当届」（記載例は184頁）の用紙が送られてきますから、５日以内に年金事務所に提出してください。ただし、提出が必要な人は、70歳以後の標準報酬月額に相当する額が、70歳前の標準報酬月額と異なる場合です。

このように、70歳以上で事業所で働いていても、厚生年金保険の被保険者ではなくなりますので保険料の納付義務はありません。しかし、在職老齢年金の年金調整の対象となるために次のような手続が必要となります。

①　７月１日に対象者を雇用しているとき

「健康保険・厚生年金保険 被保険者報酬月額算定基礎届／厚生年金保険70歳以上被用者算定基礎届」を毎年７月１日から７月10日までの間に、全国健康保険協会加入の事業所は所轄年金事務所に、健康保険組合加入の事業所は所轄年金事務所と健康保険組合に提出してください。これは、一般被保険者の届出と同じ書式ですが、70歳以上の人の場合は、個人番号の記載が必要です（記載例は381頁）。

②　対象者の報酬額に変更があったとき

「健康保険・厚生年金保険 被保険者報酬月額変更届／厚生年金保険 70歳以上被用者月額変更届」を５日以内に、全国健康保険協会加入の事業所は所轄年金事務所に、健康保険組合加入の事業所は所轄年金事務所と健康保険組合に提出してください。これは、一般被保険者の届出と同じ書式ですが、70歳以上の人の場合は基礎年金番号または個人番号の記載が必要です（記載例は385頁）。

③　対象者に賞与の支払があったとき

「健康保険・厚生年金保険 被保険者賞与支払届／厚生年金保険 70歳以上被用者賞与支払届」を速やかに全国健康保険協会加入の事業所は所轄年金事務所に、健康保険組合加入の事業所は所轄年金事務所と健康保険組合に提出してください。これは、一般被保険者の届出と同じ書式ですが、70歳以上の人の場合は、基礎年金番号または個人番号の記載が必要です（記載例は390頁）。

11・社員が死亡したとき

社員が死亡すると、雇用保険も社会保険も被保険者資格を失いますので、どちらも被保険者資格喪失届を提出してください。

また、いろいろな保険給付がありますので、保険給付の請求の手続も忘れずにしてください。

1　資格喪失手続

(1)　雇用保険の手続

「雇用保険被保険者資格喪失届」を所轄公共職業安定所長に社員が死亡した日の翌日から起算して10日以内に提出します。

この場合、被保険者資格喪失の理由は離職ではなく、「離職以外の理由」になりますので間違えずに記入してください。

(2)　社会保険（健康保険、厚生年金保険）の手続

「健康保険・厚生年金保険被保険者資格喪失届」を、所轄年金事務所（または健康保険組合）に社員が死亡した日から５日以内に提出します。被保険者資格喪失日は死亡した翌日になります。

2　各種保険給付の内容と受給手続

(1)　健康保険の給付

手続に必要な書式

● 健康保険被保険者・家族埋葬料（費）支給申請書 …（記載例185頁）

記載に必要な情報を集める

◇死亡診断書より死亡年月日・死亡原因を確認します
◇生計維持している者の有無を確認します
◇埋葬費の申請には、内訳がわかる領収書の原本
◇死亡の原因が第三者の場合には、「第三者の行為による傷病届」を作成する。そのためには、加害者の氏名、生年月日、住所、勤務先の会社名と住所、事故の発生状況等を調査し、交通事故の場合は警察の事故証明書も必要
◇被保険者資格喪失後３カ月以内の死亡、資格喪失後の保険給付受給中の死亡等にも給付されます

「健康保険被保険者埋葬料（費）支給申請書」をなるべく早く、所轄全国健康保険協会各支部（または健康保険組合）に提出します。

この申請書を提出しますと、被保険者埋葬料が被保険者と生計を維持されていた家族に支給されます。支給金額は、50,000円です。申請する人は生計の一部でも維持されていた家族で、埋葬を行うべき者とされています。

なお、生計を維持されていた家族がいないときは、埋葬を行った人に埋葬料の範囲内（50,000円）で、実際に埋葬にかかった費用が埋葬費として支給されます。

(2) 厚生年金保険の給付（国民年金の給付がある場合もある）

手続に必要な書式

● 年金請求書（国民年金・厚生年金保険遺族給付）……（記載例187頁）

記載に必要な情報を集める

次の書類の添付が必要なのでなるべく早めに入手します

◇死亡した人の年金手帳・基礎年金番号通知書または年金証書

◇死亡した人の年金歴の調査

◇死亡した人と請求人の関係がわかる戸籍謄本、除籍謄本、住民票謄本（付表つき）

◇死亡診断書

◇加給年金対象者の非課税証明書または課税証明書

◇請求人の預金通帳または裁定請求書に金融機関の証明印

被保険者により生計を維持されていた家族（配偶者・子・父母・孫・祖父母）があるときは、原則として遺族厚生年金が支給されます（妻以外は、年齢要件があります）。

なお、被保険者の子供が高校生以下のとき（18歳に達した最初の３月31日までにあるとき）は、国民年金から遺族基礎年金も支給されます。

したがって、子供も請求人（本人）になりますから、その分の用紙も用意しなければなりません。

この請求書は、会社の所在地を管轄する年金事務所に提出します。遺族のことを考えてなるべく早く手続をしましょう。

時効は、死亡した日の翌日から起算して５年です。

12・社員を出向させたとき

社員を子会社や関連会社等に出向させることはよくあると思います。また、出向とひと口にいっても、出向元と出向先双方とも雇用契約関係がある在籍出向と、出向先とのみ雇用契約関係がある移籍出向とは扱いが異なりますし、日本に所在地がある会社に出向させる場合と、海外に所在地がある会社に出向させる場合では、扱いがまた異なります。また、給与を出向元と出向先でどう支払うのかによっても扱いが異なります。

基本的には、会社での身分とは関係なく、給与を支払う会社が出向者を雇用していると認められますので、給与を支払う会社で、雇用保険や社会保険の被保険者資格を取得することになります。

1　国内にある会社に出向した場合

(1)　労災保険の手続

出向元で給与を支払う場合は、雇用保険も社会保険も出向元で被保険者資格を取得しますが、労災保険に関しては、出向先で加入することになります。したがって、労働保険料の年度更新（341頁参照）の際に、出向元で支払った賃金額を、出向先の労災保険料の計算の対象賃金総額に算入することになります。

(2)　雇用保険の手続

出向元の会社で賃金が支払われていれば、出向元の会社でのみ雇用保険被保険者資格を取得します。したがって、今までと変わることはありません。手続は不要です。

ただ、出向先からも多少賃金が支払われる場合、雇用保険に関しては、主として雇用される事業所（どちらか１つの事業所）でのみ被保険者資格を取得します。基本的には賃金額が多い方で被保険者資格を取得することになります。したがって、雇用保険料の算定も、被保険者資格を取得した方の事業所で支払う賃金だけを対象にすることになります。もし、出向者が出向中に退職した場合には、失業給付は被保険者資格を取得した事業所で支払われた賃金をもとに算定した基本手当の金額で受給することになります。

(3) 社会保険の手続

考え方は、雇用保険と同じです。出向元の会社でのみ賃金が支払われていれば、出向元の会社でのみ社会保険被保険者資格を取得します。今までと変わることはありません。手続は不要です。

出向先からも賃金が支払われる場合、勤務の状況で出向元と出向先の両方の事業所とも被保険者資格があるかどうかが判断されることになります。

被保険者資格を判断する基準の勤務の状況とは、アルバイトやパートの人達の被保険者資格があるかどうかを判断するときの基準と同様です。つまり、正社員の４分の３以上勤務しているかどうかが基準になります。

もし、どちらも４分の３以上勤務しているとなれば、同時に２以上の事業所に勤務していることになり、「健康保険・厚生年金保険被保険者所属選択／二以上事業所勤務届」を提出することになります。標準報酬月額も両方の賃金を合算した額で算定することになります。保険料については、賃金を比率で按分し、２つの事業所で負担することになります。

出向元では正社員の４分の３以上勤務状況がないならば、出向先でのみ被保険者資格があることになります。この場合に、標準報酬月額を算定するとき、出向先から支払われる賃金だけが算定の対象になります。すると、今までより下がるケースがあるのではないかと思われます。その場合には、将来受給する年金額に差がでる場合がありますので、出向者にその旨を説明しておく必要があります。

出向者に出向元と出向先の両方から賃金が支払われる場合の取扱いについては、都道府県によって多少異なるようですので、年金事務所に確認をする必要があります。

2　海外にある会社に出向した場合

(1)　労災保険の手続

手続に必要な書式

- ①労働者災害補償保険特別加入申請書（海外派遣者）…（記載例195頁）
- ②労働者災害補償保険特別加入に関する変更届・
  特別加入脱退申請書（海外派遣者）　………………（記載例196頁）

海外の関連会社に出向した場合は、国内の労災保険の効力は及ばず、出向元でも出向先でも労災保険に加入するわけにはいきません。そこで、労災保険には海外に派遣される労働者のために、特別加入の制度を設けています。

海外派遣といっても、派遣される労働者には条件があり、次のような労働者に限り特別加入が認められています。

海外派遣の特別加入が認められる人

①　国際協力事業団等、開発途上地域に対する技術協力の実施の事業（有期事業を除く）を行う団体から開発途上地域で行われている事業に派遣される者

②　日本国内で行われる事業（有期事業を除く）から海外支店、工場、現場、現地法人、海外の提携先企業等海外で行われる事業に労働者として派遣される者

③　日本国内で行われる事業（有期事業を除く）から海外支店、工場、現場、現地法人、海外の提携先企業等海外で行われる300人（金融業、保険業、不動産業、小売業にあっては50人、卸売業・サービス業にあっては100人）以下の労働者を使用する事業に代表者等として派遣される者

上記に該当するようならば、特別加入の申請ができますが、派遣元の事業主が、国内で行っている事業につき労災保険に加入していることが条件になります。また、有期事業だけを行っている事業は除かれますので（一括有期事業も含みます）気をつけてください。

海外派遣の特別加入は、労災保険法が適用されないにもかかわらず、特別に加入させる制度ですから、政府の承認が必要です。そこで、手続としては、地方労働局長に承認申請をすることになります。派遣元事業主を事業主とみなして労災保険を適用しますので、派遣される労働者を個別に申請手続するのではなく、まとめて申請します。また、海外派遣の特別加入申請は、海外に行く前に承認されることが多く、詳細が不明な点も多いので、派遣者が事業に従事するようになったら、変更事項の有無を確認します。

申請手続の際に記入した事項（従事する業務、派遣期間等）に変更が生じた場合には、「特別加入に関する変更届」の提出が必要になります。

(2) 雇用保険の手続

基本的考え方は、国内の事業所に出向した場合と同様です。

ただ、雇用保険の被保険者資格については、出向元の会社では給与が支払われていなくても、出向元と雇用関係があると認められる場合もあるかと思われます（在籍出向のとき等）。その場合には、雇用保険料は支払わないことになりますが、出向者の被保険者資格は喪失しませんので、将来退職したとき、失業給付の給付日数の計算の対象期間になります。しかし、出向者が帰国してすぐに退職した場合には、雇用保険料が支払われていなく、退職日以前２年間（算定対象期間の特例により４年間）に被保険者期間が12カ月満たされないときは、失業給付は受けられないことになります。

(3) 社会保険の手続

基本的考え方は、国内の事業所に出向した場合と同様です。

社会保険の被保険者資格については、雇用保険のような例外はほとんどなく、出向元で給与が支払われていないと、人事管理がなされていても、雇用関係がないと判断されてしまいます。したがって、出向元で賃金が支払われていない場合には、被保険者資格を喪失することになります。

出向元で賃金が支払われている場合には、出向元で支払う賃金を基準にして、被保険者資格も標準報酬月額も判断されることになります。

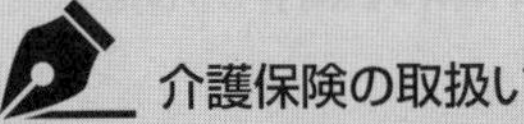

介護保険の取扱い

出向元で賃金が支払われていて、社会保険の被保険者資格を喪失しない場合でも、40歳以上65歳未満の人で非居住者として住民登録を削除した場合には、介護保険の第２号被保険者でなくなります。したがって、介護保険の「適用除外該当届」（70頁）を提出しなければなりません。また、居住者でなくなった月の分から介護保険料も控除しないことになります。

逆に、海外から帰国した場合には、介護保険の「適用除外非該当届」（70頁）を提出し、帰国した月の分から保険料も控除することになります。

1 健康保険 被扶養者（異動）届 国民年金 第3号被保険者関係届 （142頁、145頁）

提出先：所轄年金事務所
提出期限：速やかに
添付書類：山田浩の年金手帳と、山田君子の年金手帳
提出する人：事業主
〔記載例のケース〕▷社員の山田浩が結婚し、妻の山田君子を配偶者および被扶養者として届出をしたので国民年金第3号被保険者該当届を提出しました。

山田君子が今まで国民年金の第1号被保険者であり、保険料を前払いまたは口座振替にしていた場合は、前払国民年金保険料が還付されますので、山田君子名義の預金通帳と印鑑を持参します。

配偶者の欄は、山田君子の基礎年金番号を記入します。

健康保険 被扶養者（異動）届
国民年金 第3号被保険者関係届

様式コード 2202
令和 ○ 年 6 月 5 日提出

事業所整理記号：55－イチカ
届出記入の個人番号（基礎年金番号）に誤りがないことを確認しました。
事業所所在地：〒162－0843 新宿区市ヶ谷田町2-7-×
事業所名称：（株）市ヶ谷商会
事業主氏名：代表取締役 川上 武
電話番号：03（3266）035×
事業主確認欄：1.確認
事業主等受付年月日：令和 ○ 年 06 月 10 日

A 被保険者欄
被保険者整理番号	氏名	生年月日	性別	個人番号	取得年月日	収入（年収）
17	ヤマダ ヒロシ 山田 浩	5.昭和 520715	1.男	432123456789	7.平成 000401	5800,000円

B 配偶者である被扶養者（第3号被保険者）欄
第3号被保険者に関し、この届書記載のとおり届出します。令和 ×× 年 06 月 10 日
氏名：ヤマダ キミコ 山田 君子
生年月日：5.昭和 580806
続柄：2.妻
個人番号：678901234567
住所：1.同居 〒112－0003 北区上十条2-31-×
電話番号：2.携帯 090（8432）8901
1.該当 被扶養者（第3号被保険者）になった日：9.令和 ○○0601
理由：2.婚姻
職業：1.無職
収入（年収）：0円

配偶者の収入（年収） 円

申立の事実に相違ありません。 氏名

2 健康保険 厚生年金保険 被保険者住所変更届（144頁）

提 出 先：所轄年金事務所
提出期限：速やかに
添付書類：特になし
提出する人：事業主
〔記載例のケース〕▷社員横山花子は、令和５年７月14日に住民票のある荒川区から船橋市に一時的に転居したため、住所変更届を提出します。

☞　住所は都道府県名を省略することなく、漢字で正確に記入します。住所のフリガナはカタカナで、正確に記入します。

住民票届出先と現在居住している住所が異なり、現住所に書類を送ってほしい場合には届出が必要となります。

様式コード 2218　届書コード 218

事務センター長 所長｜副事務センター長 副所長｜グループ長 課長｜担当者

健康保険 厚生年金保険 被保険者住所変更届

◎記入方法は裏面に書いてありますからよく読んでください。
◎「※」印欄は記入しないでください。

①事業所整理記号	②被保険者整理番号	③個人番号（または基礎年金番号）	ア 被保険者の氏名	④生年月日
いちか	19	2146215294	（フリガナ）ヨコヤマ ハナコ　（氏）横山（名）花子	5.昭和 411215

変更後	⑤郵便番号	住所
	2732143	（フリガナ）チバ　フナバシシカイジンチョウミナミ　千葉 県 船橋市海神町南1-1436-×

変更前	イ 住所	東京 都 荒川区西尾久3-25-×

変更年月日	令和 050714	ウ 備考	□短期在留 □住民票住所以外の居所[注1] □海外居住 □その他（　　）

（注1）住民票住所以外の居所を登録する場合は、今後、住所（居所）を変更した際に手続きが必要となります。

被保険者と配偶者が同住所の場合は⑨～⑫欄への記入は不要です。
同居の場合は、下記の□欄に「レ」等のしるしを付してください。[注2]
（☑被保険者と配偶者は同居している。）

被扶養配偶者の住所変更欄

⑥個人番号（または基礎年金番号）	⑦生年月日	⑧配偶者氏名
2146212850	5.昭和 401017	（フリガナ）ヨコヤマ タロウ　（氏）横山（名）太郎

変更後	⑨郵便番号	⑩住所（※住所コード）	⑪住所変更年月日
		（フリガナ）　都道府県	令和

変更前	⑫住所　都道府県	エ 備考	□短期在留 □住民票住所以外の居所[注1] □海外居住 □その他（　　）

令和 5 年 7 月 20日提出

被保険者の個人番号に誤りがないことを確認しました。

（事業主等）
事業所等所在地　〒162－0843　新宿区市ヶ谷田町2-7-×
事業所等名称　㈱ 市ヶ谷商会
事業主等氏名　代表取締役 川上 武
電話　03－3266－035×

社会保険労務士記載欄　氏名等

日本年金機構

3 国民年金第３号被保険者住所変更届（144頁）

提 出 先：所轄年金事務所
提出期限：速やかに
添付書類：特になし
提出する人：事業主
〔記載例のケース〕▷社員横山花子の夫太朗は、令和５年７月14日に住民票のある荒川区から船橋市に一時的に転居したため、住所変更届を提出します。

☞　住所は都道府県名を省略することなく、漢字で正確に記入します。住所のフリガナはカタカナで、正確に記入します。

住民票届出先と現在居住している住所が異なり、現住所に書類を送ってほしい場合には届出が必要となります。

様式コード			
4	3	0	1
届書コード		1 同一市区町村内 / 2 同一市区町村外	届書
2	1	1	

事務センター長 所長	副事務センター長 副所長	グループ長 課長	担当者

国民年金第3号被保険者住所変更届

◎「※」印欄は記入しないでください。

配偶者欄

※事業所整理記号	※被保険者整理番号	ア 個人番号(または基礎年金番号)	イ 被保険者の氏名	生年月日
いちか	19	2146215294	(フリガナ) ヨコヤマ ハナコ (氏)横山 (名)花子	5.昭和（○）7.平成 9.令和 411215

変更後	郵便番号	2732143	住所	(フリガナ) チバ フナバシシカイジンチョウミナミ 千葉 都道府県(県) 船橋市海神町南 1-1436-×
変更前	住所	東京 都(○)道府県 荒川区西尾久 3-25-×		
変更年月日	令和	050714	ウ 備考	□短期在留 □住民票住所以外の居所注1 □海外居住 □その他(　　)

(注1)住民票住所以外の居所を登録する場合は、今後、住所(居所)を変更した際に手続きが必要となります。

被保険者と配偶者が同住所の場合は④～⑦欄への記入は不要です。
同居の場合は、下記の□欄に「レ」等のしるしを付してください。注2
(☑ 被保険者と配偶者は同居している。)

日本年金機構

被保険者欄

① 個人番号(または基礎年金番号)	② 生年月日	送信	③ 被保険者氏名
2146212850	5.昭和（○）7.平成 9.令和 401017		(フリガナ) ヨコヤマ タロウ (氏)横山 (名)太朗

	④ 郵便番号	※ 住所コード	⑤ 住所	⑥ 住所変更年月日	送信
変更後			(フリガナ) 都道府県	令和9	
変更前	⑦ 住所		都道府県	エ 備考 □短期在留 □住民票住所以外の居所注1 □海外居住 □その他(　　)	

届出人の個人番号(基礎年金番号)に誤りがないことを確認しました。
令和 5 年 7 月 20 日提出
(事業主等) 事業所等所在地 新宿区市ヶ谷田町 2-7-×
事業所等名称 株式会社 市ヶ谷商会
事業主等氏名 代表取締役 川上 武
電話 03-3266-035×

上記のとおり被保険者から第3号関係の届出がありましたので提出します。
令和 年 月 日提出
(医療保険者等) 所在地
名称
氏名
電話

国民年金第3号被保険者住所変更届の記載のとおり届出します。
届書の提出は配偶者(第2号被保険者)に委任します □
日本年金機構理事長 あて 令和 5 年 7 月 20 日提出
(届出人) 住所 船橋市海神町 1-1436-×
氏名 横山太朗
電話番号 047 － 234 － 567×

4 健康保険 被扶養者（異動）届 国民年金 第3号被保険者関係届〔出生〕

（147頁、232頁、234頁）

提出先：所轄年金事務所または加入している健康保険組合
提出期限：子供が出生してから５日以内
添付書類：被保険者証
提出する人：事業主

〔記載例のケース〕▷社員の田中和彦より令和５年５月14日に子供が生まれ、名前を田中明夫とした旨申出があったので、被扶養者としての手続をすることとなりました。

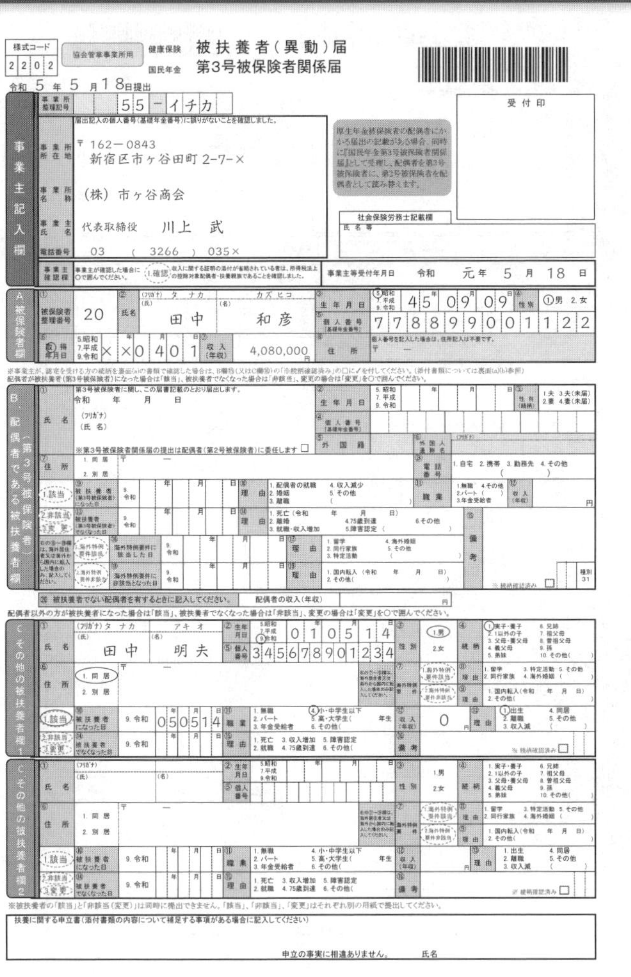

様式コード 2202　協会管掌事業所用　健康保険 被扶養者（異動）届　国民年金 第3号被保険者関係届

令和 5 年 5 月 18 日提出

事業主記入欄
- 事業所整理記号：55－イチカ
- 届出記入の個人番号（基礎年金番号）に誤りがないことを確認しました。
- 事業所所在地：〒162－0843 新宿区市ヶ谷田町 2-7-×
- 事業所名称：（株）市ヶ谷商会
- 事業主氏名：代表取締役　川上　武
- 電話番号：03（3266）035×
- 厚生年金被保険者の配偶者にかかる届出の記載がある場合、同時に「国民年金第3号被保険者関係届」として受理し、配偶者を第3号被保険者に、第2号被保険者を配偶者として読み替えます。
- 受付印
- 社会保険労務士記載欄　氏名等
- 事業主確認欄：事業主が確認した場合に○で囲んでください。 1.確認　収入に関する証明の添付が省略されている者は、所得税法上の控除対象配偶者・扶養親族であることを確認しました。
- 事業主等受付年月日：令和 元年 5月 18日

A. 被保険者欄
- ①被保険者整理番号：20
- ②氏名：（フリガナ）タナカ カズヒコ　（氏）田中（名）和彦
- ③生年月日：5.昭和 45年 09月 09日
- ④性別：①男 2.女
- ⑤個人番号（基礎年金番号）：778899001122
- ⑥取得年月日：××0401
- ⑦収入（年収）：4,080,000円
- ⑧住所：個人番号を記入した場合は、住所記入は不要です。

B. 配偶者である被扶養者（第3号被保険者）欄
（記入なし）

㉑ 被扶養者でない配偶者を有するときに記入してください。 配偶者の収入（年収）　円

C. その他の被扶養者欄1
- ①氏名：（フリガナ）タナカ アキオ　（氏）田中（名）明夫
- ②生年月日：9.令和 01年 05月 14日
- ③性別：1.男
- ④続柄：1.実子・養子
- ⑤個人番号：345678901234
- ⑥住所：1.同居
- ⑩被扶養者になった日：1.該当 9.令和 05年 05月 14日
- ⑪職業：4.小・中学生以下
- ⑫収入（年収）：0円
- ⑬理由：1.出生

C. その他の被扶養者欄2
（記入なし）

※被扶養者の「該当」と「非該当（変更）」は同時に提出できません。「該当」、「非該当」、「変更」はそれぞれ別の用紙で提出してください。

扶養に関する申立書（添付書類の内容について補足する事項がある場合に記入してください）
申立の事実に相違ありません。　氏名

子供の氏名（フリガナ）と生まれた月・日を確認します。育児休業をするのかどうかを聞き、家族育児一時金の申請をするよう指導します。

5 健康保険 被扶養者（異動）届 国民年金 第3号被保険者関係届〔就職〕

（148頁、149頁、150頁）

提 出 先：所轄年金事務所または加入している健康保険組合

提出期限：異動があった日から５日以内

添付書類：健康保険被保険者証

提出する人：事業主

〔記載例のケース〕▷社員の市川正より長男豊が令和５年６月１日に就職したとの申出があったので、被扶養者から除外の手続をすることとしました。

☞ 就職した日を確認します（被扶養者から除外した後は保険給付がありませんので、日付は非常に重要です）。

様式コード 2202　協会管掌事業所用　健康保険 被扶養者（異動）届　国民年金 第3号被保険者関係届

令和 5 年 6 月 7 日提出

事業主記入欄

事業所整理記号	55－イチカ
事業所所在地	〒 162−0843 新宿区市ヶ谷田町 2-7-×
事業所名称	（株）市ヶ谷商会
事業主氏名	代表取締役　川上　武
電話番号	03 （ 3266 ） 035×

届出記入の個人番号（基礎年金番号）に誤りがないことを確認しました。

厚生年金被保険者の配偶者にかかる届出の記載がある場合、同時に『国民年金第3号被保険者関係届』として受理し、配偶者を第3号被保険者に、第2号被保険者を配偶者として読み替えます。

受付印　社会保険労務士記載欄 氏名等

事業主確認欄：事業主が確認した場合に○で囲んでください。 1.確認　収入に関する証明の添付が省略されている者は、所得税法上の控除対象配偶者・扶養親族であることを確認しました。　事業主等受付年月日 令和 年 月 日

A．被保険者欄

① 被保険者整理番号	10
② 氏名	（フリガナ）イチカワ タダシ　（氏）市川 （名）正
③ 生年月日	5.昭和（○） 35年 06月 08日
④ 性別	1.男（○） 2.女
⑤ 個人番号［基礎年金番号］	3 4 5 6 3 4 5 6 7 8 9 0
⑥ 取得年月日	7.平成（○） ○○年 04月 01日
⑦ 収入（年収）	6,360,000円
⑧ 住所	個人番号を記入した場合は、住所記入は不要です。〒　−

※事業主が、認定を受ける方の続柄を裏面(a)の書類で確認した場合は、B欄⑬（又はC欄⑯）の「※続柄確認済み」の□に✓を付してください。（添付書類については裏面(a)(b)参照）
配偶者が被扶養者（第3号被保険者）になった場合は「該当」、被扶養者でなくなった場合は「非該当」、変更の場合は「変更」を○で囲んでください。

B．配偶者である被扶養者（第3号被保険者）欄

① 氏名	第3号被保険者に関し、この届書記載のとおり届出します。令和 年 月 日　（フリガナ）（氏名）　※第3号被保険者関係届の提出は配偶者（第2号被保険者）に委任します □
② 生年月日	5.昭和 7.平成 9.令和　年 月 日
③ 性別（続柄）	1.夫 2.妻 3.夫（未届） 4.妻（未届）
④ 個人番号［基礎年金番号］	
⑤ 外国籍	⑥ 外国人通称名 （フリガナ）
⑦ 住所	1.同居 2.別居 〒　−
⑧ 電話番号	1.自宅 2.携帯 3.勤務先 4.その他（　）
1.該当 ⑨ 被扶養者（第3号被保険者）になった日	9.令和 年 月 日　⑩ 理由：1.配偶者の就職 2.婚姻 3.離職 4.収入減少 5.その他（　）
⑪ 職業	1.無職 2.パート 3.年金受給者 4.その他（　）
⑫ 収入（年収）	円
2.非該当 3.変更 ⑬ 被扶養者（第3号被保険者）でなくなった日	9.令和 年 月 日　⑭ 理由：1.死亡（令和 年 月 日） 2.離婚 3.就職・収入増加 4.75歳到達 5.障害認定（　） 6.その他（　）
⑮ 備考	※続柄確認済み □　種別 31
右の⑯～⑲欄は、海外居住者又は海外から国内に転入した場合のみ、記入してください。 1.海外特例要件該当 ⑯ 海外特例要件に該当した日	9.令和 年 月 日　⑰ 理由：1.留学 2.同行家族 3.特定活動 4.海外婚姻 5.その他（　）
2.海外特例要件非該当 ⑱ 海外特例要件に非該当となった日	9.令和 年 月 日　⑲ 理由：1.国内転入（令和 年 月 日） 2.その他（　）

⑳ 被扶養者でない配偶者を有するときに記入してください。　配偶者の収入（年収）　円

配偶者以外の方が被扶養者になった場合は「該当」、被扶養者でなくなった場合は「非該当」、変更の場合は「変更」を○で囲んでください。

C．その他の被扶養者欄 1

① 氏名	（フリガナ）イチカワ ユタカ　（氏）市川 （名）豊
② 生年月日	7.平成（○） ○○年 07月 14日
③ 性別	1.男（○） 2.女
④ 続柄	1.実子・養子（○） 2.1以外の子 3.父母・養父母 4.義父母 5.兄姉 6.弟妹 7.祖父母 8.曽祖父母 9.孫 10.その他（　）
⑤ 個人番号	2 2 4 4 6 6 8 8 0 0 0 0
⑥ 住所	1.同居（○） 2.別居 〒　−
⑦ 海外特例要件	右の⑦～⑨欄は、海外居住者又は海外から国内に転入した場合のみ記入してください。 1.海外特例要件該当 2.海外特例要件非該当
⑧ 理由	1.留学 2.同行家族 3.特定活動 4.海外婚姻（　） 5.その他
⑨ 理由	1.国内転入（令和 年 月 日） 2.その他（　）
1.該当 ⑩ 被扶養者になった日	9.令和 年 月 日
⑪ 職業	1.無職 2.パート 3.年金受給者 4.小・中学生以下 5.高・大学生（　年生） 6.その他（　）
⑫ 収入（年収）	円
⑬ 理由	1.出生 2.離職 3.収入減 4.同居 5.その他（　）
2.非該当（○） 3.変更 ⑭ 被扶養者でなくなった日	9.令和 05年 06月 01日
⑮ 理由	1.死亡 2.就職（○） 3.収入増加 4.75歳到達 5.障害認定 6.その他（　）
⑯ 備考	※続柄確認済み □

C．その他の被扶養者欄 2

① 氏名	（フリガナ）（氏）（名）
② 生年月日	5.昭和 7.平成 9.令和　年 月 日
③ 性別	1.男 2.女
④ 続柄	1.実子・養子 2.1以外の子 3.父母・養父母 4.義父母 5.兄姉 6.弟妹 7.祖父母 8.曽祖父母 9.孫 10.その他（　）
⑤ 個人番号	
⑥ 住所	1.同居 2.別居 〒　−
⑦ 海外特例要件	1.海外特例要件該当 2.海外特例要件非該当
⑧ 理由	1.留学 2.同行家族 3.特定活動 4.海外婚姻（　） 5.その他
⑨ 理由	1.国内転入（令和 年 月 日） 2.その他（　）
1.該当 ⑩ 被扶養者になった日	9.令和 年 月 日
⑪ 職業	1.無職 2.パート 3.年金受給者 4.小・中学生以下 5.高・大学生（　年生） 6.その他（　）
⑫ 収入（年収）	円
⑬ 理由	1.出生 2.離職 3.収入減 4.同居 5.その他（　）
2.非該当 3.変更 ⑭ 被扶養者でなくなった日	9.令和 年 月 日
⑮ 理由	1.死亡 2.就職 3.収入増加 4.75歳到達 5.障害認定 6.その他（　）
⑯ 備考	※続柄確認済み □

※被扶養者の「該当」と「非該当（変更）」は同時に提出できません。「該当」、「非該当」、「変更」はそれぞれ別の用紙で提出してください。

扶養に関する申立書（添付書類の内容について補足する事項がある場合に記入してください）

申立の事実に相違ありません。　氏名

 健康保険 被保険者/家族 埋葬料（費）支給申請書 （150頁）

提出先：全国健康保険協会各支部または加入していた健康保険組合
提出期限：なるべく早く（時効は死亡後２年以内）
添付書類：死亡診断書、健康保険被保険者証、埋葬費の申請のときは埋葬に要した費用の領収書
提出する人：事業主
〔記載例のケース〕▷社員木村正邦より妻久枝が令和５年５月11日に死亡したとの届出があったので、埋葬料の申請の手続をすることにしました。

健康保険 被保険者/家族 埋葬料(費) 支給申請書　1 2 ページ　被保険者記入用　埋

加入者がお亡くなりになり、埋葬料(費)を受ける場合にご使用ください。なお、記入方法および添付書類等については「記入の手引き」をご確認ください。

被保険者(申請者)情報

被保険者証 記号(左づめ)	55141908
番号(左づめ)	6
生年月日	1（1.昭和 2.平成 3.令和） 43年 03月 21日
氏名(カタカナ)	キムラ マサクニ
	姓と名の間は1マス空けてご記入ください。濁点(゛)、半濁点(゜)は1字としてご記入ください。
氏名	木村　正邦
	申請者について ①被保険者がお亡くなりになった場合 ⇒被保険者により生計維持されていた方／埋葬を行った方 ②被扶養者がお亡くなりになった場合 ⇒被保険者
郵便番号(ハイフン除く)	1120012
電話番号(左づめハイフン除く)	033811235×
住所	東京 ㊞都 道 府 県 文京区大塚5-1-×

振込先指定口座

振込先指定口座は、上記申請者氏名と同じ名義の口座をご指定ください。

金融機関名称	東洋（銀行）金庫 信組 農協 漁協 その他（　）	支店名	大塚 本店 （支店） 代理店 出張所 本店営業部 本所 支所
預金種別	1 普通預金	口座番号(左づめ)	123456

ゆうちょ銀行の口座へお振り込みを希望される場合、支店名は３桁の漢数字を、口座番号は振込専用の口座番号（７桁）をご記入ください。
ゆうちょ銀行口座番号（記号・番号）ではお振込できません。

「被保険者・事業主記入用」は2ページ目に続きます。》》》

被保険者証の記号番号が不明の場合は、被保険者のマイナンバーをご記入ください。（記入した場合は、本人確認書類等の添付が必要となります。）▶

社会保険労務士の提出代行者名記入欄	

以下は、協会使用欄のため、記入しないでください。

MN確認(被保険者)	1.記入有（添付あり） 2.記入有（添付なし） 3.記入無（添付あり）			
添付書類	死亡証明書 1.添付 2.不備		生計維持確認書類 1.添付 2.不備	
	領収書内訳書 1.添付 2.不備		埋葬費用　円	
	戸籍(法定代理) 1.添付		口座証明 1.添付	
その他	1.その他	(理由)	枚数	

受付日付印

63111101

全国健康保険協会 協会けんぽ　(2022.12)　(1／2)

> ☞　この届出をするには、事前に健康保険被扶養者（異動）届の提出が必要です。家族が死亡したときは、死亡診断書に代えて事業主の証明でよい場合もあります。
> ☞　令和２年12月25日より、申請書の押印が不要になりました。

1 2 ページ

健康保険 被保険者/家族 埋葬料（費）支給申請書

（被保険者・事業主記入用）

被保険者氏名	木村　正邦

申請内容

① ①－1 死亡者区分	2	1. 被保険者 ➡ ①－2では「1. 埋葬料」もしくは「2. 埋葬費」をご選択ください。 2. 家族（被扶養者） ➡ ①－2では「3. 家族埋葬料」をご選択ください。
①－2 申請区分	3	1. 埋葬料（被保険者の死亡かつ、生計維持関係者による申請） 2. 埋葬費（被保険者の死亡かつ、生計維持関係者以外による申請） 3. 家族埋葬料（家族（被扶養者）の死亡かつ、被保険者による申請）
② ②－1 死亡した方の氏名（カタカナ）	キムラ ヒサエ	姓と名の間は1マス空けてご記入ください。濁点（゛）、半濁点（゜）は1字としてご記入ください。
②－2 死亡した方の生年月日	1　45年 07月 03日	1. 昭和 2. 平成 3. 令和
②－3 死亡年月日	令和 05年 05月 11日	
②－4 続柄（身分関係）	妻	➡ 「被保険者が死亡」した場合は、被保険者と申請者の身分関係をご記入ください。 「家族が死亡」した場合は、被保険者との続柄をご記入ください。
③ ③－1 死亡の原因	1	1. 仕事中以外（業務外）での傷病 2. 仕事中（業務上）での傷病 3. 通勤途中での傷病 （2・3）➡ ③－2へ
③－2 労働災害、通勤災害の認定を受けていますか。		1. はい 2. 請求中 3. 未請求
④ 傷病の原因は第三者の行為（交通事故やケンカ等）によるものですか。	2	1. はい 2. いいえ 「1. はい」の場合、別途「第三者行為による傷病届」をご提出ください。
⑤ 同一の死亡について、健康保険組合や国民健康保険等から埋葬料（費）を受給していますか。	2	1. 受給した 2. 受給していない

「①-2申請区分」が「2. 埋葬費」の場合のみご記入ください。
※埋葬費の場合は、別途埋葬に要した費用の領収書と明細書も添付してください。

⑥ ⑥－1 埋葬した年月日	令和　年　月　日
⑥－2 埋葬に要した費用の額	円

『健康保険埋葬料（費）支給申請書記入の手引き』をご確認ください。

事業主証明欄

死亡した方の氏名（カタカナ）	キムラ ヒサエ
	姓と名の間は1マス空けてご記入ください。濁点（゛）、半濁点（゜）は1字としてご記入ください。
死亡年月日	令和 05年 05月 11日

上記のとおり相違ないことを証明します。　令和 05年 05月 20日

事業所所在地　新宿区市ヶ谷田町 2-7-×

事業所名称　（株）市ヶ谷商会

事業主氏名　代表取締役　川上　武

電話番号　03（3266）035×

6 3 1 2 1 1 0 1

全国健康保険協会
協会けんぽ

(2/2)

7 雇用保険被保険者転勤届（151頁）

提 出 先：転勤後の事業所を管轄する公共職業安定所長
提出期限：転勤の発令のあった日の翌日から10日以内
添付書類：転勤した社員の雇用保険被保険者証、「雇用保険被保険者資格喪失届・氏名変更届」は無記入、無押印で
提出する人：事業主
〔記載例のケース〕▷社員の木村正邦に対し令和５年６月１日より大手町支店への転勤を発令しましたので、転勤届の手続をすることとしました。

■ 様式第10号（第13条関係）（第1面）　雇用保険被保険者転勤届 ■

（必ず第２面の注意事項を読んでから記載してください。）

帳票種別 14106

1.被保険者番号 5019-898808-0
2.生年月日 3-○○0820（2 大正 3 昭和 4 平成 5 令和）元号 年 月 日

3.被保険者氏名 木村正邦
フリガナ（カタカナ） キムラ マサクニ

4欄は、被保険者が外国人の場合のみ記入してください。
4.被保険者氏名（ローマ字）（アルファベット大文字で記入してください。）
被保険者氏名〔続き（ローマ字）〕

5.資格取得年月日 3-×○0401（3 昭和 4 平成 5 令和）元号 年 月 日

6.事業所番号 1301-532766-4
7.転勤前の事業所番号 1308-505932-4

8.転勤年月日 5-050601（4 平成 5 令和）元号 年 月 日

9.転勤前事業所 名称・所在地 〔（株）市ヶ谷商会　新宿区市ヶ谷田町2-7-×〕

10.（フリガナ）		11.	令和
変更前氏名		氏名変更年月日	年　月　日

12.備考

（この用紙は、このまま機械で処理しますので、汚さないようにしてください。）

雇用保険法施行規則第13条第１項の規定により上記のとおり届けます。

令和 5 年 6 月 5 日

住　所　千代田区大手町3-10-×
事業主 氏　名　（株）市ヶ谷商会　大手町支店
支店長　中村一郎
電話番号　03－○○○○－××××

飯田橋 公共職業安定所長 殿

社会保険労務士記載欄	作成年月日・提出代行者・事務代理者の表示	氏名	電話番号

※

所長	次長	課長	係長	係	操作者

※備考

確認通知　令和　年　月　日

2021. 9 ■

転勤届は、転勤後の事業所を管轄する公共職業安定所長へ提出することですべて終了します。
令和２年12月25日より、申請書の押印が不要になりました。

8 健康保険 被保険者証 再交付申請書（157頁）

提 出 先：全国健康保険協会各支部または加入している健康保険組合
提出期限：遅滞なく
添付書類：盗難や屋外での紛失の場合は警察署へ届け出た日時、届出受理番号等。健康保険組合加入の場合は健康保険被保険者証滅失届が必要な場合があります。
提出する人：事業主

〔記載例のケース〕▷池田良平は、令和５年５月の連休中に引越した際、被保険者証を紛失してしまいましたので、再交付の申請をすることとしました。

☞ 盗難や屋外での紛失には警察署へ届け出る必要があります。後日被保険者証が発見された場合には速やかに年金事務所に返却します。

☞ 令和２年12月25日より、申請書の押印が不要になりました。

健康保険 被保険者証 再交付申請書 （証再）

※記入方法等については「記入の手引き」をご確認ください。

被保険者証を無くされた場合やき損した場合にご使用ください。

被保険者情報

被保険者証	記号（左づめ）55141908　番号（左づめ）12
生年月日	1（1.昭和 2.平成 3.令和） 39年 06月 06日
氏名（カタカナ）	イケタ゛ リョウヘイ
	姓と名の間は1マス空けてご記入ください。濁点（゛）、半濁点（゜）は1字としてご記入ください。
氏名	池田　良平
郵便番号（ハイフン除く）	1120002
電話番号（左づめハイフン除く）	0338115 64×
住所	東京 都・道・府・県（都に〇） 文京区小石川4-3-×

再交付対象者

対象者：1
1. 被保険者（本人）分のみ……㋐欄の「再交付の原因」をご記入ください。
2. 被扶養者（家族）分のみ……㋑欄に再交付対象のご家族の情報および「再交付の原因」をご記入ください。
3. 被保険者（本人）および被扶養者（家族）分……㋐および㋑欄それぞれにご記入ください。

	氏名（カタカナ）	生年月日	再交付の原因
㋐被保険者	同上	同上	1（1.滅失（無くした、落した） 2.き損（割れた、かすれた） 3.その他（　））
㋑被扶養者 (1)	姓と名の間は1マス空けてご記入ください。濁点（゛）、半濁点（゜）は1字としてご記入ください。	1.昭和 2.平成 3.令和　年　月　日	1.滅失（無くした、落した） 2.き損（割れた、かすれた） 3.その他（　）
㋑被扶養者 (2)	姓と名の間は1マス空けてご記入ください。濁点（゛）、半濁点（゜）は1字としてご記入ください。	1.昭和 2.平成 3.令和　年　月　日	1.滅失（無くした、落した） 2.き損（割れた、かすれた） 3.その他（　）
㋑被扶養者 (3)	姓と名の間は1マス空けてご記入ください。濁点（゛）、半濁点（゜）は1字としてご記入ください。	1.昭和 2.平成 3.令和　年　月　日	1.滅失（無くした、落した） 2.き損（割れた、かすれた） 3.その他（　）
備考			

事業主欄

上記のとおり被保険者から再交付の申請がありましたので届出します。
事業所所在地　新宿区市ヶ谷田町2-7-×
事業所名称　（株）市ヶ谷商会
事業主氏名　代表取締役　川上　武
電話番号　03（3266）035×

任意継続被保険者の方は、事業主欄の記入は不要です。

被保険者証の記号番号が不明の場合は、被保険者のマイナンバーをご記入ください。
（記入した場合は、本人確認書類等の添付が必要となります。）▶

社会保険労務士の提出代行者名記入欄

以下は、協会使用欄のため、記入しないでください。

MN確認（被保険者）　1. 記入有（添付あり） 2. 記入有（添付なし） 3. 記入無（添付あり）
添付書類　1. き損被保険者証の添付あり
その他　1. その他 2. 処理票　（理由）
枚数
受付日付印

2111 1101

(2022.12)

全国健康保険協会
協会けんぽ

1/1

9　雇用保険被保険者六十歳到達時等賃金証明書（158頁）

（158頁）

提 出 先：所轄公共職業安定所長
提出期限：60歳に達した日（誕生日の前日）の翌日から10日以内
添付書類：賃金台帳、出勤簿
提出する人：事業主
〔記載例のケース〕▷令和５年10月10日に60歳の誕生日を迎えた森山清は、60歳以降も継続して雇用されていますが、給与が以前の50％に下がったため、高年齢雇用継続給付の支給申請をすることとなりました。「雇用保険被保険者高年齢雇用継続給付受給資格確認票・（初回）高年齢雇用継続給付支給申請書」と一緒に提出します。

☞　⑥欄には60歳の誕生日の前日を記載してください。
⑦欄には誕生日（生年月日）を記載してください。
⑧欄の「60歳に達した日等の翌日」の個所は、誕生日を記載します。
60歳の誕生日の前日が賃金締切日と違う場合、⑫のⒶの欄の誕生日の前日までの月分は、もし前日に退職したとしたならば、支払うであろう金額を記入します。
☞　令和２年12月25日より、申請書の押印（60歳に達した者の確認印）が不要になりました。

様式第33号の4（第101条の5関係）

雇用保険被保険者六十歳到達時等賃金証明書（安定所提出用）

① 被保険者番号	5034-124980-6	③ フリガナ	モリヤマ　キヨシ
② 事業所番号	1308-505932-4	60歳に達した者の氏名	森山　清

④ 事業所	
名称	（株）市ヶ谷商会
所在地	新宿区市ヶ谷田町2-7-×
電話番号	3266-035×
⑤60歳に達した者の住所又は居所	〒193-0804 八王子市清川町2-1-× 電話番号（042）648-001×
⑥60歳に達した日等の年月日	平成・（令和） 5年 10月 9日
⑦60歳に達した者の生年月日	（昭和）・平成 ××年 10月 10日

この証明書の記載は、事実に相違ないことを証明します。

事業主　住所　新宿区市ヶ谷田町2-7-×

（株）市ヶ谷商会

氏名　代表取締役　川上　武　㊞

60歳に達した日等以前の賃金支払状況等

⑧ 60歳に達した日等に離職したとみなした場合の被保険者期間算定対象期間（60歳に達した日等の翌日 10月10日）	⑨ ⑧の期間における賃金支払基礎日数	⑩ 賃金支払対象期間	⑪ ⑩の基礎日数	⑫ 賃金額 Ⓐ	Ⓑ	計	⑬ 備考
9月10日～60歳に達した日等	30日	9月21日～60歳に達した日等	19日	304,000			
8月10日～9月9日	31日	8月21日～9月20日	31日	480,000			
7月10日～8月9日	31日	7月21日～8月20日	31日	480,000			
6月10日～7月9日	30日	6月21日～7月20日	30日	480,000			
5月10日～6月9日	31日	5月21日～6月20日	31日	480,000			
4月10日～5月9日	30日	4月21日～5月20日	30日	480,000			
3月10日～4月9日	31日	3月21日～4月20日	31日	480,000			
2月10日～3月9日	28日	2月21日～3月20日	28日	480,000			
月　日～　月　日	日	月　日～　月　日	日				
月　日～　月　日	日	月　日～　月　日	日				
月　日～　月　日	日	月　日～　月　日	日				
月　日～　月　日	日	月　日～　月　日	日				
月　日～　月　日	日	月　日～　月　日	日				

⑭賃金に関する特記事項		六十歳到達時等賃金証明書受理　令和　年　月　日（受理番号　番）

※公共職業安定所記載欄

（注）

本手続は電子申請による申請が可能です。

なお、本手続について、社会保険労務士が事業主の委託を受け、電子申請により本申請書の提出に関する手続を行う場合には、当該社会保険労務士が当該事業主から委託を受けた者であることを証明するものを本申請書の提出と併せて送信することをもって、本証明書に係る当該事業主の電子署名に代えることができます。

また、本手続について、事業主が本申請書の提出に関する手続を行う場合には、当該事業主が被保険者から、当該被保険者が六十歳到達時等賃金証明書の内容について確認したことを証明するものを提出させ、保存しておくことをもって、当該被保険者の（電子）署名に代えることができます。

社会保険労務士記載欄	作成年月日・提出代行者・事務代理者の表示	氏名	電話番号

※	所長	次長	課長	係長	係

10 高年齢雇用継続給付受給資格確認票・（初回）高年齢雇用継続給付支給申請書（158頁）

提出先：所轄公共職業安定所長
提出期限：60歳に達した日の翌日から10日以内
添付書類：運転免許証、住民票等年齢が証明できるもの等
提出する人：事業主（または被保険者）

〔記載例のケース〕▷令和５年10月10日に60歳の誕生日を迎えた森山清は高年齢雇用継続給付の支給申請をすることとなりました。「雇用保険被保険者六十歳到達時等賃金証明書」と一緒に提出します。

様式第33号の3（第101条の5、第101条の7関係）（第1面）

高年齢雇用継続給付受給資格確認票・（初回）高年齢雇用継続給付支給申請書

（必ず第２面の注意書きをよく読んでから記入してください。）

帳票種別 15300　　1.個人番号 123456789012

2.被保険者番号 5034−124980−6　　3.資格取得年月日 4−011016（3 昭和 4 平成 5 令和）

4.被保険者氏名 森山　清　　フリガナ（カタカナ） モリヤマ キヨシ

5.事業所番号 1308−505932−4　　6.給付金の種類 1（1 基本給付金 2 再就職給付金）

＜賃金支払状況＞

7.支給対象年月その１　8.7欄の支給対象年月に支払われた賃金額　9.賃金の減額のあった日数　10.みなし賃金額

11.支給対象年月その２　12.11欄の支給対象年月に支払われた賃金額　13.賃金の減額のあった日数　14.みなし賃金額

15.支給対象年月その３　16.15欄の支給対象年月に支払われた賃金額　17.賃金の減額のあった日数　18.みなし賃金額

※公共職業安定所記載欄

60歳到達時等賃金登録欄：19.賃金月額（区分−日額又は総額）（1 日額 2 総額）　20.登録区分　21.基本手当の受給資格　22.定年等修正賃金登録年月日

高年齢雇用継続給付受給資格確認票項目記載欄：23.受給資格確認年月日　24.支給申請月（1 奇数月 2 偶数月）　25.次回（初回）支給申請年月日　26.支払区分　27.金融機関・店舗コード　口座番号　28.未支給区分（空欄 未支給以外 1 未支給）

（この用紙は、このまま機械で処理しますので、汚さないようにしてください。）

その他賃金に関する特記事項　29.　30.　31.

上記の記載事実に誤りのないことを証明します。

事業所名（所在地・電話番号）　新宿区市ヶ谷田町 2-7-×　03（3266）035×　（株）市ヶ谷商会

令和 5 年 10 月 20 日　事業主氏名　代表取締役　川上　武　印

上記のとおり高年齢雇用継続給付の受給資格の確認を申請します。
雇用保険法施行規則第101条の５及び第101条の７の規定により、上記のとおり高年齢雇用継続給付の支給を申請します。

令和 5 年 10 月 20 日　公共職業安定所長 殿　住所　申請者氏名　申請については同意済

払渡希望金融機関指定届	32. 払渡希望金融機関	フリガナ	カナガワギンコウ　ハチオウジ	金融機関コード	店舗コード
		名称	神奈川銀行　八王子　本店 (支店)		
		銀行等（ゆうちょ銀行以外）	口座番号（普通）　普通預金　No.123456		
		ゆうちょ銀行	記号番号（総合）　−		

備考：賃金締切日　日　賃金支払日　当月・翌月　日　賃金形態　月給・日給・時間給・　所定労働日数　7欄　日　11欄　日　15欄　日　通勤手当　有（毎月・3か月・6か月・　）・無

※処理欄：資格確認の可否　可・否　年齢確認書類　住・免・（　）　資格確認年月日　令和　年　月　日　通知年月日　令和　年　月　日

社会保険労務士記載欄：作成年月日・提出代行者・事務代理者の表示　氏名　電話番号

※所長　次長　課長　係長　係　操作者

2021．9

☞ 預金通帳を持参する場合は金融機関の証明は不要です。106頁記載の同意書を参照してください。

☞ 令和２年12月25日より、事業主経由での申請の場合は、申請書の押印が不要になりました。ただし、被保険者個人が申請する場合は、「申請者氏名欄」の押印は不要ですが、記載事実に誤りのないことを証明する「事業主名」欄の押印は引き続き求められます。

11 厚生年金保険 被保険者資格喪失届 厚生年金保険 70歳以上被用者該当届 （160頁、162頁）

提 出 先：所轄年金事務所
提出期限：資格を喪失した日から５日以内
添付書類：特になし
提出する人：事業主

〔記載例のケース〕▷田沼晃は、令和５年６月１日に70歳の誕生日を迎えました。会社には引き続き嘱託として勤務しますので、厚生年金保険のみ資格を喪失することとなりました。同時に厚生年金保険被用者となりますので届出をします。

☝70歳の誕生日より前に、年金事務所から「70歳到達届」と印字された書類が届きます。⑨欄の㋐（通貨）、㋑（現物）、㋒（合計㋐＋㋑）欄以外は印字されていますので、⑨欄を記入し、届出します。

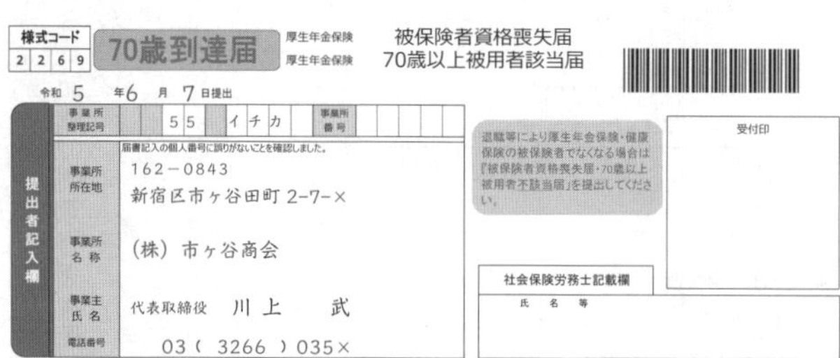
様式コード 2269　70歳到達届　厚生年金保険 被保険者資格喪失届　厚生年金保険 70歳以上被用者該当届

令和 5 年 6 月 7 日提出

提出者記入欄
- 事業所整理記号：55 イチカ　事業所番号：
- 届書記入の個人番号に誤りがないことを確認しました。
- 事業所所在地：162－0843 新宿区市ヶ谷田町 2-7-×
- 事業所名称：（株）市ヶ谷商会
- 事業主氏名：代表取締役 川上 武
- 電話番号：03（ 3266 ）035×

退職等により厚生年金保険・健康保険の被保険者でなくなる場合は『被保険者資格喪失届・70歳以上被用者不該当届』を提出してください。

受付印

社会保険労務士記載欄　氏名等

この届書は、在職中に70歳に到達した以降も引き続き同一の事業所に勤務され、70歳到達日の標準報酬月額（相当額）が従前額と異なる場合に提出いただくものです。

被保険者欄	① 被保険者整理番号	2
	② 氏名	田沼 晃
	③ 生年月日（年 月 日）	5 ○○ 06 01
	④ 個人番号（基礎年金番号）	654365432100
	⑤ 備考	該当する項目を○で囲んでください。 1. 二以上事業所勤務者 2. 短時間労働者（特定適用事業所等） 3. その他〔 〕
資格喪失欄	⑥ 喪失年月日	9 05 05 31
	⑦ 喪失原因	⑥ 70歳到達（厚生年金保険のみ喪失）
被用者該当欄	⑧ 該当年月日	9 05 05 31
	⑨ 報酬月額 ㋐（通貨）	260,000 円
	⑨ 報酬月額 ㋑（現物）	0 円
	⑨ ㋒（合計 ㋐+㋑）	260000 円

12 健康保険 被保険者 家族 埋葬料(費)支給申請書 (165頁)

提出先：全国健康保険協会各支部または加入していた健康保険組合
提出期限：遅滞なく（時効は死亡後２年間）
添付書類：死亡診断書、健康保険被保険者証
提出する人：事業主
〔記載例のケース〕▷社員の松本清は令和５年５月11日に脳血栓で死亡したので、妻の道子より埋葬料を申請してほしいと依頼があり、申請の手続をすることとしました。

☞ 死亡診断書を必ず提出してもらい、死亡原因、死亡日などを確認します。
☞ 金融機関欄は、妻の松本道子名義の口座を記入します。
☞ 令和２年12月25日より、申請書の押印が不要になりました。

健康保険 被保険者 家族 **埋葬料(費)** 支給申請書　1 2 ページ　埋　被保険者記入用

加入者がお亡くなりになり、埋葬料(費)を受ける場合にご使用ください。なお、記入方法および添付書類等については「記入の手引き」をご確認ください。

被保険者(申請者)情報

被保険者証	記号（左づめ）55141908　番号（左づめ）13　生年月日 1（1.昭和 2.平成 3.令和）50年11月23日
氏名（カタカナ）	マツモト ミチコ（姓と名の間は1マス空けてご記入ください。濁点(゛)、半濁点(゜)は1字としてご記入ください。）
氏名	松本　道子（申請者について ①被保険者がお亡くなりになった場合⇒被保険者により生計維持されていた方／埋葬を行った方 ②被扶養者がお亡くなりになった場合⇒被保険者）
郵便番号（ハイフン除く）	1730004
電話番号（左づめハイフン除く）	0339649776×
住所	東京 都道府県　板橋区板橋 1-2-×

振込先指定口座

振込先指定口座は、上記申請者氏名と同じ名義の口座をご指定ください。

金融機関名称	東洋（銀行・金庫・信組・農協・漁協・その他（　））	支店名	板橋（本店・支店・代理店・出張所・本店営業部・本所・支所）
預金種別	1 普通預金	口座番号（左づめ）	123456

ゆうちょ銀行の口座へお振り込みを希望される場合、支店名は３桁の漢数字を、口座番号は振込専用の口座番号（７桁）をご記入ください。
ゆうちょ銀行口座番号（記号・番号）ではお振込できません。

「被保険者・事業主記入用」は2ページ目に続きます。 ≫≫

被保険者証の記号番号が不明の場合は、被保険者のマイナンバーをご記入ください。
（記入した場合は、本人確認書類等の添付が必要となります。）▶

社会保険労務士の提出代行者名記入欄	

以下は、協会使用欄のため、記入しないでください。

MN確認（被保険者）	1. 記入有（添付あり） 2. 記入有（添付なし） 3. 記入無（添付あり）		
添付書類 死亡証明書	1. 添付 2. 不備	生計維持確認書類	1. 添付 2. 不備
領収書内訳書	1. 添付 2. 不備	埋葬費用	円
戸籍（法定代理）	1. 添付	口座証明	1. 添付
その他	1. その他（理由）	枚数	

受付日付印

6311 1101

(2022.12)

全国健康保険協会 協会けんぽ

1/2

1　2　ページ

被保険者・事業主記入用

健康保険 被保険者/家族 埋葬料（費）支給申請書

被保険者氏名　松本　清

申請内容

① ①－1 死亡者区分	1	1. 被保険者 ➡ ①－2では「1. 埋葬料」もしくは「2. 埋葬費」をご選択ください。 2. 家族（被扶養者） ➡ ①－2では「3. 家族埋葬料」をご選択ください。
①－2 申請区分	1	1. 埋葬料（被保険者の死亡かつ、生計維持関係者による申請） 2. 埋葬費（被保険者の死亡かつ、生計維持関係者以外による申請） 3. 家族埋葬料（家族（被扶養者）の死亡かつ、被保険者による申請）
② ②－1 死亡した方の氏名（カタカナ）	マツモト キヨシ	姓と名の間は1マス空けてご記入ください。濁点（゛）、半濁点（゜）は1字としてご記入ください。
②－2 死亡した方の生年月日	1	1.昭和 2.平成 3.令和　46年 06月 07日
②－3 死亡年月日		令和 05年 05月 11日
②－4 続柄（身分関係）	妻	➡「被保険者が死亡」した場合は、被保険者と申請者の身分関係をご記入ください。 「家族が死亡」した場合は、被保険者との続柄をご記入ください。
③ ③－1 死亡の原因	1	1. 仕事中以外（業務外）での傷病 2. 仕事中（業務上）での傷病 3. 通勤途中での傷病　} ➡ ③－2へ
③－2 労働災害、通勤災害の認定を受けていますか。		1. はい 2. 請求中 3. 未請求
④ 傷病の原因は第三者の行為（交通事故やケンカ等）によるものですか。	2	1. はい 2. いいえ　「1. はい」の場合、別途「第三者行為による傷病届」をご提出ください。
⑤ 同一の死亡について、健康保険組合や国民健康保険等から埋葬料（費）を受給していますか。	2	1. 受給した 2. 受給していない

「①-2申請区分」が「2. 埋葬費」の場合のみご記入ください。
※埋葬費の場合は、別途埋葬に要した費用の領収書と明細書も添付してください。

⑥ ⑥－1 埋葬した年月日	令和　年　月　日
⑥－2 埋葬に要した費用の額	円

『健康保険埋葬料（費）支給申請書記入の手引き』をご確認ください。

事業主証明欄

死亡した方の氏名（カタカナ）	マツモト キヨシ
	姓と名の間は1マス空けてご記入ください。濁点（゛）、半濁点（゜）は1字としてご記入ください。
死亡年月日	令和 05年 05月 11日

上記のとおり相違ないことを証明します。　令和 05年 05月 20日

事業所所在地　新宿区市ヶ谷田町 2-7-×

事業所名称　（株）市ヶ谷商会

事業主氏名　代表取締役 川上　武

電話番号　03（3266）035×

6312110１

全国健康保険協会
協会けんぽ

2/2

13 年金請求書（国民年金・厚生年金保険遺族給付）（166頁）

提出先：最後に勤務していた会社を管轄する年金事務所
または住所地を管轄する年金事務所

提出期限：死亡日の翌日から５年以内

添付書類：死亡診断書、年金手帳、除籍謄本、住民票（死亡者が記載されたもの）、課税証明書または非課税証明書、預金通帳、印鑑等

提出する人：死亡した者の遺族（配偶者、子、父母、孫、祖父母で一定の要件のある者）

〔記載例のケース〕▷松本清は、在職中に病気のため死亡してしまいました。そこで妻が遺族給付を請求することになりました。

☞　過去に加入していた年金制度が異なる場合（国家公務員共済組合等）は、他の制度での加入期間の証明が必要になります。例えば、18歳に達した日の最初の３月31日までにある子（具体的には高校生以下の子供）がある場合には、別紙（請求者名を子供の名前にしたもの）も必要になります。

また、業務上災害で死亡した場合も請求できますので、その際には忘れずに請求しましょう。

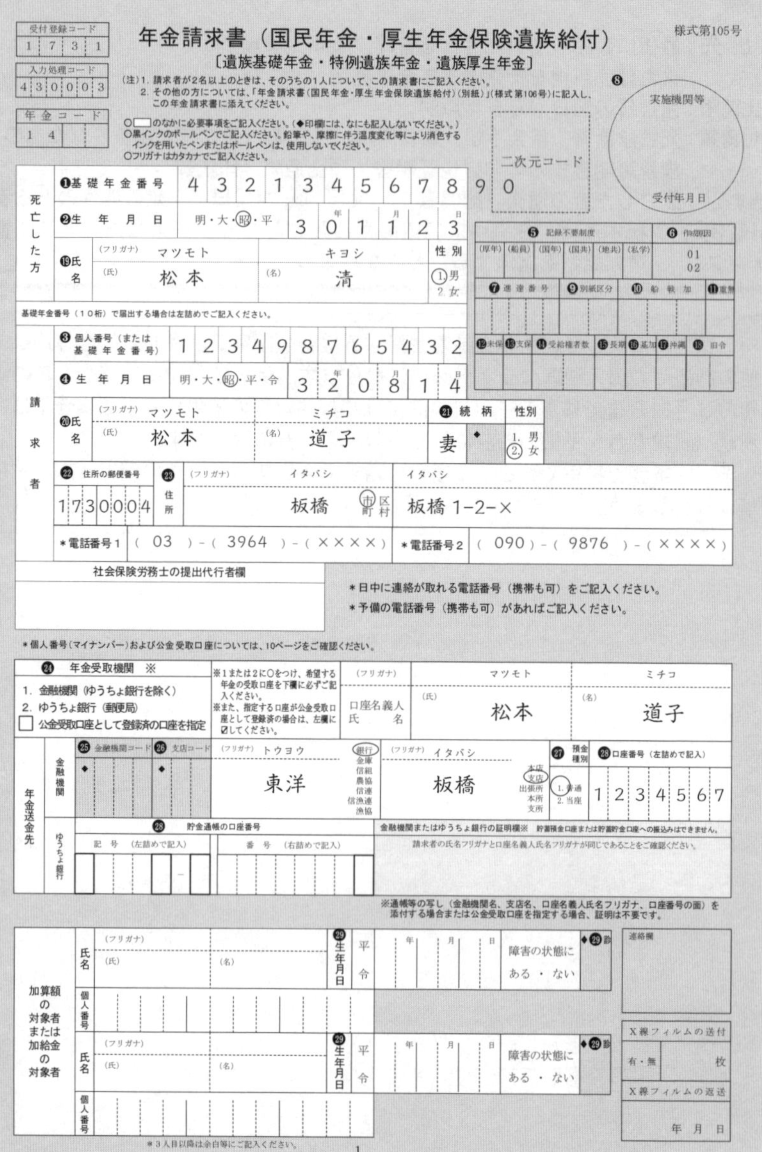

受付登録コード
1 7 3 1

入力処理コード
4 3 0 0 0 3

年金コード
1 4

年金請求書（国民年金・厚生年金保険遺族給付）

〔遺族基礎年金・特例遺族年金・遺族厚生年金〕

様式第105号

(注) 1. 請求者が2名以上のときは、そのうちの1人について、この請求書にご記入ください。
2. その他の方については、「年金請求書（国民年金・厚生年金保険遺族給付）（別紙）」（様式第106号）に記入し、この年金請求書に添えてください。

○□のなかに必要事項をご記入ください。（◆印欄には、なにも記入しないでください。）
○黒インクのボールペンでご記入ください。鉛筆や、摩擦に伴う温度変化等により消色するインクを用いたペンまたはボールペンは、使用しないでください。
○フリガナはカタカナでご記入ください。

二次元コード

❽ 実施機関等　受付年月日

死亡した方

❶基礎年金番号	4 3 2 1 3 4 5 6 7 8 9 0
❷生年月日	明・大・(昭)・平　30年 11月 23日
⑲氏名	(フリガナ) マツモト　キヨシ／(氏) 松本　(名) 清
性別	(1)男　2.女

基礎年金番号（10桁）で届出する場合は左詰めでご記入ください。

❺記録不要制度						❻作成原因
(厚年)	(船員)	(国年)	(国共)	(地共)	(私学)	01 02

❼進達番号　❾別紙区分　❿船 執 加　⓫重無

⓬未保　⓭支保　⓮受給権者数　⓯長期　⓰基加　⓱沖縄　⓲旧合

請求者

❸個人番号（または基礎年金番号）	1 2 3 4 9 8 7 6 5 4 3 2
❹生年月日	明・大・(昭)・平・令　32年 08月 14日
⑳氏名	(フリガナ) マツモト　ミチコ／(氏) 松本　(名) 道子
㉑続柄	妻 ◆
性別	1.男　(2.)女
㉒住所の郵便番号	1 7 3 0 0 0 4
㉓住所	(フリガナ) イタバシ　イタバシ／板橋 (市)区町村　板橋 1-2-×
＊電話番号1	（ 03 ）-（ 3964 ）-（ ×××× ）
＊電話番号2	（ 090 ）-（ 9876 ）-（ ×××× ）

社会保険労務士の提出代行者欄

＊日中に連絡が取れる電話番号（携帯も可）をご記入ください。
＊予備の電話番号（携帯も可）があればご記入ください。

＊個人番号（マイナンバー）および公金受取口座については、10ページをご確認ください。

㉔ 年金受取機関 ※
1. 金融機関（ゆうちょ銀行を除く）
2. ゆうちょ銀行（郵便局）
□ 公金受取口座として登録済の口座を指定

※1または2に○をつけ、希望する年金の受取口座を下欄に必ずご記入ください。
※また、指定する口座が公金受取口座として登録済の場合は、左欄に☑してください。

口座名義人氏名	(フリガナ) マツモト　ミチコ／(氏) 松本　(名) 道子

年金送金先

金融機関	
㉕金融機関コード	◆
㉖支店コード	◆
金融機関名	(フリガナ) トウヨウ　東洋 (銀行)・金庫・信組・農協・信連・信漁連・漁協
支店名	(フリガナ) イタバシ　板橋 本店・(支店)・出張所・本所・支所
㉗預金種別	(1.)普通　2.当座
㉘口座番号（左詰めで記入）	1 2 3 4 5 6 7

ゆうちょ銀行　㉘貯金通帳の口座番号　記号（左詰めで記入）　番号（右詰めで記入）

金融機関またはゆうちょ銀行の証明欄※　貯蓄預金口座または貯蓄貯金口座への振込みはできません。
請求者の氏名フリガナと口座名義人氏名フリガナが同じであることをご確認ください。

※通帳等の写し（金融機関名、支店名、口座名義人氏名フリガナ、口座番号の面）を添付する場合または公金受取口座を指定する場合、証明は不要です。

加算額の対象者または加給金の対象者

氏名	(フリガナ)／(氏)　(名)	㉙生年月日	平・令　年 月 日	障害の状態に ある・ない	◆㉙診
個人番号					
氏名	(フリガナ)／(氏)　(名)	㉙生年月日	平・令　年 月 日	障害の状態に ある・ない	◆㉙診
個人番号					

＊3人目以降は余白等にご記入ください。

連絡欄

X線フィルムの送付	
有・無	枚
X線フィルムの返送	年 月 日

1

⑦　あなたは、現在、公的年金制度等(表１参照)から年金を受けていますか。○で囲んでください。

1．受けている	②受けていない	3．請求中	制度名（共済組合名等）	年金の種類

受けていると答えた方は下欄に必要事項をご記入ください(年月日は支給を受けることになった年月日をご記入ください)。

公的年金制度名（表1より記号を選択）	年金の種類	年　月　日	年金証書の年金コードまたは記号番号等
		・　・	
		・　・	
		・　・	

「年金の種類」とは、老齢または退職、障害、遺族をいいます。

㉜年金コードまたは共済組合コード・年金種別	
1	
2	
3	
㉟他年金種別	

④　履　　歴（**死亡した方**の公的年金制度加入経過）

※できるだけ詳しく、正確にご記入ください。

	(1)事業所(船舶所有者)の名称および船員であったときはその船舶名	(2)事業所(船舶所有者)の所在地または国民年金加入時の住所	(3)勤務期間または国民年金の加入期間	(4)加入していた年金制度の種類	(5)備　　考
最初	石山産業（株）	江東区大島 1-2-×	S52・4・1から S62・6・30まで	1.国民年金 ②厚生年金保険 3.厚生年金(船員)保険 4.共済組合等	
2	国民年金	板橋区板橋 1-2-×	S62・7・1から H16・10・31まで	①国民年金 2.厚生年金保険 3.厚生年金(船員)保険 4.共済組合等	
3	（株）市ヶ谷商会	新宿区市ヶ谷田町 2-7-×	H16・11・1から 令和5・5・11まで	1.国民年金 ②厚生年金保険 3.厚生年金(船員)保険 4.共済組合等	
4			・　・から ・　・まで	1.国民年金 2.厚生年金保険 3.厚生年金(船員)保険 4.共済組合等	
5			・　・から ・　・まで	1.国民年金 2.厚生年金保険 3.厚生年金(船員)保険 4.共済組合等	
6			・　・から ・　・まで	1.国民年金 2.厚生年金保険 3.厚生年金(船員)保険 4.共済組合等	
7			・　・から ・　・まで	1.国民年金 2.厚生年金保険 3.厚生年金(船員)保険 4.共済組合等	
8			・　・から ・　・まで	1.国民年金 2.厚生年金保険 3.厚生年金(船員)保険 4.共済組合等	
9			・　・から ・　・まで	1.国民年金 2.厚生年金保険 3.厚生年金(船員)保険 4.共済組合等	
10			・　・から ・　・まで	1.国民年金 2.厚生年金保険 3.厚生年金(船員)保険 4.共済組合等	
11			・　・から ・　・まで	1.国民年金 2.厚生年金保険 3.厚生年金(船員)保険 4.共済組合等	
12			・　・から ・　・まで	1.国民年金 2.厚生年金保険 3.厚生年金(船員)保険 4.共済組合等	
13			・　・から ・　・まで	1.国民年金 2.厚生年金保険 3.厚生年金(船員)保険 4.共済組合等	

3

㋖ 必ずご記入ください。	(1)死亡した方の生年月日、住所	S30年11月23日	住　所	板橋区板橋 1-2-×

(2)死亡年月日	(3)死亡の原因である傷病または負傷の名称	(4)傷病または負傷の発生した日
令和5年　5月11日	脳血栓	不詳　年　月　日
(5)傷病または負傷の初診日	(6)死亡の原因である傷病または負傷の発生原因	(7)死亡の原因は第三者の行為によりますか。
令和5年　5月10日	不詳	1. はい・②いいえ

(8)死亡の原因が第三者の行為により発生したものであるときは、その者の氏名および住所	氏　名	
	住　所	

(9)請求する方は、死亡した方の相続人になれますか。	①はい・2. いいえ

(10)死亡した方は次の年金制度の被保険者、組合員または加入者となったことがありますか。あるときは番号を○で囲んでください。

① 国民年金法　② 厚生年金保険法　3. 船員保険法（昭和61年4月以後を除く）
4. 廃止前の農林漁業団体職員共済組合法　5. 国家公務員共済組合法　6. 地方公務員等共済組合法
7. 私立学校教職員組合法　8. 旧市町村職員共済組合法　9. 地方公務員の退職年金に関する条例　10. 恩給法

(11)死亡した方は、(10)欄に示す年金制度から年金を受けていましたか。	1. はい ② いいえ	受けていたときは、その制度名と年金証書の基礎年金番号および年金コード等をご記入ください。	制　度　名	年金証書の基礎年金番号および年金コード等

(12)死亡の原因は業務上ですか。	(13)労災保険から給付が受けられますか。	(14)労働基準法による遺族補償が受けられますか。
1. はい・②いいえ	1. はい・②いいえ	1. はい・②いいえ

(15)遺族厚生年金を請求する方は、下の欄の質問にお答えください。いずれかを○で囲んでください。

質問	回答
ア　死亡した方は、死亡の当時、厚生年金保険の被保険者でしたか。	①はい・2. いいえ
イ　死亡した方が厚生年金保険(船員保険)の被保険者もしくは共済組合の組合員の資格を喪失した後に死亡したときであって、厚生年金保険(船員保険)の被保険者または共済組合の組合員であった間に発した傷病または負傷が原因で、その初診日から5年以内に死亡したものですか。	1. はい・②いいえ
ウ　死亡した方は、死亡の当時、障害厚生年金(2級以上)または旧厚生年金保険(旧船員保険)の障害年金(2級相当以上)もしくは共済組合の障害年金(2級相当以上)を受けていましたか。	1. はい・②いいえ
エ　死亡した方は平成29年7月までに老齢厚生年金または旧厚生年金保険(旧船員保険)の老齢年金・通算老齢年金もしくは共済組合の退職給付の年金の受給権者でしたか。	1. はい・②いいえ
オ　死亡した方は保険料納付済期間、保険料免除期間および合算対象期間(死亡した方が大正15年4月1日以前生まれの場合は通算対象期間)を合算した期間が25年以上ありましたか。	①はい・2. いいえ

①アからウのいずれか、またはエもしくはオに「はい」と答えた方
⇒(16)にお進みください。

②アからウのいずれかに「はい」と答えた方で、エまたはオについても「はい」と答えた方
⇒下の□のうち、希望する欄に☑を付してください。

☑ 年金額が高い方の計算方法での決定を希望する。

□ 指定する計算方法での決定を希望する。 ⇒右欄のアからウのいずれか、またはエもしくはオを○で囲んでください。	ア・イ・ウ　または　エ・オ

(16)死亡した方が共済組合等に加入したことがあるときは、下の欄の質問にお答えください。

質問	回答
ア　死亡の原因は、公務上の事由によりますか。	1. はい・2. いいえ
イ　請求者は同一事由によって、追加費用対象期間を有することによる共済組合法に基づく遺族給付を受けられますか。	1. はい・2. いいえ

5

生　計　維　持　申　立

㊂ 生計同一関係	右の者は、死亡者と生計を同じくしていたこと、および配偶者と子が生計を同じくしていたことを申し立てる。 令和 5年 6月25日 請求者　住 所　板橋区板橋 1-2-× 氏 名　松本　道子	

	氏　名	続 柄
請求者	松本　道子	妻

			◆確認欄
㊃ 収入関係	1.　この年金を請求する方は次にお答えください。		
	(1) 請求者（名：松本道子）について年収は、850万円未満ですか。	(はい)・いいえ	(　　)印
	(2) 請求者（名：　　　　）について年収は、850万円未満ですか。	はい・いいえ	(　　)印
	(3) 請求者（名：　　　　）について年収は、850万円未満ですか。	はい・いいえ	(　　)印
	2.　上記1で「いいえ」と答えた方のうち、その方の収入がこの年金の受給権発生当時以降おおむね5年以内に850万円未満となる見込みがありますか。	はい・いいえ	

◆年金事務所の確認事項

ア．健保等被扶養者（第三号被保険者）
イ．加算額または加給年金額対象者
ウ．国民年金保険料免除世帯
エ．義務教育終了前
オ．高等学校在学中
カ．源泉徴収票・非課税証明等

令和　　年　　月　　日 提出

7

機構独自項目

<table>
<tr><td>死亡した方</td><td colspan="4">過去に加入していた年金制度の年金手帳の記号番号で、基礎年金番号と異なる記号番号があるときは、その記号番号をご記入ください。</td></tr>
<tr><td></td><td>厚生年金保険</td><td></td><td>国民年金</td><td></td></tr>
<tr><td></td><td>船員保険</td><td></td><td></td><td></td></tr>
<tr><td>請求者</td><td colspan="4">請求者の❸欄を記入していない方は、次のことにお答えください。（記入した方は回答の必要はありません。）
過去に厚生年金保険、国民年金または船員保険に加入したことがありますか。○で囲んでください。　ある・ない
「ある」と答えた方は、加入していた制度の年金手帳の記号番号をご記入ください。</td></tr>
<tr><td></td><td>厚生年金保険</td><td></td><td>国民年金</td><td></td></tr>
<tr><td></td><td>船員保険</td><td></td><td></td><td></td></tr>
</table>

㋐ 必ずご記入ください。

(1)死亡した方が次の年金または恩給のいずれかを受けることができたときは、その番号を○で囲んでください。

1. 地方公務員の恩給　2. 恩給法（改正前の執行官法附則第13条において、その例による場合を含む。）による普通恩給
3. 日本製鉄八幡共済組合の老齢年金または養老年金　4. 旧外地関係または旧陸海軍関係共済組合の退職年金給付

(2)死亡した方が昭和61年3月までの期間において国民年金に任意加入しなかった期間または任意加入したが、保険料を納付しなかった期間が、次に該当するときはその番号を○で囲んでください。

1. 死亡した方の配偶者が5ページ㋒の(10)欄（国民年金法を除く）に示す制度の被保険者、組合員または加入者であった期間
2. 死亡した方の配偶者が5ページ㋒の(10)欄（国民年金法を除く）および(1)欄に示す制度の老齢年金または退職年金を受けることができた期間
3. 死亡した方または配偶者が5ページ㋒の(10)欄（国民年金法を除く）に示す制度の老齢年金または退職年金の受給資格期間を満たしていた期間
4. 死亡した方または配偶者が5ページ㋒の(10)欄（国民年金法を除く）および(1)欄に示す制度から障害年金を受けることができた期間
5. 死亡した方または配偶者が戦傷病者戦没者遺族等援護法の障害年金を受けることができた期間
6. 死亡した方が5ページ㋒の(10)欄（国民年金法を除く）および(1)欄に示す制度から遺族に対する年金を受けることができた期間
7. 死亡した方が戦傷病者戦没者遺族等援護法の遺族年金または未帰還者留守家族手当もしくは特別手当を受けることができた期間
8. 死亡した方または配偶者が都道府県議会、市町村議会の議員および特別区の議会の議員ならびに国会議員であった期間
9. 死亡した方が都道府県知事の承認を受けて国民年金の被保険者とされなかった期間

(3)死亡した方が国民年金に任意加入しなかった期間または任意加入したが、保険料を納付しなかった期間が、上に示す期間以外で次に該当するときはその番号を○で囲んでください。

1. 死亡した方が日本国内に住所を有しなかった期間
2. 死亡した方が日本国内に住所を有していた期間であって日本国籍を有さなかったため国民年金の被保険者とされなかった期間
3. 死亡した方が学校教育法に規定する高等学校の生徒または大学の学生であった期間
4. 死亡した方が昭和61年4月以後の期間において下に示す制度の老齢または退職を事由とする年金給付を受けることができた期間
ただし、エからサに示す制度の退職を事由とする年金給付であって年齢を理由として停止されている期間は除く。

ア 厚生年金保険法　イ 船員保険法（昭和61年4月以後を除く）　ウ 恩給法
エ 国家公務員共済組合法　オ 地方公務員等共済組合法（ケを除く）　カ 私立学校教職員共済法
キ 廃止前の農林漁業団体職員共済組合法　ク 国会議員互助年金法　ケ 地方議会議員共済法
コ 地方公務員の退職年金に関する条例　サ 改正前の執行官法附則第13条

(4)死亡した方は国民年金に任意加入した期間について特別一時金を受けたことがありますか。	1. は い ・ ② いいえ
(5)昭和36年4月1日から昭和47年5月14日までの間に沖縄に住んでいたことがありますか。	1. は い ・ ② いいえ
(6)旧陸海軍等の旧共済組合の組合員であったことがありますか。	1. は い ・ ② いいえ

㋑ 死亡した方が退職後、個人で保険料を納める第四種被保険者、船員保険の年金任意継続被保険者となったことがありますか。	1. は い ・ ② いいえ	
「はい」と答えたときは、その保険料を納めた年金事務所（社会保険事務所）の名称をご記入ください。		
その保険料を納めた期間をご記入ください。	昭和 平成 年 月 日 から 昭和 平成 年 月 日	
第四種被保険者（船員年金任意継続被保険者）の整理記号番号をご記入ください。	（記号）	（番号）

9

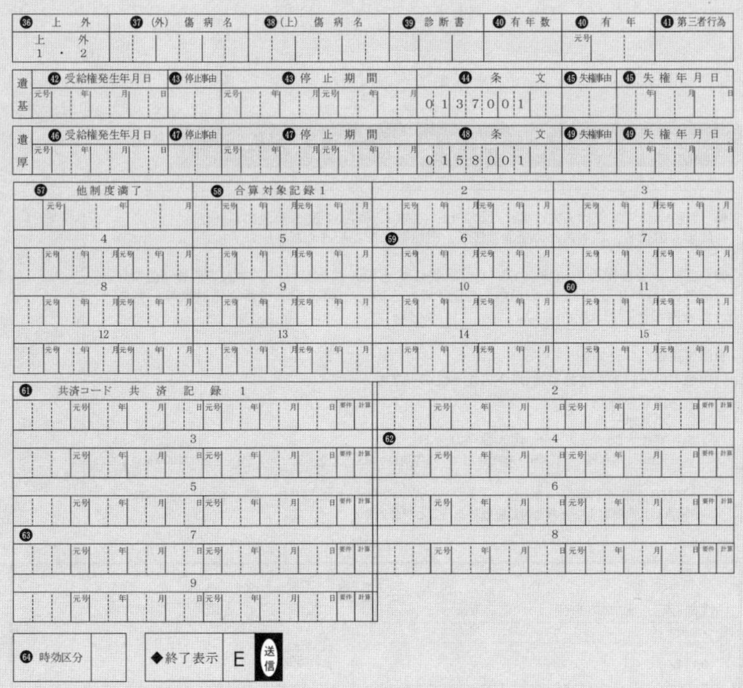

㊱ 上外	㊲ (外) 傷病名	㊳ (上) 傷病名	㊴ 診断書	㊵ 有年数	㊵ 有年	㊶ 第三者行為
上 外 1・2					元号	

	㊷ 受給権発生年月日	㊸ 停止事由	㊸ 停止期間	㊹ 条文	㊺ 失権事由	㊺ 失権年月日
遺基	元号 年 月 日		元号 年 月 元号 年 月	0 1 3 7 0 0 1		年 月 日

	㊻ 受給権発生年月日	㊼ 停止事由	㊼ 停止期間	㊽ 条文	㊾ 失権事由	㊾ 失権年月日
遺厚	元号 年 月 日		元号 年 月 元号 年 月	0 1 5 8 0 0 1		年 月 日

(57) 他制度満了	(58) 合算対象記録 1	2	3
元号 年 月	元号 年 月 元号 年 月	元号 年 月 元号 年 月	元号 年 月 元号 年 月
4	5	(59) 6	7
元号 年 月 元号 年 月	元号 年 月 元号 年 月	元号 年 月 元号 年 月	元号 年 月 元号 年 月
8	9	10	(60) 11
元号 年 月 元号 年 月	元号 年 月 元号 年 月	元号 年 月 元号 年 月	元号 年 月 元号 年 月
12	13	14	15
元号 年 月 元号 年 月	元号 年 月 元号 年 月	元号 年 月 元号 年 月	元号 年 月 元号 年 月

(61) 共済コード 共済記録 1	2
元号 年 月 日 元号 年 月 日 要件 計算	元号 年 月 日 元号 年 月 日 要件 計算
3	(62) 4
元号 年 月 日 元号 年 月 日 要件 計算	元号 年 月 日 元号 年 月 日 要件 計算
5	6
元号 年 月 日 元号 年 月 日 要件 計算	元号 年 月 日 元号 年 月 日 要件 計算
(63) 7	8
元号 年 月 日 元号 年 月 日 要件 計算	元号 年 月 日 元号 年 月 日 要件 計算
9	
元号 年 月 日 元号 年 月 日 要件 計算	

(64) 時効区分

◆終了表示 E 送信

11

☞　手続を自分でする場合は記入不要です。

代理人に手続きを委任される場合にご記入ください。

●「代理人（委任を受ける方）」欄については、ご本人（委任する方）が決められた代理人の氏名、ご本人との関係、住所、電話番号をご記入ください。

●「ご本人（委任する方）」欄については、委任状を記入した日付、ご本人の基礎年金番号、氏名（旧姓がある方は、その旧姓もご記入ください）、生年月日、住所、電話番号、委任する内容をご記入ください。

●添付書類について
代理人の方の本人確認書類（以下の①～③のいずれか一つ）
① 運転免許証
② パスポート
③ マイナンバーカード（個人番号カード）
※住民基本台帳カード（有効期間内のもので顔写真付に限る）は③マイナンバーカードと同様に取扱います。

*運転免許証、パスポートまたはマイナンバーカードについては、「代理人（委任を受ける方）」欄に記入した氏名および住所と同じ記載であることが必要です。

委任状

代理人　＊ご本人（委任する方）がご記入ください。

フリガナ		ご本人との関係	
氏　名			
住　所	〒　　－　　電話（　　）　－ 建物名		

私は、上記の者を代理人と定め、以下の内容を委任します。

ご本人　＊ご本人（委任する方）がご記入ください。

基礎年金番号	□□□□－□□□□□□	作成日	令和　年　月　日
フリガナ		生年月日	昭和 平成 令和　年　月　日
氏　名			
住　所	〒　　－　　電話（　　）　－ 建物名		
委任する内容	●委任する事項を次の項目から選んで○をつけ、5を選んだ場合は委任する内容を具体的にご記入ください。 1．年金および年金生活者支援給付金の請求について　2．年金および年金生活者支援給付金の見込み額について 3．年金の加入期間について　4．各種再交付手続きについて　5．その他（具体的にご記入ください。） ●年金に関する情報の交付について、希望の有無をA～Cの項目から選んで○をつけてください。 A．代理人に交付を希望する　B．本人宛に郵送を希望する　C．交付を希望しない		

＊代理人は、運転免許証など代理人自身の本人確認ができるもの（文書による請求または照会の場合は写し）をご用意ください。

12

14 労働者災害補償保険　特別加入申請書（海外派遣者）（169頁）

提 出 先：派遣元の事業所を管轄する労働基準監督署長を経由して都道府県労働局長
提出期限：特別加入しようとするとき
添付書類：特別加入する者の氏名等を記載した別紙
提出する人：事業主
〔記載例のケース〕▷㈱市ヶ谷商会は、サンフランシスコ支店に２名の営業社員を派遣することになりました。そこで労災保険の特別加入をすることにしました。

様式第34号の11（表面）

労働者災害補償保険　特別加入申請書（海外派遣者）

帳票種別 36231

◎裏面の注意事項を読んでから記載してください。
※印の欄は記載しないでください。（職員が記載します。）

① ※第３種特別加入に係る労働保険番号（府県・所掌・管轄・基幹番号・枝番号）

※受付年月日　9 令和　元号・年・月・日

② 団体の名称又は事業主の氏名（事業主が法人その他の団体であるときはその名称）
（株）市ヶ谷商会

③ 申請に係る事業

労働保険番号	府県 1 3 所掌 1 管轄 0 8 基幹番号 9 3 8 1 8 8 枝番号 0 0 0
名称（フリガナ）	カブシキガイシャイチガヤショウカイ
名称（漢字）	（株）市ヶ谷商会
事業場の所在地	新宿区市ヶ谷田町 2-7-×
事業の種類	電気製品の販売

④ 特別加入予定者　加入予定者数　計　2　名
＊この用紙に記載しきれない場合には、別紙に記載すること。

特別加入予定者	派遣先 事業の名称	派遣先国	事業場の所在地	派遣先の事業において従事する業務の内容（業務内容、地位・役職名 労働者の人数及び就業時間など）	希望する給付基礎日額
フリガナ カノウ カズオ 氏名 加納　和夫　生年月日 昭和○○年 6月 19日	サンフランシスコ支店	アメリカ	Seaside10-3 California U.S.A	電気製品の販売、営業 経理主任 午前10〜午後6時 期間2年間	20,000円
フリガナ ワタナベ サトミ 氏名 渡辺　さとみ　生年月日 昭和××年 11月 30日	〃	〃	〃	電気製品の販売 営業職員 午前10〜午後6時 期間2年間	16,000円
フリガナ 氏名　生年月日 年 月 日					円
フリガナ 氏名　生年月日 年 月 日					円

⑤ 特別加入を希望する日（申請日の翌日から起算して30日以内）　○○年 9月 1日

上記のとおり特別加入の申請をします。

令和○年 8月 14日

東京　労働局長　殿

〒 162－0843　電話（03）3266－035×

団体又は事業主の住所　新宿区市ヶ谷田町 2-7-×

団体の名称又は事業主の氏名　（株）市ヶ谷商会　代表取締役　川上　武
（法人その他の団体であるときはその名称及び代表者の氏名）

折り曲げる場合には（▶）の所で折り曲げてください。

15 労働者災害補償保険 特別加入に関する変更届 特別加入脱退申請書（海外派遣者）（169頁）

提出先：管轄労働基準監督署
提出期限：変更の前までに
添付書類：特になし
提出する人：事業主

〔記載例のケース〕▷すでに派遣されていた中村和夫は、予定より早く日本に戻ることになりました。代わりに広川智が派遣されることになりましたので、変更届を提出することになりました。

派遣期間の変更、業務内容の変更等だけの場合も提出します。

様式第34号の12（表面）

労働者災害補償保険 特別加入に関する変更届 特別加入脱退申請書（海外派遣者）

帳票種別 36243

◎裏面の注意事項を読んでから記載してください。
※印の欄は記載しないでください。（職員が記載します。）

特別加入の承認に係る事業
労働保険番号：府県 13　所掌 1　管轄 08　基幹番号 938188　枝番号 000

※受付年月日　9 令和　元号　年　月　日

事業の名称：（株）市ヶ谷商会
事業場の所在地：新宿区市ヶ谷田町2-7-×

変更届の場合（特別加入者のうち一部に変更がある場合）

今回の変更届に係る者 合計：　人
内訳（変更：0 人、　脱退：1 人、　加入：1 人）　＊この用紙に記載しきれない場合には、別紙に記載すること。

特別加入者に関する事項の変更

変更年月日	変更を生じた者の フリガナ 氏名	派遣先の事業の名称及び事業場の所在地	派遣先の事業において従事する業務の内容
年 月 日		変更前	変更前
生年月日 年 月 日	変更後の フリガナ 氏名	変更後	変更後
※整理番号			
変更年月日 年 月 日	変更を生じた者の フリガナ 氏名	変更前	変更前
生年月日 年 月 日	変更後の フリガナ 氏名	変更後	変更後
※整理番号			

特別加入者の異動（特別加入者でなくなった者）

異動年月日	フリガナ 氏名	生年月日	※整理番号
令和○○年 12月 20日	ナカムラ カズオ 中村 和夫	昭和××年 8月 14日	
年 月 日		年 月 日	

特別加入者の異動（新たに特別加入者になった者）

特別加入予定者	派遣先 事業の名称	派遣先国	派遣先の事業において従事する業務の内容（業務内容、地位・役職名、労働者の人数及び就業時間など）	希望する給付基礎日額
異動年月日 令和元年 10月 20日／フリガナ ヒロカワ サトシ 氏名 広川 智／生年月日 昭和△△年 9月 15日	（株）市ヶ谷商会 北京支店／事業場の所在地 北京市王府井大街×号	中国	営業係 令和5.4.21～令和7.4.20 商品買いつけ等対外折衝 午前10時～午後6時	16,000円
異動年月日 年 月 日／フリガナ 氏名／生年月日 年 月 日	事業場の所在地			円
異動年月日 年 月 日／フリガナ 氏名／生年月日 年 月 日	事業場の所在地			円

変更決定を希望する日（変更届提出の翌日から起算して30日以内）　令和○○年 10月 20日

脱退申請の場合
以下の＊欄は、承認を受けた事業に係る特別加入者の全員を特別加入者でないこととする場合に限って記載すること。
＊申請の理由（脱退の理由）
＊脱退を希望する日（申請日から起算して30日以内）　年 月 日

上記のとおり（変更を生じたので届けます。）特別加入脱退を申請します。

令和5年 4月 10日

東京 労働局長 殿

〒 162-0843　電話（03）3326-035×
団体又は事業主の住所：新宿区市ヶ谷田町2-7-×
団体の名称又は事業主の氏名：代表取締役 川上 武
（法人その他の団体であるときはその名称及び代表者の氏名）

折り曲げる場合には（▶）の所で折り曲げてください。

― 第 5 章 ―

社員が病気・ケガ・出産等をしたとき

社員が病気やケガ等をしたとき、どういう状況でケガをしたり病気になったのかを把握する必要があります。なぜなら、もし業務上であるならば労災事故として事業主（会社）に責任がありますし、業務上でないならば基本的には事業主には責任がないのですから、手続もおのずと違ってくるからです。

それでは、どういう場合が業務上になるのでしょうか？

「業務上である」といえるためには、業務と関係のあることが必要です。例えば昼休みに私用で買い物に行った際に、道路でつまずいてケガをしたのは業務上ではありません。しかし、会社の用事で事務用品を買いに行った際に道路でつまずいてケガをしたのは業務上です。同じように「道路でつまずいてケガをした」のであっても、業務上になる場合と業務外になる場合があるのです。

このように同じようなケガでも、仕事に関係して発生すれば「労災保険の給付請求」としての手続になりますし、仕事に関係なければ「健康保険の給付申請」の手続となります。

また昨今、うつ病や、セクハラ、パワハラ等による精神的な疾患も問題になっています。これらも、業務が過剰であったとか上司の過度な叱責によるものである等業務に起因して生じた疾患であると認定されれば、労災保険からの給付が受けられることになります。

労災保険の保険事故の場合には、第1章の労災保険（28頁）のところで解説したように、「業務上災害の保険給付」と「通勤途上災害の保険給付」とがあり、請求用紙にも違いがあります。

そこで、労災保険の給付の中で、「業務上の災害」と「通勤途上災害」の区別、あるいは判断基準について少し整理してみます。

1・業務上の災害となる判断基準

業務上災害となるには、災害に遭った労働者の業務と、その傷病等との間に相当因果関係があることが必要です。

この因果関係のことを業務起因性といっています。つまり、業務に起因して（仕事が原因で）災害が発生し、その災害によって労働者の傷病等が発生したことが証明されて、はじめて業務上の傷病等と判断されるわけです。しかし、業務起因性が判断されるためには、労働者が労働契約に基づいて事業主の支配下にあることが前提となります（これを業務遂行性といいます）。

つまり、業務上の災害と認定されるためには、まず業務遂行性が認められて、かつ、業務起因性があるかどうかを検討して判断することになります。

＜業務遂行性の３つの類型＞

①　労働者が事業主の支配下にあり、かつ、管理下にあって業務に従事しているとき

自分の担当業務および付随行為を行っているときの災害（作業の準備・後始末の行為中の事故、作業中に用便や飲水に行く途中の事故等も含めて業務上となります）。

②　労働者が事業主の支配下にあり、かつ、管理下にあるが、業務に従事していないとき

労働者が事業場施設内で自由行動が許されているとき、つまり休憩時間中や事業場施設内で業務以外の行為中に起こった災害は原則として業務外です。ただし、その災害が事業場施設の欠陥によるときは業務上になります。

③　事業主の支配下にあるが、管理下を離れて業務に従事しているとき

トラック運転手の貨物輸送中の事故、出張中の事故等は原則として業務上災害となります。

＜業務上の疾病とは＞

疾病に関する業務上、業務外の判断は非常に難しく、その疾病の因果関係を巡って、特に過労死のような場合は、その認定結果に対して紛争になる例が多く見受けられました。しかし、従来の業務上外の認定基準を見直し、令和３（2021）年９月から労災認定基準が改正されました。それによると、「長期間の過重業務の評価にあたり、労働時間と労働時間以外の負荷要因の内容を見直し、業務の評価に関しては、労働時間と労働時間以外を総合評価して労災認定する」ことになりました。

また、働き方の多様化や職場環境の変化等により社会情勢も変化し、パワーハラスメント防止対策が法制化されたことを踏まえ、上記の改正前に心理的負荷評価表の見直し等もされていたところでした。

なお、「業務上の精神障害によって正常の認識、行為選択能力が著しく阻害され、または自殺行為を思いとどまる精神的な抑制力が著しく阻害されている状態で自殺が行われたと認められる場合には、結果の発生を意図した故意には該当しない」という通達が平成11年に出されています。

疾病に関する業務上・外の認定は、労働者側の請求行為を待って、労働基準監督署長が行いますので、簡単に諦めずに、事業主の協力も得て請求をしてみましょう。監督署長の認定に不服ならば、労働者災害補償保険審査官に審査請求し、さらに不服ならば、労働保険審査会へ再審査請求する途があります。ただし、審査請求に対する裁判上の訴えは、労働者災害補償保険審査官の決定を経た後でなければできません。

＜複数の事業（会社等）に雇用されている労働者の場合＞

労働者災害補償保険法が改正になり、令和２年９月１日より、複数事業労働者（労災事故の原因または要因となる事由が発生した時点において、事業主が同一でない２以上の事業に同時に使用されていた労働者）の場合は、それぞれの勤務先ごとに負荷（労働時間やストレス等）を個別に評価して労災認定できるか否か判断し、それぞれの事業とも労災認定できない場合には、すべての勤務先の負荷（労働時間やストレス等）を総合的に評価して労災認定できるか否か判断します。休業補償給付等における給付額については、雇用されている事業所ごとに算定した給付基礎日額に相当する額を合算することになります。

2・通勤途上の災害となる判断基準

通勤災害に対しても、業務災害に準じて労働者が保護されていますが、「通勤災害」は「業務上災害」ではないので、労基法第19条の解雇制限（業務上の災害に遭った労働者が休業する間は原則として解雇することはできない等）の規定や、労基法第76条（業務上の災害に遭い、療養のため休業する労働者に休業補償として平均賃金の100分の60の補償義務のうち、労災から支給されない休業開始日以後３日間の補償義務）の規定は適用されませんので注意してください。

なお、通勤災害については通勤の定義が定められていますので、その定義を理解して判断ミスをしないよう気をつけましょう。

<労災保険法上の「通勤」とは>

就業に関し、①住居と就業の場所との間の往復、②就業の場所から他の就業の場所への移動、③単身赴任先住居と帰省先住居との間の移動を合理的経路および方法により行うことをいい、業務の性質を有するものを除きます。

往復または移動の経路を逸脱・中断した場合は、逸脱・中断した時点以後の往復または移動は、「通勤」とは認められません。例えば、終業後一杯飲みに行ったり映画を観に行ったりすると逸脱・中断にあたります。ただし、逸脱・中断が日常生活上必要な行為であって、厚生労働省令で定めることをやむを得ない事由により行うための最小限度のものである場合は、その間を除き「通勤」となります。

日常生活に必要な最小限度の行為とは

① 日用品の購入その他これに準ずる行為
(お惣菜を購入する、クリーニング屋へ寄る等)

② 公共職業能力開発施設において行われる職業訓練、学校で行われる教育、その他これらに準ずる教育訓練であって職業能力の開発向上に資するものを受ける行為

③ 選挙権の行使その他これに準ずる行為

④ 病院等で診察または治療を受けることその他これに準ずる行為

⑤ 要介護状態にある配偶者、子、父母、孫、祖父母および兄弟姉妹ならびに配偶者の父母の介護（継続的にまたは反復して行われるものに限る)

※ 平成22年1月1日より船員保険の労災部門が労災保険に統合されましたので、船員保険の被保険者も、労働基準監督署へ給付等の手続をすることになりました。

3・業務上の病気やケガのとき

1　病院で診てもらうだけのとき

手続に必要な書式

- ①療養補償給付及び複数事業労働者療養給付たる療養の給付請求書（業務災害のケース）……………………………………（記載例253頁）

または

- ②療養補償給付及び複数事業労働者療養給付たる療養の費用請求書（業務災害のケース）……………………………………（記載例255頁）
- ③療養補償給付及び複数事業労働者療養給付たる療養の費用請求書（交通（移送）費用証明書）…………………………（記載例257頁）

記載に必要な情報を集める

◇所轄の労働基準監督署名を確認し必ず記入する（労働保険の一括適用を受けている場合は要注意）

◇①について、⑱の現認者欄は職名、氏名を記入。いないときは空欄で

◇①について、⑲の災害の原因及び発生状況は、本人や現認者から詳しく事情を聞いて、現場確認も行い、業務上外の判断をする。場合によっては、医師に確認することも必要

◇休業が４日以上見込まれるときは、労働者死傷病報告の届出をする

◇療養の費用を請求する場合は、領収書原本を受け取ること

◇②について、振込み希望銀行名、口座番号は必ず本人名義であることを確認する

＜労災指定病院等で診てもらった場合＞

「療養補償給付及び複数事業労働者療養給付たる療養の給付請求書」（一般に「５号様式」といっています）に記入し、労災指定病院に提出します。５号様式を提出することによって、社員が何の負担もなく治療してもらえます。

記入する際にはいつ、どこで、どうしたのか、業務上であることがはっきりわかるように記入をしてください。提出する前にコピーをとっておきましょう。後日参考になります。

<労災指定病院等以外で診てもらった場合>

指定病院等でかかることが原則ですが、やむを得ない事由によって、診てもらう病院が労災指定病院等ではないときは、労災でかかることを病院に告げた上で、費用の全額を支払ってください。その費用は「療養補償給付及び複数事業労働者療養給付たる療養の費用請求書」に病院の証明をもらい、領収書を添付して所轄の労働基準監督署長に請求します。提出する前に、「療養補償給付及び複数事業労働者療養給付たる療養の費用請求書」のコピーをとっておきましょう。後日参考になります。

しかし、業務上だからといって自分で勝手に薬局で薬を買って、塗ったり飲んだりして薬代を請求しても、労働基準監督署は認めてくれません。あくまでも病院や診療所で受けた治療に関しての費用を負担してくれるわけですから、勝手に解釈することは禁物です。

また、労働保険の一括適用を受けていて、一括された事業所に勤務している者が請求する場合、請求書は一括された事業所を管轄する労働基準監督署長に提出します。

2　病院を変えるとき

手続に必要な書式

- ①療養補償給付及び複数事業労働者療養給付たる療養の給付を受ける指定病院等（変更）届 ………………………………（記載例258頁）

転院先が労災指定病院でないときは

- ②療養補償給付及び複数事業労働者療養給付たる療養の費用請求書 ………………………………………………………………（記載例255頁）

記載に必要な情報を集める

◇最初に提出した５号様式の控を用意する
◇病院を変更する理由を確認する
◇傷病名は、正確にわかっている病名を記入する

今までかかっていた労災指定病院等が、施設不十分など何らかの理由で治療ができず、別の労災指定病院等に変更する場合は「療養補償給付及び複数事業労働者療養給付たる療養の給付を受ける指定病院等（変更）届」を、変更後の労災指定病院等に提出してください。５号様式を提出した場合と同様に、変更後の病院で治療が受けられます。

なお、転院した先が労災指定病院等ではない場合には、費用の全額を支払っておき、改めて「療養補償給付及び複数事業労働者療養給付たる療養の費用請求書」で所轄労働基準監督署長に請求することになります。

3　通院するとき

手続に必要な書式

- ①療養補償給付及び複数事業労働者療養給付たる療養の費用請求書 ……………………………………………………… （記載例255頁）
- ②療養補償給付及び複数事業労働者療養給付たる療養の費用請求書（交通（移送）費用証明書）…………………………… （記載例257頁）

記載に必要な情報を集める

◇電車・バス等公共交通機関を利用した場合は、料金の確認
◇②について、タクシー等を利用した場合は、領収書（レシートでも可）が必要。公共交通機関を利用した場合、領収書は不要
◇療養補償給付及び複数事業労働者療養給付たる療養の費用請求書には病院の証明を受ける

<通院費用の請求>

業務上災害により療養のため通院する場合に、通院費が支給されます。支給対象となる通院は、居住地または勤務地から原則として２㎞以上の通院で、下記のような場合です。いくつか例を挙げておきます。

① 同一市町村内の診療に適した労災指定医療機関への通院
② 同一市町村内に診療に適した労災指定医療機関がないため、隣接する市町村内の診療に適した労災指定医療機関へ通院したとき
③ 同一市町村および隣接する市町村内に診療に適した労災指定医療機関がないため、それらの市町村を越えた最寄りの診療に適した労災指定医療機関へ通院したとき　　等

4　会社を４日以上休むとき

手続に必要な書式

- ①労働者死傷病報告 ……………………………………（記載例259頁）
- ②休業補償給付支給請求書・複数事業労働者休業給付支給請求書・休業特別支給金支給申請書 …………………………（記載例260頁）

記載に必要な情報を集める

◇①について、診断書等により休業見込み日数を確認する
◇休業４日以上の場合には、「労働者死傷病報告」を先に提出する
◇②について、平均賃金の計算に必要な賃金台帳・出勤簿を用意する
◇②について、療養のため労働ができなかった日の初日は、治療を受けた日を記入。災害の発生が、所定労働時間内でその日に治療を受けたらその日を記入
所定時間外に事故が起きたら翌日を記入
◇死傷病報告提出年月日は、第１回目に必ず記入する

業務上のケガや病気のために働けなくなり、賃金が受けられないとき、労災保険から休業している間の補償として「休業補償給付」が支給されます。

休業補償給付は、次の条件に当てはまったとき、休んだ日の４日目から支給されます。

休業補償給付の受給要件

① 業務上のケガや病気のために働けなくなったこと

② 会社を休んでいること

③ そのため会社より給料が支給されなくなり、４日以上になったとき

そこで手続ですが、会社を４日以上休むことが見込まれたときは、まず「労働者死傷病報告」を所轄労働基準監督署に提出してください。外国人労働者の死傷病の場合は、様式の下の方に国籍・地域と在留資格を必ず記入します。ただし、「外交」または「公用」の在留資格の人および特別永住者（在日韓国・朝鮮人等）は記入不要です。なお、死傷病報告の提出が相当遅れたような場合は、遅延理由書の提出を求められることもあります。

次に「休業補償給付支給請求書 複数事業労働者休業給付支給請求書」に病院で労務不能であった期間の証明をしてもらいます。会社は休んでいて給与を支払っていないことの証明をします。その証明はタイムカード（出勤簿）と賃金台帳（給与明細）を添付して行います。「労働者死傷病報告」、「休業補償給付支給請求書 複数事業労働者休業給付支給請求書」は提出する前にコピーをとって、コピーに受付印を押印してもらいましょう。後日確認することが生じたとき、役に立ちます。

また、「休業補償給付支給請求書 複数事業労働者休業給付支給請求書」には１日当たりの補償額の計算の基礎となる額を記入しなければなりません。その１日当たりの補償額の計算の基礎の額を「平均賃金」、労災では「給付基礎日額」といいます。

平均賃金の計算の方法

業務上のケガや病気になった事故が発生した日（災害が発生した日）以前3カ月間に、その労働者に支払われた賃金の総額（賞与や臨時に支払われた賃金は除く）を、その期間の総日数（暦の日数）で除した金額です。

なお、賃金の締切日があるときは、災害発生日直前の賃金締切日からさかのぼった3カ月間で計算します。

また、前述のように休業補償給付は、休んだ日の4日目からしか支給されませんので、最初の休んだ3日間については労基法第76条により、事業主が休業補償をしなければなりません。3日間については、継続していようと断続していようとを問わず、通算して休業した日の4日目から支給されます。その額は平均賃金（給付基礎日額）の60%とされています。なお、その他に労災保険の社会復帰促進等事業から給付基礎日額の20%相当額が特別支給金として、休業補償給付と一緒に支給されます。結果として休業したことにより補償される割合は、原則として平均賃金の80%になります。

5　休業補償給付を受給中に死亡したとき

手続に必要な書式

● 未支給の保険給付支給請求書・未支給の特別支給金支給申請書
……………………………………………………… （記載例266頁）

記載に必要な情報を集める

◇死亡当時、死亡者と生計を同じくしていた人を確認する
◇休業補償給付の請求手続が終了していたか否かを確認する

労災保険の保険給付を受給中または受給資格があるのにまだ請求していなかった被災者が死亡した場合は、死亡者が受給していなかった残りの給付を一定の遺族が自己の名で請求できます。この給付を「未支給の保険給付」と

いい、労災保険の保険給付の中で、給付の性質上、療養（補償）給付の中の「療養の給付」については、未支給はあり得ませんが、それ以外の給付は、一定の遺族が受給できることになっています。ここでは、休業補償給付の場合を例にして説明します。

＜請求できる人の範囲＞

労災の保険給付受給権者（死亡者）と死亡当時生計を同じくしていた下記の者です。

配偶者（婚姻届を提出していないが、事実上婚姻関係と同様の事情にあった者を含む）、子、父母、孫、祖父母、兄弟姉妹

労災保険の保険給付を受給できる人が、まだ請求していなかったり、請求はしていたが支給がされていなかったりした場合には、相続財産として相続されるのではなく、一定の遺族に支給することになっています。その一定の遺族は、上記に記載した人の中で、上記の順番で誰が受給するかが決まります。例えば、配偶者がいれば配偶者が受給し、配偶者はいないが子がいる場合は子が受給します。生計を同じくする人が誰もいない場合には、相続財産ではありませんので、国庫に入ることになります。

＜請求手続＞

手続ですが、休業補償給付の未支給の場合は、休業補償給付を支給請求するときの必要書類に加え、受給権者等の死亡の事実と死亡の年月日を証明する書類（個人番号が提出されている場合は不要です）、請求者と死亡者との関係および生計を同じくしていたことを証明する書類が必要です。

なお、特別支給金は保険給付ではありませんが、保険給付と同様に、同時に支給申請できます。

6　傷病の療養開始後、1年6カ月経過したとき

業務上負傷または疾病にかかり、療養開始後１年６カ月経過したときに、下記のいずれにも該当するときは、傷病補償年金が受けられます。

①　傷病が治っていないこと（まだ治療効果がある状態）

② 傷病が一定の傷病等級（第１級～第３級）に該当すること

つまり、休業補償給付を受けていた人が、まだ治ゆせず、厚生労働省令で定める傷病等級に該当する場合には傷病補償年金を支給する仕組みです。傷病等級に該当せず、休業状態であれば、それまでどおり休業補償給付が支給されます。

療養開始後１年６カ月経過した人はその後も引き続き長期に療養することが多いため、労働基準監督署が治ゆしていない人に対して傷病の状態についての届書を提出させ、傷病補償年金として職権で決定します。したがって、労働者側から請求書を提出するものではありません。その代わり、傷病補償年金を受給することになった場合は、休業補償給付は行われません。

傷病補償年金の額は、給付基礎日額の第１級313日分～第３級245日分です。

7　ケガや病気が治ったが、障害が残ったとき

手続に必要な書式

- ①障害補償給付 複数事業労働者障害給付支給請求書・障害特別支給金 障害特別年金 障害特別一時金支給申請書 ……（記載例267頁）
  ※診断書を添付
- ②障害補償年金・障害年金前払一時金請求書 ………（記載例270頁）
- ③年金請求書（国民年金・厚生年金保険障害給付）
  ……………………………………………………（記載例271頁）

記載に必要な情報を集める

◇医師の診断書や障害の状態を証明するレントゲン写真等により治ゆ日を確認する

◇療養補償給付及び複数事業労働者療養給付たる療養の給付請求書の写し・休業補償給付支給請求書の写し等

◇振込み希望銀行名、口座番号は必ず本人名義であることを確認する

◇提出する前に、労働基準監督署に添付資料等の確認をする

◇障害給付裁定請求書に必要な資料として、年金手帳、診断書、戸籍謄本、

住民票謄本（個人番号がわかれば不要）、病歴・就労状況等申立書、配偶者の所得証明等

病院等で、治療をしても効果がない状態になることを労災保険では「治ゆ（症状固定）」といいます。例えば指を切断してしまったような場合、もう指は生えてきませんからケガの治療が終われば治ゆになります。

しかし、治ゆはしても指がなくなったのですから障害が残ります。このようなとき労災保険から「障害補償給付」が支給されます。

＜障害補償給付＞

第１級（給付基礎日額の313日分）～第７級（給付基礎日額の131日分）までは、年金として、

第８級（給付基礎日額の503日分）～第14級（給付基礎日額の56日分）までは、一時金として支給されます。

一般的に障害にはいろいろな等級があります。例えば、生命保険で規定する等級、傷害保険で規定する等級、都道府県知事が発行する障害者手帳の等級、厚生年金で規定する等級等々です。

しかし、それぞれ内容が違います。そこで病院の医師によく話を聴いて、労災保険で規定する障害の等級に当てはまりそうな場合には、「障害補償給付 複数事業労働者障害給付支給請求書」に診断書を添付し、所轄労働基準監督署長に提出してください。

また、年金給付の場合は前払一時金の制度もあります（第１級給付基礎日数の1340日分～第７級560日分）ので必要に応じて請求しましょう。

なお、障害厚生年金は業務上災害である労災事故でも一定の等級（厚生年金の等級内容は労災保険とは異なりますが、第１級～３級に区分されています）に該当すれば全額が支給されます（この場合は、労災保険給付が減額調整されます）。忘れずに請求しましょう。

8　介護を受けるとき

手続に必要な書式

- ①介護補償給付 複数事業労働者介護給付 介護給付支給請求書 ……………………………………………………（記載例276頁）
- ②介護に要した費用の額の証明書 ……………………（記載例277頁）

記載に必要な情報を集める

◇①に関しては、原則として医師または歯科医師の診断書。継続して2回目以降の請求をするときは不要

◇②に関しては、親族や友人等の介護を受けているのではなく、民間の有料介護サービス等を受け、費用を支払って介護を受けた場合に提出する

＜介護補償給付＞

障害補償年金または傷病補償年金を受けている人が、一定の障害等級に該当し、常時または随時介護を受けているときに一定額が介護補償給付として支給されます。

一定の障害とは、障害補償年金と傷病補償年金の第1級の人すべてと第2級のうち「精神神経・胸腹部臓器の障害」の人です。

また、誰から介護を受けているかにかかわらず現に介護を受けていれば受けられますが、病院、診療所、障害者支援施設等に入所している場合は受けられません。

給付額は、原則、支出した費用の額になりますが、上限があります。親族等に介護され費用を支出していない場合は、一定額が受けられます。支給は暦月単位ですが、3カ月分まとめて請求できます。また、支給を受け始めた月については、費用を支出していない場合は受けられません。

支給額は、次のようになります。

＜常時介護の場合＞

親族、友人・知人の介護を受けていない場合	介護費用として支出した額（上限額⇒172,550円）	
親族、友人・知人の介護を受けている場合	介護費用の支出なし	一律77,890円
	介護費用支出あり、その額が75,290円に満たない場合	一律77,890円
	介護費用支出あり、その額が75,290円を超える場合	支出した額（上限額⇒172,550円）

＜随時介護の場合＞

親族、友人・知人の介護を受けていない場合	介護費用として支出した額（上限額⇒86,280円）	
親族、友人・知人の介護を受けている場合	介護費用の支出なし	一律38,900円
	介護費用支出あり、その額が37,600円に満たない場合	一律38,900円
	介護費用支出あり、その額が37,600円を超える場合	支出した額（上限額⇒86,280円）

※上記の額は、令和５年４月からのものです。

9　死亡したとき

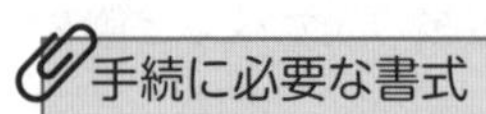

- ①遺族補償年金 複数事業労働者遺族年金支給請求書・遺族特別支給金 遺族特別年金支給申請書 ……………………………（記載例278頁）
- ②遺族補償年金・遺族年金前払一時金請求書 ………（記載例280頁）
- ③遺族補償一時金 複数事業労働者遺族一時金支給請求書・遺族特別支給金 遺族特別一時金支給申請書 ……………………（記載例281頁）
- ④葬祭料又は複数事業労働者葬祭給付請求書 ………（記載例283頁）
- ⑤年金請求書（国民年金・厚生年金遺族給付） ……（記載例285頁）

記載に必要な情報を集める

◇①に関しては、死亡診断書・戸籍謄本・住民票謄本・遺族が障害者の場合は障害の状態を記載した医師の診断書・請求人の金融機関の名称と口座番号

◇③に関しては、遺族補償年金の受給資格者がいないときの手続に使用します。必要書類は上記とほぼ同じ

◇④に関しては、死亡診断書・請求人の金融機関の名称と口座番号

◇⑤に関しては、死亡した人の年金手帳・除籍謄本・死亡診断書・請求者の所得証明書・請求人の金融機関の名称と口座番号・死亡者の住民票の除票

業務上の事故で死亡した場合には、労災保険から一定の遺族に「遺族補償給付」と「葬祭料」が支給されます。

＜遺族補償年金の受給資格者は＞

遺族補償年金は、労働者の死亡の当時、その労働者の収入によって生計を維持していた遺族（配偶者・子・父母・孫・祖父母・兄弟姉妹）に支給されます。

ただし、妻以外の人が遺族の場合、一定の障害者であることや一定の年令であることが受給要件になります。また、55歳以上60歳未満の者は、60歳になるまで年金の支給は停止されます。

遺族の条件と受給できる遺族の順番は次のようになっています。

①配偶者（夫の場合は、60歳以上または一定の障害状態にあること）（婚姻の届出をしていないが、事実上婚姻関係と同様の事情にあった者を含みます）

②子（18歳に達する日以後の最初の３月31日までにあるかまたは一定の障害状態にあること）

③父母（60歳以上または一定の障害状態にあること）

④孫（18歳に達する日以後の最初の３月31日までにあるかまたは一定の障害状態にあること）

⑤祖父母（60歳以上または一定の障害状態にあること）

⑥兄弟姉妹（18歳に達する日以後の最初の３月31日までにあるか60歳以上または一定の障害状態にあること）

⑦55歳以上60歳未満の夫
⑧55歳以上60歳未満の父母
⑨55歳以上60歳未満の祖父母
⑩55歳以上60歳未満の兄弟姉妹

なお、年金が支給停止されている者でも、**遺族補償年金前払一時金**の請求はできます。遺族補償年金の請求手続は、所轄労働基準監督署長に労働者の死亡した日の翌日から５年以内に行います。遺族補償年金前払一時金の請求は２年以内に行います。

＜遺族補償一時金 複数事業労働者遺族一時金支給請求書・特別支給金・特別一時金支給申請書＞

この一時金支給請求書は、遺族補償年金の受給資格者がいない場合と、すべての受給権者が失権し、すでに給付された年金の総額が、給付基礎日額の1,000日分に満たないときに請求する手続に使用します。請求手続は、所轄労働基準監督署長に労働者の死亡した日の翌日から５年以内に行います。

＜葬祭料請求書＞

原則として遺族に支給されます。遺族がいない場合、事業主や友人等が葬祭を行うことがありますが、その場合には実際に葬祭を行った者に支給されます。

葬祭料の金額は、315,000円に給付基礎日額の30日分を加えた額（最低保証は給付基礎日額の60日分）となっています。

請求手続は、所轄労働基準監督署長に労働者の死亡した日の翌日から２年以内に行います。

＜年金請求書（国民年金・厚生年金遺族給付）＞

労災事故で死亡した場合でも、遺族厚生年金（遺族基礎年金が支給されることもあります）も支給されます。この場合には遺族厚生年金が全額支給され、労災保険給付は調整が行われます。

<遺族厚生年金が受けられる遺族の範囲と順位>

死亡した人によって生計を維持されていた次の人です。

妻、夫（55歳以上）、子（18歳到達日以後最初の３月31日までの間にある子、または20歳未満で１級、２級の障害者である子）、父母（55歳以上）、孫（子と同じ条件）、祖父母（55歳以上）。

ただし、①　子と孫は婚姻していないこと

②　夫、父母、祖父母は、60歳まで支給停止となります

※「生計維持」と認定されるのは、原則として、死亡者と生計が同一にあった者で年収850万円以上の収入が将来にわたってない者とされています。

<遺族基礎年金が受けられる遺族の範囲>

死亡した人によって生計を維持されていた下記の人です。

＊子（18歳に達する日以後の最初の３月31日までにあるかまたは20歳未満で一定の障害状態にあること）

＊配偶者（上記の子と生計を同じくしていること）

※　配偶者と子で順列はありませんが、配偶者が受給する時は子の分も合わせて受給します。

※厚生年金と基礎年金のどちらの条件も該当すれば、両方受けられます。

4・通勤途上のケガや病気のとき

労災保険における通勤災害とは、通勤により被った負傷、疾病、障害、死亡をいいます。ここでの「通勤」とは、就業に関し、①住居と就業の場所との間の往復、②就業の場所から他の就業の場所への移動、③単身赴任先住居と帰省先住居との間の移動を、合理的経路および方法により行うことをいい、業務の性質を有するものを除くとしています。

②の事業場間の移動については、労災保険の適用事業所などまたは国家・

地方公務員、船員保険法による通勤災害に関する保護対象である勤務場所に該当することが条件です。③単身赴任者の赴任先・帰省先住居間の移動については、転任のため場所的にやむを得ず家族と別居しなければならないほど困難であることが必要で、距離的基準としては、60km以上の場合とされています。また、やむを得ず別居しなければならない事情があることも条件とされ、その事情とは、(a)配偶者が介護状態にある労働者または配偶者の父母等一定の親族の介護をしていること、(b)配偶者が、学校や一定の職業訓練を受けている子（18歳の年度末までの子）を養育していること、(c)共稼ぎをしていること、(d)配偶者が持ち家を管理するため居住していること等です。

また、通勤災害と認められるためには、合理的経路および方法であることが条件ですから、特別な理由もなく遠回りをする経路などは通勤とは認められません。通勤のために通常利用する経路であれば、複数あっても合理的な経路となります。

さらに、通勤の途中で通勤と関係のない目的で合理的な経路をそれたり(逸脱という)、通勤経路上で通勤と関係ない行為を行う（中断という）場合は、逸脱・中断以後、原則として通勤になりません。途中で居酒屋に寄ったり、デートのために映画を観たりすると、それ以後は通勤とは認められません。最初からデート目的ならば、最初から業務外になります。しかし、日常生活上必要な行為であって、厚生労働省令で定めるものをやむを得ない事由により最小限度の範囲で行う場合は、逸脱・中断の間を除き、合理的経路に復した後は再び通勤となります。

＜日常生活上必要な行為（厚生労働省令で定めるもの）とは＞

① 日用品の購入その他これに準ずる行為
② 職業訓練、学校教育その他これらに準ずる職業能力開発に資するものを受ける行為
③ 選挙権の行使その他これに準ずる行為
④ 病院または診療所での診察・治療を受けることその他これに準ずる行為
⑤ 要介護状態にある配偶者・子・父母・孫・祖父母・兄弟姉妹ならびに配偶者の父母の介護（継続的または反復して行っている場合）
(201頁参照)

上記のように通勤災害に遭った場合には、労災保険で各種給付があります。

業務上の場合とは違い、給付の名称が異なり、通勤途上であることを書類に記載しなければならない関係上、業務上の場合とは別の様式になっています。手続するときは、業務上外を確認した上で行いましょう。

労働基準法との関係では、業務上災害の場合は事業主に補償義務がありますが、通勤災害に関しては補償義務がないため、休業した場合の3日間の補償義務はありませんし、解雇制限もありません。

1　通勤災害で病気やケガをしたとき

手続に必要な書式

- ①療養給付たる療養の給付請求書（通勤災害のケース）……（記載例292頁）
- ②第三者行為災害届……（記載例294頁）

まず通勤途中で災害に遭ったとの連絡を受けたら、先に述べた通勤の定義と照らし合わせて、「通勤災害」と認められるかどうか判断をします。出勤途上なのか、退勤途上なのか、例えば退勤途上の場合は、就業終了時間と事故との関係、合理的経路および方法をとっていたのか、逸脱・中断はなかったのか、もし逸脱・中断があったとしたらその理由等の情報を集めて、通勤災害としての要件が成立するのかを判断します。

また、この災害が交通事故等加害者がいる場合は、**「第三者行為災害届」**の提出が必要になります。「第三者行為災害届」には上記に示した状況を記載します。労災保険からの保険給付を受けるに当たり、政府（実際には所轄労働基準監督署）に無断で示談に応じないなどを記載した**「念書」**の提出や事故発生地の自動車安全運転センターが証明する**「交通事故証明書」**の交付等を受けなければなりません。

交通事故による通勤災害では、

① **労災保険の保険給付**

② **自賠責保険の損害賠償**

③ **民法上の損害賠償**

の３つから給付が受けられます。どれを先にするかは受給権者の自由ですが、原則として自賠責保険を優先することになっています。

「療養給付たる療養の給付請求書」は、療養を受ける指定病院等へ提出し、「第三者行為災害届」は所轄労働基準監督署長へ提出します。

2　通勤災害で病気やケガをし４日以上休業したとき

●　休業給付支給請求書・休業特別支給金支給申請書　…（記載例299頁）

この請求書は、通勤災害のための療養により労務不能になり働くことができず、給料を受けることができない日が４日以上に及ぶ場合に作成します。休業の期間にもよりますが、賃金締切日ごとに、１カ月単位で提出するといいでしょう。

記入の仕方は、「休業補償給付支給請求書 複数事業労働者休業給付支給請求書」と基本的には同じですが、休業開始日から３日間の休業に対しては、事業主に補償義務はありませんので、通勤災害の場合は、「労働者死傷病報告」の提出は不要です。

3　通勤災害の他の保険給付について

通勤災害に関する他の保険給付の請求事務も、記載の仕方も基本的には業務上災害と同じですが、提出する様式が違います。

必ず通勤災害用の様式で手続をしてください。記載内容に間違いがなくとも、様式が違えば受け付けてくれません。くれぐれも注意してください。

念のため、業務災害と通勤災害の保険給付の名称を次に挙げておきます。参考にしてください。

業務災害		通勤災害	
療養補償給付	休業補償給付	療養給付	休業給付
障害補償給付	遺族補償給付	障害給付	遺族給付
葬祭料		葬祭給付	
傷病補償給付	介護補償給付	傷病給付	介護給付

5・仕事に関係のない私傷病のとき

業務上災害にも通勤途上災害にも当たらないケガや病気が、私傷病になります。

私傷病の場合には、健康保険からいろいろな種類の給付が受けられます。全部説明するのは紙面の都合もありますので、日常よく起こり会社が関与しなければならない給付について説明をします。

1　療養のため長期に休業し給与の支給がないとき

手続に必要な書式

- ①健康保険傷病手当金支給申請書 ……………………（記載例305頁）
- ②交通事故、自損事故、第三者（他人）等の行為による傷病（事故）届 ………………………………………………………………（記載例310頁）

記載に必要な情報を集める

◇被保険者記入欄の「療養のため休んだ期間」は、申請期間を指します。したがって、事業主証明欄「労務に服さなかった期間」と、療養担当者が意見を書く欄「労務不能と認めた期間」が一致しない場合は、両方が一致した期間について申請することになります。出勤簿でチェックをしましょう

◇出勤簿と賃金台帳の写しは第１回目に添付する

◇支給申請期間の初日の属する月までの12月間に、次のいずれかに該当する場合には、添付書類が必要です（すべて、協会けんぽに加入していた場合に限る）

① 勤務先が変更になった場合
② 定年後再雇用等のため、被保険者番号が変更になった場合
③ 任意継続被保険者であった期間がある場合
④ 加入していた健康保険組合が解散し、協会けんぽに加入した場合

◇通勤定期を解約していなければ、報酬を支払ったことになります
◇本人名義の銀行名と口座番号
◇被保険者が役員で役員報酬を支払わない場合は、取締役会決議の議事録コピー
◇第三者行為の場合は、「第三者による傷病届」を添付します

(1) 傷病手当金が支給される条件

傷病手当金は次の条件のすべてに該当し、連続して３日以上休んだ４日目から支給されます。この連続して休むことを「待期の完成」といい、完成しないと傷病手当金は支給されません。

傷病手当金の支給条件

① 被保険者が療養のため労務不能であること
② 連続して３日以上休んでいること
③ 原則として報酬が支払われていないこと

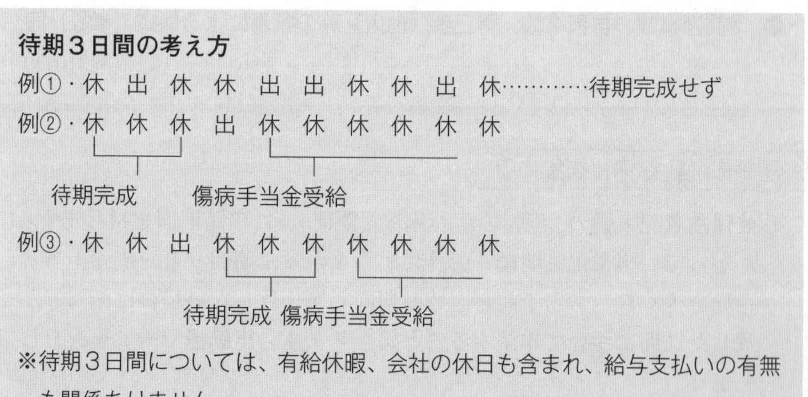

以上の支給条件に該当したら、なるべく早く全国健康保険協会各支部（または健康保険組合）へ提出します。

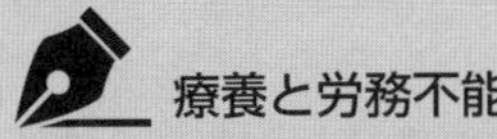

療養と労務不能

「療養のため」とは

原則として医師の治療を受けていることが必要です。

その治療は、保険診療に限らず、自費診療でも差し支えありません。

「労務不能」とは

療養のため働きたくても働けない状態であれば、入院・自宅療養・通院などの区別はありません。

これらはいずれも医師等が証明することが必要です。

(2) 支給される傷病手当金の額

１日当たりの支給額は、報酬が支払われていないときは、支給開始される前の１年間の報酬を基に計算された額の３分の２になります。計算式は下記のとおりです。

支給開始日以前の直近の継続した12カ月間の各月の標準報酬月額を平均した額÷30×2/3＝１日当たり支給額

※30で除したときの５円未満の端数は切り捨て、５円以上10円未満は10円に切り上げます。

※2/3を乗じたときの50銭未満の端数は切り捨て、50銭以上１円未満は、１円に切り上げます。

「支給開始日」とは､あくまでも実際に支給が開始された日を指します。平均の算定となる標準報酬月額は、被保険者が現に加入している保険者等（協会けんぽまたは健康保険組合）により定められた標準報酬月額に限ります。

一旦支給額が決定されれば、その後標準報酬月額に変動があっても、原則として支給額に変更はありません。

月の途中で退職し、同じ月に再就職した場合は、再就職後の標準報酬月額を算定の対象にします。

同じ保険者において、同一の月に２以上の標準報酬月額が定められている場合は、その月において最後に定められた標準報酬月額を平均の算定に用います。

退職・再就職等で、支給開始日以前の期間の継続した12カ月間の標準報酬月額が定められていない場合は、下記の①または②のうち、低い方の額で算定します。

①支給開始日の属する月以前の継続した各月の標準報酬月額の平均額
②支給開始日の属する年度の前年度の９月30日における全被保険者の標準報酬月額を平均した額（結果、任意継続被保険者における標準報酬月額の上限額になる）

傷病手当金は、原則として、業務災害（労災からの給付をいう）以外の傷病により労務不能となった日ごとに支給されますが、３日の待期期間が経過した日に報酬が支払われている場合は、報酬との調整が行われます。計算された支給額より多く支給されていると、結果的に傷病手当金は支給されません。支給されない場合は、支給される日が確定しないため、その都度、直近の継続した12月間の各月の標準報酬月額の平均額を算定することになります。

傷病手当金の支給は、同一の傷病およびこれにより発した疾病に関しては、その支給を始めた日から通算して１年６カ月間です。令和４（2022）年１月１日から改正施行され、通算されるようになりました。したがって、途中で疾病が改善され働けるようになり、再度、労務不能になった場合等は、通算して１年６カ月間が経過していなければ、傷病手当金が受けられることになりました。

なお、報酬や障害年金等との調整により傷病手当金が不支給となったときの支給期間は減少（通算）しませんが、一部支給された場合は減少（通算）します。同様に出産手当金との併給調整で傷病手当金が不支給（健保法第103条第１項）の場合は、支給期間は減少（通算）しません。

そして、報酬や障害年金等との併給調整により傷病手当金が不支給になった期間について、保険者である健康保険組合が規約により傷病手当金付加金のみ支給する場合、傷病手当金の支給期間は減少（通算）しません。

傷病手当金を受けている期間に別の傷病等につき傷病手当金が受けられるときは、それぞれの傷病等に係る傷病手当金のいずれか多い額が支給されます。

(3) 第三者の起こした災害による傷病手当金について

休みの日に遊びに行って、交通事故に遭い負傷してしまうことがあります。

こんなとき病院に行くと、医師に「交通事故は健康保険が使えないから自費診療になります」などと言われることがありますが、それは誤解です。交通事故だからといって健康保険から給付がないということはありません。

ただ、事故を起こした相手がいるので健康保険から給付をした場合には、健康保険から給付した分を、災害を起こした相手に保険者が請求をします。このように、交通事故など災害を起こした第三者がいる場合は、加害者の氏名、住所、負傷の原因と事故の状況などについて「交通事故、自損事故、第三者（他人）等の行為による傷病（事故）届（第三者による傷病届）」を速やかに、全国健康保険協会各支部（または健康保険組合）に提出します。

労災保険の「第三者行為災害届」についても、ほぼ同じです。217頁で説明しましたので、もう一度確認してください。

(4) 退職後の傷病手当金について

資格喪失後の給付として、退職後に傷病手当金が受けられます。その要件は、健康保険の被保険者資格を喪失する日の前日（退職日）に、１年以上勤務していて（継続して１年以上の被保険者資格があり）、傷病手当金を受けられる条件（引き続き４日以上休んでいて、労務不能にある）に該当していることです。退職前から傷病手当金を受けていて、退職後に残りを受けることも可能です。また、給与が支払われていたために１日分も受けずに退職した場合には、退職により給与が支給されなくなる訳ですから、その後１年６カ月まで受けることが可能です。ただし、１年６カ月経過しない前に、治癒等して労務可能状態（傷病手当金の支給要件に該当しなくなる）になれば、資格喪失後の傷病手当金の支給は、その時点までです。

資格喪失後の給付として、退職後に支給を始める場合は、退職日に属していた保険者により定められた標準報酬月額を平均の算定に用います。

１年以上勤務していて傷病で退職する社員には、退職後にも傷病手当金を受給できる場合があることをアドバイスをしてあげましょう。その際の手続は、退職者本人が行うことになります。

(5) 法人役員の傷病手当金について

健康保険は、業務と関係のない私傷病に起因する傷病、死亡等に関して保険給付されるのが原則です。しかし、中小企業の法人の役員であって、一般従業員の業務と同様な業務を行っている場合に、その業務に起因した傷病等に関しては、労災保険に特別加入しないと健康保険からも労災保険からも給付がないことになります。それでは社会保障として不備なので、平成25年に健康保険法が改正され、一定の法人役員などにも給付されるようになりました。

被保険者が５人未満の法人の役員であって、一般従業員の業務と同様な業務を行っている場合に、その業務に起因する疾病、負傷、死亡に関して、労災保険から給付がない（労災保険の特別加入をしていない）場合、健康保険から傷病手当金を受給することができます。

手続は、一般従業員の場合と同様ですが、出勤簿や賃金台帳がない場合は、「役員報酬を支給しないこととする役員会議事録」のコピーが必要です。

業務と関係のない私傷病に起因しての傷病手当金を受給することは勿論可能です。

(6)　傷病手当金と厚生年金等との調整について

傷病手当金は、傷病による所得の喪失または減少を防ぐための所得保障です。そこで、他の公的制度からの所得保障があるならば、調整が行われます。

①　障害厚生年金等との調整

傷病手当金を受けることになった傷病と同じ傷病による障害厚生年金等を受けられる場合には、原則として、傷病手当金は受けられません。

ただし、障害厚生年金の年金額（障害基礎年金も支給される場合には合算した額）を360で割った額と、傷病手当金の日額とを比較して、傷病手当金の方が多い場合には、差額が支給されます。

②　老齢または退職年金等との調整

傷病手当金は、退職後に受けられる場合があることは説明しました。このように退職後に傷病手当金を受け、かつ、老齢厚生年金も受けるような場合、傷病手当金は支給されません。ただし、老齢厚生年金額を360で除した額と傷病手当金の日額と比べて、傷病手当金の方が多い場合には、差額が支給されます。退職後の傷病手当金との調整ですから、在職老齢年金を受けている場合の調整はありません。

(7)　傷病手当金を受給中に死亡した場合について

傷病手当金を受給中または傷病手当金を受けられる状態であったが手続をしていなかったために受けていなかった間に死亡した場合、健康保険法には、労災保険における未支給の保険給付（207頁参照）のような規定がありません。

したがって、受けられる給付を受けていなかった場合の請求権は、相続することになり、相続人が自己の名で請求することになります。請求にあたっては、相続人であることの証明として（除籍）謄本等を添付することになります。手続の詳細は保険者により異なりますので、協会けんぽまたは健康保険組合に確認してください。

2　健康保険証で診てもらえないとき（装具が必要なとき・海外で治療したとき等）

手続に必要な書式

● 健康保険被保険者・家族療養費支給申請書 …………（記載例317頁）

記載に必要な情報を集める

◇領収書
◇医師の証明書の有無
◇治療の内容がわかるもの
◇被保険者本人名義の金融機関の口座番号

健康保険では、病院等に健康保険証を提示して診療を受ける現物給付が原則になっています。しかし、事業主が新入社員の資格取得手続中でまだ健康保険証が交付されていない場合等、健康保険の保険診療を受けられないときがあります。そんな特別な場合には、その費用を「療養費」として支給されます。支給される額は、保険診療を受けたとした場合の医療費の額から一部負担金を差し引いた額です。

療養費として支給される場合の例

a　事業主が被保険者資格取得届の手続中で、被保険者証がまだ交付されていなかったため、保険診療が受けられなかったとき
b　療養のため、医師の指示により、義手・義足・コルセット等を着けるとき
c　海外で治療を受けたとき　　等

手続は、原則として被保険者本人が行い、会社の証明は不要なものですが、総務担当者としては手続をしてあげましょう。

手続するときの添付書類としては、療養費が受けられなかった事情により異なりますので、ａ～ｃの例ごとに説明しましょう。

＜ａの場合＞

健康保険で治療を受けるべきところ、国民健康保険証を提示して治療を受けてしまったような場合は、後日国民健康保険からそのときの治療費を払うよう連絡があります。いったんその治療費を支払って、そのとき受け取ったレセプトと領収証を添付して、療養費として支給申請します。したがって、治療内容が記入されたレセプトが必要になります。

＜ｂの場合＞

腰や足をケガしたりすると、コルセットを着けるように医師から指示を受けて作ることがあります。コルセット製作は、保険証を提示して作ってもらえるわけではありませんので、療養費として支給申請します。

この場合には、医師の指示によることが必要で、自分の判断でコルセットを購入したりしても、療養費支給の対象にはなりません。したがって、手続する際、コルセットが必要である旨の医師の証明書と領収書を添付しなければなりません。

＜ｃの場合＞

海外旅行中等に病気になったりケガをしたりして、治療を受けることがあると思います。海外には健康保険が適用になる保険医療機関がありませんから、治療費はいったん支払い、療養費として支給申請することになります。

しかし、美容整形等医療行為と認められないもの、インプラント等もともと国内で保険適用になっていない医療行為や薬剤使用は給付の対象になりませんし、治療目的で海外に出向き治療を受けた場合も支給対象になりません。また、日本で実施できない治療も保険給付の対象になりません。

手続するには治療内容を詳しく記入したもの（診療内容明細書）を添付します。また、海外渡航期間がわかる書類（パスポート・ビザ・航空チケットなど当該渡航期間がわかる部分のコピー等）や、 具体的な診療内容等について、診療等を受けた医療機関に照会するため、同意書を添付します。各添付書類は翻訳をし、翻訳者の署名、住所および電話番号を明記します。診療内容明細書の様式は、全国健康保険協会各支部や健康保険組合に用意されていますので、全国健康保険協会各支部や健康保険組合に確認しましょう。

なお、現在海外にいる被保険者からの支給申請のときは、原則として事業主を経由し、受領は事業主が代理して行い、国外への送金はしないことになっています。

支給額の算定にあたり外貨の換算率は、支給の決定した日の外国為替換算率を使用します。

3　療養費が高額になったとき

手続に必要な書式

● 健康保険被保険者・被扶養者・世帯合算高額療養費支給申請書
………………………………………………………………（記載例319頁）

記載に必要な情報を集める

◇この申請書は、診療月ごとに作成すること
◇自己負担した医療費は、「被保険者または被扶養者ごと」、「暦月ごと」、「同一医療機関ごと」、「入院または通院ごと」、「医科と歯科ごと」に区別して計算すること
◇レセプト、領収書を回収し、保険外費用の有無と区別
◇請求人名義の銀行名、口座番号
◇低所得者の請求には、非課税証明書添付

ケガや病気がひどくて、治療費が高額になることがあります。暦月の１カ月間に自己負担（食事療養と生活療養の標準負担額を除く）が一定額を超えると、その超えた額が「高額療養費」として健康保険から支給されます。

この場合は、あくまでも健康保険による診療や治療の一部負担金が高額になった場合であって、健康保険給付以外の診療費や治療代金（例えば金歯とか差額ベット代）がいくら高額でも高額療養費は支給されません。その自己負担限度額は所得区分により異なり、次表のようになっています。高額療養費として支給申請できるかどうかを、領収書をよくみて判断してください。

＜自己負担限度額＞

自己負担限度額は、年齢（70歳未満の人、70歳以上75歳未満の人）と所得により区分されています。具体的な額は次のとおりです。

（平成27年１月診療分から）

	所得区分	自己負担限度額	多数該当
70歳未満の人	標準報酬月額が83万円以上の人	252,600円＋（総医療費－842,000円）×１％	140,100円
	標準報酬月額が53万～79万円の人	167,400円＋（総医療費－558,000円）×１％	93,000円
	標準報酬月額28万～50万円の人	80,100円＋（総医療費－267,000円）×１％	44,400円
	標準報酬月額26万円以下の人	57,600円	44,400円
	被保険者が市区町村民税非課税者等（標準報酬月額が53万円以上の人は除く）	35,400円	24,600円

（平成30年８月診療分から）

<table>
<tr><th colspan="3" rowspan="2">被保険者の所得区分</th><th colspan="2">自己負担限度額</th></tr>
<tr><th>外来
（個人ごと）</th><th>外来・入院
（世帯）</th></tr>
<tr><td rowspan="7">70歳以上75歳未満の人</td><td rowspan="3">①現役並み所得者</td><td>現役並みⅢ
（標準報酬月額83万円以上で高齢受給者証の負担割合が３割の方）</td><td colspan="2">252,600円
＋（総医療費－842,000円）×1％
［多数該当：140,100円］</td></tr>
<tr><td>現役並みⅡ
（標準報酬月額53万～79万円で高齢受給者証の負担割合が３割の方）</td><td colspan="2">167,400円
＋（総医療費－558,000円）×1％
［多数該当：93,000円］</td></tr>
<tr><td>現役並みⅠ
（標準報酬月額28万～50万円で高齢受給者証の負担割合が３割の方）</td><td colspan="2">80,100円
＋（総医療費－267,000円）×1％
［多数該当：44,400円］</td></tr>
<tr><td colspan="2">②一般所得者
（①及び③以外の方）</td><td>18,000円
（年間上限144,000円）</td><td>57,600円
［多数該当：44,400円］</td></tr>
<tr><td rowspan="2">③低所得者</td><td>Ⅱ（注１）</td><td rowspan="2">8,000円</td><td>24,600円</td></tr>
<tr><td>Ⅰ（注２）</td><td>15,000円</td></tr>
</table>

（注１）被保険者が市区町村民税の非課税者等である場合。

（注２）被保険者とその扶養家族全ての方の収入から必要経費・控除額を除いた後の所得がない場合。

（注３）①の現役並み所得者に該当する場合は、市区町村民税が非課税等であっても現役並み所得者となる。

＜70歳以上の外来療養にかかる年間の高額療養費＞

基準日（７月31日）時点の所得区分が、一般区分または低所得区分に該当する場合は、計算期間（前年８月１日～翌年７月31日までの期間）のうち、一般区分または低所得区分であった月の１年間の外来療養の自己負担限度額の合計が14万4,000円を超えた場合に、その超えた金額を支給します。

＜自己負担の限度額の計算方法＞

（70歳未満で標準報酬月額28万円～ 50万円の人の例）

80,100円＋（医療費－267,000円）×0.01

〈例〉　被保険者が入院し、１カ月の医療費（食事療養の負担額を除く）が900,000円かかった場合は、その３割の270,000円を一部負担金として医療機関の窓口で支払います。この270,000円のうち自己負担限度額を超える分が高額療養費として支給される訳です。

自己負担限度額の計算

80,100円＋（900,000円－267,000円）×0.01＝86,430円

270,000円－86,430円＝183,570円（高額療養費の額）

また、同一世帯で、１カ月に21,000円（合算対象基準額）以上の自己負担が複数あるときは、合算して自己負担限度額を超えた分が高額療養費として支給されます。被保険者が複数の病院等にかかって、それぞれの自己負担が１カ月に21,000円以上ある場合も同様に合算して計算されます。

＜多数該当の場合＞

高額療養費を受けた月が、直近12カ月間に３回以上あったときは、４回目から自己負担限度額が変わります。具体的な額については、自己負担限度額の表の［多数該当］の部分を参照してください。

なお、多数該当は同一の保険者での療養に適用されるため、国民健康保険から健康保険（全国健康保険協会・健康保険組合）の被保険者になった場合等、保険者が変わった場合の月数は通算されません。

（多数該当に当たる場合の例）

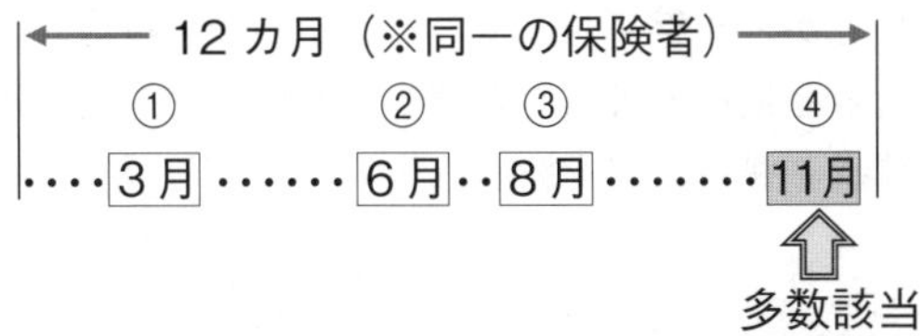

＜高額長期疾病の自己負担限度額＞

長期にわたり高額な医療費がかかる特定疾病（人工透析実施の慢性腎不全・血友病患者・エイズ患者）については、自己負担額が10,000円を超えるときにその超えた額が高額療養費として現物給付されますので、患者が窓口で負担するのは10,000円が限度になっています（人工透析を要する診療月の標準報酬月額が53万円以上である70歳未満の被保険者またはその被扶養者は20,000円が限度）。

「限度額適用認定証」について

高額療養費制度は、一旦医療費を全額支払い、高額療養費の限度額を超えた場合に高額療養費支給申請をすることになっています。そのため、一時的ではあっても多額の費用を立て替えなければなりません。しかし、「限度額適用認定証」を提示することにより医療機関ごとの１カ月の支払額が自己負担限度額までになり、経済的負担が軽くなります。

この制度を利用するには、事前に全国健康保険協会各支部（または健康保険組合）に限度額適用認定を申請し、「健康保険限度額適用認定証」の交付を受け、医療機関に提示する必要があります。認定証を提示すれば、自己負担限度額（上記参照）を超えた分の支払いはありません。ただし、入院時の食事代や差額ベッド代などは対象外です。

また、限度額適用認定証の有効期間は、申請書を受け付けた日の属する月の1日（資格を取得した月の場合は資格取得日）から最長で１年間の範囲です。

しかし、すべてが現物給付化された訳ではありません。同一月内に複数の医療機関に罹り、高額療養費の対象になるような場合等は今まで通り高額療養費支給申請をしなければなりません。

4　高額介護合算療養費

１年間（毎年８月から翌年７月まで）にかかった医療保険と介護保険の自己負担分（被保険者と被扶養者）を合算して基準額を超えた場合に、超えた額が高額介護合算療養費として支給されます。ただし、超えた額が501円以上の場合です。

基準額は、70歳未満の場合と70歳以上の場合とで異なり、次のとおりです。

＜70歳未満＞
（平成27年８月診療分から）

所得区分	基準額
標準報酬月額83万円以上	212万円
標準報酬月額53万円～79万円	141万円
標準報酬月額28万円～50万円	67万円
標準報酬月額26万円以下	60万円
低所得者（被保険者が市区町村民税の非課税者等）	34万円

＜70歳以上75歳未満＞
（平成30年８月診療分から）

所得区分	上限額
標準報酬月額83万円以上	212万円
標準報酬月額（53万円以上79万円以下）	141万円
標準報酬月額（28万円以上50万円以下）	67万円
標準報酬月額（26万円以下）	56万円
住民税非課税	31万円
住民税非課税（所得が一定以下）	19万円※

※所得区分については、１年間の最終日である７月31日時点での所得区分です。

6・社員・配偶者等が出産、育児休業をしたとき

社員が出産をすると、健康保険から「出産手当金」と「出産育児一時金」が支給され、配偶者や家族が出産すると、「家族出産育児一時金」が支給されます。妊娠４カ月に入ってからの出産（死産、早産、流産を含みます）をしたときに支給されます。

したがって、医学的には流産でも、健康保険の規定では出産に当たる場合

があります。例えば、妊娠４カ月で流産してしまったような場合、条件が当てはまれば、被保険者である社員には「出産手当金」と「出産育児一時金」が、被扶養者の場合には「家族出産育児一時金」が支給されます。

出産育児一時金の場合は一児に対して48万8,000円支給されます（令和５年４月１日～以下同じ）。双子の場合は97万6,000円支給されます（産科医療補償制度（※）に加入している病院等での分娩は一児に対して50万円）。

※　産科医療補償制度とは、一定の出産事故について補償金が支払われる制度で、在胎週数28以上の出産のとき、先天性や新生児期等の要因によらない脳性麻痺であること、身体障害者手帳１・２級相当の脳性麻痺であること等の条件に該当した場合に、一定の補償金が支払われる制度です。掛金は、お産１件ごとに12,000円を分娩機関が支払います。その分が出産育児一時金に上乗せされているので、産科医療補償制度に加入していない医療機関等での分娩の場合には一児に対して48万8,000円になります。

また、社員が出産後、育児休業をするような場合には、雇用保険から育児休業給付金の支給が受けられますし、社会保険（健康保険と厚生年金保険）では会社負担分も含めて産休中も保険料が免除になりますから、忘れずに免除申請しましょう。

1　出産手当金の支給申請手続

手続に必要な書式

- ①健康保険出産手当金支給申請書 ……………………（記載例321頁）
- ②健康保険被扶養者（異動）届 ／国民年金第３号被保険者関係届 ……………………………………………………（記載例175頁）

記載に必要な情報を集める

◇産前休暇および産後休暇取得と給与支払有無の確認のために、出勤簿、賃金台帳

◇出産予定日と実分娩日の確認

◇生まれた子供の名前（フリガナ）・性別・続柄

◇支給申請人名義の銀行名、口座番号

◇支給申請期間の初日の属する月までの12月間に、勤務先が変更になってないか等を確認します

出産手当金の支給条件

① 出産の日以前42日（多胎妊娠の場合は98日）、分娩の日後56日の間で休んだとき

② 給与が支給されないか、欠勤控除されるとき

出産予定日以前42日間休んだ場合、予定通り出産すれば、産前休暇として42日分が支給されますが、出産予定日よりも実際の出産が遅れた場合には遅れた日数分も産前休暇に加算されて支給されます。逆に実際の出産が予定日より早くなってしまったときには、産前休暇分としては予定日より早まった日数分が差し引かれて支給されます。

１日当たりの支給額は、給与がまったく支給されない場合、支給開始日以前の継続した12カ月間の各月の標準報酬月額を平均した額を30で除した額の３分の２であり、傷病手当金の計算と同じですので、傷病手当金の項を参照してください（221頁参照）。給与が一部支給される場合には、出産手当金の額から給与の一部が控除されて支給されます。

なお、出産手当金が支給される場合においては、その期間に、傷病手当金が支給される要件に該当しても、傷病手当金は支給されません。ただし、出産手当金の額の方が低ければ、差額が支給されるようになります。

手続は、全国健康保険協会各支部（または健康保険組合）へ提出しますが、出産日等について医師の証明が必要です。その際には、出産予定日を忘れずに記入してもらってください。予定日より実際の分娩が遅れた場合には、プラスアルファがあることをお忘れなく。

なお、「健康保険被扶養者（異動）届」の提出を忘れずにしてください。

「出産手当金支給申請書」も「健康保険被扶養者（異動）届」も、事実があったら、速やかに全国健康保険協会各支部（または健康保険組合）へ提出します。

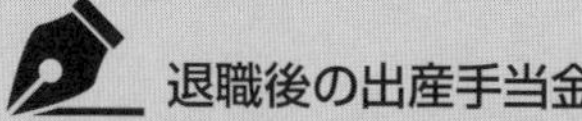

退職後の出産手当金

退職日以前に１年以上継続勤務していて、健康保険の被保険者であったなら、被保険者資格喪失の前日に出産手当金を受けていた場合は、被保険者として受けることができるはずであった期間、出産手当金が支給されます。

手続は、退職者本人が、医師に証明をしてもらって自分で行います。出産を控えて退職する社員にアドバイスをしましょう。

2　出産育児一時金の支給申請手続

手続に必要な書式

- ①健康保険被保険者・家族出産育児一時金内払金支払依頼書 ……（記載例326頁）
- ②健康保険被扶養者（異動）届／国民年金第３号被保険者関係届 ……（記載例175頁）

記載に必要な情報を集める

◇生まれた子供の名前（フリガナ）・性別・生年月日・続柄

◇支給申請人名義の銀行名、口座番号

　なお、家族の「出産育児一時金」の支給申請でも、支給申請人の名義は、被保険者の名になります

◇妊娠４カ月以上の分娩は、死産でも支給申請します

◇この支給申請書は、社員である被保険者、社員の家族が出産したときに使用します

社員が出産をすると出産手当金のほかに、「出産育児一時金」の給付があります。家族の出産の場合には「家族出産育児一時金」のみが支給されます。

なお、１年以上共働きの妻が出産のために退職し、夫の被扶養者になって、退職後６カ月以内に出産した場合には、妻自身の資格喪失後の「出産育児一

時金」の支給条件と、夫の被扶養者として「家族出産育児一時金」の支給条件の両方に該当しますが、どちらかを選択することになります。

出産の意味は前述したように、妊娠４カ月以上の出産です。生産であろうと死産であろうと問いません。金額は一児について48万8,000円ですから、双子なら97万6,000円になります（在胎週数28以後の出産で、かつ、産科医療補償制度に加入している病院等での分娩は一児に対して50万円）。

手続するときは医師の証明か、市町村長の証明を得て、なるべく早く、全国健康保険協会各支部（または健康保険組合）に提出します。

平成21年10月から出産育児一時金の支給方法が変わりました。原則として出産する病院等に保険者（支払機関）から直接、支払う仕組みになりました。そのため、実際の出産費用が出産育児一時金の金額より高い場合は、差額を病院等に直接支払うことになります。出産費用が出産育児一時金の額より低い場合は、その差額分を保険者に支給申請します。

直接病院等に支払われることを希望しない場合には、病院等にいったん出産費用を支払い、後日、保険者に支給申請します。その場合、①医師または助産師が発行する出生証明書等または戸籍謄（抄）本、②直接支払制度を利用しない旨を医療機関等と交わした文書のコピー、③領収・明細書のコピーが必要になります。

3　産前産後休業中の保険料免除手続

手続に必要な書式

● 健康保険・厚生年金保険産前産後休業取得者申出書／変更（終了）届
……………………………………………………………（記載例328頁）

記載に必要な情報を集める

◇出産予定日
◇出産日
◇出産後に申出書を提出する場合は、出生児の氏名

産前42日（多胎妊娠の場合は98日）産後56日のうち、妊娠または出産を理

由として労務につかなかった期間について、健康保険料と厚生年金保険料が事業主負担分も被保険者負担分も免除になります。

手続は、産前産後休業中に、事業主が「産前産後休業取得者申出書」を日本年金機構（健康保険組合に加入の場合は健康保険組合にも）に提出することにより行いますが、産前産後休業期間中に行わなければなりませんし、提出する時期により手続手順が多少異なります。

免除される期間は、休業した日の属する月（休業開始月）から休業終了日の翌日が属する月の前月（休業終了日が月末なら終了月）までです。

また、育児休業とは異なり、被保険者であれば、事業主や会社の役員であっても免除申請ができます。

(1)　出産前に申し出た場合

①　出産予定日より前に出産した場合

まず、産前休業開始後に「産前産後休業取得者申出書」を提出します。

出産後に「産前産後休業取得者変更（終了）届」を提出して休業期間の変更を行うことになります。

②　出産予定日より後に出産した場合

産前休業開始後に「産前産後休業取得者申出書」を提出します。出産後に「産前産後休業取得者変更（終了）届」を提出します。

(2)　出産後に申し出た場合

出産後に「産前産後休業取得者申出書」を提出します。その際には出産予定日と出産日の両方を記載します。

当初申し出た産休終了予定日年月日より前に産休を終了した場合は、「産前産後休業取得者変更（終了）届」を提出して終了日の変更を届け出ます。終了予定日どおりに終了した場合、届出は不要です。

4　妻が国民年金第1号被保険者の場合の保険料免除手続

社員本人が、社会保険（健康保険・厚生年金保険）の被保険者であれば、産前産後休暇中の社会保険（健康保険・厚生年金保険）の保険料は免除されますし、会社が手続を行います。妻が被扶養者の場合は、保険料そのものが賦課されませんから問題はありません。

しかし、社員の妻が健康保険の被扶養者でもなく、妻本人が自営業者等の場合は国民年金第１号被保険者になり妻自身が各種手続を行わなければなりません。会社が手続を行うものではありませんが、制度があることを社員に伝えましょう。

平成31年４月から、国民年金第１号被保険者が出産をした場合、次世代支援の観点から、産前産後の期間の国民年金の保険料が免除されることになりました。免除される期間は、出産予定日または出産日が属する月の前月から４カ月間免除されます。多胎妊娠の場合は、出産予定日または出産日が属する月の３カ月前から６カ月間免除されます。

免除申請手続は、出産予定日の６カ月前から可能です。申請先は住民登録をしている市区町村役所の国民年金担当窓口です。

※ 「出産」とは、妊娠85日（４カ月）以上の出産をいいます。死産・流産・早産を含みます。

5　産前産後休業終了後の報酬月額改定手続

手続に必要な書式

● 健康保険・厚生年金保険産前産後休業終了時報酬月額変更届／厚生年金保険70歳以上被用者産前産後休業終了時報酬月額相当額変更届
……………………………………………………………（記載例329頁）

記載に必要な情報を集める

◇産前産後休業終了後の連続する３カ月間各月の報酬月額

◇上記各月の支払基礎日数

産前産後休業終了日にその産前産後休業に係る子を養育している被保険者については、一定の条件に該当する場合は、随時改定に該当せずとも標準報酬月額を改定することができます。

⑴　産前産後休業終了時報酬月額変更の条件

次のいずれの条件にも該当すれば変更することができます。

＊産前産後休業終了日における標準報酬月額と比較して１等級以上の差があること

＊産前産後休業終了日の翌日が属する月以後３カ月のうち少なくとも１カ月は支払基礎日数が17（所定労働時間等が４分の３以上の「パートタイム労働者」は15、特定適用事業所の「短時間労働者は11）以上あること

⑵　算定の仕方

産前産後休業終了日の翌日が属する月以後の連続する３カ月間の報酬月額の平均額に基づき算出します。３カ月のうち、報酬支払基礎日数が17未満の月がある場合は、その月を除いて算出します。

「パートタイム労働者」の場合は、３カ月間とも報酬支払基礎日数17未満の場合は、15以上17未満の月の報酬月額の平均額により算出します。特定適用事業所の「短時間労働者の場合は、11以上の月の報酬月額の平均により算出します。３カ月とも11未満の場合は変更できません。

⑶　報酬月額改定月と適用期間

産前産後休業終了日の翌日から起算して２月を経過した日の属する月の翌月（産前産後休業終了日の翌日から４カ月目）に改定されます。この改定は、原則として、改定月が１～６月までの場合はその年の８月まで、７～12月の場合は翌年の８月までの各月に適用されます。

⑷　報酬月額改定の手続

被保険者が申出をし、事業主が「産前産後休業終了時報酬月額変更届」を日本年金機構（健康保険組合に加入の場合は健康保険組合にも）に提出することにより行います。

なお、産前産後休業終了に引き続き育児休業を開始する場合は、この申出はできません。

6　育児休業の申出があったとき

育児休業法による育児休業は１歳未満（一定条件に該当する場合は１歳６カ月未満、１歳６カ月以降一定の場合２歳未満、「パパ・ママ育休プラス」制度の場合は１歳２カ月未満）の子供を養育する社員がとることができます。女性に限らず、もちろん男性も取ることができます。育児休業については個々の会社に規定がありますから、休業できる人、できない人の確認をしてください。

社員から育児休業の申出があったら、社会保険料の免除申請の手続と雇用保険からの育児休業給付金に関する手続をします。

※　育児休業給付は一般被保険者しか受給できませんでしたが、平成28年の雇用保険法改正により、高年齢被保険者（65歳以上の被保険者）も育児休業給付が受けられるようになりました。

※　育児休業は、原則として分割して２回まで取得することができるようになりました。２回目の育児休業給付金の額は、初回と同じです。したがって、改めて受給資格確認、賃金月額証明の手続は不要ですが「育児休業給付受給資格確認票・（初回）支給申請書」の様式で支給申請します。

２回目の育児休業給付金の支給単位期間は、２回目の休業開始日または当該休業開始日応当日から１カ月ごとに区切った期間です。応当日がない場合は、その月の月末を応当日とみなします。１回目の支給申請と同様に、２支給単位期間ごとに支給申請します（令和４（2022）年10月１日より法律が改正施行されました）。

※　育児休業取得の有無にかかわらず、３歳未満の子を養育する被保険者または被保険者であった人等は、養育期間の標準報酬月額が養育する前の標準報酬月額より下がった場合は、養育する前の標準報酬月額を老齢厚生年金の年金額計算の基礎とする制度があります。

※　いわゆる育児・介護休業法に規定する育児休業および介護休業は、基本的に労働者に対する事業主が講ずべき措置を定めている法律ですから、労働者ではない事業主（会社の役員等も含む）は、取得することができません。

＜育児休業給付金のあらまし＞

支給要件	ⓐ　１歳未満の子を養育するために育児休業※1を取得した被保険者（一般被保険者または高年齢被保険者）であること ※１　初日と末日を明らかにして申し出た育児休業 ⓑ　休業開始日前２年間に賃金支払基礎日数が11以上ある（ない場合は、就業時間数が80以上）月（「みなし被保険者期間」という）が12以上あること ⓒ　一支給単位期間※2中に就業している場合は、就業日数が10以下（10を超える場合は就業している時間数が80以下）であること。 ※２　育児休業を開始した日から起算して１カ月ごとに区切った期間
支給額	〔一支給単位期間における支給額の計算式〕 【休業開始時賃金日額※3×支給日数※4×（67％または50％）※5】 ※３　原則として、「みなし被保険者期間」６カ月間の賃金合計を180で除した額である。上・下限額（基本手当日額を算定する時の賃金日額が、30歳以上45歳未満の区分による）がある。 ※４　原則として30であるが、休業終了日を含む１カ月未満の月は休業日数 ※５　育児休業給付金支給日から180日分（出生時育児休業給付金受給日数を含む）までが67％、181日目分からは50％ ㊟　事業主から賃金の支払いがあった場合は、額により調整あり
支給期間・回数	【支給期間の原則】養育する子が１歳に達する日の前日まで ㊟　いわゆる「パパママ育休プラス」の場合は、１歳２カ月に達する日の前日までの間で、最長１年間 【支給期間の延長】 ⓐ　保育所等での保育の利用を希望し申込を行っているが当面保育が実施されない場合等　☞１歳から１歳６カ月に達する日の前日まで ⓑ　１歳６カ月に達してもⓐ同様、当面保育が実施されない場合等　☞１歳６カ月から２歳に達する日の前日まで 【支給回数の原則】同一の子について、２回に分割して取得が可能 例外：省令に規定する理由による場合には、３回目もあり
支給申請期間等	【提出者】原則として被保険者を雇用している事業主 【受給資格確認と同時に初回の育児休業給付金支給申請を行う場合】 ⓐ　雇用保険被保険者休業開始時賃金月額証明書 ⓑ　育児休業給付受給資格確認票・（初回）育児休業給付金支給申請書 育児休業開始日から４カ月を経過する日の属する月の末日までに、ⓐとⓑを提出する。受給資格確認と支給決定が行われると育児休業給付金支給決定通知書が交付され、次回の支給申請期間等が指定される。 以後、原則として２支給単位期間ごとに指定された期間内に支給申請する。 添付書類：賃金台帳、出勤簿、育児休業申出書、母子健康手帳等

(1) 社会保険料の免除申請の手続

手続に必要な書式

- ①健康保険・厚生年金保険育児休業等取得者申出書（新規・延長）／終了届（取得時）……………………………………（記載例330頁）
- ②健康保険・厚生年金保険育児休業等取得者申出書（新規・延長）／終了届（終了時）……………………………………（記載例331頁）

３歳未満の子を養育するため育児休業をする場合、社会保険料は給与が支給されてもされなくても免除になります。本人負担分のみならず会社負担分も免除になります。また、賞与にかかる保険料も免除になります。

毎月の標準報酬に係る保険料免除期間は、育児休業を開始した日の属する月分から育児休業終了日の翌日が属する月の前月分までです。ただし、育児休業等開始日と育児休業等終了日の翌日が同じ月の場合は、育児休業等の日数が14以上であるときに免除されます

賞与等に係る保険料も免除されます。ただし、賞与支給月の末日を含んだ連続した１カ月を超える育児休業等を取得した場合に限り、免除されます。

手続は、事業主が「健康保険・厚生年金保険育児休業等取得者申出書（新規・延長）／終了届」の共通記載欄に必要事項を記入して管轄の年金事務所（健康保険組合に加入の場合は健康保険組合、場合によっては年金事務所へも）に提出して行います。また、育児休業を延期するときは、共通記載欄と「A．延長」欄に記入して再度「健康保険・厚生年金保険育児休業等取得者申出書（新規・延長）／終了届」を提出することになっています（様式は同じです）。なお、育児休業を予定より早く終了した場合にも、「健康保険・厚生年金保険育児休業等取得者終了届」を提出します。予定どおり育児休業が終了したときは、手続不要です。

免除申出期間ですが、「子が１歳に達するまでの育児休業期間」、「１歳から１歳６カ月までの保育所入所待機等のための育児休業期間」、「１歳６カ月から２歳に達するまでの保育所入所待機等のための育児休業期間」、「１歳、１歳６カ月、または２歳から３歳に達するまでの育児休業に準ずる措置による育児休業期間」に、それぞれ分けて提出します。例えば、最初から子が２歳になるまで休業する場合は、１回目は「子が１歳に達するまでの育児休業

期間」を提出し、2回目は、「1歳から2歳までの育児休業に準ずる措置による育児休業期間」を提出します。

なお、育児休業の取得は、「育児休業、介護休業等育児又は家族介護を行う労働者の福祉に関する法律」に基づいたものであるため、事業主、法人役員等労働者に該当しない人は育児休業の取得ができません。したがって、保険料免除申請もできません。

(2) 育児休業給付金の受給資格確認の手続

手続に必要な書式

- ①雇用保険被保険者休業開始時賃金月額証明書・所定労働時間短縮開始時賃金証明書 ……………………………………（記載例332頁）
- ②育児休業給付受給資格確認票・(初回)育児休業給付金支給申請書 ……………………………………………………………（記載例333頁）

記載に必要な情報を集める

㊟　出生時育児休業給付金も基本的には同じです。

◇賃金台帳・出勤簿（公共職業安定所に提出するとき持参します）

◇母子手帳その他育児の事実を確認できるもの

◇育児休業給付受給資格確認票に取引先銀行の確認印

（預金通帳を持参すれば確認印不要）

◇①と②の書類は同時に公共職業安定所へ

まず、育児休業給付の受給資格があるかどうかの確認をします。受給資格は、「原則として雇用保険の被保険者が育児休業を開始した日前2年間に、賃金の支払基礎日数が11日以上ある月が通算して12カ月以上あるとき」です。

上記書類を提出して、受給資格が確認されます。

このための手続として、まず育児休業が開始されたら「雇用保険被保険者休業開始時賃金月額証明書」と「育児休業給付受給資格確認票」を休業開始した日の翌日から起算して10日以内に所轄公共職業安定所長に提出します。

その際には次の添付書類が必要です。

・出勤簿（タイムカード）
・賃金台帳
・労働者名簿
・子供の生年月日が確認できる書類（母子手帳、住民票等）

この手続で受給資格が確認されると、「育児休業給付受給資格確認通知書」が交付されます。

育児休業をした人に、雇用保険から原則として育児休業開始前の給与の50%（育児休業開始から180日目までは67%。出生時育児休業給付金を取得した日数分は、180日に含まれます）が休業期間中、休業日数分（支給対象期間については30日分、休業終了日の属する支給対象期間については休業日数分）が「育児休業給付金」として支給されます。給与が支給されているときは調整される場合があります。

受給資格確認手続と１回目の給付金の支給申請は、同時に行うこともできます。

※「支給対象期間」とは、育児休業を開始した日から起算して１カ月ごとに区切った期間をいいます。その区切った期間の歴日数が月により異なることがありますが、「支給対象期間」に支給される給付金は30日分になります。
１カ月ごとに区切った期間の最後の休業期間が１カ月に満たない場合のその月分は休業日数分になります。

またこの様式は、倒産・事業主都合による解雇等の理由により辞めさせられた人が、育児・介護による休業や所定労働時間短縮により賃金がなかったり低下した場合に、退職時の賃金と比較して高い方で失業等給付の基本手当日額を計算する特例対象になる場合も提出します。離職票と一緒に作成し、手続します。

ただし、育児・介護休業給付を受けるために、「休業開始時賃金月額証明書」が既に提出されている場合は省略できるときもあります。

(3) 育児休業給付金の支給申請手続

● 育児休業給付金支給申請書 ……………………………… （記載例334頁）

給付金の申請者は被保険者ですが、平成28年１月から個人番号を様式に記載しなければならなくなった関係で、育児休業給付金の申請は、原則として事業主を経由して行うことになりました。このため事業主が手続を行うことについての労使協定は不要になりました。その代わり、事業主が従業員の個人番号の取得と本人確認を行わなければならなくなりました。本人確認については、運転免許証・運転経歴証明書・旅券・身体障害者手帳・在留カード・写真付き身分証明書・写真付き社員証・官公署が発行した写真付き資格証明書等から行うことになりました。

第１回目の申請は、支給対象期間の初日から起算して４カ月を経過する日の属する月の末日までに、２回目以降は、公共職業安定所長が指定した申請月に行うことになっていますが、支給申請がなされた支給対象期間の次およびその次の支給対象期間の末日の翌日から２カ月経過する日の属する月の末日までの期間を指定されますので、結果的に奇数月および偶数月を含む期間に、２つの支給対象期間分の申請を行うことになります。

なお、申請手続を行うときは、支給対象期間に係る賃金台帳と出勤簿を持参します。提出先は、所轄公共職業安定所長になります。

育児休業給付金の支給要件

① 支給単位期間（休業開始日から起算して１カ月ごとの期間）の初日から末日まで継続して被保険者であること

② 支給単位期間に育児休業により就業していると認められる日数が10日（10日を超える場合は80時間）以下であること（会社の休日等所定労働日以外の日を含む）

③ 支給単位期間に賃金の支払いがあった場合は、その賃金額が休業開始前の賃金月額の80%未満であること

また、保育園に入所を希望していたにもかかわらず入所できない等の理由により支給対象期間の延長を行うための手続は、確認書類（市町村が発行した保育所の入所不承諾の通知書等）を添えて、育児休業給付金支給申請書に延長期間を記載して行います。申請する時期は、子が１歳に達する日の属する月の支給対象期間の前２カ月分の支給申請の時か、延長したことにより支給申請する最初の支給申請の時に行います。

(4)　有期契約労働者が育児休業を取得する場合

有期契約労働者（雇用期間に定めのある労働者）も、育児休業法に則って育児休業を取得することができます。したがって、雇用保険の被保険者であり、育児休業給付金の受給資格があれば育児休業給付金も受給できます。ただし、有期契約であることの性質上、

子が１歳６カ月に達する日までに、労働契約（更新される場合は更新後の契約）の期間が満了することが明らかでないことが必要です

育児休業申出の時点で契約期間の満了が確実であるか否かにより判断されます。「更新することがある」という文言では、期間の満了が確実とはいえません。

※　法改正され、有期雇用労働者の育児休業取得要件が緩和されました。令和４(2022) 年４月より施行されています。これにより、「引き続き雇用された期間が１年以上であること」の育児休業取得要件はなくなりましたが、労使協定の締結により、育児休業取得要件にすることは可能です。

6の2　出生時育児休業の申出があったとき

男女とも仕事と育児を両立できるように、また、育児休業取得率の低い男性の育児休業取得を促進するため、いわゆる「育児・介護休業法」が改正されました。それに伴い、雇用保険法も改正され、新たに「出生時育児休業給付金」が創設されました。令和４年10月から施行されています。

出生時育児休業給付金は、雇用保険の被保険者（一般の被保険者および高年齢被保険者に限る）が、子の出生後８週間以内に４週間までの出産時育児休業を取得した場合に受けられます。出生時育児休業は２回まで取得できますが、合わせて28日までです。したがって給付金も同様です。

なお、いわゆる育児休業も２回に分割して取得することが可能です。出生時育児休業を取得しても、育児休業を取得することが可能です。結果的に、多少の取得条件は異なりますが、４回まで育児に関する休業を取得することが可能になります。

<出生時育児休業給付金のあらまし>

支給要件	ⓐ　子の出生日※1から8週間を経過する日の翌日までの期間内に、4週間(28日)以内の期間を定めて、その子を養育するための休業※2を申し出て取得した被保険者(一般被保険者または高年齢被保険者)であること ※1　予定日より早く出生した場合は出生日から起算、予定日より遅く出生した場合は予定日から起算する ※2　初日と末日を明らかにして申し出た出生時育児休業 ⓑ　休業開始日前2年間に賃金支払基礎日数が11以上ある(ない場合は、就業時間数が80以上)月(みなし被保険者期間という)が12以上あること 注)　上記休業期間中に就業している場合は、就業日数が10以下(10を超える場合は就業している時間数が80以下)であること。なお、就業日数10については、休業日数が28の場合であり、日数については比例計算になる。
支給額	【休業開始時賃金日額※1×休業期間の日数※2×67%】 ※1　原則として、みなし被保険者期間6カ月間の賃金合計を180で除した額である。上・下限額(基本手当日額を算定する時の賃金日額が、30歳以上45歳未満の区分による)がある。 ※2　28が上限
申請期間等	【出生日の8週間後※の翌日から起算して、2カ月後の月末まで】 ※　出産予定日前に子が出生したときは出産予定日の8週間後 注)　出生時育児休業は2回に分割して取得できるが(ただし、合計して28日まで)、給付の支給申請は、受給資格確認と同時に1回にまとめて行う。 ※　添付書類(賃金台帳、出勤簿、育児休業申出書、母子健康手帳、医師の分娩予定証明書等)

手続に必要な書式

● 育児休業給付受給資格確認票・出生時育児休業給付金支給申請書
……………………………………………………………(記載例335頁)

7　育児休業が終了し、職場復帰したときの手続

職場復帰すると、それまでの勤務の仕方とは異なることがあると思います。

例えば、残業をせず定時で帰宅するとか勤務時間を以前より短縮する等です。すると、育児休業取得前の給与額より減少することがあります。しかし、標準報酬月額を変更するには随時改定の要件に該当しないと行うことができません。そこで、育児休業終了者の場合には、随時改定に該当しない場合でも、一定の要件のもとに標準報酬月額を変更することができます（「育児休業等終了時改定」といいます）。

また、標準報酬月額が下がってしまった場合には、将来受け取るであろう年金額が下がってしまう可能性があります。育児をしている者に対する支援として、保険料は下がった標準報酬月額を基礎に計算されますが、将来受け取るであろう年金額の計算は、以前の高い方の標準報酬月額を基礎に行う制度が用意されています（「養育期間標準報酬月額特例申出」といいます）。

(1) 育児休業等終了時改定の手続

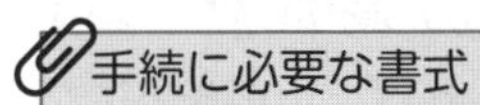

● 健康保険・厚生年金保険　育児休業等終了時報酬月額変更届／厚生年金保険70歳以上被用者育児休業等終了時報酬月額相当額変更届
…………………………………………………………（記載例336頁）

育児休業等が終了した際に、３歳未満の子を養育している場合に行うことができます。したがって、３歳まで育児休業を取得して職場復帰した場合は、行うことができません。

計算の仕方は、算定基礎届の場合と同様で、職場復帰した日以後の３カ月間に受けた報酬額の平均額により決定します。報酬支払基礎日数が17日以上（特定適用事業所に勤務する短時間労働者は11日、短時間労働者（パート）の場合は３カ月間のいずれの月も17日未満の場合は15日以上17日未満）の月の報酬月額の平均額を算出するのも算定基礎届の場合と同じです。

その結果の標準報酬月額は、職場復帰した日から起算して２カ月を経過した日の属する月の翌月（つまり職場復帰した日の属する月の４カ月目）からその年の８月（変更月が７月から12月までのいずれかの月の場合は、翌年の８月）までの標準報酬月額となります。

この手続は、本人の申出により行うことになっていますので、申出人の欄には記名し、必ず□にチェックが必要です（令和２年12月から押印は不要になりました)。

(2) 厚生年金保険 養育期間標準報酬月額特例申出の手続

手続に必要な書式

● 厚生年金保険　養育期間標準報酬月額特例申出書・終了届
………………………………………………………………（記載例337頁）

３歳未満の子を養育する被保険者または被保険者であった人で、養育期間中の各月の標準報酬月額が、養育開始月の前月の標準報酬月額を下回る場合、従前の標準報酬月額で年金額を計算する特例措置を受けるための手続です。育児休業の取得の有無を問いません。例えば、男性社員の妻が出産し、給与が減少したため標準報酬月額が下がった場合も申出をすれば、子が３歳になるまで特例措置が受けられます。しかし、育児休業を取得した場合は受けられません。

また､子が３歳になると特例措置は受けられませんので、「厚生年金保険養育期間標準報酬月額特例終了届」を提出します。その他、その子を養育しなくなった場合､その子が死亡した場合も特例措置が受けられませんので、「厚生年金保険　養育期間標準報酬月額特例終了届」を提出します。

特例措置の申出が遅くなった場合は、申し出た月の前月以前の２年間の月に限り特例が認められますので、該当する場合は早めに申し出ましょう。

7・社員が介護休業をしたとき

雇用保険の被保険者（一般被保険者および高年齢被保険者）が家族を介護するために休業をした場合には、雇用保険から**「介護休業給付金」**が支給されます。

この介護休業給付金の対象となるのは、負傷・疾病のため、２週間以上にわたり常時介護が必要な家族「当該被保険者の配偶者（婚姻の届出をしていないが、事実上婚姻関係と同様の事情にある者を含む)、父母、子、配偶者の父母と、被保険者の祖父母、兄弟姉妹、孫」を介護するために休業した場合です。

なお、育児休業とは異なり、社会保険料の免除はありません。

(1) 支給要件

支給要件は、下記のすべてに該当することです。

①上記の対象家族を介護するための休業であること

②被保険者が、休業の初日と終了日を明らかにし、事業主に申し出た休業であること

③原則として、休業開始した日前2年間にみなし被保険者期間が通算して12月以上あること

※　休業開始日前2年間については、その期間に、傷病、出産、事業所の休業、事業主の命による外国勤務等により、引き続き30日以上賃金の支払いを受けることができなかった場合には、その期間を加算して最長4年間までさかのぼることができます。

みなし被保険者期間とは

介護休業を開始した日を被保険者でなくなった日とみなして、介護休業開始日からさかのぼって1カ月ごとに区分し、その日前2年間の各月に賃金支払基礎日数が11以上ある月を1カ月として計算します。このようにして計算された「みなし被保険者期間」が12カ月以上あることが支給要件の1つとなります。

※　賃金支払基礎日数が11以上ある「みなし被保険者期間」が12月以上ない場合は、賃金支払の基礎となった時間数が80以上ある月を「みなし被保険者期間」1カ月と算定します。

介護休業は、同一の対象家族について3回まで取得することができます。ただし通算して93日までです。

各回の支給については、その都度支給要件に該当するか否かを確認した上で支給されることになります。

また、平成28年の雇用保険法改正により、65歳以上の「高年齢被保険者」も介護休業給付金が支給されるようになりました。

期間雇用者については、次のすべての要件に該当すれば、支給されます。

①休業開始時において同一の事業主の下で1年以上雇用が継続していること
②介護休業開始予定日から起算して93日を経過する日から6カ月を経過するまでに、その労働契約（更新される場合は、更新後のもの）が満了することが明らかでないこと
③介護休業給付金の支給要件に該当すること

(2) 支給金額

介護休業給付金の額は、次のように計算します。

休業開始時賃金日額×67％×支給日数

支給日数は、支給単位期間（1カ月）を30とし、1カ月に満たない場合の介護休業終了日が属する支給単位期間についてはその日数です。同一の対象家族について、3回まで介護休業給付金の対象となりますが、同一家族については受給した日数が通算で93日が限度になります。

「支給単位期間」とは、休業開始日から起算した1カ月ごとの期間です。考え方は、育児休業給付と同様です。

支給単位期間に、就業していると認められる日（所定労働日のほか、土・日・祝祭日のような所定労働日以外の日により全日にわたって休業している日も含む）が10日以下でない場合は、その支給単位期間については支給されません。

「賃金日額」とは、原則介護休業開始前6カ月間の賃金総額を180で除した額です。上限額は、基本手当日額を算定するときの45歳～59歳の年令区分による賃金日額の上限額を適用します。

(3) 賃金との調整

支給対象期間中に賃金が支払われた場合、支払われた賃金額と支給額との合計額が、賃金月額(※)の80％を超えるときは、超えた額が減額されます。つまり、介護休業期間中の収入を介護休業前の80％は保障しようとする趣旨です。

介護休業給付金の支給率は、介護休業前の67％なので、支払われた賃金が（休業開始時賃金日額×支給日数）の80％から67％を引いた13％のときには、減額されずに支給されることになります。結果として、次の表になります。

支払われた賃金額	給付金の支給調整
休業開始時賃金日額×支給日数×13%以下	調整なし
休業開始時賃金日額×支給日数×13%超～80%未満	[賃金月額※×80%－賃金]を支給
休業開始時賃金日額×支給日数×80%以上	支給されない

※「賃金月額」とは、(休業開始時賃金日額×30)です。

(4) 支給手続

手続に必要な書式

- ①介護休業給付金支給申請書 ……………………………… (記載例338頁)
- ②雇用保険被保険者休業開始時賃金月額証明書・所定労働時間短縮開始時賃金証明書 ………………………………………… (記載例332頁)

給付金の申請者は被保険者ですが、平成28年1月からマイナンバーを様式に記載しなければならなくなった関係で、雇用継続給付の申請は、原則として事業主を経由して行うことになりました。このため、事業主が手続を行うことについての労使協定は不要になりました。その代わり、事業主が従業員の個人番号の取得と本人確認を行わなければならなくなりました。

本人確認についいては、運転免許証・運転経歴証明書・旅券・身体障害者手帳・在留カード・写真付き身分証明書・写真付き社員証・官公署が発行した写真付き資格証明書等から行うことになりました。

手続に必要な書類

◇被保険者が事業主に提出した「介護休業申出書」等……対象家族を介護するために休業したことを確認するため
◇休業開始日前概ね2年間の賃金台帳、出勤簿等……受給資格の確認と給付金の日額算定のため

◇休業期間中の出勤簿・タイムカード等……休業していることの確認
◇賃金台帳等……休業中の賃金の支払い状況の確認
◇住民票記載事項証明書（マイナンバーの記載がないもの）等……対象家族の氏名、本人との続柄、性別および生年月日の確認

支給手続は、他の継続給付（高年齢雇用継続給付、育児休業給付）とは異なり、原則として事前に受給確認の手続は必要なく、受給確認と支給申請とを同時に行います。したがって、支給も休業開始日から終了日分までを一括して１回で支給されます。そのため、休業・賃金等確認のための添付書類が必要になります。

申請期間は、介護休業終了日（休業期間が３カ月以上の場合は、３カ月を経過した日）の翌日から２カ月経過する日の属する月の末日までに、事業所の所在地を管轄する公共職業安定所に提出します。

離職時の特例

失業等給付の基本手当日額の計算基礎である賃金日額について、次のような特例があります。

育児休業、介護休業または育児・介護に伴う勤務時間短縮により勤務している期間中に、倒産、解雇等の理由により退職を余儀なくされた場合、離職時賃金日額と休業または時間短縮措置前の賃金日額とを比べて、高い方を適用します。

手続書類は、「所定労働時間短縮開始時賃金証明書」ですが、育児・介護休業を取得し休業給付金を受給するときに提出する「休業開始時賃金月額証明書」と同じ様式です。どちらの場合にもこの様式に記入して提出します。つまり、両方を兼ねた書類になっています（140、332頁参照）。

※　育児休業期間は、その後離職した場合、所定給付日数（基本手当が支給される日数）を算定するための期間（被保険者であった期間）には算入されません。

1　療養補償給付及び複数事業労働者療養給付たる療養の給付請求書（業務災害のケース）（202頁）

提 出 先：労災指定病院等を経由して所轄労働基準監督署長
提出期限：速やかに
添付書類：特になし
提出する人：被災労働者
〔記載例のケース〕▷千葉隆は９月21日午前10時50分頃社内で書類を運ぼうとしてケガをしたため、労災指定病院で診てもらいました。

様式第５号(表面)　労働者災害補償保険
業務災害用
複数業務要因災害用
療養補償給付及び複数事業労働者療養給付たる療養の給付請求書

裏面に記載してある注意事項をよく読んだ上で、記入してください。

標準字体	0	1	2	3	4	5	6	7	8	9	゛	゜	ー
アイウエオカキクケコ	サ	シ	ス	セ	ソ	タ	チ	ツ	テ	ト	ナ	ニ	ヌ
ネノハヒフヘホマミム	メ	モ	ヤ	ユ	ヨ	ラ	リ	ル	レ	ロ	ワ	ン	

標準字体で記入してください。

※帳票種別　34590　①管轄局署　②業通別　1（1業 3通）　③保留（1全レセ 3全給付）　⑥処理区分　④受付年月日 ※

⑤労働保険番号　府県 13　所掌 1　管轄 08　基幹番号 225218　枝番号 000（年金証書番号記入欄）

㉓兼業 ※　⑦支給・不支給決定年月日

⑧性別（1男 3女）1　⑨労働者の生年月日（1明治 3大正 5昭和 7平成 9令和）5 481021　⑩負傷又は発病年月日 9 ×× 0921

㉔請求 ※　⑪再発年月日

⑫労働者の

シメイ（カタカナ）：姓と名の間は1文字あけて記入してください。濁点・半濁点は1文字として記入してください。
チハ゛ タカシ

㉕複災 ※　⑬三者（1自 3労 5他）　⑭特疾（1特定疾病）　⑮特別加入者

氏名　千葉　隆　（41歳）
⑯郵便番号　166－0012
住所　フリガナ トウキョウト　東京都
スギナミクワダ
杉並区和田1−10−×
職種　事務職

⑰負傷又は発病の時刻　午㊚10時 50分頃（午前）
⑱災害発生の事実を確認した者の職名、氏名
職名　事務職
氏名　横山 花子

※印の欄は記入しないでください。（職員が記入します。）

⑲災害の原因及び発生状況　（あ）どのような場所で（い）どのような作業をしているときに（う）どのような物又は環境に（え）どのような不安全な又は有害な状態があって（お）どのような災害が発生したか（か）⑩と初診日が異なる場合はその理由を詳細に記入すること

書類を事務室２階から１階に運ぼうとして階段を降りたところ、足がすべって階段を踏みはずし、右足首をひねってしまった。

⑳指定病院等の
名称　新宿病院　電話（　）3345−789×
所在地　新宿区西新宿1−2−×　〒160－0023

㉑傷病の部位及び状態　右足首骨折

⑫の者については、⑩、⑰及び⑲に記載したとおりであることを証明します。　×年 9月 21日

事業の名称　（株）市ヶ谷商会　電話（　）3266−035×
事業場の所在地　新宿区市ヶ谷田町2−7−×　〒162－0843
事業主の氏名　代表取締役　川上　武
（法人その他の団体であるときはその名称及び代表者の氏名）
労働者の所属事業場の名称・所在地　電話（　）　－

（注意）1　労働者の所属事業場の名称・所在地については、労働者が直接所属する事業場が一括適用の取扱いを受けている場合に、労働者が直接所属する支店、工事現場等を記載してください。
2　派遣労働者について、療養補償給付又は複数事業労働者療養給付のみの請求がなされる場合にあっては、派遣先事業主は、派遣元事業主が証明する事項の記載内容が事実と相違ない旨裏面に記載してください。

上記により療養補償給付又は複数事業労働者療養給付たる療養の給付を請求します。　×年 9月 21日

新宿　労働基準監督署長 殿

新宿　病院（○）・診療所・薬局・訪問看護事業者　経由

請求人の
〒166-0012　電話（　）3311−422×
住所　杉並区和田1−10−×　（　方）
氏名　千葉　隆

折り曲げる場合には（◀）の所を谷に折りさらに２つ折りにしてください。

支不支給決定決議書	署長	副署長	課長	係長	係	決定年月日	・　・
						不支給の理由	
	調査年月日	・　・	・　・	・　・			
	復命書番号	第　号	第　号	第　号			

（この欄は記入しないでください。）

労災事故だと判明したら、なるべく早く提出しましょう。病院には事前に労災事故であることを伝えておくとよいでしょう。⑱欄の現認者（事故を見ていた人）がいない場合は空欄で。派遣労働者の場合は、裏面に派遣元事業主の証明（事業の名称・所在地・氏名等）を受けて提出します。

この様式は、療養補償給付を請求するときで、①就業している事業場が１つの場合と、②就業している事業場が複数の場合に使用します（裏面に他の就業事業場の有・無、事業場の数、特別加入の有・無等を記載します）。

様式第５号(裏面)

㉒その他就業先の有無		
㊒ 無	有の場合のその数 (ただし表面の事業場を含まない) 1　社	有の場合でいずれかの事業で特別加入している場合の特別加入状況 (ただし表面の事業を含まない) 労働保険事務組合又は特別加入団体の名称
労働保険番号（特別加入）		加入年月日 年　月　日

[項目記入にあたっての注意事項]

1　記入すべき事項のない欄又は記入枠は空欄のままとし、事項を選択する場合には該当事項を○で囲んでください。(ただし、⑧欄並びに⑨及び⑩欄の元号については、該当番号を記入枠に記入してください。)
2　⑱は、災害発生の事実を確認した者(確認した者が多数のときは最初に発見した者)を記載してください。
3　傷病補償年金又は複数事業労働者傷病年金の受給権者が当該傷病に係る療養の給付を請求する場合には、⑤労働保険番号欄に左詰めで年金証書番号を記入してください。また、⑨及び⑩は記入しないでください。
4　複数事業労働者療養給付の請求は、療養補償給付の支給決定がなされた場合、遡って請求されなかったものとみなされます。
5　㉒「その他就業先の有無」欄の記載がない場合又は複数就業していない場合は、複数事業労働者療養給付の請求はないものとして取り扱います。
6　疾病に係る請求の場合、脳・心臓疾患、精神障害及びその他二以上の事業の業務を要因とすることが明らかな疾病以外は、療養補償給付のみで請求されることとなります。

[その他の注意事項]

この用紙は、機械によって読取りを行いますので汚したり、穴をあけたり、必要以上に強く折り曲げたり、のりづけしたりしないでください。

派遣先事業主 証明欄	派遣元事業主が証明する事項(表面の⑩、⑰及び⑲)の記載内容について事実と相違ないことを証明します。 年　月　日 事業の名称　　電話(　)　― 〒　― 事業場の所在地 事業主の氏名 (法人その他の団体であるときはその名称及び代表者の氏名)

社会保険 労務士 記載欄	作成年月日・提出代行者・事務代理者の表示	氏　名	電話番号
			(　)　―

2 療養補償給付及び複数事業労働者療養給付たる療養の費用請求書（業務災害のケース）（202頁、203頁、204頁）

提出先：所轄労働基準監督署長
提出期限：速やかに（費用を支払った日の翌日から２年以内）
添付書類：領収書
提出する人：被災労働者

〔記載例のケース〕▷上条理は、仕事上の事故でケガをしました。近くで診てもらった病院は労災指定病院ではなかったため、治療費は全額払ってきました。

様式第7号(1)(表面)　労働者災害補償保険
業務災害用・複数業務要因災害用
療養補償給付及び複数事業労働者療養給付たる療養の費用請求書（同一傷病分）　第　回

※帳票種別：34260　②業通別：1（1業 3通）

③労働保険番号：13108225218000

⑤労働者の性別：1（1男 3女）
⑥労働者の生年月日：5 421021
⑦負傷又は発病年月日：9××1001

⑨労働者の
シメイ（カタカナ）：カミシ゛ヨウ サトシ
氏名：上条　理（××歳）
職種：事務職
住所：〒285-××××　千葉県佐倉市××町××丁目

新規・変更（新規）
振込を希望する金融機関の名称：みずほ　××
⑯預金の種類：1（1普通 3当座）
⑰口座番号：1×××××7
⑱メイギニン（カタカナ）：カミシ゛ヨウ サトシ
口座名義人：上条　理

⑨の者については、⑦並びに裏面の(ヌ)及び(ヲ)に記載したとおりであることを証明します。
× 年10月 1日
事業の名称：(株)市ヶ谷商会　電話（　）××××-××××
事業場の所在地：新宿区市ヶ谷田町2-7-×　〒162-0843
事業主の氏名：代表取締役　川上　武
（法人その他の団体であるときはその名称及び代表者の氏名）
（注意）派遣労働者について、療養補償給付又は複数事業労働者療養給付のみの請求がなされる場合にあっては、派遣先事業主は、派遣元事業主が証明する事項の記載内容が事実と相違ない旨裏面に記載してください。

医師又は歯科医師等の証明
療養の内容　(イ)期間 ×年10月1日から ×年10月31日まで 31日間　診療実日数 13日
(ロ)傷病の部位及び傷病名：左上肢ねんざ
(ハ)傷病の経過の概要：シップ……
× 年×月 ×日　治癒（症状固定）・継続中・転医・中止・死亡
⑨の者については、(イ)から(ニ)までに記載したとおりであることを証明します。
× 年 11月 5日　〒 ×××-××××
病院又は診療所の 所在地：千葉市中央区××町
名称：千葉○○病院　電話（　）×××-××××
診療担当者氏名：大西　明
(ニ)療養の内訳及び金額（内訳裏面のとおり。）

(ホ)看護料　年 月 日から 年 月 日まで 日間（看護師の資格の有・無）
(ヘ)移送費　から まで 片道・往復 キロメートル 回
(ト)上記以外の療養費（内訳別紙請求書又は領収書 枚のとおり。）
(チ)療養の給付を受けなかった理由：近くに労災指定病院がなかったため
⑳療養に要した費用の額（合計）：¥12480

㉑費用の種別　㉒療養期間の初日　㉓療養期間の末日　㉔診療実日数　㉕転帰事由

上記により療養補償給付又は複数事業労働者療養給付たる療養の費用の支給を請求します。
× 年11月 5日　〒 ×××-××××　電話（　）×××-××××
請求人の 住所：千葉県佐倉市××町××丁目（　方）
氏名：上条　理
新宿 労働基準監督署長 殿

☞　必ず「療養補償給付たる療養の費用請求書」に病院の医師の証明をもらいます。

（リ）欄は労働保険の事業の一括をしている場合に、一括された事業所の名称・所在地を記入します。

医師には診療内容がわかるように詳しく記入してもらいます。

また、療養の内訳および金額を医師に証明してもらいます。

☞　就業している事業場が複数の場合には、裏面に他の就業事業場の有・無、事業場の数、特別加入の有・無等を記載します。

☞　派遣労働者の災害の場合には、裏面に派遣元事業主に記載内容が事実と相違ないことの証明を受けます。

☞　治療の費用だけではなく、薬局から薬の支給を受けた場合は様式第７号（2）を、柔道整復師から手当を受けた場合は様式第７号（3）を、はり師・きゅう師、あん摩マッサージ指圧師から手当を受けた場合は様式第７号（4）を、訪問看護事業者から訪問看護を受けた場合は様式第７号（5）を提出します。

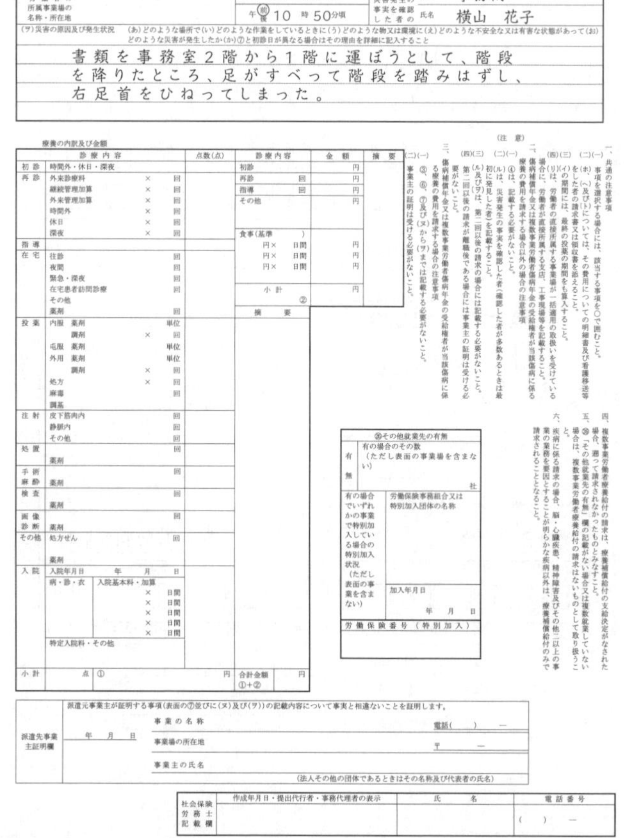

様式第７号（１）（裏面）

(リ) 労働者の所属事業場の名称・所在地	(ヌ) 負傷又は発病の時刻	(ル) 災害発生の事実を確認した者の	
	午前 10 時 50分頃	職名	事務職
		氏名	横山　花子

(ヲ)災害の原因及び発生状況　(あ)どのような場所で(い)どのような作業をしているときに(う)どのような物又は環境に(え)どのような不安全な又は有害な状態があって(お)どのような災害が発生したか(か)⑦と初診日が異なる場合はその理由を詳細に記入すること

書類を事務室２階から１階に運ぼうとして、階段を降りたところ、足がすべって階段を踏みはずし、右足首をひねってしまった。

療養の内訳及び金額

診療内容				点数(点)
初診	時間外・休日・深夜			
再診	外来診療料	×	回	
	継続管理加算	×	回	
	外来管理加算	×	回	
	時間外	×	回	
	休日	×	回	
	深夜	×	回	
指導				
在宅	往診		回	
	夜間		回	
	緊急・深夜		回	
	在宅患者訪問診療		回	
	その他			
	薬剤		回	
投薬	内服　薬剤		単位	
	調剤	×	回	
	屯服　薬剤		単位	
	外用　薬剤		単位	
	調剤	×	回	
	処方	×	回	
	麻毒		回	
	調基			
注射	皮下筋肉内		回	
	静脈内		回	
	その他		回	
処置			回	
	薬剤			
手術麻酔			回	
	薬剤			
検査			回	
	薬剤			
画像診断			回	
	薬剤			
その他	処方せん		回	
	薬剤			
入院	入院年月日　年　月　日			
	病・診・衣　入院基本料・加算	×	日間	
		×	日間	
		×	日間	
		×	日間	
		×	日間	
	特定入院料・その他			
小計	点	①	円	

診療内容		金額	摘要
初診		円	
再診	回	円	
指導	回	円	
その他		円	
食事(基準　)			
円×	日間	円	
円×	日間	円	
円×	日間	円	
小計	②	円	
摘要			
合計金額 ①＋②		円	

㉖その他就業先の有無	
有・無	有の場合のその数（ただし表面の事業場を含まない）　社
有の場合でいずれかの事業で特別加入している場合の特別加入状況（ただし表面の事業を含まない）	労働保険事務組合又は特別加入団体の名称
	加入年月日　年　月　日
労働保険番号（特別加入）	

（注　意）

一、共通の注意事項
(一)事項を選択する場合には、該当する事項を○で囲むこと。
(二)(ホ)、(ヘ)及び(ト)については、その費用についての明細書及び看護移送等をした者の請求書又は領収書を添えること。
(三)(イ)の期間には、最終の投薬の期間をも算入すること。
(四)(リ)は、労働者の直接所属する事業場が一括適用の取扱いを受けている場合に、労働者が直接所属する支店、工事現場等を記載すること。

二、傷病補償年金又は複数事業労働者傷病年金の受給権者が当該傷病に係る療養の費用を請求する場合以外の場合の注意事項
(一)④は、記載する必要がないこと。
(二)(ル)は、災害発生の事実を確認した者（確認した者が多数あるときは最初に発見した者）を記載すること。
(三)(ル)及び(ヲ)は、第二回以後の請求の場合には記載する必要がないこと。
(四)第二回以後の請求が離職後である場合には事業主の証明は受ける必要がないこと。

三、傷病補償年金又は複数事業労働者傷病年金の受給権者が当該傷病に係る療養の費用を請求する場合の注意事項
(一)③、⑥、⑦及び(ヌ)から(ヲ)までは記載する必要がないこと。
(二)事業主の証明は受ける必要がないこと。

四、複数事業労働者療養給付の請求は、療養補償給付の支給決定がなされた場合、遡って請求されなかったものとみなすこと。

五、㉖「その他就業先の有無」欄の記載がない場合又は複数就業していない場合は、複数事業労働者療養給付の請求はないものとして取り扱うこと。

六、疾病に係る請求の場合、脳・心臓疾患、精神障害及びその他二以上の事業の業務を要因とすることが明らかな疾病以外は、療養補償給付のみで請求されることとなること。

派遣先事業主証明欄	派遣元事業主が証明する事項（表面の⑦並びに(ヌ)及び(ヲ)）の記載内容について事実と相違ないことを証明します。
年　月　日	事業の名称　電話(　)　―
	事業場の所在地　〒　―
	事業主の氏名
	（法人その他の団体であるときはその名称及び代表者の氏名）

社会保険労務士記載欄	作成年月日・提出代行者・事務代理者の表示	氏名	電話番号
			(　)　―

3 療養補償給付及び複数事業労働者療養給付たる療養の費用請求書（交通（移送）費用証明書）（202頁、204頁）

提 出 先：所轄労働基準監督署長
提出期限：速やかに（費用を支払った日の翌日から２年以内）
添付書類：領収書（タクシー等の場合）
提出する人：被災労働者

〔記載例のケース〕▷上条理は、仕事上の事故でケガをしました。治療を受けられる病院が近くになく、何度か治療を受けなければならず、通院することになりました。通院にはバスと電車を利用して通うことになりました。

療養補償給付及び複数事業労働者療養給付たる療養の費用請求書と一緒に提出します。タクシーなどを利用した場合は、領収書を添付します。都道府県によっては、様式が異なる場合があります。

交通（移送）費用証明書

※この証明は様式第7号(1)又は様式第16号(5)に必ず添付してください。

交通機関別	(鉄道)　(バス)　その他（　　）	乗車券の種類	定期券　回数券　(乗車券)

乗車区間（経路）		起点		着点		手段	片道料金	片道の距離
	①	(自宅)・事業場	から	佐倉	まで	バス	160円	2 km
	②	佐倉	から	千葉	まで	電車	320円	20 km
	③		から		まで		円	km
	④		から		まで		円	km
	⑤		から		まで		円	km
	片道料金の合計						480円	

※通院した日を○で囲む。

通院日数	月																
	10月	(1)	2	(3)	4	(5)	6	7	8	(9)	10	(11)	12	(13)	14	(15)	
		16	(17)	18	(19)	20	21	22	(23)	24	25	(26)	27	28	(29)	30	(31)	13日
	月	1	2	3	4	5	6	7	8	9	10	11	12	13	14	15	
		16	17	18	19	20	21	22	23	24	25	26	27	28	29	30	31	日
	月	1	2	3	4	5	6	7	8	9	10	11	12	13	14	15	
		16	17	18	19	20	21	22	23	24	25	26	27	28	29	30	31	日

請求金額	1回の料金（片道・(往復)）		通院日数		請求金額
	960 円	×	13 日	=	12,480 円

上記のとおり相違ありません。

○○年 11 月 11 日

請求人　住所　千葉県佐倉市××町××丁目

氏名　上条　理

注1.料金が上記期間中改定となった場合は、その旨付記すること。
2.定期券の場合は定期券の写を添付すること。
3.領収書がある場合は添付すること。

4 療養補償給付及び複数事業労働者療養給付たる療養の給付を受ける指定病院等（変更）届 （203頁）

提 出 先：変更後の病院を経由して所轄労働基準監督署長
提出期限：変更後速やかに
添付書類：特になし
提出する人：被災労働者
〔記載例のケース〕▷仕事上の事故でケガをして入院治療をしていましたが、経過も良好なため、自宅近くの指定病院で通院治療することにしました。

☞　あくまでも労災指定病院等から指定病院等に転院する場合の手続であって、どちらかが指定病院でない場合は手続が異なります。
　指定病院等でない病院で診てもらう場合は、療養補償給付たる療養の費用請求になります。

様式第６号（表面）

労働者災害補償保険
療養補償給付及び複数事業労働者療養給付たる療養の給付を受ける指定病院等（変更）届

新宿　労働基準監督署長　殿　　　　　　　　　○年 10月 20日

〔宮本　病院・診療所・薬局・訪問看護事業者　経由〕　〒166－0012
電話（　　）3311－422×

届出人の　住所　杉並区和田1-10-×　方
氏名　千葉　隆

下記により療養補償給付及び複数事業労働者療養給付たる療養の給付を受ける指定病院等を（変更するので）届けます。

① 労働保険番号					③労働者の		④負傷又は発病年月日
府県	所掌	管轄	基幹番号	枝番号	氏名	千葉　隆（男・女）	○年 9月 21日
13	1	08	225218	000	生年月日	42年 10月 21日（00歳）	
② 年金証書の番号					住所	杉並区和田1-10-×	午前 10時50分頃
管轄局	種別	西暦年	番号		職種	事務職	

⑤ 災害の原因及び発生状況　（あ）どのような場所で（い）どのような作業をしているときに（う）どのような物又は環境に（え）どのような不安全な又は有害な状態があって（お）どのような災害が発生したかを簡明に記載すること。

書類を事務室2階から1階に運ぼうとして階段を降りたところ、足がすべって階段を踏みはずし、右足首をひねってしまった。

③の者については、④及び⑤に記載したとおりであることを証明します。

○年 10月 21日
事業の名称　（株）市ヶ谷商会
〒 166－0843　電話（　　）3266－035×
事業場の所在地　新宿区市ヶ谷田町2-7-×
事業主の氏名　代表取締役　川上　武
（法人その他の団体であるときはその名称及び代表者の氏名）

⑥指定病院等の変更			
変更前の	名称	新宿病院	労災指定医番号
	所在地	新宿区西新宿1-2-×	〒　－
変更後の	名称	宮本病院	
	所在地	杉並区堀之内1-1-×	〒　－
変更理由		通院治療するため、自宅付近の指定病院である宮本病院に転院した。	
⑦ 傷病補償年金又は複数事業労働者傷病年金の支給を受けることとなった後に療養の給付を受けようとする指定病院等の	名称		
	所在地		〒　－
⑧ 傷病名		右足首骨折	

5 労働者死傷病報告（205頁）

提 出 先：所轄労働基準監督署長
提出期限：事故後、遅滞なく
添付書類：災害の発生状況を示す図面、写真等があれば添付
提出する人：事業主
〔記載例のケース〕▷千葉隆は仕事上のケガで1カ月休業しなければならなくなりました。

☞ この「労働者死傷病報告」は労働安全衛生規則第97条の規定による届出なので、業務上災害で休業が4日以上になる場合に提出します。通勤災害の場合は休業4日以上になっても提出する必要はありません。休業補償給付を請求する場合に、必ず事前に提出しておく必要があります。
　被災労働者が外国人の場合は、「災害発生状況及び原因欄」の下の方に国籍・地域と在留資格を記入します。
　なお、休業日数が4未満の場合には、1月〜3月、4月〜6月、7月〜9月、10月〜12月の期間に分け、被災労働者の氏名・職種・傷病名・休業日数等を別の用紙（様式第24号（第97条関係））に記入し報告しなければなりません。
　派遣労働者の労働災害の場合は、派遣元、派遣先事業者双方が、それぞれの管轄の労働基準監督署に提出する必要があります。派遣先事業者は「労働者死傷病報告」を提出すると共に、派遣元へ「労働者死傷病報告」の写しを送付しなければなりません。

労働者死傷病報告

様式第23号（第97条関係）（表面）

（様式番号）	81001
労働保険番号	13108225218
事業場の名称（カナ）	カブシキガイシャイチガヤショウカイ
事業場の名称（漢字）	株式会社市ヶ谷商会
工事名	
事業場の所在地	新宿区市ヶ谷田町 2-7-× 電話 03（3266）035×
郵便番号	162-0843
労働者数	20人
発生日時	7：平成 9：令和 9 ○×0921 1050
被災労働者の氏名（カナ）	チバ タカシ
被災労働者の氏名（漢字）	千葉 隆
生年月日	5 421021（38）歳
性別	○
経験期間	05 ○
休業見込期間	01 ○
傷病名	右足首骨折
傷病部位	右足首
被災地の場所	東京都新宿区

災害発生状況及び原因
①どのような場所で ②どのような作業をしているときに ③どのような物又は環境に ④どのような不安全な又は有害な状態があって ⑤どのような災害が発生したかを詳細に記入すること。

書類を事務室2階から1階に運ぼうとして階段を降りたところ、足がすべって踏みはずし、右足首をひねって骨折した。

略図（発生時の状況を図示すること。）

労働者が外国人である場合のみ記入すること。 国籍・地域（　）在留資格（　）

報告書作成者職氏名　総務主任　東　敬子

○年　9月　30日

事業者職氏名（株）市ヶ谷商会
代表取締役　川上　武

新宿　労働基準監督署長殿

受付印

6 休業補償給付支給請求書 複数事業労働者休業給付支給請求書 休業特別支給金支給申請書（205頁）

提 出 先：所轄労働基準監督署長
提出期限：休業した日の翌日から２年以内
添付書類：賃金台帳、出勤簿
提出する人：被災労働者

〔記載例のケース〕▷千葉隆は仕事上の事故のため休業しなければならなくなり、会社から給料が支給されないので、請求手続をとることになりました。

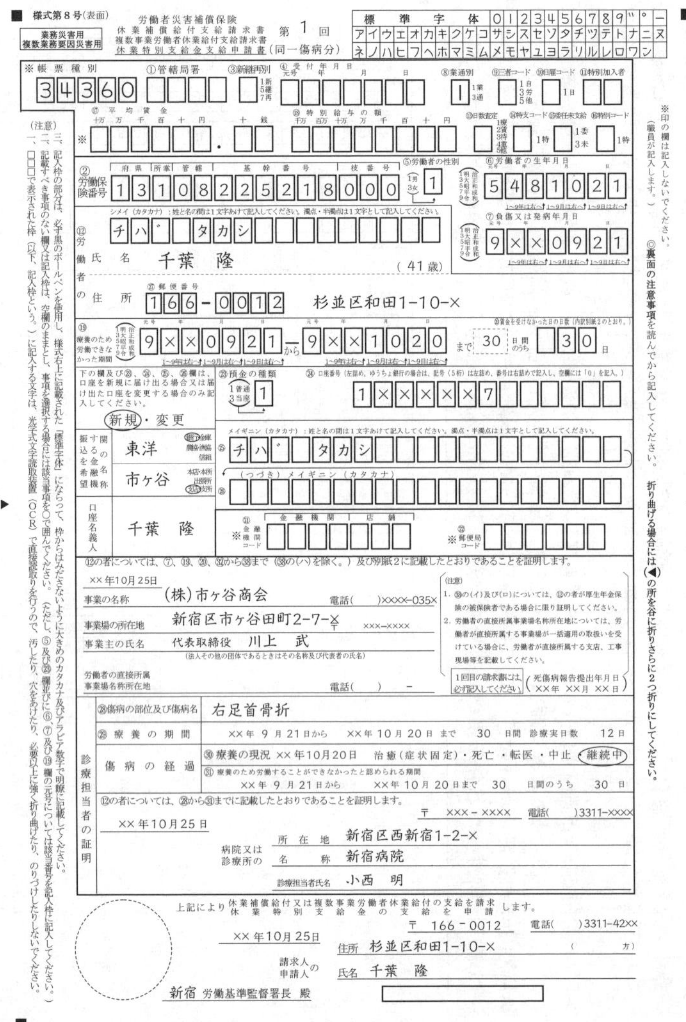

様式第８号（表面）
業務災害用 複数業務要因災害用
労働者災害補償保険
休業補償給付支給請求書
複数事業労働者休業給付支給請求書
休業特別支給金支給申請書
第 1 回（同一傷病分）

標準字体 0 1 2 3 4 5 6 7 8 9 ゛ ° ー
アイウエオカキクケコサシスセソタチツテトナニヌ
ネノハヒフヘホマミムメモヤユヨラリルレロワン

※帳票種別 34360
①管轄局署
③新継再別 1新 5継 7再
④受付年月日 元号 年 月 日
⑧業通別 1（1業 3通）
⑨三者コード 1自 3労 5他
⑩日雇コード 1日
⑪特別加入者
⑰平均賃金 十万 万 千 百 十 円 . 十 銭
⑱特別給与の額 千万 百万 十万 万 千 百 十 円
⑬日数査定 1療 2賃 3特 4重 5他
⑭特支コード 1特
⑮委任未支給 1委 3未
⑯特別コード 1特

②労働保険番号（府県 所掌 管轄 基幹番号 枝番号）1310822521800 0
⑤労働者の性別 1（1男 3女）
⑥労働者の生年月日（1明 3大 5昭 7平 9令）5481021
⑦負傷又は発病年月日 9××0921

⑫労働者
シメイ（カタカナ）：姓と名の間は1文字あけて記入してください。濁点・半濁点は1文字として記入してください。
チハ゛ タカシ
氏名 千葉 隆（41歳）
㉗郵便番号 166-0012
の住所 杉並区和田1-10-×

⑲療養のため労働できなかった期間 9××0921 から 9××1020 まで 30 日間のうち
⑳賃金を受けなかった日の日数（内訳別紙2のとおり。）30 日

下の欄及び㉓、㉔、㉕、㉖欄は、口座を新規に届け出る場合又は届け出た口座を変更する場合のみ記入してください。
（新規）・変更
㉓預金の種類 1（1普通 3当座）
㉔口座番号（左詰め、ゆうちょ銀行の場合は、記号（5桁）は左詰め、番号は右詰めで記入し、空欄には「0」を記入。）1×××××7

振込を希望する金融機関の名称
東洋（銀行）・金庫・農協・漁協・信組
市ヶ谷 本店・本所・出張所・（支店）・支所
㉕メイギニン（カタカナ）：姓と名の間は1文字あけて記入してください。濁点・半濁点は1文字として記入してください。
チハ゛ タカシ
㉖（つづき）メイギニン（カタカナ）
口座名義人 千葉 隆
㉑※金融機関コード（金融機関 店舗）
㉒※郵便局コード

⑫の者については、⑦、⑲、⑳、㉜から㊳まで（㊳の(ハ)を除く。）及び別紙2に記載したとおりであることを証明します。
××年10月25日
事業の名称 （株）市ヶ谷商会 電話（ ）××××-035×
事業場の所在地 新宿区市ヶ谷田町2-7-× 〒×××-××××
事業主の氏名 代表取締役 川上 武
（法人その他の団体であるときはその名称及び代表者の氏名）
労働者の直接所属事業場名称所在地 電話（ ） -

（注意）
1. ㊳の(イ)及び(ロ)については、⑫の者が厚生年金保険の被保険者である場合に限り証明してください。
2. 労働者の直接所属事業場名称所在地については、労働者が直接所属する事業場が一括適用の取扱いを受けている場合に、労働者が直接所属する支店、工事現場等を記載してください。

1回目の請求書には、必ず記入してください。（死傷病報告提出年月日 ××年 ××月 ××日）

診療担当者の証明
㉘傷病の部位及び傷病名 右足首骨折
㉙療養の期間 ××年 9月21日から ××年 10月20日まで 30 日間 診療実日数 12日
傷病の経過
㉚療養の現況 ××年10月20日 治癒（症状固定）・死亡・転医・中止・（継続中）
㉛療養のため労働することができなかったと認められる期間 ××年 9月21日から ××年 10月20日まで 30 日間のうち 30 日
⑫の者については、㉘から㉛までに記載したとおりであることを証明します。
××年10月25日
〒 ×××-×××× 電話（ ）3311-××××
病院又は診療所の 所在地 新宿区西新宿1-2-×
名称 新宿病院
診療担当者氏名 小西 明

上記により 休業補償給付又は複数事業労働者休業給付の支給を請求 / 休業特別支給金の支給を申請 します。
××年10月25日
〒 166-0012 電話（ ）3311-42××
請求人・申請人の 住所 杉並区和田1-10-×（ 方）
氏名 千葉 隆
新宿 労働基準監督署長 殿

（注意）
一、□□□で表示された枠（以下、記入枠という。）に記入する文字は、光学式文字読取装置（OCR）で直接読取りを行うので、汚したり、穴をあけたり、必要以上に強く折り曲げたり、のりづけしたりしないでください。
二、記載すべき事項のない欄又は記入枠は、空欄のままとし、事項を選択する場合には該当事項を○で囲んでください。（ただし、⑤及び㉓欄並びに⑥、⑦及び⑲欄の元号については該当番号を記入枠に記入してください。）
三、記入枠の部分は、必ず黒のボールペンを使用し、様式右上に記載された「標準字体」にならって、枠からはみださないように大きめのカタカナ及びアラビア数字で明瞭に記載してください。

※印の欄は記入しないでください。（職員が記入します。）
◎裏面の注意事項を読んでから記入してください。
折り曲げる場合には（◀）の所を谷に折りさらに２つ折りにしてください。

☞　平均賃金を算出するには直前の賃金の締切日前３カ月を対象にします。残業手当、通勤手当等すべてが含まれます。

算定基礎期間中に通勤災害その他業務外の事由による傷病の療養のために休業した期間がある場合は、上記期間とその期間中の賃金を控除して計算した額とを比較して、高い方を給付基礎日額とする特例があります。

様式第８号(裏面)

㉜ 労働者の職種	㉝負傷又は発病の時刻	㉞平均賃金(算定内訳別紙1のとおり)
事務職	午(前)後 10 時 50分頃	9,478 円 26 銭
㉟所定労働時間 午(前)後 9 時 00 分から午前(後) 5 時 00 分まで		㊱ 休業補償給付額、休業特別支給金額の改定比率 (平均給与額証明書のとおり)

㊲ 災害の原因、発生状況及び発生当日の就労・療養状況	(あ)どのような場所で(い)どのような作業をしているときに(う)どのような物又は環境に(え)どのような不安全な又は有害な状態があって(お)どのような災害が発生したか(か)⑦と初診日と災害発生日が同じ場合は当日所定労働時間内に通院したか、⑦と初診日が異なる場合はその理由を詳細に記入すること
書類を事務室2階から1階に運ぼうとして階段を降りたところ、足がすべって階段を踏みはずし、右足首をひねって骨折した。	

㊳ 厚生年金保険等の受給関係			
	(イ) 基礎年金番号	(ロ)被保険者資格の取得年月日	年　月　日
	(ハ) 当該傷病に関して支給される年金の種類等	年金の種類	厚生年金保険法の　イ 障害年金　ロ 障害厚生年金 国民年金法の　ハ 障害年金　ニ 障害基礎年金 船員保険法の　ホ 障害年金
		障害等級	級
		支給される年金の額	円
		支給されることとなった年月日	年　月　日
		基礎年金番号及び厚生年金等の年金証書の年金コード	
		所轄年金事務所等	

［注　意］

一、所定労働時間後に負傷した場合には、⑲及び⑳欄については、当該負傷した日を除いて記載してください。

二、別紙1①欄には、平均賃金の算定基礎期間中に業務外の傷病の療養等のために休業した期間があり、その期間及びその期間中に受けた賃金の額を算定基礎から控除して算定した平均賃金に相当する額が平均賃金の額を超える場合に記載し、控除する期間及び賃金の内訳を別紙1②欄に記載してください。この場合は、㉞欄に、この算定方法による平均賃金に相当する額を記載してください。

三、別紙2は、⑳欄の「賃金を受けなかった日」のうちに業務上の負傷又は疾病による療養のため所定労働時間のうちその一部分についてのみ労働した日(別紙2において「一部休業日」という。)が含まれる場合に限り添付してください。

四、別紙3は、㊴欄の「その他就業先の有無」で「有」に○を付けた場合に、その他就業先ごとに記載してください。その際、その他就業先ごとに注意二及び三の規定に従って記載した別紙1及び別紙2を添付してください。

五、請求人(申請人)が災害発生事業場で特別加入者であるときは、
(一)、㉞欄には、その者の給付基礎日額を記載してください。
(二)、⑦、⑲、⑳、㉝、㉟及び㊲欄の事項を証明することができる書類その他の資料を添付してください。
(三)、事業主の証明は受ける必要はありません。

六、第二回目以後の請求(申請)の場合には、
(一)、⑲、⑳、㉙及び㉛欄については、前回の請求又は申請後の分について記載してください。
(二)、㉜欄から㉟欄まで及び㊲欄は記載する必要はありません。
(三)、別紙1(平均賃金算定内訳)は付する必要はありません。
(四)、その請求(申請)が離職後である場合(療養のために労働できなかった期間の全部又は一部が離職前にある場合を除く。)には、事業主の証明は受ける必要はありません。

七、休業特別支給金の支給の申請のみを行う場合には、㊳欄は記載する必要はありません。

八、複数事業労働者休業給付の請求は、休業補償給付の支給決定がなされた場合、遡って請求されなかったものとみなされます。

九、㊴「その他就業先の有無」欄の記載がない場合又は複数就業していない場合は、複数事業労働者休業給付の請求はないものとして取り扱います。

十、疾病に係る請求の場合、脳・心臓疾患、精神障害及びその他二以上の事業の業務を要因とすることが明らかな疾病以外は、休業補償給付のみで請求されることとなります。

㊴その他就業先の有無		
有 無	有の場合のその数 (ただし表面の事業場を含まない)	社
有の場合でいずれかの事業で特別加入している場合の特別加入状況(ただし表面の事業を含まない)	労働保険事務組合又は特別加入団体の名称	
	加入年月日	年　月　日
	給付基礎日額	円
労働保険番号(特別加入)		

社会保険労務士記載欄	作成年月日・提出代行者・事務代理者の表示	氏　名	電話番号
			(　)　―

様式第８号（別紙1）　（表面）

労働保険番号					氏名	災害発生年月日
府県	所掌	管轄	基幹番号	枝番号		
1 3	1	0 8	2 2 5 2 1 8		千葉　隆	○年 9 月21日

平均賃金算定内訳

（労働基準法第12条参照のこと。）

雇入年月日	2 年 4 月 21 日	常用・日雇の別	(常用)・日雇
賃金支給方法	(月給)・週給・日給・時間給・出来高払制・その他請負制	賃金締切日	毎月 20 日

A	月・週その他一定の期間によって支払ったもの	賃金計算期間	6月21日から 7月20日まで	7月21日から 8月20日まで	8月21日から 9月20日まで	計
		総日数	30 日	31 日	31 日	(イ) 92 日
	賃金	基本賃金	250,000 円	250,000 円	250,000 円	750,000 円
		住宅 手当	20,000	20,000	20,000	60,000
		通勤 手当	10,000	10,000	10,000	30,000
		計	280,000 円	280,000 円	280,000 円	(ロ) 840,000 円
B	日若しくは時間又は出来高払制その他の請負制によって支払ったもの	賃金計算期間	6月21日から 7月20日まで	7月21日から 8月20日まで	8月21日から 9月20日まで	計
		総日数	30 日	31 日	31 日	(イ) 92 日
		労働日数	22 日	19 日	23 日	(ハ) 64 日
	賃金	基本賃金	円	円	円	円
		残業 手当	15,000	5,000	12,000	32,000
		手当				
		計	15,000 円	5,000 円	12,000 円	(ニ) 32,000 円
総計			295,000 円	285,000 円	292,000 円	(ホ) 872,000 円
平均賃金			賃金総額(ホ) 872,000円÷総日数(イ) 92 ＝ 9,478 円 26 銭			

最低保障平均賃金の計算方法

Aの(ロ)　840,000 円÷総日数(イ) 92 ＝ 9,130 円 43 銭(ヘ)

Bの(ニ)　32,000 円÷労働日数(ハ) 64 × $\frac{60}{100}$ ＝ 300 円 0 銭(ト)

(ヘ)　9,130 円43銭＋(ト) 300 円 銭 ＝ 9,430 円 43 銭(最低保障平均賃金)

日日雇い入れられる者の平均賃金（昭和38年労働省告示第52号による。）	第1号又は第2号の場合	賃金計算期間	(い) 労働日数又は労働総日数	(ろ) 賃金総額	平均賃金((ろ)÷(い)×$\frac{73}{100}$)
		月　日から 月　日まで	日	円	円　銭
	第3号の場合	都道府県労働局長が定める金額			円
	第4号の場合	従事する事業又は職業			
		都道府県労働局長が定めた金額			円

漁業及び林業労働者の平均賃金（昭和24年労働省告示第５号第２条による。）	平均賃金協定額の承認年月日　年　月　日 職種　平均賃金協定額　円

① 賃金計算期間のうち業務外の傷病の療養等のため休業した期間の日数及びその期間中の賃金を業務上の傷病の療養のため休業した期間の日数及びその期間中の賃金とみなして算定した平均賃金

(賃金の総額(ホ)－休業した期間にかかる②の(リ))　÷　(総日数(イ)－休業した期間②の(チ))

(　円－　円)　÷　(　日－　日)　＝　円　銭

様式第８号（別紙1）　（裏面）

② 業務外の傷病の療養等のため休業した期間
及びその期間中の賃金の内訳

賃金計算期間		月　日から 月　日まで	月　日から 月　日まで	月　日から 月　日まで	計
業務外の傷病の療養等のため休業した期間の日数		日	日	日	㈠　日
業務外の傷病の療養等のため休業した期間中の賃金	基本賃金	円	円	円	円
	手当				
	手当				
	計	円	円	円	㈣　円
休業の事由					

③特別給与の額	支払年月日	支払額
	△年 12月 8日	400,000円
	○年 6月 9日	300,000円
	年　月　日	円
	年　月　日	円
	年　月　日	円
	年　月　日	円
	年　月　日	円

［注 意］

③欄には、負傷又は発病の日以前２年間（雇入後２年に満たない者については、雇入後の期間）に支払われた労働基準法第12条第４項の３箇月を超える期間ごとに支払われる賃金（特別給与）について記載してください。

ただし、特別給与の支払時期の臨時的変更等の理由により負傷又は発病の日以前１年間に支払われた特別給与の総額を特別支給金の算定基礎とすることが適当でないと認められる場合以外は、負傷又は発病の日以前１年間に支払われた特別給与の総額を記載して差し支えありません。

☞　複数事業労働者の支給請求の場合には、別紙（2）と別紙（3）を記入して提出します。別紙には請求書の１枚目に記載した事業場とは別の事業場の内容を記載します。複数事業労働者の支給請求は、どの事業場での業務が原因で災害を被ったのか明確でない場合に支給請求をするので、結果論として業務上のケガというより、業務上疾病の場合になります。

様式第８号　（別紙２）

労働保険番号					氏　名	災害発生年月日
府県	所掌	管轄	基幹番号	枝番号		年　月　日

① 療養のため労働できなかつた期間 ＿＿年＿＿月＿＿日から＿＿年＿＿月＿＿日まで＿＿日間	
② ①のうち賃金を受けなかつた日の日数	＿＿日
③ ②の日数の内訳	全部休業日　＿＿日
	一部休業日　＿＿日

④ 一部休業日の年月日及び当該労働者に対し支払われる賃金の額	年　月　日	賃金の額	備　考
	年　月　日	円	

〔注意〕

1　「全部休業日」とは、業務上の負傷又は疾病による療養のため労働することができないために賃金を受けない日であつて、一部休業日に該当しないものをいうものであること。

2　該当欄に記載することができない場合には、別紙を付して記載すること。

様式第8号(別紙3)

複数事業労働者用

① 労働保険番号(請求書に記載した事業場以外の就労先労働保険番号)

都道府県	所掌	管轄	基幹番号	枝番号

② 労働者の氏名・性別・生年月日・住所

(フリガナ氏名)	男	生年月日
(漢字氏名)	女	(昭和・平成・令和)　年　月　日

〒　　－

(フリガナ住所)

(漢字住所)

③ 平均賃金(内訳は別紙1のとおり)

円　　銭

④ 雇入期間

(昭和・平成・令和)　年　月　日　から　年　月　日　まで

⑤ 療養のため労働できなかつた期間

令和　年　月　日　から　年　月　日　まで　　日間のうち

⑥ 賃金を受けなかつた日数(内訳は別紙2のとおり)　　日

⑦ 厚生年金保険等の受給関係

(イ)基礎年金番号　　(ロ)被保険者資格の取得年月日　年　月　日

(ハ)当該傷病に関して支給される年金の種類等

年金の種類　厚生年金保険法の　イ 障害年金　ロ 障害厚生年金

国民年金法の　ハ 障害年金　ニ 障害基礎年金

船員保険法の　ホ 障害年金

障害等級　　級　支給されることとなつた年月日　年　月　日

基礎年金番号及び厚生年金等の年金証書の年金コード

所轄年金事務所等

上記②の者について、③から⑦までに記載されたとおりであることを証明します。

年　月　日

事業の名称

電話(　　)　－

事業場の所在地

事業主の氏名

労働基準監督署長 殿

社会保険労務士記載欄	作成年月日・提出代行者・事務代理者の表示	氏名	電話番号
			(　)　―

7 未支給の保険給付支給請求書 未支給の特別支給金支給申請書（207頁）

提 出 先：所轄労働基準監督署長
提出期限：被災労働者（受給権者）の死亡日の翌日から２年
添付書類：死亡の事実および死亡の年月日を証明することができる書類等
提出する人：死亡者の死亡当時、生計を同じくしていた配偶者、子、父母等
〔記載例のケース〕▷千葉隆は、休業補償給付を月末に１カ月分まとめて受給していましたが、容態が急変し、亡くなってしまいました。配偶者と同居していたので、月初から亡くなる日までの分を請求することになりました。

様式第４号（表面）

労働者災害補償保険
未支給の保険給付支給請求書
未支給の特別支給金支給申請書

① 労働保険番号		府県 13 所掌 1 管轄 08 基幹番号 225252 枝番号 000
② 年金証書の番号		管轄局 　種別 　西暦年 　番号 　枝番号
③ 死亡した受給権者又は特別支給金受給資格者の	フリガナ	チバ タカシ
	氏名	千葉　隆　（男・女）［男に○］
	死亡年月日	××年×月２６日
④ 請求人の申請人	フリガナ	チバ カズコ
	氏名	千葉　和子
	住所	東京都杉並区和田1-10-×
	死亡した受給権者（労働者）又は特別支給金受給資格者（労働者）との関係	妻
⑤ 未支給の保険給付又は特別支給金の種類		療養（補償）等給付　休業（補償）等給付［○］　障害（補償）等給付　遺族（補償）等給付　傷病（補償）等年金　介護（補償）等給付　葬祭料等（葬祭給付） 休業 特別支給金　＿＿＿ 特別 一時金 年金
⑥ 添付する書類その他の資料名		休業補償給付支給請求書 住民標除票の写し（全員が載っているもの）

上記により 未支給の保険給付の支給を請求 / 未支給の特別支給金の支給を申請 します。

××年△月10日

〒166－0012　電話（ 00 ）0000－0000

請求人／申請人の　住所 東京都杉並区和田1-10-×
氏名 千葉　和子

新宿 労働基準監督署長 殿

振込を希望する金融機関の名称		預金の種類及び口座番号
東洋 銀行［○］・金庫 農協・漁協・信組	市ヶ谷 本店・本所 出張所 支店［○］・支所	普通［○］・当座 第 ×××××× 号 口座名義人 千葉　和子

ℹ 未支給の保険給付の対象になる給付の請求がまだされていない場合には、対象になる給付の請求書とそのための証明書類（添付書類）を一緒に提出しなければなりません。また、死亡者が個人番号を提出していた場合には、住民票は不要です。

8 障害補償給付 複数事業労働者障害給付支給請求書
障害特別支給金 障害特別年金 障害特別一時金 支給申請書 (209頁)

提出先：所轄労働基準監督署長
提出期限：治ゆした日の翌日から５年以内
添付書類：Ｘ線写真等
提出する人：被災労働者
〔記載例のケース〕▷千葉隆は仕事上の事故により障害が残ったので、請求することになりました。

☞ 休業補償給付を請求してあれば平均賃金は既に報告済みですが、請求していない場合は休業補償給付支給請求書の用紙を用いて平均賃金を算出し、一緒に提出します。
請求人・申請人氏名の下に個人番号を記入します。
☞ 記載した事業場とは別の就業先がある場合には、裏面に記載します。裏面に記載がない場合には、複数就業労働者ではないものとして取り扱われます。

様式第10号(表面)

業務災害用 複数業務要因災害用

労働者災害補償保険
障害補償給付 複数事業労働者障害給付 支給請求書
障害特別支給金 障害特別年金 障害特別一時金 支給申請書

① 労働保険番号（府県・所掌・管轄・基幹番号・枝番号）	1 3 / 1 / 0 8 / 2 2 5 2 1 8 / 0 0 0
② 年金証書の番号（管轄局・種別・西暦年・番号）	
③ 労働者の フリガナ	チバ タカシ
氏名	千葉 隆 (男・女)
生年月日	昭42 年 10 月 21 日(歳)
フリガナ	スギナミクワダ
住所	杉並区和田1-10-×
職種	事務職
所属事業場名称・所在地	
④ 負傷又は発病年月日	○ 年 9 月 21 日 午前 10 時 50 分頃
⑤ 傷病の治癒した年月日	○ 年 6 月 20 日
⑦ 平均賃金	9,478 円 26 銭
⑧ 特別給与の総額(年額)	700,000 円
⑥ 災害の原因及び発生状況 (あ)どのような場所で(い)どのような作業をしているときに(う)どのような物又は環境に(え)どのような不安全な又は有害な状態があって(お)どのような災害が発生したかを簡明に記載すること	書類を事務室2階から1階に運ぼうとして階段を降りたところ、足がすべって階段を踏みはずし、右足首をひねって骨折した。

⑨厚生年金保険等の受給関係		
㋑ 厚生年金等の年金証書の基礎年金番号・年金コード		
㋺ 被保険者資格の取得年月日	年 月 日	
㋩ 当該傷病に関して支給される年金の種類等	年金の種類	厚生年金保険法の イ、障害年金 ロ、障害厚生年金 / 国民年金法の イ、障害年金 ロ、障害基礎年金 / 船員保険法の障害年金
	障害等級	級
	支給される年金の額	円
	支給されることとなった年月日	年 月 日
	厚年等の年金証書の基礎年金番号・年金コード	
	所轄年金事務所等	

③の者については、④、⑥から⑧まで並びに⑨の㋑及び㋺に記載したとおりであることを証明します。

△年 7 月 10 日

事業の名称 (株)市ヶ谷商会 電話( )3266－035×
事業場の所在地 新宿区市ヶ谷田町2-7-× 〒 162－0843
事業主の氏名 代表取締役 川上 武
(法人その他の団体であるときは、その名称及び代表者の氏名)

〔注意〕⑨の㋑及び㋺については、③の者が厚生年金保険の被保険者である場合に限り証明すること。

⑩ 障害の部位及び状態	(診断書のとおり)
⑪ 既存障害がある場合にはその部位及び状態	
⑫ 添付する書類その他の資料名	X線写真

⑬ 年金の払渡しを受けることを希望する金融機関又は郵便局 (登録している公金受取口座を利用します:□)		
金融機関(郵便貯金銀行の支店等を除く。)	※ 金融機関店舗コード	
	名称	東洋 銀行・金庫 農協・漁協・信組 市ヶ谷 本店・本所 出張所 支店・支所
	預金通帳の記号番号	普通・当座 第 123456 号
郵便貯金銀行の支店等又は郵便局	※ 郵便局コード	
	フリガナ 名称	
	所在地	都道府県 市郡区
	預金通帳の記号番号	第 号

上記により 障害補償給付 複数事業労働者障害給付 の支給を請求します。障害特別支給金 障害特別年金 障害特別一時金 の支給を申請します。

〒 166 — 0012
電話( ) 3311－422×

△ 年 7 月 10 日

請求人 申請人 の 住所 杉並区和田1-10-×
氏名 千葉 隆

新宿 労働基準監督署長 殿

□本件手続を裏面に記載の社会保険労務士に委託します。

個人番号 9 8 7 6 5 4 × × × × × ×

振込を希望する金融機関の名称		預金の種類及び口座番号
東洋 銀行・金庫 農協・漁協・信組	市ヶ谷 本店・本所 出張所 支店・支所	普通・当座 第 123456 号 口座名義人 千葉 隆

様式第10号(裏面)

⑭その他就業先の有無		
有 無	有の場合のその数 (ただし表面の事業場を含まない) 社	有の場合でいずれかの事業で特別加入している場合の特別加入状況 (ただし表面の事業を含まない) 労働保険事務組合又は特別加入団体の名称
労働保険番号(特別加入)		加入年月日 年　月　日
		給付基礎日額 円

〔注意〕

1　※印欄には記載しないこと。
2　事項を選択する場合には該当する事項を○で囲むこと。
3　③の労働者の「所属事業場名称・所在地」欄には、労働者の直接所属する事業場が一括適用の取扱いを受けている場合に、労働者が直接所属する支店、工事現場等を記載すること。
4　⑦には、平均賃金の算定基礎期間中に業務外の傷病の療養のため休業した期間が含まれている場合に、当該平均賃金に相当する額がその期間の日数及びその期間中の賃金を業務上の傷病の療養のため休業した期間の日数及びその期間中の賃金とみなして算定した平均賃金に相当する額に満たないときは、当該みなして算定した平均賃金に相当する額を記載すること(様式第８号の別紙１に内訳を記載し添付すること。ただし、既に提出されている場合を除く。)。
5　⑧には、負傷又は発病の日以前１年間(雇入後１年に満たない者については、雇入後の期間)に支払われた労働基準法第12条第４項の３箇月を超える期間ごとに支払われる賃金の総額を記載すること(様式第８号の別紙１に内訳を記載し添付すること。ただし、既に提出されている場合を除く。)。
6　請求人(申請人)が傷病補償年金又は複数事業労働者傷病年金を受けていた者であるときは、
　(１)　①、④及び⑥には記載する必要がないこと。
　(２)　②には、傷病補償年金又は複数事業労働者傷病年金に係る年金証書の番号を記載すること。
　(３)　事業主の証明を受ける必要がないこと。
7　請求人(申請人)が特別加入者であるときは、
　(１)　⑦には、その者の給付基礎日額を記載すること。
　(２)　⑧は記載する必要がないこと。
　(３)　④及び⑥の事項を証明することができる書類その他の資料を添えること。
　(４)　事業主の証明を受ける必要がないこと。
8　⑬については、障害補償年金、複数事業労働者障害年金又は障害特別年金の支給を受けることとなる場合において、障害補償年金、複数事業労働者障害年金又は障害特別年金の払渡しを金融機関(郵便貯金銀行の支店等を除く。)から受けることを希望する者にあっては「金融機関(郵便貯金銀行の支店等を除く。)」欄に、障害補償年金、複数事業労働者障害年金又は障害特別年金の払渡しを郵便貯金銀行の支店等又は郵便局から受けることを希望する者にあっては「郵便貯金銀行の支店等又は郵便局」欄に、それぞれ記載すること。
　なお、郵便貯金銀行の支店等又は郵便局から払渡しを受けることを希望する場合であって振込によらないときは、「預金通帳の記号番号」の欄は記載する必要はないこと。
　また、年金等の受取口座として、国に事前に登録した公金受取口座を利用する場合は、「登録している公金受取口座を利用します：□」の□にレ点を記入すること。その際、口座情報の記載や通帳の写しの添付等は必要がないこと。
9　「個人番号」の欄については、請求人(申請人)の個人番号を記載すること。
10　本件手続を社会保険労務士に委託する場合は、「請求人(申請人)の氏名」欄の下の□にレ点を記入すること。
11　⑭「その他就業先の有無」で「有」に○を付けた場合は、様式第８号の別紙３をその他就業先ごとに記載すること。その際、その他就業先ごとに様式第８号の別紙１を記載し添付すること。なお、既に他の保険給付の請求において記載している場合は、記載の必要がないこと。
12　複数事業労働者障害年金の請求は、障害補償年金の支給決定がなされた場合、遡って請求されなかったものとみなされること。
13　⑭「その他就業先の有無」欄の記載がない場合又は複数就業していない場合は、複数事業労働者障害年金の請求はないものとして取り扱うこと。
14　疾病に係る請求の場合、脳・心臓疾患、精神障害及びその他二以上の事業の業務を要因とすることが明らかな疾病以外は、障害補償年金のみで請求されることとなること。

社会保険 労務士 記載欄	作成年月日・提出代行者・事務代理者の表示	氏　名	電話番号
			(　　) ―

労働者災害補償保険
診　断　書

障害(補償)等給付請求用

氏　名	千葉　隆	生年月日	明治 大正 (昭和) 平成 42年10月21日	性別	(男)・女
傷病名		負傷発病年月日	年　月　日		
障害の部位		初診年月日	年　月　日		
既往歴	既存障害	治ゆ年月日	年　月　日		

療養の内容及び経過	
障害の状態の詳細	(図で示すことができるものは図解すること。)

関節運動範囲	部位 ＼ 種類範囲									
			右							
			左							
			右							
			左							
			右							
			左							

上記のとおり診断します。

年　月　日

〒　－　電話(　)　－

所在地

名称

診断担当者氏名

9 障害補償年金 障害年金 前払一時金請求書（209頁）

提出先：所轄労働基準監督署長
提出期限：治ゆの日の翌日から２年以内（原則として年金請求と同時に請求、ただし年金支給決定の通知のあった翌日から１年以内なら請求可能）
添付書類：特になし
提出する人：被災労働者
〔記載例のケース〕▷千葉隆は仕事上の事故により障害が残り、障害補償年金が支給されることになりましたが、その際前払一時金を請求することにしました。

☞　原則として、障害補償給付支給請求書と一緒に提出します。希望する一時金の日数分を○印で囲みます。一時金が支給されると、その金額に達するまで年金は支給停止になります。

年金申請様式第１０号

労働者災害補償保険
障害補償年金（○）／障害年金　前払一時金請求書

（注意）請求する給付日数欄の（　）には、加重障害の給付日数を記入すること。

年金証書の番号		管轄局	種別	西暦年	番号
		13	3	9	55678
請求人（被災労働者）	氏名	千葉 隆		生年月日	昭和42年10月21日
	住所	杉並区和田1-10-×			

請求する給付日数（チェックを入れる）			労災年金受給の有無
第一級	200 400 600 800 1000 1200 1340日分	（　　）	受けている／受けていない（○）
第二級	200 400 600 800 1000 1190日分	（　　）	
第三級	200 400 600 800 1000 1050日分	（　　）	
第四級	200 400 600 800 920日分	（　　）	
第五級	200 400 600 790日分	（　　）	
第六級	200 400 (600) 670日分	（　　）	
第七級	200 400 560日分	（　　）	

上記のとおり 障害補償年金（○）／障害年金 前払一時金を請求します。

○年 7月10日

郵便番号 166－0012　　電話番号 ××－3311－422×

請求人の（代表者）
住所 杉並区和田1-10-×
氏名 千葉 隆

新宿 労働基準監督署長 殿

振込を希望する銀行等の名称		預金の種類及び口座番号
東洋 銀行（○）・金庫・農協・漁協・信組	市ヶ谷 本店・支店（○）・支所	普通（○）・当座 第123456号 名義人 千葉 隆

10 年金請求書（国民年金・厚生年金保険障害給付）（209頁）

提 出 先： 所轄年金事務所

提出期限： そのつど提出します（時効は５年）。

添付書類： 診断書、年金手帳（基礎年金番号通知書）、預金通帳、加給年金対象者の課税証明書または非課税証明書、戸籍謄本、住民票謄本、個人番号カード等、本人確認のための書類

提出する人： 被保険者または被保険者であった者

〔記載例のケース〕▷千葉隆は、事故でケガをした結果、障害（労働能力が制限されるような障害）が残ったので、請求することにしました。

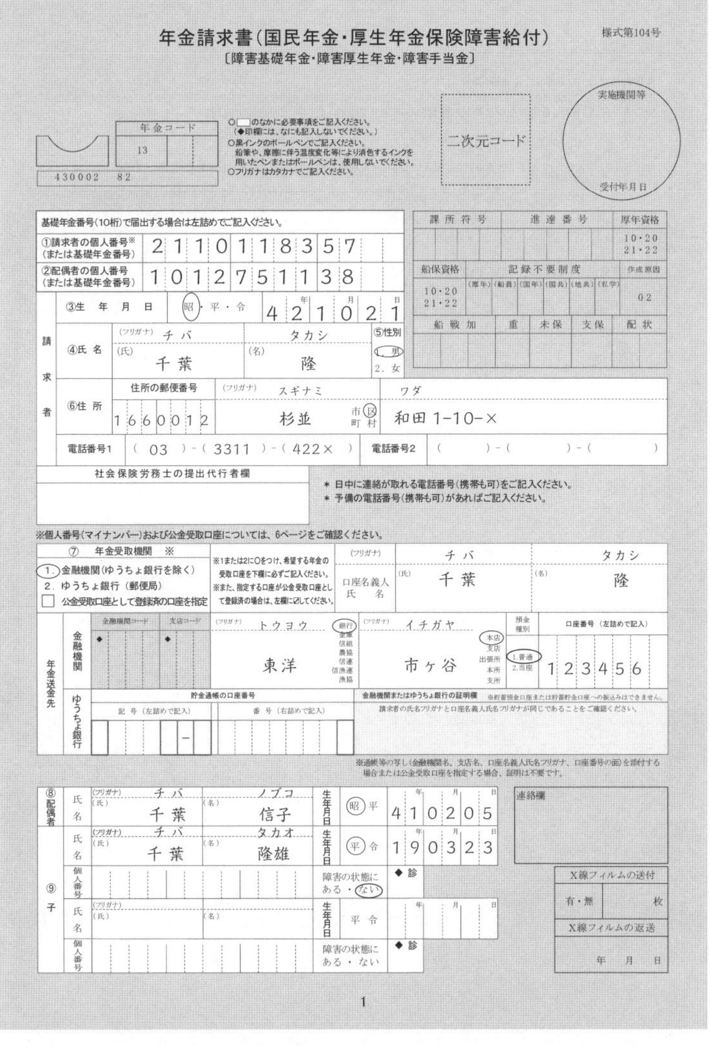

年金請求書（国民年金・厚生年金保険障害給付）　様式第104号
〔障害基礎年金・障害厚生年金・障害手当金〕

年金コード　13
430002　82

○□のなかに必要事項をご記入ください。
（◆印欄には、なにも記入しないでください。）
○黒インクのボールペンでご記入ください。
鉛筆や、摩擦に伴う温度変化等により消色するインクを用いたペンまたはボールペンは、使用しないでください。
○フリガナはカタカナでご記入ください。

二次元コード

実施機関等
受付年月日

基礎年金番号(10桁)で届出する場合は左詰めでご記入ください。

①請求者の個人番号※（または基礎年金番号）	2 1 1 0 1 1 8 3 5 7
②配偶者の個人番号（または基礎年金番号）	1 0 1 2 7 5 1 1 3 8
請求者 ③生年月日	㊐昭・平・令　4 2年 1 0月 2 1日
請求者 ④氏名	(フリガナ) チバ タカシ　(氏) 千葉　(名) 隆
⑤性別	①男 2．女
⑥住所	住所の郵便番号 1 6 6 0 0 1 2　(フリガナ) スギナミ ワダ　杉並 市㊀区 町村　和田 1-10-×
電話番号1	(03)-(3311)-(422×)
電話番号2	(　)-(　)-(　)

課所符号	進達番号	厚年資格
		10・20　21・22

船保資格	記録不要制度 (厚年)(船員)(国年)(国共)(地共)(私学)	作成原因
10・20　21・22		02

船戦加	重	未保	支保	配状

社会保険労務士の提出代行者欄

＊ 日中に連絡が取れる電話番号(携帯も可)をご記入ください。
＊ 予備の電話番号(携帯も可)があればご記入ください。

※個人番号(マイナンバー)および公金受取口座については、6ページをご確認ください。

⑦ 年金受取機関 ※
①金融機関(ゆうちょ銀行を除く)
2．ゆうちょ銀行（郵便局）
□ 公金受取口座として登録済の口座を指定

※1または2に○をつけ、希望する年金の受取口座を下欄に必ずご記入ください。
※また、指定する口座が公金受取口座として登録済の場合は、左欄に☑してください。

口座名義人氏名　(フリガナ) チバ タカシ　(氏) 千葉　(名) 隆

年金送金先		
金融機関	金融機関コード ◆ / 支店コード ◆	(フリガナ) トウヨウ　東洋 ㊐銀行・金庫・信組・農協・信連・信漁連・漁協　(フリガナ) イチガヤ　市ヶ谷 ㊐本店・支店・出張所・本所・支所　預金種別 ①普通 2.当座　口座番号（左詰めで記入） 1 2 3 4 5 6
ゆうちょ銀行	貯金通帳の口座番号　記号（左詰めで記入）　－　番号（右詰めで記入）	金融機関またはゆうちょ銀行の証明欄 ※貯蓄預金口座または貯蓄貯金口座への振込みはできません。請求者の氏名フリガナと口座名義人氏名フリガナが同じであることをご確認ください。

※通帳等の写し(金融機関名、支店名、口座名義人氏名フリガナ、口座番号の面)を添付する場合または公金受取口座を指定する場合、証明は不要です。

	氏名	生年月日	障害の状態
⑧配偶者	(フリガナ) チバ ノブコ　(氏) 千葉　(名) 信子	㊐昭 平　4 1年 0 2月 0 5日	
⑨子	(フリガナ) チバ タカオ　(氏) 千葉　(名) 隆雄	㊐平 令　1 9年 0 3月 2 3日	障害の状態にある・㊐ない　◆診
⑨子	(フリガナ)　(氏)　(名)	平 令　年　月　日	障害の状態にある・ない　◆診

連絡欄

X線フィルムの送付　有・無　枚
X線フィルムの返送　年 月 日

1

⑩ あなたの配偶者は、公的年金制度等(表1参照)から老齢・退職または障害の年金を受けていますか。○で囲んでください。

1. 老齢・退職の年金を受けている	2. 障害の年金を受けている	③いずれも受けていない	4. 請求中	制度名（共済組合名等）	年金の種類

受けていると答えた方は下欄に必要事項をご記入ください(年月日は支給を受けることになった年月日をご記入ください)。

公的年金制度名（表1より記号を選択）	年金の種類	年 月 日	年金証書の年金コードまたは記号番号等
		・ ・	
		・ ・	
		・ ・	

	年金コードまたは共済組合コード・年金種別
1	
2	
3	

「年金の種類」とは、老齢または退職、障害をいいます。

⑪ あなたは、現在、公的年金制度等(表1参照)から年金を受けていますか。○で囲んでください。

1. 受けている	②受けていない	3. 請求中	制度名（共済組合名等）	年金の種類

受けていると答えた方は下欄に必要事項をご記入ください(年月日は支給を受けることになった年月日をご記入ください)。

公的年金制度名（表1より記号を選択）	年金の種類	年 月 日	年金証書の年金コードまたは記号番号等
		・ ・	
		・ ・	
		・ ・	

	年金コードまたは共済組合コード・年金種別
1	
2	
3	
	他 年 金 種 別

「年金の種類」とは、老齢または退職、障害、遺族をいいます。

⑫ 次の年金制度の被保険者または組合員等となったことがあるときは、その番号を○で囲んでください。

1. 国民年金法 ② 厚生年金保険法 3. 船員保険法（昭和61年4月以後を除く）
4. 廃止前の農林漁業団体職員共済組合法 5. 国家公務員共済組合法 6. 地方公務員等共済組合法
7. 私立学校教職員共済法 8. 旧市町村職員共済組合法 9. 地方公務員の退職年金に関する条例 10. 恩給法

⑬ 履 歴（公的年金制度加入経過）
※できるだけ詳しく、正確にご記入ください。

	(1) 事業所（船舶所有者）の名称および船員であったときはその船舶名	(2) 事業所（船舶所有者）の所在地または国民年金加入時の住所	(3) 勤務期間または国民年金の加入期間	(4) 加入していた年金制度の種類	(5) 備 考
最初	(株) 市ヶ谷商会	新宿区市ヶ谷田町 2-7-×	1・4・21から 在・職・中まで	1. 国民年金 ②厚生年金保険 3. 厚生年金(船員)保険 4. 共済組合等	
2			・ ・ から ・ ・ まで	1. 国民年金 2. 厚生年金保険 3. 厚生年金(船員)保険 4. 共済組合等	
3			・ ・ から ・ ・ まで	1. 国民年金 2. 厚生年金保険 3. 厚生年金(船員)保険 4. 共済組合等	
4			・ ・ から ・ ・ まで	1. 国民年金 2. 厚生年金保険 3. 厚生年金(船員)保険 4. 共済組合等	
5			・ ・ から ・ ・ まで	1. 国民年金 2. 厚生年金保険 3. 厚生年金(船員)保険 4. 共済組合等	
6			・ ・ から ・ ・ まで	1. 国民年金 2. 厚生年金保険 3. 厚生年金(船員)保険 4. 共済組合等	
7			・ ・ から ・ ・ まで	1. 国民年金 2. 厚生年金保険 3. 厚生年金(船員)保険 4. 共済組合等	
8			・ ・ から ・ ・ まで	1. 国民年金 2. 厚生年金保険 3. 厚生年金(船員)保険 4. 共済組合等	
9			・ ・ から ・ ・ まで	1. 国民年金 2. 厚生年金保険 3. 厚生年金(船員)保険 4. 共済組合等	
10			・ ・ から ・ ・ まで	1. 国民年金 2. 厚生年金保険 3. 厚生年金(船員)保険 4. 共済組合等	

3

☞　初診日に被保険者であったことが必要ですので、初診日がいつで、その時厚生年金に加入していたかどうかを確認する必要があります（特に病気の場合）。
病気が長い場合には、「病歴・就労状況等申立書」も添付しなければなりません。
また、労災事故で障害になったときには労災給付と併せて障害厚生年金や障害基礎年金が支給される場合もありますので、忘れずに請求するよう指導しましょう。

⑭必ずご記入ください。

(1) この請求は、左の頁にある「障害給付の請求事由」の1から3までのいずれに該当しますか。該当する番号を○で囲んでください。	①障害認定日による請求　2. 事後重症による請求　3. 初めて障害等級の1級または2級に該当したことによる請求
「2」を○で囲んだときは右欄の該当する理由の番号を○で囲んでください。	1. 初診日から1年6月目の状態で請求した結果、不支給となった。 2. 初診日から1年6月目の症状は軽かったが、その後悪化して症状が重くなった。 3. その他（理由　）

(2) 過去に障害給付を受けたことがありますか。	1. はい　②いいえ	「1.はい」を○で囲んだときは、その障害給付の名称と年金証書の基礎年金番号・年金コード等をご記入ください。	名称	
			基礎年金番号・年金コード等	

(3) 障害の原因である傷病についてご記入ください。

	1.	2.	3.
傷病名	右足首切断		
傷病の発生した日	昭和・(平成)・令和　×年　9月　21日	昭和・平成・令和　年　月　日	昭和・平成・令和　年　月　日
初診日	昭和・(平成)・令和　×年　9月　21日	昭和・平成・令和　年　月　日	昭和・平成・令和　年　月　日
初診日において加入していた年金制度	1.国年　②厚年　3.共済	1.国年　2.厚年　3.共済	1.国年　2.厚年　3.共済
現在傷病は治っていますか。	①はい・2.いいえ	1.はい・2.いいえ	1.はい・2.いいえ
治っているときは、治った日	昭和・平成・(令和)　○年　6月　20日	昭和・平成・令和　年　月　日	昭和・平成・令和　年　月　日
傷病の原因は業務上ですか。	①はい・2.いいえ		
この傷病について右に示す制度から保険給付が受けられるときは、その番号を○で囲んでください。請求中のときも同様です。	1. 労働基準法　②労働者災害補償保険法　3. 船員保険法　4. 国家公務員災害補償法　5. 地方公務員災害補償法　6. 公立学校の学校医、学校歯科医及び学校薬剤師の公務災害補償に関する法律		
受けられるときは、その給付の種類の番号を○で囲み、支給の発生した日をご記入ください。	①障害補償給付（障害給付）　2. 傷病補償給付（傷病年金） 昭和・平成・(令和)　○年　6月　20日		
障害の原因は第三者の行為によりますか。	1.はい・②いいえ		
障害の原因が第三者の行為により発生したものであるときは、その方の氏名および住所をご記入ください。	氏名		
	住所		

生計維持申立

⑮生計同一関係

右の者は、請求者と生計を同じくしていることを申し立てる。

令和○年7月10日

請求者　千葉　隆
住所　杉並区和田1-10-×

氏名

	氏名	続柄
配偶者および子	千葉　信子	妻
	千葉　隆雄	長男

⑯収入関係

1.請求者によって生計維持していた方についてご記入ください。		※確認欄
(1) 配偶者について年収は、850万円未満ですか。	(はい)・いいえ	(　)印
(2) 子（名：隆雄）について年収は、850万円未満ですか。	(はい)・いいえ	(　)印
(3) 子（名：　）について年収は、850万円未満ですか。	はい・いいえ	(　)印
(4) 子（名：　）について年収は、850万円未満ですか。	はい・いいえ	(　)印
2.上記1で「いいえ」と答えた方のうち、その方の収入はこの年金の受給権発生時においては、850万円未満ですか。	はい・いいえ	

※年金事務所の確認事項
ア. 健保等被扶養者（第三号被保険者）
イ. 国民年金保険料免除世帯
ウ. 義務教育終了前
エ. 高等学校在学中
オ. 源泉徴収票・課税証明書等

令和　年　月　日　提出

5

機構独自項目

⑰ 請求者	過去に加入していた年金制度の年金手帳の記号番号で、基礎年金番号と異なる記号番号があるときは、その記号番号をご記入ください。 厚生年金保険　　　　国民年金 船員保険
⑱ 配偶者	②欄を記入していない方は、あなたの配偶者について、つぎの 1 および 2 にお答えください。(記入した方は、回答の必要はありません。) 1. 過去に厚生年金保険、国民年金または船員保険に加入したことがありますか。○で囲んでください。　ある　ない 「ある」と答えた方は、加入していた制度の年金手帳の記号番号をご記入ください。 厚生年金保険　　　　国民年金 船員保険 2. あなたと配偶者の住所が異なるときは、下欄に配偶者の住所および性別をご記入ください。 住所の郵便番号　住所 (フリガナ)　性別 男 女 1 2

⑲ 個人で保険料を納める第四種被保険者、船員保険の年金任意継続被保険者となったことがありますか。	1. はい ・ ② いいえ
「はい」と答えた方は、保険料を納めた年金事務所(社会保険事務所)の名称をご記入ください。	
その保険料を納めた期間をご記入ください。	昭和 平成 令和　年　月　日から　昭和 平成 令和　年　月　日
第四種被保険者(船員年金任意継続被保険者)の整理記号番号をご記入ください。	(記号)　(番号)
⑳ 国民年金に任意加入した期間について特別一時金を受けたことがありますか。	1. はい ・ 2. いいえ

上・外	初診年月日	障害認定日	(外)傷病名コード	(上)傷病名コード	診断書
上・外 1・2	元号 年 月 日	元号 年 月 日			

(外)等級	(上)等級	有	有年	三	差引
			元号		

	受給権発生年月日	停止事由	停止期間	条文
基礎	元号 年 月 日		元号 年 月 元号 年 月	
	失権事由	失権年月日		
		元号 年 月 日		

	受給権発生年月日	停止事由	停止期間	条文
厚生	元号 年 月 日		元号 年 月 元号 年 月	
	失権事由	失権年月日		
		元号 年 月 日		

㊿ 共済コード　共済記録 1	2
元号 年 月 日 元号 年 月 日 要件 計算	元号 年 月 日 元号 年 月 日 要件 計算
3	51 4
元号 年 月 日 元号 年 月 日 要件 計算	元号 年 月 日 元号 年 月 日 要件 計算
5	6
元号 年 月 日 元号 年 月 日 要件 計算	元号 年 月 日 元号 年 月 日 要件 計算

時効区分

7

☞ 手続を自分でする場合は記入不要です。

代理人に手続きを委任される場合にご記入ください。

≪作成(記入)時の注意事項≫

●「代理人」(委任を受ける方)欄については、ご本人(委任する方)が決められた代理人(受任する方)の氏名、ご本人との関係、住所、電話番号をご記入ください。

●「ご本人」欄については、委任状を作成(記入)した日付、ご本人の基礎年金番号、氏名(旧姓がある方は、その旧姓もご記入ください)、生年月日、住所、電話番号、委任する内容をご記入ください。

なお、委任する内容について、1. ～5. の項目から選んで○で囲んでください(5. を選んだ場合には委任する内容を具体的にご記入ください)。

また、「年金の加入期間」や「見込額」などの交付については、希望される交付方法等をA. B. C. の項目から選んで○で囲んでください。

≪来所時の注意事項≫

●代理人が来所される場合は、代理人の方の本人確認書類が必要です(代表的な本人確認書類は次の①～③です)。

① 運転免許証
② パスポート
③ マイナンバーカード(個人番号カード)

※住民基本台帳カード(有効期間内のもので顔写真付に限る)は③マイナンバーカードと同様に取り扱います。

※本人確認書類に記載されている氏名および住所は、委任状に記載されているものと同じであることが必要です。
上記①～③をお持ちでない場合は、お問い合わせください。

●基礎年金番号通知書等の再交付については、取扱い上窓口での交付ができません。交付方法を、「A. 代理人に交付を希望する」を選んだ場合であっても、ご本人様の登録の住所あてに送付しますのでご了承ください。

委 任 状

代理人 ※ご本人(委任する方)がご記入ください。

フリガナ		ご本人との関係	
氏 名			
住 所	〒　　－	電話（　　　）　　－	

私は、上記の者を代理人と定め、以下の内容を委任します。

ご本人 ※ご本人(委任する方)がご記入ください。

		作成日	令和　　年　　月　　日
基礎年金番号		生年月日	昭和 平成　　年　　月　　日 令和
フリガナ			
氏 名			
住 所	〒　　－　　　電話（　　　）　　－		
委任する内容	●委任する事項を次の項目から選んで○を付け、5を選んだ場合は委任する内容を具体的にご記入ください。 1. 年金および年金生活者支援給付金の請求について　2. 年金および年金生活者支援給付金の見込み額について 3. 年金の加入期間について　4. 各種再交付手続きについて 5. その他(具体的にご記入ください。) (　　　　　　　　　　) ●年金に関する情報の交付について希望の有無を、A～C の項目から選んで○をつけてください。 A. 代理人に交付を希望する。 B. 本人宛に郵送を希望する。 C. 交付を希望しない。		

※代理人は運転免許証など代理人自身の本人確認ができるもの(文書による請求または照会の場合は写し)をご用意ください。

8

11 介護補償給付 複数事業労働者介護給付 介護給付 支給請求書 (211頁)

提 出 先：所轄労働基準監督署長
提出期限：介護を受けた日の翌月初日から２年以内
添付書類：領収証
提出する人：被災労働者
〔記載例のケース〕▷川崎徹は、業務上災害により障害補償年金１級になり、自宅で家政婦の介護を受けました。

様式第16号の2の2（表面）
労働者災害補償保険
介護補償給付・複数事業労働者介護給付・介護給付 支給請求書

※帳票種別：35290

(イ) 年金証書番号：△△△△△△△△△△
(ロ) 受給している労災年金の種類：☑障害（補償）等年金 級
(ハ) 障害の部位及び状態並びに当該障害を有することに伴う日常生活の状態については別紙診断書のとおり。

(ニ) 労働者の ⑥氏名（カタカナ）：カワサキ トオル
生年月日：××年××月××日
氏名：川崎 徹
住所：千葉県佐倉市○○町××丁目

⑦(ホ)請求対象年月：9××09 ⑧(へ)費用を支出して介護を受けた日数：09 ⑨(ト)介護に要する費用として支出した費用の額：135000

振込を希望する金融機関の名称：みずほ 銀行 ×× 支店
口座名義人：川崎 徹
㉚預(貯)金の種別：1（1:普通 3:当座）
㉛口座番号：1234567
㉜口座名義人（カタカナ）：カワサキ トオル

(リ) 介護を受けた場所等：㋑住居
所在地：千葉県佐倉市○○町××丁目

(ヌ) 介護に従事した者

氏名	生年月日	続柄	介護期間・日数	区分
上山 和枝	××年××月××日		8月1日から 8月31日まで 9日間	㋩看護師・家政婦又は看護補助者

(ル) 添付する書類：イ 診断書 ㋺ 介護に要した費用の額の証明書（1通）

上記により介護補償給付の支給を請求します。

××年10月12日
〒×××－××××　電話（　）3811－456×
請求人の 住所：千葉県佐倉市○○町××丁目
氏名：川崎 徹
新宿 労働基準監督署長 殿

〔介護の事実に関する申立て〕私は、上記(リ)及び(ヌ)のとおり介護に従事したことを申し立てます。

住所		氏名		電話番号	

（注意）
一、記入枠の部分は、必ず黒のボールペンを使用し、様式の右上に記載された「標準字体」にならって、枠からはみださないように大きめのカタカナ及びアラビア数字で明瞭に記載してください。
二、記載すべき事項のない欄又は記入枠は空欄のままとし、事項を選択する場合には該当事項を○で囲んでください。（ただし、⑦、⑭、㉑及び㉚欄については該当番号を記入枠に記入してください。）
三、□□□で表示された枠（以下「記入枠」という。）に記入する文字は、光学式文字読取装置（OCR）で直接読取を行いますので、汚したり、穴をあけたり、必要以上に強く折り曲げたり、のりづけしたりしないでください。

12 介護に要した費用の額の証明書（211頁）

提 出 先：所轄労働基準監督署長
提出期限：介護を受けた日の翌月初日から２年以内
添付書類：介護補償給付支給請求書と一緒に提出します。
提出する人：被災労働者
〔記載例のケース〕▷川崎徹は、業務上災害により障害補償年金１級になり、自宅で家政婦の介護を受けました。

介護に要した費用の額の証明書

被介護者氏名	川崎　徹	対象年月	○○年９月分

介護人の証明		
	介護を行った日及び日数	1日から　5日まで 21日から　24日まで 計　9日間
	介護を行った場所	被災労働者の住居
	代金	135,000円

○○年９月における介護の代金として上記の金額を領収したことを証明します。

○○年 10月 13日

介護人の　住所　千葉県八千代市○○町
電話　×××−×××−××××
氏名　上山　和枝
職業　(家政婦)・看護師・その他（　　　）
被介護者との親族関係　(無)・有（被介護者の　　　）
被介護者との同居の有無　有・(無)

〔注意〕　1. 介護人の職業欄、被介護者との親族関係の欄及び被介護者との同居の有無欄は、該当事項を○で囲み、必要事項を記載すること。

(物品番号62932)

13 遺族補償年金 複数事業労働者遺族年金 支給請求書 遺族特別支給金 遺族特別年金 支給申請書（212頁）

提出先：所轄労働基準監督署

提出期限：被災労働者死亡の日の翌日から５年以内

添付書類：死亡診断書、除籍謄本、住民票の除票

提出する人：被災労働者の遺族（遺族補償年金を受けることができる遺族）

〔記載例のケース〕▷山田浩は仕事上の事故で死亡しました。遺族がいるので請求することにしました。

☞ 休業補償給付を請求していない場合は、休業補償給付の用紙を用いて、平均賃金の計算をし、一緒に提出します。申請人氏名の下に個人番号を記入します。

様式第12号(表面)

業務災害用
複数業務要因災害用

労働者災害補償保険

遺族補償年金
複数事業労働者遺族年金 支給請求書
遺族特別支給金
遺族特別年金 支給申請書

〔年金新規報告書提出 ・ ・〕

① 労働保険番号

府県	所掌	管轄	基幹番号	枝番号
13	1	08	225218	000

② 年金証書の番号

管轄局	種別	西暦年	番号	枝番号

③ 死亡労働者の

フリガナ	ヤマダ ヒロシ
氏名	山田 浩 (男・女)
生年月日	昭32年 7月 15日(00歳)
職種	営業
所属事業場名称・所在地	

④ 負傷又は発病年月日：×年 12月 3日 午(前・後) 10時30分頃

⑤ 死亡年月日：×年 12月 3日

⑦ 平均賃金：13,520円 22銭

⑧ 特別給与の総額(年額)：1,500,000円

⑥ 災害の原因及び発生状況 (あ)どのような場所で(い)どのような作業をしているときに(う)どのような物又は環境に(え)どのような不安全な又は有害な状態があって(お)どのような災害が発生したかを簡明に記載すること

得意先から依頼された商品を運送中、千代田区一口坂付近で雨が降っていたためスリップし、ビルに激突し、死亡した。

⑨ 厚生年金等の受給関係

㋑ 死亡労働者の厚年等の年金証書の基礎年金番号・年金コード：

㋺ 死亡労働者の被保険者資格の取得年月日：2年 1月16日

㋩ 当該死亡に関して支給される年金の種類

厚生年金保険法の イ 遺族年金 ㋺ 遺族厚生年金	国民年金法の イ母子年金 ロ準母子年金 ハ遺児年金 ニ寡婦年金 ホ遺族基礎年金	船員保険法の遺族年金

支給される年金の額	支給されることとなった年月日	厚年等の年金証書の基礎年金番号・年金コード(複数のコードがある場合は下段に記載すること。)	所轄年金事務所等
165,000円	○年 1月 1日	3155140075 6900	新宿

受けていない場合は、次のいずれかを○で囲む。 ・裁定請求中 ・不支給裁定 ・未加入 ・請求していない ・老齢年金等選択

③の者については、④、⑥から⑧まで並びに⑨の㋑及び㋺に記載したとおりであることを証明します。

○年 1月18日

事業の名称 (株)市ヶ谷商会 電話( )3266−035×

〒162 − 0843

事業場の所在地 新宿区市ヶ谷田町2-7-×

事業主の氏名 代表取締役 川上 武

(法人その他の団体であるときはその名称及び代表者の氏名)

〔注意〕
⑨の㋑及び㋺については、③の者が厚生年金保険の被保険者である場合に限り証明すること。

⑩ 請求人 申請人

氏名(フリガナ)	生年月日	住所(フリガナ)	死亡労働者との関係	障害の有無	請求人(申請人)の代表者を選任しないときは、その理由
山田 君子(ヤマダ キミコ)	昭和38・8・6	北区上十条2-31-×(キタク カミジュウジョウ)	妻	ある・(ない)	
	・ ・			ある・ない	
	・ ・			ある・ない	

⑪ 請求人(申請人)以外の遺族補償年金又は複数事業労働者遺族年金を受けることができる遺族

氏名(フリガナ)	生年月日	住所(フリガナ)	死亡労働者との関係	障害の有無	請求人(申請人)と生計を同じくしているか
山田 洋二(ヤマダ ヨウジ)	平成19・4・3	北区上十条2-31-×(キタク カミジュウジョウ)	長男	ある・(ない)	(いる)・いない
	・ ・			ある・ない	いる・いない
	・ ・			ある・ない	いる・いない
	・ ・			ある・ない	いる・いない

⑫ 添付する書類その他の資料名

⑬ 年金の払渡しを受けることを希望する金融機関又は郵便局（登録している公金受取口座を利用します：□）

金融機関(郵便貯金銀行の支店等を除く)	
※金融機関店舗コード	
名称	東洋 (銀行)・金庫 農協・漁協・信組 市ヶ谷 本店・本所 (出張所) 支店・支所
預金通帳の記号番号	(普通)・当座 第 23657 号

郵便貯金銀行の支店等又は郵便局	
フリガナ	※郵便局コード
名称	
所在地	都道府県 市郡区
預金通帳の記号番号	第 号

上記により 遺族補償年金 複数事業労働者遺族年金 の支給を請求します。遺族特別支給金 遺族特別年金 の支給を申請します。

○年 1月20日

〒 114−0034 電話( )3800−678×

請求人 申請人 (代表者) の 住所 北区上十条2-31-× 氏名 山田 君子

新宿 労働基準監督署長 殿

□本件手続を裏面に記載の社会保険労務士に委託します。

個人番号 876543××××××

特別支給金について振込を希望する金融機関の名称		預金の種類及び口座番号
東洋 (銀行)・金庫 農協・漁協・信組	市ヶ谷 本店・本所 (出張所) 支店・支所	(普通)・当座 第 23567 号 口座名義人 山田 君子

様式第12号(裏面)

⑭その他就業先の有無		
有 無	有の場合のその数 (ただし表面の事業場を含まない) 社	有の場合でいずれかの事業で特別加入している場合の特別加入状況 (ただし表面の事業を含まない) 労働保険事務組合又は特別加入団体の名称
労働保険番号(特別加入)		加入年月日 年　月　日
		給付基礎日額 円

〔注意〕

1　※印欄には記載しないこと。
2　事項を選択する場合には該当する事項を○で囲むこと。
3　③の死亡労働者の「所属事業場名称・所在地」欄には、死亡労働者が直接所属していた事業場が一括適用の取扱いを受けている場合に、死亡労働者が直接所属していた支店、工事現場等を記載すること。
4　⑦には、平均賃金の算定基礎期間中に業務外の傷病の療養のため休業した期間が含まれている場合に、当該平均賃金に相当する額がその期間の日数及びその期間中の賃金を業務上の傷病の療養のため休業した期間の日数及びその期間中の賃金とみなして算定した平均賃金に相当する額に満たないときは、当該みなして算定した平均賃金に相当する額を記載すること(様式第８号の別紙１に内訳を記載し添付すること。ただし、既に提出されている場合を除く。)。
5　⑧には負傷又は発病の日以前１年間(雇入後１年に満たない者については、雇入後の期間)に支払われた労働基準法第12条第４項の３箇月を超える期間ごとに支払われる賃金の総額を記載すること(様式第８号の別紙１に内訳を記載し添付すること。ただし、既に提出されている場合を除く。)。
6　死亡労働者が傷病補償年金又は複数事業労働者傷病年金を受けていた場合には、
(１)　①、④及び⑥には記載する必要がないこと。
(２)　②には、傷病補償年金又は複数事業労働者傷病年金に係る年金証書の番号を記載すること。
(３)　事業主の証明を受ける必要がないこと。
7　死亡労働者が特別加入者であった場合には、
(１)　⑦にはその者の給付基礎日額を記載すること。
(２)　⑧は記載する必要がないこと。
(３)　④及び⑥の事項を証明することができる書類その他の資料を添えること。
(４)　事業主の証明を受ける必要がないこと。
8　⑨から⑫までに記載することができない場合には、別紙を付して所要の事項を記載すること。
9　この請求書(申請書)には、次の書類その他の資料を添えること。ただし、個人番号が未提出の場合を除き、(２)、(３)及び(５)の書類として住民票の写しを添える必要はないこと。
(１)　労働者の死亡に関して市町村長に提出した死亡診断書、死体検案書若しくは検視調書に記載してある事項についての市町村長の証明書又はこれに代わるべき書類
(２)　請求人(申請人)及び請求人(申請人)以外の遺族補償年金又は複数事業労働者遺族年金を受けることができる遺族と死亡労働者との身分関係を証明することができる戸籍の謄本又は抄本(請求人(申請人)又は請求人(申請人)以外の遺族補償年金又は複数事業労働者遺族年金を受けることができる遺族が死亡労働者と婚姻の届出をしていないが事実上婚姻関係と同様の事情にあった者であるときは、その事実を証明することができる書類)
(３)　請求人(申請人)及び請求人(申請人)以外の遺族補償年金又は複数事業労働者遺族年金を受けることができる遺族(労働者の死亡の当時胎児であった子を除く。)が死亡労働者の収入によって生計を維持していたことを証明することができる書類
(４)　請求人(申請人)及び請求人(申請人)以外の遺族補償年金又は複数事業労働者遺族年金を受けることができる遺族のうち労働者の死亡の時から引き続き障害の状態にある者については、その事実を証明することができる医師又は歯科医師の診断書その他の資料
(５)　請求人(申請人)以外の遺族補償年金又は複数事業労働者遺族年金を受けることができる遺族のうち、請求人(申請人)と生計を同じくしている者については、その事実を証明することができる書類
(６)　障害の状態にある妻については、労働者の死亡の時以後障害の状態にあったこと及びその障害の状態が生じ、又はその事情がなくなった時を証明することができる医師又は歯科医師の診断書その他の資料
10　⑬については、次により記載すること。
(１)　遺族補償年金又は複数事業労働者遺族年金の支給を受けることとなる場合において、遺族補償年金又は複数事業労働者遺族年金の払渡しを金融機関(郵便貯金銀行の支店等を除く。)から受けることを希望する者にあっては「金融機関(郵便貯金銀行の支店等を除く。)」欄に、遺族補償年金又は複数事業労働者遺族年金の払渡しを郵便貯金銀行の支店等又は郵便局から受けることを希望する者にあっては「郵便貯金銀行の支店等又は郵便局」欄に、それぞれ記載すること。
なお、郵便貯金銀行の支店等又は郵便局から払渡しを受けることを希望する場合であって振込によらないときは、「預金通帳の記号番号」の欄は記載する必要はないこと。
また、年金等の受取口座として、国に事前に登録した公金受取口座を利用する場合は、「登録している公金受取口座を利用します：□」の□にレ点を記入すること。その際、口座情報の記載や通帳の写しの添付等は必要がないこと。
(２)　請求人(申請人)が２人以上ある場合において代表者を選任しないときは、⑩の最初の請求人(申請人)について記載し、その他の請求人(申請人)については別紙を付して所要の事項を記載すること。
11　「個人番号」の欄については、請求人(申請人)の個人番号を記載すること。
12　本件手続を社会保険労務士に委託する場合は、「請求人(申請人)の氏名」欄の下の□にレ点を記入すること。
13　⑭「その他就業先の有無」で「有」に○を付けた場合は、様式第８号の別紙３をその他就業先ごとに記載すること。その際、その他就業先ごとに様式第８号の別紙１を記載し添付すること。なお、既に他の保険給付の請求において記載している場合は、記載の必要がないこと。
14　複数事業労働者遺族年金の請求は、遺族補償年金の支給決定がなされた場合、遡って請求されなかったものとみなされること。
15　⑭「その他就業先の有無」欄の記載がない場合又は複数就業していない場合は、複数事業労働者遺族年金の請求はないものとして取り扱うこと。

社会保険労務士記載欄	作成年月日・提出代行者・事務代理者の表示	氏　名	電話番号
			(　　) —

14 遺族補償年金 遺族年金 前払一時金請求書（212頁）

提出先：所轄労働基準監督署長
提出期限：被災労働者の死亡日の翌日から２年以内（原則として年金請求と同時に請求します。ただし、年金の支給決定の通知のあった日の翌日から１年以内なら請求可能）
添付書類：特になし
提出する人：被災労働者の遺族（遺族補償年金を受けることができる遺族）
〔記載例のケース〕▷仕事上の事故で死亡した山田浩の妻は、800日分の前払一時金を請求することにしたと連絡があったので書類を用意しました。

労働者災害補償保険

年金申請様式第１号

(遺族補償年金)
遺族年金
前払一時金請求書

年金証書の番号		管轄局	種別	西暦年	番号
		1 3	5	9 5	3 4 5 6
死亡労働者	氏名	山田 浩			
	住所	北区上十条2-31-×			

請求人	氏名	生年月日	住所
	山田 君子	38年8月6日	北区上十条2-31-×
	山田 洋二	19年4月3日	北区上十条2-31-×
		年 月 日	
		年 月 日	
		年 月 日	

労災年金受給の有無を選択する	請求する給付日数
受けている・(受けていない)	（200 400 600 (800) 1000日分）選択する

上記のとおり 遺族補償年金 遺族年金 前払一時金を請求します。

令和○年 1月18日

振込を希望する銀行等の名称
東洋 (銀行)・金庫・農協・漁協・信組
市ヶ谷 本店・(支店)・支所
預金の種類及び口座番号
(普通)・当座 第 23567 号
名義人 山田 君子

電話番号 ××－ 3800－678×
郵便番号 114－0034
請求人の（代表者） 住所 北区上十条2-31-×
氏名 山田 君子

新宿 労働基準監督署長 殿

☞ 原則として、遺族補償年金支給請求書と一緒に提出します。請求する日数分を○印で囲みます。
一時金が支給されると、その額に達するまで年金は支給停止になります。

15 遺族補償一時金 複数事業労働者遺族一時金 支給請求書 遺族特別支給金 遺族特別一時金 支給申請書（212頁）

提出先：所轄労働基準監督署長
提出期限：被災労働者の死亡日の翌日から５年以内に
添付書類：死亡診断書、除籍謄本、住民票の除票等
提出する人：遺族補償一時金を受けることができる遺族
〔記載例のケース〕▷野田明は業務上災害で死亡しました。遺族補償年金を受ける者がいなかったので、母親の木綿子さんが請求することになりました。

> 平均賃金の届出がされていない場合は、休業補償給付支給請求書の用紙に記載し、事業主の証明欄に代表者名を記載して一緒に提出します。

様式第15号（表面）

労働者災害補償保険
遺族補償一時金 / 複数事業労働者遺族一時金 支給請求書
遺族特別支給金 / 遺族特別一時金 支給申請書

① 労働保険番号				
府県	所掌	管轄	基幹番号	枝番号
13	1	08	225218	000

② 年金証書の番号				
管轄局	種別	西暦年	番号	枝番号

③ 死亡労働者の	
フリガナ	ノダ　アキラ
氏名	野田　明（男・女） ※男に○
生年月日	41年3月7日（○○歳）
職種	営業
所属事業場名称所在地	

④ 負傷又は発病年月日	○年4月18日 午前 11時00分頃
⑤ 死亡年月日	○年4月18日
⑦ 平均賃金	10,370円25銭
⑧ 特別給与の総額（年額）	700,000円

⑥ 災害の原因及び発生状況　（あ）どのような場所で（い）どのような作業をしているときに（う）どのような物又は環境に（え）どのような不安全な又は有害な状態があって（お）どのような災害が発生したかを簡明に記載すること

得意先に商品を運ぶ途中、前の車が雨でスリップしたので、さけようとしてハンドルをきりそこね、ガードレールに激突し、死亡した。

③の者については、④及び⑥から⑧までに記載したとおりであることを証明します。

○年5月13日

事業の名称　（株）市ヶ谷商会　電話（　）3266−035×
事業場の所在地　〒162−0843　新宿区市ヶ谷田町2-7-×
事業主の氏名　代表取締役　川上　武
（法人その他の団体であるときはその名称及び代表者の氏名）

⑨ 請求人 申請人	氏名（フリガナ）	生年月日	住所（フリガナ）	死亡労働者との関係	請求人（申請人）の代表者を選任しないときはその理由
	野田　木綿子（ノダ　ユウコ）	15年8月6日	文京区白山5-4-×	母	
		年　月　日			
		年　月　日			
		年　月　日			
		年　月　日			
		年　月　日			

⑩ 添付する書類その他の資料名	死亡診断書、除籍謄本、住民票の除票

上記により 遺族補償一時金 / 複数事業労働者遺族一時金 の支給を請求します。遺族特別支給金 / 遺族特別一時金 の支給を申請します。

○年5月13日

新宿 労働基準監督署長 殿

〒112−0001　電話（　）3811−456×

請求人 申請人（代表者）の 住所　文京区白山5-4-×　方
氏名　野田　木綿子

振込を希望する金融機関の名称		預金の種類及び口座番号
東洋　銀行・金庫 農協・漁協・信組 ※銀行に○	市ヶ谷　本店・本所 出張所 支店・支所 ※支店に○	普通・当座 ※普通に○ 第113678号 口座名義人 野田　木綿子

様式第15号(裏面)

<table>
<tr><td colspan="3">⑪その他就業先の有無</td></tr>
<tr><td rowspan="2">有
無</td><td rowspan="2">有の場合のその数
(ただし表面の事業場を含まない)
社</td><td>有の場合でいずれかの事業で特別加入している場合の特別加入状況
(ただし表面の事業を含まない)</td></tr>
<tr><td>労働保険事務組合又は特別加入団体の名称</td></tr>
<tr><td colspan="2">労働保険番号(特別加入)</td><td>加入年月日
年　月　日</td></tr>
<tr><td colspan="2"></td><td>給付基礎日額
円</td></tr>
</table>

〔注意〕

1　事項を選択する場合には該当する事項を○で囲むこと。
2　②には、死亡労働者の傷病補償年金又は複数事業労働者傷病年金に係る年金証書の番号を記載すること。
3　③の死亡労働者の所属事業場名称・所在地欄には、死亡労働者が直接所属していた事業場が一括適用の取扱いを受けている場合に、死亡労働者が直接所属していた支店、工事現場等を記載すること。
4　平均賃金の算定基礎期間中に業務外の傷病の療養のため休業した期間が含まれている場合に、当該平均賃金に相当する額がその期間の日数及びその期間中の賃金を業務上の傷病の療養のため休業した期間の日数及びその期間中の賃金とみなして算定した平均賃金に相当する額に満たないときは、当該みなして算定した平均賃金に相当する額を⑦に記載すること。
5　⑧には負傷又は発病の日以前１年間(雇入後１年に満たない者については雇入後の期間)に支払われた労働基準法第12条第４項の３箇月を超える期間ごとに支払われる賃金の総額を記載すること。
6　死亡労働者が休業補償給付、複数事業労働者休業給付及び休業特別支給金の支給を受けていなかつた場合又は死亡労働者に関し遺族補償年金又は複数事業労働者遺族年金が支給されていなかつた場合には、⑦の平均賃金の算定内訳及び⑧の特別給与の総額(年額)の算定内訳を別紙(様式第８号の別紙１に内訳を記載し使用すること。)を付して記載すること。ただし、既に提出されている場合を除く。
7　死亡労働者に関し遺族補償年金若しくは複数事業労働者遺族年金が支給されていた場合又は死亡労働者が傷病補償年金若しくは複数事業労働者傷病年金を受けていた場合には、
（1）　①、④及び⑥には記載する必要がないこと。
（2）　事業主の証明は受ける必要がないこと。
8　死亡労働者が特別加入者であつた場合には、
（1）　⑦にはその者の給付基礎日額を記載すること。
（2）　⑧には記載する必要がないこと。
（3）　事業主の証明は受ける必要がないこと。
9　⑨及び⑩の欄に記載することができない場合には、別紙を付して所要の事項を記載すること。
10　この請求書(申請書)には、次の書類を添えること。
（1）　請求人(申請人)が死亡した労働者と婚姻の届出をしていないが事実上婚姻関係と同様の事情にあつた者であるときは、その事実を証明することができる書類
（2）　請求人(申請人)が死亡した労働者の収入によつて生計を維持していた者であるときは、その事実を証明することができる書類
（3）　労働者の死亡の当時遺族補償年金又は複数事業労働者遺族年金を受けることができる遺族がない場合の遺族補償一時金若しくは複数事業労働者遺族一時金の支給の請求又は遺族特別支給金若しくは遺族特別一時金の支給の申請であるときは、次の書類
イ　労働者の死亡に関して市町村長に提出した死亡診断書、死体検案書若しくは検視調書に記載してある事項についての市町村長の証明書又はこれに代わるべき書類
ロ　請求人(申請人)と死亡した労働者との身分関係を証明することができる戸籍の謄本又は抄本((１)の書類を添付する場合を除く。)
（4）　遺族補償年金又は複数事業労働者遺族年金を受ける権利を有する者の権利が消滅し、他に遺族補償年金又は複数事業労働者遺族年金を受けることができる遺族がない場合の遺族補償一時金若しくは複数事業労働者遺族一時金の支給の請求又は遺族特別一時金の支給の申請であるときは、(３)のロの書類((１)の書類を添付する場合を除く。)
11　死亡労働者が特別加入者であつた場合には、④及び⑥の事項を証明することができる書類その他の資料を添えること。
12　⑪の「その他就業先の有無」で「有」に○を付けた場合は、様式第８号の別紙３をその他就業先ごとに記載すること。その際、その他就業先ごとに様式第８号の別紙１を記載し添付すること。なお、既に他の保険給付の請求において記載している場合は、記載の必要がないこと。
13　複数事業労働者遺族一時金の請求は、遺族補償一時金の支給決定がなされた場合、遡って請求されなかつたものとみなされること。
14　⑪「その他就業先の有無」欄の記載がない場合又は複数就業していない場合は、複数事業労働者遺族一時金の請求はないものとして取り扱うこと。

社会保険労務士記載欄	作成年月日・提出代行者・事務代理者の表示	氏　名	電話番号
			(　　) —

16 葬祭料又は複数事業労働者葬祭給付請求書（212頁）

提出先：所轄労働基準監督署
提出期限：被災労働者死亡の日の翌日から２年以内
添付書類：死亡診断書、除籍謄本、住民票の除票等
提出する人：被災労働者の遺族または葬祭を行うもの
〔記載例のケース〕▷山田浩は仕事上の事故で死亡してしまいました。妻である君子さんが請求することになりました。

様式第16号（表面）

業務災害用
複数業務要因災害用

労働者災害補償保険
葬祭料又は複数事業労働者葬祭給付請求書

① 労働保険番号					③請求人の	フリガナ 氏名	ヤマダ キミコ 山田 君子
府県	所掌	管轄	基幹番号	枝番号		住所	北区上十条2-31-×
13	1	08	2252180	000		死亡労働者との関係	妻
② 年金証書の番号							
管轄局	種別	西暦年	番号				

④死亡労働者の		⑤ 負傷又は発病年月日
フリガナ 氏名	ヤマダ ヒロシ 山田 浩 （男・女）	○年12月3日 午前 10時30分頃
生年月日	昭和32年7月15日（○○歳）	
職種	営業	⑦ 死亡年月日
所属事業場名称所在地		○年12月3日

⑥ 災害の原因及び発生状況 （あ）どのような場所で（い）どのような作業をしているときに（う）どのような物又は環境に（え）どのような不安全な又は有害な状態があって（お）どのような災害が発生したかを簡明に記載すること

得意先から依頼された商品を搬送中、千代田区一口坂付近で雨が降っていたためスリップし、ビルに激突し死亡した。

⑧ 平均賃金　13,520円22銭

④の者については、⑤、⑥及び⑧に記載したとおりであることを証明します。

○年 1月18日

電話（　）3266—035×
事業の名称　（株）市ヶ谷商会
〒 162－0843
事業場の所在地　新宿区市ヶ谷田町2-7-×
事業主の氏名　代表取締役　川上　武
（法人その他の団体であるときはその名称及び代表者の氏名）

⑨ 添付する書類その他の資料名	除籍謄本、死亡検案書

上記により葬祭料又は複数事業労働者葬祭給付の支給を請求します。

○年 1月20日　〒 114—0034　電話（　）3800—678×

請求人の　住所　北区上十条2-31-×
氏名　山田　君子

新宿 労働基準監督署長 殿

振込を希望する金融機関の名称		預金の種類及び口座番号
東洋 （銀行）・金庫 農協・漁協・信組	市ヶ谷 本店・（本所） 出張所 支店・支所	（普通）・当座 第234567号 口座名義人 山田 君子

平均賃金の届出がされていない場合は、休業補償給付支給請求書の用紙に記載し、事業主の証明欄に代表者名を記載して一緒に提出します。

様式第16号(裏面)

⑩その他就業先の有無		
有 無	有の場合のその数 (ただし表面の事業場を含まない) 社	有の場合でいずれかの事業で特別加入している場合の特別加入状況 (ただし表面の事業を含まない)
		労働保険事務組合又は特別加入団体の名称
労働保険番号(特別加入)		加入年月日 年　月　日
		給付基礎日額 円

〔注意〕

1. 事項を選択する場合には該当する事項を○で囲むこと。
2. ②には、死亡労働者の傷病補償年金又は複数事業労働者傷病年金に係る年金証書の番号を記載すること。
3. ③の死亡労働者の所属事業場名称・所在地欄には、死亡労働者が直接所属していた事業場が一括適用の取扱いを受けている場合に、死亡労働者が直接所属していた支店、工事現場等を記載すること。
4. 平均賃金の算定基礎期間中に業務外の傷病の療養のため休業した期間が含まれている場合に、当該平均賃金に相当する額がその期間の日数及びその期間中の賃金とみなして算定した平均賃金に満たないときは、当該みなして算定した平均賃金に相当する額を⑧に記載すること。(様式第8号の別紙1に内訳を記載し添付すること。ただし、既に提出されている場合を除く。)
5. 死亡労働者に関し遺族補償給付若しくは複数事業労働者遺族給付が支給されていた場合又は死亡労働者が傷病補償年金若しくは複数事業労働者傷病年金を受けていた場合には、①、⑤及び⑥は記載する必要がないこと。事業主の証明は受ける必要がないこと。
6. 死亡労働者が特別加入者であった場合は、⑧にはその者の給付基礎日額を記載すること。
7. この請求書には、労働者の死亡に関して市町村長に提出した死亡診断書、死体検案書若しくは検視調書に記載してある事項についての市町村長の証明書又はこれに代わるべき書類を添えること。
8. 死亡労働者が特別加入者であった場合には、⑤及び⑥の事項を証明することができる書類を添付すること。
9. 遺族補償給付又は複数事業労働者遺族給付の支給の請求書が提出されている場合には、7及び8による書類の添付は必要でないこと。
10. ⑩の「その他就業先の有無」で「有」に○を付けた場合は、様式第8号の別紙3をその他就業先ごとに記載することその際、その他就業先ごとに様式第8号の別紙1を記載し添付すること。なお、既に他の保険給付の請求において記載している場合は、記載の必要がないこと。
11. 複数事業労働者葬祭給付の請求は、葬祭料の支給決定がなされた場合、遡って請求されなかったものとみなされること。
12. ⑩「その他就業先の有無」欄の記載がない場合又は複数就業していない場合は、複数事業労働者葬祭給付の請求はないものとして取り扱うこと。

社会保険労務士記載欄	作成年月日・提出代行者・事務代理者の表示	氏　名	電話番号
			(　)　—

17 年金請求書（国民年金・厚生年金保険遺族給付）（212頁）

提 出 先：所轄年金事務所

提出期限：死亡した日の翌日から５年以内

添付書類：死亡診断書、年金手帳、除籍謄本、住民票（死亡者名の載っているもの）、課税証明書または非課税証明書、預金通帳、印鑑、個人番号カード等本人確認のための書類

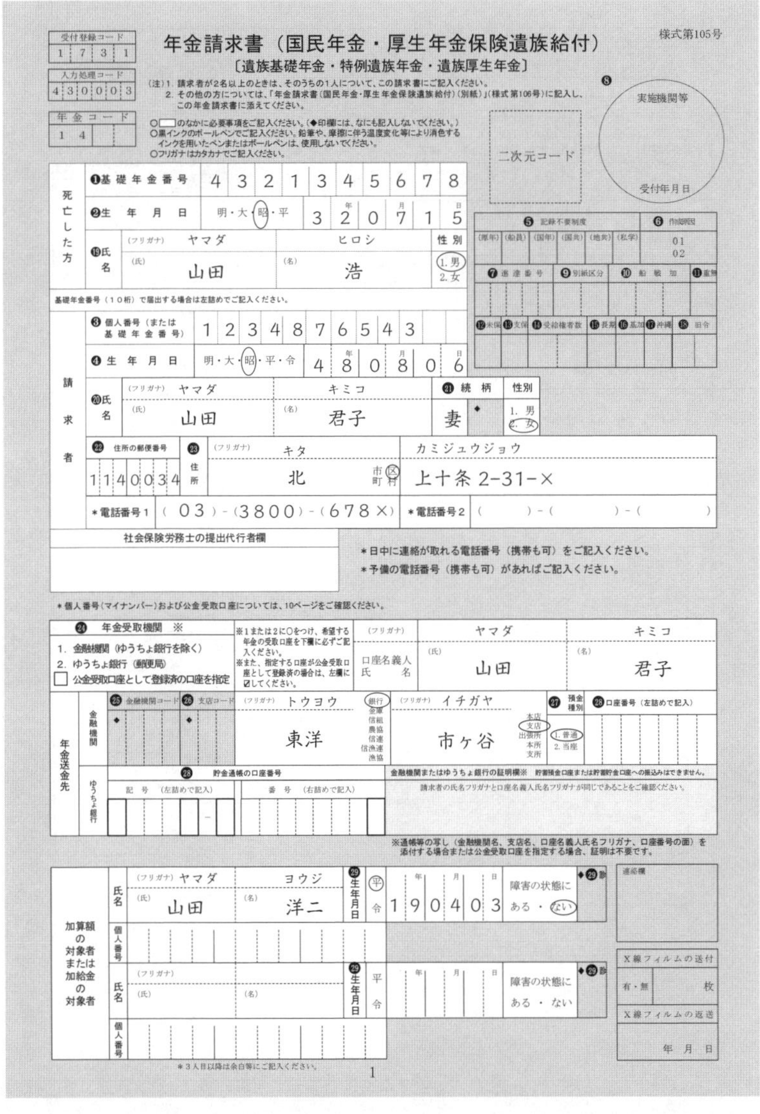

受付登録コード 1 7 3 1

入力処理コード 4 3 0 0 0 3

年金コード 1 4

様式第105号

年金請求書（国民年金・厚生年金保険遺族給付）

〔遺族基礎年金・特例遺族年金・遺族厚生年金〕

（注）1. 請求者が2名以上のときは、そのうちの1人について、この請求書にご記入ください。
2. その他の方については、「年金請求書（国民年金・厚生年金保険遺族給付）（別紙）」（様式第106号）に記入し、この年金請求書に添えてください。

○□のなかに必要事項をご記入ください。（◆印欄には、なにも記入しないでください。）
○黒インクのボールペンでご記入ください。鉛筆や、摩擦に伴う温度変化等により消色するインクを用いたペンまたはボールペンは、使用しないでください。
○フリガナはカタカナでご記入ください。

二次元コード

⑧ 実施機関等 受付年月日

死亡した方

❶基礎年金番号	4 3 2 1 3 4 5 6 7 8
❷生年月日	明・大・（昭）・平 32年 07月 15日
⑲氏名（フリガナ）	ヤマダ ヒロシ
⑲氏名	（氏）山田 （名）浩
性別	（1. 男）2. 女

基礎年金番号（１０桁）で届出する場合は左詰めでご記入ください。

請求者

❸個人番号（または基礎年金番号）	1 2 3 4 8 7 6 5 4 3
❹生年月日	明・大・（昭）・平・令 48年 08月 06日
⑳氏名（フリガナ）	ヤマダ キミコ
⑳氏名	（氏）山田 （名）君子
㉑続柄	妻
性別	1. 男 （2. 女）
㉒住所の郵便番号	1140034
㉓住所（フリガナ）	キタ カミジュウジョウ
㉓住所	北（区） 上十条2-31-×
＊電話番号1	（03）-（3800）-（678×）
＊電話番号2	（　）-（　）-（　）

⑤記録不要制度（厚年）（船員）（国年）（国共）（地共）（私学） ⑥作成原因 01 02

⑦重進番号 ⑨別紙区分 ⑩船戦加 ⑪重無

⑫未保 ⑬支保 ⑭受給権者数 ⑮長期 ⑯基加 ⑰沖縄 ⑱旧令

社会保険労務士の提出代行者欄

＊日中に連絡が取れる電話番号（携帯も可）をご記入ください。

＊予備の電話番号（携帯も可）があればご記入ください。

＊個人番号（マイナンバー）および公金受取口座については、10ページをご確認ください。

㉔年金受取機関 ※

1. 金融機関（ゆうちょ銀行を除く）
2. ゆうちょ銀行（郵便局）

□ 公金受取口座として登録済の口座を指定

※1または2に○をつけ、希望する年金の受取口座を下欄に必ずご記入ください。
※また、指定する口座が公金受取口座として登録済の場合は、左欄に☑してください。

口座名義人氏名（フリガナ）ヤマダ キミコ （氏）山田 （名）君子

年金送金先

金融機関：㉕金融機関コード ◆ ㉖支店コード ◆

（フリガナ）トウヨウ 東洋 （銀行）・金庫・信組・農協・信連・信漁連・漁協

（フリガナ）イチガヤ 市ヶ谷 本店・（支店）・出張所・本所・支所

㉗預金種別 （1. 普通） 2. 当座

㉘口座番号（左詰めで記入）

ゆうちょ銀行：㉘貯金通帳の口座番号 記号（左詰めで記入） 番号（右詰めで記入）

金融機関またはゆうちょ銀行の証明欄※ 貯蓄預金口座または貯蓄貯金口座への振込みはできません。

請求者の氏名フリガナと口座名義人氏名フリガナが同じであることをご確認ください。

※通帳等の写し（金融機関名、支店名、口座名義人氏名フリガナ、口座番号の面）を添付する場合または公金受取口座を指定する場合、証明は不要です。

加算額の対象者または加給金の対象者

氏名（フリガナ）	氏名	㉙生年月日	障害の状態に	◆㉙
ヤマダ ヨウジ	（氏）山田 （名）洋二	（平）・令 19年 04月 03日	ある・（ない）	
（フリガナ）	（氏） （名）	平・令 年 月 日	ある・ない	

個人番号

連絡欄

X線フィルムの送付 有・無 枚

X線フィルムの返送 年 月 日

＊３人目以降は余白等にご記入ください。

1

提出する人：死亡者の遺族（年金請求できる遺族）

〔記載例のケース〕▷山田浩は仕事上の事故で死亡し、妻と子供（６歳）が残されました。厚生年金保険の被保険者だったので、請求することになりました。

⑦ あなたは、現在、公的年金制度等(表１参照)から年金を受けていますか。○で囲んでください。

1．受けている	②受けていない	3．請求中	制度名（共済組合名等）	年金の種類

受けていると答えた方は下欄に必要事項をご記入ください(年月日は支給を受けることになった年月日をご記入ください)。

公的年金制度名（表1より記号を選択）	年金の種類	年　月　日	年金証書の年金コードまたは記号番号等
		・　・	
		・　・	
		・　・	

「年金の種類」とは、老齢または退職、障害、遺族をいいます。

	㉜年金コードまたは共済組合コード・年金種別
1	
2	
3	
㉟他年金種別	

④ 履　歴（死亡した方の公的年金制度加入経過）

※できるだけ詳しく、正確にご記入ください。

	(1)事業所(船舶所有者)の名称および船員であったときはその船舶名	(2)事業所(船舶所有者)の所在地または国民年金加入時の住所	(3)勤務期間または国民年金の加入期間	(4)加入していた年金制度の種類	(5)備　考
最初		佐倉市○○町	52・7・14から 55・4・4まで	①国民年金 2.厚生年金保険 3.厚生年金(船員)保険 4.共済組合等	
2	川田出版（株）	千代田区神田錦町	55・4・5から 元・12・31まで	1.国民年金 ②厚生年金保険 3.厚生年金(船員)保険 4.共済組合等	
3	（株）市ヶ谷商会	新宿区市ヶ谷田町2-7-×	2・1・16から ○・12・3まで	1.国民年金 ②厚生年金保険 3.厚生年金(船員)保険 4.共済組合等	
4			・　・から ・　・まで	1.国民年金 2.厚生年金保険 3.厚生年金(船員)保険 4.共済組合等	
5			・　・から ・　・まで	1.国民年金 2.厚生年金保険 3.厚生年金(船員)保険 4.共済組合等	
6			・　・から ・　・まで	1.国民年金 2.厚生年金保険 3.厚生年金(船員)保険 4.共済組合等	
7			・　・から ・　・まで	1.国民年金 2.厚生年金保険 3.厚生年金(船員)保険 4.共済組合等	
8			・　・から ・　・まで	1.国民年金 2.厚生年金保険 3.厚生年金(船員)保険 4.共済組合等	
9			・　・から ・　・まで	1.国民年金 2.厚生年金保険 3.厚生年金(船員)保険 4.共済組合等	
10			・　・から ・　・まで	1.国民年金 2.厚生年金保険 3.厚生年金(船員)保険 4.共済組合等	
11			・　・から ・　・まで	1.国民年金 2.厚生年金保険 3.厚生年金(船員)保険 4.共済組合等	
12			・　・から ・　・まで	1.国民年金 2.厚生年金保険 3.厚生年金(船員)保険 4.共済組合等	
13			・　・から ・　・まで	1.国民年金 2.厚生年金保険 3.厚生年金(船員)保険 4.共済組合等	

3

☞　添付書類はすべて原本が必要です。過去に年金歴がある場合は、遺族に聞いておくことも必要でしょう。
請求人は一定の遺族ですが、遺族は家族が亡くなったことで悲観していますから、なるべく手続をとってあげましょう。その際は委任状が必要です。
また、国民年金や厚生年金保険の場合には、業務上事故のときも業務外事故のときも請求できますから、忘れずに請求するよう注意が必要です。

㋒　必ずご記入ください。

(1)死亡した方の生年月日、住所	32 年7 月15日	住所	北区上十条2-31-×

(2)死亡年月日	(3)死亡の原因である傷病または負傷の名称	(4)傷病または負傷の発生した日
○ 年12 月 3 日	頭蓋骨骨折	○ 年 12月 3 日
(5)傷病または負傷の初診日	(6)死亡の原因である傷病または負傷の発生原因	(7)死亡の原因は第三者の行為によりますか。
○ 年12 月 3 日	自損交通事故	1. はい ・ ②いいえ

(8)死亡の原因が第三者の行為により発生したものであるときは、その者の氏名および住所	氏名	
	住所	

(9)請求する方は、死亡した方の相続人になれますか。	①はい ・ 2. いいえ

(10)死亡した方は次の年金制度の被保険者、組合員または加入者となったことがありますか。あるときは番号を○で囲んでください。

1. 国民年金法　②厚生年金保険法　3. 船員保険法（昭和61年4月以後を除く）
4. 廃止前の農林漁業団体職員共済組合法　5. 国家公務員共済組合法　6. 地方公務員等共済組合法
7. 私立学校教職員組合法　8. 旧市町村職員共済組合法　9. 地方公務員の退職年金に関する条例　10. 恩給法

(11)死亡した方は、(10)欄に示す年金制度から年金を受けていましたか。	1. はい ②いいえ	受けていたときは、その制度名と年金証書の基礎年金番号および年金コード等をご記入ください。	制度名	年金証書の基礎年金番号および年金コード等

(12)死亡の原因は業務上ですか。	(13)労災保険から給付が受けられますか。	(14)労働基準法による遺族補償が受けられますか。
①はい ・ 2. いいえ	①はい ・ 2. いいえ	1. はい ・②いいえ

(15)遺族厚生年金を請求する方は、下の欄の質問にお答えください。いずれかを○で囲んでください。

ア　死亡した方は、死亡の当時、厚生年金保険の被保険者でしたか。	①はい ・ 2. いいえ
イ　死亡した方が厚生年金保険(船員保険)の被保険者もしくは共済組合の組合員の資格を喪失した後に死亡したときであって、厚生年金保険(船員保険)の被保険者または共済組合の組合員であった間に発した傷病または負傷が原因で、その初診日から5年以内に死亡したものですか。	1. はい ・②いいえ
ウ　死亡した方は、死亡の当時、障害厚生年金(2級以上)または旧厚生年金保険(旧船員保険)の障害年金(2級相当以上)もしくは共済組合の障害年金(2級相当以上)を受けていましたか。	1. はい ・②いいえ
エ　死亡した方は平成29年7月までに老齢厚生年金または旧厚生年金保険(旧船員保険)の老齢年金・通算老齢年金もしくは共済組合の退職給付の年金の受給権者でしたか。	1. はい ・②いいえ
オ　死亡した方は保険料納付済期間、保険料免除期間および合算対象期間(死亡した方が大正15年4月1日以前生まれの場合は通算対象期間)を合算した期間が25年以上ありましたか。	1. はい ・ 2. いいえ

①アからウのいずれか、またはエもしくはオに「はい」と答えた方
⇒(16)にお進みください。

②アからウのいずれかに「はい」と答えた方で、エまたはオについても「はい」と答えた方
⇒下の□のうち、希望する欄に☑を付してください。

□ 年金額が高い方の計算方法での決定を希望する。

□ 指定する計算方法での決定を希望する。 ⇒右欄のアからウのいずれか、またはエもしくはオを○で囲んでください。	ア・イ・ウ または エ・オ

(16)死亡した方が共済組合等に加入したことがあるときは、下の欄の質問にお答えください。

ア　死亡の原因は、公務上の事由によりますか。	1. はい ・ 2. いいえ
イ　請求者は同一事由によって、追加費用対象期間を有することによる共済組合法に基づく遺族給付を受けられますか。	1. はい ・ 2. いいえ

5

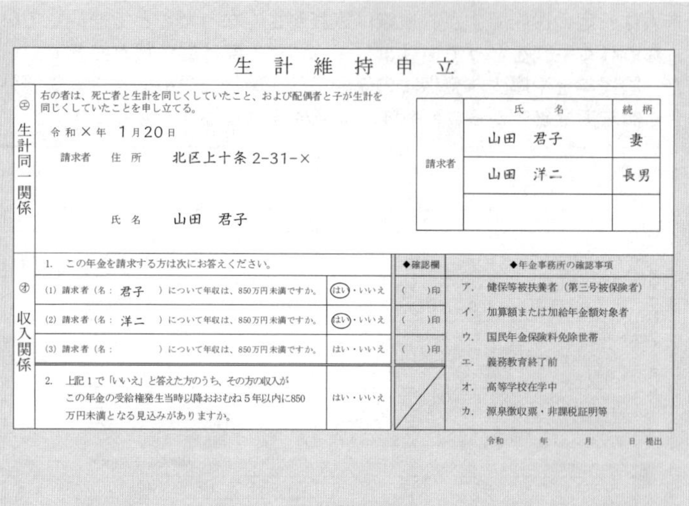

生計維持申立

㊀ 生計同一関係

右の者は、死亡者と生計を同じくしていたこと、および配偶者と子が生計を同じくしていたことを申し立てる。

令和×年 1月20日

請求者 住所 北区上十条2-31-×

氏名 山田 君子

	氏名	続柄
請求者	山田 君子	妻
	山田 洋二	長男

㋔ 収入関係

1. この年金を請求する方は次にお答えください。		◆確認欄
(1) 請求者（名： 君子 ）について年収は、850万円未満ですか。	(はい)・いいえ	（ ）印
(2) 請求者（名： 洋二 ）について年収は、850万円未満ですか。	(はい)・いいえ	（ ）印
(3) 請求者（名： ）について年収は、850万円未満ですか。	はい・いいえ	（ ）印
2. 上記1で「いいえ」と答えた方のうち、その方の収入がこの年金の受給権発生当時以降おおむね5年以内に850万円未満となる見込みがありますか。	はい・いいえ	

◆年金事務所の確認事項

ア．健保等被扶養者（第三号被保険者）
イ．加算額または加給年金額対象者
ウ．国民年金保険料免除世帯
エ．義務教育終了前
オ．高等学校在学中
カ．源泉徴収票・非課税証明等

令和　年　月　日 提出

7

機構独自項目

死亡した方	過去に加入していた年金制度の年金手帳の記号番号で、基礎年金番号と異なる記号番号があるときは、その記号番号をご記入ください。			
	厚生年金保険		国民年金	
	船員保険			

請求者	請求者の❸欄を記入していない方は、次のことにお答えください。（記入した方は回答の必要はありません。） 過去に厚生年金保険、国民年金または船員保険に加入したことがありますか。○で囲んでください。　ある　ない 「ある」と答えた方は、加入していた制度の年金手帳の記号番号をご記入ください。			
	厚生年金保険		国民年金	
	船員保険			

㋐ 必ずご記入ください。

(1) 死亡した方が次の年金または恩給のいずれかを受けることができたときは、その番号を○で囲んでください。

1. 地方公務員の恩給　2. 恩給法(改正前の執行官法附則第13条において、その例による場合を含む。)による普通恩給
3. 日本製鉄八幡共済組合の老齢年金または養老年金　4. 旧外地関係または旧陸海軍関係共済組合の退職年金給付

(2) 死亡した方が昭和61年3月までの期間において国民年金に任意加入しなかった期間または任意加入したが、保険料を納付しなかった期間が、次に該当するときはその番号を○で囲んでください。

1. 死亡した方の配偶者が5ページ㋐の(10)欄(国民年金法を除く)に示す制度の被保険者、組合員または加入者であった期間
2. 死亡した方の配偶者が5ページ㋐の(10)欄(国民年金法を除く)および(1)欄に示す制度の老齢年金または退職年金を受けることができた期間
3. 死亡した方または配偶者が5ページ㋐の(10)欄(国民年金法を除く)に示す制度の老齢年金または退職年金の受給資格期間を満たしていた期間
4. 死亡した方または配偶者が5ページ㋐の(10)欄(国民年金法を除く)および(1)欄に示す制度から障害年金を受けることができた期間
5. 死亡した方または配偶者が戦傷病者戦没者遺族等援護法の障害年金を受けることができた期間
6. 死亡した方が5ページ㋐の(10)欄(国民年金法を除く)および(1)欄に示す制度から遺族に対する年金を受けることができた期間
7. 死亡した方が戦傷病者戦没者遺族等援護法の遺族年金または未帰還者留守家族手当もしくは特別手当を受けることができた期間
8. 死亡した方または配偶者が都道府県議会、市町村議会の議員および特別区の議会の議員ならびに国会議員であった期間
9. 死亡した方が都道府県知事の承認を受けて国民年金の被保険者とされなかった期間

(3) 死亡した方が国民年金に任意加入しなかった期間または任意加入したが、保険料を納付しなかった期間が、上に示す期間以外で次に該当するときはその番号を○で囲んでください。

1. 死亡した方が日本国内に住所を有しなかった期間
2. 死亡した方が日本国内に住所を有していた期間であって日本国籍を有さなかったため国民年金の被保険者とされなかった期間
3. 死亡した方が学校教育法に規定する高等学校の生徒または大学の学生であった期間
4. 死亡した方が昭和61年4月以後の期間において下に示す制度の老齢または退職を事由とする年金給付を受けることができた期間
ただし、エからサに示す制度の退職を事由とする年金給付であって年齢を理由として停止されている期間は除く。

ア 厚生年金保険法　イ 船員保険法(昭和61年4月以後を除く)　ウ 恩給法
エ 国家公務員共済組合法　オ 地方公務員等共済組合法(ケを除く)　カ 私立学校教職員共済法
キ 廃止前の農林漁業団体職員共済組合法　ク 国会議員互助年金法　ケ 地方議会議員共済法
コ 地方公務員の退職年金に関する条例　サ 改正前の執行官法附則第13条

(4) 死亡した方は国民年金に任意加入した期間について特別一時金を受けたことがありますか。	1. はい・2. いいえ
(5) 昭和36年4月1日から昭和47年5月14日までの間に沖縄に住んでいたことがありますか。	1. はい・(2) いいえ
(6) 旧陸海軍等の旧共済組合の組合員であったことがありますか。	1. はい・(2) いいえ

㋑ 死亡した方が退職後、個人で保険料を納める第四種被保険者、船員保険の年金任意継続被保険者となったことがありますか。	1. はい・2. いいえ
「はい」と答えたときは、その保険料を納めた年金事務所（社会保険事務所）の名称をご記入ください。	
その保険料を納めた期間をご記入ください。	昭和・平成　年　月　日から昭和・平成　年　月　日
第四種被保険者（船員年金任意継続被保険者）の整理記号番号をご記入ください。	(記号)　(番号)

9

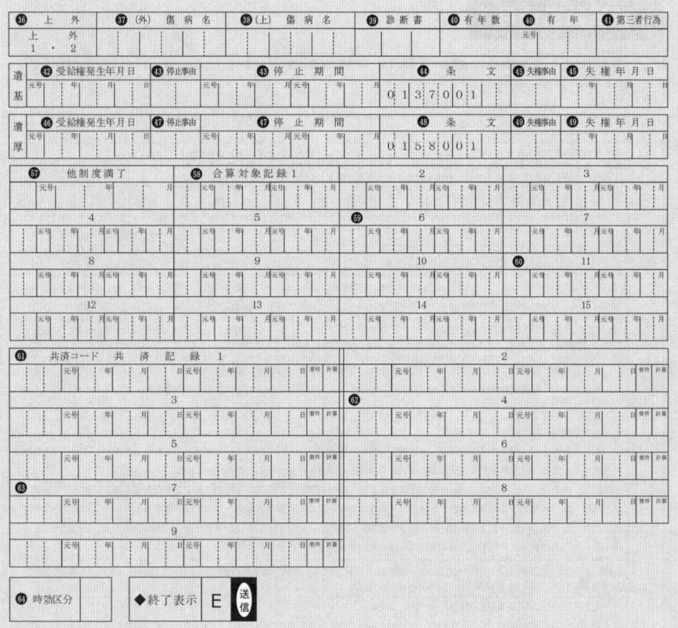

㊱ 上外	㊲(外) 傷病名	㊳(上) 傷病名	㊴ 診断書	㊵ 有年数	㊵ 有年	㊶ 第三者行為
上 外 1 ・ 2					元号	

遺基	㊷ 受給権発生年月日	㊸ 停止事由	㊸ 停止期間	㊹ 条文	㊺ 失権事由	㊺ 失権年月日
	元号 年 月 日		元号 年 月 元号 年 月	0 1 3 7 0 0 1		年 月 日

遺厚	㊻ 受給権発生年月日	㊼ 停止事由	㊼ 停止期間	㊽ 条文	㊾ 失権事由	㊾ 失権年月日
	元号 年 月 日		元号 年 月 元号 年 月	0 1 5 8 0 0 1		年 月 日

㊼ 他制度満了	㊽ 合算対象記録 1	2	3
元号 年 月	元号 年 月 元号 年 月	元号 年 月 元号 年 月	元号 年 月 元号 年 月
4	5	㊾ 6	7
元号 年 月 元号 年 月	元号 年 月 元号 年 月	元号 年 月 元号 年 月	元号 年 月 元号 年 月
8	9	10	㊿ 11
元号 年 月 元号 年 月	元号 年 月 元号 年 月	元号 年 月 元号 年 月	元号 年 月 元号 年 月
12	13	14	15
元号 年 月 元号 年 月	元号 年 月 元号 年 月	元号 年 月 元号 年 月	元号 年 月 元号 年 月

61 共済コード 共済記録 1	2
元号 年 月 日 元号 年 月 日 要件 計算	元号 年 月 日 元号 年 月 日 要件 計算
3	62 4
元号 年 月 日 元号 年 月 日 要件 計算	元号 年 月 日 元号 年 月 日 要件 計算
5	6
元号 年 月 日 元号 年 月 日 要件 計算	元号 年 月 日 元号 年 月 日 要件 計算
63 7	8
元号 年 月 日 元号 年 月 日 要件 計算	元号 年 月 日 元号 年 月 日 要件 計算
9	
元号 年 月 日 元号 年 月 日 要件 計算	

64 時効区分

◆終了表示 E 送信

11

☞ 手続を自分でする場合は記入不要です。

代理人に手続きを委任される場合にご記入ください。

●「代理人（委任を受ける方）」欄については、ご本人（委任する方）が決められた代理人の氏名、ご本人との関係、住所、電話番号をご記入ください。

●「ご本人（委任する方）」欄については、委任状を記入した日付、ご本人の基礎年金番号、氏名（旧姓がある方は、その旧姓もご記入ください）、生年月日、住所、電話番号、委任する内容をご記入ください。

●添付書類について
代理人の方の本人確認書類（以下の①～③のいずれか一つ）
① 運転免許証
② パスポート
③ マイナンバーカード（個人番号カード）
※住民基本台帳カード（有効期間内のもので顔写真付に限る）は③マイナンバーカードと同様に取扱います。

＊運転免許証、パスポートまたはマイナンバーカードについては、「代理人（委任を受ける方）」欄に記入した氏名および住所と同じ記載であることが必要です。

委任状

代理人 ＊ご本人（委任する方）がご記入ください。

フリガナ		ご本人との関係	
氏　名			
住　所	〒　　－　　電話（　　）　　－ 建物名		

私は、上記の者を代理人と定め、以下の内容を委任します。

ご本人 ＊ご本人（委任する方）がご記入ください。

基礎年金番号	－	作成日	令和　年　月　日
フリガナ		生年月日	昭和 平成 令和　年　月　日
氏　名			
住　所	〒　　－　　電話（　　）　　－ 建物名		
委任する内容	●委任する事項を次の項目から選んで○をつけ、5を選んだ場合は委任する内容を具体的にご記入ください。 1．年金および年金生活者支援給付金の請求について　2．年金および年金生活者支援給付金の見込み額について 3．年金の加入期間について　4．各種再交付手続きについて　5．その他（具体的にご記入ください。） ●年金に関する情報の交付について、希望の有無をA～Cの項目から選んで○をつけてください。 A．代理人に交付を希望する　B．本人宛に郵送を希望する　C．交付を希望しない		

＊代理人は、運転免許証など代理人自身の本人確認ができるもの（文書による請求または照会の場合は写し）をご用意ください。

12

18 療養給付たる療養の給付請求書（通勤災害のケース）（217頁）

提出先：労災指定病院等経由して所轄労働基準監督署長
提出期限：治療を受けようとするとき、速やかに
添付書類：特になし
提出する人：被災労働者
〔記載例のケース〕▷川端徹は出勤途中、車にはねられ、ケガをし、近くの労災指定病院で治療を受けました。

様式第16号の3(表面)　労働者災害補償保険
通勤災害用
療養給付たる療養の給付請求書
裏面に記載してある注意事項をよく読んだ上で、記入してください。
標準字体 0123456789゛゜ー アイウエオカキクケコサシスセソタチツテトナニヌ ネノハヒフヘホマミムメモヤユヨラリルレロワン

※帳票種別 34590　①管轄局署　②業通別 3（1業 3通）　③保留（1全レセ 3全給付）　⑥処理区分　④受付年月日 ※
⑤労働保険番号 13108225218000（府県 所掌 管轄 基幹番号 枝番号）　㉓様業 ※　⑦支給・不支給決定年月日
⑧性別 1（1男 3女）　⑨労働者の生年月日 5500805（1明治 3大正 5昭和 7平成 9令和）　⑩負傷又は発病年月日 9××0217　⑪再発年月日 ※
⑫労働者の シメイ(カタカナ)：姓と名の間は1文字あけて記入してください。濁点・半濁点は1文字として記入してください。 カワハ゛タ トオル　⑬三者 ※（1㊀ 3労 5他）　⑮特別加入者
氏名 川端　徹（00歳）
郵便番号 261-0005
住所 フリガナ チバケン チバシ 千葉県千葉市 ミハマクイナゲカイガン 美浜区稲毛海岸2-1-×
職種 営業
⑰第三者行為災害 該当する・該当しない（該当するに○）
⑱健康保険日雇特例被保険者手帳の記号及び番号

標準字体で記入してください。
※印の欄は記入しないでください。（職員が記入します。）

⑲通勤災害に関する事項	裏面のとおり	
⑳指定病院等の 名称	海浜病院	電話（043）242-xxxx
所在地	千葉市美浜区高浜3-1-×	〒 261-0003
㉑傷病の部位及び状態	右足骨折	

⑫の者については、⑩及び裏面の(ロ)、(ハ)、(ニ)、(ホ)、(ト)、(チ)、(リ)（通常の通勤の経路及び方法に限る。）及び(ヲ)に記載したとおりであることを証明します。
×年 2月 23日

事業の名称　(株)市ヶ谷商会　電話（03）xxxx-xxxx
事業場の所在地　新宿区市ヶ谷田町2-7-×　〒 162-0843
事業主の氏名　代表取締役　川上　武
（法人その他の団体であるときはその名称及び代表者の氏名）
労働者の所属事業場の名称・所在地　電話（　）　-

（注意）1　事業主は、裏面の(ロ)、(ハ)及び(リ)については、知り得なかった場合には証明する必要がないので、知り得なかった事項の符号を消してください。
2　労働者の所属事業場の名称・所在地については、労働者が直接所属する事業場が一括適用の取扱いを受けている場合に、労働者が直接所属する支店、工事現場等を記載してください。
3　派遣労働者について、療養給付のみの請求がなされる場合にあっては、派遣先事業主は、派遣元事業主が証明する事項の記載内容が事実と相違ない旨裏面に記載してください。

上記により療養給付たる療養の給付を請求します。
×年 2月 23日
新宿 労働基準監督署長 殿
海浜 病院・診療所・薬局・訪問看護事業者 経由（病院に○）
〒 261-0005　電話（043）○○○○-xxxx
請求人の 住所 千葉市美浜区稲毛海岸2-1-×（　方）
氏名 川端　徹

折り曲げる場合には（◀）の所を谷に折りさらに2つ折りにしてください。

支給・不支給決定決議書	署長	副署長	課長	係長	係	決定年月日	・ ・
						不支給の理由	
調査年月日	・ ・	・ ・	・ ・				
復命書番号	第 号	第 号	第 号				

（この欄は記入しないでください。）

☞　事故の報告を受けたら、状況を詳しく聞いて通勤途中なのか業務上なのか、それとも業務外なのかを判断してから手続をとりましょう。
　また、治療を受けた病院が労災指定の病院かどうかも確認します。
☞　派遣労働者の通勤災害の場合には、裏面に派遣元事業主が、負傷又は発病年月日・災害の場所等の記載内容に関して事実であることの証明をします。

様式第16号の3（裏面）

通勤災害に関する事項

(イ)	災害時の通勤の種別（該当する記号を記入）	イ	イ．住居から就業の場所への移動　ロ．就業の場所から住居への移動 ハ．就業の場所から他の就業の場所への移動 ニ．イに先行する住居間の移動　ホ．ロに接続する住居間の移動
(ロ)	負傷又は発病の年月日及び時刻		○○年　2月　17日　午（前）後　7時50分頃
(ハ)	災害発生の場所	千葉市美浜区高洲	(ニ) 就業の場所（災害時の通勤の種別がハに該当する場合は移動の終点たる就業の場所）　新宿区市ヶ谷田町
(ホ)	就業開始の予定年月日及び時刻（災害時の通勤の種別がイ、ハ又はニに該当する場合は記載すること）		年　月　日　午（前）後　9時00分頃
(ヘ)	住居を離れた年月日及び時刻（災害時の通勤の種別がイ、ニ又はホに該当する場合は記載すること）		年　月　日　午（前）後　7時35分頃
(ト)	就業終了の年月日及び時刻（災害時の通勤の種別がロ、ハ又はホに該当する場合は記載すること）		年　月　日　午前後　時　分頃
(チ)	就業の場所を離れた年月日及び時刻（災害時の通勤の種別がロ又はハに該当する場合は記載すること）		年　月　日　午前後　時　分頃
(リ)	災害時の通勤の種別に関する移動の通常の経路、方法及び所要時間並びに災害発生の日に住居又は就業の場所から災害発生の場所に至った経路、方法、所要時間その他の状況		自宅 ―徒歩10分― JR稲毛海岸駅 ―35分― JR 地下鉄 新木場駅 ―25分― JR市ヶ谷駅 ―徒歩3分― 会社 ↑災害発生 〔通常の通勤所要時間　1時間　20分〕
(ヌ)	災害の原因及び発生状況 (あ)どのような場所を (い)どのような方法で移動している際に (う)どのような物で又はどのような状況において (え)どのようにして災害が発生したか (お)⑲との初診日が異なる場合はその理由を簡明に記載すること		出勤のため、京葉線稲毛海岸駅へ向っていた。 駅近くの交差点を青信号で横断していたところ、右方向から車がきてぶつけられた。
(ル)	現認者の　住所		
	氏名		電話（　）　―
(ヲ)	転任の事実の有無（災害時の通勤の種別がニ又はホに該当する場合）	有・無	(ワ) 転任直前の住居に係る住所

㉒その他就業先の有無		
有 無	有の場合のその数（ただし表面の事業場を含まない）　社	有の場合でいずれかの事業で特別加入している場合の特別加入状況（ただし表面の事業を含まない） 労働保険事務組合又は特別加入団体の名称
労働保険番号（特別加入）		加入年月日　年　月　日

［項目記入に当たっての注意事項］
1　記入すべき事項のない欄又は記入枠は空欄のままとし、事項を選択する場合には当該事項を○で囲んでください。（ただし、⑧欄並びに⑨及び⑩欄の元号については該当番号を記入枠に記入してください。）
2　傷病年金の受給権者が当該傷病にかかる療養の給付を請求する場合には、⑤労働保険番号欄に左詰で年金証書番号を記入してください。また、⑨及び⑩は記入しないでください。
3　⑱は、請求人が健康保険の日雇特例被保険者でない場合には記載する必要はありません。
4　(ホ)は、災害時の通勤の種別がハの場合には、移動の終点たる就業の場所における就業開始の予定時刻を、ニの場合には、後続するイの移動の終点たる就業の場所における就業開始の予定の年月日及び時刻を記載してください。
5　(ト)は、災害時の通勤の種別がハの場合には、移動の起点たる就業の場所における就業終了の年月日及び時刻を、ホの場合には、先行するロの移動の起点たる就業の場所における就業終了の年月日及び時刻を記載してください。
6　(チ)は、災害時の通勤の種別がハの場合には、移動の起点たる就業の場所を離れた年月日及び時刻を記載してください。
7　(リ)は、通常の通勤の経路を図示し、災害発生の場所及び災害発生の日に住居又は就業の場所から災害発生の場所に至った経路を朱線等を用いて分かりやすく記載するとともに、その他の事項についてもできるだけ詳細に記載してください。

［標準字体記入にあたっての注意事項］
□□□で表示された記入枠に記入する文字は、光学式文字読取装置（OCR）で直接読取りを行いますので、以下の注意事項に従って、表面の右上に示す標準字体で記入してください。
1　筆記用具は黒ボールペンを使用し、記入枠からはみださないように書いてください。
2　「促音」「よう音」などは大きく書き、濁点、半濁点は１文字として書いてください。
（例）キッテ → キ|ツ|テ　キョ → キ|ヨ　バ → ハ|゛
3　シ|ツ|ソ|ン　は斜の弧を書き始めるとき、小さくカギを付けてください。
4　|1|はカギを付けないで垂直に、|4|の２本の縦線は上で閉じないで書いてください。

派遣先事業主証明欄	派遣元事業主が証明する事項（表面の⑩並びに（ロ）、（ハ）、（ニ）、（ホ）、（ト）、（チ）、（リ）（通常の通勤の経路及び方法に限る。）及び（ヲ））の記載内容について事実と相違ないことを証明します。 年　月　日　事業の名称　電話（　）　― 事業場の所在地　〒　― 事業主の氏名 （法人その他の団体であるときはその名称及び代表者の氏名）

社会保険労務士記載欄	作成年月日・提出代行者・事務代理者の表示	氏名	電話番号
			（　）　―

19 第三者行為災害届（業務災害・通勤災害）（交通事故・交通事故以外）（217頁）

提出先：所轄労働基準監督署長
提出期限：遅滞なく
添付書類：事故証明等
提出する人：被災労働者
〔記載例のケース〕▷川端徹は出勤途中車にはねられ、ケガをしました。

（届その１）

第三者行為災害届（業務災害・(通勤災害)）
((交通事故)・交通事故以外）

令和　○年　2月　23日

労働者災害補償保険法施行規則第22条の規定により届け出ます。

署受付日付

保険給付請求権者
住所　千葉市美浜区稲毛海岸2-1-×
郵便番号（261 － 0005）
フリガナ　カワバタ　トオル
氏名　川端　徹
電話（自宅）043 － 242 － 111×
（携帯）090 － ○○○○ － ××××

新宿　労働基準監督署長　殿

1 第一当事者（被災者）
フリガナ　カワバタ　トオル
氏名　川端　徹　((男)・女)　生年月日　昭和○年　8月　5日（○歳）
住所　千葉市美浜区稲毛海岸2-1-×
職種　営業部長

2 第一当事者（被災者）の所属事業場
労働保険番号

府県		所掌	管轄		基幹番号						枝番号		
1	3	1	0	8	2	2	5	2	1	8	0	0	0

名称（株）市ヶ谷商会　電話　03 － 3266 － 035×
所在地　新宿区市ヶ谷田町2-7-×　郵便番号　162 － 0843
代表者（役職）代表取締役　担当者（所属部課名）
（氏名）川上　武　（氏名）

3 災害発生日
日時　○年　2月　17日　(午前)・午後　7時　50分頃
場所　千葉市美浜区高洲の交差点

4 第二当事者（相手方）
氏名　若山　守（○○歳）　電話（自宅）043 － 242 － 987×（携帯）090 － ×××× － ○○○○
住所　千葉市美浜区高洲1-2-×　郵便番号　261 － 0004
第二当事者（相手方）が業務中であった場合
所属事業場名称　電話　－　－
所在地　郵便番号　－
代表者（役職）　（氏名）

5 災害調査を行った警察署又は派出所の名称
千葉西 警察署　交通　係（派出所）

6 災害発生の事実の現認者（5の災害調査を行った警察署又は派出所がない場合に記入してください）
氏名　（　歳）　電話（自宅）－　－（携帯）－　－
住所　郵便番号　－

7 あなたの運転していた車両（あなたが運転者の場合にのみ記入してください）

車種		大・中・普・特・自二・軽自・原付自		登録番号（車両番号）		
運転者の免許	有 無	免許の種類	免許証番号	資格取得 年　月　日	有効期限 年　月　日まで	免許の条件

☞　交通事故に限らず、事故に第三者がからむようなら提出します。通勤災害の場合には、事業主の証明は不要です。
示談をする場合は、あらかじめ所轄労働基準監督署に相談をします。

（届その２）

8　事故現場の状況

天　　候　晴・曇・小雨・雨・小雪・雪・暴風雨・霧・濃霧

見 透 し　良い・悪い（障害物　　　　　　　　　　があった。）

道路の状況（あなた（被災者）が運転者であった場合に記入してください。）

道路の幅（　　　m）、舗装・非舗装、坂（上り・下り・緩・急）

でこぼこ・砂利道・道路欠損・工事中・凍結・その他（　　　　　）

（あなた（被災者）が歩行者であった場合に記入してください。）

歩車道の区別が（ある・ない）道路、車の交通頻繁な道路、住宅地・商店街の道路

歩行者用道路（車の通行　許・否）、その他の道路（　　　　　）

標　　識　速度制限（　40　km/h）・追い越し禁止・一方通行・歩行者横断禁止

一時停止（有・無）・停止線（有・無）

信 号 機　無・有（青　色で交差点に入った。）、信号機時間外（黄点滅・赤点滅）

横断歩道上の信号機（有・無）

交 通 量　多い・少ない・中位

9　事故当時の行為、心身の状況及び車両の状況

心身の状況　正常・いねむり・疲労・わき見・病気（　　　　　）・飲酒

あなたの行為（あなた（被災者）が運転者であった場合に記入してください。）

直前に警笛を（鳴らした・鳴らさない）相手を発見したのは（　　　）m手前

ブレーキを（かけた（スリップ　　　m）・かけない）、方向指示灯（だした・ださない）

停止線で一時停止（した・しない）、速度は約（　　　）km/h　相手は約（　　　）km/h

（あなた（被災者）が歩行者であった場合に記入してください。）

横断中の場合　横断場所（　交差点　）、信号機（　青　）色で横断歩道に入った。

左右の安全確認（した・しない）、車の直前・直後を横断（した・しない）

通行中の場合　通行場所　（歩道・車道・歩車道の区別がない道路）

通行のしかた　（車と同方向・対面方向）

10　第二当事者（相手方）の自賠責保険（共済）及び任意の対人賠償保険（共済）に関すること

(1) 自賠責保険（共済）について

証明書番号　第　B12345　号

保険（共済）契約者　（氏名）若山　守　　第二当事者（相手方）と契約者との関係　本人

（住所）千葉市美浜区高洲1-2-×

保険会社の管轄店名（株）東洋火災海上保険　千葉支店　　電話　03 － 5567 － 333×

管轄店所在地　中央区銀座3-4-×　　郵便番号 104－0061

(2) 任意の対人賠償保険（共済）について

証券番号　第　　　号　　保険金額　対人　無制限　万円

保険（共済）契約者　（氏名）若山　守　　第二当事者（相手方）と契約者との関係　本人

（住所）千葉市美浜区高洲1-2-×

保険会社の管轄店名（株）東洋火災海上保険　千葉支店　　電話　03 － 5567 － 333×

管轄店所在地　中央区銀座3-4-×　　郵便番号 104－0061

(3) 保険金（損害賠償額）請求の有無　有・無

有の場合の請求方法　イ　自賠責保険（共済）単独

ロ　自賠責保険（共済）と任意の対人賠償保険（共済）との一括

保険金（損害賠償額）の支払を受けている場合は、受けた者の氏名、金額及びその年月日

氏名　　　金額　　　円　受領年月日　　年　　月　　日

11　運行供用者が第二当事者（相手方）以外の場合の運行供用者

名称（氏名）　　　電話　　－　　－

所在地（住所）　　　郵便番号　　－

12　あなた（被災者）の人身傷害補償保険に関すること

人身障害補償保険に　（加入している・していない）

証券番号　第　　号　保険金額　　万円

保険（共済）契約者　（氏名）　　あなた（被災者）と契約者との関係

（住所）

保険会社の管轄店名　　　電話　　－　　－

管轄店所在地　　　郵便番号　　－

人身傷害補償保険金の請求の有無　有・無

人身傷害補償保険の支払を受けている場合は、受けた者の氏名、金額及びその年月日

氏名　　　金額　　　円　受領年月日　　年　　月　　日

（届その３）

13　災害発生状況

第一当事者（被災者）・第二当事者（相手方）の行動、災害発生原因と状況をわかりやすく記入してください。

出勤のため、京葉線稲毛海岸駅へ向かう途中の交差点で、青信号で横断歩道を渡っていたところ、右前方から加害者の運転する車が右折してきてぶつけられた。

14　現場見取図

道路方向の地名（至○○方面）、道路幅、信号、横断歩道、区画線、道路標識、接触点等くわしく記入してください。

稲毛海岸

表示符号

自車 / 相手車 / 進行方向 / 横断禁止 / 人間 / 自転車・オートバイ / 信号（赤、黄、青の表示） / 一時停止 / 横断歩道 / 接触点

15　過失割合

私の過失割合は　0　%、相手の過失割合は　100　%だと思います。

理由　私は、青信号で横断歩道を横断中だったから。

16　示談について

イ　示談が成立した。（　年　月　日）　ロ　交渉中

㊁ではなく（ハ）　示談はしない。　ニ　示談をする予定（　年　月　日頃予定）

ホ　裁判の見込み（　年　月　日頃提訴予定）

17　身体損傷及び診療機関

	私（被災者）側	相手側（わかっていることだけ記入してください。）
部位・傷病名	右足　骨折	
程　　度	3カ月	
診療機関名称	海浜病院	
所　在　地	千葉市美浜区高浜3-1-×	

18　損害賠償金の受領

受領年月日	支払者	金額・品目	名目	受領年月日	支払者	金額・品目	名目

事業主の証明

１欄の者については、２欄から６欄、13欄及び14欄に記載したとおりであることを証明します。

令和　年　月　日

事業場の名称

事業主の氏名

（法人の場合は代表者の役職・氏名）

(届その４)

第三者行為災害届を記載するに当たっての留意事項

1　災害発生後、すみやかに提出してください。
なお、不明な事項がある場合には、空欄とし、提出時に申し出てください。

2　業務災害・通勤災害及び交通事故・交通事故以外のいずれか該当するものに○をしてください。
なお、例えば構内における移動式クレーンによる事故のような場合には交通事故に含まれます。

3　通勤災害の場合には、事業主の証明は必要ありません。

4　第一当事者（被災者）とは、労災保険給付を受ける原因となった業務災害又は通勤災害を被った者をいいます。

5　災害発生の場所は、○○町○丁目○○番地○○ストア前歩道のように具体的に記入してください。

6　第二当事者（相手方）が業務中であった場合には、「届その１」の４欄に記入してください。

7　第二当事者（相手方）側と示談を行う場合には、あらかじめ所轄労働基準監督署に必ず御相談ください。
示談の内容によっては、保険給付を受けられない場合があります。

8　交通事故以外の災害の場合には「届その２」を提出する必要はありません。

9　運行供用者とは、自己のために自動車の運行をさせる者をいいますが、一般的には自動車の所有者及び使用者等がこれに当たります。

10　「現場見取図」について、作業場における事故等で欄が不足し書ききれない場合にはこの用紙の下記記載欄を使用し、この「届その４」もあわせて提出してください。

11　損害賠償金を受領した場合には、第二当事者（相手方）又は保険会社等からを問わずすべて記入してください。

12　この届用紙に書ききれない場合には、適宜別紙に記載してあわせて提出してください。

現場見取図

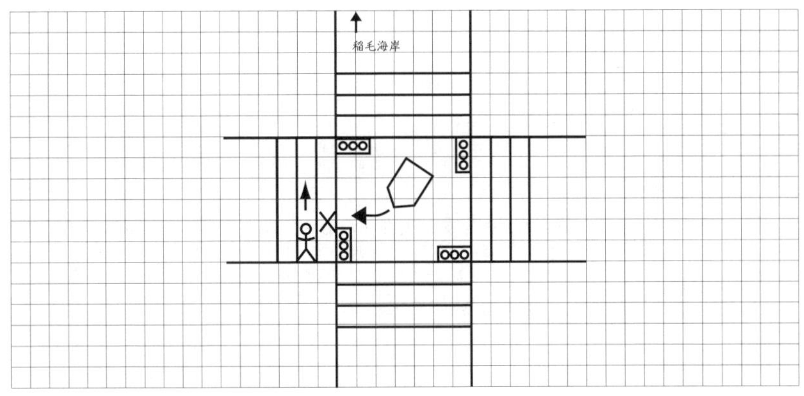

様式第1号

念　書（兼　同　意　書）

災害発生年月日	○年 2 月 17 日	災害発生場所	千葉市美浜区高洲の交差点
第一当事者(被災者)氏名	川端　徹	第二当事者(相手方)氏名	若山　守

1 上記災害に関して、労災保険給付を請求するに当たり以下の事項を遵守することを誓約します。
  (1) 相手方と示談や和解(裁判上・外の両方を含む。以下同じ。)を行おうとする場合は必ず前もって貴職に連絡します。
  (2) 相手方に白紙委任状を渡しません。
  (3) 相手方から金品を受けたときは、受領の年月日、内容、金額(評価額)を漏れなく、かつ遅滞なく貴職に連絡します。

2 上記災害に関して、私が相手方と行った示談や和解の内容によっては、労災保険給付を受けられない場合や、受領した労災保険給付の返納を求められる場合があることについては承知しました。

3 上記災害に関して、私が労災保険給付を受けた場合には、私の有する損害賠償請求権及び保険会社等(相手方もしくは私が損害賠償請求できる者が加入する自動車保険・自賠責保険会社(共済)等をいう。以下同じ。)に対する被害者請求権を、政府が労災保険給付の価額の限度で取得し、損害賠償金を受領することについては承知しました。

4 上記災害に関して、相手方、又は相手方が加入している保険会社等から、労災保険に先立ち、労災保険と同一の事由に基づく損害賠償金の支払を受けている場合、労災保険が給付すべき額から、私が受領した損害賠償金の額を差し引いて、更に労災保険より給付すべき額がある場合のみ、労災保険が給付されることについて、承知しました。

5 上記災害に関して、私が労災保険の請求と相手方が加入している自賠責保険又は自賠責共済(以下「自賠責保険等」という。)に対する被害者請求の両方を行い、かつ、労災保険に先行して労災保険と同一の事由の損害項目について、自賠責保険等からの支払を希望する旨の意思表示を行った場合の取扱いにつき、以下の事項に同意します。
  (1) 労災保険と同一の事由の損害項目について、自賠責保険等からの支払が完了するまでの間は、労災保険の支給が行われないこと。
  (2) 自賠責保険等からの支払に時間を要する等の事情が生じたことから、自賠責保険等からの支払に先行して労災保険の給付を希望する場合には、必ず貴職及び自賠責保険等の担当者に対してその旨の連絡を行うこと。

6 上記災害に関して、私の個人情報及びこの念書(兼同意書)の取扱いにつき、以下の事項に同意します。
  (1) 貴職が、私の労災保険の請求、決定及び給付(その見込みを含む。)の状況等について、私が保険金請求権を有する人身傷害補償保険取扱会社に対して提供すること。
  (2) 貴職が、私の労災保険の給付及び上記3の業務に関して必要な事項(保険会社等から受けた金品の有無及びその金額・内訳(その見込みを含む。)等)について、保険会社等から提供を受けること。
  (3) 貴職が、私の労災保険の給付及び上記3の業務に関して必要な事項(保険給付額の算出基礎となる資料等)について、保険会社等に対して提供すること。
  (4) この念書(兼同意書)をもって(2)に掲げる事項に対応する保険会社等への同意を含むこと。
  (5) この念書(兼同意書)を保険会社等へ提示すること。

令和　○　年　2　月　23　日

新宿　労働基準監督署長 殿

請求権者の住所　千葉市美浜区稲毛海岸2-1-×

氏名　川端　徹

(※請求権者の氏名は請求権者が自署してください。)

20 休業給付支給請求書 休業特別支給金支給申請書（218頁）

提 出 先：所轄労働基準監督署長

提出期限：休業した日の翌日から２年以内

添付書類：賃金台帳、出勤簿等

提出する人：被災労働者

〔記載例のケース〕▷通勤途中で交通事故にあった川端徹はケガのため休業しなければならなくなりました。会社からは給与の支給がありませんので、請求することにしました。

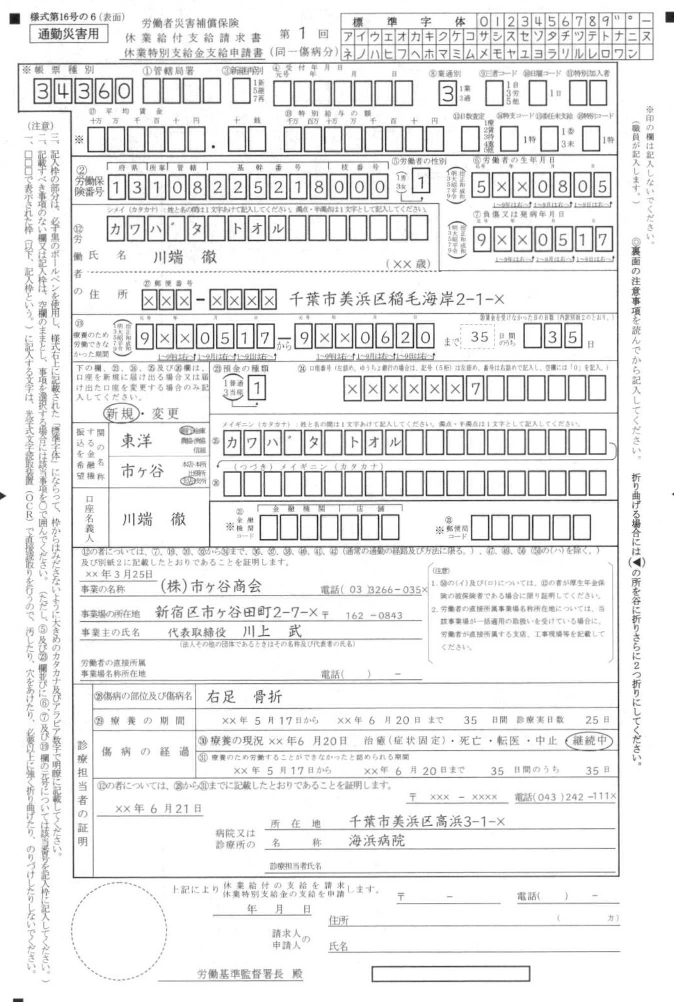

様式第16号の6（表面）　通勤災害用

労働者災害補償保険　休業給付支給請求書　休業特別支給金支給申請書　第1回（同一傷病分）

※帳票種別 34360

⑧業通別 3

②労働保険番号 13108225218000

⑤労働者の性別 1

⑥労働者の生年月日 5××0805

⑫労働者　シメイ（カタカナ）カワハ゛タ トオル

氏名 川端 徹（××歳）

⑦負傷又は発病年月日 9××0517

住所 ㉗郵便番号 ×××-×××× 千葉市美浜区稲毛海岸2-1-×

⑬療養のため労働できなかった期間 9××0517 から 9××0620 まで 35日間のうち ⑳賃金を受けなかった日の日数 35日

新規・変更（新規）

㉓預金の種類 1

㉔口座番号 ×××××××7

振込を希望する金融機関の名称 東洋（銀行） 市ヶ谷（支店）

㉕メイギニン（カタカナ） カワハ゛タ トオル

口座名義人 川端 徹

⑫の者については、⑦、⑬、⑳、㉚から㉜及び別紙2に記載したとおりであることを証明します。

××年3月25日

事業の名称 （株）市ヶ谷商会　電話（03）3266-035×

事業場の所在地 新宿区市ヶ谷田町2-7-×　〒162-0843

事業主の氏名 代表取締役 川上 武

（法人その他の団体であるときはその名称及び代表者の氏名）

労働者の直接所属事業場名称所在地　電話（　）　-

（注意）
1. ⑩の(イ)及び(ロ)については、⑫の者が厚生年金保険の被保険者である場合に限り証明してください。
2. 労働者の直接所属事業場名称所在地については、当該事業場が一括適用の取扱いを受けている場合に、労働者が直接所属する支店、工事現場等を記載してください。

診療担当者の証明

㉘傷病の部位及び傷病名　右足 骨折

㉙療養の期間　××年5月17日から××年6月20日まで　35日間　診療実日数 25日

傷病の経過　㉚療養の現況 ××年6月20日　治癒（症状固定）・死亡・転医・中止・継続中（継続中）

㉛療養のため労働することができなかったと認められる期間　××年5月17日から××年6月20日まで　35日間のうち 35日

⑫の者については、㉘から㉛までに記載したとおりであることを証明します。

××年6月21日　〒×××-××××　電話（043）242-111×

病院又は診療所の　所在地 千葉市美浜区高浜3-1-×　名称 海浜病院　診療担当者氏名

上記により休業給付の支給を請求／休業特別支給金の支給を申請します。

年　月　日　〒　-　電話（　）　-

請求人の申請人　住所（　方）　氏名

労働基準監督署長 殿

☞ **2回目以降の請求書には、平均賃金算定内訳、㉜欄～㊺、㊼及び㊽欄は記入する必要がありません。**

様式第16号の6（裏面）

㉜ 労働者の職種	㉝ 負傷又は発病の年月日及び時刻	㉞ 平均賃金（算定内訳別紙1のとおり）
営業	××年5月17日 午 ㊕・後 7時 50分頃	14,934 円 78 銭

項目	記入内容
㉟ 災害時の通勤の種別（該当する記号を記入）	④ 住居から就業の場所への移動　ロ．就業の場所から住居への移動　ハ．就業の場所から他の就業の場所への移動　ニ．イに先行する住居間の移動　ホ．ロに後続する住居間の移動
㊱ 災害発生の場所	千葉市美浜区高洲
㊲ 就業の場所（災害時の通勤の種別がハに該当する場合は移動の終点たる就業の場所）	新宿区市ヶ谷田町2-7-×
㊳ 就業開始の予定年月日及び時刻（災害時の通勤の種別がイ、ハ又はニに該当する場合は記載すること）	××年 5月 17日 午 ㊕・後 9時 00分頃
㊴ 住居を離れた年月日及び時刻（災害時の通勤の種別がイ、ニ又はホに該当する場合は記載すること）	××年 5月 17日 午 ㊕・後 7時 35分頃
㊵ 就業終了の年月日及び時刻（災害時の通勤の種別がロ、ハ又はホに該当する場合は記載すること）	年 月 日 午 前・後 時 分頃
㊶ 就業場所を離れた年月日及び時刻（災害時の通勤の種別がロ又はハに該当する場合は記載すること）	年 月 日 午 前・後 時 分頃
㊷ 災害時に通勤の種別に関する移動の通常の経路、方法及び所要時間並びに災害発生の日に住居又は就業の場所から災害発生の場所に至った経路、方法、所要時間その他状況	自宅 →（徒歩 10分）→ 稲毛海岸駅 → JR 新木場駅 →（地下鉄 25分）→ JR 市ヶ谷駅 →（徒歩 3分）→ 会社　↑災害発生　〔通常の通勤所要時間 1時間 20分〕
㊸ 災害の原因及び発生状況 (あ)どのような場所を (い)どのような方法で移動している際に (う)どのような物で又はどのような状況において (え)どのようにして災害が発生したか (お)⑦と初診日が異なる場合はその理由を簡明に記載すること	稲毛海岸駅近くの交差点を 歩いて横断しているときに 青信号で横断していたが 右方向から車が来てぶつけられた
㊹ 現認者の	住所　　電話（　）― 氏名
㊺ 第三者行為災害	（該当する）・該当しない
㊻ 健康保険日雇特例被保険者手帳の記号及び番号	
㊼ 転任の事実の有無（災害時に通勤の種別がニ又はホに該当する場合）	有・無
㊽ 転任直前の住居に係る住所	
㊾ 休業給付額・休業特別支給金額の改定比率	（平均給与額証明書のとおり）

㊿ 厚生年金保険等の受給関係

(イ)基礎年金番号		(ロ)被保険者資格の取得年月日　年 月 日
(ハ)当該傷病に関して支給される年金の種類等	年金の種類	厚生年金保険法の　イ 障害年金　ロ 障害厚生年金 国民年金法の　ハ 障害年金　ニ 障害基礎年金 船員保険法の　ホ 障害年金
	障害等級	級
	支給される年金の額	円
	支給されることとなった年月日	年 月 日
	基礎年金番号及び厚生年金等の年金証書の年金コード	
	所轄年金事務所等	

㊿その他就業先の有無

有・無	有の場合のその数（ただし表面の事業場を含まない）　社	有の場合でいずれかの事業で特別加入している場合の特別加入状況（ただし表面の事業を含まない）
		労働保険事務組合又は特別加入団体の名称
労働保険番号（特別加入）		加入年月日　年 月 日
		給付基礎日額　円

社会保険労務士記載欄	作成年月日・提出代行者・事務代理者の表示	氏名	電話番号
			（　）―

〔注意〕

一、所定労働時間後に負傷した場合には、⑲及び⑳欄については、当該負傷した日を除いて記載してください。

二、別紙1①欄には、平均賃金の算定基礎期間中に業務外の傷病の療養等のために休業した期間があり、その期間及びその期間中に受けた賃金の額を算定基礎から控除して算定した平均賃金に相当する額が平均賃金の額を超える場合に記載し、控除する期間及び賃金の内訳を別紙1②欄に記載してください。この場合は、㉞欄に、この算定方法による平均賃金に相当する額を記載してください。

三、別紙2は、⑳欄の「賃金を受けなかった日」のうち通勤による負傷又は疾病による療養のため所定労働時間のうちその一部分についてのみ労働した日（別紙2において「一部休業日」という。）が含まれる場合に限り添付してください。

四、請求人（申請人）が特別加入者であるときは、

(一)、㉞欄には、その者の給付基礎日額を記載してください。

(二)、⑦、⑲、⑳、㉝及び㊱から㊸欄までの事項を証明することができる書類その他の資料を添付してください。

(三)、事業主の証明は受ける必要はありません。

五、別紙3は、㊿欄の「その他就業先の有無」で「有」に○を付けた場合に、その他就業先ごとに記載してください。その際、その他就業先ごとに注意二、及び三の規定に従って記載した別紙1及び別紙2を添付してください。

六、第二回目以降の請求（申請）の場合には、

(一)、⑲、⑳、㉙及び㉛欄については、前回の請求又は申請後の分について記載してください。

(二)、㉜欄から㊺欄まで、㊼欄及び㊽欄は記載する必要はありません。

(三)、別紙1（平均賃金算定内訳）は付する必要はありません。

(四)、その請求（申請）が離職後である場合（療養のために労働できなかった期間の全部又は一部が離職前にある場合を除く。）には、事業主の証明は受ける必要はありません。

七、㊻は、請求人（申請人）が健康保険の日雇特例被保険者でない場合には記載する必要はありません。

八、休業特別支給金の支給の申請のみを行う場合には、㊿欄は記載する必要はありません。

様式第16号の6（別紙1）（表面）

労働保険番号					氏名	災害発生年月日
府県	所掌	管轄	基幹番号	枝番号		
13	1	08	225218	000	川端　徹	○年5月17日

平均賃金算定内訳

（労働基準法第12条参照のこと。）

雇入年月日	○○年　3月　7日	常用・日雇の別	(常用)・日雇		
賃金支給方法	(月給)・週給・日給・時間給・出来高払制・その他請負制	賃金締切日	毎月　20日		

A 月・週その他一定の期間によって支払ったもの	賃金計算期間		1月21日から 2月20日まで	2月21日から 3月20日まで	3月21日から 4月20日まで	計
	総日数		31日	28日	31日	(イ) 90日
	賃金	基本賃金	350,000円	350,000円	350,000円	1,050,000円
		住宅手当	20,000	20,000	20,000	60,000
		家族手当	20,000	20,000	20,000	60,000
		役付手当	50,000	50,000	50,000	150,000
		通勤手当	18,000	18,000	18,000	54,000
		計	458,000円	458,000円	458,000円	(ロ) 1,374,000円
B 日若しくは時間又は出来高払制その他の請負制によって支払ったもの	賃金計算期間		月　日から 月　日まで	月　日から 月　日まで	月　日から 月　日まで	計
	総日数		日	日	日	(イ)　日
	労働日数		日	日	日	(ハ)　日
	賃金	基本賃金	円	円	円	円
		手当				
		手当				
		計	円	円	円	(ニ)　円
総計			458,000円	458,000円	458,000円	(ホ) 1,374,000円
平均賃金			賃金総額(ホ) 1,374,000円÷総日数(イ) 90 ＝ 15,266円 66銭			

最低保障平均賃金の計算方法

Aの(ロ)　1,374,000 円÷総日数(イ) 90 ＝ 14,934 円 78銭(ヘ)

Bの(ニ)　0 円÷労働日数(ハ) $\times \frac{60}{100}$ ＝ 0円　銭(ト)

(ヘ)　15,266円66銭＋(ト)　0円　銭 ＝ 15,266 円 66銭（最低保障平均賃金）

日日雇い入れられる者の平均賃金（昭和38年労働省告示第52号による。）	第1号又は第2号の場合	賃金計算期間	(い) 労働日数又は労働総日数	(ろ) 賃金総額	平均賃金 $\left((ろ)\div(い)\times\frac{73}{100}\right)$
		月　日から 月　日まで	日	円	円　銭
	第3号の場合	都道府県労働局長が定める金額			円
	第4号の場合	従事する事業又は職業			
		都道府県労働局長が定めた金額			円
漁業及び林業労働者の平均賃金（昭和24年労働省告示第5号第2条による。）	平均賃金協定額の承認年月日	年　月　日	職種	平均賃金協定額	円

① 賃金計算期間のうち業務外の傷病の療養等のため休業した期間の日数及びその期間中の賃金を業務上の傷病の療養のため休業した期間の日数及びその期間中の賃金とみなして算定した平均賃金

（賃金の総額(ホ)－休業した期間にかかる②の(リ)）÷（総日数(イ)－休業した期間②の(チ)）

（　円－　円）÷（　日－　日）＝　円　銭

様式第16号の6（別紙1）（裏面）

② 業務外の傷病の療養等のため休業した期間
及びその期間中の賃金の内訳

賃金計算期間		月　日から 月　日まで	月　日から 月　日まで	月　日から 月　日まで	計
業務外の傷病の療養等のため休業した期間の日数		日	日	日	(ﾁ)　日
業務外の傷病の療養等のため休業した期間中の賃金	基本賃金	円	円	円	円
	手当				
	手当				
	計	円	円	円	(ﾘ)　円
休業の事由					

③特別給与の額	支払年月日	支払額
	×年 12月 10日	800,000円
	○年 7月 10日	700,000円
	年　月　日	円
	年　月　日	円
	年　月　日	円
	年　月　日	円
	年　月　日	円

［注 意］

③欄には、負傷又は発病の日以前２年間（雇入後２年に満たない者については、雇入後の期間）に支払われた労働基準法第12条第４項の３箇月を超える期間ごとに支払われる賃金（特別給与）について記載してください。

ただし、特別給与の支払時期の臨時的変更等の理由により負傷又は発病の日以前１年間に支払われた特別給与の総額を特別支給金の算定基礎とすることが適当でないと認められる場合以外は、負傷又は発病の日以前１年間に支払われた特別給与の総額を記載して差し支えありません。

☞　記載した事業場とは別の就業先がある場合には、（別紙２）と（別紙３）を記入し、提出します。

様式第16号の6（別紙２）

労働保険番号					氏名	災害発生年月日
府県	所掌	管轄	基幹番号	枝番号		年　月　日

① 療養のため労働できなかつた期間 ＿＿年＿＿月＿＿日から＿＿年＿＿月＿＿日まで＿＿日間		
② ①のうち賃金を受けなかつた日の日数		＿＿日
③ ②の日数の内訳	全部休業日	＿＿日
	一部休業日	＿＿日

④ 一部休業日の年月日及び当該労働者に対し支払われる賃金の額	年　月　日	賃金の額	備考
	年　月　日	円	

〔注意〕

1　「全部休業日」とは、通勤による負傷又は疾病による療養のため労働することができないために賃金を受けない日であつて、一部休業日に該当しないものをいうものであること。

2　該当欄に記載することができない場合には、別紙を付して記載すること。

様式第16号の6（別紙3）

複数事業労働者用

① 労働保険番号（請求書に記載した事業場以外の就労先労働保険番号）

都道府県	所掌	管轄	基幹番号	枝番号

② 労働者の氏名・性別・生年月日・住所

（フリガナ氏名）	男	生年月日
（漢字氏名）	女	（昭和・平成・令和）　年　月　日

〒　－

（フリガナ住所）

（漢字住所）

③ 平均賃金（内訳は別紙1のとおり）

円　銭

④ 雇入期間

（昭和・平成・令和）　年　月　日　から　年　月　日　まで

⑤ 療養のため労働できなかった期間

令和　年　月　日　から　年　月　日　まで　　日間のうち

⑥ 賃金を受けなかった日数（内訳は別紙2のとおり）　　日

⑦ 厚生年金保険等の受給関係

（イ）基礎年金番号　　（ロ）被保険者資格の取得年月日　年　月　日

（ハ）当該傷病に関して支給される年金の種類等

年金の種類　厚生年金保険法の　イ　障害年金　ロ　障害厚生年金

国民年金法の　ハ　障害年金　ニ　障害基礎年金

船員保険法の　ホ　障害年金

障害等級　級　支給されることとなった年月日　年　月　日

基礎年金番号及び厚生年金等の年金証書の年金コード

所轄年金事務所等

上記②の者について、③から⑦までに記載されたとおりであることを証明します。

年　月　日

事業の名称

電話（　）　－

事業場の所在地

事業主の氏名

労働基準監督署長　殿

社会保険労務士記載欄	作成年月日・提出代行者・事務代理者の表示	氏名	電話番号
			（　）　－

21 健康保険傷病手当金支給申請書（219頁）

提 出 先：全国健康保険協会各支部または加入している健康保険組合
提出期限：速やかに（休業した日の翌日から休業した日ごとに２年以内）
添付書類：賃金台帳、出勤簿
提出する人：被保険者
〔記載例のケース〕▷岡田桂子は自宅の階段で足を踏みはずし、ケガをして、会社を休まなければならなくなりました。会社からは通勤手当以外は給与が支給されないので申請することにしました。

健康保険 **傷病手当金** 支給申請書

傷

被保険者が病気やケガのため仕事に就くことができず、給与が受けられない場合の生活保障として、給付金を受ける場合にご使用ください。
なお、記入方法および添付書類等については「記入の手引き」をご確認ください。

被保険者（申請者）情報

被保険者証	記号（左づめ）11010203　番号（左づめ）15　生年月日 1（1.昭和 2.平成 3.令和）42年10月03日
氏名（カタカナ）	オカダ ケイコ 姓と名の間は1マス空けてご記入ください。濁点（゛）、半濁点（゜）は1字としてご記入ください。
氏名	岡田　桂子 ※申請者はお勤めされている（いた）被保険者です。被保険者がお亡くなりになっている場合は、相続人よりご申請ください。
郵便番号（ハイフン除く）	1950074
電話番号（左づめハイフン除く）	090××××××××
住所	東京（都）道府県 町田市山崎町26-5-×

振込先指定口座

振込先指定口座は、上記申請者氏名と同じ名義の口座をご指定ください。

金融機関名称	東洋（銀行）金庫 信組 農協 漁協 その他（　）	支店名	市ヶ谷（支店）本店 代理店 出張所 本店営業部 本所 支所
預金種別	1 普通預金	口座番号（左づめ）	456123

ゆうちょ銀行の口座へお振り込みを希望される場合、支店名は３桁の漢数字を、口座番号は振込専用の口座番号（７桁）をご記入ください。
ゆうちょ銀行口座番号（記号・番号）ではお振込できません。

2ページ目に続きます。

被保険者証の記号番号が不明の場合は、被保険者のマイナンバーをご記入ください。
（記入した場合は、本人確認書類等の添付が必要となります。）▶

社会保険労務士の提出代行者名記入欄	

以下は、協会使用欄のため、記入しないでください。

MN確認（被保険者）	1.記入有（添付あり） 2.記入有（添付なし） 3.記入無（添付あり）				
添付書類	職歴 1.添付 2.不備	年金 1.添付 2.不備	労災 1.添付 2.不備		
	戸籍（法定代理） 1.添付	口座証明 1.添付			
		その他 1.その他	（理由）	枚数	

受付日付印

（2022.12）

6011 1101

全国健康保険協会
協会けんぽ

（1/4）

☞　欠勤が長くなるようなら、給与の締切日ごとに毎月支給申請するとよいでしょう。
また、定期券を解約せずそのままにしておくと、一部賃金が支払われたことになり、傷病手当金の支給額からその分が控除されてしまいます。
退職後に申請する場合は、会社を通さず被保険者だった本人が、個人名で行います。
☞　令和２年12月25日より、申請書の押印が不要になりました。

健康保険 傷病手当金 支給申請書　1 2 3 4 ページ　被保険者記入用

被保険者氏名	岡田　桂子

区分	項目	記入欄
申請内容	① 申請期間（療養のために休んだ期間）	令和 ×× 年 09 月 02 日 から 令和 ×× 年 10 月 10 日 まで
	② 被保険者の仕事の内容（退職後の申請の場合は、退職前の仕事の内容）	
	③ 傷病名	□ 療養担当者記入欄（4ページ）に記入されている傷病による申請である場合は、左記に☑を入れてください。別傷病による申請を行う場合は、別途その傷病に対する療養担当者の証明を受けてください。
	④ 発病・負傷年月日	2　1.平成 2.令和　×× 年 09 月 02 日
	⑤ ⑤－1 傷病の原因	1　1. 仕事中以外（業務外）での傷病 2. 仕事中（業務上）での傷病 3. 通勤途中での傷病 → ⑤－2へ
	⑤－2 労働災害、通勤災害の認定を受けていますか。	□　1. はい 2. 請求中（＿＿＿＿労働基準監督署） 3. 未請求
	⑥ 傷病の原因は第三者の行為（交通事故やケンカ等）によるものですか。	2　1. はい 2. いいえ　「1. はい」の場合、別途「第三者行為による傷病届」をご提出ください。
確認事項	① 報酬 ①－1 申請期間（療養のために休んだ期間）に報酬を受けましたか。	2　1. はい → ①－2へ 2. いいえ
	①－2 ①－1を「はい」と答えた場合、受けた報酬は事業主証明欄に記入されている内容のとおりですか。	□　1. はい 2. いいえ → 事業主へご確認のうえ、正しい証明を受けてください。
	② 年金受給 ②－1 障害年金、障害手当金について　今回傷病手当金を申請するものと同一の傷病で「障害厚生年金」または「障害手当金」を受給していますか。（同一の傷病で障害年金等を受給している場合は、傷病手当金の額を調整します）	2　1. はい → ②－3へ 2. いいえ　「1. はい」の場合 →
	②－2 老齢年金等について　※退職等による健康保険資格の喪失後の期間について、傷病手当金を申請する場合はご記入ください　老齢または退職を事由とする公的年金を受給していますか。（公的年金を受給している場合は、傷病手当金の額を調整します）	2　1. はい → ②－3へ 2. いいえ　「1. はい」の場合 →
	②－3 ②－1または②－2を「はい」と答えた場合のみ、ご記入ください。	基礎年金番号 □□□□－□□□□□□ 年金コード □□□□ 支給開始年月日 □ 1.平成 2.令和 □□年□□月□□日 年金額 □□□□□□□ 円（右づめ）
	③ 労災補償 今回の傷病手当金を申請する期間において、別傷病により、労災保険から休業補償給付を受給していますか。	3　1. はい 2. 請求中（＿＿＿＿労働基準監督署） 3. いいえ　「1. はい」「2. 請求中」の場合 →

『健康保険傷病手当金支給申請書記入の手引き』をご確認ください。

「事業主記入用」は3ページ目に続きます。»»

6 0 1 2 1 1 0 1

全国健康保険協会 協会けんぽ　2/4

健康保険 傷病手当金 支給申請書

労務に服することができなかった期間を含む賃金計算期間の勤務状況および賃金支払い状況等をご記入ください。

事業主が証明するところ

被保険者氏名（カタカナ）	オカタ゛ ケイコ

姓と名の間は1マス空けてご記入ください。濁点(゛)、半濁点(゜)は1字としてご記入ください。

勤務状況　2ページの申請期間のうち出勤した日付を【○】で囲んでください。「年」「月」については出勤の有無に関わらずご記入ください。

年月	出勤日（○で囲んだ日）
令和 ×× 年 09 月	1
令和 ×× 年 10 月	11, 13, 15, 18, 19, 20, 21, 22, 25, 26, 27, 28, 29
令和 年 月	

2ページの申請期間のうち、出勤していない日（上記【○】で囲んだ日以外の日）に対して、報酬等（※）を支給した日がある場合は、支給した日と金額をご記入ください。
※有給休暇の場合の賃金、出勤等の有無に関わらず支給している手当（扶養手当・住宅手当等）、食事・住居等現物支給しているもの等

	令和 年	月	日	から 年	月	日	円
例	05	02	01	05	02	28	300000
①	××	09	16	××	10	15	3300
②							
③							
④							
⑤							
⑥							
⑦							
⑧							
⑨							
⑩							

上記のとおり相違ないことを証明します。　令和 ×× 年 10 月 22 日

事業所所在地　東京都新宿区市ヶ谷田町2-7-×

事業所名称　株式会社　市ヶ谷商会

事業主氏名　代表取締役　川上　武

電話番号　03-3266-035×

「療養担当者記入用」は4ページ目に続きます。

6 0 1 3 1 1 0 1

全国健康保険協会　協会けんぽ

3 / 4

健康保険 傷病手当金 支給申請書

療養担当者が意見を記入するところ

患者氏名（カタカナ）	オカダ ケイコ 姓と名の間は1マス空けてご記入ください。濁点(゛)、半濁点(゜)は1字としてご記入ください。
労務不能と認めた期間（勤務先での従前の労務に服することができない期間をいいます。）	令和 ×× 年 09 月 02 日 から 令和 ×× 年 10 月 10 日 まで
傷病名（労務不能と認めた傷病をご記入ください）	頭部裂傷　右足首捻挫
初診日（療養の給付の開始年月日）	2（1. 平成 2. 令和） ×× 年 09 月 02 日
発病または負傷の原因	階段にて転倒
発病または負傷の年月日	2（1. 平成 2. 令和） ×× 年 09 月 02 日
労務不能と認めた期間に診療した日がありましたか。	1（1. はい 2. いいえ）
上記期間中における「主たる症状及び経過」「治療内容、検査結果、療養指導」等	9月2日初診。バンドで固定中、安静が必要 その後リハビリも必要 捻挫した部位が固定するまで安静が必要。その後リハビリも 必要なため、労務不能と判断

上記のとおり相違ないことを証明します。　令和 ×× 年 10 月 28 日

医療機関の所在地　町田市山崎町××-×××

医療機関の名称　山崎病院

医師の氏名　山田　太郎

電話番号　××× ×××× ××××

6 0 1 4 1 1 0 1

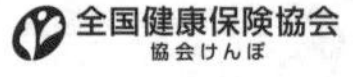

4 / 4

☞　最初の申請期間の初日の月以前12カ月間に、転職、被保険者証の記号・番号の変更等がある場合は、以下の書類を添付します。

【別添】

被保険者証	記号	11010203	番号	15

氏名	（フリガナ）オカダ　ケイコ 岡田　桂子	生年月日 ㊖昭和 平成 42年10月3日

傷病手当金・出産手当金の申請期間の初日の属する月までの12か月間に、勤務先が変更した場合もしくは、定年再雇用等で被保険者証の番号が変更した場合、または退職後に任意継続被保険者になった場合は、下記の表にご記入ください。ただし、全国健康保険協会に加入していた場合に限ります。

①	会社名（任意継続被保険者の場合は加入支部名称）	（フリガナ）（カ）ケンコウショウジ （株）健康商事
	所在地（任意継続被保険者の場合はお住まいの住所）	〒104－0061　東京 ㊖都・道・府・県 中央区銀座5-4-×
	使用されていた（加入していた）期間	令和元 年 5 月 1 日 ～ 令和元 年 7 月 31 日

②	会社名（任意継続被保険者の場合は加入支部名称）	（フリガナ）
	所在地（任意継続被保険者の場合はお住まいの住所）	〒　－　都・道・府・県
	使用されていた（加入していた）期間	年 月 日 ～ 年 月 日

③	会社名（任意継続被保険者の場合は加入支部名称）	（フリガナ）
	所在地（任意継続被保険者の場合はお住まいの住所）	〒　－　都・道・府・県
	使用されていた（加入していた）期間	年 月 日 ～ 年 月 日

傷病手当金・出産手当金の申請期間の初日の属する月までの12か月間に加入していた健康保険組合が解散し、全国健康保険協会に加入した場合は、健康保険組合の名称及びその加入期間をご記入ください。

①	健康保険組合の名称	
	加入期間	年 月 日 ～ 年 月 日

22 交通事故、自損事故、第三者（他人）等の行為による傷病（事故）届 （219頁）

提出先：全国健康保険協会各支部または加入している健康保険組合
提出期限：遅滞なく
添付書類：自動車事故証明書、事故発生状況報告書、診断書等
人身事故扱いの交通事故証明書が入手できなかった場合や、人身事故扱いの交通事故証明書が添付されていても、被害者の名前がわからない等の場合は、「人身事故証明書入手不能理由書」の添付が必要です。
提出する人：被災被保険者
〔記載例のケース〕▷山川洋二は会社が休みの日に友人の家に遊びに行った帰り、交通事故に遭い、ケガをしました。

交通事故、自損事故、第三者（他人）等の行為による傷病（事故）届

届出者	被保険者証記号番号	11010203 / 123456	被保険者氏名	山川　洋二（山川印）	職種	事務	
	事業所名（勤め先）	（株）市ヶ谷商会	所在地（勤め先）	〒162-0843 新宿区市ヶ谷田町2-7-× ℡（03-3266-035×）			
被害者（受診者）	氏名	山川　洋二　（男）・女　38才	続柄	本人	住所	〒145-0064 大田区上池台6-2-× ℡（03-3211-222×）	
	事故内容	（自動車事故）・バイク事故・自転車事故・歩行中・殴打・刺傷・その他（　　）					
	警察への届出有無	（有）（人身事故）・物損事故　※注1（　　警察署）無：（理由　　）					
加害者（第三者）	氏名	健康　太郎　（男）・女　49才	住所	〒145-0004 港区新橋2-3-× ℡（03-3432-987×）			
	勤務先又は職業	××商事（株）	所在地	〒145-0004 港区新橋1-2-× ℡（03-3432-123×）			
加害者が不明の理由							
事故発生	×年×月×日　前・（後）10時05分		発生場所	大田区（市・郡）上池台4-2-×（町・村）			
過失の度合	（自分）被害者	1・（2）・3・4・5・6・7・8・9・10	（相手）加害者	1・2・3・4・5・6・7・（8）・9・10			

事故の相手の自動車保険加入状況（傷病が交通事故によるとき）

自賠責保険	保険会社名	○○保険（株）	取扱店所在地	〒104-0061 中央区銀座5-4-× ℡（03-3542-123×）			
	保険契約者名（名義人）	健康　太郎	住所（所在地）	港区新橋2-3-×	関係	保有者との：本人 / 加害者との：本人	
	自動車の種別		府県名	東京	登録番号	品川か××××	車台番号
	自賠責証明書番号	T22-123456-0-11	保険期間	自 ×年1月×日　至 ○年1月×日			
	自動車の保有者名	健康　太郎	住所（所在地）	港区新橋2-3-×	加害者との関係	本人	
任意保険	保険会社名	○○（火災海上（株））・農協	取扱店所在地	〒101-0063 千代田区神田淡路町1-2-× 担当者名 中村 ℡（03-3456-123×）			
	保険契約者名	健康　太郎	住所（所在地）	〒105-0004 港区新橋2-3-×			
	契約証書番号	12345678	保険期間	自　年　月　日　至　年　月　日			
	保険契約期間	×年1月×日～○年1月×日	任意一括について ※注2 （有）・無				

受付日付印

※ 注1

物損事故で処理した場合	別途「人身事故証明入手不能届」の提出を求める場合があります。

※ 注2

任意一括とは、自賠責保険だけの対応ではなく、任意保険が対応している場合です。

☞ 交通事故の場合、健康保険による給付が受けられないと誤解されていることも多いようです。必ずこの書類を提出しましょう。

☞ 健康保険の場合には、保険者が独自に定めることができる様式があるので、その様式については、押印等を求められるものもあります。

治療状況（治療順）						
	①	名称	北村病院	(入院)	×年×月×日から　△年△月△日まで	自費・加害者負担・(自賠責)・社会保険
		所在地	大田区山王1-2-×	通院	年　月　日から　　年　月　日まで	自費・加害者負担・自賠責・社会保険
	②	名称		入院	年　月　日から　　年　月　日まで	自費・加害者負担・自賠責・社会保険
		所在地		通院	年　月　日から　　年　月　日まで	自費・加害者負担・自賠責・社会保険
	③	名称		入院	年　月　日から　　年　月　日まで	自費・加害者負担・自賠責・社会保険
		所在地		通院	年　月　日から　　年　月　日まで	自費・加害者負担・自賠責・社会保険

治療見込み（治療終了日）	×年×月頃 （　年　月　日終了）	(注)治療費の支払区分を医療機関に確認して○で囲んでください。 治療が終了しているときは、最終受診日をご記入ください。

休業補償

休業（治療）中の休業補償の方法（記号に○をつける）

ア　加害者が負担　　イ　職場から支給　　(ウ) 自賠責へ請求
エ　社会保険へ傷病手当金　オ　その他　（被害者加入の人身傷害保険へ請求など）

の請求予定

示談の状況 / 損害賠償の支払状況

示談又は和解（該当に○をつける）　※示談している場合は、示談書の写しを添付すること

した・(交渉中)・しない（理由）

加害者や損害保険会社からの仮渡金・治療費・付添料などもらった場合や示談・話合いの状況を具体的に記入すること。

【受領日・金額】			【受領したものの名目】
月	日	円	(　　)
月	日	円	(　　)
月	日	円	(　　)

交通事故以外の被害行為（飼犬等の咬傷を含む）の場合は、事故発生状況を下欄に具体的に記入して下さい。　※交通事故の場合はこの欄に記入せず、事故発生状況報告書に記入して下さい。

（事故発生状況）

全国健康保険協会

負傷原因報告書

被保険者記号番号	11010203 123456	被保険者氏名	山川　洋二
事業所名	(株)市ヶ谷商会	所在地	新宿区市ヶ谷田町2−7−×
職種	事務	就業時間	9時30分から　17時30分まで
被扶養者が負傷したとき	氏名	被保険者との続柄	

負傷の原因（詳細に記述すること）

○いつ（　×　年×月×日(日)曜）　午前・午後（午後に丸）　10時　05　分頃）

○その日は　勤務日　公休日　会社の休日（丸印）　私用で休み

○どこで（場所）

大田区上池台4-2-×

○なにをしているときですか　※具体的にご記入ください。

（なにをしに行くときですか）

友人宅へ出掛け、自宅へ帰るとき

○パート・バイト中の場合　※被扶養者が勤務しているときはご記入ください。

勤務先名称

勤務先住所　（TEL　−　−　）

○出勤又は退社して帰宅中の負傷の場合は、会社から帰宅までを裏面に図示し通勤経路及び負傷場所を記入してください。

○次の欄は該当するものの番号を○印で囲んでください。

1. 職務中に生じた　2. パート・バイト中に生じた　③私用中に生じた

4. 事業所内で生じた　5. 事業所内で休憩中に生じた　6. 出勤の途中

7. 退社して帰宅中　8. 自宅において　9. 会社主催の体育祭等において

○他人の行為によって負傷させられたときは、その相手の

住所　港区新橋2-3-×

氏名　健康　太郎　（TEL 03 −3232− 987×）

上記のとおり相違ありません

×年　×月　×日

被保険者の住所　大田区上池台6-2-×

氏名　山川　洋二　（山川）印

事故発生状況報告書

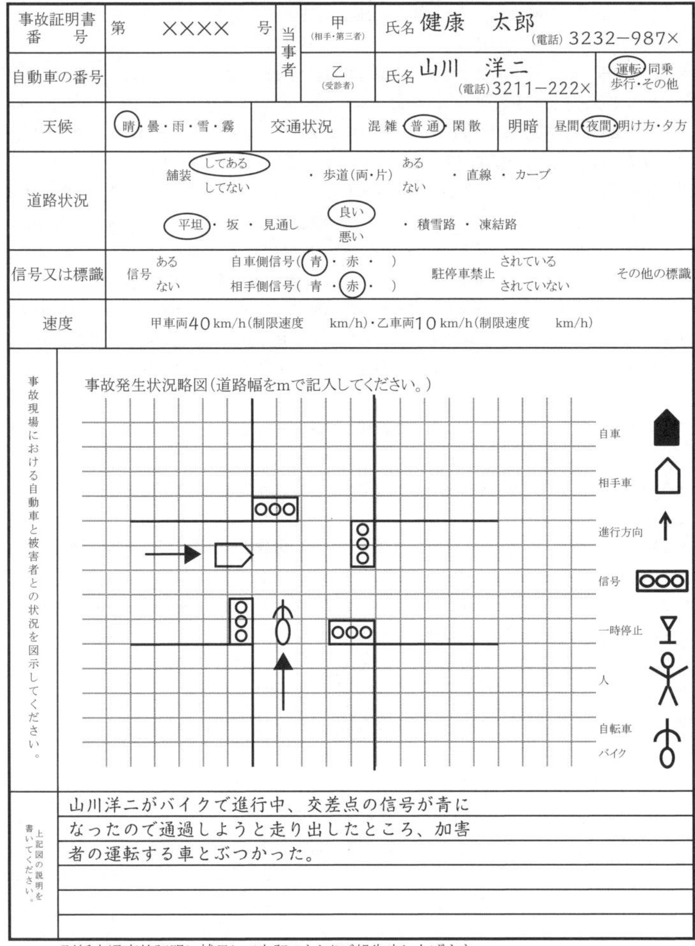

事故証明書番号	第　××××　号	当事者	甲（相手・第三者）	氏名 健康　太郎（電話）3232－987×	
自動車の番号			乙（受診者）	氏名 山川　洋二（電話）3211－222×	(運転)・同乗・歩行・その他

天候	(晴)・曇・雨・雪・霧	交通状況	混雑・(普通)・閑散	明暗	昼間・(夜間)・明け方・夕方

道路状況	舗装（(してある)・してない）・歩道（両・片）（ある・ない）・直線・カーブ (平坦)・坂・見通し（(良い)・悪い）・積雪路・凍結路
信号又は標識	信号（ある・ない）　自車側信号（(青)・赤・　）　相手側信号（青・(赤)・　）　駐停車禁止（されている・されていない）　その他の標識
速度	甲車両40 km/h（制限速度　km/h）・乙車両10 km/h（制限速度　km/h）

事故現場における自動車と被害者との状況を図示してください。

事故発生状況略図（道路幅をmで記入してください。）

上記図の説明を書いてください。

山川洋二がバイクで進行中、交差点の信号が青になったので通過しようと走り出したところ、加害者の運転する車とぶつかった。

別紙交通事故証明に補足して上記のとおりご報告申し上げます。

×年　×月　×日

報告者　甲との関係（　　）
乙との関係（本人）　氏名 山川　洋二 (山川)㊞

国及び全国健康保険協会　　　　　支部　御中

同　意　書

私が加害者（　健康　太郎　）に対して有する損害賠償請求権は、法令（※）により、保険者が保険給付の限度において取得することになります。

つきましては、保険者が損害賠償額の支払の請求を加害者又は加害者の加入する損害保険会社等に行う際、請求書一式に当該保険給付に係る診療報酬明細書等の写しを添付することに同意します。

なお、私が損害保険会社等へ請求し、保険金等を受領したときは、金額並びにその内訳等の各種情報について照会を行い、損害保険会社等からその照会内容について情報提供を受けること、保険者が保険医療機関等に対して事故による診療に関する内容の照会を行い、保険医療機関等から情報提供を受けることに同意します。

さらに、私が70歳代前半の被保険者に係る一部負担金等の軽減特例措置の支給を受けていた場合、当該軽減特例措置によって支給された一部負担金等の一部に相当する額について、国が加害者または加害者の加入する損害保険会社等に請求を行うこと、国が保険者に損害賠償額の支払の請求及び受領を委任すること並びに国から委任を受けた保険者が当該金額についての請求事務及び受領代行を外部機関に委託することについても同意します。

その上で、保険者が損害保険会社等から受領した金銭と被保険者が返還すべき額を相殺することに同意します。

また、保険者が保険給付又は損害賠償請求に必要と認める場合、官公庁、損害保険会社、他の保険者等の各機関に照会を行い、その照会内容について情報を提供し、また受けること、保険給付後の傷病の原因が給付制限に該当すると判明した場合、当該制限に係る給付費を速やかに保険者に返還することに同意します。

あわせて、次の事項を守ることを誓約します。

1　加害者（保険会社・共済団体）と示談を行おうとする場合は、必ず事前にその内容を申し出ること。

2　加害者（保険会社・共済団体）に白紙委任状を渡さないこと。

3　加害者（保険会社・共済団体）から金品を受けたときは、受領日、内容、金額をもれなく、速やかに届出ること。

4　治療が完了した場合には、治療完了日を報告すること。

×年　×月　×日

受診者（未成年の場合は親権者等）

住所　大田区上池台6-2-×

氏名　山川　洋二　　　　山川（印）

（※）各保険における根拠法令は次のとおりです。

健康保険：健康保険法第57条、船員保険：船員保険法第45条、国民健康保険：国民健康保険法第64条1項、後期高齢者医療：高齢者の医療の確保に関する法律第58条1項

損害賠償金納付確約書・念書

（受診者氏名）

× 年 × 月 × 日 山川　洋二 に傷害を負わせましたが、この傷害に係る損害賠償請求権を保険給付価格の限度において、全国健康保険協会　　　支部が代位取得し、全国健康保険協会　　　支部から損害賠償金（保険給付）の請求を受けたときは、私の過失割合の範囲において納付することを確約しますので、保険給付してください。

　また、自動車賠償責任保険から支払われる損害賠償金額が不足した場合で、全国健康保険協会　　　支部が私に請求したときは、損害賠償に応じることをあわせて確約します。

× 年 ○ 月 ○ 日

損害賠償支払義務者（未成年の場合は親権者）

住所　港区新橋2-3-×

氏名　健康　太郎 ㊞（健康）

TEL（ 3432−987× ）

全国健康保険協会　　　支部長　殿

【本件についてのご意見】　※ご意見があればご記入ください。

☞ 人身事故証明書が入手不能の場合は添付します。

人身事故証明書入手不能理由書

（表面）

■ 人身事故扱いの交通事故証明書が入手できなかった理由をお教えください。

（人身事故扱いの交通事故証明書が添付されていても、被害者の方のお名前がない場合は、記入してください。）

理　由 （※該当する項目に○印をしてください。 ※複数に該当する場合は、すべてに○印をしてください。）	◌ 受傷が軽微で、検査通院のみ（予定を含む）であったため ◌ 受傷が軽微で、短期間で治療を終了した（もしくは終了予定の）ため ◌ 公道以外の場所（駐車場、私有地など）で発生した事故のため ◌ 事故当事者の事情（理由を具体的に記載してください。） 【理由】 ◌ その他（理由を具体的に記載してください。） 【理由】

◆ 警察へ、事故発生の届出を行っている場合には、以下に記載してください。

届出警察	警察　　担当官（判明している場合）	届出年月日	年　月　日

裏面へ（交通事故証明書が発行されていない場合、または発行されている交通事故証明書にお名前がない場合に限り、裏面の事故当事者、発行日時、発生場所等を記入してください。）

■人身事故の事実を確認するため、関係者の記名・押印をお願いします。

◆上記理由により人身事故証明書を取得していませんが、人身事故の事実に相違ありません。

◌ 当事者 ◌ 目撃者 ◌ その他（　　　） ※ 該当する項目に○印をしてください。	住所 〒　　記入日　年　月　日 氏名　　㊞ 電話（　　）

（注）当欄は、賠償を求める側が、直接、自賠責保険に請求（法第16条請求）する場合には、保険契約者側（契約者、運転者など）の方、または目撃者の方がご記入ください。賠償をした側が請求（法第15条請求）する場合には、賠償を受けた側の方、または目撃者の方がご記入ください。

（保険会社使用欄）　　該当する☐のすべてに✔する

☐ 人身事故としての警察への届出の必要性について、説明しました。

☐ 請求関係書類の確認により、または以下の調査・確認により、人身事故の事実に相違ないことを確認しました。

責任者	担当者

◆ 確認日	◆ 確認先	◆ 確認方法
年　月　日	☐病院 ☐目撃者 ☐運転者 ☐被害者 ☐修理工場 ☐その他（　　）	☐電話 ☐文書 ☐面談
年　月　日	☐病院 ☐目撃者 ☐運転者 ☐被害者 ☐修理工場 ☐その他（　　）	☐電話 ☐文書 ☐面談
年　月　日	☐病院 ☐目撃者 ☐運転者 ☐被害者 ☐修理工場 ☐その他（　　）	☐電話 ☐文書 ☐面談
◆ その他・特記事項〔　　〕		

【事案情報 被害者名　　　事故日：　　年　　月　　日】

23 健康保険 被保険者 家族 療養費支給申請書（225頁）

提 出 先：全国健康保険協会各支部または加入している健康保険組合
提出期限：療養を受けた日から２年以内
添付書類：領収書、レセプトコピー等
提出する人：被保険者
〔記載例のケース〕▷田口麻子さんは、入社後すぐに自宅でケガをしましたが、国民健康保険証を提示して、治療を受けてしまいました。後日、国民健康保険課より治療費を支払うよう連絡があり支払いましたので、その分健康保険に申請することになりました。

☞ 国民健康保険で受診した分の診療明細書を必ず添付します。
☞ 令和２年12月25日より、申請書の押印が不要になりました。

健康保険 被保険者 家族 療養費 支給申請書（立替払等） 1 2 ページ 立

医療機関窓口で医療費の全額を支払い、払い戻しを受ける場合等にご使用ください。なお、記入方法および添付書類等については「記入の手引き」をご確認ください。

被保険者（申請者）情報

被保険者証	記号（左づめ）11010203 番号（左づめ）8 ／ 生年月日 1（1.昭和 2.平成 3.令和） 47年 07月 20日
氏名（カタカナ）	タグチ アサコ（姓と名の間は1マス空けてご記入ください。濁点（゛）、半濁点（゜）は1字としてご記入ください。）
氏名	田口 麻子（※申請者はお勤めされている（いた）被保険者です。被保険者がお亡くなりになっている場合は、相続人よりご申請ください。）
郵便番号（ハイフン除く）	2610005 ／ 電話番号（左づめハイフン除く） 090××××××××
住所	千葉 都・道・府・(県) 千葉市美浜区稲毛海岸3-6-×

振込先指定口座

振込先指定口座は、上記申請者氏名と同じ名義の口座をご指定ください。

金融機関名称	東葉 (銀行)・金庫・信組・農協・漁協・その他（ ）	支店名	×× 本店・(支店)・代理店・出張所・本店営業部・本所・支所
預金種別	1 普通預金	口座番号（左づめ）	1×××××8

ゆうちょ銀行の口座へお振り込みを希望される場合、支店名は3桁の漢数字を、口座番号は振込専用の口座番号（7桁）をご記入ください。
ゆうちょ銀行口座番号（記号・番号）ではお振込できません。

2ページ目に続きます。≫

被保険者証の記号番号が不明の場合は、被保険者のマイナンバーをご記入ください。
（記入した場合は、本人確認書類等の添付が必要となります。） ▶

社会保険労務士の提出代行者名記入欄

以下は、協会使用欄のため、記入しないでください。

項目					
MN確認（被保険者）	1.記入有（添付あり） 2.記入有（添付なし） 3.記入無（添付あり）				
添付書類	領収書 1.添付 2.不備	診療費用 円	負担割合 %		
	診療明細（レセプト） 1.添付 2.不備 3.同意書	戸籍（法定代理） 1.添付	口座証明 1.添付		
申請内容	診療期間 令和 年 月 日 から 令和 年 月 日 日間				受付日付印
	申請理由 1.被保険者証不所持 2.他健保証使用 3.食事療養費 9.その他	入院外来 1.入院 2.外来			
6611101	その他 1.その他	（理由）	枚数		

（2022.12）

全国健康保険協会 協会けんぽ

（1/2）

1 2 ページ

健康保険 被保険者・家族 療養費 支給申請書(立替払等)

被保険者氏名	田口　麻子

申請内容		
①	①－1 受診者	1 　1. 被保険者 2. 家族(被扶養者)
	①－2 受診者の氏名(カタカナ)	姓と名の間は1マス空けてご記入ください。濁点(゛)、半濁点(゜)は1字としてご記入ください。
	①－3 受診者の生年月日	1.昭和 2.平成 3.令和 　年　月　日
②	傷病名	右足首捻挫
③	発病または負傷年月日	2 　1. 平成 2. 令和 ××年 11月 11日
④	④－1 傷病の原因	1 　1. 仕事中以外(業務外)での傷病 2. 仕事中(業務上)での傷病 3. 通勤途中での傷病 } ➡ ④－2へ
	④－2 労働災害、通勤災害の認定を受けていますか。	1. はい 2. 請求中 3. 未請求
⑤	傷病の原因は第三者の行為(交通事故やケンカ等)によるものですか。	2 　1. はい 2. いいえ 　「1. はい」の場合、別途「第三者行為による傷病届」をご提出ください。
⑥	⑥－1 診療を受けた医療機関等の名称	××病院
	⑥－2 診療を受けた医療機関等の所在地	千葉市美浜区××
	⑥－3 診療した医師等の氏名	△△△△
⑦	診療を受けた期間	令和 ××年 11月 12日 から 令和 ××年 11月 14日
⑧	療養に要した費用の額(右づめ)	15400 円
⑨	診療の内容	診察、レントゲンにて骨折の有無確認、湿布薬処方など
⑩	療養費申請の理由	1 　1. 被保険者証を持参できなかったことにより、医療費を全額自己負担したため 2. 他の保険者の被保険者証を使用し、医療費を返還したため 3. 入院時の食事代の差額を申請するため 9. その他

『健康保険療養費支給申請書(立替払等)記入の手引き』をご確認ください。

6 6 1 2 1 1 0 1

全国健康保険協会
協会けんぽ

(2/2)

24 健康保険 被保険者 被扶養者 世帯合算 高額療養費支給申請書（227頁）

提出先：全国健康保険協会各支部または加入している健康保険組合
提出期限：療養を受けた月の翌月初日から２年以内
（療養を受けた月の翌々月くらいに提出するのがよいでしょう）
添付書類：領収書、ケガの場合は「負傷原因届」
提出する人：被保険者
〔記載例のケース〕▷山田浩は標準報酬月額が38万円です。先日、胃潰瘍になり入院し、自己負担額が「80,100円＋（医療費－267,000円）×１％」を超えましたので、申請することにしました。

健康保険 被保険者 被扶養者 世帯合算 **高額療養費** 支給申請書　1 2 ページ　(高)
※給付金のお支払いまで、診療月後3か月以上かかります。

医療機関に支払った１か月分の自己負担額が高額になり、自己負担額を超えた額の払い戻しを受ける場合にご使用ください。なお、記入方法および添付書類等については「記入の手引き」をご確認ください。

被保険者（申請者）情報

被保険者証	記号（左づめ）11010203　番号（左づめ）9　生年月日 1（1.昭和 2.平成 3.令和）42年07月15日
氏名（カタカナ）	ヤマダ゛ ヒロシ 姓と名の間は1マス空けてご記入ください。濁点（゛）、半濁点（゜）は1字としてご記入ください。
氏名	山田　浩 ※申請者はお勤めされている（いた）被保険者です。被保険者がお亡くなりになっている場合は、相続人よりご申請ください。
郵便番号（ハイフン除く）	1140034　電話番号（左づめハイフン除く）090××××××××
住所	東京 (都)道府県 北区上十条2−31−×

振込先指定口座

振込先指定口座は、上記申請者氏名と同じ名義の口座をご指定ください。

金融機関名称	もも　(銀行) 金庫 信組 農協 漁協 その他（　）	支店名	上十条　本店 (支店) 代理店 出張所 本店営業部 本所 支所
預金種別	1 普通預金	口座番号（左づめ）	1×××××9

ゆうちょ銀行の口座へお振り込みを希望される場合、支店名は３桁の漢数字を、口座番号は振込専用の口座番号（７桁）をご記入ください。
ゆうちょ銀行口座番号（記号・番号）ではお振込できません。

2ページ目に続きます。

被保険者証の記号番号が不明の場合は、被保険者のマイナンバーをご記入ください。
（記入した場合は、本人確認書類等の添付が必要となります。）▶

社会保険労務士の提出代行者名記入欄	

以下は、協会使用欄のため、記入しないでください。

MN確認（被保険者）	1.記入有（添付あり） 2.記入有（添付なし） 3.記入無（添付あり）			受付日付印
添付書類	所得証明 1.添付 2.不備	戸籍（法定代理） 1.添付	口座証明 1.添付	
6411101		その他 1.その他（理由）	枚数	

(2022.12)

全国健康保険協会 協会けんぽ

1/2

☞　あくまでも健康保険での治療の自己負担額が「80,100円＋(医療費－267,000円)×１%」を超えた場合に支給申請します。差額ベッド代など保険の対象にならない治療で支払ったものは対象になりません。入院した際支払った入院時食事療養費は、保険治療ではありますが、高額療養費の対象にはなりません。

また、レセプトが全国健康保険協会各支部（または健康保険組合）にまわるまでに２カ月くらいかかりますので、治療してからすぐ提出してもなかなか入金されません。２、３カ月経ってから申請するのがよいでしょう。

☞　令和２年12月25日より、申請書の押印が不要になりました（市区町村記載欄除く）。

健康保険 被保険者 被扶養者 世帯合算 **高額療養費** 支給申請書　1 2 ページ

※給付金のお支払いまで、診療月後3か月以上かかります。

被保険者氏名	山田　浩

医療機関等から協会へ請求のあった診療報酬明細書（レセプト）により確認できた、本申請の支給（合算）対象となる診療等の自己負担額を全て合算して、支給額を算出します。

① 診療年月　令和 ××年 01月 → 高額療養費は月単位でご申請ください。左記年月に診療を受けたものについて、下記項目をご記入ください。

申請内容			
② 受診者氏名	山田　浩	山田　良子	
② 受診者生年月日（1. 昭和 2. 平成 3. 令和）	1　42年07月15日	1　44年05月06日	年　月　日
③ 医療機関（薬局）の名称	松山病院	××病院	
③ 医療機関（薬局）の所在地	東京都文京区小石川1-×	東京都北区上十条2-31-×	
④ 病気・ケガの別（1. 病気 2. ケガ）	2	2	
⑤ 療養を受けた期間	10日から31日	13日から15日	日から　日
⑥ 支払額（右づめ）	164860円	33300円	円

「①診療年月」以前1年間に、高額療養費に該当する月が3か月以上ある場合、「①診療年月」以外の直近3か月分の診療年月をご記入ください。

⑦ 診療年月　1 令和△△年03月　2 令和△△年07月　3 令和△△年11月

情報照会		
⑧ 非課税等	□	被保険者が非課税である等、自己負担限度額の所得区分が「低所得」となる場合（記入の手引き参照）には、左記に☑を入れてください。
		「⑧非課税等」に☑された方は、高額療養費算出のため、マイナンバーを利用した情報照会を行いますので、以下に当てはまる郵便番号をご記入ください。 診療月が1月～7月の場合：前年1月1日時点の被保険者の住民票住所の郵便番号 診療月が8月～12月の場合：本年1月1日時点の被保険者の住民票住所の郵便番号 詳しくは「記入の手引き」をご確認ください。
⑨ 被保険者郵便番号（ハイフン除く）	1140034	
⑩ 希望しない	☑	マイナンバーを利用した情報照会を希望しない場合は、左記に☑を入れてください。 希望しない場合には、非課税証明書等の必要な証明書類を添付してください。

6412110 1

全国健康保険協会 協会けんぽ　2/2

25 健康保険出産手当金支給申請書（147頁、232頁）

提 出 先：全国健康保険協会各支部または加入している健康保険組合
提出期限：速やかに（休業した日の翌日から２年以内）
添付書類：出勤簿、賃金台帳
提出する人：被保険者または被保険者であった者
〔記載例のケース〕▷岡田桂子は出産のため会社を休むことになり、会社からは給料が支給されないので、出産手当金を申請することになりました。

健康保険 出産手当金 支給申請書

手

被保険者本人が出産のため会社を休み、その間の給与の支払いを受けられない場合の生活保障として、給付金を受ける場合にご使用ください。なお、記入方法および添付書類等については「記入の手引き」をご確認ください。

被保険者（申請者）情報

被保険者証	記号（左づめ）11010203　番号（左づめ）15　生年月日 1（1.昭和 2.平成 3.令和）59年 10月 03日
氏名（カタカナ）	オカダ゛ ケイコ 姓と名の間は1マス空けてご記入ください。濁点（゛）、半濁点（゜）は1字としてご記入ください。
氏名	岡田　桂子 ※申請者はお勤めされている（いた）被保険者です。被保険者がお亡くなりになっている場合は、相続人よりご申請ください。
郵便番号（ハイフン除く）	1950074
電話番号（左づめハイフン除く）	080××××××××
住所	東京 都（道 府 県） 町田市山崎町26-5-×

振込先指定口座

振込先指定口座は、上記申請者氏名と同じ名義の口座をご指定ください。

金融機関名称	東洋（銀行・金庫・信組・農協・漁協・その他（　））	支店名	市ヶ谷（本店・支店・代理店・出張所・本店営業部・本所・支所）
預金種別	1 普通預金	口座番号（左づめ）	1234567

ゆうちょ銀行の口座へお振り込みを希望される場合、支店名は３桁の漢数字を、口座番号は振込専用の口座番号（７桁）をご記入ください。
ゆうちょ銀行口座番号（記号・番号）ではお振込できません。

「被保険者・医師・助産師記入用」は2ページ目に続きます。»

被保険者証の記号番号が不明の場合は、被保険者のマイナンバーをご記入ください。
（記入した場合は、本人確認書類等の添付が必要となります。）▶ ＿＿＿＿＿＿

社会保険労務士の提出代行者名記入欄	

以下は、協会使用欄のため、記入しないでください。

MN確認（被保険者）	□ 1. 記入有（添付あり） 2. 記入有（添付なし） 3. 記入無（添付あり）				
添付書類	職歴 □ 1. 添付 2. 不備	戸籍（法定代理） □ 1. 添付	口座証明 □ 1. 添付		
		その他 □ 1. その他	（理由）	枚数	

受付日付印

6 1 1 1 1 1 0 1

（2022.12）

全国健康保険協会
協会けんぽ

（1 / 3）

☞　何回かに分けて支給申請する場合は、そのつど用紙に医師等の証明が必要です。
　なお、出産予定日は必ず記入してもらいましょう。出産が遅れた場合は、その日数分が加算されます。
　退職後の支給申請は個人名で行います。
☞　令和２年12月25日より、申請書の押印が不要になりました。

1 2 3 ページ

健康保険 出産手当金 支給申請書

被保険者・医師・助産師記入用

被保険者氏名　岡田　桂子

申請内容		
①	申請期間（出産のために休んだ期間）	令和 ××年 01月 05日 から 令和 ××年 04月 05日
②	今回の出産手当金の申請は、出産前の申請ですか、出産後の申請ですか。	2　1. 出産前　2. 出産後
③	③－1 出産予定日	令和 ××年 02月 15日
	③－2 出産年月日（出産後の申請の場合はご記入ください。）	令和 ××年 02月 18日
④	④－1 出生児数	1 人　出産前の申請の場合、予定の出生児数をご記入ください。
	④－2 死産児数	人
⑤	⑤－1 申請期間（出産のために休んだ期間）に報酬を受けましたか。	2　1. はい ➡ ⑤－2へ　2. いいえ
	⑤－2 受けた報酬は事業主証明欄に記入されている内容のとおりですか。	1. はい　2. いいえ ➡ 事業主へご確認のうえ、正しい証明を受けてください。

医師・助産師による証明	
出産者氏名（カタカナ）	オカダ　ケイコ　姓と名の間は1マス空けてご記入ください。濁点(゛)、半濁点(゜)は1字としてご記入ください。
出産予定日	令和 ××年 02月 15日
出産年月日	令和 ××年 02月 18日
出生児数	1 人　出産前の申請の場合、予定の出生児数をご記入ください。
死産児数	人
死産の場合の妊娠日数	日

上記のとおり相違ないことを証明します。　令和 ××年 03月 20日

医療施設の所在地　町田市山崎町1150-2-×
医療施設の名称　山崎病院
医師・助産師の氏名　山崎　直子
電話番号　042-797-133×

「事業主記入用」は3ページ目に続きます。

6 1 1 2 1 1 0 1

全国健康保険協会
協会けんぽ

(2/3)

健康保険 出産手当金 支給申請書

事業主記入用

労務に服さなかった期間を含む賃金計算期間の勤務状況および賃金支払い状況等をご記入ください。

事業主が証明するところ

被保険者氏名（カタカナ）：オカタ゛ ケイコ

姓と名の間は1マス空けてご記入ください。濁点（゛）、半濁点（゜）は1字としてご記入ください。

勤務状況　2ページの申請期間のうち、出勤した日付を【○】で囲んでください。「年」「月」については出勤の有無に関わらずご記入ください。

令和 年	月	出勤日（○で囲んだ日）
××	12	17, 18, 19, 20, 21, 24, 25, 26
△△	01	
△△	02	
△△	03	
△△	04	

2ページの申請期間のうち、出勤していない日（上記【○】で囲んだ日以外の日）に対して、報酬等（※）を支給した日がある場合は、支給した日と金額をご記入ください。
※有給休暇の場合の賃金、出勤等の有無に関わらず支給している手当（扶養手当・住宅手当等）、食事・住居等現物支給しているもの等

	令和 年	月	日	から	令和 年	月	日	円
例	05	02	01	から	05	02	28	300000
①				から				
②				から				
③				から				
④				から				
⑤				から				
⑥				から				
⑦				から				
⑧				から				
⑨				から				
⑩				から				

上記のとおり相違ないことを証明します。

令和 ×× 年 04 月 30 日

事業所所在地　東京都新宿区市ヶ谷田町2−7−×

事業所名称　株式会社　市ヶ谷商会

事業主氏名　代表取締役　川上　武

電話番号　03 XXXX XXXX

6 1 1 3 1 1 0 1

全国健康保険協会
協会けんぽ

（3 / 3）

26 健康保険 被保険者／家族 出産育児一時金 支給申請書 (147頁)

提 出 先：全国健康保険協会各支部または加入している健康保険組合
提出期限：速やかに
添付書類：①医療機関等から交付される直接支払制度を利用していないことを証明する書類のコピー
②出産費用の領収・明細書のコピー
提出する人：被保険者
〔記載例のケース〕▷岡田桂子は長女麻子を出産しましたので、出産育児一時金を申請することにしました。

健康保険 被保険者／家族 出産育児一時金 支給申請書

1 2 ページ　被保険者記入用

加入者が出産し、医療機関等で出産育児一時金の直接支払制度を利用していない場合の出産費用の補助を受ける場合にご使用ください。
なお、記入方法および添付書類等については「記入の手引き」をご確認ください。

被保険者（申請者）情報

被保険者証	記号（左づめ）1101020315　番号（左づめ）	生年月日	1（1.昭和 2.平成 3.令和）59年10月03日
氏名（カタカナ）	オカダ゛ ケイコ		
	姓と名の間は1マス空けてご記入ください。濁点（゛）、半濁点（゜）は1字としてご記入ください。		
氏名	岡田　桂子		※申請者はお勤めされている（いた）被保険者です。被保険者がお亡くなりになっている場合は、相続人よりご申請ください。
郵便番号（ハイフン除く）	1950074	電話番号（左づめハイフン除く）	080××××××××
住所	東京 都・道・府・県 町田市山崎町26-5-×		

振込先指定口座

振込先指定口座は、上記申請者氏名と同じ名義の口座をご指定ください。

金融機関名称	東洋（銀行・金庫・信組・農協・漁協・その他（　））→銀行	支店名	市ヶ谷（本店・支店・代理店・出張所・本店営業部・本所・支所）→支店
預金種別	1 普通預金	口座番号（左づめ）	1234567

ゆうちょ銀行の口座へお振り込みを希望される場合、支店名は3桁の漢数字を、口座番号は振込専用の口座番号（7桁）をご記入ください。
ゆうちょ銀行口座番号（記号・番号）ではお振込できません。

「被保険者・医師・市区町村長記入用」は2ページ目に続きます。»»

被保険者証の記号番号が不明の場合は、被保険者のマイナンバーをご記入ください。
（記入した場合は、本人確認書類等の添付が必要となります。）▶

社会保険労務士の提出代行者名記入欄	

以下は、協会使用欄のため、記入しないでください。

項目				
MN確認（被保険者）	1. 記入有（添付あり） 2. 記入有（添付なし） 3. 記入無（添付あり）			
添付書類	出産証明書 1. 添付 2. 不備	合意文書等 1. 添付 2. 不備		
	戸籍（法定代理） 1. 添付	口座証明 1. 添付		
産科医療補償制度	1. 該当 2. 非該当			
62111101	その他 1. その他	（理由）	枚数	

受付日付印

(2022.12)

全国健康保険協会 協会けんぽ

1／2

☞　令和２年12月25日より、申請書の押印が不要になりました（市区町村長記載欄以外）。

健康保険 被保険者／家族 出産育児一時金 支給申請書　1 2 ページ（被保険者・医師・市区町村長記入用）

被保険者氏名	岡田　桂子

申請内容		
①	①－1 出産者	1　1. 被保険者　2. 家族(被扶養者)
	①－2 出産者の氏名(カタカナ)	姓と名の間は1マス空けてご記入ください。濁点(゛)、半濁点(゜)は1字としてご記入ください。
	①－3 出産者の生年月日	1.昭和 2.平成 3.令和　年　月　日
②	出産年月日	令和 ×× 年 02 月 18 日
③	出産した国	1　1. 日本　2. 海外 ➡ 国名（　　）
④	④－1 出生児数	1 人　④－2 死産児数　人
⑤	同一の出産について、健康保険組合や国民健康保険等から出産育児一時金を受給していますか。	2　1. 受給した　2. 受給していない

※医師・助産師、市区町村長のいずれかより証明を受けてください。

医師・助産師による証明	
出産者の氏名(カタカナ)	オカダ　ケイコ 姓と名の間は1マス空けてご記入ください。濁点(゛)、半濁点(゜)は1字としてご記入ください。
出産年月日	令和 ×× 年 02 月 18 日
出生児数	1 人　死産児数　人　死産の場合の妊娠日数　日
上記のとおり相違ないことを証明します。	令和 ×× 年 02 月 22 日
医療施設の所在地	東京都町田市山崎町1150-×
医療施設の名称	山崎病院
医師・助産師の氏名	山崎　直子
電話番号	042 ×××× ××××

市区町村長による証明（生産の場合のみ）	
本籍	筆頭者氏名
母の氏名(カタカナ)	姓と名の間は1マス空けてご記入ください。濁点(゛)、半濁点(゜)は1字としてご記入ください。
母の氏名	
出生児数	人　出生年月日　令和　年　月　日
出生児氏名	
上記のとおり相違ないことを証明します。 市区町村長名	印　令和　年　月　日

6 2 1 2 1 1 0 1

全国健康保険協会
協会けんぽ

(2/2)

27 健康保険 被保険者 家族 出産育児一時金 内払金 支払依頼書 (234頁)

提 出 先：全国健康保険協会各支部または加入している健康保険組合
提出期限：速やかに
添付書類：直接支払制度による一時金の支払いが医療機関等に既にされている差額支給の場合は特になし
提出する人：被保険者
〔記載例のケース〕▷岡田桂子は長女麻子を出産しましたが、出産費用が給付額より安かったので差額を申請することにしました。

健康保険 被保険者 家族 出産育児一時金 内払金 支払依頼書　1 2 ページ　被保険者記入用　一

加入者が出産し、医療機関等で出産育児一時金の直接支払制度を利用し、出産した費用の差額を受ける場合にご使用ください。なお、記入方法および添付書類等については「記入の手引き」をご確認ください。

被保険者（申請者）情報

被保険者証	記号（左づめ）11010203　番号（左づめ）15　生年月日 1（1.昭和 2.平成 3.令和）59年10月03日
氏名（カタカナ）	オカダ゛ ケイコ（姓と名の間は1マス空けてご記入ください。濁点（゛）、半濁点（゜）は1字としてご記入ください。）
氏名	岡田　桂子（※申請者はお勤めされている（いた）被保険者です。被保険者がお亡くなりになっている場合は、相続人よりご申請ください。）
郵便番号（ハイフン除く）	1950074
電話番号（左づめハイフン除く）	678910123××
住所	東京 ㊞都 道 府 県 町田市山崎町26−5−×

振込先指定口座

振込先指定口座は、上記申請者氏名と同じ名義の口座をご指定ください。

金融機関名称	東洋（○銀行 金庫 信組 農協 漁協 その他（ ））	支店名	市ヶ谷（本店 ○支店 代理店 出張所 本店営業部 本所 支所）
預金種別	1 普通預金	口座番号（左づめ）	1234567

ゆうちょ銀行の口座へお振り込みを希望される場合、支店名は3桁の漢数字を、口座番号は振込専用の口座番号（7桁）をご記入ください。
ゆうちょ銀行口座番号（記号・番号）ではお振込できません。

「被保険者・医師・市区町村長記入用」は2ページ目に続きます。》》》

被保険者証の記号番号が不明の場合は、被保険者のマイナンバーをご記入ください。
（記入した場合は、本人確認書類等の添付が必要となります。）▶

社会保険労務士の提出代行者名記入欄	

以下は、協会使用欄のため、記入しないでください。

MN確認（被保険者）		1. 記入有（添付あり） 2. 記入有（添付なし） 3. 記入無（添付あり）		
添付書類	出産証明書（領収書）	1. 添付 2. 不備	合意文書等	1. 添付 2. 不備
	戸籍（法定代理）	1. 添付	口座証明	1. 添付
産科医療補償制度		1. 該当 2. 非該当	出産費用	円
			その他	1. その他（理由）
			枚数	

受付日付印

62111201

(2022.12)

全国健康保険協会 協会けんぽ

☞ 直接支払制度による出産育児一時金の支払いが医療機関等にまだなされないときに差額を受ける場合は、「内払金支払依頼書」に記載して提出します。そのときは、領収・明細書のコピー、医療機関等から交付される直接支払制度に係る代理契約に関する文書のコピー等が必要です。
☞ 医師の証明欄は、住所地の市区町村長の証明でも構いません。
振込先は必ず被保険者本人名義の口座にします。
☞ 令和２年12月25日より、申請書の押印が不要になりました（市区町村長記載欄以外）。

健康保険 被保険者 家族 出産育児一時金 内払金 支払依頼書 1 2 ページ（被保険者・医師・市区町村長記入用）

被保険者氏名 岡田　桂子

申請内容		
①	①－1 出産者	1（1. 被保険者 2. 家族（被扶養者））
	①－2 出産者の氏名（カタカナ）	オカタ゛ ケイコ（姓と名の間は1マス空けてご記入ください。濁点（゛）、半濁点（゜）は1字としてご記入ください。）
	①－3 出産者の生年月日	1（1.昭和 2.平成 3.令和） 59年 10月 03日
②	出産年月日	令和 ××年 02月 18日
③	③－1 出生児数	1人　③－2 死産児数 人
④	同一の出産について、健康保険組合や国民健康保険等から出産育児一時金を受給していますか。	2（1. 受給した 2. 受給していない）
⑤	出産費用の額（領収・明細書の額）	320000円

※医療機関等から交付されている領収・明細書に「出産年月日」および「出生児数」が記入されている場合、もしくは死産の場合で「死産年月日」および「妊娠週数」が記入されている場合は以下の証明は必要ありません。

医師・助産師による証明	
出産者氏名（カタカナ）	オカタ゛ ケイコ（姓と名の間は1マス空けてご記入ください。濁点（゛）、半濁点（゜）は1字としてご記入ください。）
出産年月日	令和 ××年 02月 18日
出生児数	1人　死産児数 人　死産の場合の妊娠日数 日

上記のとおり相違ないことを証明します。　令和 ××年 02月 22日
医療施設の所在地 東京都町田市山崎町1150-×
医療施設の名称 山崎病院
医師・助産師の氏名 山崎　直子
電話番号 042 ×××× ××××

市区町村長による証明（生産の場合のみ）	
本籍	筆頭者氏名
母の氏名（カタカナ）	（姓と名の間は1マス空けてご記入ください。濁点（゛）、半濁点（゜）は1字としてご記入ください。）
母の氏名	
出生児数	人　出生年月日 令和 年 月 日
出生児氏名	

上記のとおり相違ないことを証明します。　令和 年 月 日
市区町村長名 印

6212120 1

全国健康保険協会 協会けんぽ　2/2

28 健康保険 厚生年金保険 産前産後休業取得者申出書／変更（終了）届 (235頁)

提出先：所轄年金事務所（健康保険組合に加入の場合は健康保険組合にも）
提出期限：産前産後休業中
添付書類：特になし
提出する人：事業主
〔記載例のケース〕▷岡田桂子は、産前から休暇を取得することになったので、保険料免除申請をすることになりました。（予定日に出産した場合の例）

産前休業中に提出する場合と、産後休業中に提出する場合では記載する内容が多少異なります。実際の出産が予定日以外の場合は、保険料免除期間が変更になりますので、後日、「産前産後休業取得者変更（終了）届」の提出が必要です。予定日に出産した場合は必要ありません。

様式コード 2273　健康保険 厚生年金保険　産前産後休業取得者申出書/変更(終了)届

令和 × 年 × 月 × 日提出

提出者記入欄

事業所整理記号	00－イチカ
事業所所在地	届書記入の個人番号に誤りがないことを確認しました。 〒162-0843 東京都新宿区市ヶ谷田町2-7-×
事業所名称	株式会社　市ヶ谷商会
事業主氏名	代表取締役 川上　武
電話番号	03 （ 3266 ） 035×

受付印

社会保険労務士記載欄　氏名等

新規申出の場合は共通記載欄に必要項目を記入してください。
変更・終了の場合は、共通記載欄に産前産後休業取得時に提出いただいた内容を記入のうえ、A.変更・B.終了の必要項目を記入してください。

共通記載欄（取得申出）

① 被保険者整理番号	15	② 個人番号［基礎年金番号］	123456789012
③ 被保険者氏名	(フリガナ) オカダ ケイコ (氏) 岡田 (名) 桂子	④ 被保険者生年月日	5.昭和 7.平成(○) 9.令和　××年10月03日
⑤ 出産予定年月日	9.令和 △△年02月21日	⑥ 出産種別	0.単胎(○) 1.多胎　※出産予定の子の人数が2人(双子)以上の場合に「1.多胎」を○で囲んでください。
⑦ 産前産後休業開始年月日	9.令和 △△年01月11日	⑧ 産前産後休業終了予定年月日	9.令和 △△年04月17日

⑨は、この申出書を出産後に提出する場合のみ記入してください。

⑨ 出産年月日	9.令和　年　月　日
⑩ 備考	

出産(予定)日・産前産後休業終了(予定)日を変更する場合　※必ず共通記載欄も記入してください。

A.変更

⑪ 変更後の出産(予定)年月日	9.令和　年　月　日	⑫ 変更後の出産種別	0.単胎 1.多胎　※出産予定の子の人数が2人(双子)以上の場合に「1.多胎」を○で囲んでください。
⑬ 産前産後休業開始年月日	9.令和　年　月　日	⑭ 産前産後休業終了予定年月日	9.令和　年　月　日

予定より早く産前産後休業を終了した場合　※必ず共通記載欄も記入してください。

B.終了

⑮ 産前産後休業終了年月日	9.令和　年　月　日

○ 産前産後休業期間とは、出産日以前42日（多胎妊娠の場合は98日）～出産日後56日の間に、妊娠または出産を理由として労務に従事しない期間のことです。

○ この申出書を出産予定日より前に提出された場合で、実際の出産日が予定日と異なった場合は、再度『産前産後休業取得者変更届』（当届書の「共通記載欄」と「A.変更」欄に記入）を提出してください。休業期間の基準日である出産年月日がずれることで、開始・終了年月日が変更になります。

○ 産前産後休業取得申出時に記載した終了予定年月日より早く産休を終了した場合は、『産前産後休業終了届』（当届書の「共通記載欄」と「B.終了」欄に記入）を提出してください。

○ 保険料が免除となるのは、産前産後休業開始日の属する月分から、終了日翌日の属する月の前月分までとなります。

29 健康保険 厚生年金保険 厚生年金 保険 産前産後休業終了時報酬月額変更届 70歳以上被用者産前産後休業終了時報酬月額相当額変更届 （237頁）

提 出 先：所轄年金事務所（健康保険組合に加入の場合は健康保険組合にも）
提出期限：産前産後休業終了日の翌日が属する月の４カ月目
添付書類：特になし
提出する人：被保険者の申出により、事業主が行う

〔記載例のケース〕▷岡田桂子は、産前産後休業終了後職場復帰したのですが、報酬が下がってしまったので、産前産後休業終了時報酬月額変更届の提出を申し出ることにしました。

様式コード 2223

健康保険 厚生年金保険　産前産後休業終了時報酬月額変更届
厚生年金保険　70歳以上被用者産前産後休業終了時報酬月額相当額変更届

令和 ×× 年 × 月 × 日提出

提出者記入欄

事業所整理記号	00－イチカ
事業所所在地	届書記入の個人番号に誤りがないことを確認しました。〒162－0843 東京都新宿区市ヶ谷田町2−7−×
事業所名称	株式会社　市ヶ谷商会
事業主氏名	代表取締役　川上　武
電話番号	03（3266）035×

受付印

社会保険労務士記載欄 氏名等

申出者欄

☑産前産後休業を終了した際の標準報酬月額の改定について申出します。
（健康保険法施行規則第38条の3及び厚生年金保険法施行規則第10条の2）
※必ず□にレを付してください。

令和 ×× 年 ×月 × 日

日本年金機構理事長あて

住所　千葉県○○市○○町4−5−6
氏名　岡田　桂子　　電話 043（467）890×

被保険者欄

① 被保険者整理番号	15
② 個人番号［基礎年金番号］	123456789012
③ 被保険者氏名	（フリガナ）オカダ ケイコ　（氏）岡田（名）桂子
④ 被保険者生年月日	5.昭和 ⑦平成 9.令和　××年10月03日
⑤ 子の氏名	（フリガナ）オカダ アサコ　（氏）岡田（名）麻子
⑥ 子の生年月日	7.平成 ⑨令和　△△年02月21日
⑦ 産前産後休業終了年月日	9.令和　△△年04月17日

⑧ 給与支給月及び報酬月額 支給月	給与計算の基礎日数	㋐ 通貨	㋑ 現物	㋒ 合計
5月	15日	190,000円	0円	500,000円
6月	31日	260,000円	0円	260,000円
7月	30日	240,000円	0円	240,000円

⑨ 総計	500000円
⑩ 平均額	250000円
⑪ 修正平均額	円
⑫ 従前標準報酬月額	健 280千円　厚 280千円
⑬ 昇給降給	1. 昇給 2. 降給　月
⑭ 遡及支払額	月　遡及支払額 円
⑮ 改定年月	△△年 8月
⑯ 給与締切日・支払日	締切日 15日　支払日 ㊂当月・翌月 25日
⑰ 備考	該当する項目を○で囲んでください。1. 70歳以上被用者 2. 二以上勤務被保険者 3. 短時間労働者（特定適用事業所等） 4. パート 5. その他（　）
⑱ 月変該当の確認	産前産後休業を終了した日の翌日に引き続いて、育児休業等を開始していませんか。該当する場合はチェックしてください ☑ 開始していません　※ 産前産後休業を終了した日の翌日に引き続いて育児休業等を開始した場合は、この申出はできません。

○ **産前産後休業終了時報酬月額変更届とは**
産前産後休業終了日に当該産前産後休業に係る子を養育している被保険者は、一定の条件を満たす場合、随時改定に該当しなくても、産前産後休業終了日の翌日が属する月以後3カ月間に受けた報酬の平均額に基づき、4カ月目の標準報酬月額から改定することができます。
ただし、産前産後休業を終了した日の翌日に引き続いて育児休業等を開始した場合は、この申出はできません。

○ **変更後の標準報酬月額が以前より下がった方へ**
3歳未満の子を養育する被保険者または被保険者であった者で、養育期間中の各月の標準報酬月額が、養育開始月の前月の標準報酬月額を下回る場合、「養育期間の従前標準報酬月額みなし措置」という制度をご利用いただけます。この申出をいただきますと、将来の年金額の計算時には養育期間以前の従前標準報酬月額を用いることができますので、『産前産後休業終了時報酬月額変更届』とあわせて、『養育期間標準報酬月額特例申出書』を提出してください。

☞ 随時改定の場合とは異なり、固定的賃金の変動などの要件は不要です。また、標準報酬月額が1等級でも差が生じれば提出することができます。

☞ この「産前産後休業終了時報酬月額変更届」は、被保険者本人の申出が条件になっているので、申出者欄の□に必ずチェック（レ）を付しましょう。

30 健康保険 厚生年金保険 育児休業等取得者申出書（新規・延長）／終了届（取得時）（241頁）

提出先：所轄年金事務所または健康保険組合

提出期限：育児休業等の期間中または育児休業等終了後の終了日から起算して１カ月以内の期間

添付書類：特になし

提出する人：事業主

［記載例のケース］▷岡田桂子は産休後、子供が１歳になるまで育児休業をすることにしたので、保険料の免除を申請することにしました。（育児休業等を開始したときの例）

✎ 子が1歳に達するまで育児休業を取得する場合、⑪欄の休業する期間は誕生日の前日までになります（法律上子が1歳に達するのは誕生日の前日のため）。その後、1歳6カ月まで延長するときは、1歳から1歳6カ月に達するまでの期間の延長の申出をします。1歳6カ月に達した後再度延長する場合は、さらに1歳6カ月から2歳までの期間の延長をします。また母親の場合、育児休業開始日はどんなに早くても産休明け（出産日から起算して58日目）からになります。

様式コード 2263　健康保険 厚生年金保険　育児休業等取得者申出書(新規・延長)/終了届

令和 ×× 年 × 月 × 日提出

提出者記入欄

事業所整理記号	00－イチカ
事業所所在地	届書記入の個人番号に誤りがないことを確認しました。 〒162－0843 東京都新宿区市ヶ谷田町2-7-×
事業所名称	株式会社　市ヶ谷商会
事業主氏名	代表取締役　川上　武
電話番号	03（3266）035×

受付印

社会保険労務士記載欄　氏名等

新規申出の場合は共通記載欄に必要項目を記入してください。

延長・終了の場合は、共通記載欄に育児休業取得時に提出いただいた内容を記入のうえ、A.延長　B.終了の必要項目を記入してください。

≪「⑩育児休業等開始年月日」と「⑪育児休業等終了（予定）年月日の翌日」が同月内の場合≫
・共通記載欄の⑫育児休業等取得日数欄と⑬就業予定日数欄を必ず記入してください。
・同月内に複数回の育児休業を取得した場合は、⑩育児休業等開始年月日欄に、初回の育児休業等開始年月日を、⑪育児休業等終了予定年月日欄に最終回の育児休業等終了予定年月日を記入のうえ、C.育休等取得内訳を記入してください。

共通記載欄（新規申出）

①被保険者整理番号	15
②個人番号［基礎年金番号］	123456789012
③被保険者氏名	(ﾌﾘｶﾞﾅ) オカダ　ケイコ (氏) 岡田　(名) 桂子
④被保険者生年月日	5.昭和 (7.平成) 9.令和　××年10月03日
⑤被保険者性別	1.男　(2.女)
⑥養育する子の氏名	(ﾌﾘｶﾞﾅ) オカダ　アサコ (氏) 岡田　(名) 麻子
⑦養育する子の生年月日	9.令和　△△年02月21日
⑧区分	(1.実子)　2.その他　※「2.その他」の場合は、⑨養育開始年月日（実子以外）も記入してください。
⑨養育開始年月日（実子以外）	9.令和　年　月　日
⑩育児休業等開始年月日	9.令和　△△年04月18日
⑪育児休業等終了（予定）年月日	9.令和　△×年02月20日
⑫育児休業等取得日数	日
⑬就業予定日数	日
⑭パパママ育休プラス該当区分	□ 該当
⑮備考	

終了予定日を延長する場合　※必ず共通記載欄も記入してください。

A.延長		
⑯育児休業等終了（予定）年月日（変更後）	9.令和　年　月　日	⑰変更後の育児休業等取得日数　日

※延長後の「⑯育児休業等終了（予定）年月日の翌日」が「⑩育児休業等開始年月日」と同月内の場合は、⑰変更後の育児休業等取得日数欄も記入してください。

予定より早く育児休業を終了した場合　※必ず共通記載欄も記入してください。

B.終了		
⑱育児休業等終了年月日	9.令和　年　月　日	⑲変更後の育児休業等取得日数　日

※「⑱育児休業等終了年月日の翌日」が「⑩育児休業等開始年月日」と同月内の場合は、⑲変更後の育児休業等取得日数欄も記入してください。

「育児休業等開始年月日」と「育児休業等終了（予定）年月日の翌日」が同月内、かつ複数回育児休業等を取得する場合　※必ず共通記載欄も記入してください。

C.育休等取得内訳	育児休業等開始年月日	育児休業等終了（予定）年月日	育児休業等取得日数	就業予定日数
1	⑳ 9.令和　年　月　日	㉑ 9.令和　年　月　日	㉒ 日	㉓ 日
2	㉔ 9.令和　年　月　日	㉕ 9.令和　年　月　日	㉖ 日	㉗ 日
3	㉘ 9.令和　年　月　日	㉙ 9.令和　年　月　日	㉚ 日	㉛ 日
4	㉜ 9.令和　年　月　日	㉝ 9.令和　年　月　日	㉞ 日	㉟ 日

31 健康保険 厚生年金保険 育児休業等取得者申出書（新規・延長）／終了届（終了時）（241頁）

提出先：所轄年金事務所または健康保険組合
提出期限：速やかに
添付書類：特になし
提出する人：事業主

〔記載例のケース〕▷岡田桂子は子供が１歳になるまで育児休業をすることにしていましたが、予定より少し早く出社することになり、届けをすることになりました。（育児休業終了予定日より早く休業を終了した例）

様式コード 2263

健康保険 厚生年金保険 育児休業等取得者申出書(新規・延長)/終了届

令和 ×× 年 × 月 × 日提出

提出者記入欄	
事業所整理記号	00 － イチカ
事業所所在地	届書記入の個人番号に誤りがないことを確認しました。 〒 162 － 0843 東京都新宿区市ヶ谷田町2-7-×
事業所名称	株式会社　市ヶ谷商会
事業主氏名	代表取締役　川上　武
電話番号	03 （ 3266 ） 035×

受付印

社会保険労務士記載欄
氏名等

新規申出の場合は共通記載欄に必要項目を記入してください。
延長・終了の場合は、共通記載欄に育児休業取得時に提出いただいた内容を記入のうえ、A.延長 B.終了の必要項目を記入してください。

≪「⑩育児休業等開始年月日」と「⑪育児休業等終了（予定）年月日の翌日」が同月内の場合≫
・共通記載欄の⑫育児休業等取得日数欄と⑬就業予定日数欄を必ず記入してください。
・同月内に複数回の育児休業を取得した場合は、⑩育児休業等開始年月日欄に、初回の育児休業等開始年月日を、⑪育児休業等終了予定年月日欄に最終回の育児休業等終了予定年月日を記入のうえ、C.育休等取得内訳を記入してください。

共通記載欄（新規申出）

①被保険者整理番号	15	②個人番号［基礎年金番号］	1 2 3 4 5 6 7 8 9 0 1 2
③被保険者氏名	(フリガナ)(氏) オカダ (名) ケイコ 岡田　桂子	④被保険者生年月日	5.昭和 ⑦.平成 9.令和　××年10月03日
⑤被保険者性別	1.男 ②女		
⑥養育する子の氏名	(フリガナ)(氏) オカダ (名) アサコ 岡田　麻子	⑦養育する子の生年月日	9.令和　△△年02月21日
⑧区分	①実子 2.その他 ※「2.その他」の場合は、⑨養育開始年月日(実子以外)も記入してください。	⑨養育開始年月日(実子以外)	9.令和　年　月　日
⑩育児休業等開始年月日	9.令和　年　月　日	⑪育児休業等終了（予定）年月日	9.令和　年　月　日
⑫育児休業等取得日数 ※「育児休業等開始年月日」と「育児休業等終了（予定）年月日の翌日」が同月内の場合のみ記入してください。	日	⑬就業予定日数 ※「育児休業等開始年月日」と「育児休業等終了（予定）年月日の翌日」が同月内の場合のみ記入してください。	日
⑭パパママ育休プラス該当区分 ※パパママ育休プラスに該当する場合、☑してください。	□ 該当	⑮備考	

終了予定日を延長する場合　※必ず共通記載欄も記入してください。

A.延長			
⑯育児休業等終了（予定）年月日（変更後）	9.令和　年　月　日	⑰変更後の育児休業等取得日数	日

※延長後の「⑯育児休業等終了（予定）年月日の翌日」が「⑩育児休業開始年月日」と同月内の場合は、⑰変更後の育児休業等取得日数欄も記入してください。

予定より早く育児休業を終了した場合　※必ず共通記載欄も記入してください。

B.終了			
⑱育児休業等終了年月日	9.令和　△×年01月07日	⑲変更後の育児休業等取得日数	日

※「⑱育児休業等終了年月日の翌日」が「⑩育児休業等開始年月日」と同月内の場合は、⑲変更後の育児休業等取得日数欄も記入してください。

「育児休業等開始年月日」と「育児休業等終了（予定）年月日の翌日」が同月内、かつ複数回育児休業等を取得する場合　※必ず共通記載欄も記入してください。

C.育休等取得内訳	育児休業等開始年月日	育児休業等終了（予定）年月日	育児休業等取得日数	就業予定日数
1	⑳ 9.令和　年　月　日	㉑ 9.令和　年　月　日	㉒　日	㉓　日
2	㉔ 9.令和　年　月　日	㉕ 9.令和　年　月　日	㉖　日	㉗　日
3	㉘ 9.令和　年　月　日	㉙ 9.令和　年　月　日	㉚　日	㉛　日
4	㉜ 9.令和　年　月　日	㉝ 9.令和　年　月　日	㉞　日	㉟　日

育児休業の終了予定日よりも早く育児休業を終了することになった場合に届けをします。予定通り終了した場合は提出する必要はありません。

32 雇用保険被保険者 休業開始時賃金月額証明書 所定労働時間短縮開始時賃金証明書 （242頁、251頁）

提 出 先：所轄公共職業安定所長
提出期限：育児休業を開始した日の翌日から10日以内
添付書類：賃金台帳、出勤簿
提出する人：事業主

〔記載例のケース〕▷岡田桂子は産休明けから育児休業を取り、雇用保険からの育児休業給付金を受給することにしました。申請に当たり、給付金額およびみなし被保険者期間を算定するための書類として「休業開始時賃金月額証明書」を提出することになりました。

☞　育児休業開始前２年間に、賃金支払基礎日数が11以上（11以上ない場合は就業時間数が80以上）ある月（みなし被保険者期間）が12月以上必要です。
　④欄は育児休業を開始した日を記入してください。
　⑦欄上段も同じ日を記入します。

☞　育児・介護に伴う勤務時間短縮により勤務している期間中に、倒産・解雇等の理由により退職を余儀なくされた場合は特例があります（130頁参照）。

☞　令和２年12月25日より、申請書の押印が不要になりました。

様式第10号の２の２（第14条の３関係、第65条の12）

雇用保険被保険者 休業開始時賃金月額証明書 ~~所定労働時間短縮開始時賃金証明書~~（安定所提出用）（介護・育児）

①被保険者番号 5019-798308-0　③フリガナ オカダ　ケイコ　休業等を開始した者の氏名 岡田　桂子　④休業等を開始した日の年月日 令和 ○ 年 4 月 19 日
②事業所番号 1308-505932-4

⑤名称 （株）市ヶ谷商会
事業所所在地 新宿区市ヶ谷田町2-7-×
電話番号 03-3266-035×

⑥休業等を開始した者の住所又は居所 〒194-0074 町田市山崎町26-5-×
電話番号（042）738－363×

この証明書の記載は、事実に相違ないことを証明します。
事業主 住所 新宿区市ヶ谷田町2-7-×
氏名 （株）市ヶ谷商会 代表取締役 川上　武

休業等を開始した日前の賃金支払状況等

⑦休業等を開始した日の前日に離職したとみなした場合の被保険者期間算定対象期間（休業等を開始した日 4月19日）	⑧⑦の期間における賃金支払基礎日数	⑨賃金支払対象期間	⑩⑨の基礎日数	⑪賃金額 Ⓐ	Ⓑ	計	⑫備考
1月19日～休業等を開始した日の前日	0日	12月21日～休業等を開始した日の前日	15日	125,700			自○.1.5 至○.4.18
12月19日～1月18日	31日	11月21日～12月20日	30日	242,000			104日間 出産のため
11月19日～12月18日	30日	10月21日～11月20日	31日	235,000			賃金支払なし
10月19日～11月18日	31日	9月21日～10月20日	30日	225,000			
9月19日～10月18日	30日	8月21日～9月20日	31日	242,000			
8月19日～9月18日	31日	7月21日～8月20日	31日	242,000			
7月19日～8月18日	31日	6月21日～7月20日	30日	235,000			
6月19日～7月18日	30日	5月21日～6月20日	31日	235,000			
5月19日～6月18日	31日	4月21日～5月20日	30日	225,000			
4月19日～5月18日	30日	3月21日～4月20日	31日	235,000			
3月19日～4月18日	31日	2月21日～3月20日	28日	242,000			
2月19日～3月18日	28日	1月21日～2月20日	31日	242,000			
1月19日～2月18日	31日	12月21日～1月20日	31日	235,000			
月　日～　月　日	日	月　日～　月　日	日				
月　日～　月　日	日	月　日～　月　日	日				
月　日～　月　日	日	月　日～　月　日	日				

⑬賃金に関する特記事項

休業開始時賃金月額証明書 所定労働時間短縮開始時賃金証明書 受理 令和 ○ 年 4 月 20 日（受理番号　　号）

⑭（休業開始時における）雇用期間 ☑定めなし　□定めあり → 令和　年　月　日まで（休業開始日を含めて　年　ヵ月）

※公共職業安定所記載欄

雇用保険法施行規則第14条の3第1項の規定により被保険者の介護又は育児のための休業又は所定労働時間短縮開始時の賃金の届出を行う場合は、当該賃金の支払の状況を明らかにする書類を添えてください。
本手続は電子申請による申請が可能です。
なお、本手続について、社会保険労務士が事業主の委託を受け、電子申請により本届書の提出に関する手続を行う場合には、当該社会保険労務士が当該事業主から委託を受けた者であることを証明するものを本届書の提出と併せて送信することをもって、当該事業主の電子署名に代えることができます。

社会保険労務士記載欄	作成年月日・提出代行者・事務代理者の表示	氏名	電話番号

※	所長	次長	課長	係長	係

（49）2022.1

33 育児休業給付受給資格確認票・（初回）育児休業給付金支給申請書（242頁）

提 出 先：所轄公共職業安定所長
提出期限：育児休業を開始した日の翌日から10日以内
添付書類：特になし
提出する人：事業主を経由して被保険者（やむを得ない理由により事業主を経由することが困難であるときは経由しないことができる）
記載例のケース▷岡田桂子は産休明けから育児休業をとることにしました。（初めて育児休業給付支給申請する例）

第101条の30関係（第1面）

育児休業給付受給資格確認票・（初回）育児休業給付金支給申請書

（必ず第２面の注意書きをよく読んでから記入してください。）

帳票種別 14405
1.被保険者番号 5019-798308-0
2.資格取得年月日 4-××0416（元号 年 月 日）
3.被保険者氏名 岡田 桂子　フリガナ（カタカナ） オカダ ケイコ
4.事業所番号 1308-5059××-×
5.育児休業開始年月日 5-××0420（元号 年 月 日）
6.出産年月日 5-××0221（3 昭和 4 平成 5 令和）
8.過去に同一の子について出生時育児休業または育児休業取得の有無 □
9.個人番号 123456789012
7.出産予定日 □-□□□□□□（元号 年 月 日）
10.被保険者の住所（郵便番号） 195-0074
12.被保険者の電話番号（項目ごとにそれぞれ左詰めで記入してください。） 042-738-363×（市外局番 市内局番 番号）
11.被保険者の住所（漢字）※市・区・郡及び町村名 町田市山崎町
被保険者の住所（漢字）※丁目・番地 26-5-×
被保険者の住所（漢字）※アパート、マンション名等

13.支給単位期間その１（初日） 5-××0420（末日）-0519（4 平成 5 令和）　14.就業日数 0　15.就業時間 0　16.支払われた賃金額 0（円）
17.支給単位期間その２（初日） 5-××0520（末日）-0619（4 平成 5 令和）　18.就業日数 0　19.就業時間 0　20.支払われた賃金額 0（円）
21.最終支給単位期間（初日）（末日）（4 平成 5 令和）　22.就業日数　23.就業時間　24.支払われた賃金額
（この用紙は、このまま機械で処理しますので、汚さないようにしてください。）
25.職場復帰年月日　26.支給対象となる期間の延長事由－期間（事由 元号 年 月 日）
27.配偶者育休取得　28.配偶者の被保険者番号　29.育児休業再取得理由（1 他休業事由の消滅 2 配偶者等の事由 3 子や保育の事情 5 延長交替）　31.休業事由の消滅年月日

※公共職業安定所記載欄
30.期間雇用者の継続雇用の見込み　32.延長等否認　33.産後休業表示（休業がある場合に「1」を記入）　34.賃金月額（区分－日額又は総額）（1 日額 2 総額）　35.当初の育児休業開始年月日
36.受給資格確認年月日（4 平成 5 令和）　37.受給資格否認（受給資格なしと判断した場合に「1」を記入）　38.支給申請月（1 奇数月 2 偶数月）　39.次回支給申請年月日
40.支払区分　41.金融機関・店舗コード　口座番号　42.未支給区分（空欄 未支給以外 1 未支給）

上記被保険者が育児休業を取得し、上記の記載事実に誤りがないことを証明します。
令和 ×× 年 6 月 25 日　事業所名（所在地・電話番号）株式会社 市ヶ谷商会 03-××××-○○○○
事業主名 川上 武

上記のとおり育児休業給付の受給資格の確認を申請します。
雇用保険法施行規則第１０１条の３０の規定により、上記のとおり育児休業給付金の支給を申請します。
令和 ×× 年 6 月 28 日　公共職業安定所長 殿　申請者氏名 岡田 桂子（フリガナ オカダ ケイコ）

払渡希望金融機関指定届	43. 払渡希望金融機関	フリガナ	トウヨウギンコウイチガヤ	金融機関コード	店舗コード
		名称	東洋銀行市ヶ谷 支店		
		銀行等（ゆうちょ銀行以外）	口座番号（普通） 1234×××		
		ゆうちょ銀行	記号番号（総合） －		

備考	賃金締切日	日	通勤手当	有（毎月・3か月・6か月・ ）
	賃金支払日	当月・翌月 日		無

※処理欄	
資格確認の可否	可 ・ 否
資格確認年月日	令和 年 月 日
通知年月日	令和 年 月 日

社会保険労務士記載欄	作成年月日・提出代行者・事務代理者の表示	氏名	電話番号

※ 所長 / 次長 / 課長 / 係長 / 係 / 操作者

2022. 9

雇用保険被保険者休業開始時賃金月額証明書と一緒に提出します。
払渡希望金融機関欄は、金融機関で口座があることの確認印をもらいます。
令和２年12月25日より、申請書の押印が不要になりました。

34 育児休業給付金支給申請書 (243頁)

提 出 先：所轄公共職業安定所長
提出期限：２カ月ごとにまとめて前２カ月分を申請
添付書類：賃金台帳、出勤簿等
提出する人：事業主を経由して被保険者（やむを得ない理由により事業主を経由することが困難であるときは経由しないことができる）
〔記載例のケース〕▷岡田桂子は育児休業している間、賃金が支給されないので、２カ月ごとに育児休業給付金を申請することにしました。
（継続的に育児休業給付金を支給申請する例）

☞　２カ月ごとに忘れずに申請しましょう。申請期間を経過してしまった分は原則としてさかのぼって申請はできません。
　また、育児休業期間を延長する手続は、確認書類を添えて、子が１歳に達する日の属する月の支給対象期間の前２カ月分の支給申請の時か、延長したことにより支給申請する最初の支給申請の時に、⑰「支給対象期間延長事由一期間」欄に記載して行います。
☞　令和２年12月25日より、申請書の押印が不要になりました。

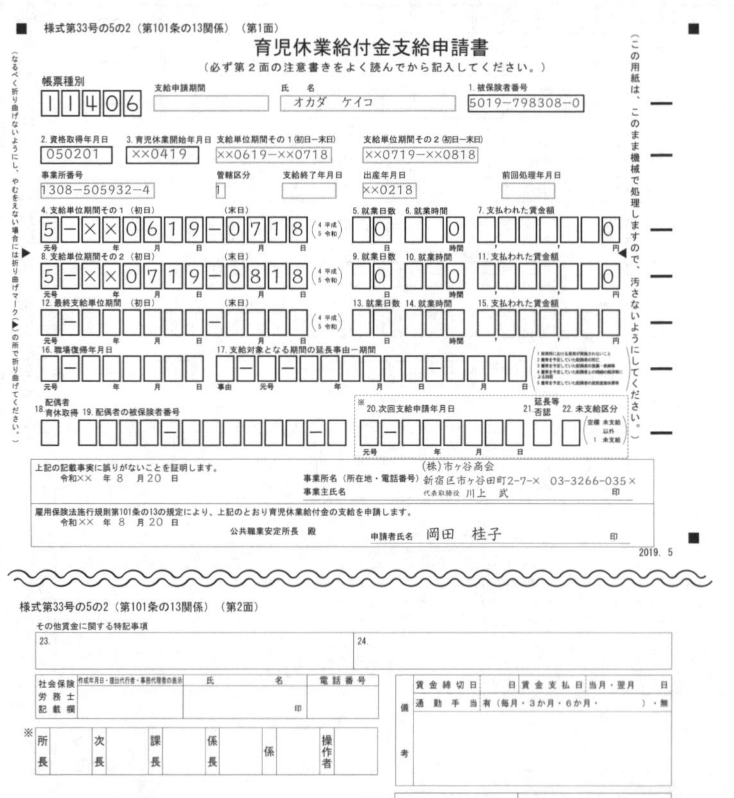

様式第33号の5の2（第101条の13関係）（第1面）

育児休業給付金支給申請書

（必ず第２面の注意書きをよく読んでから記入してください。）

（なるべく折り曲げないようにし、やむをえない場合には折り曲げマーク（▶）の所で折り曲げてください。）
（この用紙は、このまま機械で処理しますので、汚さないようにしてください。）

帳票種別：11406
支給申請期間：
氏名：オカダ　ケイコ
1. 被保険者番号：5019−798308−0
2. 資格取得年月日：050201
3. 育児休業開始年月日：××0419
支給単位期間その１（初日−末日）：××0619−××0718
支給単位期間その２（初日−末日）：××0719−××0818
事業所番号：1308−505932−4
管轄区分：1
支給終了年月日：
出産年月日：××0218
前回処理年月日：
4. 支給単位期間その１（初日）（末日）：5−××0619−0718（4 平成 5 令和）
5. 就業日数：0
6. 就業時間：0
7. 支払われた賃金額：0
8. 支給単位期間その２（初日）（末日）：5−××0719−0818（4 平成 5 令和）
9. 就業日数：0
10. 就業時間：0
11. 支払われた賃金額：0
12. 最終支給単位期間（初日）（末日）：
13. 就業日数：
14. 就業時間：
15. 支払われた賃金額：
16. 職場復帰年月日：
17. 支給対象となる期間の延長事由−期間：
18. 配偶者育休取得：
19. 配偶者の被保険者番号：
※ 20. 次回支給申請年月日：
21. 延長等否認：
22. 未支給区分（空欄 未支給以外 1 未支給）：

上記の記載事実に誤りがないことを証明します。
令和××　年　8　月20　日
事業所名（所在地・電話番号）（株）市ヶ谷商会　新宿区市ヶ谷田町2-7-×　03-3266-035×
事業主氏名　代表取締役　川上　武　印

雇用保険法施行規則第101条の13の規定により、上記のとおり育児休業給付金の支給を申請します。
令和××　年　8　月20　日
公共職業安定所長　殿
申請者氏名　岡田　桂子　印

2019. 5

様式第33号の5の2（第101条の13関係）（第2面）

その他賃金に関する特記事項

23.	24.

社会保険労務士記載欄	作成年月日・提出代行者・事務代理者の表示	氏名	電話番号
		印	

※所長	次長	課長	係長	係	操作者

備考	
賃金締切日　日	賃金支払日　当月・翌月　日
通勤手当	有（毎月・3か月・6か月・　）・無

※支給決定年月日　平成　年　月　日

35 育児休業給付受給確認票・出生時育児休業給付金支給申請書（246頁）

提出先：所轄公共職業安定所

提出期限：出生日から８週間※を経過する日の翌日から、２カ月を経過する日の属する月の末日まで

添付書類：賃金台帳、労働者名簿、出勤簿、育児休業申出書、休業を開始・終了した日を証明できるもの等々

提出する人：事業主を経由して被保険者（やむを得ない理由により事業主を経由することが困難であるときは経由しないことができる）

〔記載例のケース〕▷労働圭介は、妻が出産することになったが、少しでも早くから子育てに関わりたいと思い、出生時育児休業を取得することにしました。

☞　この様式は、出生時育児休業給付金を支給申請するときに使用します。育児休業給付金とは別のものです。

出生時育児休業を、２回に分けて取得しても、２回分をまとめて支給申請します。出産日と出産予定日は同日であっても記載します。

提出期限は、実際の出生日から８週間を経過する日の翌日から２カ月を経過する日の属する月の末日です。

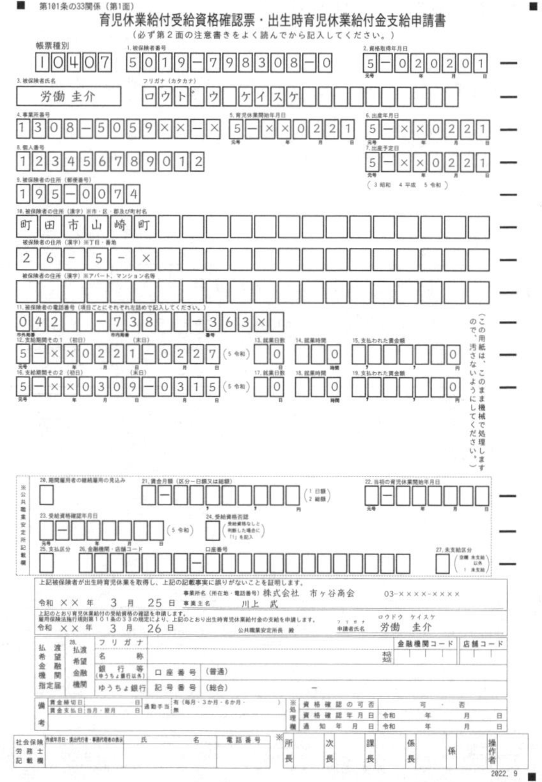

第101条の33関係（第1面）

育児休業給付受給資格確認票・出生時育児休業給付金支給申請書

（必ず第２面の注意書きをよく読んでから記入してください。）

帳票種別：10407

1. 被保険者番号：5019－798308－0

2. 資格取得年月日：5－020201（元号 年 月 日）

3. 被保険者氏名：労働 圭介　フリガナ（カタカナ）：ロウト゛ウ ケイスケ

4. 事業所番号：1308－5059××－×

5. 育児休業開始年月日：5－××0221（元号 年 月 日）

6. 出産年月日：5－××0221（元号 年 月 日）

8. 個人番号：123456789012

7. 出産予定日：5－××0221（元号 年 月 日）

（3 昭和　4 平成　5 令和）

9. 被保険者の住所（郵便番号）：195－0074

10. 被保険者の住所（漢字）※市・区・郡及び町村名：町田市山崎町

被保険者の住所（漢字）※丁目・番地：26－5－×

被保険者の住所（漢字）※アパート、マンション名等：

11. 被保険者の電話番号（項目ごとにそれぞれ左詰めで記入してください。）：042－738－363×（市外局番 市内局番 番号）

12. 支給期間その１（初日）（末日）：5－××0221－0227（5 令和）

13. 就業日数：0 日　14. 就業時間：0 時間　15. 支払われた賃金額：0 円

16. 支給期間その２（初日）（末日）：5－××0309－0315（5 令和）

17. 就業日数：0 日　18. 就業時間：0 時間　19. 支払われた賃金額：0 円

（この用紙は、このまま機械で処理しますので、汚さないようにしてください。）

※公共職業安定所記載欄

20. 期間雇用者の継続雇用の見込み

21. 賃金月額（区分－日額又は総額）（1 日額　2 総額）

22. 当初の育児休業開始年月日

23. 受給資格確認年月日（5 令和）

24. 受給資格否認（受給資格なしと判断した場合に「1」を記入）

25. 支払区分

26. 金融機関・店舗コード　口座番号

27. 未支給区分（空欄 未支給以外　1 未支給）

上記被保険者が出生時育児休業を取得し、上記の記載事実に誤りがないことを証明します。

令和 ×× 年　3 月　25 日　事業所名（所在地・電話番号）株式会社　市ヶ谷商会　03-××××-××××　事業主名　川上　武

上記のとおり育児休業給付の受給資格の確認を申請します。
雇用保険法施行規則第１０１条の３３の規定により、上記のとおり出生時育児休業給付金の支給を申請します。

令和 ×× 年　3 月　26 日　公共職業安定所長　殿　申請者氏名（フリガナ ロウドウ ケイスケ）労働　圭介

払渡希望金融機関指定届	28. 払渡希望金融機関	フリガナ		金融機関コード	店舗コード
		名称	本店 支店		
		銀行等（ゆうちょ銀行以外）	口座番号	（普通）	
		ゆうちょ銀行	記号番号	（総合）　－	

備考	賃金締切日　日	通勤手当	有（毎月・3か月・6か月・　）無	※処理欄	資格確認の可否	可・否
	賃金支払日 当月・翌月　日				資格確認年月日	令和　年　月　日
					通知年月日	令和　年　月　日

社会保険労務士記載欄	作成年月日・提出代行者・事務代理者の表示	氏名	電話番号

※所長	次長	課長	係長	係	操作者

2022．9

36 健康保険 厚生年金保険 育児休業等終了時報酬月額変更届 厚生年金保険 70歳以上被用者育児休業等終了時報酬月額相当額変更届 （247頁）

提 出 先：事業所の所在地を管轄する年金事務所
提出期限：速やかに
添付書類：特になし
提出する人：被保険者の申出により事業主
〔記載例のケース〕▷岡田桂子は、職場復帰後、勤務時間を短縮し、給与が減少してしまいましたので、届け出ることにしました。

☞ ⑩欄は報酬支払基礎日数が17以上の月の平均額を記入します（パートの場合で17以上の月がない場合は15、短時間労働者は11）。随時改定と異なり1等級の差でも改定できます。手続は本人の申出により事業主を経由して行うものです。したがって、申出者欄には本人の記名が必要です。また□に✓の記入を忘れずにしましょう。

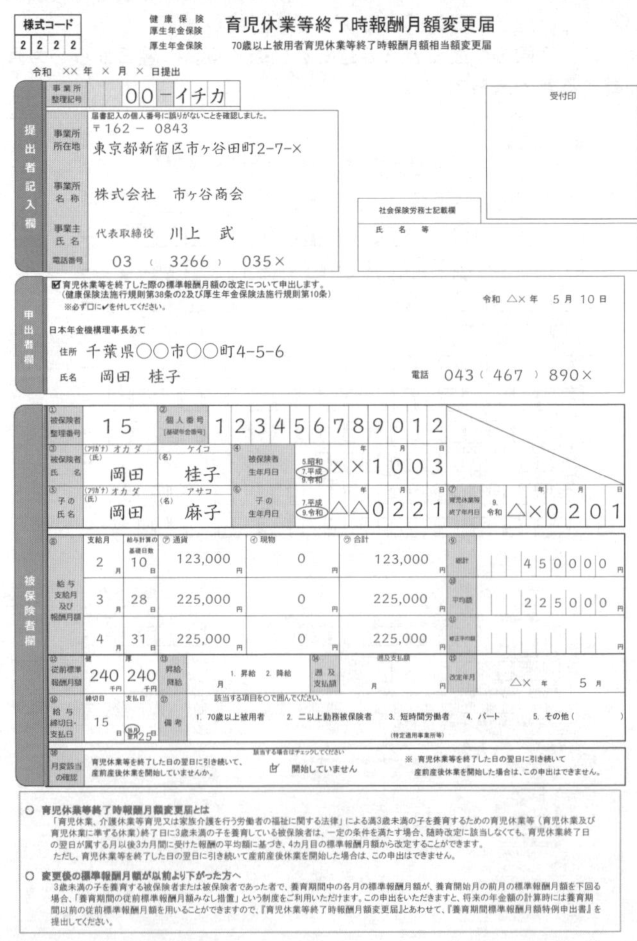

様式コード 2222

健康保険 厚生年金保険 育児休業等終了時報酬月額変更届
厚生年金保険 70歳以上被用者育児休業等終了時報酬月額相当額変更届

令和 ××年 ×月 ×日提出

提出者記入欄
事業所整理記号：00－イチカ
届書記入の個人番号に誤りがないことを確認しました。
事業所所在地：〒162－0843 東京都新宿区市ヶ谷田町2-7-×
事業所名称：株式会社 市ヶ谷商会
事業主氏名：代表取締役 川上 武
電話番号：03（3266）035×

受付印

社会保険労務士記載欄
氏名等

申出者欄
☑育児休業等を終了した際の標準報酬月額の改定について申出します。
（健康保険法施行規則第38条の2及び厚生年金保険法施行規則第10条）
※必ず□に✔を付してください。
令和 △×年 5月 10日
日本年金機構理事長あて
住所 千葉県○○市○○町4-5-6
氏名 岡田 桂子　電話 043（467）890×

被保険者欄
①被保険者整理番号：15
②個人番号［基礎年金番号］：123456789012
③被保険者氏名：（フリガナ）オカダ ケイコ （氏）岡田 （名）桂子
④被保険者生年月日：5.昭和 (7.平成) 9.令和 ××年10月03日
⑤子の氏名：（フリガナ）オカダ アサコ （氏）岡田 （名）麻子
⑥子の生年月日：7.平成 (9.令和) △△年02月21日
⑦育児休業等終了年月日：9.令和 △×年02月01日

⑧給与支給月及び報酬月額 支給月	給与計算の基礎日数	㋐通貨	㋑現物	㋒合計
2月	10日	123,000円	0円	123,000円
3月	28日	225,000円	0円	225,000円
4月	31日	225,000円	0円	225,000円

⑨総計：450000円
⑩平均額：225000円
⑪修正平均額：　円
⑫従前標準報酬月額：健 240千円 厚 240千円
⑬昇給降給：月 1. 昇給 2. 降給
⑭遡及支払額：月 円
⑮改定年月：△×年 5月
⑯給与締切日・支払日：締切日 15日 支払日 (当月)翌月 25日
⑰備考：該当する項目を○で囲んでください。 1. 70歳以上被用者 2. 二以上勤務被保険者 3. 短時間労働者（特定適用事業所等） 4. パート 5. その他（　）
⑱月変該当の確認：育児休業等を終了した日の翌日に引き続いて、産前産後休業を開始していませんか。 該当する場合はチェックしてください ☑ 開始していません
※ 育児休業等を終了した日の翌日に引き続いて産前産後休業を開始した場合は、この申出はできません。

○ **育児休業等終了時報酬月額変更届とは**
「育児休業、介護休業等育児又は家族介護を行う労働者の福祉に関する法律」による満3歳未満の子を養育するための育児休業等（育児休業及び育児休業に準ずる休業）終了日に3歳未満の子を養育している被保険者は、一定の条件を満たす場合、随時改定に該当しなくても、育児休業終了日の翌日が属する月以後3カ月間に受けた報酬の平均額に基づき、4カ月目の標準報酬月額から改定することができます。
ただし、育児休業等を終了した日の翌日に引き続いて産前産後休業を開始した場合は、この申出はできません。

○ **変更後の標準報酬月額が以前より下がった方へ**
3歳未満の子を養育する被保険者または被保険者であった者で、養育期間中の各月の標準報酬月額が、養育開始月の前月の標準報酬月額を下回る場合、「養育期間の従前標準報酬月額みなし措置」という制度をご利用いただけます。この申出をいただきますと、将来の年金額の計算時には養育期間以前の従前標準報酬月額を用いることができますので、『育児休業等終了時報酬月額変更届』とあわせて、『養育期間標準報酬月額特例申出書』を提出してください。

37 厚生年金保険　養育期間標準報酬月額特例申出書・終了届（248頁）

提 出 先：事業所の所在地を管轄する年金事務所
提出期限：速やかに
添付書類：子の生年月日と子との身分関係を明らかにするもの
（戸籍抄本、市町村長の証明書等）
提出する人：被保険者の申出により事業主（退職している場合は被保険者だった人）
〔記載例のケース〕▷岡田桂子は、子が１歳になる少し前まで育児休業をしました。職場復帰後、勤務時間を短縮し、給与が減少してしまいましたので、届け出ることにしました。

⑬欄は、新たに被保険者資格を取得した場合、育児休業等を終了した場合、産前産後休業を終了した場合等、養育特例開始の年月日を記入します。退職した場合、特例措置の対象以外の子を養育することになった場合、保険料免除の育児休業等を開始したときは特例措置は受けられません。

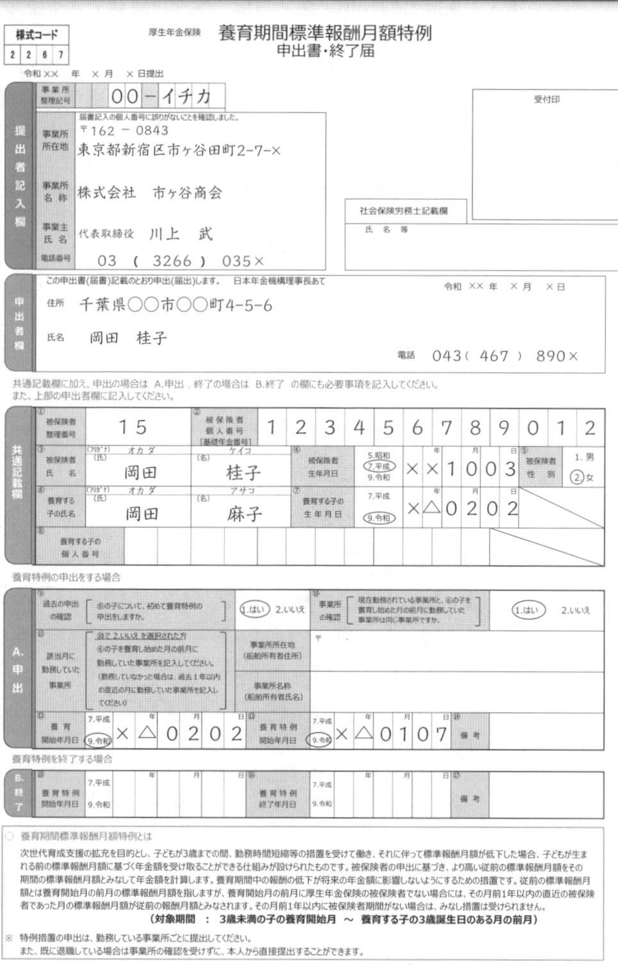

様式コード 2267

厚生年金保険　養育期間標準報酬月額特例
申出書・終了届

令和××　年　×月　×日提出

提出者記入欄

事業所整理記号	00－イチカ
事業所所在地	届書記入の個人番号に誤りがないことを確認しました。 〒162 － 0843 東京都新宿区市ヶ谷田町2-7-×
事業所名称	株式会社　市ヶ谷商会
事業主氏名	代表取締役　川上　武
電話番号	03（3266）035×

受付印

社会保険労務士記載欄
氏名等

申出者欄

この申出書(届書)記載のとおり申出(届出)します。　日本年金機構理事長あて　令和 ×× 年　× 月　× 日

住所	千葉県〇〇市〇〇町4-5-6
氏名	岡田　桂子
電話	043（467）890×

共通記載欄に加え、申出の場合は A.申出，終了の場合は B.終了 の欄にも必要事項を記入してください。
また、上部の申出者欄に記入してください。

共通記載欄

① 被保険者整理番号	15
② 被保険者個人番号［基礎年金番号］	123456789012
③ 被保険者氏名	(ﾌﾘｶﾞﾅ) オカダ　ケイコ (氏) 岡田　(名) 桂子
④ 被保険者生年月日	5.昭和　⑦.平成　9.令和　××年10月03日
⑤ 被保険者性別	1.男　②女
⑥ 養育する子の氏名	(ﾌﾘｶﾞﾅ) オカダ　アサコ (氏) 岡田　(名) 麻子
⑦ 養育する子の生年月日	7.平成　⑨.令和　×△年02月02日
⑧ 養育する子の個人番号	

養育特例の申出をする場合

A. 申出

⑨ 過去の申出の確認	［⑥の子について、初めて養育特例の申出をしますか。］　①.はい　2.いいえ
⑩ 事業所の確認	［現在勤務されている事業所と、⑥の子を養育し始めた月の前月に勤務していた事業所は同じ事業所ですか。］　①.はい　2.いいえ
⑪ 該当月に勤務していた事業所	［⑩で 2.いいえ を選択された方 ⑥の子を養育し始めた月の前月に勤務していた事業所を記入してください。 （勤務していなかった場合は、過去１年以内の直近の月に勤務していた事業所を記入してください）］ 事業所所在地（船舶所有者住所）　〒　－ 事業所名称（船舶所有者氏名）
⑫ 養育開始年月日	7.平成　⑨.令和　×△年02月02日
⑬ 養育特例開始年月日	7.平成　⑨.令和　×△年01月07日
⑭ 備考	

養育特例を終了する場合

B. 終了

⑮ 養育特例開始年月日	7.平成　9.令和　年　月　日
⑯ 養育特例終了年月日	7.平成　9.令和　年　月　日
⑰ 備考	

○　養育期間標準報酬月額特例とは
次世代育成支援の拡充を目的とし、子どもが3歳までの間、勤務時間短縮等の措置を受けて働き、それに伴って標準報酬月額が低下した場合、子どもが生まれる前の標準報酬月額に基づく年金額を受け取ることができる仕組みが設けられたものです。被保険者の申出に基づき、より高い従前の標準報酬月額をその期間の標準報酬月額とみなして年金額を計算します。養育期間中の報酬の低下が将来の年金額に影響しないようにするための措置です。従前の標準報酬月額とは養育開始月の前月の標準報酬月額を指しますが、養育開始月の前月に厚生年金保険の被保険者でない場合には、その月前1年以内の直近の被保険者であった月の標準報酬月額が従前の報酬月額とみなされます。その月前1年以内に被保険者期間がない場合は、みなし措置は受けられません。
（対象期間　：　3歳未満の子の養育開始月　～　養育する子の3歳誕生日のある月の前月）

※　特例措置の申出は、勤務している事業所ごとに提出してください。
また、既に退職している場合は事業所の確認を受けずに、本人から直接提出することができます。

38 介護休業給付金支給申請書（251頁）

提 出 先：事業所の所在地を管轄する公共職業安定所

提出期限：介護休業終了日（介護休業が３カ月以上にわたるときは、休業開始日から３カ月経過した日）の翌日以降、その日から２カ月経過する日の属する月の末日

添付書類：対象家族を介護するために休業を取得したことを確認する書類（介護休業申出書等）
介護休業中の出勤・休業状態が確認できる書類（出勤簿、タイムカード等）
介護休業中に支払われた賃金の支払い状況を確認できる書類（賃金台帳等）
本人と家族との続柄、生年月日、性別が確認できる書類（住民票記載事項証明書等）

提出する人：原則として事業主（被保険が希望すれば本人が提出することも可能）

〔記載例のケース〕▷岡田由美さんは、配偶者が脳腫瘍の後遺症で介護しなければならない状態になり、３カ月間介護休業を取りました。休業が３カ月を経過したので、介護休業給付金を申請することになりました。

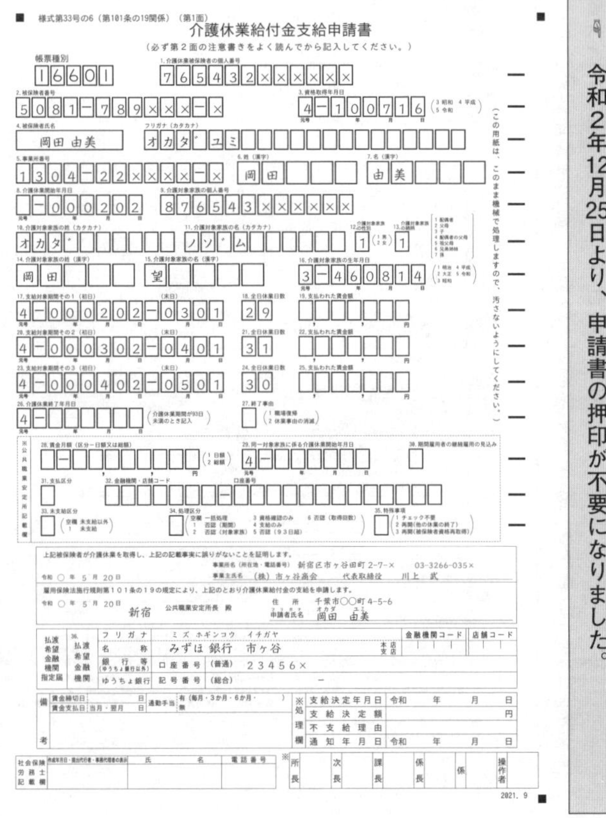

様式第33号の6（第101条の19関係）（第1面）

介護休業給付金支給申請書

（必ず第２面の注意書きをよく読んでから記入してください。）

帳票種別：16601
1. 介護休業被保険者の個人番号：765432××××××
2. 被保険者番号：5081-789×××-×
3. 資格取得年月日：4-100716（3 昭和 4 平成 5 令和）
4. 被保険者氏名：岡田 由美　フリガナ（カタカナ）：オカダユミ
5. 事業所番号：1304-22××××-×
6. 姓（漢字）：岡田　7. 名（漢字）：由美
8. 介護休業開始年月日：-000202
9. 介護対象家族の個人番号：876543××××××
10. 介護対象家族の姓（カタカナ）：オカダ　11. 介護対象家族の名（カタカナ）：ノゾム
12. 介護対象家族の性別：1（1 男 2 女）　13. 介護対象家族の続柄：1（1 配偶者 2 父母 3 子 4 配偶者の父母 5 祖父母 6 兄弟姉妹 7 孫）
14. 介護対象家族の姓（漢字）：岡田　15. 介護対象家族の名（漢字）：望
16. 介護対象家族の生年月日：3-460814（1 明治 2 大正 3 昭和 4 平成 5 令和）
17. 支給対象期間その１（初日）：4-000202（末日）-0301　18. 全日休業日数：29　19. 支払われた賃金額：（空欄）円
20. 支給対象期間その２（初日）：4-000302（末日）-0401　21. 全日休業日数：31　22. 支払われた賃金額：（空欄）円
23. 支給対象期間その３（初日）：4-000402（末日）-0501　24. 全日休業日数：30　25. 支払われた賃金額：（空欄）円
26. 介護休業終了年月日：4-（介護休業期間が93日未満のとき記入）
27. 終了事由：（1 職場復帰 2 休業事由の消滅）

（この用紙は、このまま機械で処理しますので、汚さないようにしてください。）

※公共職業安定所記載欄
28. 賃金月額（区分－日額又は総額）（1 日額 2 総額）円
29. 同一対象家族に係る介護休業開始年月日：4-
30. 期間雇用者の継続雇用の見込み
31. 支払区分
32. 金融機関・店舗コード　口座番号
33. 未支給区分（空欄 未支給以外 1 未支給）
34. 処理区分（空欄 一括処理 1 否認（期間） 2 否認（対象家族） 3 資格確認のみ 4 支給のみ 5 否認（９３日超） 6 否認（取得回数））
35. 特殊事項（1 チェック不要 2 再開（他の休業の終了） 3 再開（被保険者資格再取得））

上記被保険者が介護休業を取得し、上記の記載事実に誤りがないことを証明します。
令和 ○ 年 5 月 20 日
事業所名（所在地・電話番号）新宿区市ヶ谷田町2-7-×　03-3266-035×
事業主氏名（株）市ヶ谷商会　代表取締役　川上　武

雇用保険法施行規則第１０１条の１９の規定により、上記のとおり介護休業給付金の支給を申請します。
令和 ○ 年 5 月 20 日
新宿　公共職業安定所長　殿
住所　千葉市○○町4-5-6
申請者氏名　岡田　由美（オカダ ユミ）

払渡希望金融機関指定届	36. 払渡希望金融機関	フリガナ	ミズ ホギンコウ　イチガヤ		金融機関コード	店舗コード
		名称	みずほ銀行　市ヶ谷	本店・支店		
		銀行等（ゆうちょ銀行以外）	口座番号	（普通）23456×		
		ゆうちょ銀行	記号番号	（総合）　－		

備考		
賃金締切日	日	通勤手当 有（毎月・3か月・6か月・　　）無
賃金支払日	当月・翌月　日	

※処理欄	
支給決定年月日	令和　年　月　日
支給決定額	円
不支給理由	
通知年月日	令和　年　月　日

社会保険労務士記載欄	作成年月日・提出代行者・事務代理者の表示	氏名	電話番号

※所長	次長	課長	係長	係	操作者

2021. 9

☞ 平成29年1月より、通算して93日まで3回に分けて給付金を受給することも可能になりました。

☞ 令和2年12月25日より、申請書の押印が不要になりました。

第６章

会社の定例年間事務

1・会社の定例事務とは

労働保険（労災保険・雇用保険）と社会保険（健康保険・厚生年金保険）の事務処理については、すでに第２章で「社員を採用したとき」、第３章で「社員が退職したとき」、第４章で「社員に異動・変動があったとき」、第５章で「社員が病気・ケガ・出産等をしたとき」として解説してきました。

これらはその事実が発生したつどの事務処理ですが、この他に「給与額から保険料の控除」を行う毎月の事務処理、年１回必ず行う「労働保険の年度更新」、「健康保険・厚生年金保険被保険者報酬月額算定基礎届」の事務処理があります。これらを労働・社会保険の定例事務といっています。

本章では、この定例事務の他に、給与額に著しい変動があったときに行う「健康保険・厚生年金保険被保険者報酬月額変更届」、賞与の支払いがあったときの「健康保険・厚生年金保険被保険者賞与支払届」の事務処理を解説していきます。

2・毎月行う保険料控除の事務処理

1　労働保険料は

労働保険料（労災保険と雇用保険）の申告・納付は、事業主がまとめて全額について行います。労働保険料のうち労災保険部分は全額事業主負担です。雇用保険部分は、雇用保険の保険給付（いわゆる失業給付など）の部分については、労働者と事業主が折半負担です。その負担部分は、給与を支払う都度控除することになります。したがって、月給者の場合は毎月控除事務を行うことになります。

なお、雇用保険二事業（雇用安定事業と能力開発事業）については、事業主負担です。

2　社会保険料は

毎月の社会保険料については、標準報酬月額に保険料率を乗じて算出します。保険料の納付義務は全額事業主にありますが、負担は被保険者と折半ですから、毎月給与額から保険料を控除します。この控除できる保険料は前月分のみです。

社会保険料は、原則資格を取得した月分から資格を喪失した月の前月分までが徴収の対象となりますので、月の初日の採用でも月末付の採用でもその月の保険料は控除しなければなりません。逆に退職の場合は、月の途中で退職しても、同じ月内に入・退社しなければ、その月の保険料は控除しなくても構わないことになります。日割計算はせず、１カ月分が控除の対象になります。

結果､月末付の退職者の保険料の徴収に注意すればよいことになります｡ただし、同じ月内に資格を取得し更に喪失した場合は、１カ月分の保険料を徴収します。

3・年1回行う労働保険の年度更新とは

労働保険料は継続事業の場合、毎年、年度（４月１日から翌年３月31日まで）の始めに保険料を概算で支払っておき、年度終了後（原則として、６月１日から40日以内）に確定保険料として申告し、概算保険料との差額を精算します。そして次の年度の概算保険料を申告・納付します。この作業を毎年繰り返して行います。そして、この手続を「労働保険の年度更新」といいます。

1　継続している事業の年度更新の方法

手続に必要な書式

● 労働保険概算・増加概算・確定保険料申告書（様式第6号（甲））
……………………………………………………………（記載例370頁）

記載に必要な情報を集める

◇前年4月1日～当年3月31日までの賃金台帳で全労働者分の賃金総額を整理確認します
◇確定保険料の賃金総額と概算保険料の見込賃金総額を比較し、増減の程度を確認します
◇労働保険料計算の対象となるか否か確認した上で、取締役の賃金総額と兼務役員の賃金総額を確認します
◇雇用保険被保険者である人の賃金総額と、全労働者が対象となる労災保険分の賃金総額を分けて計算しておきます

前年4月1日～当年3月31日までの保険料を計算し、前年に概算で支払った概算保険料との差額を精算する「確定保険料の申告」をします。この申告をすることによって前年度の保険料が確定し、同時に新年度の概算保険料の申告と納付をします。

この場合、新年度の賃金総額の見込額が、前年度の賃金総額の実績額の100分の50以上100分の200以下と見込まれるときは、前年度の賃金総額の実績額を新年度の賃金総額の見込額として概算保険料を計算します。

つまり、次年度の見込賃金総額が前年度実績の100分の50以上100分の200以下の範囲内であれば、原則として概算保険料の計算の基礎となる賃金総額と確定保険料の計算の基礎となる賃金総額は、同じ金額を用いて計算することになります。

したがって、新年度に予想される昇給等による賃金の増加分は、翌年の確定申告で精算することになります。

この申告には「労働保険概算・増加概算・確定保険料申告書（様式第6号

(甲))」を作成することになります。

一括有期事業も前記に準じて計算します。

なお、労災保険と雇用保険の適用対象者が同じであるため、労災保険と雇用保険の賃金総額が同じ場合、労災保険と雇用保険を別々に計算してから合計額を算出するのではありません。労災保険率と雇用保険率を合計した率を「労働保険料率」として、賃金総額に乗じた額を労働保険料とします。それは、「労働保険の保険料徴収に関する法律」により、労働保険料は労災保険と雇用保険を一体不可分のものとして計算する考え方によるものです。

(1) 保険料の納付の方法

概算保険料は、全額を1回で納付するのが原則です。しかし、一定の条件のもと、分割納付（延納という）することが可能です。延納については後記**2**(1)の項（345頁）を参照してください。

確定保険料は前年の概算保険料との過不足を第1期分で精算することになります。納付の方法と納期は次のようになります。

(2) 申告書提出期限と保険料納期限

6月1日から40日以内	（新年度の概算保険料と確定保険料の過不足の全額を精算し納付または充当）

※　令和2年4月以降に開始される事業年度から、特定の法人（45頁参照）が継続事業（一括有期事業を含む）を行い年度更新に関する申告書（概算保険料申告書、確定保険料申告書、一般拠出金申告書、増加概算保険料申告書）を提出する場合、必ず電子申請で行うことになりました。

2　保険年度の中途で保険関係が成立した事業は（単独有期事業を除く）

手続に必要な書式

● 労働保険概算・増加概算・確定保険料申告書（様式第６号（甲））
…………………………………………………………………（記載例372頁）

記載に必要な情報を集める

① 概算保険料のみを申告、納付する場合

◇労働保険番号を「保険関係成立届」の控で確認します

◇「保険関係成立年月日、事業又は作業の種類」欄を、保険関係成立届の控で確認します

◇賃金の見込額について、保険関係が成立した日から保険年度末の３月31日までの金額を、賞与、通勤手当等も含めて計算します

② はじめての年度更新をする場合

◇保険関係が成立した日から、保険年度末の３月末日までの賃金および賞与の額を確定させます

◇当年４月１日から翌年３月31日までに支払うと予想される賃金総額を計算します

◇既に納付してある概算保険料額を確認します

◇雇用保険の被保険者分の賃金総額と、労災保険の対象になる従業員の賃金総額を分けて計算しておきます

保険関係が成立したときの概算保険料の計算の仕方から説明します。保険関係が成立した日から、保険年度の末日までの賃金総額の見込額にその事業に係る保険料率を乗じて概算保険料を算出し、保険関係の成立した日から50日以内に申告・納付します。

概算保険料の計算は、基本的に労災保険と雇用保険をまとめて計算します。

この申告には「労働保険概算・増加概算・確定保険料申告書（様式第６号（甲））」を作成することになります。

(1) 保険料の延納の方法

概算保険料の額が40万円以上（労災保険または雇用保険の一方のみ成立の場合は20万円以上）のときは、９月30日までに保険関係が成立し、延納の申請をすれば分割納付ができます。ただし、分割した額に１円または２円の余りがあるときは、その余りは第１期分に加算して納付します。

なお、労働保険事務組合に事務処理を委託している事業所については、概算保険料の額に関係なく分割納付できることになっています。

(2) 延納した場合の納期限

	前期・１期	２期	３期
納期限（原則）	６月１日から40日以内	10月31日	翌年１月31日
口座振替納期限	９月６日	11月14日	翌年２月14日

※保険料の申告書提出期限は、毎年６月１日から40日以内です。口座振替でも同じです。

なお、６月１日～９月30日の間に保険関係が成立した事業は２回に分割納付が可能です。10月１日以降に成立した事業はその年度は延納できません。

(3) 年度更新の方法

年度の途中で保険関係が成立した場合、まず保険関係が成立した日から保険年度末の３月31日までに支払った賃金の総額を算出し、確定保険料の計算をします。すでに支払ってある概算保険料と確定保険料との過不足を精算します。

概算保険料の計算は、４月１日から翌年３月31日までに支払うであろう賃金の見込総額を算出します。年度の途中で保険関係が成立した場合は、概算保険料を計算するときの賃金見込額が、保険関係の成立した時期によって違いがありますので、その点に気をつけてください。

年度の途中で保険関係が成立した場合も、継続して保険関係が成立している場合でも、年度更新の仕方は原則的には同じですので、継続している事業の年度更新の項（342頁）を参照してください。

3　有期事業の労働保険料の申告と納付

有期事業とは、事業の性質上、あらかじめ事業の期間が予定され、その事業目的を達成したら事業そのものが終了する事業をいいます。その特殊性から、徴収法では「建設の事業」と「立木の伐採の事業」を、継続事業とは分けて取り扱っています。

このように有期事業である「建設の事業」等は、事業の実態からみて、保険関係の成立、労働保険料の申告・納付について、労災保険と雇用保険を別個に取り扱う（二元適用事業という）ことになっています。

ただし、雇用保険については適用単位の取扱いなどが異なるため有期事業としては取り扱わないで、継続事業として処理します。

したがって、有期事業として取り扱うのは、労災保険に係る事業のみとなります。

(1)　一括有期事業の場合

有期事業の場合、事業を開始する度に、保険関係成立届、保険料の申告・納付などの手続を行わなければならないため、比較的小規模な事業に関しては、法律上当然に一括してしまう制度があります。一括された有期事業を一括有期事業といい、一括される事業の要件が規定されています。

＜一括有期事業の要件＞

①　事業主が同一であること
②　それぞれの事業が、事業の期間が予定される事業（「有期事業」）であること
③　事業の規模が、概算保険料に相当する額が160万円未満で、かつ、建設の事業の場合は請負金額が１億8,000万円未満（消費税等を除く）であること。立木の伐採の事業の場合は、概算保険料に相当する額が160万円未満で、かつ、素材の見込生産量が1,000㎥未満であること
④　それぞれの事業が、他のいずれかの事業の全部または一部と同時に行われること

⑤　それぞれの事業が、労災保険に係る保険関係が成立している事業のうち建設の事業または立木の伐採の事業であり、それぞれの事業が労災保険に規定する事業の種類が同じであること
⑥　それぞれの事業に係る労働保険料の納付事務が、一の事務所で行われること
など

上記要件のすべてに該当すると、法律上当然に一括してしまい、労働保険料の申告・納付手続については、継続事業と同様に、１保険年度を算定対象として手続します。

手続に必要な書式

- ①労働保険一括有期事業報告書（建設の事業）……（記載例374頁）
- ②労働保険等○年度 一括有期事業総括表（建設の事業）…（記載例375頁）
- ③労働保険概算・増加概算・確定保険料申告書（様式第６号（甲））……………………………………………………………（記載例376頁）

記載に必要な情報を集める

◇当該保険年度中に終了した工事分の報告をします。この報告書の請負金額が500万円未満の場合は、まとめて報告してさしつかえないことになっています
◇一括有期事業報告書から、事業の種類ごとに総括表にまとめて確定保険料の額を算出します
◇総括表から確定保険料額欄に移記し、変更がなければ、確定保険料額と同額を（労災保険料率に変更がなければ）概算保険料として申告します

一括有期事業は、１年度ごとに労働保険料の計算をします。毎年の年度更新時には、当年度に終了した事業について**「一括有期事業報告書」**および**「一括有期事業総括表（建設の事業の場合）」**を提出して確定保険料の精算を行います。

(2) 単独有期事業の場合

手続に必要な書式

- ①労働保険保険関係成立届 ……………………………… （記載例378頁）
- ②労働保険概算・増加概算・確定保険料申告書（様式第６号（乙））
  ……………………………………………………………… （記載例380頁）

一括有期事業に該当しない大規模の有期事業は、単独に事業を開始した日に保険関係が成立します。事業を開始した日の翌日から起算して10日以内に「保険関係成立届」を工事現場を管轄する労働基準監督署長へ提出します。

また、保険関係が成立した日の翌日から起算して20日以内に「労働保険概算・増加概算・確定保険料申告書（様式第６号（乙））」を提出します。なお事業が終了しましたら、50日以内に労働保険確定保険料を申告し、保険料の精算を行います。

(3) 保険料の納付の方法

概算保険料は、原則として全額を一括納付することになっていますが、概算保険料額が75万円以上で、かつ、工事の全期間が６カ月を超えるものは、申請により分割納付が認められます。

なお、労働保険事務組合に事務処理を委託している事業所については、概算保険料の額に関係なく分割納付ができることになっています。

(4) 分割納付の方法

工事の全期間を通じて、毎年３月31日（４月１日～７月31日までの分）、10月31日（８月１日～11月30日までの分）、翌年１月31日（12月１日～翌年３月31日までの分）の各期に分けて分割納付できます。ただし、事業開始日が各期に分けた最初の期の末日まで２カ月以内の場合には、その期の分は分割できず、翌期の分と合わせて１回になります。

概算保険料全額を分割回数で割ったときに余りが生じた場合、その余りは1期分として納付します。

ただし、第1期分の概算保険料は、事業が開始した日の翌日から起算して20日以内に納付します。

4　労働保険料の計算方法は

労災保険と雇用保険が別々に成立している二元適用事業ではそれぞれの保険料を別々に計算、申告し、一元適用事業においてはその合計額をまとめて申告します。

(1)　労災保険料額の計算

原則として、その事業に使用されているすべての労働者に対して保険年度中に支払われた賃金の総額（1,000円未満切り捨て）に、その事業に適用される労災保険料率（巻末資料参照）を乗じて算出します。

なお、建設の事業のように、賃金の総額が正確に把握できない場合には、次の算式で保険料額を求めます。

一般保険料額＝請負金額×労務費率※×労災保険率

※　労務費率は巻末資料参照

(2)　雇用保険料額の計算

原則として、その事業に使用されている労働者のうち、雇用保険の被保険者として資格を取得している人に保険年度中に支払われた賃金の総額（1,000円未満切り捨て）に、雇用保険率を乗じて算出します。

雇用保険率は（令和５年度）

・一般の事業……………………………1000分の15.5
・農林水産の事業及び清酒製造業……1000分の17.5
・建設の事業……………………………1000分の18.5

5　労働保険でいう賃金の範囲は

労働保険料を計算する基礎となるのは賃金ですが、労働保険料の対象となる賃金と対象にならない賃金があります。それを分類すると、次のようになります。

賃金総額の対象になるもの	賃金総額の対象にならないもの
基本給（臨時・日雇・アルバイト等に支払われる賃金を含む）、超過勤務手当、家族手当、通勤手当（現物給付を含む）、役職手当、住宅手当、技能手当、社会保険料等労働者負担分を事業主が負担した場合の保険料額、賞与、労基法第26条に基づき支払う休業手当	退職金、死亡弔慰金、結婚祝金、災害見舞金、解雇予告手当、休業補償費、事業主が負担する生命保険料の掛金、出張旅費、創立記念日祝金、財形貯蓄のため事業主が負担する奨励金等

労働保険料の徴収の対象となる賃金とは、根拠となる法律『労働保険の保険料の徴収等に関する法律』によると、「賃金・給料・手当・賞与その他名称のいかんを問わず、労働の対償として事業主が労働者に支払うもの」と規定されています。

労働の対償とは、事業主が労働者に支払うもののうち、労働者と使用従属関係のもとで行う労働に対して支払うものです。したがって、労働の対償とならないものは、労働保険料の算定に関しては、「賃金」ではありません。

「賃金」に当たらないものの例

① **任意恩恵的なもの**

〈例〉 退職金、災害見舞金、結婚祝金、死亡弔慰金

② **実費弁償的なもの**

〈例〉 旅費、事業主が支給する作業着、労働者手持ちの器具の損料として支給する手当金

③ **福利厚生としてのもの**

〈例〉 住宅の貸与［住宅の貸与を受けない者に対して定額の均衡給与が支給されているときは賃金と解されます。］

生命保険料補助［生命保険会社等と任意に保険契約をした労働者に一定額の補助をする生命保険料補助金。しかし、保険契約の有無にかかわらず支給される場合は賃金となります。］

④ **補償としてのもの**

〈例〉 休業補償（法定の額を超えるものも含む）

＜現物による賃金の範囲と評価額について＞

賃金は、常に通貨で支払われるとは限らず、現物で支給される場合もあります。例えば、昼食を支給するとか、社宅を貸与する等です。その場合に、賃金に算入する範囲と評価額が問題になります。

賃金の範囲については、「食事、被服及び住居の利益のほか、所轄労働基準監督長又は所轄公共職業安定所長の定めるところによる」と法令で規定されています。

評価額については、食事と住居について都道府県ごとに厚生労働大臣が告示しています（巻末資料495頁参照）。その他の現物支給については時価となっています。

いずれにせよ、「賃金」として取り扱われるか否かは、実態で決まりますので、名称に左右されることはありません。

石綿健康被害救済法による一般拠出金について

平成18年に「石綿による健康被害の救済に関する法律」が施行され、救済給付の支給に要する費用に充てるため、労災保険の保険関係が成立している事業の事業主から、毎年度、一般拠出金を徴収することになりました（石綿健康被害救済法第35条）。したがって、労災保険適用事業主は、労働保険料と同様に一般拠出金について、毎年度、納付する義務があります。

一般拠出金の額は、労災保険料の計算の基礎となる賃金総額に一般拠出金率を乗じた額です。労働保険料ではありませんが、確定申告の際、労働保険料と一緒に申告・納付することになっています。

一般拠出金率は、1000分の0.02です（平成26年４月１日～）。

4・社会保険の報酬月額算定基礎届（定時決定）とは

毎月の社会保険に対する保険料の計算は、標準報酬月額に対して、保険料率を乗じて算出することになっています。それは報酬の中には毎月変動する残業手当のような項目があり、それを基礎にして保険料を毎月計算するのは、コンピューターもない制度創設当時としては大変手間がかかるからです。あらかじめ定めた枠の中にある金額の報酬は同じ等級として「標準報酬月額表」が決められています。

この標準報酬月額表は、健康保険は第１級（58,000円）から第50級（1,390,000円）まで、厚生年金保険は、第１級（88,000円）～第32級（650,000円）です。

この標準報酬月額等級は、社会保険の資格を取得したときにまず決定されますが、被保険者が実際に受ける報酬月額と標準報酬月額とに大きな差が出ないよう、毎年一定の時期に（７月１日現在）事業所に在籍している全被保険者の報酬月額を届け出て、標準報酬月額の見直しをすることにしています。この手続を「健康保険・厚生年金保険被保険者報酬月額算定基礎届」といい、毎年７月１日～10日の間に行います。

1　標準報酬月額の決定方法は

手続に必要な書式

- 健康保険・厚生年金保険　被保険者報酬月額算定基礎届／厚生年金保険70歳以上被用者算定基礎届 ……………………………… （記載例381頁）
- 年間報酬の平均で算定することの申立書………………… （記載例383頁）
- 保険者算定申立に係る例年の状況、標準報酬月額の比較及び被保険者の同意等 ……………………………………………………… （記載例384頁）

「健康保険・厚生年金保険被保険者報酬月額算定基礎届」に７月１日現在在籍している全被保険者の報酬月額を記入し、原則として７月10日までに、所轄年金事務所または健康保険組合（場合によっては厚生年金基金も）へ提出します。この「算定基礎届」用紙は、基本的には所轄年金事務所または所属健康保険組合から送られてきます。その用紙には、すでに健康保険被保険者の番号、氏名、生年月日、種別、従前の標準報酬月額等が記入されていますので、届出にはこの用紙を使用するのが宜しいでしょう（健康保険組合によっては、印字された用紙は用意せず、健康保険組合のホームページからダウンロードする方式の健康保険組合もかなりあるようです）。

６月１日以降に被保険者資格を取得した者、７月、８月、９月に随時改定、育児休業等終了時改定、産前産後休業終了時改定予定者は届出対象ではありません。

直前の資格取得者の名前、生年月日等が用紙に印字されていない場合がありますから、用紙に記入されていない場合は、追加記入してください。

また、報酬月額の算出を年間報酬の平均で行う場合には、「年間報酬の平均で算出することの申立書」「保険者算定申立に係る例年の状況、標準報酬月額の比較及び被保険者の同意等」を提出します。

※　令和２年４月以降に開始される事業年度から、特定の法人（45頁参照）は、「被保険者報酬月額算定基礎届」、「被保険者月額変更届」、「被保険者賞与支払届」については、電子申請が義務化されます。

記載に必要な情報を集める

◇7月1日現在在籍している全被保険者の、その年の4月、5月、6月の報酬月額および報酬支払基礎日数（賃金台帳・出勤簿等で必ず確認すること）
◇年間報酬の平均で算定する場合は、前年7月から当年6月までの報酬月額と報酬支払基礎日数ならびに本人の同意
◇従前の標準報酬月額等級の確認
◇6月1日以降被保険者になった人の確認
◇7月、8月、9月に随時改定（後述）が行われる人の確認
◇7月、8月、9月に育児休業等終了時改定（既述）が行われる人の確認
◇7月、8月、9月に産前産後休業終了時改定（既述）が行われる人の確認

次の事項の確認は必ずしましょう

❶　4月分の報酬とは

4月分の報酬とは、4月1日から4月30日までに支払われた報酬のことです。

例えば、3月末日締切り、4月10日支給日の報酬は、実際は3月分の給料ですが、社会保険では4月分の報酬として取り扱います。この場合の報酬支払基礎日数は、月給者の場合では31日（3月1日～3月31日）です。

❷　報酬支払基礎日数とは

給料や賃金を計算する基礎となる日数のことです。

したがって、日給制の場合には、稼働日数（原則として、出勤日数）が支払基礎日数となります。月給制の場合は、暦日数が支払基礎日数となり、有給休暇も支払基礎日数に含まれます。

ただし、月額制で、欠勤日数分の給料が差し引かれるときは、就業規則等で定めた所定日数から欠勤日数を差し引いたその残りの日数が支払基礎日数となります。

❸　4月、5月の中途で入社した場合は

4月途中入社の場合は、5月と6月の報酬で、5月途中入社の場合は、6月の報酬で標準報酬月額が決定されます。入社した月に報酬支払基礎日数が17日以上あった場合でも除いて算定します。報酬が満額受けられる月の

みで算定するということです。

❹ 報酬支払基礎日数17未満の月があるときは

報酬月額は、４月、５月、６月の報酬合計を３で除して平均額を求めますが、支払基礎日数が17未満の月があればその月を除いて平均額を求め、標準報酬月額が決定されます。３カ月すべてが17未満の場合には保険者が決めることとなり、原則として従前の標準報酬月額となります。

パートタイム労働者（４分の３基準に該当する人）で、４月、５月、６月のすべての月の支払基礎日数が17未満の場合には、15以上支払基礎日数がある月の報酬の平均額で決定されます。

特定適用事業所等の短時間労働者の場合は、支払基礎日数が11以上ある月の報酬月額の平均額で決定されます。

４・５・６月のすべての月の支払基礎日数が17、15または11以上ない場合は、保険者算定になり、原則的には従前の標準報酬月額で決定されます。

❺ 昇給差額が出たときは

４月・５月・６月の支給の給与の中に、３月に支払うべきであった昇給差額として10,000円が含まれていた場合、その10,000円を差し引いた額の３カ月の平均が報酬月額（修正平均）となります。

❻ ４月、５月、６月中に休職給がある場合

病気等によって通常より低い休職給を受けていたり、ストライキによる賃金カットを受けて低額の給与を受けた場合には、不当に低い給与を受けた月を除いて、平均額を出し、標準報酬月額が決定されます。

❼ ７月、８月の退職予定者は

７月、８月の退職予定者は、結果的には９月以降の標準報酬月額が適用されることはありませんが、７月１日現在では、退職はあくまで予定ということですから、届出の中に含めておかなければなりません。

❽ ４月、５月、６月の平均額が年間平均額より非常に差があるとき

４月、５月、６月の３カ月間の報酬を基に計算した標準報酬月額と、前年７月から６月までの１年間の報酬を基に計算した標準報酬月額との間に２等級以上の差があり、その差が業務の性質上毎年あり得る場合には、前

年７月から６月までの１年間の報酬を基に計算した平均額を報酬月額とすることが可能です。

この場合の手続は、被保険者本人の同意が必要なため、「年間報酬の平均で算定することの申立書」を添付し、１年間の報酬額を記載する必要があります。なお、平均額を計算するに当たり、報酬支払い基礎日数が17日以上の月で算出するのは通常の算定の仕方と同じです。

2　標準報酬月額はいつから改定されるのか

算定基礎届を基にして標準報酬月額が改定されるのは、その年の９月１日からです。この改定された標準報酬月額は、原則として翌年の８月31日まで有効です。新しい標準報酬月額に基づく社会保険料の控除は、10月１日以降に支給する給与からになります。

この標準報酬月額が決定しましたら、被保険者個々人に、必ず新しい「標準報酬月額」を通知しましょう。

5・社会保険の報酬月額変更届（随時改定）とは

社会保険の標準報酬月額の決定には、次の場合があります。

① **社員として採用されたとき（資格取得時の決定）**

② **年１回算定基礎届を提出したとき（定時決定）**

③ **標準報酬月額に著しい変動があったとき（随時改定）**

④ **育児休業等終了時改定**

⑤ **産前産後休業終了時改定**

社会保険の定時決定は、毎年１回必ず行われ、その標準報酬月額の有効期間は、その年の９月１日から翌年の８月31日までとなっていることはすでに説明しました。

しかし、会社によっては給与の定期昇給が10月頃にあったり、人事異動によって、昇給・昇格（または降給・降格）があり、給与額が大幅に変動することがあります。このような場合に、１年に１回の見直しでは実情に合わなくなりますので、実情にあった標準報酬月額とするための手続として、「報酬月額変更届」（随時改定）という制度があります。

随時改定をするには、次の要件のすべてに該当しなければなりません。一つの要件でも該当しなければ、随時改定は行いません。

1　随時改定の要件とは

① 昇給・昇格（降給・降格）等で固定的賃金の変動や、賃金体系に変更があったとき
② 固定的賃金の変動等があった月以後引き続く３カ月に受けた報酬の平均月額に基づく標準報酬月額等級と現在の標準報酬月額等級との間に２等級以上の差が生じたとき
③ 該当した３カ月とも報酬支払基礎日数が17（特定適用事業所の短時間労働者は11）以上あるとき

上記の要件がすべて該当した場合でも、固定的賃金が上昇したにもかかわらず非固定的賃金が減少したため、標準報酬等級は下がってしまった場合は、随時改定を行いません。その逆の場合も同様です。この関係を表にすると右の図のようになります。

固定的賃金	報酬総額	随時改定
上がる	上がる	該当
上がる	下がる	該当しない
下がる	下がる	該当
下がる	上がる	該当しない

固定的賃金の変動とは

固定的賃金の具体例

基本給（月給・日給・歩合給）、家族手当、役職手当、住宅手当、通勤手当、物価手当、現物給付の定期券等

非固定的賃金の具体例

時間外手当、皆勤手当、精勤手当、日・宿直手当等

固定的賃金の変動とは

① 昇給・昇格（または降給・降格）
② 家族手当・通勤手当・役職手当等の増額または減額
③ 日給単価・歩合給単価の変更等

賃金体系の変更とは

① 給与体系の変更（日給から月給制への変更等）
② 新規に創設された固定的手当の支給

※　平成30年10月から、随時改定の取扱いについて一部改正がありました。昇給月または降給月以後の継続した３カ月の報酬月額の平均額と、昇給月または降給月前９カ月の報酬を含めた年平均から算出した報酬月額との比較による随時改定が可能になります（報酬月額変更届（随時改定の要件）154頁参照）。

2　給与額に大幅な変動があったとき

手続に必要な書式

● 健康保険・厚生年金保険被保険者報酬月額変更届／厚生年金保険70歳以上被用者月額変更届 ……………………………… （記載例385頁）

記載に必要な情報を集める

◇固定的賃金に変動があった人全員の賃金台帳、出勤簿の３カ月分を用意

し、報酬支払基礎日数が17（特定適用事業所の短時間労働者は11）以上かどうかを確認します（通勤手当を忘れずに）

◇変更届を提出すべき被保険者の、氏名（フリガナ）、性別、生年月日、被保険者番号、従前の標準報酬月額

◇賃金の締切り、賃金支払日の確認

◇会社の健康保険・厚生年金保険の記号、事業所番号

「健康保険・厚生年金保険被保険者報酬月額変更届」に固定的賃金の変動があった月から連続３カ月の報酬月額を記入し、随時改定の要件のすべてに該当したとき、速やかに、所轄年金事務所または健康保険組合（場合によっては厚生年金基金）へ提出します。

なお、会社の役員（取締役以上）が降給・降格等により、標準報酬月額等級が２等級以上下がる場合の「被保険者報酬月額変更届」は、役員報酬の改定を決議した「取締役会議事録」の写しの添付が必要でしたが、原則として不要になりました。ただし、事業所調査時には確認書類として必要ですので参考までに記載しておきます（記載例389頁）。

次の事項の確認は必ずしましょう

❶　報酬支払基礎日数の確認

固定的賃金が変動した月から連続した３カ月の報酬支払基礎日数が、各月とも17以上あることが要件です。１カ月でも17未満の月がある場合は、他の要件が該当していても随時改定は行いません。

定時決定の場合とは異なり、パートタイム労働者の場合でも、連続する３カ月とも報酬支払基礎日数が17以上なければ随時改定は行いません（特定適用事業所等の短時間労働者の場合は11以上）。

❷　すべての報酬が計算の対象に

３カ月の報酬月額の平均を算出するときは、固定的賃金だけでなく、残業手当等の非固定的賃金も含めて、総額で計算します。

❸　上がり・上がり、下がり・下がりの原則

固定的賃金が下がったのに、残業手当が上がって２等級以上の差が生じても、随時改定は行いません。

つまり、固定的賃金が下がった場合は、２等級以上下がったとき、固定的賃金が上がった場合は、２等級以上上がったときに随時改定が行われます。

❹ 標準報酬月額の上限・下限の人の特例

標準報酬月額の上限・下限の人は、報酬がどんなに上がっても、下がっても２等級以上差がでません。この場合は、２等級以上差が生じなくても次の表に該当する人は、随時改定をする必要があります。

健康保険の場合

現在の標準報酬	昇・降給	報酬月額	改定後の標準報酬月額
49級の場合	昇給	1,415,000円以上 になったとき	50級（1,390,000円）
１級で報酬月額 53,000円未満の場合	昇給	63,000円以上	２級（68,000円） またはそれ以上
50級で報酬月額 1,415,000円以上	降給	1,355,000円未満	49級（1,330,000円） またはそれ以下
２級の場合	降給	53,000円未満	１級（ 58,000円）

厚生年金保険の場合

現在の標準報酬	昇・降給	報酬月額	改定後の標準報酬月額
31級の場合	昇給	665,000円以上	32級（650,000円）
１級で報酬月額 83,000円未満の場合	昇給	93,000円以上	２級（98,000円） またはそれ以上
31級で報酬月額 635,000円以上	降給	605,000円未満	30級（590,000円） またはそれ以下
２級の場合	降給	83,000円未満	１級（ 88,000円）

❺ 変更届はいつまでに出すのか

固定的賃金の変動した月から連続した３カ月の報酬額で改定すべきかどうかの判断をし、随時改定に該当すれば４カ月目から標準報酬月額が改定されますので、4カ月目のなるべく早い時期に提出します。例えば、4月昇給の場合には、7月のなるべく早い時期ということになります。

❻ 昇給差額等が支給されたときは

昇給差額等が支給されたときや、一時帰休により低額の休業手当等を3カ月以上受ける場合も随時改定が行われますが、その事務処理は定時決定と同じ方法で行います。

3 年間報酬の平均で随時改定を行う場合

通常の随時改定の方法により算定した場合と、年間平均で算定した場合とでは、不均衡になるため、随時改定においても、年間平均で算定することが可能です。

この場合には、業務の性質上、報酬月額の変動が例年発生することが見込まれ、かつ、報酬月額の変動も例年発生することが条件です（例：定期昇給等）。

具体的な条件は、下記のすべての条件に該当した場合に年間平均による随時改定が可能になります。

⑴ 現在の標準報酬月額と通常の随時改定による標準報酬月額との間に2等級以上の差があること
⑵ 次の①と②との間に2等級以上の差があること
①通常の随時改定による標準報酬月額
②昇・降給月以後の継続した3カ月間に受けた固定的賃金額の平均額に、昇・降給月前継続した9カ月間に受けた非固定的賃金の平均額と、昇・降給月以後の継続した3カ月間に受けた非固定的賃金の平均額を加えた額から算出した標準報酬月額（「年間平均額」という）
⑶ 現在の標準報酬月額と年間平均額から算出した標準報酬月額との間に1等級以上の差があること

年間平均額で随時改定の算定を受けたい場合には、本人の同意が必要ですし、次の書類を作成して必ず添付しなければなりません。

手続に必要な書式

- ①年間報酬の平均で算定することの申立書（随時改定用）
……………………………………………………………（記載例387頁）
- ②健康保険　厚生年金保険　被保険者報酬月額変更届・保険者算定申立に係る例年の状況、標準報酬月額の比較及び被保険者の同意等（随時改定用）……………………………………（記載例388頁）

その他に、賃金台帳等の資料を求められることもあります。

記載に必要な情報を集める

◇固定的賃金の変動があってから継続する３カ月間の賃金額（固定的賃金額非固定的賃金額を別にする）と支払基礎日数
◇固定的賃金変動前９カ月間の賃金額（固定的賃金額非固定的賃金額を別にする）と支払基礎日数
◇従前の標準報酬月額
◇本人の業務の内容

次の事項の確認は必ずしましょう

◇本人の同意の有無を確認します
◇業務の性質上、例年発生することが見込まれるか否かを確認します
◇一般的随時改定の算定方法で計算してみて従前の標準報酬月額と２級以上の差があるか確認します
◇固定的賃金変動３カ月後以前１年間の平均額（賃金支払基礎日数17未満の月は除いて計算する）を確認し、従前の標準報酬月額と１等級以上の差があるか確認します

4　標準報酬月額はいつから改定されるのか

被保険者報酬月額変更届を提出しますと、固定的賃金が変動した月の４カ月目から標準報酬月額が変更となることは既に説明したとおりです。

しかし、保険料は翌月末日までに所轄年金事務所等に納付しますので、被

保険者の給与額から改定後の保険料額を控除するのは、固定的賃金が変動した月の５カ月目の給与額からとなります。

固定的賃金の変動から保険料控除までの展開図

4月	5月	6月	7月	8月
（30日） 固定的賃金が変動	（31日）	（30日）	変更届を提出する （改定月）	被保険者の給与から変更後の保険料を控除
―３カ月を平均して２等級以上の差―				

6・賞与等の支払いがあったとき

賞与、期末手当等（労働の対償で３カ月を超える期間ごとに支払われるもの）も健康保険と厚生年金保険の保険料賦課の対象になります。保険料率は標準報酬月額に乗ずる率と同じです。

40歳以上65歳未満の健康保険被保険者は介護保険の第２号被保険者ですから、月々の介護保険料と同様に上乗せで賦課されます。

保険料の対象となる賞与とは

賞与（役員賞与を含む）、期末手当、勤勉手当、ボーナス、年末手当、夏期手当、繁忙手当、越年手当等名称のいかんを問わず、年３回以下支給されるものはすべて対象となります。なお、年４回以上支給される賞与等は、標準報酬月額に算入され、定時決定の際、報酬月額に加算して届け出ます。

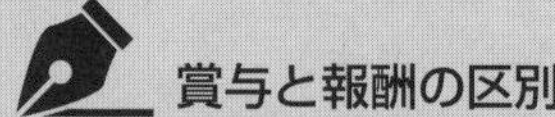

賞与と報酬の区別

（保保発0730第１号平成30.7.30等から抜粋）

① 「通常の報酬」、「賞与に係る報酬」、及び「賞与」は、名称の如何を問わず２以上の異なる性質を有するものであることが、諸規定又は賃金台帳から明らかな場合には、同一の性質を有すると認められるもの毎に判別する。

② 「賞与」については、７月１日以降新たにその支給が諸規定に定められた場合には、年間を通じ４回以上の支給につき客観的に定められているときであっても、次期標準報酬月額の定時決定（７・８・９月の随時改定を含む。）による標準報酬月額が適用されるまでの間は、賞与に係る報酬に該当しない。

事業主のやむを得ない事情により例外的に賞与が分割されたことが明らかな場合は、分割分をまとめて１回として算定する。

当該年に限り支給されたことが明らかな賞与については、支給回数に算入しない。

③ 支給間隔によらず、年間の支給回数が３以下であれば、「賞与」に該当する。

1　保険料の計算方法

保険料は賞与等を支払う都度、被保険者負担分として、次の計算方法で算出します。

まず、賞与等に1,000円未満の端数がある場合は切り捨て、1,000円単位にします（標準賞与額といいます）。その結果に、それぞれの標準報酬月額に乗ずるのと同じ保険料率を掛けて保険料を算出します。しかし、保険料の対象になる金額には上限があります。健康保険はその年度（毎年４月１日～翌年３月31日まで）における累計額が573万円、厚生年金保険は１回が150万円になっています。したがって、賞与支給額が300万円でも、厚生年金保険は150万円の賞与として保険料を計算します。

標準賞与額は、将来老齢厚生年金等を受給する際、年金額の計算対象になります。健康保険の現金給付は標準報酬月額が基準ですから、基本的には給付には反映されないことになります。

2　手続の仕方

標準賞与が厚生年金保険の年金額に反映される関係で、被保険者賞与支払届は、被保険者ごとに賞与額を記入します。支給がない場合は、「賞与不支給報告書」（記載例391頁）を提出します。なお、賞与支払予定日を変更するのであれば、「賞与不支給報告書」にて賞与支払予定月を変更できます。

3　保険料控除の仕方

標準賞与額に対する保険料は、標準報酬月額に賦課される場合と同じ方法で行います。前月から継続して被保険者だった人が月の途中で資格喪失する場合、その月分の保険料が不要なように、資格喪失月に賞与を支給する場合も標準賞与額に対する保険料は不要です。したがって、標準報酬月額に対して保険料が賦課される月に賞与が支払われた場合は、標準賞与額にも賦課され、標準報酬月額に対して保険料が賦課されない月に賞与が支給された場合は、標準賞与額にも賦課されないことになります。

例えば、４月16日に被保険者資格を取得すると、４月分について保険料がかかります。したがって、４月16日以降４月30日の間に支払われた賞与については、保険料の賦課の対象になります。逆に、前月から引き続いて被保険者だった人が、５月15日付けで退職すると、被保険者資格喪失は16日で、５月分の保険料は不要です。したがって、５月１日以降に支払われた賞与は保険料計算の対象になりません。ただし、健康保険の上限額の累計には含まれますので注意してください。

同様に、育児休業等を取得する場合や介護保険第２号被保険者になる場合等、賞与支給のタイミングと保険料徴収の要否を図で示すと、次頁のとおりです。

なお、保険料免除に関しては、条件（例：賞与の場合は、賞与支給月の末日を含んだ連続した１カ月を超える育児休業等を取得）により免除されない場合もありますので、「社会保険料の免除申請の手続」の項（241頁）を参照してください。

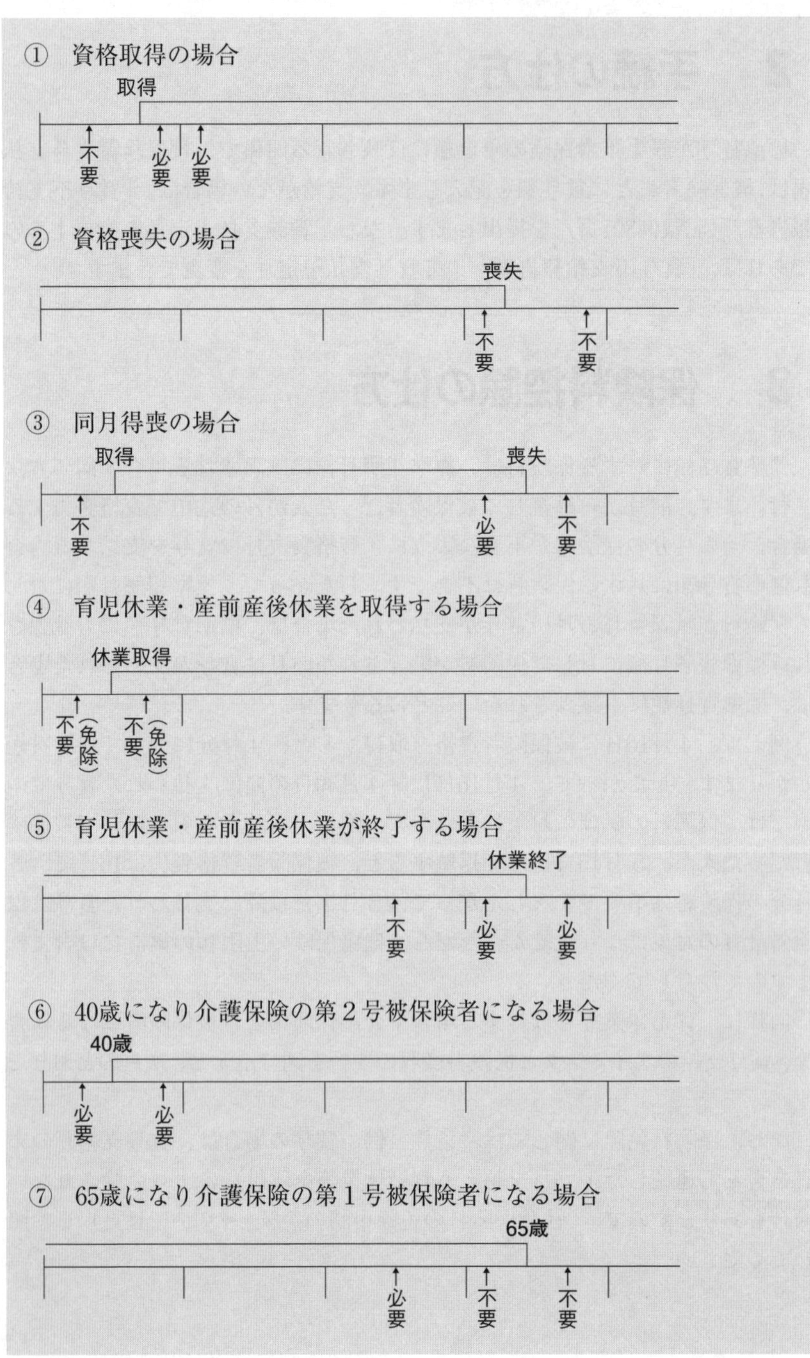
① 資格取得の場合
取得
不要
必要
必要
② 資格喪失の場合
喪失
不要
不要
③ 同月得喪の場合
取得
喪失
不要
必要
不要
④ 育児休業・産前産後休業を取得する場合
休業取得
不要（免除）
不要（免除）
⑤ 育児休業・産前産後休業が終了する場合
休業終了
不要
必要
必要
⑥ 40歳になり介護保険の第2号被保険者になる場合
40歳
必要
必要
⑦ 65歳になり介護保険の第1号被保険者になる場合
65歳
必要
不要
不要

4　賞与が年４回以上支給されたら

賞与が支給されたときは、標準報酬月額と同じ保険料率を乗じるわけですから、年に何回支給しても保険料は同じに思えます。

しかし、賞与とはあくまでも労働の対償として支払われるもののうち３カ月を超える期間ごとに支払われるものをいいますので、年４回以上支払われるものは、標準報酬月額に算入されることになります。

年４回以上支給される賞与であるか否かの判断は、給与規定の内容によります。つまり、決まって年４回以上支給されるものであるか否かによることになります。たまたま年４回支給されたような場合は、通常の賞与として取り扱います。

年４回以上支払われる場合の算入は、算定基礎届の手続の際、７月１日前１年間に支払われた賞与の合計額を12で除し、その額を報酬月額に加算するという方法で行います。その結果の標準報酬月額が、９月１日からの標準報酬月額になります。

5　賞与の支払いをしたとき

手続に必要な書式

● 健康保険・厚生年金保険被保険者賞与支払届／厚生年金保険70歳以上被用者賞与支払届 ……………………………………… （記載例390頁）

「健康保険・厚生年金保険被保険者賞与支払届」を、賞与等を支給した日から５日以内に、所轄年金事務所（厚生年金基金、健康保険組合）に提出します。

記載に必要な情報を集める

◇賞与等の名称と支給年月日

◇健康保険・厚生年金保険別の各被保険者ごとの支給金額

◇現物支給があった場合は、時価相当額を計算します

次の事項の確認は必ずしましょう

● **保険料の納付の仕方は**

「賞与支払届」を提出すると、毎月年金事務所から送られてくる「保険料納入告知書」の保険料に含まれてきます。この「賞与支払届」が遅れると、とんでもない時期に請求されます。忘れないよう必ずチェックをしましょう。

※　健康保険の標準賞与額の上限額は、年度における累計額で573万円ですが、上限を超えた場合でも手続は実際に支払われた金額（1,000円未満の端数切り捨て）を記入して届け出ます。

同一年度内における標準賞与額（実際の支給額の1,000円未満を切り捨てた額）の累計が573万円を超えた場合、累計額を自動計算するため、手続は必要ありませんが、保険者単位で累計するため、年度内に転職・転勤等により保険者が変わった場合（管轄の年金事務所が変わった場合も含む）は、自動累計されないため、「健康保険標準賞与額累計申出書」の提出が必要です。つまり、累計は保険者ごとに行いますので、全国健康保険協会から健康保険組合へ転職した場合等はそれぞれに計算し、累計はしません。

※　育児休業等による保険料免除期間に支払われた賞与や資格喪失月に支払われた賞与（保険料賦課の対象にならない賞与）についても、賞与支払届の提出は必要です。また、この場合における標準賞与額も年度累計の対象になります。

6　支払い予定月に賞与を支払わなかったとき

支払い予定月に賞与を支払わなかったときは、「健康保険・厚生年金保険賞与不支給報告書」を提出しなければなりません。元々支払い予定月が定まっていないときは、提出不要です。被保険者全員に支払わなかったときに提出します。

また、今まで決まっていた賞与支払月を変更する場合には、同じ様式に記載します。変更がなければ記入は不要です。

手続に必要な書式

● 健康保険・厚生年金保険賞与不支給報告書 …………（記載例391頁）

雇用保険料の控除を忘れずに

社会保険料のように支払時に届出事務は必要ありませんが、賞与の支払いのつど雇用保険料の控除が必要です。控除額は原則として賞与額に雇用保険率（本人負担分）を乗じて算出します。

この控除を忘れますと、結果的には会社が負担することになります。

1 労働保険 概算・増加概算・確定 保険料申告書（様式第6号（甲））（342頁）

〔継続事業の例〕

提出先：所轄労働基準監督署長を経由して都道府県労働局労働保険特別会計歳入徴収官

提出期限：毎年6月1日より40日以内

添付書類：特になし

提出する人：事業主

〔記載例のケース〕▷文房具・書籍の販売業である㈱市ヶ谷商会は年度更新の時期となりましたので、申告・納付の手続をすることにしました。

☞　概算保険料を計算するにあたり、算定基礎額（賃金総額の見込額）は、実績年度の２倍を超えるか半分未満にならなければ、特例によって前年実績額を新年度の賃金見込額とします。

保険料率に変更がないか否かを確認します。

☞　令和２年12月25日より、申請書の押印が不要になりました。

様式第6号（第24条、第25条、第33条関係）（甲）（1）

労働保険 概算・増加概算・確定保険料 申告書
石綿健康被害救済法 一般拠出金

継続事業（一括有期事業を含む。）

標準字体 0123456789

第3片「記入に当たっての注意事項」をよく読んでから記入して下さい。OCR枠への記入は上記の「標準字体」でお願いします。

提出用

下記のとおり申告します。

種別 32700 ※修正項目番号 ※入力徴定コード

R4 年 6 月 30 日

あて先 〒102-8307
千代田区九段南1－2－1
九段第3合同庁舎12階
東京労働局
労働保険特別会計歳入徴収官殿

①労働保険番号：都道府県 13／所掌 1／管轄 08／基幹番号 654321／枝番号 000

※各種区分：管轄②／保険関係等／業種／産業分類

②増加年月日（元号：令和は9）　③事業廃止等年月日（元号：令和は9）　※事業廃止等理由

④常時使用労働者数 20　⑤雇用保険被保険者数 15　※保険関係　※片保険理由コード

（なるべく折り曲げないようにし、やむをえない場合には折り曲げマーク（▶）の所で折り曲げて下さい。）

確定保険料算定内訳
⑦ 算定期間 令和3年4月1日 から 令和4年3月31日 まで

⑦区分	⑧保険料・一般拠出金算定基礎額	⑨保険料・一般拠出金率	⑩確定保険料・一般拠出金額（⑧×⑨）
労働保険料	（イ） 千円	（イ）1000分の	（イ）915000 円
労災保険分	（ロ）80000 千円	（ロ）1000分の 3	（ロ）240000 円
雇用保険分	（ホ）75000 千円	（ホ）1000分の 9	（ホ）675000 円
一般拠出金（注1）	（ヘ）80000 千円	（ヘ）1000分の 0.02	（ヘ）1600 円

（注1）石綿による健康被害の救済に関する法律第35条第1項に基づき、労災保険適用事業主から徴収する一般拠出金
（注2）一般拠出金は延納できません

概算・増加概算保険料算定内訳
⑪ 算定期間 令和4年4月1日 から 令和5年3月31日 まで

⑪区分	⑫保険料算定基礎額の見込額	⑬保険料率	⑭概算・増加概算保険料額（⑫×⑬）
労働保険料	（イ） 千円	（イ）1000分の	（イ）1402500 円
労災保険分	（ロ）80000 千円	（ロ）1000分の 3	（ロ）240000 円
雇用保険分	（ホ）75000 千円	（ホ）1000分の 15.5	（ホ）1162500 円

⑮事業主の郵便番号（変更のある場合記入）　⑯事業主の電話番号（変更のある場合記入）　⑰延納の申請 納付回数 3

※検算有無区分　※算調対象区分　※データ指示コード　※再入力区分　※修正項目

⑧⑩⑫⑭⑳の（ロ）欄の金額の前に「¥」記号を付さないで下さい。

⑱申告済概算保険料額	941,000 円
⑲申告済概算保険料額	円
㉑増加概算保険料額（⑭の（イ）－⑲）	円

⑳差引額：（イ）充当額（⑱－⑩の（イ））26,000 円　（ハ）不足額（⑩の（イ）－⑱） 円　㊱充当意思 1（1：労働保険料のみに充当 2：一般拠出金のみに充当 3：労働保険料及び一般拠出金に充当）
（ロ）還付額（⑱－⑩の（イ）） 円

㉛法人番号 6543216543 2××

㉒期別納付額

第1期（初期）全期又は	（イ）概算保険料額（⑭の（イ）÷⑰＋次期以降の円未満端数）467,500 円	（ロ）労働保険料充当額（⑳の（イ）（労働保険料分のみ））26,000 円	（ハ）不足額（⑳の（ハ）） 円	（ニ）今期労働保険料（（イ）－（ロ）又は（イ）＋（ハ））441,500 円	（ホ）一般拠出金充当額（⑳の（イ）（一般拠出金分のみ）） 円	（ヘ）一般拠出金額（⑩の（ヘ）－⑳の（ホ））（注2）1,600 円	（ト）今期納付額（（ニ）＋（ヘ））443,100 円
第2期	（チ）概算保険料額（⑭の（イ）÷⑰）467,500 円	（リ）労働保険料充当額（⑳の（イ）－⑳の（ロ）） 円	（ヌ）第2期納付額（（チ）－（リ））467,500 円				
第3期	（ル）概算保険料額（⑭の（イ）÷⑰）467,500 円	（ヲ）労働保険料充当額（⑳の（イ）－⑳の（ロ）－⑳の（リ）） 円	（ワ）第3期納付額（（ル）－（ヲ））467,500 円				

㉕事業又は作業の種類：卸売業・小売業
㉓保険関係成立年月日
㉔事業廃止等理由：(1)廃止 (2)委託 (3)個別 (4)労働者なし (5)その他

㉖加入している労働保険：（イ）労災保険（ロ）雇用保険
㉗特掲事業：（イ）該当する（ロ）該当しない

㉘事業：（イ）所在地 新宿区市ヶ谷田町2-7-×　（ロ）名称 株式会社 市ヶ谷商会

㉙事業主：郵便番号 162－0843　電話番号（03）3261－035×
（イ）住所（法人のときは主たる事務所の所在地）新宿区市ヶ谷田町2-7-×
（ロ）名称 株式会社 市ヶ谷商会
（ハ）氏名（法人のときはその代表者の氏名）代表取締役 川上 武

社会保険労務士記載欄	作成年月日・提出代行者・事務代理者の表示	氏名	電話番号

2 労働保険 概算・増加概算・確定 保険料申告書（様式第6号（甲））（344頁）

〔中途成立事業所の例〕

提 出 先：所轄労働基準監督署長を経由して都道府県労働局労働保険特別会計歳入徴収官

提出期限：毎年６月１日より40日以内

添付書類：特になし。なお、監督署にて金額をチェックしてもらうには、賃金台帳を持参します。

提出する人：事業主

〔記載例のケース〕▷年度の途中に保険関係が成立した㈱新宿商会は雑貨商を営んでおり、令和４年度の年度更新をすることになりました。

☞　賃金の実績は令和３年６月１日～令和４年３月31日の10カ月分なので、令和４年４月１日～令和５年３月31日の賃金見込額については注意が必要です（実績に基づいて令和４年４月１日～令和５年３月31日の見込みを算出するとよいでしょう）。

□内の数字は標準字体で記入します。

監督署にて金額チェックの後に「領収済通知書」を作成するとよいでしょう。

なお、⑱欄の数字は、継続事業の場合、送付された用紙に印字されています。

☞　令和２年12月25日より、申請書の押印が不要になりました。

様式第6号（第24条、第25条、第33条関係）（甲）（1）

労働保険 石綿健康被害救済法 概算・増加概算・確定保険料 一般拠出金 申告書

継続事業（一括有期事業を含む。）

標準字体 0123456789

第3片「記入に当たっての注意事項」をよく読んでから記入して下さい。OCR枠への記入は上記の「標準字体」でお願いします。

提出用

下記のとおり申告します。

種別 32700　※修正項目番号　※入力徴定コード

令和5年 6月 20日

あて先 〒102-8307
千代田区九段南1－2－1
九段第3合同庁舎12階
東京労働局
労働保険特別会計歳入徴収官殿

①労働保険番号：都道府県 13　所掌 1　管轄 08　基幹番号 938181　枝番号 000

②増加年月日（元号：令和は9）　③事業廃止等年月日（元号：令和は9）　※事業廃止等理由

④常時使用労働者数 20　⑤雇用保険被保険者数 15

（なるべく折り曲げないようにし、やむをえない場合には折り曲げマーク（▶）の所で折り曲げて下さい。）

確定保険料算定内訳　算定期間 令和3年6月1日 から 令和4年3月31日 まで

⑦区分	⑧保険料・一般拠出金算定基礎額	⑨保険料・一般拠出金率	⑩確定保険料・一般拠出金額（⑧×⑨）
労働保険料	（イ）千円	（イ）1000分の	（イ）240000円
労災保険分	（ロ）23000千円	（ロ）1000分の 3	（ロ）69000円
雇用保険分	（ホ）19000千円	（ホ）1000分の 9	（ホ）171000円
一般拠出金（注1）	（ヘ）23000千円	（ヘ）1000分の 0.02	（ヘ）460円

（注1）石綿による健康被害の救済に関する法律第35条第1項に基づき、労災保険適用事業主から徴収する一般拠出金
（注2）一般拠出金は延納できません

概算・増加概算保険料算定内訳　算定期間 令和4年4月1日 から 令和5年3月31日 まで

⑪区分	⑫保険料算定基礎額の見込額	⑬保険料率	⑭概算・増加概算保険料額（⑫×⑬）
労働保険料	（イ）千円	（イ）1000分の	（イ）524000円
労災保険分	（ロ）30000千円	（ロ）1000分の 3	（ロ）90000円
雇用保険分	（ホ）28000千円	（ホ）1000分の 15.5	（ホ）434000円

⑮事業主の郵便番号（変更のある場合記入）　⑯事業主の電話番号（変更のある場合記入）　⑰延納の申請 納付回数 3

※検算有無区分　※算調対象区分　※データ指示コード　※再入力区分　※修正項目

⑧⑩⑫⑭⑳の（ロ）欄の金額の前に「¥」記号を付さないで下さい。

⑱申告済概算保険料額 289,500円

⑲申告済概算保険料額 円

⑳差引額（イ）充当額（⑱－⑩の（イ））49,500円　（ハ）不足額（⑩の（イ）－⑱）円　㉚充当意思 1（1:労働保険料のみに充当 2:一般拠出金のみに充当 3:労働保険料及び一般拠出金に充当）

（ロ）還付額（⑱－⑩の（イ））円

㉑増加概算保険料額（⑭の（イ）－⑲）円

㉛法人番号 5432195431××××

㉒期別納付額						
第1期（初期）全期又は	（イ）概算保険料額（⑭の（イ）÷⑰＋次期以降の円未満端数）174,668円	（ロ）労働保険料充当額（⑳の（イ）（労働保険料分のみ））49,500円	（ハ）不足額（⑳の（ハ））円	（ニ）今期労働保険料（（イ）－（ロ）又は（イ）＋（ハ））125,168円	（ホ）一般拠出金充当額（⑳の（イ）（一般拠出金分のみ））円	（ヘ）一般拠出金額（⑩の（ヘ）－⑳の（ホ））（注2）460円
第2期	（チ）概算保険料額（⑭の（イ）÷⑰）174,666円	（リ）労働保険料充当額（⑳の（イ）－㉒の（ロ））円	（ヌ）第2期納付額（（チ）－（リ））174,666円			
第3期	（ル）概算保険料額（⑭の（イ）÷⑰）174,666円	（ヲ）労働保険料充当額（⑳の（イ）－㉒の（ロ）－㉒の（リ））円	（ワ）第3期納付額（（ル）－（ヲ））174,666円			

（ト）今期納付額（（ニ）＋（ヘ））125,628円

㉕事業又は作業の種類：卸売業・小売業

㉓保険関係成立年月日

㉔事業廃止等理由：(1)廃止 (2)委託 (3)個別 (4)労働者なし (5)その他

㉖加入している労働保険：（イ）労災保険　（ロ）雇用保険

㉗特掲事業：（イ）該当する　（ロ）該当しない

㉘事業：（イ）所在地　（ロ）名称

㉙事業主：郵便番号 160－0022　電話番号（03）3266－888×
（イ）住所（法人のときは主たる事務所の所在地）新宿区新宿本町1-2-×
（ロ）名称 株式会社 新宿商会
（ハ）氏名（法人のときは代表者の氏名）代表取締役 新宿 太郎

社会保険労務士記載欄	作成年月日・提出代行者・事務代理者の表示	氏名	電話番号

3 労働保険 一括有期事業報告書（建設の事業）（346頁）

提 出 先：所轄労働基準監督署長を経由して都道府県労働局労働保険特別会計歳入徴収官

提出期限：次の保険年度の６月１日より40日以内または保険関係が消滅した日の翌日から50日以内

添付書類：一括有期事業総括表、確定保険料申告書

提出する人：事業主

〔記載例のケース〕▷令和×年４月１日～翌年の令和○年３月31日の報告書（控）から工事が終了した事業を整理して、一括有期事業報告書を作成することにしました。

☞ 毎月事業が終了した分の整理をしておいて年度更新時にあわてないようにしておきます。この際請負金額が500万円以上の分は個別に整理し、500万円未満の工事についてはまとめて整理しておきます。

様式第7号（第34条関係）（甲）

労 働 保 険
一括有期事業報告書（建設の事業）

提出用

労働保険番号	府県 13	所掌 1	管轄 08	基幹番号 665432	枝番号 000	30 枚のうち 1 枚目

事業の名称	事業場の所在地	事業の期間	① 請負金額の内訳 請負代金の額	請負代金に加算する額	請負代金から控除する額	請負金額	② 労務費率	③ 賃金総額
川島邸新築工事	世田谷区 弦巻 1-10-×	○年 5月 20日から ○年 11月 30日まで	円 80,000,000	円 0	円 0	80,000,000	21	円 16,800,000
伊藤コーポ新築工事	新宿区 百人町 1-2-×	○年 6月 1日から △年 1月 13日まで	82,000,000	0	0	82,000,000	21	17,220,000
その他 25件		年 月 日から 年 月 日まで	111,000,000	0	0	111,000,000	22	24,420,000
		年 月 日から 年 月 日まで						
		年 月 日から 年 月 日まで						
事業の種類 35 建築事業（既設建築物設備工事業除く）		計						58,440,000

前年度中（保険関係が消滅した日まで）に廃止又は終了があったそれぞれの事業の明細を上記のとおり報告します。

△ 年 4 月 20 日

郵便番号（ 160 - 0022 ）
電話番号（ 03 - 3266 - 333× ）

事業主
住 所 新宿区新宿 8-16-×
氏 名 （株）前川工務店
代表取締役 前川 誠一
（法人のときはその名称及び代表者の氏名）

東京 労働局労働保険特別会計歳入徴収官 殿

〔注意〕
社会保険労務士記載欄は、この報告書を社会保険労務士が作成した場合のみ記載すること。

社会保険労務士記載欄	作成年月日・提出代行者・事務代理者の表示	氏 名	電話番号

4 労働保険等 ○年度一括有期事業総括表（建設の事業）（347頁）

提 出 先：所轄労働基準監督署長を経由して、都道府県労働局労働保険特別会計歳入徴収官
提出期限：次の保険年度の６月１日から40日以内（原則として毎年７月10日）
添付書類：一括有期事業報告書、確定保険料申告書
提出する人：事業主
〔記載例のケース〕▷一括有期事業報告書から事業の種類ごとに記載します。

✎ 事業の種類別（業種番号31～37別に）に記載し、労務費率を乗じて賃金総額を算出し、それに労働保険料率を乗じます。
メリット保険料率の報告があったら忘れずに処理してください。
このメリット保険料率は、都道府県労働局長より「労災保険率決定通知書」として、年度更新資料と一緒に送られてきます。

別添様式

労働保険等
××年度一括有期事業総括表（建設の事業）

事業主控

労働保険番号	府県	所掌	管轄	基幹番号	枝番号
	13	1	08	665432	000

一括有期事業報告書 30 枚添付

業種番号	事業の種類	事業開始時期	請負金額	労務費率	賃金総額	保険料率 基準料率	保険料率 メリット料率	保険料額
			円		千円	1000分の	1000分の	円
31	水力発電施設、ずい道等新設事業	平成27年3月31日以前のもの		18		89		
		平成30年3月31日以前のもの		19		79		
		平成30年4月1日以降のもの				62		
32	道路新設事業	平成27年3月31日以前のもの		20		16		
		平成30年3月31日以前のもの				11		
		平成30年4月1日以降のもの		19				
33	舗装工事業	平成27年3月31日以前のもの		18		10		
		平成30年3月31日以前のもの				9		
		平成30年4月1日以降のもの		17				
34	鉄道又は軌道新設事業	平成27年3月31日以前のもの		23		17		
		平成30年3月31日以前のもの		25		9.5		
		平成30年4月1日以降のもの		24		9		
35	建築事業	平成27年3月31日以前のもの		21		13		
		平成30年3月31日以前のもの		23		11		
		平成30年4月1日以降のもの	162,000,000		34,020	9.5		442,260
38	既設建築物設備工事業	平成27年3月31日以前のもの		22		15		
		平成30年3月31日以前のもの		23				
		平成30年4月1日以降のもの	111,000,000		24,420	12		366,300
36	機械装置の組立て又は据付けの事業 組立て又は取付けに関するもの	平成27年3月31日以前のもの		38		7.5		
		平成30年3月31日以前のもの		40		6.5		
		平成30年4月1日以降のもの		38				
	その他のもの	平成27年3月31日以前のもの		21		7.5		
		平成30年3月31日以前のもの		22		6.5		
		平成30年4月1日以降のもの		21				
37	その他の建設事業	平成27年3月31日以前のもの		23		19		
		平成30年3月31日以前のもの		24		17		
		平成30年4月1日以降のもの				15		
		平成19年3月31日以前のもの			①			
	合計							

②（①を除いた合計）	③一般拠出金率	一般拠出金額（②×③）
58,440 千円	1000分の 0.02	1,168 円

注
1 一括有期事業報告書（様式第7号（甲））に記入した事業（工事）を、事業の種類ごとに合算し、本表により確定保険料を計算すること。
2 前年度にメリット制が適用された事業については、メリット料率を記入のうえ確定保険料を計算すること。
3 一般拠出金とは、石綿による健康被害の救済に関する法律第35条第1項に基づき労災保険適用事業主から徴収する拠出金を指す。
4 一般拠出金は事業（工事）開始時期が平成19年4月1日以降のすべての事業（工事）を徴収対象とする。

別添一括有期事業報告書の明細を上記のとおり総括して報告します。

××年 6月 25日

東京 労働局労働保険特別会計歳入徴収官 殿

郵便番号（ 166 － 0022 ）
電話番号（ 03 － 3266 － 333× ）

住所 新宿区新宿8−16−×

事業主 氏名 (株)前川工務店 代表取締役 前川誠一

（法人のときはその名称及び代表者の氏名）

社会保険労務士記載欄	作成年月日・提出代行者・事務代理者の表示	氏名	電話番号

5 労働保険 概算・増加概算・確定 保険料申告書（様式第6号（甲））（347頁）

提 出 先：所轄労働基準監督署長を経由して都道府県労働局労働保険特別会計歳入徴収官
提出期限：次の保険年度の６月１日より40日以内
添付書類：一括有期事業報告書、一括有期事業総括表と一緒に
提出する人：事業主
〔記載例のケース〕▷一括有期事業総括表より確定保険料額欄に移記します。

☞　事業規模に大きな変動が予測されない場合は、保険料率に変更がなければ確定保険料額と同額を概算保険料として申告書に記載します（概算保険料の賃金総額の見込額が、確定保険料の賃金実績の100分の50以上100分の200以下のとき）。

一般拠出金に充当する場合は「還付請求書」（記載例429頁）を添付します。

☞　令和２年12月25日より、申請書の押印が不要になりました。

様式第6号（第24条、第25条、第33条関係）（甲）（1）

労働保険 概算・増加概算・確定保険料 申告書
石綿健康被害救済法 一般拠出金

継続事業（一括有期事業を含む。）

標準字体 0123456789

第3片「記入に当たっての注意事項」をよく読んでから記入して下さい。OCR枠への記入は上記の「標準字体」でお願いします。

提出用

下記のとおり申告します。

種別 32700　※修正項目番号　※入力徴定コード

令和××年 6月 20日

あて先 〒102-8307
千代田区九段南1－2－1
九段第3合同庁舎12階
東京労働局
労働保険特別会計歳入徴収官殿

① 労働保険番号 都道府県 所掌 管轄 基幹番号 枝番号：13108665432－000

②増加年月日（元号：令和は9）　③事業廃止等年月日（元号：令和は9）　※事業廃止等理由

④常時使用労働者数 6　⑤雇用保険被保険者数　※保険関係　※片保険理由コード

（なるべく折り曲げないようにし、やむをえない場合には折り曲げマーク（▶）の所で折り曲げて下さい。）

確定保険料算定内訳

⑦ 算定期間 ×△年4月1日 から ××年3月31日 まで

区分	⑧保険料・一般拠出金算定基礎額	⑨保険料・一般拠出金率	⑩確定保険料・一般拠出金額（⑧×⑨）
労働保険料	（イ）58440 千円	（イ）1000分の	（イ）808560 円
労災保険分	（ロ）58440 千円	（ロ）1000分の	（ロ）808560 円
雇用保険分	（ホ） 千円	（ホ）1000分の	（ホ） 円
一般拠出金（注1）	（ヘ）58440 千円	（ヘ）1000分の 0.02	（ヘ）1168 円

（注1）石綿による健康被害の救済に関する法律第35条第1項に基づき、労災保険適用事業主から徴収する一般拠出金
（注2）一般拠出金は延納できません

概算・増加概算保険料算定内訳

⑪ 算定期間 ××年4月1日 から △△年3月31日 まで

区分	⑫保険料算定基礎額の見込額	⑬保険料率	⑭概算・増加概算保険料額（⑫×⑬）
労働保険料	（イ）58440 千円	（イ）1000分の	（イ）808560 円
労災保険分	（ロ）58440 千円	（ロ）1000分の	（ロ）808560 円
雇用保険分	（ホ） 千円	（ホ）1000分の	（ホ） 円

⑮事業主の郵便番号（変更のある場合記入）　⑯事業主の電話番号（変更のある場合記入）　⑰延納の申請 納付回数 3

※検算有無区分　※算調対象区分　※データ指示コード　※再入力区分　※修正項目

⑧⑩⑫⑭⑳の（ロ）欄の金額の前に「¥」記号を付さないで下さい。

⑱申告済概算保険料額	1,000,000 円
⑲申告済概算保険料額	円
㉑増加概算保険料額（⑭の（イ）－⑲）	円

⑳差引額	（イ）充当額（⑱－⑩の（イ））	191,440 円	（ハ）不足額（⑩の（イ）－⑱）	円	㊱充当意思 1（1：労働保険料のみに充当 2：一般拠出金のみに充当 3：労働保険料及び一般拠出金に充当）
	（ロ）還付額（⑱－⑩の（イ））	円			

㉛法人番号

㉒期別納付額							
第1期（初期）全期又は	（イ）概算保険料額（⑭の（イ）÷⑰＋次期以降の円未満端数） 269,520 円	（ロ）労働保険料充当額（⑳の（イ）（労働保険料分のみ）） 191,440 円	（ハ）不足額（⑳の（ハ）） 円	（ニ）今期労働保険料（（イ）－（ロ）又は（イ）＋（ハ）） 78,080 円	（ホ）一般拠出金充当額（⑳の（イ）（一般拠出金分のみ）） 円	（ヘ）一般拠出金額（⑩の（ヘ）－㉒の（ホ））（注2） 1,168 円	（ト）今期納付額（（ニ）＋（ヘ）） 79,248 円
第2期	（チ）概算保険料額（⑭の（イ）÷⑰） 269,520 円	（リ）労働保険料充当額（⑳の（イ）－㉒の（ロ）） 円	（ヌ）第2期納付額（（チ）－（リ）） 269,520 円				
第3期	（ル）概算保険料額（⑭の（イ）÷⑰） 269,520 円	（ヲ）労働保険料充当額（⑳の（イ）－㉒の（ロ）－㉒の（リ）） 円	（ワ）第3期納付額（（ル）－（ヲ）） 269,520 円				

㉕事業又は作業の種類：建設事業

㉓保険関係成立年月日

㉔事業廃止等理由：(1)廃止 (2)委託 (3)個別 (4)労働者なし (5)その他

㉖加入している労働保険：（イ）労災保険（○）　（ロ）雇用保険

㉗特掲事業：（イ）該当する（○）　（ロ）該当しない

㉘事業	
（イ）所在地	新宿区新宿 8-16-×
（ロ）名称	株式会社　前川工務店

㉙事業主	
郵便番号	160－0022
電話番号	（03）3266－333×
（イ）住所（法人のときは主たる事務所の所在地）	新宿区新宿 8-16-×
（ロ）名称	株式会社　前川工務店
（ハ）氏名（法人のときは代表者の氏名）	代表取締役　前川　誠一

社会保険労務士記載欄	作成年月日・提出代行者・事務代理者の表示	氏名	電話番号

労働保険 保険関係成立届（348頁、436頁）

提 出 先：工事現場を管轄する労働基準監督署長
提出期限：事業を開始した日の翌日から起算して10日以内
添付書類：労働保険概算保険料申告書（様式第６号（乙））と一緒に
提出する人：事業主
〔記載例のケース〕▷㈱前川工務店は、松本義雄さんより「松本ビル」の建設を請負金額３億4,000万円で契約したため、単独の有期事業として労働保険の保険関係の成立と労災保険の概算保険料の申告をすることになりました。

☞　請負金額が１億9,000万円を超えていますので、単独有期事業として保険関係の成立と、概算保険料の申告をします。この保険関係の成立届は、工事現場を管轄する労働基準監督署長に提出しますので注意してください。
　なお、事業の予定期間が遅れた場合には、忘れずに「労働保険名称、所在地等変更届」（415頁）の提出をし、事業の終了期日の変更をしておくことが必要です。
☞　令和２年12月25日より、申請書の押印が不要になりました。

様式第1号（第4条、第64条、附則第2条関係）(1)（表面）

提出用

労働保険 0：保険関係成立届（継続）（事務処理委託届）
1：保険関係成立届（有期）
2：任意加入申請書（事務処理委託届）

○年 1月20日

⑯種別 31601

労働局長
労働基準監督署長
公共職業安定所長 殿

下記のとおり (イ) 届けます。(31600又は31601のとき)
(ロ) 労災保険 (ハ) 雇用保険 の加入を申請します。(31602のとき)

①事業主 住所又は所在地 / 氏名又は名称

②事業 所在地 郵便番号 171-0014 豊島区池袋4-20-× 電話番号 03-3971-123×
名称 松本ビル新築工事

③事業の概要 鉄筋ビル 松本ビル新築工事

④事業の種類 建設事業（新築）

⑤加入済の労働保険 (イ) 労災保険 (ロ) 雇用保険

⑥保険関係成立年月日 （労災） 年 月 日 （雇用） 年 月 日

⑦雇用保険被保険者数 一般・短期 6人 日雇 人

⑧賃金総額の見込額 千円

⑨委託事務組合 所在地 / 名称 / 代表者氏名

⑩委託事務内容

⑪事業開始年月日 年 月 日

⑫事業廃止等年月日 年 月 日

⑬建設の事業の請負金額 340,000,000円

⑭立木の伐採の事業の素材見込生産量 立方メートル

⑮発注者 住所又は所在地 郵便番号 171-0014 豊島区池袋4-20-×
氏名又は名称 松本 義雄 電話番号 03-3971-123×

※修正項目番号 ※漢字修正項目番号 ※労働保険番号（都道府県 所掌 管轄(1) 基幹番号 枝番号）

事業所

⑰住所（カナ）
郵便番号 160-0022 住所 市・区・郡名 シンジユクク
住所（つづき）町村名 シンジユク
住所（つづき）丁目・番地 8-16-×
住所（つづき）ビル・マンション名等

⑱住所（漢字）
住所 市・区・郡名 新宿区
住所（つづき）町村名 新宿
住所（つづき）丁目・番地 8-16-×
住所（つづき）ビル・マンション名等

⑲名称・氏名（カナ）
名称・氏名 カブシキガイシヤ マエカワコウムテン
名称・氏名（つづき）
名称・氏名（つづき）
電話番号（市外局番）03（市内局番）3266（番号）333×

⑳名称・氏名（漢字）
名称・氏名 株式会社 前川工務店
名称・氏名（つづき）
名称・氏名（つづき）

㉑保険関係成立年月日（31600又は31601のとき）※任意加入認可年月日（31602のとき）（元号：令和は9） 9-○○年-01月-06日

㉒事務処理委託年月日（31600又は31602のとき）事務終了予定年月日（31601のとき）（元号：令和は9） 9-○○年-11月-15日

㉓常時使用労働者数 10人

※保険関係等区分（31600又は31602のとき）

㉔雇用保険被保険者数（31600又は31602のとき）

※片保険理由コード（31600のとき）

㉕加入済労働保険番号（31600又は31602のとき）

㉗適用済労働保険番号1

㉘適用済労働保険番号2

※雇用保険の事業所番号（31600又は31602のとき）

※府県区分（31600又は31602のとき） ※特掲コード（31600又は31602のとき） ※管轄(2)（31600のとき） ※業種 ※産業分類（31600又は31602のとき） ※データ指示コード ※再入力区分

※修正項目（英数・カナ）

※修正項目（漢字）

事業主氏名（法人のときはその名称及び代表者の氏名）
（株）前川工務店
代表取締役 前川 誠一

※受付年月日（元号：令和は9） 9-年-月-日

㉙法人番号 543219×××××××

(3.3)

7 労働保険 概算・増加概算・確定 保険料申告書（様式第6号(乙)）（348頁、436頁）

提出先：工場現場を管轄する労働基準監督署長を経由して、都道府県労働局労働保険特別会計歳入徴収官

提出期限：保険関係が成立した日から20日以内

添付書類：労働保険保険関係成立届と一緒に

提出する人：事業主

〔記載例のケース〕▷㈱前川工務店は、松本義雄さんより「松本ビル」の建設を請け負いました。

様式第6号（第24条、第25条、第33条関係）（乙）（1）（表面）

労働保険 概算・増加概算・確定保険料
石綿健康被害救済法 一般拠出金 申告書

下記のとおり申告します。

有期事業（一括有期事業を除く。）

○年 1月 20日

標準字体 0 1 2 3 4 5 6 7 8 9

第3片「記入に当たっての注意事項」をよく読んでから記入して下さい。
ＯＣＲ枠への記入は上記の「標準字体」でお願いします。

提出用

種別 32702　※修正項目番号

東京労働局 労働保険特別会計歳入徴収官殿

※各種区分　保険関係等区分 731　業種

① 労働保険番号（都道府県・所掌・管轄(1)・基幹番号・枝番号）：1 3 1 0 9 8 0 4 8 0 6 − 0 0 0（項1）

⑬ 法人番号：5 4 3 2 1 9 × × × × × × ×（項13）

② 保険関係成立年月日：○○年 1月 6日

③ 常時使用労働者数：10人

⑤ 増加年月日（元号：令和は9）：元号 − 年 − 月 − 日（項2）

⑥ 事業終了（予定）年月日（元号：令和は9）：9 − ○○ − 11 − 15（項3）

④ 事業又は作業の種類：建設事業

⑦ 賃金総額の算出方法：（イ）支払賃金　（ロ）労務費率又は労務費の額（○）　（ハ）平均賃金

賃金総額の特例（⑦の（ロ））による場合

⑧ 請負金額の内訳	（イ）請負代金の額	（ロ）請負代金に加算する額	（ハ）請負代金から控除する額	（ニ）請負金額（（イ）＋（ロ）−（ハ））	⑨ 素材の（見込）生産量	⑩ 労務費率又は労務費の額
	340,000,000円	0円	0円	340,000,000	立方メートル	21 %／円

確定保険料

⑪ 算定期間　年　月　日から　年　月　日まで　⑫ 保険料率 1000分の

⑬ 保険料算定基礎額 千円　⑭ 確定保険料額（⑬×⑫） 円（項4）　⑮ 申告済概算保険料額 円

⑯ 差引額：（イ）充当額（⑮−⑭） 円　（ロ）還付額（⑮−⑭） 円（項12）　（ハ）不足額（⑭−⑮） 円

⑰ 充当意思（項11）①欄の一般拠出金に充当する場合は2を記入

一般拠出金（注）

⑲ 一般拠出金算定基礎額 千円　⑳ 一般拠出金率 1000分の　㉑ 一般拠出金（⑲×⑳） 円（項10）

（注）石綿による健康被害の救済に関する法律第35条第1項に基づき、労災保険適用事業主から徴収する一般拠出金

増加概算・概算保険料

⑰ 算定期間　○年 1月 6日 から ○年 11月 15日 まで　⑱ 保険料率 1000分の 13

⑲ 保険料算定基礎額又は増加後の保険料算定基礎額の見込額：71,400 千円

⑳ 概算保険料額又は増加後の概算保険料額（⑲×⑱）：928200 円（項5）

㉑ 申告済概算保険料額 円

㉒ 差引納付額（⑳−㉑） 円

㉓ 延納の申請　納付回数 3（項6）

※有期メリット識別コード（項7）

㉔ 概算保険料又は増加概算保険料の期別納付額	
第1期（初期）	309,400円
第2期 以降	309,400円

㉕ 今期納付額	
（イ）概算保険料又は増加概算保険料	309,400円
（ロ）確定保険料	円
（ハ）一般拠出金	円

※データ指示コード（項8）
※再入力区分（項9）
※修正項目（英数・カナ）

⑭⑯の（ロ）、⑳㉑欄の金額の前に「¥」記号を付さないで下さい。
㉕の（ハ）、㉙㉚㉛㉜欄は事業開始が平成19年4月1日以降の場合に記入して下さい。

㉖ 発注者（立木の伐採の事業の場合は立木所有者等）の住所又は所在地及び氏名又は名称		
住所又は所在地	豊島区池袋4-20-×	郵便番号 171-0014
氏名又は名称	松本　義雄	電話番号 03-3971-123×

㉗ 事業		㉘ 事業主		
所在地	豊島区池袋4-20-×	（イ）住所（法人のときは主たる事務所の所在地）	東京都新宿区新宿8-16-×	郵便番号 160-0022
名称	松本ビル新築工事	（ロ）名称	（株）前川工務店	電話番号 03-3266-333×
		（ハ）氏名（法人のときは代表者の氏名）	代表取締役　前川　誠一	

あて先 〒102-8307 千代田区九段南1−2−1 九段第3合同庁舎12階
東京労働局労働保険特別会計歳入徴収官

きりとり線（1枚目はきりはなさないで下さい。）

（なるべく折り曲げないようにし、やむをえない場合には折り曲げマーク（▶）の所で折り曲げて下さい。）

☞ 工事期限を確認し、概算保険料の分割できる回数を間違えないようにします。

☞ なお、請負金額に大幅に変更がありましたら、増加概算保険料の申告をします。

令和2年12月25日より、申請書の押印が不要になりました。

8 健康保険・厚生年金保険 被保険者報酬月額算定基礎届／厚生年金保険 70歳以上被用者算定基礎届 (353頁)

提出先：所轄年金事務所または加入している健康保険組合・厚生年金基金

提出期限：毎年７月１日～10日まで

添付書類：賃金台帳、出勤簿、源泉所得税額領収証書等を持参、その他指定された資料

提出する人：事業主

〔記載例のケース〕▷賃金台帳から㈱市ヶ谷商会の算定基礎届の提出をすることになりました（賃金台帳は、次頁参照）。

✎ ⑰欄は、70歳以上被用者の算定の場合のみ、個人番号または基礎年金番号（10桁）を記入します。それ以外は空欄です。⑱欄は、該当するものがある場合のみ印をつけます。

様式コード 2225

健康保険 厚生年金保険 被保険者報酬月額算定基礎届
厚生年金保険 70歳以上被用者算定基礎届

令和 ○ 年 7 月 6 日提出

受付印

提出者記入欄

- 事業所整理記号：00-いちか
- 届書記入の個人番号に誤りがないことを確認しました。
- 事業所所在地：〒162-0843 東京都新宿区市ヶ谷田町2-7-×
- 事業所名称：株式会社　市ヶ谷商会
- 事業主氏名：代表取締役　川上　武
- 電話番号：03（3266）035×

社会保険労務士記載欄　氏名等

項番	①被保険者整理番号	②被保険者氏名	③生年月日	④適用年月	⑰個人番号［基礎年金番号］※70歳以上被用者の場合のみ	⑤従前の標準報酬月額	⑥従前改定月	⑦昇(降)給	⑧遡及支払額	⑭総計（一定の基礎日数以上の月のみ）	⑮平均額	⑯修正平均額	⑱備考
1	1	川上　武	5-211004	○○年9月	8901234567	健 710千円 厚 620千円	△年9月	6月 ①昇給	6月 150,000円	2,300,000円	766,666円	750,000円	①70歳以上被用者算定
2	4	千葉　隆	5-471021	○○年9月		健 340千円 厚 340千円	△年9月			1,120,000円	373,333円		
3	19	横山　花子	5-551215	○○年9月		健 200千円 厚 200千円	△年9月						⑤病休・育休・休職等 ⑨その他（○○年3月4日より育児休業）
4	21	太田　涼子	5-481102	○○年9月		健 260千円 厚 260千円				500,000円	250,000円		⑨その他（欠勤カット 4月150,000円）
5	23	白石　友子	7-030820	○○年9月		健 280千円 厚 280千円	○○年4月			575,000円	287,500円		②二以上勤務 ⑨その他（○○年4月21日取得）

⑱備考欄の選択肢：1. 70歳以上被用者算定（算定基礎月：　月　月）　2. 二以上勤務　3. 月額変更予定　4. 途中入社　5. 病休・育休・休職等　6. 短時間労働者（特定適用事業所等）　7. パート　8. 年間平均　9. その他（　）

項番	⑨給与支給月	⑩給与計算の基礎日数	⑪通貨によるものの額	⑫現物によるものの額	⑬合計（⑪＋⑫）
1	4月	31日	700,000円	0円	700,000円
1	5月	30日	700,000円	0円	700,000円
1	6月	31日	900,000円	0円	900,000円
2	4月	31日	360,000円	0円	360,000円
2	5月	30日	380,000円	0円	380,000円
2	6月	31日	380,000円	0円	380,000円
3	4月	0日	0円	0円	
3	5月	0日	0円	0円	
3	6月	0日	0円	0円	
4	4月	15日	120,000円	0円	―
4	5月	30日	240,000円	0円	240,000円
4	6月	31日	260,000円	0円	260,000円
5	4月				
5	5月	30日	275,000円	0円	275,000円
5	6月	31日	300,000円	0円	300,000円

※ ⑨支給月とは、給与の対象となった計算月ではなく実際に給与の支払いを行った月となります。

☞　昇給があった人はいつからの昇給か、「月額変更届」の提出の必要がないかを確認します。

休職中の人や低額の休業手当や育児休業手当の受給者については保険者算定として従前の標準報酬月額となります。

賃金台帳 （毎月20日〆切 当月25日支給）

	氏名	生年月日	現在の標準報酬月額	○年３月	４月	５月	６月	備考
1	川上　武	昭 21.10.04	710	700,000	700,000	700,000	900,000	３月に遡及して50,000円昇給し6月に支給した
4	千葉　隆	47.10.21	340	340,000	360,000	380,000	380,000	残業増による変動
19	横山花子	55.12.15	200	200,000	0	0	0	３月より育児休業
21	太田涼子	48.11.2	260	255,000	120,000	240,000	260,000	４月の出勤は15日
23	白石友子	03.8.20	280	0	0	275,000	300,000	４月21日に入社

9 年間報酬の平均で算定することの申立書（353頁）

提 出 先：所轄年金事務所または加入している健康保険組合・厚生年金基金
提出期限：毎年７月１日～10日までの算定基礎届提出時
添付書類：賃金台帳、出勤簿等を持参、その他指定された資料
提出する人：事業主
〔記載例のケース〕▷算定基礎届を提出するに当たり、営業部門は４月～６月に残業が多いので、年間報酬の平均で算定することの申立をすることになりました。

（様式１）

千代田年金事務所長　　様

年間報酬の平均で算定することの申立書

当事業所は〇〇〇〇〇業を行っており、（当事業所内の〇〇部門では、）毎年、４月から６月までの間は、〇〇〇〇〇〇の理由により繁忙期となることから、健康保険及び厚生年金保険被保険者の報酬月額算定基礎届を提出するにあたり、健康保険法第４１条及び厚生年金保険法第２１条の規定による定時決定の算定方法によると、年間報酬の平均により算出する方法より、標準報酬月額等級について２等級以上の差が生じ、著しく不当であると思料されますので、健康保険法第４４条第１項及び厚生年金保険法第２４条第１項における「報酬月額の算定の特例」（年間）にて決定していただくよう申立てします。
なお、当事業所における例年の状況、標準報酬月額の比較及び被保険者の同意等の資料を添付します。

令和 〇 年 ７ 月 ６ 日

事業所所在地　中央区日本橋本石町 1-2-×

事業所名称　（株）国際商事

事業主氏名　代表取締役　加藤　直人

連 絡 先　03－3456－789×

※　業種等は正確に記入いただき、理由は具体的に記載をお願いします。

10 保険者算定申立に係る例年の状況、標準報酬月額の比較及び被保険者の同意等（353頁）

提 出 先：所轄年金事務所または加入している健康保険組合・厚生年金基金
提出期限：毎年７月１日～10日までの算定基礎届提出時
添付書類：賃金台帳、出勤簿等を持参、その他指定された資料
提出する人：事業主

〔記載例のケース〕▷算定基礎届を提出するに当たり、営業部門は４月～６月が残業が多いので、年間報酬の平均で算定することの申立をすることになりました。

（様式2）

保険者算定申立に係る例年の状況、標準報酬月額の比較及び被保険者の同意等

【申請にあたっての注意事項】
・ この用紙は、算定基礎届をお届けいただくにあたって、年間報酬の平均で決定することを申し立てる場合に必ず提出してください。
・ この用紙は、定時決定にあたり、4、5、6月の報酬の月平均と年間報酬の月平均に2等級以上差があり、年間報酬の平均で決定することに同意する方のみ記入してください。
・ また、被保険者の同意を得ている必要がありますので、同意欄に被保険者の氏名を記入してください。
・ なお、標準報酬月額は、年金や傷病手当金など、被保険者が受ける保険給付の額にも影響を及ぼすことにご留意下さい。

事業所整理記号	００　こいた	事業所名称	株式会社　市ヶ谷商会

被保険者整理番号	被保険者の氏名	生年月日	種別
45	健康太郎	昭和63年10月×日	1

【前年7月～当年6月の報酬額等の欄】

算定基礎月	報酬支払基礎日数	通貨によるものの額	現物によるものの額	合計
× 年 7月	30 日	257,000 円	0 円	257,000 円
× 年 8月	31 日	245,000 円	0 円	245,000 円
× 年 9月	31 日	245,400 円	0 円	245,400 円
× 年 10月	30 日	245,400 円	0 円	245,400 円
× 年 11月	31 日	245,500 円	0 円	245,500 円
× 年 12月	30 日	246,200 円	0 円	246,200 円
×+1 年 1月	31 日	245,400 円	0 円	245,400 円
×+1 年 2月	31 日	246,200 円	0 円	246,200 円
×+1 年 3月	28 日	285,200 円	0 円	285,200 円
×+1 年 4月	31 日	300,200 円	0 円	300,200 円
×+1 年 5月	30 日	307,500 円	0 円	307,500 円
×+1 年 6月	31 日	313,500 円	0 円	313,500 円

【標準報酬月額の比較欄】※全て事業主が記載してください。

従前の標準報酬月額	健康保険	厚生年金保険
	220 千円	220 千円

前年7月～本年6月の合計額(※)	前年7月～本年6月の平均額(※)	健康保険		厚生年金保険	
		等級	標準報酬月額	等級	標準報酬月額
3,182,500 円	265,208 円	20	260 千円	17	260 千円

本年4月～6月の合計額(※)	本年4月～6月の平均額(※)	健康保険		厚生年金保険	
		等級	標準報酬月額	等級	標準報酬月額
921,200 円	307,066 円	22	300 千円	19	300 千円

2等級以上（○又は×）	修正平均額(※)	健康保険		厚生年金保険	
		等級	標準報酬月額	等級	標準報酬月額
○	265,208 円	20	260 千円	17	260 千円

【標準報酬月額の比較欄】の（※）部分を算出する場合は、以下にご注意ください。
① 支払基礎日数17日未満（短時間労働者は11日未満）の月の報酬額は除く。
② 短時間就労者の場合は、「通常の方法で算出した標準報酬月額」（当年4月～6月）の支払基礎日数を17日以上の月の報酬の平均額とした場合には、「年間平均で算出した標準報酬月額」（前年7月～当年6月）も17日以上の月の報酬の平均額。
　ただし、被保険者区分が短時間労働者で支払基礎日数が11日以上である月があれば、その月も年間平均の算定の対象月とする。
「通常の方法で算出した標準報酬月額」の支払基礎日数が17日以上ないので、15日以上17日未満の月の報酬の平均額とした場合には、「年間平均で算出した標準報酬月額」は、支払基礎日数が15日以上の月の報酬の平均額。
　ただし、被保険者区分が短時間労働者で支払基礎日数が11日以上である月があれば、その月も年間平均の算定の対象とすること。
③ 低額の休職給を受けた月、ストライキによる賃金カットを受けた月及び一時帰休に伴う休業手当等を受けた月を除く。
④ 給与の支払いに遅配がある場合は
ア 前年6月分以前に支払うべきであった給与の遅配分を前年7月～当年6月までに受けた場合は、その遅配分に当たる報酬の額を除く。
イ 前年7月～当年6月までの間に本来支払うはずの報酬の一部が、当年7月以降に支払われることになった場合は、その支 払うはずだった月を除く。
⑤ この保険者算定の要件に該当する場合は、「修正平均額」には、「前年7月～本年6月の平均額」を記入。
⑥ 上記①～④に該当した場合は、その旨を【備考欄】に記入。

【被保険者の同意欄】
私は本年の定時決定にあたり、年間報酬額の平均で決定することを希望しますので、当事業所が申立てすることに同意します。
被保険者氏名　健康太郎

【備考欄】

11 健康保険 厚生年金保険 被保険者報酬月額変更届 厚生年金保険 70歳以上被用者月額変更届 （153頁、160頁、358頁）

提出先：所轄年金事務所または加入している健康保険組合・厚生年金基金
提出期限：速やかに
添付書類：賃金台帳、出勤簿等を持参
提出する人：事業主
〔記載例のケース〕▷㈱市ヶ谷商会の賃金台帳から、「月額変更届」が必要な人の提出をすることにしました。給与の変更はいずれも令和○年12月分支給からです（賃金台帳は、次頁参照）。

様式コード 2221

健康保険 厚生年金保険 被保険者報酬月額変更届
厚生年金保険 70歳以上被用者月額変更届

令和 ○ 年 3 月 5 日提出

提出者記入欄
事業所整理記号：00 - いちか
届書記入の個人番号に誤りがないことを確認しました。
事業所所在地：〒162-0843 東京都新宿区市ヶ谷田町2-7-×
事業所名称：株式会社 市ヶ谷商会
事業主氏名：代表取締役 川上 武
電話番号：03（3266）035×

受付印

社会保険労務士記載欄 氏名等

	①被保険者整理番号	②被保険者氏名	③生年月日	④改定年月	⑰個人番号[基礎年金番号] ※70歳以上被用者の場合のみ
1	1	川上 武	5-211004	○○年 3月	8901234567
2	12	池田 良平	5-390606	○○年 3月	
3	21	太田 涼子	5-481102	○○年 3月	
4				年 月	
5				年 月	

	⑤従前の標準報酬月額	⑥従前改定月	⑦昇(降)給	⑧遡及支払額
1	健 750千円 厚 620千円	×年 9月	12月 ②降給	円
2	健 260千円 厚 260千円	×年 9月	12月 ①昇給	円
3	健 260千円 厚 260千円	×年 9月	12月 ①昇給	円
4	健 千円 厚 千円	年 月	月 1.昇給 2.降給	円
5	健 千円 厚 千円	年 月	月 1.昇給 2.降給	円

	⑨給与支給月	⑩給与計算の基礎日数	⑪通貨によるものの額	⑫現物によるものの額	⑬合計(⑪+⑫)	⑭総計 / ⑮平均額 / ⑯修正平均額
1	12月	30日	600,000円	0円	600,000円	⑭ 1,800,000円
	1月	31日	600,000円	0円	600,000円	⑮ 600,000円
	2月	31日	600,000円	0円	600,000円	⑯ 円
2	12月	30日	285,000円	0円	285,000円	⑭ 885,000円
	1月	31日	290,000円	0円	290,000円	⑮ 295,000円
	2月	31日	310,000円	0円	310,000円	⑯ 円
3	12月	30日	280,000円	0円	280,000円	⑭ 870,000円
	1月	31日	290,000円	0円	290,000円	⑮ 290,000円
	2月	31日	300,000円	0円	300,000円	⑯ 円
4	月	日	円	円	円	⑭ 円
	月	日	円	円	円	⑮ 円
	月	日	円	円	円	⑯ 円
5	月	日	円	円	円	⑭ 円
	月	日	円	円	円	⑮ 円
	月	日	円	円	円	⑯ 円

⑱備考（各欄共通）：1. 70歳以上被用者月額変更　2. 二以上勤務　3. 短時間労働者（特定適用事業所等）　4. 昇給・降給の理由（　）　5. 健康保険のみ月額変更（70歳到達時の契約変更等）　6. その他（　）
※1欄は「1. 70歳以上被用者月額変更」に○

※ ⑨支給月とは、給与の対象となった計算月ではなく実際に給与の支払いを行った月となります。

☞　昇給（降給）してから４カ月目に手続をしますので忘れずにチェックしておきます。

森山清は、２等級以上の差がないので手続は不要です。

白石友子は20,000円降給したのに、２等級以上上がっています。給与は下がったのに標準報酬は上がったので手続をしません。

代表取締役川上武の降給は、降給を証明できるものがあると、手続がよりスムースでしょう。

賃金台帳（毎月20日〆切　当月25日支給）

	氏名	生年月日	性別	現在の標準報酬月額	昇給月（降）	２カ月目	３カ月目	備考
1	川上　武	昭 21.10.04	男	750	600,000	600,000	600,000	令和○年12月分より 150,000円降給
7	森山　清	昭 38.10.10	男	300	310,000	340,000	330,000	令和○年12月分より 10,000円昇給
12	池田良平	昭 39.6.6	男	260	285,000	290,000	310,000	〃　10,000円昇給
21	太田涼子	昭 48.11.02	女	260	280,000	290,000	300,000	〃　通勤手当が月10,000円上がった
23	白石友子	平 03.08.20	女	280	310,000	330,000	340,000	〃　20,000円降給

12 年間報酬の平均で算定することの申立書（随時改定用）（362頁）

提 出 先：所轄年金事務所または加入している健康保険組合・厚生年金基金
提出期限：固定的賃金変動4カ月後「健康保険　厚生年金保険　被保険者報酬月額変更届」提出時
添付書類：「健康保険　厚生年金保険　被保険者報酬月額変更届・保険者算定申立に係る例年の状況、標準報酬月額の比較及び被保険者の同意等（随時改定用）」（次頁）
提出する人：事業主
〔記載例のケース〕▷㈱国際商事は、主にカレンダーや手帳の制作及び販売を行っている。また毎年9月が決算のため従業員に対する査定の結果は、10月から反映され固定的賃金が変動するとともに、年末にかけて残業も多く、その時期は賃金額が上がり、一般的は随時改定による算定方式と年間平均と比べると差が大きいので、年間平均による算定方式を申し立てることにしました。

千代田年金事務所長　様

年間報酬の平均で算定することの申立書（随時改定用）

当事業所はカレンダー・手帳の制作販売を行う出版業を行っています。そのため当事業所内の営業部門は、例年、１０月から年末までの間の営業活動が繁忙期となります。また、当事業所は９月決算で従業員査定の結果は例年１０月から反映され、固定的賃金が変動することから、健康保険及び厚生年金保険被保険者の報酬月額変更届を提出するにあたり、健康保険法第４３条及び厚生年金保険法第２３条の規定による随時決定の算定方法によると、年間報酬の平均により算出する方法より、標準報酬月額等級について２等級以上の差が生じ、著しく不当であると思料されますので、健康保険法第４４条第１項及び厚生年金保険法第２４条第１項における「報酬月額の算定の特例」（年間）にて決定していただくよう申立てします。

なお、当事業所における例年の状況、標準報酬月額の比較及び被保険者の同意等の資料を添付します。

令和○年１月２０日

事業所所在地　千代田区日本橋本石町１―２－×

事業所名称　（株）国際商事

事業主氏名　代表取締役　加藤直人

連　絡　先　０３－３４５６－７８９×

13 健康保険 厚生年金保険 被保険者報酬月額変更届・保険者算定申立に係る例年の状況、標準報酬月額の比較及び被保険者の同意等（随時改定用）（362頁）

提出先：所轄年金事務所または加入している健康保険組合・厚生年金基金
提出期限：固定的賃金変動4カ月後「健康保険　厚生年金保険　被保険者報酬月額変更届」提出時
添付書類：「年間報酬の平均で算定することの申立書（随時改定用）」（前頁）
提出する人：事業主

〔記載例のケース〕▷㈱国際商事は、主にカレンダーや手帳の制作および販売を行っている。また毎年9月が決算のため従業員に対する査定の結果は、10月から反映され固定的賃金が変動するとともに、年末にかけて残業も多く、その時期は賃金額が上がり、一般的は随時改定による算定方式と年間平均と比べると差が大きいので、年間平均による算定方式を申し立てることにしました。

（様式2）

健康保険 厚生年金保険 被保険者報酬月額変更届・保険者算定申立に係る例年の状況、標準報酬月額の比較及び被保険者の同意等（随時改定用）

事業所整理記号	００こいた	事業所名称	（株）国際商事

被保険者整理番号	被保険者の氏名	生年月日	種別
45	健康太郎	昭和63年10月×日	1

【昇給月又は降給月以後の継続した3か月の間に受けた固定的賃金についての欄】

報酬（給与）支払の基礎となった日数		通貨によるものの額	現物によるものの額	小計
×年10月	30日	260,000円	0円	260,000円
×年11月	31日	260,000円	0円	260,000円
×年12月	30日	260,000円	0円	260,000円

①合計	780,000円	②平均額	260,000円

【昇給月又は降給月前の継続した9か月及び昇給月又は降給月以後の継続した3か月の間に受けた非固定的賃金についての欄】

	報酬（給与）支払の基礎となった日数		通貨によるものの額	現物によるものの額	小計
③	×年1月	31日	9,000円	0円	9,000円
③	×年2月	31日	0円	0円	0円
③	×年3月	28日	0円	0円	0円
③	×年4月	31日	0円	0円	0円
③	×年5月	30日	0円	0円	0円
③	×年6月	31日	0円	0円	0円
③	×年7月	30日	0円	0円	0円
③	×年8月	31日	0円	0円	0円
③	×年9月	31日	8,000円	0円	8,000円
④	×年10月	30日	25,000円	0円	25,000円
④	×年11月	31日	32,000円	0円	32,000円
④	×年12月	30日	38,000円	0円	38,000円

※以下については、必ず、支払基礎日数17日未満（短時間被保険者は11日未満）の月の報酬額は除いて計算してください。

昇給月又は降給月前の継続した9か月	③合計	17,000円		
昇給月又は降給月以後の継続した3か月	④合計	95,000円	⑤平均額	31,666円
昇給月又は降給月前の継続した9か月及び昇給月又は降給月以後の継続した3か月	③+④	112,000円	⑥平均額	9,333円

【標準報酬月額の比較欄】※全て事業主が記載してください。

	平均額		健康保険			厚生年金保険		
				等級	標準報酬月額		等級	標準報酬月額
従前			a	19	240千円	b	16	240千円
昇給月又は降給月以後の継続した3か月	②+⑤	291,666円	c	22	300千円	d	19	300千円
年間平均	②+⑥	269,333円	e	20	260千円	f	17	260千円

	aとc又はbとdが2等級差以上	cとe又はdとfが2等級差以上	aとe又はbとfが1等級差以上
○又は×	○	○	○

【備考欄】

【被保険者の同意欄】

私は今回の随時改定にあたり、年間報酬額の平均で決定することを希望しますので、当事業所が申立てすることに同意します。

被保険者氏名　健康太郎

14 取締役会議事録（359頁）

提出先：所轄年金事務所または加入している健康保険組合
提出期限：速やかに
添付書類：健康保険・厚生年金保険被保険者報酬月額変更届と一緒に
提出する人：事業主
〔記載例のケース〕▷社長である川上武の役員報酬を令和○年12月支給分より15万円降給としました。

☞ 取締役会議事録を作成できない場合には、賃金台帳を持参して降給を証明します。
この場合は降給前１カ月分と降給してからの３カ月分として○年11月分～翌年の２月分までの賃金台帳を持参します。

取締役会議事録

令和○年○月○日午前10時00分、当会社本店会議室において、取締役会を開催した。
定刻に、取締役川上　武は選ばれて議長席につき、開会を宣し、次のとおり定足数に足る取締役の出席があったので、本取締役会は適法に成立した旨を告げた。

取締役総数　３名
本日の出席取締役数　３名
監査役総数　１名
本日の出席監査役数　１名

議　案　役員報酬改定の件

議長は、役員報酬を下記のとおりとする必要を述べた。

記

代表取締役　川上　武の報酬を、月額750,000円から月額600,000円に変更する。なお、改定は令和○年○月分（○月○日支給分）より行うものとする。
議長がその賛否を議場に諮ったところ、満場一致をもってこれに賛成した。よって議長は議案が原案どおり承認可決された旨を宣した。

以上をもって本日の議事が終了したので、議長は午前10時10分閉会を宣した。
上記の決議を明確にするため、本議事録を作成し、出席取締役及び出席監査役全員が次に記名押印する。

令和○年○月○日
株式会社市ヶ谷商会

議長　代表取締役　川上　武　（代表者印）
出席取締役　前田　昭二　（前田）
出席取締役　田沼　晃　（田沼）
出席監査役　小沢　一郎　（小沢）

15 健康保険 厚生年金保険 被保険者賞与支払届 厚生年金保険 70歳以上被用者賞与支払届 (367頁)

提出先：所轄年金事務所（または加入している健康保険組合）
提出期限：支給した日から５日以内
添付書類：特になし
提出する人：事業主

〔記載例のケース〕▷㈱市ヶ谷商会は令和○年12月10日に年末賞与を支給したので、「賞与支払届」を提出することにしました。
各人ごとの支給額は次のとおりでした。

森山　清	705,000円	太田涼子	687,300円
池田良平	669,750円	白石友子	478,225円

☝ 被保険者各人ごとに1，000円未満を切り捨てて⑥欄に記入します。標準賞与額には上限がありますので注意してください。健康保険は年度（毎年4月1日～翌年3月31日まで）累計で573万円、厚生年金保険は1回が150万円です。
支払年月日については、④欄に記入した場合、その頁分は記入不要です。
※令和3年4月1日より、「健康保険厚生年金保険被保険者賞与支払届総括表」は廃止になりました。賞与不支給の場合は、新設の「賞与不支給報告書」（次頁）を提出することになりました。

様式コード 2265
健康保険 厚生年金保険 被保険者賞与支払届
厚生年金保険 70歳以上被用者賞与支払届

令和×○年 12月 14日

提出者記入欄
事業所整理記号：00 － いちか
届書記入の個人番号に誤りがないことを確認しました。
事業所所在地：〒162－0843 東京都新宿区市ヶ谷田町2-7-×
事業所名称：株式会社 市ヶ谷商会
事業主氏名：代表取締役 川上 武
電話番号：03（3266）035×

受付印
社会保険労務士記載欄 氏名等

④ 賞与支払年月日（共通）：9.令和 ○×年 12月 10日　←1枚ずつ必ず記入してください。

	①被保険者整理番号	②被保険者氏名	③生年月日	⑤賞与支払額 ㋐(通貨)	㋑(現物)	⑥賞与額（千円未満は切捨て）(合計㋐＋㋑)	⑦個人番号[基礎年金番号] ⑧備考
1	7	森山　清	5-381010	705,000円	0円	705,000円	1. 70歳以上被用者 2. 二以上勤務 3. 同一月内の賞与合算（初回支払日： 日）
2	12	池田　良平	5-390606	669,750円	0円	669,000円	1. 70歳以上被用者 2. 二以上勤務 3. 同一月内の賞与合算（初回支払日： 日）
3	21	太田　涼子	5-481102	687,300円	0円	687,000円	1. 70歳以上被用者 2. 二以上勤務 3. 同一月内の賞与合算（初回支払日： 日）
4	23	白石　友子	7-030820	478,225円	0円	478,000円	1. 70歳以上被用者 2. 二以上勤務 3. 同一月内の賞与合算（初回支払日： 日）
5				円	円	,000円	1. 70歳以上被用者 2. 二以上勤務 3. 同一月内の賞与合算（初回支払日： 日）
6				円	円	,000円	1. 70歳以上被用者 2. 二以上勤務 3. 同一月内の賞与合算（初回支払日： 日）
7				円	円	,000円	1. 70歳以上被用者 2. 二以上勤務 3. 同一月内の賞与合算（初回支払日： 日）
8				円	円	,000円	1. 70歳以上被用者 2. 二以上勤務 3. 同一月内の賞与合算（初回支払日： 日）
9				円	円	,000円	1. 70歳以上被用者 2. 二以上勤務 3. 同一月内の賞与合算（初回支払日： 日）
10				円	円	,000円	1. 70歳以上被用者 2. 二以上勤務 3. 同一月内の賞与合算（初回支払日： 日）

（各欄④：上記「賞与支払年月日（共通）」と同じ場合は、記入不要です。9.令和 年 月 日）

16 健康保険 厚生年金保険 賞与不支給報告書（369頁）

提 出 先：所轄年金事務所、郵送で事務センター、健康保険組合
提出期限：賞与支払予定月内に
添付書類：特になし
提出する人：事業主
〔記載例のケース〕▷株式会社市ヶ谷商会は、今期の業績が悪く賞与は支給できませんでした。来期からは今までどおりの支給予定なので、不支給報告書を提出することになりました。

様式コード			
2	2	6	6

健康保険 厚生年金保険 賞与不支給報告書

令和 ○× 年 12月 14日 提出

事業所整理記号	00 イチカ	事業所番号	123××

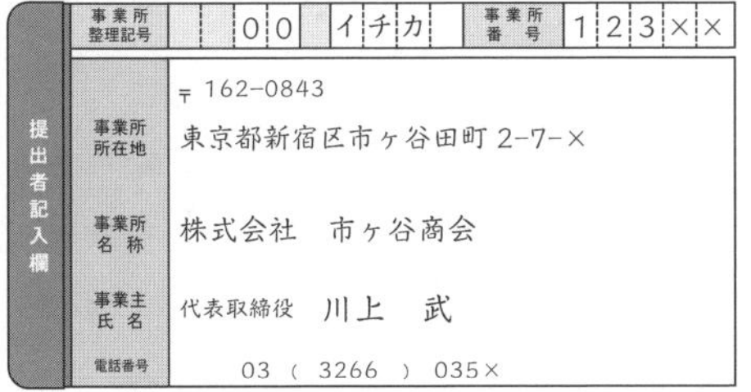
提出者記入欄

事業所所在地	〒 162-0843 東京都新宿区市ヶ谷田町 2-7-×
事業所名称	株式会社　市ヶ谷商会
事業主氏名	代表取締役　川上　武
電話番号	03 （ 3266 ） 035×

受付印

社会保険労務士記載欄
氏 名 等

・この報告書は、賞与支払予定月に賞与の支給がなかった場合に提出してください。
（賞与支払予定月に報告書の提出がない場合、後日、提出勧奨のお知らせが送付されます。）

賞与支払情報

賞与支払予定年月	9. 令和　年　月
① 賞与支払年月	9. 令和 ×年 12月
② 支給の状況	1. 不支給

・従前の賞与支払予定月を変更する場合は以下③も記入してください。

変更

③ 賞与支払予定月の変更	月	月	月	月	賞与支払予定月変更前	月	月	月	月

— 第 7 章 —

会社に関する
変更事務

今までは主に社員に関する届出の説明をしてきましたが、今度は会社に関して変更事項があった場合の手続について説明をしましょう。

会社の名称が変わったり、会社の所在地が変わったり、あるいは会社の代表者が変わったりした場合、労働保険や社会保険の手続が必要になります。例えば、会社の名称と所在地が変わった場合には労働保険と社会保険の両方の手続が必要になります。会社の代表者が変わった場合には、社会保険のみ手続が必要になります。

変更事項によって手続が違いますので、項目ごとに説明をします。

1・会社の名称・所在地が変わったとき

会社の名称や所在地が変わった場合には、労災保険に関して労働基準監督署へ「労働保険名称、所在地等変更届」の手続、雇用保険に関して公共職業安定所へ「雇用保険事業主事業所各種変更届」の手続、社会保険に関して年金事務所等へ「適用事業所所在地・名称変更届」の手続が必要になります。

また、単独有期事業の工期が変更になった場合も手続が必要となります。

1　労災保険の場合

手続に必要な書式

- 労働保険名称、所在地等変更届 ………………………… （記載例415頁）

記載に必要な情報を集める

◇会社の登記事項証明書
◇借りビルの場合は、不動産賃貸借契約書の写し
◇工事の設計変更書（単独有期の工期が変更の場合）

※　法務省においてオンラインによる法人の登記情報を提供可能とする仕組み

が構築され、令和２年10月から行政機関間の情報連携が開始されたため、「保険関係成立届」および「名称、所在地等変更届」については、労働基準監督署長または公共職業安定所長が必要あると認めるときに登記事項証明書その他の届出事項が確認できる書類の提出を求めることができるようになりました（令和３年２月１日施行）。

名称のみが変更になった場合には、「労働保険名称､所在地等変更届」に変更事項のみを記入して今までの管轄の労働基準監督署へ、変更があった日の翌日から10日以内に手続します。会社の所在地は変更になっていませんから、労働保険番号にも変更はありません。

名称と所在地、または所在地のみ変更になった場合には新しい管轄の労働基準監督署へ届け出ます。すると、新しい労働保険番号を記入して「事業主控」を返してくれます。以後労働保険関係の手続に関しての労働保険番号は新しい番号で手続しますから、記録の変更をしてください。

また、単独有期事業の工期が変更になったときにも、この「労働保険名称、所在地等変更届」で、所轄労働基準監督署へ届出を行います。

なお、「事業の種類」に変更があった場合には､労災保険料率の変更が伴う場合がありますのでチェックを忘れないでください。

2　雇用保険の場合

手続に必要な書式

● 雇用保険事業主事業所各種変更届 ……………………… （記載例416頁）

記載に必要な情報を集める

（◆印は、労災保険の手続の際、集めた情報）

◆会社の登記事項証明書（労災保険の手続と共用）
◆借りビルの場合は、不動産賃貸借契約書の写し
◇今までの雇用保険適用事業所台帳
◇労働基準監督署へ届け出た「労働保険名称、所在地等変更届」の控
◇新しい事業所の所在地の地図

この変更届を提出するときは、最初に労働基準監督署に「労働保険名称、所在地等変更届」を提出し、事業主控に受付印を押印してもらい、これを持参します。

(1) 名称のみが変更になった場合

「雇用保険事業主事業所各種変更届」を今までの管轄の公共職業安定所へ、変更があった日の翌日から10日以内に提出してください。

添付書類は会社の登記簿謄本または名称を変更したことが証明できる書類（不動産賃貸借契約書の写し等）を持参します。

記入事項は変更事項のみです。「雇用保険適用事業所台帳」は新しいものが交付されます。

なお、雇用保険被保険者個人に関する書類（雇用保険被保険者資格取得時に交付された書類）の変更手続は、コンピュータが自動的に処理しますから、手続の必要はありません。

(2) 名称・所在地の変更、または所在地のみ変更になった場合

まず、新しい管轄の労働基準監督署へ「労働保険名称、所在地等変更届」を提出します。そこで新しい労働保険番号が付与されますから、新しい管轄の公共職業安定所へ、変更があった日の翌日から10日以内に「雇用保険事業主事業所各種変更届」を提出します。

所在地が変更になった場合には、まず、労働基準監督署に届け出ることになりますから、届け出る役所の順番に注意する必要があります。また、「雇用保険事業主事業所各種変更届」の裏面に地図を忘れずに記入することも必要です。「雇用保険適用事業所台帳」は、新しく変更後のものが交付されます。

※　法人の代表者の交代等で代表者氏名だけが変更になったときは、手続不要です。

3　社会保険の場合

手続に必要な書式

- 健康保険・厚生年金保険適用事業所所在地・名称変更（訂正）届
…………………………………………………………（記載例418頁）
※　管轄外用と、管轄内用があります。

記載に必要な情報を集める（◆印は、労災保険の手続の際、集めた情報）

◆会社の登記事項証明書（労災保険の手続のとき用意）
◆借りビルの場合は、不動産賃貸借契約書の写し
◇会社の名称が変更になると、記号・番号が変更となる場合があり、そのときは、社員全員の健康保険被保険者証を回収し、交換します

(1)　名称のみが変更になった場合

「適用事業所所在地・名称変更届」を変更があった日から５日以内に、今までの管轄の年金事務所（または健康保険組合・厚生年金基金）へ提出してください。

添付書類は会社の登記簿謄本（または不動産賃貸借契約書）、または名称を変更したことが証明できる書類です。

また、健康保険の場合には、健康保険被保険者証に会社の名称が印字されていますので、社員全員の健康保険被保険者証を回収し、名称を変更してもらう必要があります。

交換の手続は、協会けんぽ支部から新しい被保険者証が事業主宛てに交付されますので、引き換えに社員から回収した旧被保険者証を協会けんぽ支部へ返送します。

(2) 名称・所在地の変更、または所在地のみ変更になった場合

まず、今までの管轄の年金事務所に「適用事業所所在地・名称変更届」を、変更があった日の翌日から５日以内に提出します（または健康保険組合・厚生年金基金へ）。管轄に変更がなければ、今までの年金事務所に提出すれば手続は完了です。添付書類は会社の登記簿謄本（または不動産賃貸借契約書）、または名称や所在地を変更したことが証明できる書類です。適用事業の所在地が変更になった場合のうち、同一都道府県内での変更の場合は、届出日の翌月１日より変更になります。別の都道府県への変更の場合は、届出日の翌月１日かまたは翌々月１日より変更になります。

都道府県が変更になった場合に、健康保険の保険料率が変更になることがあります。その場合には、届出日ではなく「変更後の所在地で事業を開始した日」から変更後の保険料率が適用されることになります。その結果、既に支払った保険料に過不足が生じることがあります。過不足が生じた場合の過不足額は、年金事務所管轄変更後に初めて納付する保険料で精算されます。被保険者ごとの保険料も確認しましょう。

※ 全国健康保険協会適用の事業所で、同じ管轄での所在地変更の場合は、書類の提出のみで手続は完了です。健康保険証に関しては原則的には交換しません。交換の希望がある場合は新しい所在地が記載された保険証と交換してくれます。

2・会社が特定適用事業所になったとき

「特定適用事業所」とは、適用事業所であって、その適用事業所の事業主が同一（法人の場合は、法人番号が同一であること）であり、厚生年金保険の被保険者数が100を超えるものを指します。この場合、各共済組合の組合員（法律上、厚生年金保険の被保険者になります）も含めます。短時間労働者は含めません。

「特定適用事業所」になると、使用される一定の短時間労働者は、社会保険（健康保険、厚生年金保険）の適用を受け、被保険者になります。平成28年10

月から施行されました。

この「特定適用事業所」には、強制的なものと、任意的なものがあります。以下、強制的な場合と任意的な場合とに分けて説明します。

1　強制の「特定適用事業所」に該当したとき・該当しなくなったとき

● 健康保険・厚生年金保険 特定適用事業所 該当／不該当届
……………………………………………………………（記載例419頁）

既に社会保険（健康保険と厚生年金保険）の適用事業所であった事業所が、特定適用事業所に該当、または不該当になった場合に提出します。

「特定適用事業所」とは、事業主が同一である適用事業所であって、使用される通常の労働者およびこれに準ずる者の総数が、常時令和４（2022）年10月からは100（令和６年10月からは50）を超える適用事業所をいいます。

「事業主が同一である」とは、法人の場合は法人番号が同じである適用事業所です。したがって、各支店単位ではなく、会社（企業）単位になります。個人の場合はその１つの適用事業所です。

「使用される通常の労働者及びこれに準ずる者」とは、「厚生年金保険の被保険者（短時間労働者は除く）」を指します。各共済組合の組合員は含みますが、特定適用事業所になることにより、厚生年金保険の被保険者になる「短時間労働者」は含みません。

「常時100を超える」とは、「１年のうち６カ月以上100人を超えることが見込まれる場合」をいいます。

「短時間労働者」とは、勤務時間・勤務日数が通常の労働者の４分の３未満で、次のすべての要件に該当する人です。

①週の労働時間が20時間以上であること
②雇用期間が１年以上見込まれること
③賃金月額が８万8,000円以上であること
④学生でないこと（休学中、夜間学生等は除きます）

1週間の所定労働時間および1カ月の所定労働日数が、同一事業所に使用される通常の労働者の1週間の所定労働時間および1カ月の所定労働日数の4分の3以上である人は、社会保険の被保険者になります。法律用語ではありませんが、運営上、一般的に「パートタイム労働者」といい、特定適用事業所における「短時間労働者」とは区別されています。

上記の要件に該当した特定適用事業所は、事実のあった時から5日以内に年金事務所または、健康保険組合に届出をしなければなりません。

また、特定適用事業所が厚生年金保険の被保険者（短時間労働者は除く）の総数が100以下になったことにより特定適用事業所に該当しなくなった場合は、何らの手続もしなければ、そのまま特定適用事業所とみなされます。しかし、同意対象者の4分の3以上の同意を得た場合は、特定適用事業所でなくなることができます。「同意対象者」とは、厚生年金保険の被保険者（短時間労働者も各共済組合の組合員も含みます）と70歳以上の被用者（被保険者になるような勤務形態の人）を指します。

「同意対象者の4分の3以上の同意」とは、次のいずれかです。

①同意対象者の4分の3以上で組織する労働組合の同意
②同意対象者の4分の3以上を代表する者の同意
③同意対象者の4分の3以上の同意

手続は、特定適用事業所該当届のときと同じ様式を使用して、「~~該当~~／不該当届」のように二重取消線を付し、「特定適用事業所不該当届」として、「同意書」を添付して提出します。提出先は、健康保険組合に加入している場合、健康保険組合または日本年金機構のどちらか一方に提出します（その後、提出した写しを届書としてもう一方に回送してくれます）。

2　任意特定適用事業所になるとき

厚生年金保険の被保険者が100人以下のため、特定適用事業所に該当しない適用事業所は、同意対象者の2分の1以上の同意を得て、任意に特定適用事業所になることができます。その結果、短時間労働者が社会保険に加入することができるようになります。

この場合の「同意対象者」とは、厚生年金保険の被保険者（短時間労働者も各共済組合の組合員も含む）と70歳以上の被用者（被保険者になるような勤務形態の人）を指します。

「同意対象者の２分の１以上の同意」とは、次のいずれかです。

①同意対象者の過半数で組織する労働組合の同意
②同意対象者の過半数を代表する者の同意
③同意対象者の２分の１以上の同意

手続に必要な書式

● **健康保険・厚生年金保険 任意特定適用事業所 申出書／取消申出書**
……………………………………………………………（記載例420頁）

「短時間労働者」とは、勤務時間・勤務日数が通常の労働者の４分の３未満で、次のすべての要件に該当する人です。

① 週の労働時間が20時間以上であること
② 雇用期間が１年以上見込まれること
③ 賃金月額が88,000円以上であること
④ 学生でないこと（休学中、夜間学生等は除きます）

「特定適用事業所になったとき」の項に記載した「短時間労働者」の定義と同じです。

健康保険組合に加入している場合、先に健康保険組合に提出します。その後は、健康保険組合から申出書の写しを日本年金機構に回送してくれます。

任意特定適用事業所該当年月日は、「任意特定適用事業所申出書」の受理日です。

3 任意特定適用事業所を取り消すとき

任意特定適用事業所は、特定適用事業所としては任意ですので、特定適用事業所を取り消すことができます。特定適用事業所の申出は、下記の同意対象者の同意が必要です。

なお、「同意対象者」とは、事業主が同一である１または２以上の適用事業所に使用される厚生年金保険の被保険者（短時間労働者および各共済組合の組合員を含む）および70歳以上の被用者を指します。

① 同意対象者の４分の３以上で組織する労働組合の同意（労働組合がない場合には、次の②または③のどちらかの同意）
② 同意対象者の４分の３以上を代表する者の同意
③ 同意対象者の４分の３以上の同意

したがって、任意特定適用事業所の取消しの申出をするときは、必ず上記の同意書を添付しなければなりません。しかし、任意適用事業所の場合と異なり、厚生労働大臣の認可は不要です。

任意特定適用事業所の申出と取消申出は、どちらも「健康保険・厚生年金保険任意特定適用事業所申出書／取消申出書」を提出して行いますが、それぞれ様式の中で該当する事項のみを記入します。

3・会社の代表者が変わったとき

手続に必要な書式

● 健康保険・厚生年金保険事業所関係変更（訂正）届…（記載例423頁）

会社自体の名称・所在地等が変わったのではなく、代表者である社長が交代したときは、労災保険の手続も雇用保険の手続も特に必要はありません。ただ、法人の代表者が変更になったことにより、代表者印を変更した場合は、所轄公共職業安定所に「改印届」を提出する必要が生じます。

また、社会保険では代表者（事業主）の変更手続が必要になります。

手続をする場合には、「健康保険・厚生年金保険事業所関係変更（訂正）届」を、変更のあったときから５日以内に、所轄年金事務所（または健康保険組合・厚生年金基金）に届け出てください。添付書類は特に必要ありません。

※ その他にも、次の事項等に変更があったときには、同じ様式で届出をします。
①事業主（会社の代表者）の住所・氏名変更
②事業所の電話番号
③昇給月、賞与支払予定月（令和３年４月１日より、「賞与不支給報告書」（391頁参照）提出と同時に支払予定月を変更する場合は届出不要）
④現物給与の種類の変更
⑤「算定基礎届」または「賞与支払予定月」（令和３年４月１日より、「賞与不

支給報告書」(391頁参照) 提出と同時に支払予定月を変更する場合は届出不要) の変更

⑥事業主代理人を選任・変更・解任したとき

⑦社会保険労務士に業務を委託・委託解除したとき

⑧健康保険組合の名称に変更(訂正)があったとき

⑨会社の法人番号に変更(訂正)があったとき

⑩内国法人、外国法人の区分に変更(訂正)があったとき等

⑪年金委員を委嘱したときまたは解任したとき(健康保険委員の登録等に関することは、全国健康保険協会へ提出する)

⑫事業所の「法人」「個人」「国・地方公共団体」の区別に変更(訂正)があったとき

⑬本店、支店の区分に変更(訂正)があったとき

4・支店・営業所等を新しく設立したとき

原則的には労働保険も社会保険も事業所単位に適用しますから、本社、支店、営業所等1つひとつ独立した適用事業所になります。その場合には、新たに会社を設立したときと同様の「新規適用届」を提出します。「新規適用届」については、次の第8章で説明しますので、参照してください。

支店・営業所等を設立した場合、営業活動は支店・営業所単位で行っても、給与計算とか総務人事関係の手続等は本社で一括して行うことが多いと思います。そこで、本来1つひとつ独立した適用事業所になるものを一括して手続できるようにした制度が、「適用事業の一括制度」です。

適用事業の一括の手続について、労働保険と社会保険に分けて説明します。

※　事業主の事務負担の軽減および利便性の向上のため、令和2年1月1日より、「労働保険の保険料の徴収等に関する法律」に基づく手続きのうち、届出契機が同一の下記のものについて、簡素化し各届出書を一綴りとした届出様式による届出が可能となりました。

① 労働保険関係成立届

② 健康保険法・厚生年金保険法上の「新規適用届」

③ 雇用保険法上の「適用事業所設置届」

④ 上記①~③に併せて提出する場合における「労働保険概算保険料申告書」

上記の手続を併せて行う場合には、年金事務所、労働基準監督署または公共職業安定所を経由して届け出ることができます。ただし、届け出ることができる事業は、一元適用事業の継続事業（労働保険事務組合に労働保険事務の処理を委託している事業を除く）です。

また、健康保険に関しては、全国健康保険協会が管掌する健康保険に限られます。

1　労災保険の場合（継続事業の場合）

手続に必要な書式

- ①労働保険保険関係成立届 ……………………………… （記載例424頁）
- ②労働保険継続事業一括認可・追加・取消申請書 … （記載例425頁）

記載に必要な情報を集める

◇新たに設立した支店・営業所等の記載されている登記事項証明書（394頁参照）

◇事務所を借りている場合には不動産賃貸借契約書の写し

◇一括する事業所（本社等）の労働保険番号の確認

労働保険の一括とは、労働保険番号を１つに統一することです。ですから、一括する場合にも、まず、新たに設立した支店・営業所等に関する「労働保険保険関係成立届」を、支店・営業所等を設立してから10日以内に提出します。提出先は新規に設立した支店・営業所等の管轄の労働基準監督署です。

添付書類は、新たに設立した支店・営業所等の記載されている登記簿謄本（事務所を借りている場合には不動産賃貸借契約書の写し）です。そこで労働保険番号が付与されます。

次に、労働保険継続事業の一括申請をします。一括するためには次の条件にすべて当てはまることが必要です。

一括の条件

① 事業主が同一であること
② それぞれの事業が継続事業であること
③ 一括をしようとするそれぞれの事業が、労災保険および雇用保険に係る保険関係が成立していること（労災保険のみ成立事業と、労災・雇用保険とも成立している事業との一括はできません）
④ それぞれの事業が、労災保険率表による事業の種類を同じくしていること

手続としては、「労働保険継続事業一括申請書」を例えば本社（一括する事業所）を管轄する労働基準監督署に提出します。その結果、新規に設立した支店・営業所等の労働保険番号は、本社の労働保険番号に統一され消滅してしまいます。その後は、労働保険の年度更新も、労災事故が起きたときの労働保険番号も本社の労働保険番号で手続をします。

しかし、労災事故が起きたときの労災の給付（療養補償給付たる療養の給付、休業補償給付、障害補償給付等）の請求先は、本社の管轄の労働基準監督署ではなく、支店・営業所等の管轄の労働基準監督署になりますので、間違えないでください。なお、この場合の労働保険番号は、一括した後の本社の番号を記入します。

なお、一括する事業（指定事業）の概算保険料が増加しますので、労働保険料の増加概算申告をすべき場合が生じることがあります。

2　雇用保険の場合

手続に必要な書式

● 雇用保険事業所非該当承認申請書 ……………………（記載例426頁）

雇用保険の場合には、新規に設立した支店・営業所等の「雇用保険適用事業所設置届」を提出して、事業所番号を統一させるのではなく、もともと適用事業所に該当しないという手続をします。

手続としては、前記の「労働保険継続事業一括申請書」を労働基準監督署へ提出した後に、新規に設立した支店・営業所等の管轄の公共職業安定所に、「雇用保険事業所非該当承認申請書」と「事業所非該当承認申請調査書」を提出します。その結果、雇用保険の手続については、本社等の管轄の公共職業安定所で、すべて手続ができることになります。

※ 「事業所非該当承認申請調査書」は、都道府県によって多少異なることがありますので確認してください。

3 社会保険の場合

(1) あらまし

健康保険においても、厚生年金保険においても、事業所（事務所・工場・出張所等）を単位として適用することになっています。

この事業所とは、一定の目的のもとに継続して事業を行う場所であって、工場、事業場、店舗その他事業の行われる一定の場所のことをいいます。

したがって、支店や出張所や工場が地理的に分散していれば、それぞれの事業所を独立した事業所として適用されます。しかし、その規模が著しく小規模であり、事務組織もなく、人事管理が本社で行われている等独立して事業を行っていないと判断されれば一つの事業所として取り扱われないことになります。

なお、適用事業所の事業主が同一であれば、厚生労働大臣の承認を受けて一括することができます。

(2) 一括適用承認の基準と手続

手続に必要な書式 ……全国健康保険協会管掌の場合

● 全国健康保険協会管掌健康保険・厚生年金保険　一括適用承認申請書 ……………………………………………………………（記載例427頁）

記載に必要な情報を集める

◇下記のような事項が説明できる文書を作成します

＊人事・労務および給与に関する事務の範囲やその方法
＊各種届出書の作成処理過程
＊被保険者資格の取得・喪失の確認、標準報酬月額の決定等の内容を被保険者に通知する方法
＊健康保険被保険者証を交付する場合の方法

健康保険も厚生年金保険についても、次の基準に基づいて事業主が厚生労働大臣に申し出て、承認を受ければ、本社、支店、工場、営業所等をまとめて一個の適用事業所とすることができます。

① 一括しようとする複数の事業所に使用されるすべての人の人事、労務および給与に関する事務が、電算システムにより集中的に管理されており、事業主が行うべき事務が所定の期間内に適正に行われること
② 指定を受けようとする事業所において上記①の管理が行われており、かつ、その事業所が一括適用承認申請を行う事業主の主たる事業所であること
③ 一括適用承認を受けようとする事業所について、健康保険の保険者が同一であること
④ 協会けんぽ管掌の健康保険の適用となる場合は、健康保険の一括適用の承認申請も合わせて行うこと
⑤ 一括適用承認により厚生年金保険事業および健康保険事業の運営が著しく阻害されないこと

手続は、「全国健康保険協会管掌健康保険・厚生年金保険一括適用承認申請書」を、一括する適用事業所の所在地を管轄する年金事務所（健康保険組合の場合は、健康保険組合）に提出します。

手続の際には、承認申請書の他に、一括する適用事業について、次の内容を説明した文書の提出が必要です。

①人事、労務および給与に関する事務の範囲とその方法
②各種届出書の作成過程および被保険者への作成過程または届出の処理過程
③被保険者資格の取得・喪失の確認、標準報酬の決定等の内容を被保険者へ通知する方法および健康保険被保険者証（協会けんぽ管掌の場合）を被保険者へ交付する方法

必要に応じて、上記のような説明文書以外の書類を求められる場合があります。

承認は、申請から約３カ月を要し、承認日については、算定基礎届の事務処理期間である５月から８月を除く月末になり、承認日より１つの適用事業所とみなされます。

5・会社を解散または事業所を廃止したとき

会社を解散または事業所を廃止すれば、労働者もいなくなりますから、会社を設立したときに手続をしたように、解散または廃止したときも、もちろん手続します。また、合併して以前の会社等がなくなる場合も同様に手続します。順を追って説明しましょう。

1　労災保険の場合

手続に必要な書式

- ①労働保険概算・増加概算・確定保険料申告書（様式第６号（甲））……………………………………………………………（記載例428頁）

場合によっては

- ②労働保険労働保険料還付請求書 ……………………（記載例429頁）

記載に必要な情報を集める

◇年度の初日から事業を廃止するまでの期間に支払った賃金の総額を賃金台帳等によって確認します
◇すでに納付した概算労働保険料の金額（申告書から）を確認します
◇労働保険料に未納がないかを確認します
◇保険料還付を請求するときは、振込希望銀行名や口座番号等を確認します

労災保険では「保険関係廃止届」という名称の書類はありません。「労働保険確定保険料申告書」を管轄の労働基準監督署長に、会社を解散または事業所を廃止した日（労働者がいなくなった日）の翌日から起算して50日以内に提出します。この「確定保険料申告書」の③欄の事業廃止等年月日に、事業を解散または廃止をした年月日を記入することによって、解散または廃止したことの手続になります。

そして、労働保険概算保険料との過不足を精算します。既に納めてある労働保険概算保険料の方が労働保険確定保険料より少なければ、申告をし、かつ、納付をします。既に納めてある労働保険概算保険料の方が労働保険確定保険料より多ければ、申告書と一緒に「労働保険料還付請求書」を提出して、納め過ぎの労働保険料を返してもらいます。既に納めてある概算保険料と確定保険料が同じ場合でも、確定保険料申告書は提出しなければなりません。

2　雇用保険の場合

手続に必要な書式

● ①雇用保険適用事業所廃止届 ……………………… （記載例430頁）
● ②雇用保険被保険者資格喪失届 …………………… （記載例131頁）
● ③雇用保険被保険者離職証明書 …………………… （記載例132頁）

記載に必要な情報を集める

◇交付済みの「雇用保険適用事業所台帳」を用意します

◇雇用保険の被保険者だった人の過去13カ月くらいの給与を賃金台帳等から確認します

◇資格取得時に交付されていた「雇用保険被保険者資格喪失届・氏名変更届」の用紙を全員分用意します

雇用保険の場合には、「雇用保険適用事業所廃止届」を、会社を解散または事業所を廃止した日の翌日から10日以内に、管轄の公共職業安定所に提出します。廃止した際に、労働者がまだ在籍していれば「雇用保険被保険者資格喪失届」と、原則として全員の「雇用保険被保険者離職証明書」を提出します。この場合の離職理由は少なくとも本人都合の退職ではないので「会社都合による退職」とか「事業廃止による解雇」とかになります。ただし、離職証明書は本人が希望しない場合でも交付しましょう（後に失業給付の受給要件に該当することもありえるため)。

なお、手続の際には、下記の書類の添付を求められます。

①事業所の廃止の事実を証明することができる次のいずれかの書類のうち必要なもの
(登記事項証明書、閉鎖謄本、労働者名簿、出勤簿)

②個人事業等の場合であって、上記①に掲げる書類では事業廃止の事実が証明できない場合は、必要に応じて、被保険者の解雇通知書、税務署への事業廃止届

③事業の廃止理由が、会社の合併または事業の譲渡の場合には、合併に係る契約書、事業譲渡に係る契約書、財産目録、売買契約書、新旧事業主の事業実態等がわかる証明書のいずれか必要なもの

3　社会保険の場合

手続に必要な書式

- ①健康保険・厚生年金保険適用事業所全喪届 ………（記載例431頁）
- ②健康保険・厚生年金保険被保険者資格喪失届／厚生年金保険70歳以上被用者不該当届 …（記載例136頁）

※　全員の健康保険者証を添付します。

記載に必要な情報を集める

◇健康保険被保険者証を回収し、回収不能者の有無を確認します
◇資格喪失後の保険給付希望者の確認や任意継続希望者の確認をします

社会保険の場合にも、「健康保険・厚生年金保険適用事業所全喪届」を、管轄の年金事務所（または健康保険組合・厚生年金基金）に５日以内に提出します。その際に全員の「健康保険・厚生年金保険被保険者資格喪失届」の提出と、全員の健康保険被保険者証を返却します。健康保険被保険者証の回収ができない人があるときは、「健康保険被保険者証回収不能届」を提出します。紛失等で添付できないときは、「被保険者証滅失届」を添付します。

手続の際には、次の全喪の原因が確認できる書類の添付が求められます。

原則⇒①、②のいずれか
　①解散登記の記載がある法人登記簿謄本のコピー（破産手続廃止または終結の記載がある閉鎖登記簿謄本のコピーでも可）
　②雇用保険適用事業所廃止届（事業主控）のコピー
上記の添付ができない場合（③～⑥のいずれか）
　③給与支払事務所等の廃止届のコピー
　④合併、解散、休業等異動事項の記載がある法人税、消費税異動届のコピー
　⑤休業等の確認ができる情報誌、新聞等のコピー
　⑥その他、適用事業所に該当しなくなったことを確認できる書類

また、会社を解散等するのですから、社員が退職するときに準じた事務処理が必要になります。特に、健康保険の任意継続被保険者になることを希望する人、傷病手当金の受給資格者の取扱いには充分注意しましょう。

ただし、任意包括適用で社会保険に加入し、任意包括脱退で被保険者資格を喪失した場合には、健康保険の任意継続被保険者にはなれませんので注意してください。

なお、会社を解散または事業所を廃止するのではなく、会社は存続するが労働者はいなくなり役員だけになる場合には、労災保険と雇用保険については、「5　会社を解散または事業所を廃止したとき」と同様の手続（408頁）をします。社会保険については廃止ではありませんので、手続は必要ありません。

6・会社が他社と合併したとき

会社が他の会社と合併する場合、解散する会社と承継する会社のそれぞれに手続が必要になります（下表参照）。

解散する会社における手続は、「5　会社を解散または事業所を廃止したとき」（408頁）を参考にしてください。

	解散する会社	承継する会社
労災保険	＊労働保険確定保険料申告書の提出 ＊労働保険料の精算 （408頁参照）	＊労働保険増加概算申告書の提出 ＊概算保険料の納付 （341頁参照）
雇用保険	＊適用事業所廃止届の提出 （409頁参照） ＊被保険者資格喪失届の提出	＊被保険者資格取得届の提出
健保・厚年	＊適用事業所全喪届の提出 （411頁参照） ＊被保険者資格喪失届の提出	＊被保険者資格取得届の提出 ＊被扶養者届の提出 ＜社長交代の場合＞ ＊事業所各種変更届の提出 ＜被保険者が101人以上になる場合＞ ＊特定適用事業所該当届の提出

※表に記載した事項の他に変更がある場合は、その都度手続が必要になります。

7・社員が海外へ派遣されることになったとき

最近は、事業も多様化し、海外へ派遣され勤務する社員も増加しています。そこで、社員を海外へ派遣（例：海外の支店に転勤等）して勤務させるときの社会・労働保険の適用の考え方を簡単に説明しておきます。

法律は、どこの国も自国の国民に適用される法律を自由に規定します。他国に住んでいた者が、その国に居住した場合、居住した国の法律に従うのが原則です。それを属地主義といっています。したがって、日本から他国に住み替えた場合は、住み替えた国の法律を適用するのが原則です。

そうすると、被用者として勤務している人が海外に派遣されると、海外の社会保障制度にも加入し、日本の社会保障制度にも加入しなければならなくなります。その二重加入の不合理を解消するために、日本は多くの国と社会保障協定を結んでいます。その結果、就労する国の社会保障制度に加入することになる原則を、例外として就労期間が短い場合は、一時派遣（原則として５年を超えない見込みの期間）として協定相手国への社会保障制度の加入を免除し、日本の社会保障制度のみに加入することになっています。内容は、社会保障協定を結んでいる国ごとに異なりますので、日本年金機構に確認をしてください。

以上が、社会保障制度に関しての概略です。労働保険は、属地主義の原則になりますが、社会保障制度より補償内容が十分でない場合もあるので、労災保険に関しては特別加入の制度が用意されています。社会保険と労働保険の場合に分けて、概略を説明します。

1　社会保険（社会保障制度）の場合

原則は、上記のとおりですが、社会保障協定を結んでいない国もありますし、結んでいても国により内容は様々ですから、派遣される国ごとに日本年金機構に問い合わせをして、各種必要な手続きを行うしかありません。

2　労働保険の場合

労働保険の場合は、他国との協定もありませんから、他国の法律のみが適用されます。

(1)　労災保険の場合

労災保険の場合は、海外の制度は適用範囲や給付内容等充分でないことも多く、海外派遣者の特別加入制度があります。

加入するためには、派遣元の団体や事業主が国内で行っている事業について、労災保険の保険関係が成立していることが必要です。ただし、日本国内の事業が有期事業の場合は、事業そのものが期限付きなので、海外派遣者の特別加入はできません。海外の事業が有期事業であるか否かは制限ありません。

特別加入制度ですから、給付基礎日額、保険料、保険給付等他の特別加入制度の考え方と同様です。

手続きは、「労働者災害補償保険　特別加入申請書（海外派遣者）」（195頁参照）を所轄労働基準監督長を経由して労働局長に提出します。特別加入ですから、承認を受けて有効になります。承認は、特別加入の申請日の翌日から30日以内で申請者が希望する日ですから、早めに申請する必要があります。

(2)　雇用保険の場合

雇用保険の場合は、派遣元の事業主の命により海外において就労する場合は被保険者になります。例えば、国外にある派遣元事業主の支店、出張所等に転勤した場合、国外にある他の事業主の事業に出向した場合等、派遣元事業主との雇用関係が継続する限り、被保険者となります。

被保険者になる場合は、手続きは不要です。

1 労働保険名称、所在地等変更届（394頁）

提 出 先：所轄労働基準監督署長または新しい所在地を管轄する労働基準監督署長
提出期限：変更があった日の翌日から起算して10日以内
添付書類：登記簿謄本または不動産賃貸借契約書の写し
提出する人：事業主
〔記載例のケース〕▷㈱豊島商会は社名を㈱豊島商事と変更し、同時に所在地の変更をしたので、変更届の提出をすることとしました。

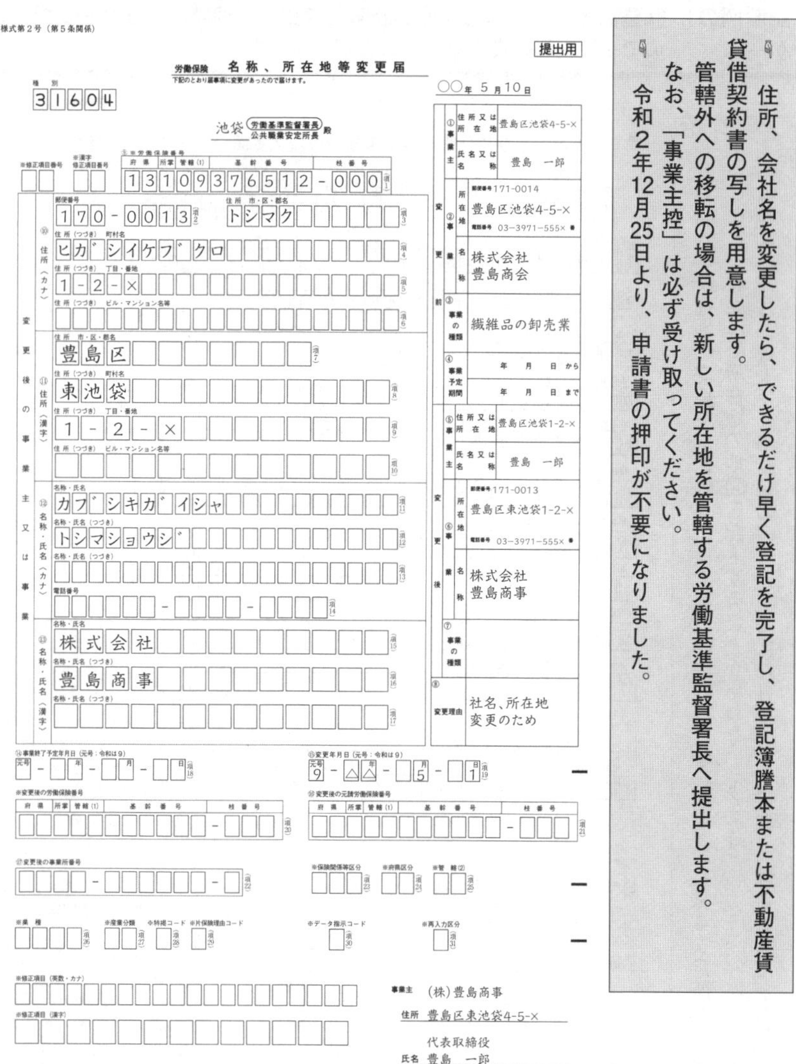

様式第2号（第5条関係）

提出用

労働保険 名称、所在地等変更届
下記のとおり届事項に変更があったので届けます。

種別 31604

○○年 5 月10日

池袋 労働基準監督署長 / 公共職業安定所長 殿

①労働保険番号（府県・所掌・管轄(1)・基幹番号・枝番号）：13109376512-000

変更後の事業主又は事業

⑩住所（カナ）
郵便番号 170-0013　住所 市・区・郡名 トシマク
住所（つづき）町村名 ヒカ゛シイケフ゛クロ
住所（つづき）丁目・番地 1-2-×
住所（つづき）ビル・マンション名等

⑪住所（漢字）
住所 市・区・郡名 豊島区
住所（つづき）町村名 東池袋
住所（つづき）丁目・番地 1-2-×
住所（つづき）ビル・マンション名等

⑫名称・氏名（カナ）
名称・氏名 カフ゛シキカ゛イシャ
名称・氏名（つづき）トシマショウシ゛
名称・氏名（つづき）
電話番号

⑬名称・氏名（漢字）
名称・氏名 株式会社
名称・氏名（つづき）豊島商事
名称・氏名（つづき）

変更前	①事業主	住所又は所在地	豊島区池袋4-5-×
		氏名又は名称	豊島 一郎
	②事業	所在地	郵便番号 171-0014 豊島区池袋4-5-× 電話番号 03-3971-555×
		名称	株式会社 豊島商会
	③事業の種類		繊維品の卸売業
	④事業予定期間		年 月 日から 年 月 日まで
変更後	⑤事業主	住所又は所在地	豊島区池袋1-2-×
		氏名又は名称	豊島 一郎
	⑥事業	所在地	郵便番号 171-0013 豊島区東池袋1-2-× 電話番号 03-3971-555×
		名称	株式会社 豊島商事
	⑦事業の種類		
⑧変更理由			社名、所在地変更のため

⑭事業終了予定年月日（元号：令和は9）　元号 - 年 - 月 - 日

⑮変更年月日（元号：令和は9）　9 - △△ - 5 - 1

※変更後の労働保険番号（府県・所掌・管轄(1)・基幹番号・枝番号）

⑯変更後の元請労働保険番号（府県・所掌・管轄(1)・基幹番号・枝番号）

⑰変更後の事業所番号

※保険関係等区分　※府県区分　※管轄(2)

※業種　※産業分類　※特掲コード　※片保険理由コード　※データ指示コード　※再入力区分

※修正項目（英数・カナ）

※修正項目（漢字）

事業主 (株)豊島商事
住所 豊島区東池袋4-5-×
代表取締役
氏名 豊島 一郎
（法人のときはその名称及び代表者の氏名）

(4.3)

住所、会社名を変更したら、できるだけ早く登記を完了し、登記簿謄本または不動産賃貸借契約書の写しを用意します。

管轄外への移転の場合は、新しい所在地を管轄する労働基準監督署長へ提出します。なお、「事業主控」は必ず受け取ってください。

令和2年12月25日より、申請書の押印が不要になりました。

2 雇用保険事業主事業所各種変更届（395頁）

提出先：所轄の公共職業安定所長または新しい所在地を管轄する公共職業安定所長

提出期限：変更があった日の翌日から起算して10日以内

添付書類：会社の登記事項証明書（不要な場合もあります）または不動産賃貸借契約書の写し。なお、「労働保険名称、所在地変更届」（415頁）の事業主控を持参します。

提出する人：事業主

〔記載例のケース〕▷㈱豊島商会は社名を㈱豊島商事と変更し、同時に所在地を変更したので、変更届の提出をすることとしました。

☞ 管轄外へ所在地の変更をした場合には、新しい所在地を管轄する公共職業安定所へ提出することと、裏面に新所在地の地図を記入することを忘れないでください。

☞ 令和2年12月25日より、申請書の押印が不要になりました（登録印はこれまでどおり必要です）。

雇用保険事業主事業所各種変更届（必ず第2面の注意事項を読んでから記載してください。）

※ 事業所番号

帳票種別：13003

※1. 変更区分：

2. 変更年月日：5－○○0501（4 平成 5 令和）（元号 年 月 日）

3. 事業所番号：1309－986754－0

4. 設置年月日：4－060401（3 昭和 4 平成 5 令和）（元号 年 月 日）

●下記の5～11欄については、変更がある事項のみ記載してください。

5. 法人番号（個人事業の場合は記入不要です。）：654321××××××

6. 事業所の名称（カタカナ）：カブシキガイシャ

事業所の名称〔続き（カタカナ）〕：トシマ ショウジ

7. 事業所の名称（漢字）：株式会社

事業所の名称〔続き（漢字）〕：豊島商事

8. 郵便番号：170－0013

10. 事業所の電話番号（項目ごとにそれぞれ左詰めで記入してください。）：03－3971－987×（市外局番 市内局番 番号）

9. 事業所の所在地（漢字） 市・区・郡及び町村名：豊島区東池袋

事業所の所在地（漢字） 丁目・番地：1－2－×

事業所の所在地（漢字） ビル、マンション名等：

11. 労働保険番号：13109376512000（府県 所掌 管轄 基幹番号 枝番号）

※ 公共職業安定所記載欄　12. 設置区分（1 当然 2 任意）　13. 事業所区分（1 個別 2 委託）　14. 産業分類

（この用紙は、このまま機械で処理しますので、汚さないようにしてください。）

変更事項 15. 事業主 住所（フリガナ）（法人のときは主たる事務所の所在地）	トシマクヒガシイケブクロ 豊島区東池袋1-2-×	18. 変更前の事業所の名称（フリガナ）	カブシキガイシャ　トシマショウカイ 株式会社　豊島商会
名称（フリガナ）	カブシキガイシャ　トシマショウジ 株式会社　豊島商事	19. 変更前の事業所の所在地（フリガナ）	トシマクイケブクロ 豊島区池袋4-5-×
氏名（フリガナ）（法人のときは代表者の氏名）		20. 事業の開始年月日	平成6年4月1日
		24. 社会保険加入状況	健康保険・厚生年金保険・労災保険
16. 変更後の事業の概要		※21. 事業の廃止年月日	令和　年　月　日
		25. 雇用保険被保険者数	一般 20人 日雇 0人
		22. 常時使用労働者数	20人
17. 変更の理由	社名変更 事業所移転	23. 雇用保険担当課名	総務課 総務係
		26. 賃金支払関係	賃金締切日 20日 賃金支払日 当・翌月 25日
備考		※ 所長・次長・課長・係長・係・操作者	

（この届出は、変更のあった日の翌日から起算して10日以内に提出してください。）

2021. 9

注 意

1 □□□□で表示された枠（以下「記入枠」という。）に記入する文字は、光学式文字読取装置（ＯＣＲ）で直接読取を行いますので、この用紙を汚したり、必要以上に折り曲げたりしないでください。
2 記載すべき事項のない欄又は記入枠は空欄のままとし、※印のついた欄又は記入枠には記載しないでください。
3 記入枠の部分は、枠からはみ出さないように大きめの文字によって明瞭に記載してください。
4 2欄の記載は、元号をコード番号で記載した上で、年、月又は日が１桁の場合は、それぞれ10の位の部分に「０」を付加して２桁で記載してください。（例：平成15年４月１日→ 4-150401 ）
5 3欄の記載は、公共職業安定所から通知された事業所番号が連続した10桁の構成である場合は、最初の４桁を最初の４つの枠内に、残りの６桁を「-」に続く６つの枠内にそれぞれ記載し、最後の枠は空枠としてください。
（例：1301000001の場合→ 1301-000001- ）
6 4欄には、雇用保険の適用事業となるに至った年月日を記載してください。記載方法は、2欄の場合と同様に行ってください。
7 5欄には、平成27年10月以降、国税庁長官から本社等へ通知された法人番号を記載してください。
8 6欄には、数字は使用せず、カタカナ及び「-」のみで記載してください。
カタカナの濁点及び半濁点は、１文字として取り扱い（例：ガ→カ゛、パ→ハ゜）、また、「ヰ」及び「ヱ」は使用せず、それぞれ「イ」及び「エ」を使用してください。
9 7欄及び9欄には、漢字、カタカナ、平仮名及び英数字（英字については大文字体とする。）により明瞭に記載してください。
小さい文字を記載する場合には、記入枠の下半分に記載してください。（例：ァ→ァ）
また、濁点及び半濁点は、前の文字に含めて記載してください。（例：が→が、ぱ→ぱ）
10 9欄１行目には、都道府県名は記載せず、特別区名、市名又は郡名とそれに続く町村名を左詰めで記載してください。
9欄２行目には、丁目及び番地のみを左詰めで記載してください。
また、所在地にビル名又はマンション名等が入る場合は9欄３行目に左詰めで記載してください。
11 10欄には、事業所の電話番号を記載してください。この場合、項目ごとにそれぞれ左詰めで、市内局番及び番号は「-」に続く５つの枠内にそれぞれ左詰めで記載してください。（例：03-3456-XXXX→ 03□□□-3456□-XXXX□ ）
12 27欄は、事業所印と事業主印又は代理人印を押印してください。
13 28欄は、最寄りの駅又はバス停から事業所への道順略図を記載してください。

お願い
1 変更のあった日の翌日から起算して10日以内に提出してください。
2 営業許可証、登記事項証明書その他の記載内容を確認することができる書類を持参してください。

27 登録印	事業所印影	事業主（代理人）印影	改印欄（事業所・事業主）	改印欄（事業所・事業主）	改印欄（事業所・事業主）
			改印年月日 令和　年　月　日	改印年月日 令和　年　月　日	改印年月日 令和　年　月　日

28.最寄りの駅又はバス停から事業所への道順

池　袋

東　口

労働保険事務組合記載欄

所在地

名　称

代表者氏名

委託開始　　年　月　日

委託解除　令和　年　月　日

上記のとおり届出事項に変更があったので届けます。

令和 ○○ 年　5 月　6 日

池袋　　公共職業安定所長　殿

住　所　豊島区東池袋 1-2-×
事業主　名　称　（株）豊島商事
氏　名　代表取締役　豊島　一郎

社会保険労務士記載欄	作成年月日・提出代行者・事務代理者の表示	氏名	電話番号

※本手続は電子申請による届出も可能です。詳しくは管轄の公共職業安定所までお問い合わせください。
なお、本手続について、社会保険労務士が電子申請により本届書の提出に関する手続を事業主に代わって行う場合には、当該社会保険労務士が当該事業主の提出代行者であることを証明することができるものを本届書の提出と併せて送信することをもって、当該事業主の電子署名に代えることができます。

3 健康保険 厚生年金保険 適用事業所所在地名称 変更（訂正）届

（管轄内）（397頁）

提 出 先：所轄年金事務所または加入している健康保険組合・厚生年金基金
提出期限：変更のあった日から５日以内
添付書類：会社の登記簿謄本（提出日から遡って90日以内に発行されたもの）または不動産賃貸借契約書の写し
提出する人：事業主
〔記載例のケース〕▷㈱豊島商会は、社名を㈱豊島商事と変更し、同時に同じ管轄内で所在地を変更したので、変更届を提出することとしました。

社名が変更した場合に、記号、番号が変更になる場合があります。そのときは全員の被保険者証を回収する必要があります。所在地を変更した場合には、後日、新しい管轄の年金事務所または健康保険組合より連絡があります。

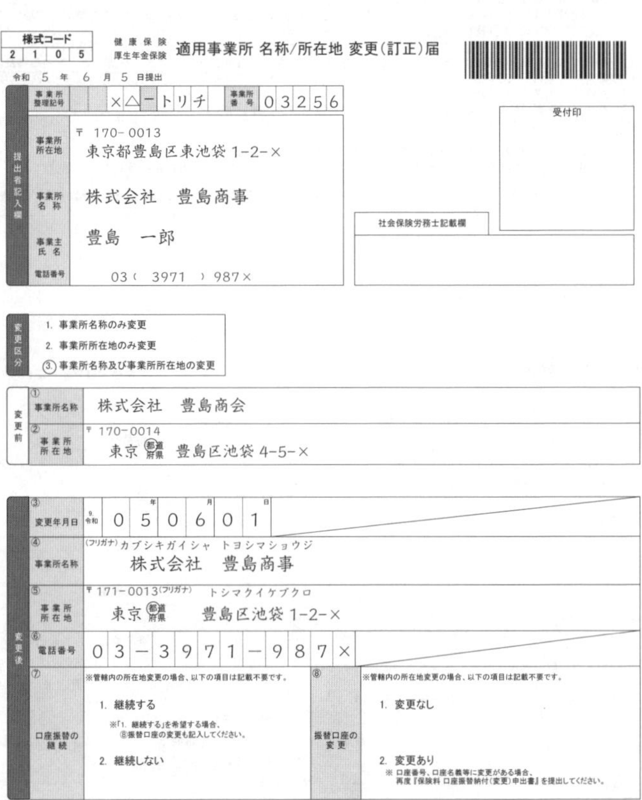
様式コード 2105
健康保険 厚生年金保険 適用事業所 名称/所在地 変更（訂正）届
令和 5 年 6 月 5 日提出

提出者記入欄	
事業所整理記号	×△－トリチ
事業所番号	03256
事業所所在地	〒170-0013 東京都豊島区東池袋 1-2-×
事業所名称	株式会社　豊島商事
事業主氏名	豊島　一郎
電話番号	03（3971）987×

受付印
社会保険労務士記載欄

変更区分
1. 事業所名称のみ変更
2. 事業所所在地のみ変更
③. 事業所名称及び事業所所在地の変更

変更前	
① 事業所名称	株式会社　豊島商会
② 事業所所在地	〒170-0014 東京都 豊島区池袋 4-5-×

変更後	
③ 変更年月日	9.令和 05 年 06 月 01 日
④ 事業所名称	（フリガナ）カブシキガイシャ トヨシマショウジ 株式会社　豊島商事
⑤ 事業所所在地	〒171-0013（フリガナ）トシマクイケブクロ 東京都 豊島区池袋 1-2-×
⑥ 電話番号	03－3971－987×
⑦ 口座振替の継続	※管轄内の所在地変更の場合、以下の項目は記載不要です。 1. 継続する ※「1. 継続する」を希望する場合、⑧振替口座の変更も記入してください。 2. 継続しない
⑧ 振替口座の変更	※管轄内の所在地変更の場合、以下の項目は記載不要です。 1. 変更なし 2. 変更あり ※ 口座番号、口座名義等に変更がある場合、再度『保険料 口座振替納付（変更）申出書』を提出してください。

4 健康保険 厚生年金保険 特定適用事業所 該当／不該当届（399頁）

提出先：所轄年金事務所または加入している健康保険組合
提出期限：事実のあった時から５日以内
添付書類：添付書類ではないが、短時間労働者の「被保険者資格取得届」と一緒に提出する
提出する人：事業主
〔記載例のケース〕▷㈱豊島商事は、事業が拡大し、通常の労働者が常時100人を超え、特定適用事業所に該当するので、手続をすることになりました。

☞　通常の労働者等同意対象者が100人以下になり、特定適用事業所に該当しなくなった場合の手続も、同じ様式を用いて行います。その場合は同意対象者の同意書を添付します。

届書コード	処理区分
120	

事務センター長 所長	副事務センター長 副所長	グループ長 課長	担当者

健康保険
厚生年金保険　特定適用事業所　該当／不該当届

令和○年　8月　×日提出

提出者（代表事業所）記入欄

①事業所整理記号	池 - とちり	②事業所番号	03256
事業所所在地	〒170 - 0013 豊島区池袋 1-2-×		
事業所名称	株式会社 豊島商事		
事業主氏名	代表取締役　豊島　有治		
電話番号	03（　3971　）987×		

同一法人番号のすべての事業所の代表事業所として提出します。

年金事務所受付印　健康保険組合受付印

社会保険労務士記載欄
氏名等

共通項目

⑥法人番号	1 2 3 4 5 6 7 8 9 8 7 6 ×	入力項目	※⑤番号区分	1.法人事業所 2.個人事業所	※⑧該当区分	1 3 4 5 6 7
⑦該当／不該当の別	①該当　2.不該当	⑨該当年月日	令和○年　8月　×日	※⑨不該当年月日	令和　年　月　日	

※「⑤」「⑧」「⑨不該当年月日」は記入不要です。

該当	該当年月日時点において厚生年金保険の被保険者※の総数（短時間労働者を除く）が特定適用事業所の要件を満たすことが見込まれる。 ※「被保険者」には各共済組合の組合員（第2号～第4号厚生年金被保険者）を含みます。	□（見込まれる場合、✔を入れてください。）

不該当		
	同意対象者数※	名
	同意者数※	名
	特定適用事業所不該当の届出にあたっての同意にチェックを入れてください。 □ 1. 同意対象者の4分の3以上で組織する労働組合の同意 □ 2. 同意対象者の4分の3以上を代表する者の同意 □ 3. 同意対象者の4分の3以上の同意	

※同意対象者の4分の3以上で組織する労働組合の同意又は同意対象者の4分の3以上を代表する者の同意を得た場合は記入不要です。

健康保険組合管掌事業所である場合は以下の事項に記載してください。

健康保険組合名称	健康保険組合	健康保険組合所在地	〒 電話（　　）
管轄年金事務所名称	池袋　年金事務所	管轄年金事務所所在地	〒171-8567 豊島区南池袋 1-10-13 電話　03（3988　6011

備考	

（注）1 健康保険組合管掌事業所における特定適用事業所不該当届を提出する場合は、健康保険組合または日本年金機構に提出してください。（この届の写しを届書として健康保険組合・日本年金機構間で回送します）
2 特定適用事業所不該当年月日は「特定適用事業所不該当届」の受理日の翌日となります。
3 記入方法・添付書類等については裏面をご確認ください。

5 健康保険 厚生年金保険 任意特定適用事業所 申出書／取消申出書 （401頁）

提 出 先：所轄年金事務所または加入している健康保険組合
提出期限：その都度
添付書類：同意書（短時間労働者の「被保険者資格取得届」と一緒に提出）、過半数労組または過半数代表者であることの証明書
提出する人：事業主
〔記載例のケース〕▷㈱豊島商事は、通常の従業員が100人に満たないのですが、短時間労働者を含め、従業員の待遇改善目的と従業員からの希望もあり、任意で特定適用事業所の申出をすることになりました。

☞　特定適用事業所であることは任意なので、同意対象者の４分の３以上の同意を得て、特定適用事業所でなくなることを申し出ることができます。そのときも、同じ様式を使用して申し出ます。この場合の同意対象者の意味は、任意特定適用事業所の申出の場合と同じです。

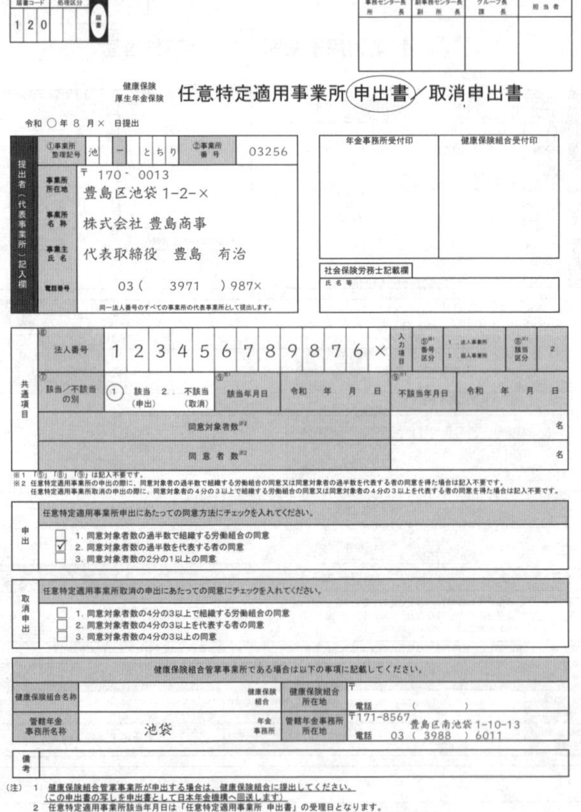

届書コード 120　処理区分

事務センター長 所長	副事務センター長 副所長	グループ長 課長	担当者

健康保険 厚生年金保険　任意特定適用事業所（申出書）／取消申出書

令和 ○ 年 8 月 × 日提出

提出者（代表事業所）記入欄

①事業所整理記号	池 － とちり	②事業所番号	03256
事業所所在地	〒170－0013 豊島区池袋 1-2-×		
事業所名称	株式会社 豊島商事		
事業主氏名	代表取締役　豊島　有治		
電話番号	03（　3971　）987×		

同一法人番号のすべての事業所の代表事業所として提出します。

年金事務所受付印　健康保険組合受付印

社会保険労務士記載欄　氏名等

共通項目

⑥法人番号	1	2	3	4	5	6	7	8	9	8	7	6	×	入力項目	⑤※1 番号区分	1. 法人事業所 2. 個人事業所	⑧※1 該当区分	2

⑦該当／不該当の別	①該当（申出）　2．不該当（取消）	⑨※1 該当年月日	令和　年　月　日	⑨※1 不該当年月日	令和　年　月　日
同意対象者数※2					名
同意者数※2					名

※1 「⑤」「⑧」「⑨」は記入不要です。
※2 任意特定適用事業所の申出の際に、同意対象者の過半数で組織する労働組合の同意又は同意対象者の過半数を代表する者の同意を得た場合は記入不要です。
任意特定適用事業所取消の申出の際に、同意対象者の４分の３以上で組織する労働組合の同意又は同意対象者の４分の３以上を代表する者の同意を得た場合は記入不要です。

申出　任意特定適用事業所申出にあたっての同意方法にチェックを入れてください。
- [ ] 1. 同意対象者数の過半数で組織する労働組合の同意
- [x] 2. 同意対象者数の過半数を代表する者の同意
- [ ] 3. 同意対象者数の2分の1以上の同意

取消申出　任意特定適用事業所取消の申出にあたっての同意にチェックを入れてください。
- [ ] 1. 同意対象者数の4分の3以上で組織する労働組合の同意
- [ ] 2. 同意対象者数の4分の3以上を代表する者の同意
- [ ] 3. 同意対象者数の4分の3以上の同意

健康保険組合管掌事業所である場合は以下の事項に記載してください。

健康保険組合名称		健康保険組合	健康保険組合所在地	〒 電話（　）
管轄年金事務所名称	池袋	年金事務所	管轄年金事務所所在地	〒171-8567 豊島区南池袋 1-10-13 電話 03（3988）6011

備考

（注）1 健康保険組合管掌事業所が申出する場合は、健康保険組合に提出してください。（この申出書の写しを申出書として日本年金機構へ回送します）
2 任意特定適用事業所該当年月日は「任意特定適用事業所 申出書」の受理日となります。
3 任意特定適用事業所不該当年月日は「任意特定適用事業所 取消申出書」の受理日の翌日となります。
4 記入方法・添付書類等については裏面をご確認ください。

令和〇年 8月 △日

同 意 書

株式会社 豊島商事

代表取締役 豊島有治 様

労働組合名称
（※過半数代表者の場合は不要）

代表者氏名　　練馬　一郎

（労働組合の名称及び当該労働組合の代表者の氏名又は過半数代表者（４分の３以上代表者）の氏名）

公的年金制度の財政基盤及び最低保障機能の強化等のための国民年金法等の一部を改正する法律の規定に基づき、以下のことに同意します。

	チェックボックス	同 意 内 容
申出	☑	任意特定適用事業所の申出をすることに同意します。 （短時間労働者が健康保険・厚生年金保険の被保険者資格を取得する（70 歳以上の短時間労働者については厚生年金保険の 70 歳以上被用者該当となる）ことに同意します。）

	チェックボックス	同 意 内 容
取消	☐	任意特定適用事業所の取消申出をすることに同意します。 （短時間労働者が健康保険・厚生年金保険の被保険者資格を喪失する（70 歳以上の短時間労働者については厚生年金保険の 70 歳以上被用者不該当となる）ことに同意します。）
不該当	☐	特定適用事業所不該当の申出をすることに同意します。 （短時間労働者が健康保険・厚生年金保険の被保険者資格を喪失する（70 歳以上の短時間労働者については厚生年金保険の 70 歳以上被用者不該当となる）ことに同意します。）

※上記のうち該当する区分のチェックボックスにチェック（✓）を付してください。

（短時間労働者及び同意の要件等については裏面を確認してください。）

証明書

（下記１・２のうち、該当する数字に〇を付して、各項目にご記入ください。）

① 令和　　年　　月　　日現在の下記労働組合の現況は次のとおりです。

同一法人番号の事業所を代表する事業所名	
労働組合の名称	
同意対象者数	名
同意対象者数のうち当該労働組合員の数	名

(②) 下記の者が同意対象者の〔（過半数）・４分の３以上〕を代表する者として正当に選出された者です。

所属	
役職	一般社員
氏名	練馬　一郎
住所	東京都杉並区井草 3-×-×
同意対象者数	25 名
同意者数	22 名
選出方法	（投票）・挙手・持ち回り決議・その他（　　　　）

上記のとおり相違ないことを証明します。

令和　〇 年　8　月　×　日

事業所所在地　東京都豊島区池袋 1-2-×

事業所名称　株式会社　豊島商事

事業主氏名　代表取締役　豊島　有治

※この証明書は労働組合又は同意対象者を代表する者の同意書と併せて提出してください。

6 健康保険 厚生年金保険 事業所関係変更（訂正）届（処理票）（402頁）

提出先：所轄年金事務所または加入している健康保険組合
提出期限：変更のあった日から５日以内
添付書類：特になし
提出する人：新しい事業主
〔記載例のケース〕▷㈱豊島商事の代表取締役豊島一郎が死亡し、新しい代表取締役が豊島有治と決定したので届出をすることとしました。

☞　変更があった部分のみ記入します。
会社法人番号を変更する場合等は、法人登記簿謄本（コピーでも可）の添付が必要です。

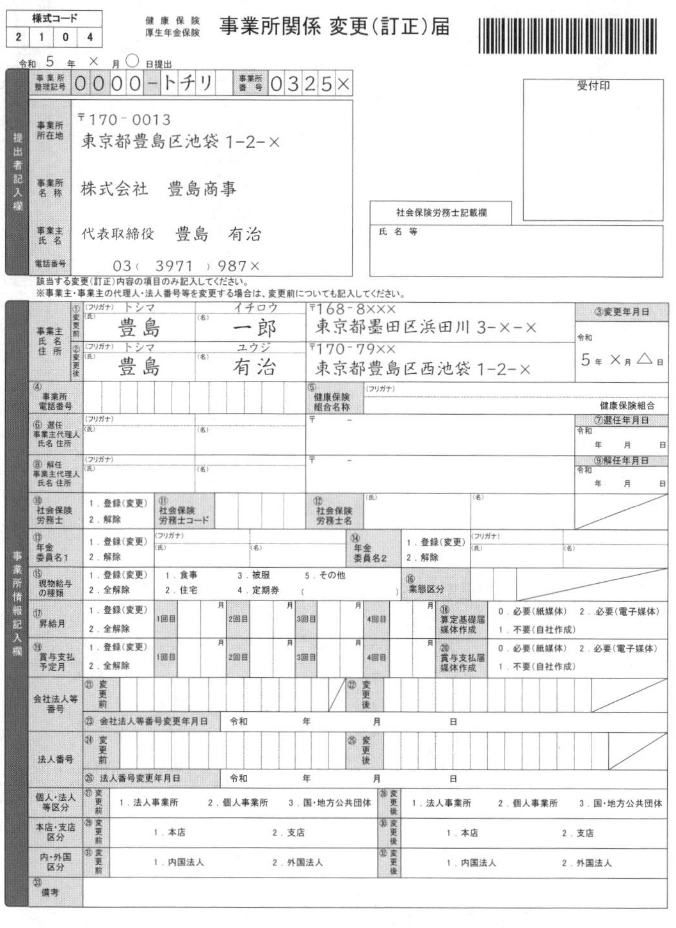

様式コード 2104
健康保険 厚生年金保険 事業所関係 変更（訂正）届

令和 5 年 × 月 ○ 日提出

提出者記入欄

事業所整理記号	0000－トチリ
事業所番号	0325×
事業所所在地	〒170－0013 東京都豊島区池袋1-2-×
事業所名称	株式会社　豊島商事
事業主氏名	代表取締役　豊島　有治
電話番号	03（3971）987×

受付印

社会保険労務士記載欄　氏名等

該当する変更（訂正）内容の項目のみ記入してください。
※事業主・事業主の代理人・法人番号等を変更する場合は、変更前についても記入してください。

事業所情報記入欄

		(氏)	(名)		
事業主氏名住所	①変更前	(フリガナ)トシマ 豊島	イチロウ 一郎	〒168-8××× 東京都墨田区浜田川3-×-×	③変更年月日 令和 5年 ×月 △日
	②変更後	(フリガナ)トシマ 豊島	ユウジ 有治	〒170-79×× 東京都豊島区西池袋1-2-×	

④事業所電話番号　⑤健康保険組合名称（フリガナ）　健康保険組合

⑥選任事業主代理人氏名住所（フリガナ）(氏)(名)〒－　⑦選任年月日 令和　年　月　日

⑧解任事業主代理人氏名住所（フリガナ）(氏)(名)〒－　⑨解任年月日 令和　年　月　日

⑩社会保険労務士 1．登録（変更） 2．解除　⑪社会保険労務士コード　⑫社会保険労務士名 (氏)(名)

⑬年金委員名1 1．登録（変更） 2．解除（フリガナ）(氏)(名)　⑭年金委員名2 1．登録（変更） 2．解除（フリガナ）(氏)(名)

⑮現物給与の種類 1．登録（変更） 2．全解除　1．食事 2．住宅 3．被服 4．定期券 5．その他（　）　⑯業態区分

⑰昇給月 1．登録（変更） 2．全解除　1回目　月 2回目　月 3回目　月 4回目　月　⑱算定基礎届媒体作成 0．必要（紙媒体） 2．必要（電子媒体） 1．不要（自社作成）

⑲賞与支払予定月 1．登録（変更） 2．全解除　1回目　月 2回目　月 3回目　月 4回目　月　⑳賞与支払届媒体作成 0．必要（紙媒体） 2．必要（電子媒体） 1．不要（自社作成）

会社法人等番号 ㉑変更前 ㉒変更後　㉓会社法人等番号変更年月日 令和　年　月　日

法人番号 ㉔変更前 ㉕変更後　㉖法人番号変更年月日 令和　年　月　日

個人・法人等区分 ㉗変更前 1．法人事業所 2．個人事業所 3．国・地方公共団体　㉘変更後 1．法人事業所 2．個人事業所 3．国・地方公共団体

本店・支店区分 ㉙変更前 1．本店 2．支店　㉚変更後 1．本店 2．支店

内・外国区分 ㉛変更前 1．内国法人 2．外国法人　㉜変更後 1．内国法人 2．外国法人

㉝備考

7 労働保険保険関係成立届（404頁）

提出先：所轄労働基準監督署長
提出期限：保険関係が成立した日の翌日から10日以内
添付書類：登記事項証明書（不要の場合あります）、賃貸借契約書のコピー等
提出する人：事業主
〔記載例のケース〕▷㈱市ヶ谷商会は練馬区に新しく営業所を設けました。

様式第1号（第4条、第64条、附則第2条関係）（1）（表面）　提出用

労働保険 0：保険関係成立届（継続）（事務処理委託届）／1：保険関係成立届（有期）／2：任意加入申請書（事務処理委託届）

○年5月10日

⑯種別 31600

労働局長／労働基準監督署長／公共職業安定所長 殿　下記のとおり（イ）届けます。（31600又は31601のとき）（ロ）労災保険（ハ）雇用保険 の加入を申請します。（31602のとき）

①事業主 住所又は所在地：新宿区市ヶ谷田町2−7−×　氏名又は名称：（株）市ヶ谷商会

②事業 所在地：176-0023 練馬区中村北1-2-×　電話番号 03 3970-421×　名称：（株）市ヶ谷商会 練馬営業所

③事業の概要：文房具、書籍の販売

④事業の種類：小売業

⑤加入済の労働保険：労災保険・雇用保険

⑥保険関係成立年月日：（労災）○年5月1日（雇用）○年5月1日

⑦雇用保険被保険者数：一般・短期 1人　日雇 0人

⑧賃金総額の見込額：4,500千円

⑰住所（カナ）：郵便番号 176-0023　市・区・郡名 ネリマク　町村名 ナカムラキタ　丁目・番地 1-2-×

⑱住所（漢字）：練馬区　中村北　1-2-×

⑲名称・氏名（カナ）：カブシキガイシャ イチガヤショウカイ　イ ネリマエイギョウショ

電話番号：03-3970-421×

⑳名称・氏名（漢字）：株式会社 市ヶ谷商会　練馬営業所

㉑保険関係成立年月日：9-○○-05-01

㉓常時使用労働者数：1

㉔雇用保険被保険者数：1

※片保険理由コード：0

㉙法人番号：43219××××××××

事業主氏名（法人のときはその名称及び代表者の氏名）：（株）市ヶ谷商会　代表取締役　川上　武

（3.3）

☞ 練馬営業所は、従業員は1名ですが、まず練馬営業所の保険関係の成立届を提出し、労働保険番号を付与してもらいます。その後に本社に一括する手続をします。

☞ 令和2年12月25日より、申請書の押印が不要になりました。

8 労働保険継続事業一括認可・追加・取消申請書（404頁）

提出先：一括してまとめたい事業所を管轄する労働基準監督署長
提出期限：そのつど提出
添付書類：一括される事業所の保険関係成立届の控
提出する人：事業主
〔記載例のケース〕▷㈱市ヶ谷商会の練馬営業所は小規模で、給与計算等は本社で行っているので、労働保険関係を一括することにしました。

様式第5号（第10条関係）

労働保険
継続事業一括認可・~~追加・取消~~申請書

提出用

種別 31640　※修正項目番号

①下記のとおり継続事業の一括に係る （新規）・認可の追加 ・認可の取消 の申請をします。

指定を受けることを希望する事業又は既に指定を受けている事業

③労働保険番号	13108225218-000
②申請年月日（元号：令和は9）	9-××-05-10
④所在地	新宿区市ヶ谷田町2-7-×
郵便番号	162-0843
⑥保険関係成立区分	(イ)労災・雇用 (ロ)労災 (ハ)雇用 — (イ)に〇
⑦事業の種類（労災保険率表による）	小売業
⑤名称	(株)市ヶ谷商会
電話番号	03-3266-035×

申請書の指定事業に一括され又は一括を取消される事業

1	⑧労働保険番号	13109376512-000
	※認可コード / ※管轄(2) / ⑨整理番号	
	⑩所在地	練馬区中村北1-2-×
	郵便番号	176-0023
	⑪保険関係成立区分	(イ)労災・雇用 (ロ)労災 (ハ)雇用 — (イ)に〇
	⑫事業の種類（労災保険率表による）	小売業
	⑩名称	(株)市ヶ谷商会　練馬営業所
	電話番号	03-3970-421×
2	⑬労働保険番号 / ※認可コード / ※管轄(2) / ⑭整理番号 / ⑮所在地・名称 / 郵便番号 / ⑯保険関係成立区分 (イ)労災・雇用 (ロ)労災 (ハ)雇用 / ⑰事業の種類 / 電話番号	
3	⑱労働保険番号 / ※認可コード / ※管轄(2) / ⑲整理番号 / ⑳所在地・名称 / 郵便番号 / ㉑保険関係成立区分 (イ)労災・雇用 (ロ)労災 (ハ)雇用 / ㉒事業の種類 / 電話番号	
4	㉓労働保険番号 / ※認可コード / ※管轄(2) / ㉔整理番号 / ㉕所在地・名称 / 郵便番号 / ㉖保険関係成立区分 (イ)労災・雇用 (ロ)労災 (ハ)雇用 / ㉗事業の種類 / 電話番号	

※認可・取消年月日（元号：令和は9）　元号-年-月-日

※データ指示コード（1．新規申請 3．追加の申請 4．認可の取消し）

※修正項目

労働局長　殿

事業主　住所　新宿区市ヶ谷田町2-7-×
氏名　(株)市ヶ谷商会　代表取締役　川上　武
（法人のときはその名称及び代表者の氏名）

(3.3)

☞ 手続が終了すると、以後は一括される事業所（練馬営業所）の労働保険番号は消滅しますので、年度更新や労災の給付等も一括した労働保険番号で手続します。また、一括される事業所に変更があった場合も、この用紙を用いて届け出ます。

☞ 令和2年12月25日より、申請書の押印が不要になりました。

9 雇用保険事業所非該当承認申請書（4枚1組）（153頁、405頁）

提出先：非該当にしたい事業所を管轄する公共職業安定所長
提出期限：そのつど提出
添付書類：従業員数がわかる書類、社会保険の取扱状況がわかる書類（会社の組織表など）
提出する人：事業主
〔記載例のケース〕▷㈱市ヶ谷商会は練馬営業所を設置しましたが、営業スタッフが１人だけの営業所なので、雇用保険関係を非該当とし、本社で手続を行いたいと思い手続することにしました。

雇用保険 事業所非該当承認申請書（安定所用）

1．事業所非該当承認対象施設

①名称	(株)市ヶ谷商会 練馬営業所	⑦労働保険料の徴収の取扱い	労働保険の保険料の徴収等に関する法律施行規則上の事業場とされているか （いる）・いない
②所在地	〒176 0023 練馬区中村北1-2-× 電話（3970）421×	⑧労働保険番号	府県 所掌 管轄 基幹番号 枝番号 13 1 09 336442－000
③施設の設置年月日	○年 5月 1日	⑨社会保険の取扱い	健康保険法及び厚生年金保険の事業所とされているか いる・（いない）
④事業の種類	文房具・書籍の販売 （その他の各種事業）	⑩各種帳簿の備付状況	労働者名簿・賃金台帳・（出勤簿）
⑤従業員数	1人 （うち被保険者数 1人）	⑪管轄公共職業安定所	池袋 公共職業安定所
⑥事業所番号	－ －	⑫雇用保険事務処理能力の有無	有・（無）
⑬申請理由	給与計算、人事・労務関係すべて本社で行っているため		

2．事業所

⑭事業所番号	1308－505932－4	⑱従業員数	60（うち被保険者数 50）
⑮名称	(株)市ヶ谷商会	⑲適用年月日	平成 1年 4月 1日
⑯所在地	〒162−0843 新宿区市ヶ谷田町2-7-× 電話（3266）035×	⑳管轄公共職業安定所	新宿 公共職業安定所
⑰事業の種類	文房具・書籍の販売（小売業）	㉑備考	

上記1の施設は，一の事業所として認められませんので承認されたく申請します。
令和 ○年 5月 10日
公共職業安定所長殿

事業主（又は代理人） 住所 新宿区市ヶ谷田町2-7-×
(株)市ヶ谷商会
氏名 代表取締役 川上 武

（注） 社会保険労務士記載欄は，この届書を社会保険労務士が作成した場合のみ記入する。

社会保険労務士記載欄	作成年月日・提出代行者の表示	氏名	電話番号

※公共職業安定所記載欄

上記申請について協議してよろしいか。 年 月 日	所長	次長	課長	係長	係
調査結果 ・場所的な独立性 有・無 ・事務処理能力 有・無 ・経営上の独立性 有・無 ・その他［ ］ ・施設としての持続性 有・無					
協議先 主管課・ 安定所 協議年月日 年 月 日					

下記のとおり決定してよろしいか。 年 月 日	所長	次長	課長	係長	係
協議結果 適・否					
承認・不承認					
備考	決定年月日	年 月 日			
	事業主通知年月日	年 月 日			
	主管課報告年月日	年 月 日			
	関係公共職業安定所連絡年月日	年 月 日			

☞ 非該当として承認されるためには、給与計算・人事労務関係が本社等で行われていることが必要です。なお、非該当にしたい事業所の被保険者数が20名以上の場合には、承認の可能性を管轄公共職業安定所に確認することが大事です。

☞ 令和２年12月25日より、申請書の押印が不要になりました。

10 全国健康保険協会管掌健康保険 厚生年金保険 一括適用承認申請書（406頁）

提出先：指定事業所としたい事業所の所在地を管轄する年金事務所
提出期限：その都度
添付書類：下記について内容を説明した文書
（人事・労務・給与に関する事務範囲とその方法、届出書の作成過程、被保険者資格の得・喪確認の通知方法、標準報酬月額の決定内容の通知方法、被保険者証の交付方法等）
提出する人：事業主
〔記載例のケース〕▷㈱杉並商会では、全国に点在している支店の社会保険関係事務処理の効率化を図るため、一括適用の承認申請を行うことにしました。

「被保険者総数」を記入する欄は、指定事業所と一括される事業所の被保険者数の合計を記入します。
健康保険組合に加入の場合も、この様式を使用して厚生年金保険の一括適用承認申請を行います。

（様式第1号）

全国健康保険協会管掌健康保険
厚生年金保険　一括適用承認申請書

一括適用事業所の名称	株式会社　杉並商会		
指定事業所とする事業所の名称等	記号 杉並 すし	番号 5432×	
	名称 株式会社 杉並商会		
	所在地 東京都杉並区堀之内1－2－×		
事業主氏名	代表取締役　杉並　花子		
事務担当者の連絡先	氏名 大宮梅子　℡ 03（33××）6789	所属 人事課　内線 234	
一括適用の承認を受けようとする理由	社会保険事務処理の効率化のため		
加入している健康保険組合の名称			
加入している厚生年金基金の名称			
対象事業所数	3 件	被保険者総数	402 名

対象事業所の名称等	事業所記号	事業所番号	管轄年金事務所名	被保険者数
	事業所名称		事業所所在地	
	天王 すみ	4321×	天王寺 年金事務所	98 名
	株式会社杉並商会　大阪支店		〒543-×××× 大阪府大阪市天王子区○○町	
	豊橋 すそ	3219×	豊橋 年金事務所	38 名
	株式会社杉並商会　愛知支店		〒441-×××× 愛知県豊橋市△△町	
	静岡 すと	2198×	静岡 年金事務所	153 名
	株式会社杉並商会　静岡支店		〒422-×××× 静岡県静岡市葵区××町	
			年金事務所	名
			〒	
			年金事務所	名
			〒	

上記のとおり、関係書類を添えて申請します。　令和 × 年 × 月 × 日

指定事業所となる事業所の所在地	〒168-×××× 東京都杉並区堀之内1-2-×
指定事業所となる事業所の名称	株式会社　杉並商会
事業主氏名	代表取締役　杉並　花子
電話番号	℡ 03（33××）6789

社会保険労務士の提出代行者欄	

11 労働保険 概算・増加概算・確定 保険料申告書（様式第6号（甲））（408頁）

提出先：所轄労働基準監督署長
提出期限：事業を廃止した日の翌日から起算して50日以内
添付書類：概算保険料が過納になっていたら「労働保険料還付請求書」（次頁）を同時に提出します。
提出する人：事業主
〔記載例のケース〕▷㈱斉藤商店は不況のためクリーニング業を廃止することになり、確定保険料の申告書を提出することになりました。

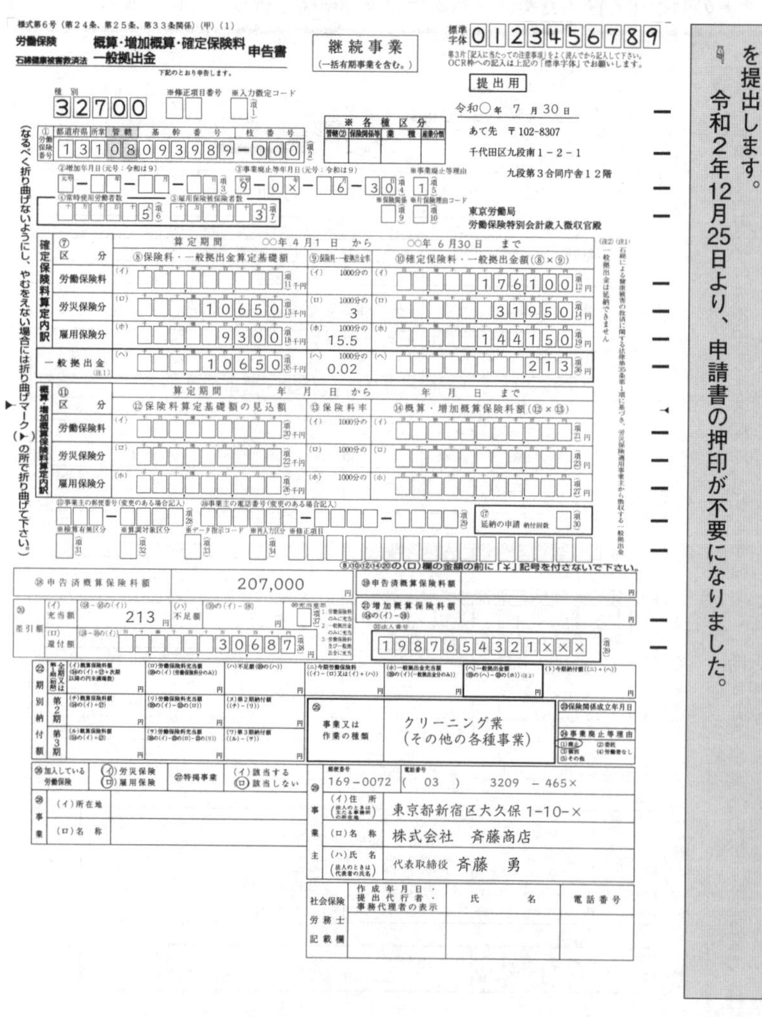

様式第6号（第24条、第25条、第33条関係）（甲）（1）
労働保険 概算・増加概算・確定保険料 申告書
石綿健康被害救済法 一般拠出金
下記のとおり申告します。
継続事業（一括有期事業を含む。）
標準字体 0123456789
提出用

種別 32700
①労働保険番号 都道府県 所掌 管轄 基幹番号 枝番号：13 1 08 093989-000
③事業廃止等年月日（元号：令和は9）9-0×-06-30
④常時使用労働者数 5
⑤雇用保険被保険者数 3
令和○年 7月30日
あて先 〒102-8307 千代田区九段南1-2-1 九段第3合同庁舎12階
東京労働局 労働保険特別会計歳入徴収官殿

確定保険料算定内訳　算定期間 ○○年4月1日 から ○○年6月30日 まで

⑦区分	⑧保険料・一般拠出金算定基礎額	⑨保険料・一般拠出金率	⑩確定保険料・一般拠出金額（⑧×⑨）
労働保険料		1000分の	176100
労災保険分	10650 千円	1000分の 3	31950
雇用保険分	9300 千円	1000分の 15.5	144150
一般拠出金	10650 千円	1000分の 0.02	213

概算・増加概算保険料算定内訳　算定期間 年 月 日 から 年 月 日 まで

⑪区分	⑫保険料算定基礎額の見込額	⑬保険料率	⑭概算・増加概算保険料額（⑫×⑬）
労働保険料	千円	1000分の	
労災保険分	千円	1000分の	
雇用保険分	千円	1000分の	

⑧⑩⑫⑭⑳の（ロ）欄の金額の前に「¥」記号を付さないで下さい。

⑱申告済概算保険料額 207,000円
⑳差引額（イ）充当額 213円　（ロ）還付額 30687円
法人番号 1987654321×××

㉕事業又は作業の種類：クリーニング業（その他の各種事業）
㉔事業廃止等理由 ①廃止
㉖加入している労働保険 ㋑労災保険 ㋺雇用保険
㉗特掲事業 （イ）該当する ㋺該当しない

事業主
郵便番号 169-0072　電話番号（03）3209-465×
（イ）住所 東京都新宿区大久保1-10-×
（ロ）名称 株式会社 斉藤商店
（ハ）氏名 代表取締役 斉藤 勇

社会保険労務士記載欄（作成年月日・提出代行者・事務代理者の表示／氏名／電話番号）

この確定保険料申告書の③欄に事業廃止年月日を記入することによって保険関係は消滅します。

なお、確定保険料額に不足があれば50日以内に納付しますが、過納分があれば還付請求書を提出します。

令和2年12月25日より、申請書の押印が不要になりました。

12 労働保険労働保険料還付請求書（408頁）

提出先：所轄労働基準監督署長を経由して都道府県労働局労働保険特別会計資金前渡官吏へ

提出期限：事業を廃止した日の翌日から起算して２年以内

添付書類：労働保険確定保険料申告書（前頁）と同時に提出

提出する人：事業主

〔記載例のケース〕▷㈱斉藤商店は不況のためクリーニング業を廃止し確定保険料の申告書を作成したところ、保険料が過納になっていたので還付請求をすることにしました。

☞ 保険料の計算に誤りがないか、労働保険料の未納分がないかを確認します。

☞ 実際に還付されるまでには、かなり時間がかかりますので、提出の際、いつ頃になるかを確認しましょう。

☞ 令和２年12月25日より、申請書の押印が不要になりました。

様式第８号（第36条関係）

労働保険 石綿健康被害救済法 労働保険料 一般拠出金 **還付請求書**

還付金の種別：（労働保険料）・一般拠出金

種別 31751

労働保険番号（都道府県・所掌・管轄(1)・基幹番号・枝番号）：13108093989－000（項1）　※修正項目番号　※漢字修正項目番号

① 還付金の払渡しを受けることを希望する金融機関（金融機関のない場合は郵便局）

金融機関	
金融機関名称（漢字）略称を使用せず正式な金融機関名を記入して下さい	みずほ銀行
種別（1.普通 2.当座 3.通知 4.別段）（項2）	1
口座番号 ※右詰で空白は0を記入して下さい（項3）	01615×8
支店名称（漢字）略称を使用せず正式な支店名を記入して下さい	新宿支店
ゆうちょ銀行記号番号 記号－番号 ※右詰で空白は0を記入して下さい（項4）	
※金融機関コード（項5）	
※支店コード（項6）	
フリガナ	カブシキガイシャ　サイトウショウテン
口座名義人	株式会社　斉藤商店
郵便局名称（漢字）略称を使用せず正式名称で○○郵便局まで記入して下さい（項7）	
区・市・郡（漢字）（項8）	

② 還付請求額（注意）各欄の金額の前に「¥」記号を付さないで下さい

労働保険料	金額	一般拠出金	金額
（ア）納付した概算保険料の額又は納付した確定保険料の額（項9）	207000円	（ク）納付した一般拠出金（項15）	213円
（イ）確定保険料の額又は改定確定保険料の額（項10）	176100円	（ケ）改定した一般拠出金（項16）	円
（ウ）差額（項11）	30900円	（コ）差額（項17）	円
（エ）労働保険料等・一般拠出金への充当額（詳細は以下③）		（サ）一般拠出金・労働保険料等への充当額（詳細は以下③）	
内訳（オ）労働保険料等に充当（項12）	0円	内訳（シ）一般拠出金に充当（項18）	円
内訳（カ）一般拠出金に充当（項13）	213円	内訳（ス）労働保険料等に充当（項19）	円
（キ）労働保険料還付請求額（ウ）－（オ）－（カ）（項14）	30687円	（セ）一般拠出金還付請求額（コ）－（シ）－（ス）（項20）	円

③ 労働保険料等への充当額内訳

充当先事業の労働保険番号	労働保険料等の種別	充当額
13108093989－000	年度、概算、確定、追徴金、延滞金、（一般拠出金）	213円
－	年度、概算、確定、追徴金、延滞金、一般拠出金	
－	年度、概算、確定、追徴金、延滞金、一般拠出金	
－	年度、概算、確定、追徴金、延滞金、一般拠出金	
－	年度、概算、確定、追徴金、延滞金、一般拠出金	

上記のとおり還付を請求します。

令和○年　7月　30日

事業主（郵便番号 169 － 0072）電話（03 － 3209 － 465×番）

住所　東京都新宿区大久保1-10-×

名称　株式会社　斉藤商店

氏名　代表取締役　斉藤 勇

（法人のときは、その名称及び代表者の氏名）

官署支出官厚生労働省労働基準局長　殿

労働局労働保険特別会計資金前渡官吏　殿

※修正項目（英数・カナ）

還付理由（1.年度更新 2.事業終了 3.その他（算調等））（項21）

還付金発生年度（元号：令和は9）元号－年（項22）　※徴定区分（項23）

※修正項目（漢字）

（この欄には記入しないで下さい）

歳入徴収官	部長	課室長	補佐	係長	係

社会保険労務士記載欄	作成年月日・提出代行者・事務代理者の表示	氏名	電話番号

〔注意〕
1. ①欄について、ゆうちょ銀行を指定した場合、「ゆうちょ銀行記号番号」を記入すること。また、ゆうちょ銀行以外を指定した場合、「種別」、「口座番号」を記入すること。
2. 還付金の種別欄及び③欄については、事項を選択する場合には該当事項を○で囲むこと。
3. 社会保険労務士記載欄は、この届書を社会保険労務士が作成した場合のみ記載すること。

(3.3)

13 雇用保険適用事業所廃止届（409頁）

提出先：所轄公共職業安定所長
提出期限：廃止の日の翌日から起算して10日以内
添付書類：在籍していた全被保険者の資格喪失届・雇用保険被保険者離職証明書と一緒に提出、雇用保険適用事業所台帳（返却）、事業所を廃止したことを証明できる書類（解散の登記簿謄本、労働保険確定保険料申告書提出済の控等）
提出する人：事業主
〔記載例のケース〕▷㈱斉藤商店は不況のためクリーニング業を廃止したので、被保険者全員の資格喪失届と一緒に廃止届を提出することとしました。

雇用保険適用事業所廃止届　標準字体 0123456789
（必ず第２面の注意事項を読んでから記載してください。）

帳票種別：14002
1.法人番号（個人事業の場合は記入不要です。）：198765××××××××
※2.本日の資格喪失・転出者数：　人
3.事業所番号：1308－765315－3
4.設置年月日：4－010301（3 昭和　4 平成　5 令和）元号 年 月 日
5.廃止年月日：5－○○0630（4 平成　5 令和）元号 年 月 日
6.廃止区分：1
7.統合先事業所の事業所番号：
8.統合先事業所の設置年月日：　（3 昭和　4 平成　5 令和）元号 年 月 日

（この用紙は、このまま機械で処理しますので、汚さないようにしてください。）

9.事業所		
	（フリガナ）	シンジュククオオクボ
	所在地	新宿区大久保 1-10-×
	（フリガナ）	カブシキガイシャ　サイトウショウテン
	名称	株式会社　斉藤商店

10.労働保険番号	府県	所掌	管轄	基幹番号	枝番号	11.廃止理由
	13		08	093989	000	不況により事業を廃止したもの

上記のとおり届けます。
令和 ○ 年 7 月 10 日
新宿　公共職業安定所長　殿
事業主
住所　新宿区大久保 1-10-×
名称　（株）斉藤商店
氏名　代表取締役　斉藤　勇
電話番号　(03)－(3209) 465×

※公共職業安定所記載欄	届書提出後、事業主が住所を変更する場合又は事業主に承継者等のある場合は、その者の住所・氏名	（フリガナ）名称	
		（フリガナ）住所	
		（フリガナ）代表者氏名	
		電話番号	郵便番号　－

備考

※所長	次長	課長	係長	係	操作者

労働保険事務組合記載欄
所在地
名称
代表者氏名

社会保険労務士記載欄	作成年月日・提出代行者・事務代理者の表示	氏名	電話番号

（この届出は、事業所を廃止した日の翌日から起算して10日以内に提出してください。）
2021. 9

6.欄の廃止区分は、事業の廃止の場合は1、その他は4としてください。4と記載した場合には、統合される事業所の設置年月日、雇用保険の事業所番号を確認します。
事業所統合による廃止の場合には、被保険者の転出・転入届は不要です。また被保険者全員の喪失届が提出済でないと廃止届は受け付けてもらえません。
令和2年12月25日より、申請書の押印が不要になりました。

14 健康保険 厚生年金保険 適用事業所全喪届（411頁）

提出先：所轄年金事務所または加入していた健康保険組合
提出期限：廃止したら速やかに
添付書類：全被保険者の資格喪失届、被保険者証（扶養者分を含む）、解散登記簿謄本等
提出する人：事業主
〔記載例のケース〕▷㈱斉藤商店は不況のためクリーニング業を○年6月30日に廃止したので、被保険者全員の資格喪失届と一緒に全喪届を提出することとしました。

☞ ①欄の全喪年月日は、事業を廃止した日の翌日を記入します。
④の全喪後の連絡先は、直前の事業主の自宅住所等、確実に連絡できる先にします。
事業再開見込年月日は、休業の場合に記入します。
なお、保険料の納付状況を確認します。

様式コード 2102

健康保険 厚生年金保険 適用事業所 全喪届

令和 ××年 7月 20日提出

受付印

提出者記入欄		
事業所整理記号	0000-サイタ	事業所番号 07696
事業所所在地	〒169-0072 東京都新宿区大久保1-10-×	
事業所名称	株式会社　斉藤商店	
事業主氏名	斉藤　勇	
電話番号	03（3209）465×	

社会保険労務士記載欄
氏名等

事業所情報記入欄		
① 全喪年月日		9. 令和 ××年 07月 01日
② 全喪の事由		(1.) 解散　2. 休業　3. 合併　7. その他　8. 一括適用
③ 全喪の事由（その他）※7. その他の場合に記入してください。		
④ 全喪後の連絡先	住所	〒146-0085 東京都大田区久が原1-3-×
	氏名	斉藤　勇
	電話番号	03-3755-369×
⑤ 事業再開見込年月日 ※2. 休業の場合に記入してください。		9. 令和　年　月　日
⑥ 備考		

── 第 8 章 ──

新しく会社を設立したとき

新規に事業を開始した場合に社会保険・労働保険がただちに適用されるわけではないことは、すでに説明してきたとおりです。

また、法人であれば従業員（労働者）の有無に関係なく常勤の役員がいれば社会保険は強制適用となりますが、労災保険では少なくとも１人以上の労働者を使用していなければ強制適用とはなりませんし、雇用保険では労働者を使用していても、一定の条件に該当しなければ被保険者になれませんから、手続も不要ということになってしまいます。

適用関係につきましては、第１章で詳しく説明しましたので、そこを参照しながら、本章では新規に会社を設立したとき、または新規に会社を社会保険や労働保険に加入するときの、具体的な手続について解説します。

なお、新規に会社を設立しますと、「労働者名簿、出勤簿、賃金台帳」は、法定三帳簿といって必ず作成しなければなりませんし、今後発生する手続事務のほとんどはこれら三帳簿なしにはできませんから、必ず用意してください。

※　2020年４月以降に開始される事業年度から、特定の法人（⇒45頁参照）が継続事業（一括有期事業を含む）を行い年度更新に関する申告書（概算保険料申告書、確定保険料申告書、一般拠出金申告書、増加概算保険料申告書）を提出する場合、健康保険・厚生年金保険の「被保険者資格取得届」、雇用保険の「被保険者資格取得届」については、必ず電子申請で行うことになりました。

1・労働保険の新規加入手続とは

1　労災保険の加入手続

労災保険は、労働者を１人でも使用している事業所は、一部の事業所（農林水産業等の任意適用事業）を除いて、強制的に加入しなければなりません（強制適用事業所といいます）。

また、この強制適用事業所に使用される労働者は、正社員、パートタイマー、アルバイト、日雇労働者等の雇用形態に関係なく労災保険の適用を受けることになりますから、労災保険の「保険関係成立届」の手続をとる必要があります。特に新規に事業所を開設した場合は、まず労災保険の保険関係成立の手続をとります。この後に雇用保険の加入手続、社会保険の加入手続というのが一般的な処理手順となります。

(1)　継続事業の保険関係成立の手続(一般の継続事業の場合)

手続に必要な書式

- ①労働保険保険関係成立届 ……………………………… (記載例448頁)
- ②労働保険概算・増加概算・確定保険料申告書(様式第６号(甲))
  ………………………………………………………………… (記載例449頁)

記載に必要な情報を集める

◇登記事項証明書

◇登記事項証明書から事業の概要を確認し、労災保険率表より、事業の種類を決定します(「事業の種類」は、「労災保険率適用事業細目表」として厚生労働大臣が告示しています。この適用事業の細目に従って「事業の種類」が決まり、労災保険率も決まります)

◇事業を開始した時から最初の３月31日までに支払う予定の賃金の概算額を算出します

◇一括有期事業の場合は、事業を開始した時から最初の３月31日までに終了予定の有期事業の見込請負金額の総合計を算出します

「労働保険保険関係成立届」を、原則として保険関係が成立した日の翌日から起算して10日以内に、所轄労働基準監督署長に届け出ます。

この用紙は、３枚複写になっていて、このうちの１枚にその事業所の労働保険番号を付して返却してくれます。雇用保険の「適用事業所設置届」を提出する場合は、この控が必要です。

なお、この保険関係成立届は、一括有期事業(建設の事業等一定以下の規模の事業の場合)を開始したときの届出にも使用します。この「保険関係成立届」を提出するときには、事業所の所在地等を確認するものとして、登記事項証明書の添付を求められることもあります(最近は、法人であれば、「国税庁法人番号公表サイト」から印字したものを添付することでさしつかえないようです)。

また、**「労働保険保険関係成立届」**のほかに**「労働保険概算・増加概算・確**

定保険料申告書（様式第６号（甲））」を、提出します。この申告書は、保険関係が成立した日から、保険年度の末日（３月31日）までの全従業員の賃金の見込総額を算出して、その金額（1,000円未満切り捨て）に、その事業に係る労災保険率および雇用保険率を乗じて、労働保険の概算保険料を算出します。

そして、保険関係の成立した日の翌日から起算して50日以内に申告・納付します。この申告・納付は、最寄りの金融機関からもできますが、最初の届出でもありますから、所轄労働基準監督署にて概算保険料額等のチェックを受け、申告してから最寄りの金融機関で納付することをお勧めします。

なお、労働者を雇用し労災保険の強制適用になっているにもかかわらず、加入の手続をしていないため、行政機関から指導等を受け、それでも手続をせず、業務災害や通勤災害が発生した場合は、「故意」に手続をしなかったものとみなされて、その災害に関して給付された額の100％の費用を徴収されます。

また、行政機関から指導はされていなかった場合でも、強制適用になったときから１年経過してもなお手続を行わない期間中に業務災害や通勤災害が発生した場合は、「重大な過失」により手続を行わなかったものとみなされ、その災害に関して給付された額の40％の費用を徴収されます。

(2)　単独有期事業の保険関係成立の手続

手続に必要な書式

- ①労働保険保険関係成立届 ……………………………（記載例378頁）
- ②労働保険概算・増加概算・確定保険料申告書（様式第６号（乙））……………………………………………………………（記載例380頁）

記載に必要な情報を集める

◇工事の請負契約書
◇請負代金に加除するものがあるかどうかの確認
◇労務費率の確認または工事期間に支払う賃金の見込総額の確認
◇工事現場を管轄する労働基準監督署の確認

基本的には、継続事業の保険関係成立の手続と同じですが、記入にあたって次の事項が違いますから注意してください。

なお、「保険関係成立届」は、その工事が行われる所在地を管轄する労働基準監督署長に届け出ます。事業所の管轄の労働基準監督署長ではありませんので注意してください。

この「保険関係成立届」には次の事項等を記入します。

① 保険関係成立年月日および事業の終了予定年月日
② 事業主の所在地、名称
③ 事業の所在地、名称、概要、種類、発注者

また、「労働保険概算・増加概算・確定保険料申告書（様式第６号（乙））」は、建設の事業等の「単独有期事業」の労災保険の保険料申告のときに使用するものです。一括有期事業の場合の申告用紙とは異なりますので、注意してください。

雇用保険の保険料申告書は、別に作成しなければなりません。その作成方法は、継続事業の概算（確定）保険料申告書と同様です。提出先は所轄公共職業安定所ではなく都道府県労働局です。間違えないよう提出してください。

労災保険料申告書の作成にあたっては、まず賃金総額の算出方法を確認することです。原則は、工事期間中に支払うであろう賃金の見込総額を用いて、労災保険料を算出します。しかし、賃金総額が正確に把握できない場合は、請負金額に労務費率を乗じて賃金の見込額とみなしてよいことになっています。この場合には、その事業に適用される労務費率を確認しなければなりません。

2　雇用保険の加入手続

雇用保険においても原則として、労働者を１人でも雇用していればその事業所は、事業主や労働者の意思に関係なく強制的に加入する必要があります。

しかし、雇用形態によって適用が除外されたり、労働時間が短いため、被保険者になれない場合もあります。取締役の場合は、原則適用されませんが、一定の条件によっては雇用保険の被保険者になる場合もあります。

したがって、労働者を使用してもただちに雇用保険の適用事業所になるわ

けではありませんが、雇用保険への加入が義務づけられている労働者を採用すれば次の手続が必要になります。

なお、被保険者の範囲については、第１章38頁の雇用保険のところを参照してください。

手続に必要な書式

● ①雇用保険適用事業所設置届 ……………………………（記載例451頁）

記載に必要な情報を集める

◇登記事項証明書
◇労働基準監督署へ保険関係成立届を提出したとき交付された事業主控（労働保険番号が記入されている控）
◇事業所の所在地を示す地図
◇雇用保険に加入予定者の情報「氏名（フリガナ）・住所・性別・生年月日・雇用保険被保険者証の有無等」（１週間の労働時間が20時間以上であり、31日以上雇用見込みのある者がいるか否かの確認）
◇営業活動状況の実態を確認するものとして給与支払事務所等の開設届出書の控等

「設置届」は次のような場合に提出します。

① 新規に事業所を設置し、同時に雇用保険に加入義務のある労働者を採用したとき
② 従業員の数が増加し任意適用事業所が強制適用事業所になったとき
③ 任意適用事業所の従業員の２分の１以上が加入を希望したとき

「設置届」は、強制適用の場合、条件に該当した日の翌日から起算して10日以内に所轄公共職業安定所長に提出します。

また、事業所の労働保険番号が付されて労働基準監督署から返却された「労働保険保険関係成立届」㈹のコピーを添付します。そして、「設置届」は、次の「雇用保険被保険者資格取得届」と必ずセットでの提出になります。

なお、二元適用事業所（建設の事業等の有期事業等）の雇用保険に関する届出の場合は、労災保険の「保険関係成立届」とは別に新たに「労働保険保険関係成立届」を作成し、併せてこの「雇用保険適用事業所設置届」と雇用保険概算保険料申告書を提出します。雇用保険の「保険関係成立届」の提出先は、所轄公共職業安定所長ですが、概算保険料申告書の提出先は所轄都道府県労働局長になります。さらに概算保険料も納付します。

● ②雇用保険被保険者資格取得届 ……………………… （記載例92頁）

記載に必要な情報を集める

◇労働者の採用年月日
◇労働者の氏名（フリガナ）・住所・性別・生年月日
◇雇用保険被保険者証（前職のある人）の有無
◇雇用形態（正社員・パートタイム・季節的雇用者）の確認
◇職種（事務職・営業職・管理職・技術職等）の確認
◇雇用契約期間の有無・契約更新の有無
◇賃金額（月給・時間給・通勤手当・見込残業手当を含む）
◇１週間の所定労働時間が20時間以上の場合は31日以上雇用見込みが確認できる「雇用契約書」
◇兼務役員の場合は、兼務役員であることが確認できる資料（職安で必要書類を確認すること）

雇用保険適用事業所設置届を提出するということは、少なくとも雇用保険に加入義務のある労働者を１人は採用していることになります。

新しく会社を設立したことによる「設置届」は、この「雇用保険被保険者資格取得届」と必ずセットの届出となります。

この「資格取得届」を提出するには、新規に採用した労働者（またはすでに雇用している労働者）の雇用保険の被保険者としての種類、つまり「一般被保険者（高年齢被保険者含む）としての取得」か、「季節的事業に雇用された短期雇用特例被保険者としての取得」かの判断をします。なぜならば、短期雇用特例被保険者の資格取得ならば、被保険者資格の取得条件が異なるからです。どの場合でも、「資格取得届」の用紙は同じです。

なお、前職があり、雇用保険に加入したことのある労働者を採用したときの届出には、被保険者番号の確認が必要なので、雇用保険被保険者証を提示してもらいます。紛失したときは、雇用保険被保険者証再交付申請書の提出が必要な場合もあります。これらについては第２章の76頁を参照してください。

2・社会保険の新規加入手続とは

1　全国健康保険協会管掌健康保険への新規加入手続

新規に会社（株式会社等）を設立したときは、従業員がいなくても、社会保険の新規加入の手続が必要です。

社会保険では、「法人に使用される者」がいる場合は適用除外者を除いて加入が義務づけられているからです。したがって、法人であれば社長１人でも強制加入として、加入義務があります。

手続に必要な書式

● 健康保険・厚生年金保険新規適用届 …………………（記載例453頁）

記載に必要な情報を集める

（◆印は、雇用保険で集めた情報）

◆登記簿謄本（個人事業所は事業主の住民票謄本）
借りビルの場合は、不動産賃貸借契約書の写し

◆事業主が法人の場合は、法人番号指定通知書のコピー（コピーが用意できない場合は、「国税庁法人番号公表サイトで確認した法人情報（事業所名称、法人番号、所在地が掲載されている画面を印刷したもの）でも差し支えありません

◆使用する全従業員に関する情報「労働者の氏名（フリガナ）・住所・生年月日・性別・賃金月額」

◇使用する全従業員の被扶養者に関する情報「氏名（フリガナ）・住所（同居か別居か）・性別・生年月日・続柄・収入の有無」

◇保険料口座振替依頼書に金融機関の確認印を受けます

◇全従業員から年金手帳の提出を受け、基礎年金番号を確認するか、または個人番号を確認します

◇賃金台帳

◇出勤簿

◇源泉税領収書のコピー（6カ月分くらい）

◇営業活動状況の実態を確認するものとして給与支払事務所等の開設届出書の控等

※　まだ一度も給与を支給したことがない場合は、雇入通知書などの勤務時間や給与額などを確認しましょう。

「新規適用届」の様式は、表にも裏にも必要事項を記載するようになっています。

記入すべき内容のうち、表の⑥「事業の種類」記載欄は、事業内容がはっきりわかるように具体的に記入します。

事業所所在地については、実際に事業を行っている場所を記載します。登記簿上の所在地（個人事業の場合は住民票上の住所）とは限りません。その場合には、所在地を確認できる書類の添付が必要です（例：賃貸借契約書のコピー）。

事業主代理人を選任する場合には、④「事業主代理人氏名欄」、⑤欄に代理人の住所を必ず記載します。適用後に代理人を解任、交代した場合には、「健康保険・厚生年金保険事業所関係変更（訂正）届」にて届出をします。

㉔欄は、被保険者に該当するか否かの判断材料になります。社会保険に加入する従業員数、加入しない従業員の勤務形態、事業所の所定労働時間との関係に問題が生じないよう、注意して記入しましょう。

また、出勤簿・労働者名簿・賃金台帳は調査対象にもなりますので、必ず作成しておきましょう。賃金台帳は源泉徴収簿ではなく基本給、諸手当、残業手当等項目ごとに記載されたものを作成することが必要です。

なお、添付書類として、法人の場合は法人番号が確認できる通知書等のコピーと、登記簿謄本（提出日から遡って90日以内に発行されたもの）が必要です。

個人事業主の場合は、住民票（世帯全員記載のもので提出日から遡って90日以内に発行されたもの）が必要です。

「新規適用届」とセットで届出するもの

● ①健康保険・厚生年金保険被保険者資格取得届／厚生年金保険70歳以上被用者該当届（全加入者分を作成） …………（記載例107頁）

基本的には社員を採用した場合の手続と同じです。年金手帳は、基礎年金番号を確認できれば持参する必要はありませんが、番号が重複していないか、漢字やフリガナを間違えていないか等、手にとって確認しましょう。年金手帳を２冊以上持っていたとき等の処理方法については、第２章83頁を参照してください。

なお、全従業員の賃金額（月給・日給・時間給、通勤手当の額、残業手当の見込額等）から、報酬月額を申告します。

その後の実支給額と大きな差異が生じますと、資格取得時の標準報酬月額の訂正届の提出を求められる場合がありますので、特に残業手当の見込額については、類似従業員の実態等から判断し、大きな誤差が出ないようにします。

● ②健康保険被扶養者（異動）届／国民年金第３号被保険者関係届（被扶養者がいる場合）………………………………（記載例111頁）

健康保険の被扶養者になれる人には収入の額や親族の範囲等一定の要件が必要です。これらの要件については、第２章の85頁を参照してください。

要件に該当して手続する場合には、次の資料を添付する必要があります。

- ・高校生以上の学生の場合には、在学証明書など
- ・収入がない場合は、非課税証明書
- ・収入がある場合は、課税証明書。収入額によって被扶養者になれないときもあります
- ・年金収入のある両親等を被扶養者にするときには、年金（老齢・障害・遺族すべて）の支払通知書等の年金受給額がわかるもの
- ・所得税法上の規定による控除対象配偶者または扶養親族となっている場合は、事業主がその旨を確認することにより添付書類は不要です
- ・他の事業所を退職した人の場合は、退職証明書または雇用保険被保険者離職票のコピー。失業給付の受給者または終了者の場合は、雇用保

険受給資格者証のコピー

・同居要件が必要な被扶養者は、住民票謄本（記載事項全部証明）

なお、被扶養者として認定されるには、原則として、日本国内に居住していることが必要です。

・個人番号が記載されていると、続柄確認のための添付書類は不要です。

● ③健康保険・厚生年金保険保険料口座振替納付(変更)申出書（3枚複写）
……………………………………………………………（記載例455頁）

事前に年金事務所より用紙をもらっておき、今後の健康保険料・厚生年金保険料の引き落としを行う金融機関に行って、その預金口座が確かに開設されているという「確認印」を受領しておきます。この依頼書は、他の書類と一緒に提出しますので、なるべく早めに手配しておきます。交付を受けてから3カ月以内のもの（必ず原本）を用意してください。

調査がある場合に用意する主なもの

・法人登記簿謄本（個人経営は事業主の住民票謄本）
・労働者名簿
・賃金台帳
・出勤簿
・源泉徴収の領収書

（ここに記入されている人数と、社会保険に加入手続をした人数をチェックします。アルバイト、パートタイマー等の加入漏れのないよう注意します。
納付実績のない場合は、給与支払事務所等の開設届出書、法人税の事業所開設届や特納届（10人未満の事業所が届け出れば、本来なら毎月納付すべき源泉税を年2回のみの納付とすることが認められます）のコピー等を用意します。）

・従業員10人以上の場合は、就業規則
・借り事務所の場合は、不動産賃貸借契約書

2　組合管掌健康保険組合への新規加入手続

健康保険組合への加入は、その健康保険組合の規約によって決められています。健康保険組合の設立が同業者だけなのか、一定地域の異業種が集まって設立されたのか等で、加入基準に違いがあります。

新規に設立したばかりの健康保険組合の場合は、比較的楽に加入が可能ですが、一般的にいって加入にはかなり時間を要します。多くの健康保険組合は、全国健康保険協会管掌健康保険への、少なくとも１～２年の加入実績を求めることが多いからです。

これは何を意味するかといえば、健康保険料の納入実績（延滞や遅滞の有無）がまず加入（実際には編入）の条件になっているからです。その他に、租税公課の納入実績やその事業所の営業実績等も編入を認めるかどうかの判断材料になっているようです。

健康保険組合への加入が難しいのは、協会管掌健康保険と比べて保険料の負担割合や保険給付の内容がかなり有利な条件になっていて、この有利な条件が加入すれば即実施されますから、それ相当の事業所でなければ、既に加入している多くの事業所に迷惑をかけてしまうとの判断があるものと考えられます。

実際の編入のための手続は、各健康保険組合によって様々です。しかし、基本的には協会管掌健康保険への加入手続に準じていますから、その手続を理解した上で、加入を希望する健康保険組合に必要な書類等を確認してください。

3　任意適用事業所の新規加入（脱退）手続

(1)　加入する場合

社会保険（健保・厚年）は、基本的には対象となる被保険者を使用すれば強制加入になりますが、一部の事業所は任意適用になります。任意適用になる事業は、個人経営の事業所で、使用される人（被保険者になる人）が５人未満の事業所と、個人経営で事業そのものが任意適用事業である事業所です。

任意適用の対象になる事業所をまとめると、次の表のようになります。

任意適用事業所については、使用される人（被保険者になるべき人）の２分の１以上が同意し、事業主が加入を申請し、厚生労働大臣が認可すれば加入することができます。

個人経営の事業所		使用される人の数	
		５未満	５以上
強制適用事業	(例) 製造、土木・建築、鉱業、電気業、運送業、貨物荷役業、焼却・清掃業、商業、金融保険業、媒介周旋業、集金・案内・広告業、医療、教育・研究・調査業、通信・報道事業、社会福祉・更生保護事業等、法務（弁護士、税理士、社会保険労務士、会計士等）	任意適用	強制適用
任意適用事業	(例)第一次産業（農業・水産業・漁業等)、サービス業（ホテル、旅館、理・美容等)、宗教（神社、寺院、教会等)	任意適用	任意適用
法人		強制加入（事業、人数問わず）	

手続に必要な書式

- ①健康保険・厚生年金保険任意適用申請書 …………（記載例456頁）
- ②健康保険・厚生年金保険任意適用申請同意書 ……（記載例457頁）
- ③健康保険・厚生年金保険被保険者資格取得届／厚生年金保険70歳以上被用者該当届 ………………………………（記載例107頁）

手続としては、「任意適用申請書」に「健康保険・厚生年金保険任意適用申請同意書」を添付して、日本年金機構または健康保険組合に事業主が申請をし、適用の認可を受けます。その他の添付書類は、事業主世帯全員が記載されている住民票、公租公課（所得税、事業税、市町村民税、国民年金保険料、国民健康保険料等）の領収書（原則として過去１年分、コピー可能）です。

任意適用の場合には、健康保険のみまたは厚生年金保険のどちらか一方のみの加入も可能です。

任意適用では、加入に同意しなかった人も含めて全員が加入することになります。加入に同意しなかった人は加入しないということはできません。

また、社会保険は被用者保険ですから、雇用者である個人事業主は加入できません。

手続に必要な情報を集める

◆従業員の加入についての同意
（被保険者となるべき人の２分の１以上の同意）
◆従業員の氏名（フリガナ）、住所、性別、生年月日、被扶養者の有無
◆従業員の給与額（月給、日給、時間給、残業手当見込額、通勤手当等
◆基礎年金番号または個人番号
（◆従業員の加入についての同意以外は、基本的には被保険者資格取得手続のときの情報）

(2) 脱退する場合

任意適用の場合は、強制適用の場合とは異なり、脱退することができます。脱退するときは、被保険者の４分の３以上の同意と厚生労働大臣の認可が必要です。

手続に必要な書式

- ①健康保険・厚生年金保険任意適用取消申請書 ……（記載例458頁）
- ②健康保険・厚生年金保険任意適用取消申請同意書 …（記載例459頁）
- ③健康保険・厚生年金保険被保険者資格喪失届／厚生年金保険70歳以上被用者不該当届 ……………………………（記載例136頁）

手続としては、「任意適用取消申請書」に「健康保険・厚生年金保険任意適用取消申請同意書」を添付して、日本年金機構または健康保険組合に事業主が提出して適用取消しの認可を受けます。健康保険のみ、または厚生年金保険のどちらか一方のみの脱退も可能です。脱退に同意しなかった人も含めて全員が脱退することになります。

任意脱退により被保険者資格を喪失した後に、引き続いて健康保険の任意

継続被保険者になることはできません。

手続に必要な情報を集める

◆従業員の脱退についての同意（被保険者の４分の３以上の同意）

◆被保険者資格喪失手続のときの情報

1 労働保険 保険関係成立届（435頁）

提 出 先：所轄労働基準監督署長
提出期限：保険関係が成立した日（原則として事業を開始した日）の翌日から起算して10日以内
添付書類：会社の登記事項証明書（不要の場合もある）（個人事業主の場合は住民票）
提出する人：事業主
〔記載例のケース〕▷㈱新宿商会は令和○年10月1日に従業員5人で雑貨商を開業しましたので、保険関係成立届を提出することになりました。

様式第1号（第4条、第64条、附則第2条関係）（1）（表面）

提出用

労働保険
0：保険関係成立届（継続）（事務処理委託届）
1：保険関係成立届（有期）
2：任意加入申請書（事務処理委託届）

㉛種別 31600

○○年10月10日

新宿 労働局長 / 労働基準監督署長 / 公共職業安定所長 殿

下記のとおり（イ）届けます。（31600又は31601のとき）
（ロ）労災保険（ハ）雇用保険 の加入を申請します。（31602のとき）

※労働保険番号（都道府県・所掌・管轄(1)・基幹番号・枝番号）

①事業主 住所又は所在地	
①事業主 氏名又は名称	
②事業 所在地	〒160-0022 新宿区新宿本町1-2-× 電話番号 03-3266-444×
②事業 名称	株式会社 新宿商会
③事業の概要	雑貨商
④事業の種類	小売業
⑤加入済の労働保険	(イ)労災保険 (ロ)雇用保険
⑥保険関係成立年月日	（労災）○○年10月1日 （雇用）○○年10月1日
⑦雇用保険被保険者数	一般・短期 4人 日雇 0人
⑧賃金総額の見込額	30,000千円
⑨委託事務組合 所在地・名称・代表者氏名	
⑩委託事務内容	
⑪事業開始年月日	年 月 日
⑫事業廃止等年月日	年 月 日
⑬建設の事業の請負金額	円
⑭立木の伐採の事業の素材見込生産量	立方メートル
⑮発注者 住所又は所在地・氏名又は名称	

⑰住所（カナ）
郵便番号 160-0022　住所 市・区・郡名 シンジュクク
住所（つづき）町村名 シンジュクホンチョウ
住所（つづき）丁目・番地 1-2-×
住所（つづき）ビル・マンション名等

⑱住所（漢字）
住所 市・区・郡名 新宿区
住所（つづき）町村名 新宿本町
住所（つづき）丁目・番地 1-2-×
住所（つづき）ビル・マンション名等

⑲名称・氏名（カナ）
カブシキガイシャ
シンジュクショウカイ
電話番号 03-3266-444×

⑳名称・氏名（漢字）
株式会社
新宿商会

㉑保険関係成立年月日（31600又は31601のとき）※任意加入認可年月日（31602のとき）（元号：令和は9） 9-○○-10-01
㉒事務処理委託年月日（31600又は31602のとき）事業終了予定年月日（31601のとき）（元号：令和は9）
㉓常時使用労働者数 5人
※保険関係等区分（31600又は31602のとき）
㉔雇用保険被保険者数（31600又は31602のとき） 4
※片保険理由コード（31600のとき） 0
㉕加入済労働保険番号（31600又は31602のとき）
㉖適用済労働保険番号1
㉗適用済労働保険番号2
※雇用保険の事業所番号（31600又は31602のとき）
※府県区分　※特掲コード　※管轄(2)　※業種　※産業分類　※データ指示コード　※再入力区分
※修正項目（英数・カナ）
※修正項目（漢字）

事業主氏名（法人のときはその名称及び代表者の氏名）
（株）新宿商会
代表取締役
新宿 一郎

※受付年月日（元号：令和は9）
㉘法人番号 876543××××××××

(3.3)

☞ 所在地等確認のため会社の登記事項証明書を持参します（写しでもよい）。
☞ この成立届は、一括有期事業（建設の事業では概算保険料の額が160万円未満で、かつ、請負金額が1億9,000万円未満のみの事業）の開始時にも提出します。
☞ 令和2年12月25日より、申請書の押印が不要になりました。

2 労働保険 概算・増加概算・確定 保険料申告書（様式第6号（甲））（435頁）

提出先：所轄労働基準監督署長を経由して都道府県労働局労働保険特別会計歳入徴収官
提出期限：保険関係の成立した日の翌日から起算して50日以内
添付書類：特になし
提出する人：事業主
〔記載例のケース〕▷㈱新宿商会は令和○年10月１日に従業員５人で雑貨商を開業したので、労働保険の概算保険料を申告・納付することになりました。

☞　概算保険料額が40万円（労災保険関係または雇用保険関係のみが成立している場合は20万円）以上で、かつ、９月30日までに保険関係が成立している場合は、延納ができます。４月１日から５月31日までに成立した場合は３回に、６月１日から９月30日までに成立した場合は２回に延納できます。
　記入不要箇所は斜線を引かずに空欄のままにします。
　なお、領収済通知書は訂正できませんので、書き損じた場合には新規に領収済通知書を作成します。
☞　令和２年12月25日より、申請書の押印が不要になりました。

様式第6号（第24条、第25条、第33条関係）（甲）（1）

労働保険 概算・増加概算・確定保険料 申告書
石綿健康被害救済法 一般拠出金

継続事業（一括有期事業を含む。）

標準字体 0 1 2 3 4 5 6 7 8 9

第3片「記入に当たっての注意事項」をよく読んでから記入して下さい。OCR枠への記入は上記の「標準字体」でお願いします。

提出用

下記のとおり申告します。

種別 32700　※修正項目番号　※入力徴定コード

○ 年 10月 10日

あて先 〒102-8307
千代田区九段南1－2－1
九段第3合同庁舎12階
東京労働局
労働保険特別会計歳入徴収官殿

①労働保険番号：都道府県 13　所掌 1　管轄 08　基幹番号 938181　枝番号 000

※各種区分：管轄(2)　保険関係等　業種　産業分類

②増加年月日（元号：令和は9）　③事業廃止等年月日（元号：令和は9）　※事業廃止等理由

④常時使用労働者数 5　⑤雇用保険被保険者数 5　※保険関係　※片保険理由コード

（なるべく折り曲げないようにし、やむをえない場合には折り曲げマーク（▶）の所で折り曲げて下さい。）

確定保険料算定内訳 ⑦区分	⑧保険料・一般拠出金算定基礎額	⑨保険料・一般拠出金率	⑩確定保険料・一般拠出金額（⑧×⑨）
算定期間	年 月 日から		年 月 日まで
労働保険料	(イ) 千円	(イ) 1000分の	(イ) 円
労災保険分	(ロ) 千円	(ロ) 1000分の	(ロ) 円
雇用保険分	(ホ) 千円	(ホ) 1000分の	(ホ) 円
一般拠出金（注1）	(ヘ) 千円	(ヘ) 1000分の	(ヘ) 円

概算・増加概算保険料算定内訳 ⑪区分	⑫保険料算定基礎額の見込額	⑬保険料率	⑭概算・増加概算保険料額（⑫×⑬）
算定期間	○年10月1日から		△年3月31日まで
労働保険料	(イ) 15000 千円	(イ) 1000分の 18.5	(イ) 277500 円
労災保険分	(ロ) 千円	(ロ) 1000分の	(ロ) 円
雇用保険分	(ホ) 千円	(ホ) 1000分の	(ホ) 円

（注1）石綿による健康被害の救済に関する法律第35条第1項に基づき、労災保険適用事業主から徴収する一般拠出金
（注2）一般拠出金は延納できません

⑮事業主の郵便番号（変更のある場合記入）　⑯事業主の電話番号（変更のある場合記入）　⑰延納の申請 納付回数

※検算有無区分　※算調対象区分　※データ指示コード　※再入力区分　※修正項目

⑧⑩⑫⑭⑳の（ロ）欄の金額の前に「￥」記号を付さないで下さい。

⑱申告済概算保険料額	円	⑲申告済概算保険料額	円
⑳差引額 (イ)充当額（⑱－⑩の(イ)） 円 / (ハ)不足額（⑩の(イ)－⑱） 円 / (ロ)還付額（⑱－⑩の(イ)） 円	⑳充当意思 1:労働保険料のみに充当 2:一般拠出金のみに充当 3:労働保険料及び一般拠出金に充当	㉑増加概算保険料額（⑭の(イ)－⑲）	円

㉛法人番号 8765432190×××

㉒期別納付額							
第1期（初期）	(イ)概算保険料額（⑭の(イ)÷㉓＋次期以降の円未満端数） 277,500円	(ロ)労働保険料充当額（⑳の(イ)（労働保険料分のみ）） 円	(ハ)不足額（⑳の(ハ)） 円	(ニ)今期労働保険料（(イ)－(ロ)又は(イ)＋(ハ)） 円	(ホ)一般拠出金充当額（⑳の(イ)（一般拠出金分のみ）） 円	(ヘ)一般拠出金額（⑩の(ヘ)－⑳の(ホ)）（注2） 円	(ト)今期納付額（(ニ)＋(ヘ)） 277,500円
第2期	(チ)概算保険料額（⑭の(イ)÷㉓） 円	(リ)労働保険料充当額（⑳の(イ)－⑳の(ロ)） 円	(ヌ)第2期納付額（(チ)－(リ)） 円				
第3期	(ル)概算保険料額（⑭の(イ)÷㉓） 円	(ヲ)労働保険料充当額（⑳の(イ)－⑳の(ロ)－⑳の(リ)） 円	(ワ)第3期納付額（(ル)－(ヲ)） 円				

㉕事業又は作業の種類：雑貨商（小売業）

㉓保険関係成立年月日：○年10月1日

㉔事業廃止等理由：(1)廃止 (2)委託 (3)個別 (4)労働者なし (5)その他

㉖加入している労働保険：(イ)労災保険 (ロ)雇用保険　㉗特掲事業：(イ)該当する (ロ)該当しない

㉘事業
(イ)所在地 東京都新宿区新宿本町1−2−×
(ロ)名称 株式会社　新宿商会

㉙事業主
郵便番号 160－0022　電話番号（03）3266－567×
(イ)住所（法人のときは主たる事務所の所在地） 東京都新宿区新宿本町1−2−×
(ロ)名称 株式会社　新宿商会
(ハ)氏名（法人のときは代表者の氏名） 代表取締役 新宿一郎

社会保険労務士記載欄	作成年月日・提出代行者・事務代理者の表示	氏名	電話番号

3 雇用保険適用事業所設置届（438頁）

提 出 先：所轄公共職業安定所長
提出期限：事業所を設置した日の翌日から起算して10日以内
添付書類：「労働保険保険関係成立届」の事業主控、会社の登記事項証明書、雇用保険被保険者資格取得届等
提出する人：事業主
〔記載例のケース〕▷㈱市ヶ谷商会は、従業員５人で令和○年１月１日に文房具と書籍の販売業を開始したので、雇用保険への加入手続をとることになりました。

✎ 8.欄には「労働保険保険関係成立届」を提出した際に付された労働保険番号を記入します。裏面には、会社所在地の地図の記載が必要です。
また、任意適用事業所が加入手続をとる場合には、被保険者となる人の2分の1以上の同意書の添付が必要となります。
✎ 令和2年12月25日より、申請書の押印が不要になりました（登録印はこれまで通り必要です）。

雇用保険適用事業所設置届（必ず第２面の注意事項を読んでから記載してください。）

※ 事業所番号

帳票種別 12001
1.法人番号（個人事業の場合は記入不要です。） 123456678912×

下記のとおり届けます。
公共職業安定所長 殿
令和○年 1月 5日

2.事業所の名称（カタカナ） カフ゛シキカ゛イシャ
事業所の名称〔続き（カタカナ）〕 イチカ゛ヤショウカイ
3.事業所の名称（漢字） 株式会社
事業所の名称〔続き（漢字）〕 市ヶ谷商会
4.郵便番号 162－0843
5.事業所の所在地（漢字）※市・区・郡及び町村名 新宿区市ヶ谷田町
事業所の所在地（漢字）※丁目・番地 2－7－×
事業所の所在地（漢字）※ビル、マンション名等
6.事業所の電話番号（項目ごとにそれぞれ左詰めで記入してください。） 03－3266－035×（市外局番・市内局番・番号）
7.設置年月日 5－○○0101（3 昭和 4 平成 5 令和）（元号・年・月・日）
8.労働保険番号 13108654321○○○（府県・所掌・管轄・基幹番号・枝番号）

※公共職業安定所記載欄	9.設置区分（1 当然 2 任意）	10.事業所区分（1 個別 2 委託）	11.産業分類	12.台帳保存区分（1 日雇被保険者のみの事業所 2 船舶所有者）

項目	内容	項目		内容
13.事業主 住所（法人のときは主たる事務所の所在地）（フリガナ）	シンジュククイチガヤタマチ 新宿区市ヶ谷田町2-7-×	17.常時使用労働者数		5人
名称（フリガナ）	カブシキガイシャ　イチガヤショウカイ 株式会社　市ヶ谷商会	18.雇用保険被保険者数	一般	4人
			日雇	0人
氏名（法人のときは代表者の氏名）（フリガナ）	ダイヒョウトリシマリヤク カワカミタケシ 代表取締役　川上　武	19.賃金支払関係	賃金締切日	20日
			賃金支払日	㊟・翌月25日
14.事業の概要（漁業の場合は漁船の総トン数を記入すること）	文房具及び書籍販売	20.雇用保険担当課名		課 係
15.事業の開始年月日	令和○年 1月 1日	※事業の 16.廃止年月日		令和 年 月 日
		21.社会保険加入状況		健康保険・厚生年金保険・労災保険

備考	※所長	次長	課長	係長	係	操作者

（この届出は、事業所を設置した日の翌日から起算して10日以内に提出してください。）
2021. 9

（この用紙は、このまま機械で処理しますので、汚さないようにしてください。）

注　意

1　□□□□で表示された枠（以下「記入枠」という。）に記入する文字は、光学式文字読取装置（ＯＣＲ）で直接読取を行いますので、この用紙を汚したり、必要以上に折り曲げたりしないでください。

2　記載すべき事項のない欄又は記入枠は空欄のままとし、※印のついた欄又は記入枠には記載しないでください。

3　記入枠の部分は、枠からはみ出さないように大きめの文字によって明瞭に記載してください。

4　1欄には、平成27年10月以降、国税庁長官から本社等へ通知された法人番号を記載してください。

5　2欄には、数字は使用せず、カタカナ及び「-」のみで記載してください。
カタカナの濁点及び半濁点は、１文字として取り扱い（例：ガ→カ゛、パ→ハ゜）、また、「ヰ」及び「ヱ」は使用せず、それぞれ「イ」及び「エ」を使用してください。

6　3欄及び5欄には、漢字、カタカナ、平仮名及び英数字（英字については大文字体とする。）により明瞭に記載してください。

7　5欄１行目には、都道府県名は記載せず、特別区名、市名又は郡名とそれに続く町村名を左詰めで記載してください。
5欄２行目には、丁目及び番地のみを左詰めで記載してください。
また、所在地にビル名又はマンション名等が入る場合は5欄３行目に左詰めで記載してください。

8　6欄には、事業所の電話番号を記載してください。この場合、項目ごとにそれぞれ左詰めで、市内局番及び番号は「-」に続く５つの枠内にそれぞれ左詰めで記載してください。（例：03-3456-XXXX→ 03□□□-3456□-XXXX□ ）

9　7欄には、雇用保険の適用事業所となるに至った年月日を記載してください。この場合、元号をコード番号で記載した上で、年、月又は日が１桁の場合は、それぞれ10の位の部分に「0」を付加して２桁で記載してください。
（例：平成14年４月１日→ 4-140401 ）

10　14欄には、製品名及び製造工程又は建設の事業及び林業等の事業内容を具体的に記載してください。

11　18欄の「一般」には、雇用保険被保険者のうち、一般被保険者数、高年齢被保険者数及び短期雇用特例被保険者数の合計数を記載し、「日雇」には、日雇労働被保険者数を記載してください。

12　21欄は、該当事項を○で囲んでください。

13　22欄は、事業所印と事業主印又は代理人印を押印してください。

14　23欄は、最寄りの駅又はバス停から事業所への道順略図を記載してください。

お願い

1　事業所を設置した日の翌日から起算して10日以内に提出してください。

2　営業許可証、登記事項証明書その他記載内容を確認することができる書類を持参してください。

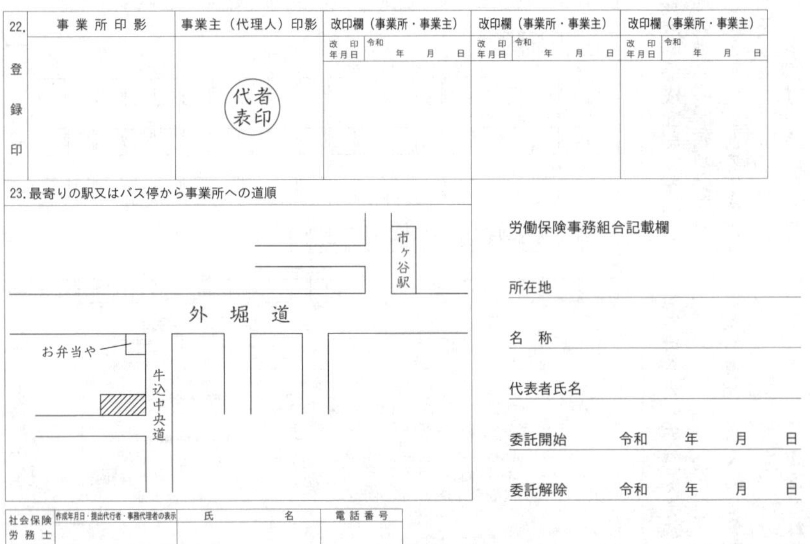

社会保険労務士記載欄	作成年月日・提出代行者・事務代理者の表示	氏名	電話番号

※　本手続は電子申請による届出も可能です。詳しくは管轄の公共職業安定所までお問い合わせください。
なお、本手続について、社会保険労務士が電子申請により本届書の提出に関する手続を事業主に代わって行う場合には、当該社会保険労務士が当該事業主の提出代行者であることを証明することができるものを本届書の提出と併せて送信することをもって、当該事業主の電子署名に代えることができます。

4 健康保険 厚生年金保険 新規適用届（440頁）

提出先：所轄年金事務所

提出期限：事業所を開設したら５日以内に（ただし、年金事務所によっては受付日が決っている場合があるので事前に確認すること）

添付書類：法人事業所の場合は法人登記簿謄本、個人事業所の場合は事業主世帯全員の住民票、被保険者資格取得届（手続の際に必要な書類）、被扶養者がいる場合は被扶養者届（手続の際に必要な書類）、保険料口座振替納付（変更）申出書、所在地が登記上と異なっている場合は所在地が確認できる書類（例：賃貸借契約書のコピー）、その他場合によっては賃金台帳、労働者名簿、出勤簿等

※　法人登記簿謄本、住民票は、提出日からさかのぼって90日以内に発行されたもの（原本）が必要です。

※　法人の場合には、「法人番号指定通知書のコピー」（国税庁法人番号公表サイトから確認した法人情報の画面を印刷したものでも差支えない）が必要です。

提出する人：事業主

〔記載例のケース〕▷㈱市ヶ谷商会は令和○年１月16日に文房具及び書籍の販売業として事業を開始したので、健康保険・厚生年金保険への加入手続をとることになりました。

☞　事業所所在地欄は、都道府県名から記載します。事業所名称フリガナ欄は、株式会社は「カ」、有限会社は「ユ」、合名会社は「メ」、合資会社は「シ」と記載します。

事業所所在地と事業所名称のフリガナは忘れずに記入しましょう。

⑥欄は、「事業所業態分類票」から「事業の種類」と番号を選んで記入します。

㉔欄は、健康保険・厚生年金保険の被保険者に該当するか否かの判断材料になりますから、正確に記載します。

※　健康保険組合や厚生年金基金に新規に加入する場合は、それぞれの様式に従い、加入する健康保険組合や厚生年金基金に提出します。

様式コード
2 1 0 1

健康保険
厚生年金保険 **新規適用届**

令和 ○年 ×月 ×日提出

受付印

事業主記入欄

事業所所在地	〒162－0843 (フリガナ) トウキョウトシンジュククイチガヤタマチ 東京都新宿区市ヶ谷田町 2-7-×
事業所名称	(フリガナ) カ　イチガヤショウカイ 株式会社　市ヶ谷商会
電話番号	03（3266）035×

社会保険労務士記載欄
氏名等

事業所情報記入欄

項目	内容	項目	内容
① 事業主（または代表者）氏名	(フリガナ) カワカミ　タケシ (氏) 川上 (名) 武	② 問合せ先担当者名（内線）	問合せ先担当者名　内線番号
③ 事業主（または代表者）住所	〒252－0302 神奈川県相模原市南区上鶴間 2-20-×		
「事業主代理人」有の場合 ④ 事業主代理人氏名	(フリガナ) (氏)　(名)		
⑤ 事業主代理人住所	〒　－		
⑥ 業態区分（事業の種類）	20　事業の種類：小売業	⑦ 適用年月日（※記入不要）	9. 令和　年　月　日
⑧ 個人・法人等区分	(1. 法人事業所)　2. 個人事業所　3. 国・地方公共団体	⑨ 法人番号等	(1. 法人番号)　2. 会社法人等番号 1 2 3 4 5 6 7 8 9 0 1 2 ×
⑩ 本店・支店区分	(1. 本店)　2. 支店	⑪ 内・外国区分	(1. 内国法人)　2. 外国法人
		社会保険労務士名	社会保険労務士コード
⑫ 健康保険組合名称	(フリガナ)　健康保険組合	⑭ 厚生年金基金番号	厚生年金基金
⑮ 給与計算の締切日	15日	⑯ 昇給月	04月　月　月　月
⑰ 算定基礎届媒体作成	(0. 必要（紙媒体）)　1. 不要（自社作成）　2. 必要（電子媒体）		
⑱ 給与支払日	(当月)　翌月　25日	⑲ 賞与支払予定月	06月 12月　月　月
⑳ 賞与支払届媒体作成	0. 必要（紙媒体）　1. 不要（自社作成）　(2. 必要（電子媒体）)		
㉑ 給与形態	(1. 月給)　2. 日給　3. 日給月給　4. 歩合給　(5. 時間給)　6. 年俸制　7. その他（　）	㉒ 諸手当の種類	1. 家族手当　2. 住宅手当　(3. 役付手当)　(4. 通勤手当)　5. 精勤手当　(6. 残業手当)　7. その他（　）
㉓ 現物給与の種類	1. 食事　2. 住宅　3. 被服　4. 定期券　5. その他（　）		
㉔ 従業員情報	1. 従業員数(役員含む) 5人　2. 社会保険に加入する従業員数 4人 3. 社会保険に加入しない従業員について ※ ㋑〜㋓については平均的な勤務日数および勤務時間を記入してください。 ㋐ 役員　人［報酬（0.無 ／ 1.有）・常勤（　人）・非常勤（　人）］ ㋑ 嘱託職員等　人［1月　日・1週　時間］ ㋒ パート　1人［1月 10日・1週 8時間］ ㋓ アルバイト　人［1月　日・1週　時間］		
㉕ 所定労働日数 所定労働時間	1月 21日・1週 40時間 00分		
㉖ 備考			

5 健康保険 厚生年金保険 保険料口座振替納付（変更）申出書（443頁）

提 出 先：所轄年金事務所または加入する健康保険組合
提出期限：速やかに
添付書類：新規適用届、資格取得届と同時に提出
提出する人：事業主
〔記載例のケース〕▷健康保険・厚生年金保険新規適用届（453頁）と同じ

様式コード 2593

健康保険 厚生年金保険 保険料口座振替納付（変更）申出書

△△ 年金事務所長 あて　令和 ○ 年 1 月20日提出

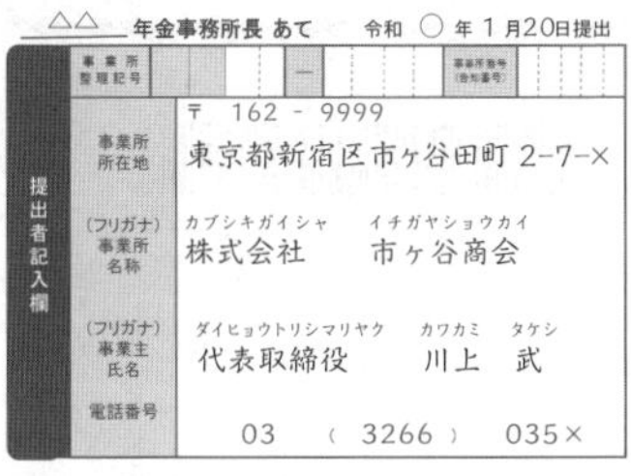

提出者記入欄	
事業所整理記号	―
事業所所在地	〒 162 - 9999 東京都新宿区市ヶ谷田町 2-7-×
（フリガナ）事業所名称	カブシキガイシャ イチガヤショウカイ 株式会社 市ヶ谷商会
（フリガナ）事業主氏名	ダイヒョウトリシマリヤク カワカミ タケシ 代表取締役 川上 武
電話番号	03 （ 3266 ） 035×

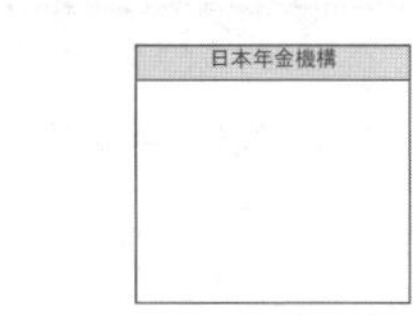

日本年金機構

私は、下記により保険料等を口座振替によって納付したいので、保険料額等必要な事項を記載した納入告知書は、指定の金融機関あてに送付してください。

納入告知（納付）書をお持ちの場合は、記載されている事業所整理記号等をご記入ください。事業主氏名の欄には、肩書と氏名をご記入ください。

1．振替事由　該当する項目に○をつけてください。
※複写となっていますので、○をつける際は、強めにご記入ください。

A 事由	振替事由区分	(1.新規) 2.変更

2．指定預金口座　口座振替を希望する金融機関（納入告知書送付先）インターネット専業銀行等、一部お取り扱いできない金融機関があります。
・太枠内に必要事項を記入、押印してください。（銀行等またはゆうちょ銀行のいずれかを選んでご記入ください。）
・預金口座は、年金事務所へお届けの所在地、名称、事業主氏名と口座名義が同一のものをご指定ください。

B 指定預金口座			
銀行区分 銀行等（ゆうちょ銀行を除く）	金融機関名	×× (1.銀行) 2.信用金庫 3.信用組合 4.労働金庫 5.農協 6.漁協 △△ 1.本店 (2.支店) 3.本所 4.支所	
	預金種別	(1.普通) 2.当座 口座番号（右詰めで記入）016759×	金融機関コード 支店コード
ゆうちょ銀行	通帳記号	1 0― 通帳番号（右詰めで記入）	お届け印 銀行区分に関わらず 2枚目に押印してください

3．対象保険料等　健康保険料、厚生年金保険料および子ども・子育て拠出金
4．振替納付指定日　納期の最終日（休日の場合は翌営業日）
注）1．口座振替を希望する金融機関、指定預金口座等を変更するときは、ただちに、この用紙によりご提出ください。
2．提出された時期により、振替開始月が翌月以降になることがありますのでご了承ください。

金融機関の確認欄

1枚目（年金事務所用）　機構使用欄

今後の社会保険料の引落し口座となりますので、取引に便利な銀行を選択してください。なお、代表者印と銀行取引印が違うときは、2枚目の押印（銀行への届印）には注意してください。1．事業所整理記号の欄は後日年金事務所で記入するため記入しません。適用後、保険料振替口座を変更したい場合も、この用紙を使用します。変更したいときは、事業所整理記号・事業所番号を記入します。

6 健康保険 厚生年金保険 任意適用申請書（445頁）

提 出 先：日本年金機構または健康保険組合

提出期限：その都度

添付書類：健康保険・厚生年金保険　任意適用申請同意書
事業主の世帯全員分の住民票（コピー不可・直近の状態を確認するため、提出日からさかのぼって90日以内に発行されたもの）
公租公課（所得税、事業税、市町村民税、国民年金保険料、国民健康保険料等）の領収書（原則１年分、コピー可能）

提出する人：事業主

〔記載例のケース〕▷品川区にある和食レストラン「膳」は、従業員から社会保険に加入したいと個人事業主である千葉に申し出があったので、任意適用を申請することにしました。

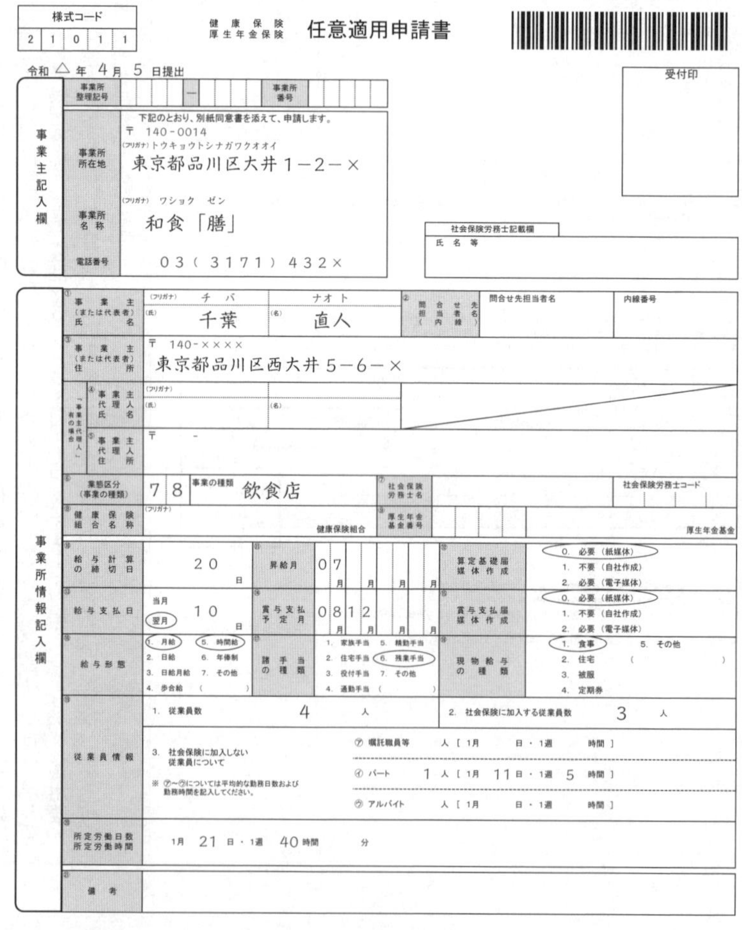

様式コード 2 1 0 1 1

健康保険 厚生年金保険　任意適用申請書

令和△年 4月 5日提出

受付印

事業主記入欄

項目	内容
事業所整理記号	―
事業所番号	
事業所所在地	下記のとおり、別紙同意書を添えて、申請します。 〒 140-0014 (フリガナ) トウキョウトシナガワクオオイ 東京都品川区大井1－2－×
事業所名称	(フリガナ) ワショク ゼン 和食「膳」
電話番号	03（3171）432×

社会保険労務士記載欄　氏名等

事業所情報記入欄

項目	内容
① 事業主（または代表者）氏名	(フリガナ) チバ ナオト (氏) 千葉 (名) 直人
② 問合せ先担当者名（内線）	問合せ先担当者名　内線番号
③ 事業主（または代表者）住所	〒 140-×××× 東京都品川区西大井5－6－×
④ 事業主代理人氏名（「事業主代理人」有の場合）	(フリガナ) (氏) (名)
⑤ 事業主代理人住所	〒 -
⑥ 業態区分（事業の種類）	78　事業の種類　飲食店
⑦ 社会保険労務士名	社会保険労務士コード
⑧ 健康保険組合名称	(フリガナ)　健康保険組合
⑨ 厚生年金基金番号	厚生年金基金
⑩ 給与計算の締切日	20日
⑪ 昇給月	07月　月　月　月
⑫ 算定基礎届媒体作成	(0. 必要（紙媒体）) 1. 不要（自社作成） 2. 必要（電子媒体）
⑬ 給与支払日	当月・(翌月) 10日
⑭ 賞与支払予定月	08月 12月　月　月
⑮ 賞与支払届媒体作成	(0. 必要（紙媒体）) 1. 不要（自社作成） 2. 必要（電子媒体）
⑯ 給与形態	(1. 月給) 2. 日給 3. 日給月給 4. 歩合給 (5. 時間給) 6. 年俸制 7. その他（　）
⑰ 諸手当の種類	1. 家族手当 2. 住宅手当 3. 役付手当 4. 通勤手当 5. 精勤手当 (6. 残業手当) 7. その他（　）
⑱ 現物給与の種類	(1. 食事) 2. 住宅 3. 被服 4. 定期券 5. その他（　）
⑲ 従業員情報	1. 従業員数 4人　2. 社会保険に加入する従業員数 3人 3. 社会保険に加入しない従業員について ※ ㋐～㋒については平均的な勤務日数および勤務時間を記入してください。 ㋐ 嘱託職員等　人［1月　日・1週　時間］ ㋑ パート 1人［1月 11日・1週 5時間］ ㋒ アルバイト　人［1月　日・1週　時間］
⑳ 所定労働日数 所定労働時間	1月 21日・1週 40時間　分
㉑ 備考	

☞ 適用事業所になるためには、被保険者になるべき従業員の２分の１以上の同意が必要です。被保険者になれない人は数に含めません。

健康保険
厚生年金保険 任意適用申請同意書

健康保険法第３１条及び厚生年金保険法第６条第３項、第４項の規定による適用事業所となることに同意します。

事業所の名称	和食「膳」	事業所の所在地	東京都品川区大井１－２－×
使用される者の数（被保険者となるべき者）	３ 名	左記のうち同意する者の数	３ 名

〔同意欄〕

番号	同意する者の氏名	同意する者の生年月日	同意する者の住所
1	石井　敬之	(昭和)平成 53年 1月 1日	品川区大井２－３－×
2	中村　広子	(昭和)平成 60年 2月 2日	品川区小山７－８－×
3	山田　正子	昭和(平成) 6年 3月 3日	品川区大井５－６－×
4		昭和平成 年 月 日	
5		昭和平成 年 月 日	
6		昭和平成 年 月 日	
7		昭和平成 年 月 日	
8		昭和平成 年 月 日	
9		昭和平成 年 月 日	
10		昭和平成 年 月 日	

7 健康保険 厚生年金保険 任意適用取消申請書 （446頁）

提出先：日本年金機構または健康保険組合
提出期限：その都度
添付書類：任意適用取消申請同意書は添付必須
提出する人：事業主
〔記載例のケース〕▷品川区にある和食レストラン「膳」は、従業員が社会保険から脱退したいと個人事業主である千葉に申し出をしたので、任意適用取消を申請することにしました。

様式コード				
2	1	0	2	1

健康保険 厚生年金保険 任意適用取消申請書

令和　×　年　4　月　6　日提出

提出者記入欄

項目	内容
事業所整理記号	△△－ワイゼ
事業所番号	12×××
事業所所在地	下記のとおり、別紙同意書を添えて、申請します。 〒 140-0014 東京都品川区大井１－２－×
事業所名称	和食「膳」
事業主氏名	千葉　直人
電話番号	03 （ 3371 ） 432×

受付印

社会保険労務士記載欄
氏名等

事業所情報記入欄

① 事業の種類		飲食店
② 被保険者数		3
③ 健康保険組合	所在地	〒　－
	名称	
	解散するかしないかの別	
④ 任意適用取消後の連絡先	住所	〒 140－0014 東京都品川区大井１－２－×
	氏名	千葉　直人
	電話番号	03－3371－123×
⑤ 備考		

☞ 適用事業所から脱退するためには、被保険者である従業員の４分の３以上の同意が必要です。被保険者になっていない人は数に含めません。
取消が認可されると、同意をしなかった人も含めて全員が脱退になります。

健康保険
厚生年金保険 任意適用取消申請同意書

健康保険法第３３条及び厚生年金保険法第８条の規定による適用事業所でなくすることに同意します。

事業所の名称	和食「膳」	事業所の所在地	東京都品川区大井１−２−×
被保険者の数	３ 名	左記のうち同意する者の数	３ 名

〔同意欄〕

番号	同意する者の氏名	同意する者の生年月日	同意する者の住所
1	中村　広子	(昭和) 平成 60年２月２日	品川区小山７−８−×
2	山田　正子	昭和 (平成) ６年３月３日	品川区西大井10−11−×
3	石山　三郎	(昭和) 平成 50年５月５日	品川区大崎４−５−×
4		昭和 平成 年 月 日	
5		昭和 平成 年 月 日	
6		昭和 平成 年 月 日	
7		昭和 平成 年 月 日	
8		昭和 平成 年 月 日	
9		昭和 平成 年 月 日	
10		昭和 平成 年 月 日	

― 第 9 章 ―

総務担当者の
とっておきの術

労働保険・社会保険の一般的な手続事務については第１章～第８章で解説してきましたが、本章では５つのテーマに絞ってもう少し詳しく整理してみたいと思います。

1・退職者に対する指導と留意点

1　定年（60歳）退職者の場合

(1)　雇用保険について

雇用保険の手続は、まず会社を管轄する公共職業安定所長に、「雇用保険被保険者資格喪失届」を提出します。その際には、「雇用保険被保険者離職証明書」を必ず提出します。なぜならば、60歳定年退職者が退職後失業給付を受給する場合は「雇用保険被保険者離職証明書」が必要ですし、受給しないで就職した場合は「雇用保険被保険者離職証明書」が「60歳到達時賃金月額証明書」の役目をするからです。

また、定年（60歳）退職者がすぐに再就職したり、失業給付を受給したい場合は問題ありませんが、長年働いてきたのでしばらく休みたいということもよくあります。

この場合には失業給付の受給期間を延長することができます。つまり、失業給付の受給期間は原則として離職の日の翌日から１年間ですが、定年退職の場合には最大限１年間延長することができ、結果的に退職してから２年間のうちに、失業給付を受給することができます。

受給期間の延長申請は、退職日の翌日から２カ月以内に、離職票を添えて、退職者の住所地を管轄する公共職業安定所長に、退職者が提出しなければなりません。

また、退職後別の会社に就職した際は、離職票に記載された賃金額の75%未満の条件であれば、その賃金月額（賃金月額には上限額478,500円下限額79,710円が定められています。この金額は毎年８月１日に見直されます）の最大限15%の高年齢雇用継続給付が受給できる可能性がありますので、その点も退職者に助言をしましょう。

そして、「雇用保険被保険者高年齢雇用継続給付受給資格確認票」の手続もしておきましょう。

(2) 健康保険について

退職後に病気をしたりケガをしたりする心配がありますので、医療保険にはすぐに加入する必要があります。

原則的には、国民健康保険の被保険者になるわけですが、定年退職者の場合には、ほかにも方法があります。

① 任意継続被保険者になる方法
② 特定健康保険組合に加入していた人が特例退職被保険者になる方法
③ 国民健康保険の一般的な被保険者になる方法
④ 被扶養者になる方法

以下4つの方法について説明をします。

＜任意継続被保険者になる方法＞

まず、退職時の標準報酬月額が高額だった人は、健康保険の任意継続被保険者になると有利です。それは任意継続被保険者の標準報酬月額が退職時の標準報酬月額か、その保険者集団の平均の標準報酬月額（全国健康保険協会各支部管掌の場合、令和５年４月現在30万円）か、どちらか低額な方の標準報酬月額で加入できるからです。

任意継続被保険者の保険料は全額被保険者負担ですが、退職時の標準報酬月額が高額だった人は、たとえ本人が全額負担したとしても、任意継続被保険者の資格取得時の標準報酬月額が低額になれば、今までより保険料負担が軽くなるわけです。なお、詳しくは第３章の127頁も参照してください。

任意継続被保険者になれる条件

① 退職日以前２カ月以上継続して健康保険の被保険者であったこと
② 退職日の翌日から20日以内に加入手続をすること（手続期限については、よほどのことがない限り例外は認めてくれません）

任意継続被保険者の加入期間

・原則２年間
・再就職をして健康保険の被保険者になった場合はそのときまで

＜特例退職被保険者になる方法＞

厚生労働大臣に特別な認可を受けた健康保険組合の中には、退職者の医療を受け持つ組合があります。この健康保険組合のことを「特定健康保険組合」といい、被保険者を「特例退職被保険者」といいます。

特例退職被保険者になる条件は、国民健康保険の退職被保険者（被用者年金各法に20年以上または40歳以降10年以上加入）に該当する人の中から、健康保険組合の規約で決めます。

特例退職被保険者の標準報酬月額は原則として、前年の９月30日におけるその健康保険組合加入中の全被保険者（特例退職被保険者を除く）の平均の標準報酬月額の範囲内で、規約で規定されており、低額になっていて大変有利です。

この特例退職被保険者は、75歳（寝たきりの人は65歳）になり後期高齢者医療制度からの医療給付が受けられるまで、加入することができます。

＜国民健康保険の一般的な被保険者になる方法＞

健康保険の任意継続被保険者にも、特例退職被保険者にもならない場合は、国民健康保険の一般的な被保険者として加入します。手続は住所地の市区町村の国民健康保険課でします。保険料は、原則として、前年の所得金額と世帯単位の加入者の人数により、市区町村ごとに決められています。

また、退職理由が「会社の倒産・会社都合の解雇」等であって、雇用保険の特定受給資格者（120頁参照）に該当する場合、または契約の更新を希望していたにもかかわらず雇い止めされるなど特定理由離職者（122頁参照）に該当する場合は、国民健康保険料（税）が軽減される制度があります。

軽減を受けるには申請が必要です。申請手続などについては、住所地を管轄する市区町村に確認されるとよいでしょう。この制度は、高年齢者以外の社員の退職の場合にも該当します。

＜被扶養者になる方法＞

もし、夫や妻、息子さんや娘さん等扶養してくれる人がいれば、健康保険の被扶養者になる方法もあります。もちろん、被扶養者になれる条件に該当しなければなりません。60歳以上なら、年金も含めての年間収入が180万円未満で、かつ被扶養者の年間収入の方が少ないことが条件です。被扶養者については、第２章の「被扶養者のいる人を採用したとき」の項（84

頁）を参照してください。

(3) 厚生年金保険について

老齢基礎年金の受給資格があって、厚生年金保険の被保険者期間が１年以上あれば、老齢厚生年金が受給できる場合がありますから、忘れずに手続するように指導しましょう。

また、20歳以上60歳未満の被扶養配偶者だった人は、今まで国民年金の第３号被保険者で、保険料を支払っていませんでした。

しかし、扶養していた配偶者が退職したことにより、60歳未満の被扶養配偶者は第３号被保険者から第１号被保険者になりますので、手続をして、保険料を支払う必要があります。

また、もし、退職者に老齢基礎年金の受給資格がなかったら、国民年金に任意加入する方法や、厚生年金保険に任意加入する方法もありますので、諦めないで、任意加入の方法があることを教えてあげるといいでしょう（どちらも一定の条件が必要です）。

男性の老齢厚生年金については平成25年４月１日以降60歳に達する者から一部支給停止になります。詳しくは「１　特別支給の老齢厚生年金の受給要件とは」（468頁）を参照してください。

途中で年金の受給を希望した場合の年金額

老齢基礎年金等の受給資格期間を満たすためには、保険料納付済期間や国民年金の保険料免除期間などを合算した期間が25年以上必要でしたが、平成29年８月からは、受給資格期間が10年以上あれば、老齢年金が受給できることになりました。

ただし、遺族基礎年金や遺族厚生年金の長期要件は資格期間短縮の影響はなく、今までどおりです。

＊資格期間が10年以上25年未満で、受給の可能性のある人には「年金請求書（短縮用）」が送られてきます。

＊請求して年金の受給資格が認められたら、「年金証書・年金決定通知書」が送られてきて、平成29年10月以降年金を受け取れるようになります。

2　定年退職以外の退職者の場合

(1)　雇用保険について

退職理由によって失業給付の受給に制限があります。会社都合の場合は給付制限がありませんから、なるべく早く手続をして失業給付をすぐに受給できるようにしてあげましょう。

出産・育児・傷病・親族の看護等のために働くことができない場合は、失業給付を受給することができません。そのときは働くことができるまで（最大限４年間）、受給期間の延長申請をします。

手続は退職した日の翌日から30日から延長後の受給期間の最後の日までに退職者の住所を管轄する公共職業安定所長に「受給期間延長申請書」を証明書類と一緒に提出します。詳しくは第３章の124頁を参照してください。

(2)　健康保険について

定年退職者のところ（463頁）で説明したように、標準報酬月額が高額だった人は、任意継続被保険者になると有利です。任意継続被保険者にならない場合は、国民健康保険の被保険者になりますので、住所地の市区町村の国民健康保険課で加入の手続をします。

なお、１年以上在籍していた人は被保険者資格を喪失しても、原則として次のような継続給付（主なもの）がありますので、用紙を用意して事前に対象者に渡してあげることが総務・人事担当者として大事なことだと思います。

給付の種類	給付の内容	受給期限
傷病手当金	退職時に傷病手当金を受給していたか、受給できる状態にあったとき	受給開始から通算で１年６月分まで（ただし、退職後、傷病手当金の受給要件に該当しなくなれば、その日まで）
出産手当金	退職時に出産手当金を受給していたか、受給できる状態にあったとき	被保険者として受給できる期間

出産育児一時金	退職後６月以内に出産したとき	被保険者であったときと同じ。一児につき50万円または48.8万円

(3) 年金について

退職後は20歳以上60歳未満ならば、国民年金の第１号被保険者に該当します。住所地の市区町村国民年金課で手続をします。今まで被扶養配偶者で国民年金の第３号被保険者として、国民年金の保険料を支払っていなかった配偶者（夫または妻）も、今度は第１号被保険者として保険料を支払わなければなりません。忘れずに手続するようにアドバイスしましょう。

2・定年延長・再雇用者への対応と留意点

わが国は他の諸国が経験したことのない速度で高齢化が進んでいます。65歳以上の高齢者人口は、昭和25（1950）年には総人口の５％未満でしたが、昭和45（1970）年に７％を超え、平成６（1994）年に14％を超えました。現在では28.7％に達しています。平成25（2013）年４月に施行された改正高年齢者雇用安定法により、企業には従業員が希望すれば65歳まで雇用確保義務が課されましたが、令和３年４月からは70歳までの就業確保が努力義務とされました。

① **対象となる事業主**
＊定年を65歳以上70歳未満に定めている事業主
＊65歳までの継続雇用制度を導入している事業主

② **対象となる措置**
＊70歳までの定年引上げ
＊定年制の廃止
＊70歳までの継続雇用制度の導入

一方、少子高齢化の急速な進展の中で、高い就労意欲を有する高年齢者が長年培った知識と経験を生かし、社会の支え手として意欲と能力のある限り活躍し続ける社会が求められています。

また、60歳からの労働者の雇用には各種の給付金や助成金がありますが、特に厚生年金保険の「在職老齢年金」や雇用保険の「高年齢雇用継続給付」の受給要件は、企業の実務担当者としては理解しておかなければなりません。

そこで、在職老齢年金の受給要件と高年齢雇用継続給付金の受給要件について整理したいと思います。

1　特別支給の老齢厚生年金の受給要件とは

次の受給要件に該当する人は、特別支給の老齢厚生年金の請求をしましょう。

＜特別支給の老齢厚生年金の受給要件＞

① 厚生年金保険の被保険者であること
② 男性の場合は、昭和36年４月１日以前に生まれたこと
③ 女性の場合は、昭和41年４月１日以前に生まれたこと
④ 老齢基礎年金の受給資格期間を満たしていること
⑤ 厚生年金保険の被保険者期間が１年以上あること
⑥ 受給開始年齢（60歳以上65歳未満）に達していること＊1

＊1　報酬比例部分の受給開始年齢

	男　性	女　性
60歳から	昭28.4.1以前	昭33.4.1以前
61歳から	昭28.4.2 ～昭30.4.1生まれ	昭33.4.2 ～昭35.4.1生まれ
62歳から	昭30.4.2 ～昭32.4.1生まれ	昭35.4.2 ～昭37.4.1生まれ
63歳から	昭32.4.2 ～昭34.4.1生まれ	昭37.4.2 ～昭39.4.1生まれ
64歳から	昭34.4.2 ～昭36.4.1生まれ	昭39.4.2 ～昭41.4.1生まれ

男性の昭和36年４月２日以降生まれ、女性の昭和41年４月２日以降生まれの人は、報酬比例部分の年金はなく、65歳から老齢厚生年金の受給となりま

す。報酬比例部分は、65歳からは老齢厚生年金としての受給になります。

＜在職老齢年金とは＞

在職老齢年金とは、60歳以降、厚生年金に加入して働きながら受給することができる老齢厚生年金のことです。

この在職老齢年金は、次のように調整されて支給されます。

① 在職老齢年金の12分1を**「基本月額」**といいます。
② 在職者の賃金月額（実際には標準報酬月額）＋その月以前1年間の標準賞与額の総額の12分1、これを**「総報酬月額相当額」**といいます）

調整の方法は、基本月額＋総報酬月額相当額＝合計額と支給停止基準額（令和4年4月より、28万円から48万円に引き上げられました）との関係で行われます。

＊①＋②の合計が48万円以下の場合は、①＋②の合計が受給できます。
＊①＋②の合計が48万円を超える場合は、超えた額の2分1が①の基本月額から控除されます。

＜在職定時改定の導入（令和4年4月より施行）＞

老齢厚生年金の受給権者が厚生年金の被保険者となった場合は、65歳以降の被保険者期間は、資格喪失時（退職または70歳到達時）に、受給権取得後の被保険者であった期間を加えて、老齢厚生年金の額を改定していましたが、就労を継続したことの効果を退職を待たずに反映させるため、在職中であっても、毎年1回10月分の年金から改定することになりました。

例えば、標準報酬月額20万円で1年間就労した場合、年金は1年間で13,000円程増額されますが、10月分の年金より、月額1,100円程加算されて支給されます。就労中は、毎年10月分から増額されます。

＜特別支給の老齢厚生年金を早く受給するには＞

定年等により退職した人が、1日の空白もなく同一の事業所で引き続き再雇用された場合は、社会保険の被保険者資格は継続します。しかし、多くの場合は給与が大幅に低下します。標準報酬月額は4カ月後でないと原則として変更されません。ただし、被保険者資格取得届（再雇用後の標準報酬月額）と被保険者資格喪失届（退職時の標準報酬月額）を同時に年金事務所に提出しますと、再雇用された月から再雇用後の標準報酬月額とする特例が適用されます。これを「同日得喪」といいます。

添付書類として「就業規則・退職が確認できる退職辞令・再雇用契約書等」が必要です。

この届出ができるのは、60歳以上の厚生年金保険等の被保険者が対象となります。

こうすることによって、年金の支給調整に係る標準報酬月額がすぐに改定されて、再雇用後の在職老齢年金による支給調整が、実態に近いものとなります。

なお、同日得喪を行わなかった場合は、通常の給与の変動と同じように、3カ月後に随時改定が行われ、4カ月目から標準報酬月額が改定されます。詳しいことは、160頁を参照してください。

<65歳から年金を貰わずに、年金額を増やしたいときに>

老齢基礎年金も老齢厚生年金も、65歳から受給するのが原則ですが、年金額を増やしたいときは、年金の繰下げを検討しましょう。令和4年4月から年金の繰下げは最大75歳までとなります。繰下げ1カ月で0.7％増額されますから、65歳から70歳で繰り下げますと42％増額、75歳まで繰り下げますと84％の増額となります。受給資格期間の短い人は、繰下げのメリットは大きいと思います。長生きすればする程、メリットは大きくなります。繰下げ待機を選択した場合であっても、事情が変わって年金を受給したくなった場合は、その時点で年金受給開始を申し出てもよいですし、65歳に遡って本来の年金を請求することもできますが、この場合には原則として割増はつきません。

また、65歳以上も厚生年金の被保険者で、収入が多くて在職老齢年金が支給停止になっている人は、老齢基礎年金のみ繰下げができます。

逆に年金の繰上げもできます。この場合、繰上げ請求をした月から65歳到達月の前月までの月数に応じて、年金額が減額されます。減額率は、令和4年4月以降から、昭和37年4月2日以降生まれの人は月0.4％（最大24％）、昭和37年4月1日以前生まれの人は月0.5％（最大30％）減額されます。繰上げ受給には次のようなデメリットがあります。

① 一生涯減額された年金の受給になります。

② 繰上げ受給後に障害の状態に該当しても、障害基礎年金は請求できま

せん。

③ 遺族厚生年金の受給権が発生しても、65歳になるまでは、遺族厚生年金と繰上げ請求した老齢年金を一緒に受給できません。どちらか一方の受給となります。

④ 寡婦年金は支給されません。寡婦年金を受給中の方は、寡婦年金の権利がなくなります。

途中で年金の受給を希望した場合の年金額

本来の年金額×0.7%×繰り下げた月数の年金が増加されて受け取れます。

『例』

老齢基礎年金（年額 500,000円）を３年６カ月繰り下げた場合。

500,000円×0.7%×42カ月＝147,000円

⇒500,000円＋147,000円＝647,000円

また、老齢基礎年金は調整がありませんので、全額受給し老齢厚生年金のみ繰り下げることも可能です。

2　雇用保険の高年齢雇用継続給付の受給は可能か

高年齢雇用継続給付には、高年齢雇用継続基本給付金と高年齢再就職給付金があります。

＜高年齢雇用継続基本給付金の受給手続＞

雇用保険の被保険者であった期間が５年以上ある人が、定年延長や再雇用によって60歳以上65歳までの間、雇用されることが条件です。

そして、その再雇用後の賃金額が60歳に達した時の賃金額の75％未満になったときに支給されるものです。

このためには従業員が60歳に達した時に「雇用保険被保険者六十歳到達時等賃金証明書」の提出が必要です。この届出は、従業員が60歳に達したら、その翌日から起算して10日以内に所轄公共職業安定所長に提出します。

同時に「高年齢雇用継続給付受給資格確認票・（初回）高年齢雇用継続給付支給申請書」の提出をし、受給資格の確認をしておきます。

第１回目は、最初の支給対象月の初日から起算して４カ月以内に、以後は

２カ月ごとに（実際には所轄公共職業安定所長から申請月の指定があります)、「高年齢雇用継続給付支給申請書」を提出します。

高年齢雇用継続基本給付金の受給要件と支給額は

① 60歳到達時以後失業給付の基本手当を受給していないこと

② a 支給対象月の賃金が60歳到達時賃金の61％未満のとき
……支給対象月賃金の15％相当額

b 支給対象月の賃金が60歳到達時賃金の61％以上75％未満のとき
……支給対象月賃金の15％から一定率を逓減した率相当額

※ 賃金と給付金の合計額は364,595円（令和４年８月１日より）が上限額です。毎年７月末日に改定され、８月１日より１年間適用されます。

<高年齢再就職給付金の受給手続>

雇用保険の被保険者であった期間が５年以上ある60歳以上65歳未満の人が退職し、失業給付の基本手当を受給し、所定給付日数を100日分以上残して再就職した場合で、再就職後の賃金が再就職前に受給していた基本手当に係る賃金日額の30倍の額と比べ、75％未満になったときに支給されます。

手続は、「基本給付金」の支給申請の場合と同様、「高年齢雇用継続給付受給資格確認票」を提出します。この受給資格確認は、初回の給付金支給申請の時、同時に行うこともできます。その後の支給申請手続については、前記「基本給付金」の受給手続と同じです。

高年齢再就職給付金の受給要件と給付期間は

要件：所定給付日数を100日分以上残して再就職した人

期間：① 基本手当の受給残日数が100日以上200日未満の人には１年間

② 基本手当の受給残日数が200日以上の人には２年間

ただし、受給期間内でも65歳に達した場合は、65歳到達日の属する月までの支給となります。

給付期間が上記のように、「基本給付金」とは異なります。

このように60歳以上65歳未満の人の採用や再雇用には、各種の助成制度がありますので、注意しましょう。

また、60歳時の賃金より大幅に減額された場合には、今まで述べてきた在職老齢年金の請求や高年齢雇用継続給付金の受給手続だけでなく、社会保険の月額変更届の届出が必要な場合もありそうです。

賃金が変更になった月から４カ月目の社会保険料額に変更がある場合もありますから注意してください（「１　随時改定の要件とは」（357頁）参照）。

3　60歳台前半の老齢厚生年金と雇用保険との調整について

今まで、年金と雇用保険の給付等とは併給されてきましたが、もともと退職者に対して支給する年金と、働く意思と能力のある人に対して支給する雇用保険とを併給すること自体に矛盾がありました。その他に、両方の給付を合わせると相当な金額になることや、同一の時期に両方の給付を支給するのは、社会保障として過剰になる等の理由から、平成10年４月１日以降に老齢厚生年金の受給権が発生する人から併給調整を行うことになりました。

＜併給調整の仕方＞

併給調整の仕方については、退職後に受け取る失業給付との調整の場合と、退職しないで受け取る高年齢雇用継続給付との調整の場合があります。

①　失業給付との調整

原則として、失業給付が優先します。年金を受けている人が退職し、公共職業安定所にて求職の申込みをすると、求職の申込みをした翌月から受給期間が満了（または、所定給付日数分の受給満了）するまで、年金が支給停止になります。

失業給付を受けている人が、年金の受給権を取得すると、年金の受給権を取得した翌月から受給期間が満了（または、所定給付日数の受給満了）するまで、年金が支給停止になります。

しかし、暦月単位で支給停止するやり方では、同じ日数分の基本手当を受けても、支給停止月数に差が生じてしまいます。そこで、失業給付の受給が終了した後、次の月数分の年金の支給停止を、さかのぼって、解除することになっています。

支給停止解除月数＝
年金支給停止月数－（基本手当を受けたとみなされる日数）÷30

※　30で割った月数に１未満の端数が生じた場合は、その端数を１に切り上げます。

②　在職老齢年金と高年齢雇用継続給付との調整

原則として、高年齢雇用継続給付は調整されずに支給され、年金の一部が支給停止されます。

まず、在職老齢年金の仕組みによる標準報酬月額との調整をします。その上で、高年齢雇用継続給付の支給率によって、標準報酬月額の0～6％分の年金を更に支給停止します。

標準報酬月額がみなし賃金日額の30倍より61％未満になった（高年齢雇用継続給付が、下がった給与の15％支給される）場合には、標準報酬月額の６％相当分の年金が、支給停止されます。標準報酬月額がみなし賃金日額の30倍より61％を超え75％未満に下がった（高年齢雇用継続給付が下がった給与の15％未満の範囲で支給）場合には、高年齢雇用継続給付額が0～15％の範囲で低減されますので、それにしたがって、標準報酬月額の0～6％の範囲で低減された率相当分の年金が、支給停止されることになります。

高年齢雇用継続給付額が支給限度額を超える場合は、高年齢雇用継続給付は支給されませんから、高年齢雇用継続給付に関する調整はなく、在職老齢年金と標準報酬月額との調整だけになります。

賃金と高年齢雇用継続給付額を合わせると、高年齢雇用継続給付の支給限度額を超える場合は、次のようになります。

支給停止額＝（支給限度額－標準報酬月額）×6/15

支給停止率については、巻末に早見表がありますので参照してください。

なお、この年金の調整は、基本年金額について調整を行い、加給年金額がある場合には、加給年金額については調整されず、加給年金額は全額支給されます。ただし、年金を調整した結果、支給停止額が多いため、基本年金額が全額支給停止されてしまう場合には、加給年金額も全額支給停止になります。

<併給調整にかかる手続について>

年金の請求をする場合には、雇用保険被保険者証の添付が必要ですが、添付をすることによって雇用保険等の給付と年金との調整のための手続は原則不要となりました。

年金請求時に雇用保険番号を持っていなかった場合、「失業給付を受ける方」は求職の申込みを行ったときに、「高年齢雇用継続給付を受ける方」は申請後最初の支給決定がなされたときに「老齢厚生・退職共済年金受給権者支給停止事由該当届」の提出が必要となります。

3・パートタイム労働者への対応と留意点

パートタイマーやアルバイトの定義は特に定められていませんが、『短時間労働者及び有期雇用労働者の雇用管理の改善等に関する法律』第２条に「短時間労働者」の定義が規定されています。

それによりますと、短時間労働者とは、**「１週間の所定労働時間が同一の事業主に雇用される通常の労働者の１週間の所定労働時間に比して短い労働者」**をいうと規定しています。

このことからパートタイマーの就労形態は次のように整理できます。

パートタイマーの就労形態

① 毎日勤務し、１日の就労時間が通常の労働者の就労時間よりも短い人

② １日の就労時間は通常の労働者と同じで、１週間または１カ月の期間内の就労日が特定されていて、通常の労働者より少ない人

③ １日の就労時間が通常の労働者の就労時間よりも短く、かつ、１週間または１カ月の期間内の就労日が特定されていて、通常の労働者より少ない人

このパートタイマーの労働保険や社会保険への適用は、次の基準に従って処理することになっています。

1　雇用保険の場合

雇用保険の被保険者とは、原則的には雇用保険の適用事業所に雇用される労働者です。法律によって適用が除外されている人を除き、労働者の意思や事業主の意思に関係なく法律上当然に雇用保険の被保険者になることになっています。

しかし、あまりに労働時間が短かったり、月に働く日数が少なかったりする労働者は、日雇労働被保険者になる場合を除いて、雇用保険の被保険者にはなれません。その中でも、通常の労働者と比べて、多少労働時間が短い程度ならば、雇用保険の被保険者として認められています。

雇用保険の被保険者として適用されるには、次の条件のすべてに該当しなければなりません。

短時間労働者で雇用保険被保険者に該当するための要件

①　１週間の所定労働時間が20時間以上であること

②　31日以上引き続き雇用されることが見込まれること

以上の２つの要件のすべてに該当すれば、雇用保険被保険者となり雇用保険が適用されます。

具体的な資格取得手続は、通常の届出用紙で行いますが、この手続には前記の要件を確認するために「雇用契約書または雇入通知書」等の添付が求められます。

資格取得に必要だから契約書を作成するのではなく、雇用内容を双方が確認するためにもぜひ雇用契約の締結を心がけてください。

雇用契約書には、次の内容を記載しなければなりません。

雇用契約書の記載すべき内容は

①　雇用期間（雇用期間は３年または５年※を超えてはなりません）

②　期間の定めがある場合は、雇用契約の更新の有無、契約更新の判断基準

③　勤務場所および仕事の内容（具体的に）

④　始業・終業時刻および休憩時間

⑤　所定休日（日曜日・土曜日・祝祭日・夏冬休暇日等）

⑥　所定外労働の有無
⑦　有給休暇の取得方法と付与日数
⑧　賃金の内容（基本給・諸手当・割増賃金の計算方法等）
　　賃金締切日・賃金支払日・賃金からの控除項目・昇給時期
⑨　退職に関する事項（定年・その他の退職理由）
⑩　賞与・退職金の支給の有無
　※　５年間締結できるのは①専門的知識等を有する者、②満60歳以上の者

この雇用保険被保険者が退職し、失業給付の基本手当を受給するためには次の条件が必要です。

基本手当を受給するには、原則として離職日以前２年間に被保険者期間が通算して12カ月以上あることが必要です。

被保険者期間の計算方法

離職日からさかのぼって１カ月ごとに区切り、その１カ月の各期間内に賃金支払基礎日数が11日以上または賃金支払の基礎となった労働時間数が80時間以上ある月を被保険者期間１カ月とし、これが通算して12カ月以上あれば、受給資格があると判断されます。ただし、解雇・倒産等による離職者の場合は、離職の日以前１年間に被保険者期間が通算して６カ月以上あれば、受給資格が得られます。したがって、最短では６カ月の勤務で受給資格が得られます。

2　社会保険の場合

パートタイマーを健康保険・厚生年金保険の被保険者として取り扱うかどうかは、パートタイマーだからという雇用形態だけで判断しないで、そのパートタイマーの就労内容によって判断しなければなりません。

また、パートタイマーは給与が時給だから社会保険には加入できないと考えているとしたら問題です。あくまでも就労内容によって判断することを理解してください。

つまり、被保険者になるかどうかは、パートタイマーの就労状況、１週間

の労働時間の長さや１カ月の所定労働日数の多寡によって判断されます。

被保険者とするかしないかの目安とは

次の条件のいずれにも該当する場合は、社会保険の被保険者に該当します。

① **１週間の所定労働時間**

１週間の所定労働時働が正社員の所定労働時間の４分の３以上の者

② **１カ月の所定労働日数**

１カ月の所定労働日数が、正社員の所定労働日数の４分の３以上の者

つまり、正社員の１週間の所定労働時間の４分の３以上、かつ、１カ月の所定労働日数の４分の３以上ならば、社会保険の被保険者としなければなりません。

〈例〉

	１週の労働時間	１カ月の労働日数	判　断
正社員	40時間	20日	被保険者
パートＡ	30時間（○）	15日（○）	被保険者となる
パートＢ	35時間（○）	10日（×）	被保険者になれない
パートＣ	20時間（×）	20日（○）	被保険者になれない

＊　なお、令和４年10月１日より適用が拡大されました。具体的には、従業員が①社会保険被保険者数101人以上の企業で、②労働時間が週20時間以上、③月額賃金8万8,000円以上（年収106万円以上）、④勤務期間が２カ月を超えると見込まれる者は、強制加入となります。ただし、昼間学生は適用除外となります。

＜アルバイトについて＞

アルバイトについても、就労状況によって判断しますが、次の就労内容では原則として社会保険の被保険者にしないことになっています。

① **日々雇い入れられる人**

② **２カ月以内の期間を定めて使用される人**

しかし、①の場合でも、同一の事業所で１カ月を超えて引き続き使用されるようになった場合は、１カ月を超えたときから一般の被保険者となりますし、②の場合には、同一の事業所で所定の期間を超えて引き続き使用されるようになった場合は、超えたときから一般の被保険者となります。上記のような臨時に使用されている間は、原則として日雇特例

被保険者になります。

③　**季節的業務に使用される人**

４カ月以内の季節的業務に使用される人は、原則として日雇労働者として日雇特例被保険者となり、一般の被保険者にはなりません。ただし、季節的業務であっても、当初から４カ月を超えて使用されるときは、当初から一般の被保険者となります。

なお、当初は４カ月間の季節的業務で使用されていましたが、業務の都合で１カ月間延びて４カ月を超えたような場合には、全期間が日雇労働者として日雇特例被保険者となります。

④　**臨時的事業の事業所に使用される人**

季節的業務に使用される人と同じように、６カ月以内の臨時的事業の事業所に使用される人は、原則として日雇労働者として日雇特例被保険者となり、一般の被保険者にはなりません。ただし、臨時的事業の事業所に使用される人であっても、当初から６カ月を超えて使用されるときは、当初から一般の被保険者となります。

なお、当初は６カ月間の臨時的事業の事業所に使用されていましたが、業務の都合で１カ月間延びて７カ月を超えたような場合には、全期間が日雇労働者として日雇特例被保険者となります。

しかし、次に掲げる人が都道府県知事の承認を受ければ、日雇特例被保険者とならないことができます。

都道府県知事の承認を受けて日雇特例被保険者の適用除外となるには

・　健康保険の適用事業所において、引き続く２月間に通算して26日以上使用される見込みのない人

・　健康保険の任意継続被保険者である人

・　その他特別の理由がある人

a　農業・商業等本業を有する人が臨時に使用される場合

b　昼間学生が夏季休暇中等に使用される場合

c　家庭の主婦が余暇を利用して内職的に使用される場合

d　健康保険法、国家公務員共済組合法等の規定による被扶養者が、就労による収入の程度からみて、被扶養者としての地位を失うことがないと認められる場合

<日雇特例被保険者の適用を除外されたら>

会社が、健康保険の一般的な被保険者からは適用除外（52頁参照）され、日雇特例被保険者にもなれないアルバイトやパートを雇用したときには、「健康保険被保険者適用除外承認申請書」の提出が必要です。この手続はアルバイトやパート本人が、住所地を管轄する年金事務所で手続します。

手続をすると、年金事務所が「健康保険被保険者適用除外承認書」を交付しますので、この「健康保険被保険者適用除外承認書」を会社に提出します。会社は提出された「健康保険被保険者適用除外承認書」を保存しておかなければなりません。

適用除外されると、健康保険の被保険者にはなれませんから、国民健康保険の被保険者か、健康保険か共済組合の被扶養者に該当することになります。この場合、年金については、20歳以上60歳未満の人ならば、国民年金の第1号被保険者か第3号被保険者に該当します。本人住所地の国民年金課での手続が必要です。

4・保険給付の上手な受け方

業務上であれ、業務外であれ、病気やケガをして入院したり、通院したり、会社を休業するということは、本人はもとより会社にとっても不幸なことです。また、こうしたときに適切な処置をとったり、迅速な事務処理をすれば会社はもちろんのこと、特に従業員にとっては大変ありがたいし、嬉しいものです。

以下、労災保険給付と社会保険給付に分けて解説します。

1　労災保険の給付の受け方

業務上や通勤途上で不幸にして事故にあったら、その事故を目撃した人（現認者といいます）はもちろんのこと、担当者は救急車（119番）の出動要請や110番への通報の必要性を即座に判断しなければなりません。

また、事故の内容によっては所轄労働基準監督署へ連絡し、その後の指示を仰いでください。特に大事なことは「事故現場」の保存です。

事故現場は、いっさい手を触れずにそのままの状態で保存し、警察官や監督署の指示に従ってください。しかし、何よりも大事なことは被災した労働者を速やかに病院へ連れていき、適切な手当をすることです。

さて事故が発生しましたら、その事故が業務上の災害なのか、通勤途上の災害なのか、あるいは業務外の災害なのかの判断をします。

業務外の事故と判断されれば、病院には健康保険被保険者証の提示をすれば、療養上のことでは特に会社での手続は必要ありません（傷病が長引くと、健康保険の傷病手当金の支給申請が必要になりますが、それについては後述します）。

次に労災事故の場合は、業務上の災害なのか、通勤途上の災害なのかの判断をします。なぜならばこの判断によって病院（労災指定病院なのかの確認も必要です）へ提出する書類が違うからです。

(1) 業務上の災害の場合（⇨療養補償給付たる療養の給付請求書）

a 「療養補償給付たる療養の給付請求書」の提出

被災労働者や現認者からの事情聴取等によって、業務上かどうかの判断をするため、次の内容の確認をします。

次の事故状況の報告を受ける

① 事故の発生日時
② 傷病名（医師からの報告）と傷病の部位
③ 事故の発生場所（より具体的に）
④ 事故の発生状況とその原因について（5W・1H⇨誰が、いつ、どこで、何を、なぜ、どうやって）
⑤ 事故の状況を略図や写真等で

以上の情報から、業務上災害ならば一般に「５号様式」といわれている「療養補償給付及び複数事業労働者療養給付たる療養の給付請求書」（記載例253頁）を作成します。この５号様式が手元にない場合は、病院の医師にとりあえず「労災扱いでお願いします」と告げておき、なるべく早くこの書類を提出します。

この書類には、会社が加入している労働保険番号の記入が必要ですので、会社としてはいざという時のために、右の〔書式例1〕のような書類を用意しておくとよいでしょう。

b 「労働者死傷病報告」の提出

さて、5号様式の提出が済んだら、被災労働者の入院期間の確認、出社可能時期の確認などから、従業員の休業中の仕事の手当やその後の事務手続に入ります。

休業が4日以上予測され、「休業補償給付」の請求が必要と判断したならば、「労働者死傷病報告」（様式第23号）を所轄労働基準監督署長へ提出します。この「労働者死傷病報告」は、この後提出する「休業補償給付支給請求書」（様式第8号）の第1回目にその提出月日を記載しなければなりませんので、休業が4日以上と見込まれ、会社より休業中の賃金が支払われないときには、事故後遅滞なく提出しましょう。

この「休業補償給付支給請求書」（様式第8号）は、事故が発生してから少なくとも1カ月以上経ってからでなければ提出できません。

なぜならば、この休業期間中は「療養のため労務に就くことが不能」であったとの医師の証明が必要となるからです。いつも後追いの提出になります。長期間の療養が必要な場合は1カ月単位の請求を心がけましょう。被災労働者は、この給付金が生活費となるのですから……。

なお、被災労働者が2以上事業所に勤務していた場合の平均賃金の計算（給付基礎日額）は、本業と副業の賃金の合計で計算しますので、ご注意ください。また、労災の有無の判断も複数企業の全体の労働時間等から決定されます。

また、「休業補償給付支給請求書」を提出してから実際の給付を受けるまでには、平均して1～2カ月くらい時間がかかります。提出するまでに少なくとも1カ月かかるとして、被災労働者が休業給付金を受けるまでには3カ月もかかってしまうことになります。

できればの話ですが、この間の生活費の立替えなども検討しなければならないでしょう。もちろん、労災より給付があったら返済してもらうとの約束をした上でのことです。

c 障害が残ったり、死亡した場合

さて、不幸にして治ゆ後に障害が残った場合には、その障害の程度によって障害補償年金（第1級～第7級）、または障害補償一時金（第8級～第14

〔書式例１〕

<u>労災保険加入証明書</u>

労災指定病院

殿

当社は労災保険に加入しておりますが５号様式の記入が間に合いません。できるだけ早めに提出しますので、労災保険での治療をお願いします。

当社の労働保険番号は次のとおりです。

府県	所掌	管轄	基幹番号	枝番号

令和　年　月　日

事業主
所在地
名　称
代表者

級）が支給されます。この障害補償の給付を求める場合には、医師に相談したり、所轄労働基準監督署の労災給付担当官に相談し判断を求め、必要な添付書類等の確認をしましょう。

また、障害の程度によっては「障害厚生年金」が受給できますので、請求漏れのないよう注意してください。

更に不幸にして被災労働者が死亡した場合には、労働者の死亡の当時、その労働者の収入によって生計を維持していた遺族（配偶者・子・父母・孫・祖父母・兄弟姉妹）に、「遺族補償年金」が支給されます。遺族には受給できる順位が決っていますし、年齢によって支給停止される期間があったりしますので、所轄労働基準監督署とよく相談しましょう。この場合は厚生年金保険から「遺族厚生年金」が受給できる場合もありますので、請求漏れのないようにしてください。

(2) 通勤途上災害の場合（⇨療養給付たる療養の給付請求書）

a 「療養給付たる療養の給付請求書」の提出

被災労働者や現認者から情報を受け、通勤途上災害と判断したら、その後の事務処理手順は業務上のときとほとんど同じです。

ただし、労災指定病院へ提出する書類が「療養給付たる療養の給付請求書」（第16号の３）となります。また、その後の事務処理手続に使用する用紙は、すべて通勤災害用の様式で行いますので注意してください。

b 「第三者行為災害届」の提出

なお、通勤災害の場合は自動車事故による災害が多いと思います。この場合には、「第三者行為災害届」の提出が必要となりますので、自動車事故による「第三者行為災害」について説明しましょう。

第三者行為災害とは

通勤途上（または業務中）において、他人の行為によって労働者が負傷したり死亡したりすることがあります。このように保険関係に関係のない他人の行為（第三者の行為）によって発生した災害を「第三者行為災害」といっています。

第三者行為災害でも通勤災害（または業務上災害）ならば被災労働者やその遺族は、労災保険給付として所轄労働基準監督署長に請求することができます。

また、この事故が自動車事故の場合には、「自動車損害賠償責任保険」から一定額の損害賠償が受けられます。

これを放置しておきますと、１つの事故で重複して補償を受けるという不都合が発生してしまいます。労災保険では、この不都合が出ないように「求償」と「保険給付の控除」という方法で、労災保険の保険給付と損害賠償との調整を行っています。

このように事故が第三者の行為によって発生した場合には、保険給付の方法に差異がありますので、それが業務上災害であれ、通勤途上災害であれ「第三者行為災害届」の提出が必要となるわけです。

特に自動車事故にあった場合には、次のことは必ず確認してください。

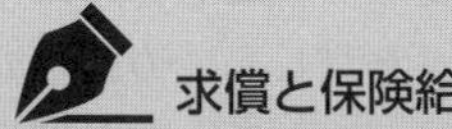

求償と保険給付の控除

① **求償とは**

労災保険が、第三者行為災害の被災労働者に保険給付を行った場合に、被災労働者が加害者（第三者）に持っている損害賠償請求権を保険給付した価額の限度で政府が取得し、第三者に対して直接損害賠償請求を行うこと。

② **保険給付の控除とは**

被災労働者またはその遺族が、第三者よりすでに損害賠償を受けているときは本来保険給付として給付すべき金額から、すでに受けた損害賠償額を差し引いて（控除して）保険給付を行うこと。

自動車事故にあったとき確認や注意する事項

① 被災者本人の過失の有無に関係なく、ただちに警察に届け出て事故証明をもらう
② 加害者の住所・氏名・電話番号・車の登録番号・運転免許証の番号・名刺などで会社名を確認
③ 車の持ち主の住所・氏名・電話番号
④ 加害者が加入している自動車保険の保険会社名・加入年月日・自動車損害賠償責任保険の証明書番号など
⑤ 示談書や領収書に簡単に印を押さないこと
⑥ 事故発生の日時・場所・状況等を整理し、なるべく早く保険会社に連絡し、指示を仰ぐ

2　社会保険の給付の受け方

社会保険の保険給付のうち、傷病手当金の給付について注意すべき事項について少し説明したいと思います。

傷病手当金は、疾病等によって療養のため仕事ができなくなり（労務不能）、継続して３日間休業し、そのために賃金が受けられないとき、休業して第４日目から支給されます。支給される額は、原則として標準報酬日額の３分の２相当額です。

しかし、この休業期間中に給料を受けていた場合には、たとえ傷病手当金の受給権があっても支給されません。ただし、この給与の額が傷病手当金の額（標準報酬日額の３分の２相当額）よりも低いときは、その差額が支給されることになっています。

傷病手当金の受給要件とは

① 傷病のため療養中であること（保険診療・自費診療問わず）

② 療養のため労務不能であること（遠隔地で通院のため事実上就労できない場合も含みます。労務不能との医師の証明が必要となります）

③ ４日以上会社を休業していること（少なくとも継続して３日間の休業が必要、これを待期期間といいます）

④ 給料の支払いがないこと（少しでも支給されれば、本来の傷病手当金との差額が支給されます）

この傷病手当金は、たとえその傷病が治らなくても、支給開始日から通算して１年６カ月分とされています。

これは同一の傷病について適用されますので、まったく別の傷病ならばその傷病についての支給開始日から通算して１年６カ月分ということになります。支給期間中に途中で就労するなど、傷病手当金が支給されない期間がある場合には、支給開始日から１年６カ月を超えても繰り返して給付は受けられます。つまり、１年６カ月分の給付は受けられます。

傷病手当金の上手な受給の仕方

まず、会社を休業した場合、給与の支給はあるのか、ないのかを就業規則などによって調べます。給与の支給があれば当然に傷病手当金は支給停止となりますから、傷病手当金の申請はしなくてもよいことになります。

ここで問題になるのは、少額の給与が支給される場合に傷病手当金の申請をどうするのかの判断です。この場合、一部でも傷病手当金が支給されれば、傷病手当金の支給期間に通算されますので、場合によっては、傷病手当金を申請しないという選択も考えられます。

また、通勤手当も報酬の中に含まれることから、長期間の休業が予測される場合には、通勤定期券の解約をする必要もあります。実際には通勤定期券を使用していなくとも、そのままにしておきますと、報酬の支払いがあったとして傷病手当金と調整され減額されてしまいます。

なお、１年以上健康保険の被保険者であった人が退職した場合には、労務不能の状態が続いている限り、この傷病手当金は支給されます。この場合でも傷病手当金は受給を開始してから通算して１年６カ月分ということです。

5・保険料を計算するときの端数処理とは

1　労働保険料の端数処理

<確定・概算保険料の端数処理>

労働保険料の計算は、一年度中に支払った賃金の総額に保険料率を乗じます。そのとき賃金の総額に1,000円未満の端数が生じた場合は、1,000円未満は切り捨てて計算します。計算した結果の労働保険料に１円未満の端数が生じた場合は切り捨てます。

また、１年間の概算保険料を、３分割するときに生じた１円または２円の端数は、１回目の納付金額に加算します。

<雇用保険の被保険者負担分の端数処理>

原則は賃金を支払うつど被保険者負担分の料率を乗じた額を控除します。

１円未満の端数処理については、①事業主が給与から被保険者負担分を控除する場合の被保険者負担分の端数処理は、50銭以下切り捨て、50銭１厘以上切り上げ、②被保険者が被保険者負担分を事業主へ現金で支払う場合の被保険者負担分の端数処理は、50銭未満切り捨て、50銭以上切り上げとなります。労使間の特約で労使の一方が負担する方法をとってもよいことになっています（端数処理については巻末資料を参照）。

2　社会保険料の端数処理

月々の保険料は「標準報酬月額保険料額表」に基づいて当てはめます。この場合には、健康保険の等級（第１級～第50級）と厚生年金保険の等級（第１級（健保４級）～第32級（健保35級））に差異がありますので注意してください。

賞与に対する保険料の場合は、次のように計算します。

賞与等の金額に1,000円未満があるときは、1,000円未満を切り捨てた金額に、被保険者負担分保険料率を乗じます。その結果１円未満の端数が生じた場合は、もし、労使協定があれば、その協定に従います。協定がない場合は、『通貨の単位及び貨幣の発行に関する法律』の第３条（債務の支払金の端数計算）により取り扱うことになっています。それによりますと、社会保険料を賞与から控除する場合の負担は、結果的には１円未満の端数は50銭以下を切り捨て、51銭以上を１円に切り上げて被保険者の負担分となります。

具体的な例

①　厚生年金保険料の場合

賞与の額が455,960円のとき

厚生年金保険の保険料は1000分の183ですが、被保険者負担分は1000分の91.5です。

455,000円×91.5／1000＝41,632.5円となります。

１円未満の端数は50銭以下を切り捨て、51銭以上を１円に切り上げて、41,632円になります。

②　健康保険料（40歳未満、65歳以上）の場合

賞与の額が455,960円のとき（全国健康保険協会東京支部の場合）

健康保険の保険料は1000分の100ですが、被保険者負担分は1000分の50.0です。

455,000円×50.0／1000＝22,750円となります。１円未満の端数がないので22,750円になります。

③　端数処理の方法を労使協定で決める場合

労働保険・社会保険の被保険者負担分の保険料の算出で１円未満の端数については切り捨てるとの労使協定が締結されていれば、協定が優先します。

巻末資料

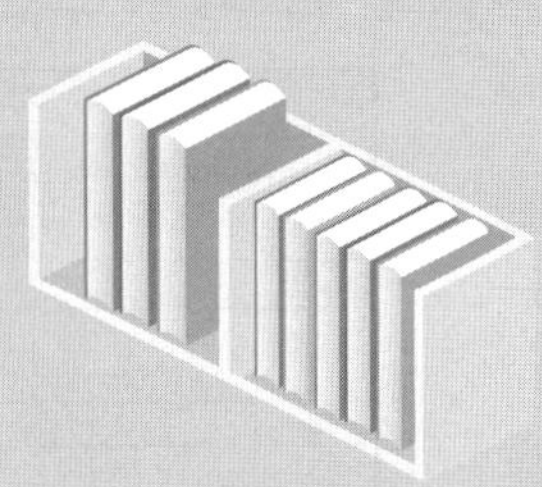

令和5年3月分（4月納付分）からの全国健康保険協会（協会けんぽ）の保険料額表（東京）

（単位：円）

標準報酬		報酬月額			全国健康保険協会管掌健康保険料			
					介護保険第２号被保険者に該当しない場合		介護保険第２号被保険者に該当する場合	
					10.00%		11.82%	
等級	月額				全額	折半額	全額	折半額
		円以上		円未満				
1	58,000		～	63,000	5,800.0	2,900.0	6,855.6	3,427.8
2	68,000	63,000	～	73,000	6,800.0	3,400.0	8,037.6	4,018.8
3	78,000	73,000	～	83,000	7,800.0	3,900.0	9,219.6	4,609.8
4	88,000	83,000	～	93,000	8,800.0	4,400.0	10,401.6	5,200.8
5	98,000	93,000	～	101,000	9,800.0	4,900.0	11,583.6	5,791.8
6	104,000	101,000	～	107,000	10,400.0	5,200.0	12,292.8	6,146.4
7	110,000	107,000	～	114,000	11,000.0	5,500.0	13,002.0	6,501.0
8	118,000	114,000	～	122,000	11,800.0	5,900.0	13,947.6	6,973.8
9	126,000	122,000	～	130,000	12,600.0	6,300.0	14,893.2	7,446.6
10	134,000	130,000	～	138,000	13,400.0	6,700.0	15,838.8	7,919.4
11	142,000	138,000	～	146,000	14,200.0	7,100.0	16,784.4	8,392.2
12	150,000	146,000	～	155,000	15,000.0	7,500.0	17,730.0	8,865.0
13	160,000	155,000	～	165,000	16,000.0	8,000.0	18,912.0	9,456.0
14	170,000	165,000	～	175,000	17,000.0	8,500.0	20,094.0	10,047.0
15	180,000	175,000	～	185,000	18,000.0	9,000.0	21,276.0	10,638.0
16	190,000	185,000	～	195,000	19,000.0	9,500.0	22,458.0	11,229.0
17	200,000	195,000	～	210,000	20,000.0	10,000.0	23,640.0	11,820.0
18	220,000	210,000	～	230,000	22,000.0	11,000.0	26,004.0	13,002.0
19	240,000	230,000	～	250,000	24,000.0	12,000.0	28,368.0	14,184.0
20	260,000	250,000	～	270,000	26,000.0	13,000.0	30,732.0	15,366.0
21	280,000	270,000	～	290,000	28,000.0	14,000.0	33,096.0	16,548.0
22	300,000	290,000	～	310,000	30,000.0	15,000.0	35,460.0	17,730.0
23	320,000	310,000	～	330,000	32,000.0	16,000.0	37,824.0	18,912.0
24	340,000	330,000	～	350,000	34,000.0	17,000.0	40,188.0	20,094.0
25	360,000	350,000	～	370,000	36,000.0	18,000.0	42,552.0	21,276.0
26	380,000	370,000	～	395,000	38,000.0	19,000.0	44,916.0	22,458.0
27	410,000	395,000	～	425,000	41,000.0	20,500.0	48,462.0	24,231.0
28	440,000	425,000	～	455,000	44,000.0	22,000.0	52,008.0	26,004.0
29	470,000	455,000	～	485,000	47,000.0	23,500.0	55,554.0	27,777.0
30	500,000	485,000	～	515,000	50,000.0	25,000.0	59,100.0	29,550.0
31	530,000	515,000	～	545,000	53,000.0	26,500.0	62,646.0	31,323.0
32	560,000	545,000	～	575,000	56,000.0	28,000.0	66,192.0	33,096.0
33	590,000	575,000	～	605,000	59,000.0	29,500.0	69,738.0	34,869.0
34	620,000	605,000	～	635,000	62,000.0	31,000.0	73,284.0	36,642.0
35	650,000	635,000	～	665,000	65,000.0	32,500.0	76,830.0	38,415.0
36	680,000	665,000	～	695,000	68,000.0	34,000.0	80,376.0	40,188.0
37	710,000	695,000	～	730,000	71,000.0	35,500.0	83,922.0	41,961.0
38	750,000	730,000	～	770,000	75,000.0	37,500.0	88,650.0	44,325.0
39	790,000	770,000	～	810,000	79,000.0	39,500.0	93,378.0	46,689.0
40	830,000	810,000	～	855,000	83,000.0	41,500.0	98,106.0	49,053.0
41	880,000	855,000	～	905,000	88,000.0	44,000.0	104,016.0	52,008.0
42	930,000	905,000	～	955,000	93,000.0	46,500.0	109,926.0	54,963.0
43	980,000	955,000	～	1,005,000	98,000.0	49,000.0	115,836.0	57,918.0
44	1,030,000	1,005,000	～	1,055,000	103,000.0	51,500.0	121,746.0	60,873.0
45	1,090,000	1,055,000	～	1,115,000	109,000.0	54,500.0	128,838.0	64,419.0
46	1,150,000	1,115,000	～	1,175,000	115,000.0	57,500.0	135,930.0	67,965.0
47	1,210,000	1,175,000	～	1,235,000	121,000.0	60,500.0	143,022.0	71,511.0
48	1,270,000	1,235,000	～	1,295,000	127,000.0	63,500.0	150,114.0	75,057.0
49	1,330,000	1,295,000	～	1,355,000	133,000.0	66,500.0	157,206.0	78,603.0
50	1,390,000	1,355,000	～		139,000.0	69,500.0	164,298.0	82,149.0

◆介護保険第２号被保険者は、40 歳以上 65 歳未満の方であり、医療に係る保険料率（10.00%）に介護保険料率（1.82%）が加わります。
◆令和５年度における協会けんぽの任意継続被保険者の標準報酬月額の上限は、300,000 円です。
○賞与に係る保険料について
賞与に係る保険料額は、賞与額から 1,000 円未満の端数を切り捨てた額（標準賞与額）に、保険料率を乗じた額となります。
また、標準賞与額の上限は、健康保険は年間 573 万円（毎年４月１日から翌年３月 31 日までの累計額）となり、厚生年金保険と子ども・子育て拠出金の場合は月間 150 万円となります。
○子ども・子育て拠出金
事業主の方は、児童手当の支給に要する費用等の一部として、子ども・子育て拠出金を負担します（被保険者の負担はありません）。
この子ども・子育て拠出金の額は、被保険者個々の厚生年金保険の標準報酬月額及び標準賞与額に、拠出金率（0.36%）を乗じて得た額の総額となります。

都道府県ごとの健康保険保険料率表

都道府県	保険料率	都道府県	保険料率
北海道	10.29%	滋賀県	9.73%
青森県	9.79%	京都府	10.09%
岩手県	9.77%	大阪府	10.29%
宮城県	10.05%	兵庫県	10.17%
秋田県	9.86%	奈良県	10.14%
山形県	9.98%	和歌山県	9.94%
福島県	9.53%	鳥取県	9.82%
茨城県	9.73%	島根県	10.26%
栃木県	9.96%	岡山県	10.07%
群馬県	9.76%	広島県	9.92%
埼玉県	9.82%	山口県	9.96%
千葉県	9.87%	徳島県	10.25%
東京都	10.00%	香川県	10.23%
神奈川県	10.02%	愛媛県	10.01%
新潟県	9.33%	高知県	10.10%
富山県	9.57%	福岡県	10.36%
石川県	9.66%	佐賀県	10.51%
福井県	9.91%	長崎県	10.21%
山梨県	9.67%	熊本県	10.32%
長野県	9.47%	大分県	10.20%
岐阜県	9.80%	宮崎県	9.76%
静岡県	9.75%	鹿児島県	10.26%
愛知県	10.01%	沖縄県	9.89%
三重県	9.81%		

※ 40 歳から 64 歳までの方（介護保険第２号被保険者）は、これに全国一律の介護保険料率（1.82%）が加わります。

令和4年9月分（10月納付分）からの厚生年金保険の保険料額表

（単位：円）

標準報酬		報酬月額			一般・坑内員・船員（厚生年金基金加入員を除く）	
					全　額	折半額
等級	月　額	円以上		円未満	18.300%	9.150%
1	88,000		～	93,000	16,104.00	8,052.00
2	98,000	93,000	～	101,000	17,934.00	8,967.00
3	104,000	101,000	～	107,000	19,032.00	9,516.00
4	110,000	107,000	～	114,000	20,130.00	10,065.00
5	118,000	114,000	～	122,000	21,594.00	10,797.00
6	126,000	122,000	～	130,000	23,058.00	11,529.00
7	134,000	130,000	～	138,000	24,522.00	12,261.00
8	142,000	138,000	～	146,000	25,986.00	12,993.00
9	150,000	146,000	～	155,000	27,450.00	13,725.00
10	160,000	155,000	～	165,000	29,280.00	14,640.00
11	170,000	165,000	～	175,000	31,110.00	15,555.00
12	180,000	175,000	～	185,000	32,940.00	16,470.00
13	190,000	185,000	～	195,000	34,770.00	17,385.00
14	200,000	195,000	～	210,000	36,600.00	18,300.00
15	220,000	210,000	～	230,000	40,260.00	20,130.00
16	240,000	230,000	～	250,000	43,920.00	21,960.00
17	260,000	250,000	～	270,000	47,580.00	23,790.00
18	280,000	270,000	～	290,000	51,240.00	25,620.00
19	300,000	290,000	～	310,000	54,900.00	27,450.00
20	320,000	310,000	～	330,000	58,560.00	29,280.00
21	340,000	330,000	～	350,000	62,220.00	31,110.00
22	360,000	350,000	～	370,000	65,880.00	32,940.00
23	380,000	370,000	～	395,000	69,540.00	34,770.00
24	410,000	395,000	～	425,000	75,030.00	37,515.00
25	440,000	425,000	～	455,000	80,520.00	40,260.00
26	470,000	455,000	～	485,000	86,010.00	43,005.00
27	500,000	485,000	～	515,000	91,500.00	45,750.00
28	530,000	515,000	～	545,000	96,990.00	48,495.00
29	560,000	545,000	～	575,000	102,480.00	51,240.00
30	590,000	575,000	～	605,000	107,970.00	53,985.00
31	620,000	605,000	～	635,000	113,460.00	56,730.00
32	650,000	635,000	～		118,950.00	59,475.00

○　厚生年金保険料率（平成29年9月1日～　適用）
　　一般・坑内員・船員の被保険者等…18.300%　（厚生年金基金加入員…13.300%～15.900%）
○　子ども・子育て拠出金率　　…0.36%
　　※子ども・子育て拠出金については事業主が全額負担することとなります。

● 平成29年9月分（10月納付分）から、一般の被保険者と坑内員・船員の被保険者の方の厚生年金保険料率が同率となりました。

● 被保険者負担分（厚生年金保険料額表の折半額）に円未満の端数がある場合

① 事業主が、給与から被保険者負担分を控除する場合、被保険者負担分の端数が50銭以下の場合は切り捨て、50銭を超える場合は切り上げて1円となります。

② 被保険者が、被保険者負担分を事業主へ現金で支払う場合、被保険者負担分の端数が50銭未満の場合は切り捨て、50銭以上の場合は切り上げて1円となります。

（注）①、②にかかわらず、事業主と被保険者の間で特約がある場合には、特約に基づき端数処理をすることができます。

● 賞与に係る保険料について

賞与に係る保険料は、賞与額から1,000円未満の端数を切り捨てた額（標準賞与額）に、保険料率を乗じた額になります。また、標準賞与額には上限が定められており、厚生年金保険と子ども・子育て拠出金は1カ月当たり150万円が上限となります。

● 子ども・子育て拠出金について

厚生年金保険の被保険者を使用する事業主は、児童手当等の支給に要する費用の一部として子ども・子育て拠出金を全額負担します。この子ども・子育て拠出金の額は、被保険者個々の厚生年金保険の標準報酬月額及び標準賞与額に拠出金率（0.36%）を乗じて得た額の総額となります。

労災保険率表（則16条関係　別表第1）

（令和５年４月１日現在）

事業の種類の分類	事業の種類の番号	事業の種類	労災保険率
林業	02又は03	林業	1000分の60
漁業	11	海面漁業（定置網漁業又は海面魚類養殖業を除く。）	1000分の18
	12	定置網漁業又は海面魚類養殖業	1000分の38
鉱業	21	金属鉱業、非金属鉱業（石灰石鉱業又はドロマイト鉱業を除く。）又は石炭鉱業	1000分の88
	23	石灰石鉱業又はドロマイト鉱業	1000分の16
	24	原油又は天然ガス鉱業	1000分の2.5
	25	採石業	1000分の49
	26	その他の鉱業	1000分の26
建設事業	31	水力発電所施設、ずい道等新設事業	1000分の62
	32	道路新設事業	1000分の11
	33	ほ装工事業	1000分の9
	34	鉄道又は軌道新設事業	1000分の9
	35	建築事業（既設建築物設備工事業を除く。）	1000分の9.5
	38	既設建築物設備工事業	1000分の12
	36	機械装置の組立て又は据付けの事業	1000分の6.5
	37	その他の建設事業	1000分の15
製造業	41	食料品製造業	1000分の6
	42	繊維工業又は繊維製品製造業	1000分の4
	44	木材又は木製品製造業	1000分の14
	45	パルプ又は紙製造業	1000分の6.5
	46	印刷又は製本業	1000分の3.5
	47	化学工業	1000分の4.5
	48	ガラス又はセメント製造業	1000分の6
	66	コンクリート製造業	1000分の13
	62	陶磁器製品製造業	1000分の18
	49	その他の窯業又は土石製品製造業	1000分の26
	50	金属精錬業（非鉄金属精錬業を除く。）	1000分の6.5
	51	非鉄金属精錬業	1000分の7
	52	金属材料品製造業（鋳物業を除く。）	1000分の5.5
	53	鋳物業	1000分の16
	54	金属製品製造業又は金属加工業（洋食器、刃物、手工具又は一般金物製造業及びめつき業を除く。）	1000分の10
	63	洋食器、刃物、手工具又は一般金物製造業（めつき業を除く。）	1000分の6.5
	55	めつき業	1000分の7
	56	機械器具製造業（電気機械器具製造業、輸送用機械器具製造業、船舶製造又は修理業及び計量器、光学機械、時計等製造業を除く。）	1000分の5
	57	電気機械器具製造業	1000分の2.5
	58	輸送用機械器具製造業（船舶製造又は修理業を除く。）	1000分の4
	59	船舶製造又は修理業	1000分の23
	60	計量器、光学機械、時計等製造業（電気機械器具製造業を除く。）	1000分の2.5
	64	貴金属製品、装身具、皮革製品等製造業	1000分の3.5
	61	その他の製造業	1000分の6.5
運輸業	71	交通運輸事業	1000分の4
	72	貨物取扱事業（港湾貨物取扱事業及び港湾荷役業を除く。）	1000分の9
	73	港湾貨物取扱事業（港湾荷役業を除く。）	1000分の9
	74	港湾荷役業	1000分の13

事業の種類の分類	事業の種類の番号	事業の種類	労災保険率
電気、ガス、水道又は熱供給の事業	81	電気、ガス、水道又は熱供給の事業	1000分の3
その他の事業	95	農業又は海面漁業以外の漁業	1000分の13
	91	清掃、火葬又はと畜の事業	1000分の13
	93	ビルメンテナンス業	1000分の5.5
	96	倉庫業、警備業、消毒又は害虫駆除の事業又はゴルフ場の事業	1000分の6.5
	97	通信業、放送業、新聞業又は出版業	1000分の2.5
	98	卸売業、小売業、飲食店又は宿泊業	1000分の3
	99	金融業、保険業又は不動産業	1000分の2.5
	94	その他の各種事業	1000分の3
	90	船舶所有者の事業（*）	1000分の47

労務費率表（則13条関係　別表第2）

（令和5年4月1日現在）

事業の種類の分類	事業の種類	請負金額に乗ずる率
建設事業	水力発電施設、ずい道等新設事業	19%
	道路新設事業	19%
	舗装工事業	17%
	鉄道又は軌道新設事業	24%
	建築事業（既設建築物設備工事業を除く。）	23%
	既設建築物設備工事業	23%
	機械装置の組立て又は据付けの事業 ・組立て又は取付けに関するもの ・その他のもの	 38% 21%
	その他の建設事業	24%

備　考　この表の事業の種類の細目は、別表第1の事業の種類の細目のとおりとする。

雇用保険料率表

（令和5年4月1日現在）

事業の種類	雇用保険料率	事業主負担分	被保険者負担分
一般の事業	15.5/1000	9.5/1000	6/1000
農林水産業・清酒製造業	17.5/1000	10.5/1000	7/1000
建設業	18.5/1000	11.5/1000	7/1000

（注）　1円未満の端数処理については、①事業主が給与から被保険者負担分を控除する場合の被保険者負担分の端数処理は、50銭以下切捨て、50銭1厘以上切り上げ、②被保険者が被保険者負担分を事業主へ現金で支払う場合の被保険者負担分の端数処理は、50銭未満切捨て、50銭以上切り上げ、となります。ただし、労使間で慣習的に1円未満を切り捨てにしている等の特約がある場合は引き続き同様の取扱いでも差し支えありません。

令和５年４月からの都道府県別現物給与価額一覧表

（単位：円）

都道府県名	食事で支払われる報酬等					住宅で支払われる報酬等	その他の報酬等
	１人１カ月当たりの食事の額	１人１日当たりの食事の額	１人１日当たりの朝食のみの額	１人１日当たりの昼食のみの額	１人１日当たりの夕食のみの額	１人１カ月当たりの住宅の利益の額（畳１畳につき）	
北海道	22,500	750	190	260	300	1,110	時価（自社製品 通勤定期券 など）
青　森	21,900	730	180	260	290	1,040	
岩　手	22,200	740	190	260	290	1,110	
宮　城	21,900	730	180	260	290	1,520	
秋　田	21,900	730	180	260	290	1,110	
山　形	23,100	770	190	270	310	1,250	
福　島	22,500	750	190	260	300	1,200	
茨　城	21,900	730	180	260	290	1,340	
栃　木	22,200	740	190	260	290	1,320	
群　馬	21,900	730	180	260	290	1,280	
埼　玉	22,200	740	190	260	290	1,810	
千　葉	22,500	750	190	260	300	1,760	
東　京	23,100	770	190	270	310	2,830	
神奈川	22,800	760	190	270	300	2,150	
新　潟	22,200	740	190	260	290	1,360	
富　山	22,800	760	190	270	300	1,290	
石　川	23,100	770	190	270	310	1,340	
福　井	23,400	780	200	270	310	1,220	
山　梨	21,900	730	180	260	290	1,260	
長　野	21,300	710	180	250	280	1,250	
岐　阜	21,900	730	180	260	290	1,230	
静　岡	22,200	740	190	260	290	1,460	
愛　知	21,900	730	180	260	290	1,560	
三　重	22,500	750	190	260	300	1,260	
滋　賀	22,200	740	190	260	290	1,410	
京　都	22,800	760	190	270	300	1,810	
大　阪	22,200	740	190	260	290	1,780	
兵　庫	22,500	750	190	260	300	1,580	
奈　良	21,600	720	180	250	290	1,310	
和歌山	22,500	750	190	260	300	1,170	
鳥　取	22,800	760	190	270	300	1,190	
島　根	22,800	760	190	270	300	1,150	
岡　山	22,500	750	190	260	300	1,360	
広　島	22,800	760	190	270	300	1,410	
山　口	23,100	770	190	270	310	1,140	
徳　島	22,800	760	190	270	300	1,160	
香　川	22,500	750	190	260	300	1,210	
愛　媛	22,500	750	190	260	300	1,130	
高　知	22,800	760	190	270	300	1,130	
福　岡	21,900	730	180	260	290	1,430	
佐　賀	21,900	730	180	260	290	1,170	
長　崎	22,200	740	190	260	290	1,150	
熊　本	22,500	750	190	260	300	1,150	
大　分	22,200	740	190	260	290	1,170	
宮　崎	21,300	710	180	250	280	1,080	
鹿児島	22,200	740	190	260	290	1,110	
沖　縄	23,400	780	200	270	310	1,290	

※改定箇所は下線で表示しています。

- ●住宅、食事以外の報酬等の価額について、労働協約に定めがある場合は、その価額を「時価」とします。
- ●計算の結果、端数が生じた場合は１円未満を切り捨てます。
- ●洋間など畳を敷いていない居住用の室については、1.65平方メートルを１畳に換算し計算します。
- ●健保組合では、現物給与の価額について、規約により別段の定めをしている場合があります。

高年齢雇用継続給付の給付金早見表

この表は、平成15年5月1日以降に60歳に到達し、高年齢雇用継続給付の受給資格を満たした場合(原則として、昭和18年5月2日以降生まれ)のものです。

〔早見表の見方〕

60歳到達時の賃金月額と比較した支給対象月に支払われた賃金額（みなし賃金額）の低下率に応じた支給率を、支給対象月に支払われた賃金額に乗ずることにより高年齢雇用継続給付の給付金の支給額がわかります。

低下率	支給率	低下率	支給率
75.00%以上	0.00%	68.00%	6.73%
74.50%	0.44%	67.50%	7.26%
74.00%	0.88%	67.00%	7.80%
73.50%	1.33%	66.50%	8.35%
73.00%	1.79%	66.00%	8.91%
72.50%	2.25%	65.50%	9.48%
72.00%	2.72%	65.00%	10.05%
71.50%	3.20%	64.50%	10.64%
71.00%	3.68%	64.00%	11.23%
70.50%	4.17%	63.50%	11.84%
70.00%	4.67%	63.00%	12.45%
69.50%	5.17%	62.50%	13.07%
69.00%	5.68%	62.00%	13.70%
68.50%	6.20%	61.50%	14.35%
		61.00%以下	15.00%

（注） 1　60歳到達時の賃金月額は、算定した額が478,500円を超える場合は、478,500円となります。また、算定した額が79,710円を下回る場合は、79,710円となります。

2　高年齢雇用継続給付の支給限度額は、364,595円ですので、支給対象月に支払われた賃金の額に上記により算定した「支給額」を加えた額が364,595円を超える場合は、364,595円から支給対象月に支払われた賃金の額を減じた額が支給額となります。

3　また、上記により算定した「支給額」が、2,125円を超えない場合は、高年齢雇用継続給付は支給されません。

4　なお、1から3までの金額は、令和5年7月31日までの額です。
「毎月勤労統計」の平均定期給与額により毎年8月1日に改定されます。

標準報酬月額のみなし賃金月額に対する割合（賃金割合）に応じた支給停止率（早見表）

この表は、平成15年5月1日以降に60歳に到達し、高年齢雇用継続給付の受給資格を満たした場合（原則として、昭和18年5月2日以降生まれ）のものです。

賃金割合（%）	支給停止率（%）	賃金割合（%）	支給停止率（%）
75.00以上	0.00	67.50	2.90
74.50	0.18	67.00	3.12
74.00	0.35	66.50	3.34
73.50	0.53	66.00	3.56
73.00	0.72	65.50	3.79
72.50	0.90	65.00	4.02
72.00	1.09	64.50	4.26
71.50	1.28	64.00	4.49
71.00	1.47	63.50	4.73
70.50	1.67	63.00	4.98
70.00	1.87	62.50	5.23
69.50	2.07	62.00	5.48
69.00	2.27	61.50	5.74
68.50	2.48	61.00以下	6.00
68.00	2.69		

（注）1　表示上、小数点以下2ケタ未満を四捨五入

2　高年齢雇用継続給付は、各月に支払われた賃金額とみなし賃金月額の割合に応じた支給額が変動することがあるが、高年齢雇用継続給付の受給による調整額は、受給権者の標準報酬月額とみなし賃金月額の割合により、定められることになる。

在職老齢年金額早見表

60歳台の在職老齢年金

（単位：万円）

総報酬月額相当額（万円）／年金月額（円）	9.8	14	16	18	20	22	24	26	28	30	32	34	36	38	41	44	47	48	50
5万	5	5	5	5	5	5	5	5	5	5	5	5	5	5	5	4.5	3	2.5	1.5
10万円	10	10	10	10	10	10	10	10	10	10	10	10	10	10	8.5	7	5.5	5	4
12万円	12	12	12	12	12	12	12	12	12	12	12	12	12	11	9.5	8	6.5	6	5
15万円	15	15	15	15	15	15	15	15	15	15	15	14.5	13.5	12.5	11	9.5	8	7.5	6.5
17万円	17	17	17	17	17	17	17	17	17	17	16.5	15.5	14.5	13.5	12	10.5	9	8.5	7.5
19万円	19	19	19	19	19	19	19	19	19	18.5	17.5	16.5	15.5	14.5	13	11.5	10	9.5	8.5
20万円	20	20	20	20	20	20	20	20	20	19	18	17	16	15	13.5	12	10.5	10	9
22万円	22	22	22	22	22	22	22	22	21	20	19	18	17	16	14.5	13	11.5	11	10
25万円	25	25	25	25	25	25	24.5	23.5	22.5	21.5	20.5	19.5	18.5	17.5	16	14.5	13	12.5	11.5

支給停止額の計算方法

①総報酬月額相当額と②年金基本月額の関係	支給停止額の計算方法（月額）
①＋②が48万円以下	支給停止なし（老齢厚生年金全額支給）
①＋②が48万円超	（①＋②－48万円）×1/2

※支給停止額が在職老齢年金額を上回る場合は在職老齢年金は全額支給停止となる。

・平成27年10月より生年月日に関係なく調整されます。
・調整される年金は老齢厚生年金のみで老齢基礎年金は全額受給できます。
・65歳から支払われる経過的加算は支給停止の対象とはなりません。

著者略歴

川端　重夫（かわばた　しげお）
川端社会保険労務士事務所所長。
㈱平凡社勤務を経て、昭和62年開業。
現在、実務者教育をしつつ、200社余りの顧問先の指導にあたっている。
東京都社会保険労務士会所属。著書「こうすれば社会保険労務士になれる」（中央経済社）、「労務管理入門の入門」（税務研究会出版局）、「よくわかる継続雇用制度導入の実務と手続き」（日本実業出版社）等。

上出　和子（かみで　かずこ）
上出社会保険労務士事務所所長。
銀行勤務を経て、平成元年国家試験合格。
企業の顧問をしながら、法人会、東京都労働相談情報センターなどで実務者教育講座の講師を務める。
著書に「介護保険料の徴収と実務処理」（日本法令・共著）、「あなた、わたしたちの公的年金いくらもらえるの？」（ビジネス情報企画）、「従業員規定ひな型集」（税務研究会出版局）等。「月刊ビジネスガイド」（日本法令）、「日経マネー」（日経BP）等にも執筆。

本書執筆にあたり、次の著書等を参考にさせていただきました。心より感謝申し上げます。ありがとうございました。

・小さな会社の労働・社会保険（遠藤貞昭著、日本法令）
・月刊ビジネスガイド（日本法令）
・社会保険のてびき（社会保険研究所）
・社会保険の実務相談（全国社会保険労務士会連合会編、中央経済社）
・社会保険委員必携（社会保険広報社編）
・パートタイム労働者をめぐる法律相談（新日本法規出版）
・労働法全書（労務行政）
・六法全書（有斐閣）

［15訂版］
労働・社会保険の手続マニュアル

平成８年５月20日　初版発行
令和５年６月20日　15訂初版

検印省略

日本法令®

〒101-0032
東京都千代田区岩本町１丁目２番19号
https://www.horei.co.jp/

共　著　川　端　重　夫
　　　　上　出　和　子
発行者　青　木　健　次
編集者　岩　倉　春　光
印刷所　日本制作センター
製本所　国　宝　社

（営　業）　TEL　03-6858-6967　　Eメール　syuppan@horei.co.jp
（通　販）　TEL　03-6858-6966　　Eメール　book.order@horei.co.jp
（編　集）　FAX　03-6858-6957　　Eメール　tankoubon@horei.co.jp

（オンラインショップ）　https://www.horei.co.jp/iec/
（お詫びと訂正）　https://www.horei.co.jp/book/owabi.shtml
（書籍の追加情報）　https://www.horei.co.jp/book/osirasebook.shtml

※万一、本書の内容に誤記等が判明した場合には、上記「お詫びと訂正」に最新情報を掲載しております。ホームページに掲載されていない内容につきましては、FAXまたはEメールで編集までお問合せください。

ISBN978-4-539-72978-6